Martin Simon

Gehirn Jogging

Liebe Leserinnen und Leser,

eine unzählige Anzahl verschiedenster Rätsel und Aufgaben warten in diesem Buch auf Sie. Neben beliebten Klassikern wie Schwedenrätsel und Wortsuchspielen haben wir aber auch viele neuartige Denkspiele für Sie entworfen – alle nach dem Gesichtspunkt, dass sie Spaß machen sollen während die grauen Zellen angeregt werden.

Vier Schwierigkeitsgrade runden das Konzept ab:
Ein Stern (★★★★) gibt es bei leichten Aufgaben und vier Sterne (★★★★) bei sehr aufwändigen oder komplizierten Rätseln. So sollte für jeden etwas dabei sein. (Es ist daher überhaupt keine Schande, manche Übungen nicht zu schaffen.)

Es grüßt Sie ganz herzlich und wünscht Ihnen viele anregende Rate- und Knobelstunden

Ihr
Martin Simon
(Rätselautor)

Martin Simon

Gehirn Jogging

Hinweis: Alle Angaben in diesem Buch wurden vom Autor mit größter Sorgfalt erarbeitet bzw. zusammengestellt und unter Einschaltung wirksamer Kontrollmaßnahmen reproduziert. Trotzdem sind Fehler nicht ganz auszuschließen. Der Verlag und der Autor sehen sich deshalb gezwungen, darauf hinzuweisen, dass sie weder eine Garantie noch die juristische Verantwortung oder irgendeine Haftung für Folgen, die auf fehlerhafte Angaben zurückgehen, übernehmen können. Für die Mitteilung etwaiger Fehler sind Verlag und Autor jederzeit dankbar.
Internetadressen oder Versionsnummern stellen den bei Redaktionsschluss verfügbaren Informationsstand dar. Verlag und Autor übernehmen keinerlei Verantwortung oder Haftung für Veränderungen, die sich aus nicht von ihnen zu vertretenden Umständen ergeben. Evtl. beigefügte oder zum Download angebotene Dateien und Informationen dienen ausschließlich der nicht gewerblichen Nutzung. Eine gewerbliche Nutzung ist nur mit Zustimmung des Lizenzinhabers möglich.

Rätsel, Layout & DTP: Presse- & Verlagsservice Martin Simon, www.neue-raetsel.de
Bildnachweis: © 2007 JupiterImages
art & design: www.ideehoch2.de
Druck: Bercker, 47623 Kevelaer
Printed in Germany

Denkspaß **001**

Sudoku-Stern

★★★★ Zeit: ____ Min.

Analog zum klassischen Sudoku müssen auch hier die Zahlen 1 bis 9 in die fett umrandeten Neuner-Dreiecke eingetragen werden. Auch in den langen Geraden (sie umfassen ebenfalls neun kleine Dreiecke) müssen diese neun Zahlen genau einmal enthalten sein, ebenso in den kurzen Geraden, zu denen auch noch das Feld in der Sternecke zählt.
(Die von der Sternmitte unterbrochenen Reihen zählen auch zu den langen Geraden.)

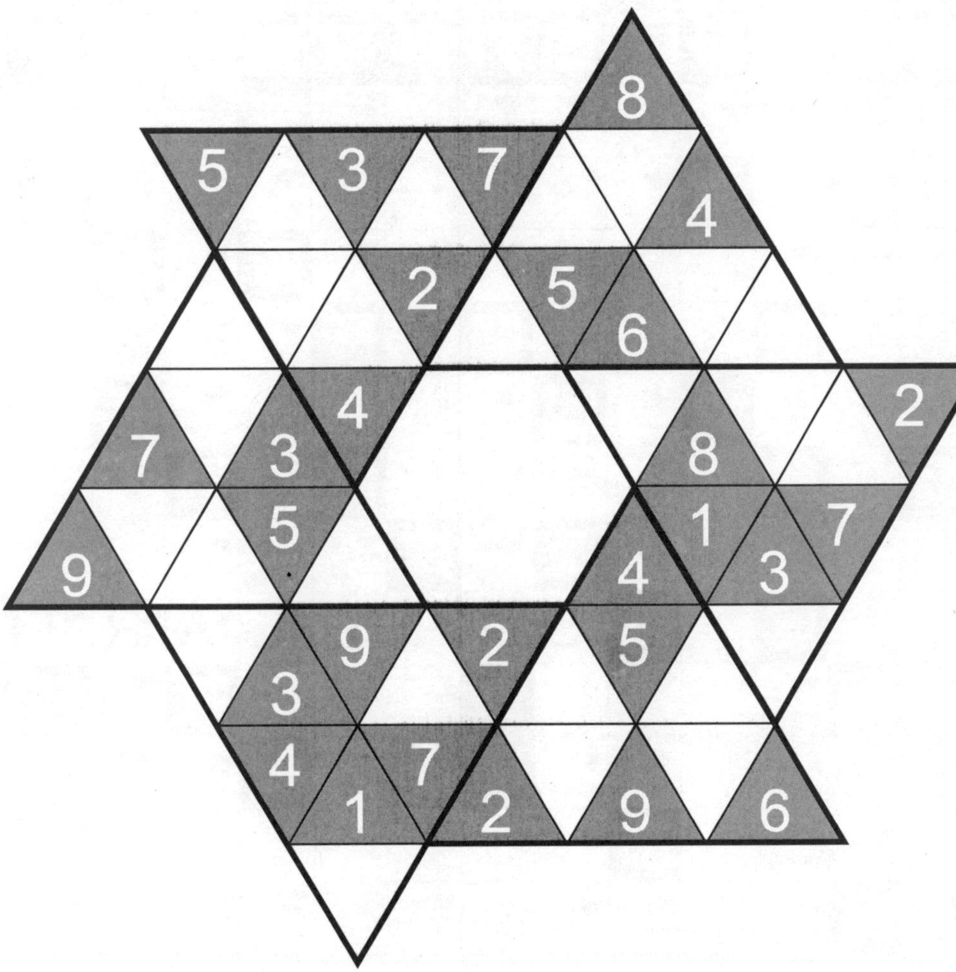

Denkspaß **002** | # Tierisches Kreuzworträtsel

★★ Zeit: ____ Min.

Gleiche Tiere bedeuten gleiche Buchstaben. Durch Ausprobieren ist jedem dieser Tierzeichen ein Buchstabe zuzuordnen und in die Rätselgrafik einzutragen. Auf diese Weise soll ein vollständiges Kreuzworträtsel entstehen.

1	2	3	4	5	6	7	8	9	10	11

Löchrige Rechnung

★★★★ Zeit: ____ Min.

In die leeren Kästchen sind Zahlen einzutragen, sodass eine stimmige Rechnung entsteht.

A

2	7		+		8	4	=	4	6	
	+				+				+	
1		7	+			0	=	1		7
3	8		+	2		4	=	5	9	

B

2		+	3		8	=		6	1
+				+				+	
4		+		1	6	=	2	6	
	8	+		5	4	=	6	2	

C

		6	+	3			=	1		6
	+				+				+	
		7	+	1	9		=	2	7	
1	6		+	2	2		=	3		0

Denkspaß **004** | Eieruhren | ★★ Zeit: ____ Min.

Anhand der Definitionen unten sind die gesuchten Begriffe herauszufinden und bei der jeweiligen Zahl waagerecht in die Grafik einzutragen. Im senkrechten Mittelbalken ergibt sich dann jeweils ein Lösungswort.

1 2 3

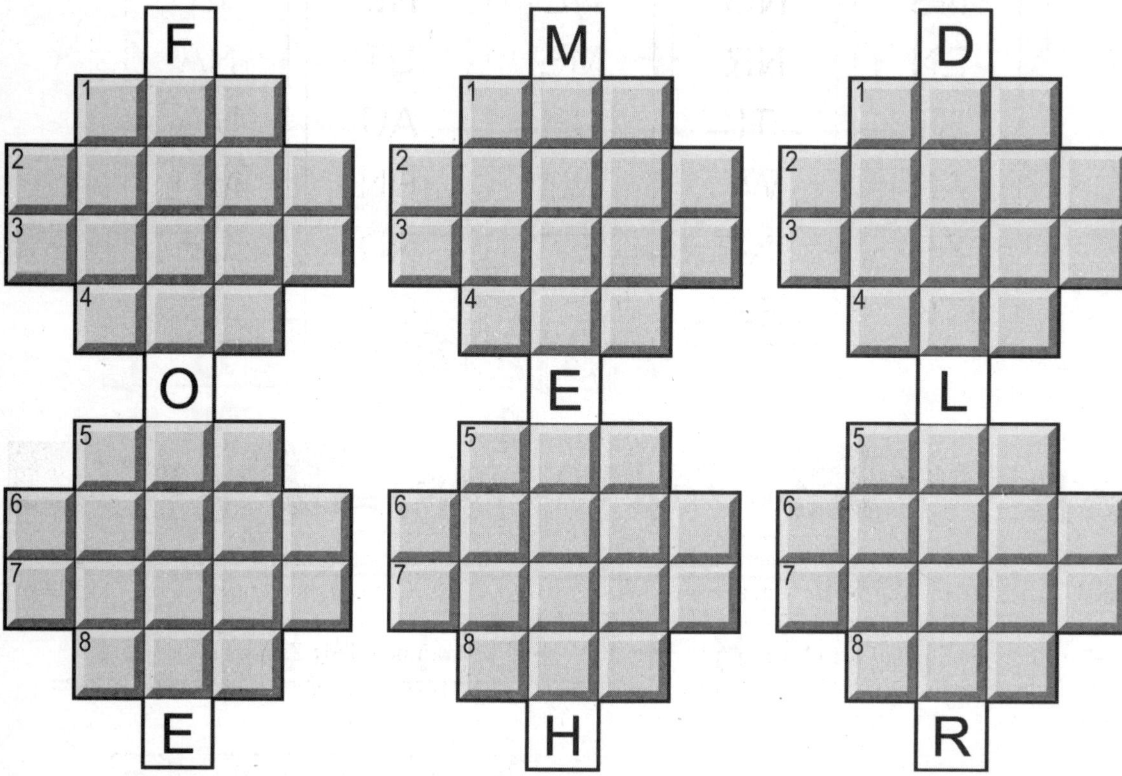

1

1. Fahrzeug (Kw.)
2. ein Längenmaß
3. hinterer Oberschenkel des Viehs
4. schlimm
5. Fußballmannschaft
6. italienisch: Liebe
7. Verdauungsorgan
8. Glaslichtbild (Kw.)

2

1. deutsche Vorsilbe
2. standhaft
3. Backware
4. Westeuropäer
5. griechische Unheilsgöttin
6. ein Elternteil
7. Seele
8. Autor von „Der Name der Rose“

3

1. germanischer Wassergeist
2. Teil des Baums
3. Gatte der Maria (N. T.)
4. Buddhismusrichtung
5. französisch: Freund
6. Teil des Hess. Berglands
7. tätig
8. fette Tonerde

Denkspaß 005 Balkenschieben

★☆☆☆ Zeit: ___ Min.

Diese fünf Balken sind so umzuordnen, dass die waagerechten Reihen ein altes Sprichwort ergeben.

1	2	3	4	5
RD	DE	AN	WE	EM
NS	NG	NE	RE	EI
EN	NR	ME	UT	NA
BT	TI	CH	AU	MA
AR	WI	ND	HN	MU
SE	NI	ST	RD	LB
TR	ER	CH	CH	EI

Denkspaß 006 Zahlenschlange

★★★★ Zeit: ___ Min.

Zeichnen Sie in das Zahlenfeld einen Weg ein, der bei der 1 links oben beginnt und bei der 35 rechts unten endet. Dieser Weg verläuft stets horizontal oder vertikal, nie diagonal, und er geht durch 35 Felder (Start- und Zielfeld eingerechnet).
Das Knifflige daran: Auf dem Weg darf keine Zahl doppelt vorkommen. Jede Zahl zwischen 1 und 35 muss demnach irgendwo genau einmal durchlaufen werden. Es kann mehrere Möglichkeiten geben.

1	21	6	12	7	24	32	15
30	4	2	27	14	11	25	29
17	13	30	22	33	34	19	25
14	29	31	8	5	27	15	32
24	5	9	3	13	23	28	12
12	16	10	20	12	18	26	35

! ***Tipp:***

Suchen Sie zuerst nach Zahlen, die nur einmal vorkommen. Diese Felder müssen sicher benutzt werden.

Denkspaß **007**

Fantastisch verfremdet

★★☆☆ Zeit: ____ Min.

Die fantasievollen Grafiken unten entstammen allesamt den oberen Bildern. Jedes dieser oberen Bilder wurde so verfremdet, sodass daraus die unteren Darstellungen resultierten. Können Sie die Originale und die dazugehörigen Verfremdungen einander zuordnen?

1 ☐

2 ☐

3 ☐

4 ☐

5 ☐

6 ☐

A

B

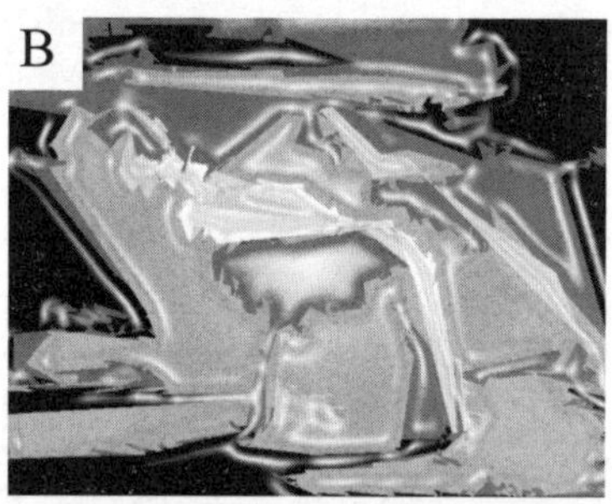

C

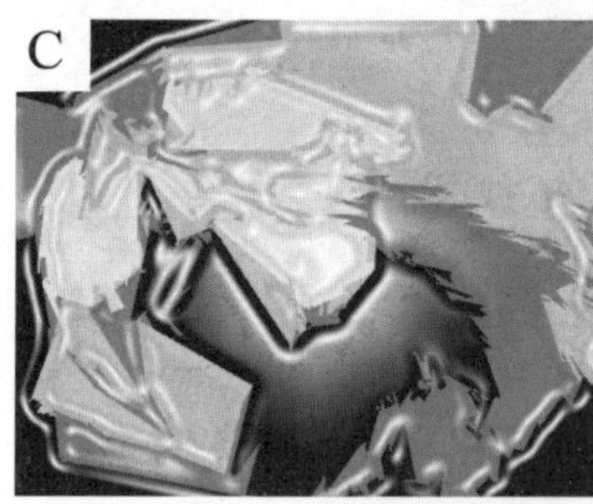

D

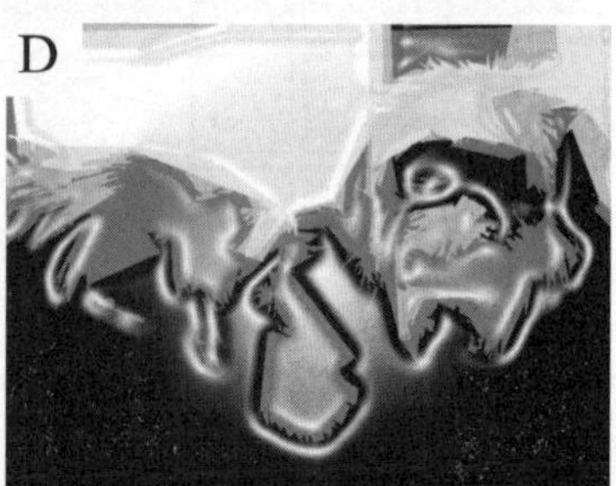

E

F

Denkspaß **008** | Silbensetzkasten | ★★ Zeit: ____ Min.

Sämtliche Wörter unten sind in das Rätselgitter einzutragen. In jedes leere Feld gehört dabei eine Silbe. Die Begriffe verlaufen im Gitter von links nach rechts oder von oben nach unten. Wo die einzelnen Wörter hingehören, das müssen Sie durch Kombinieren selbst herausfinden.

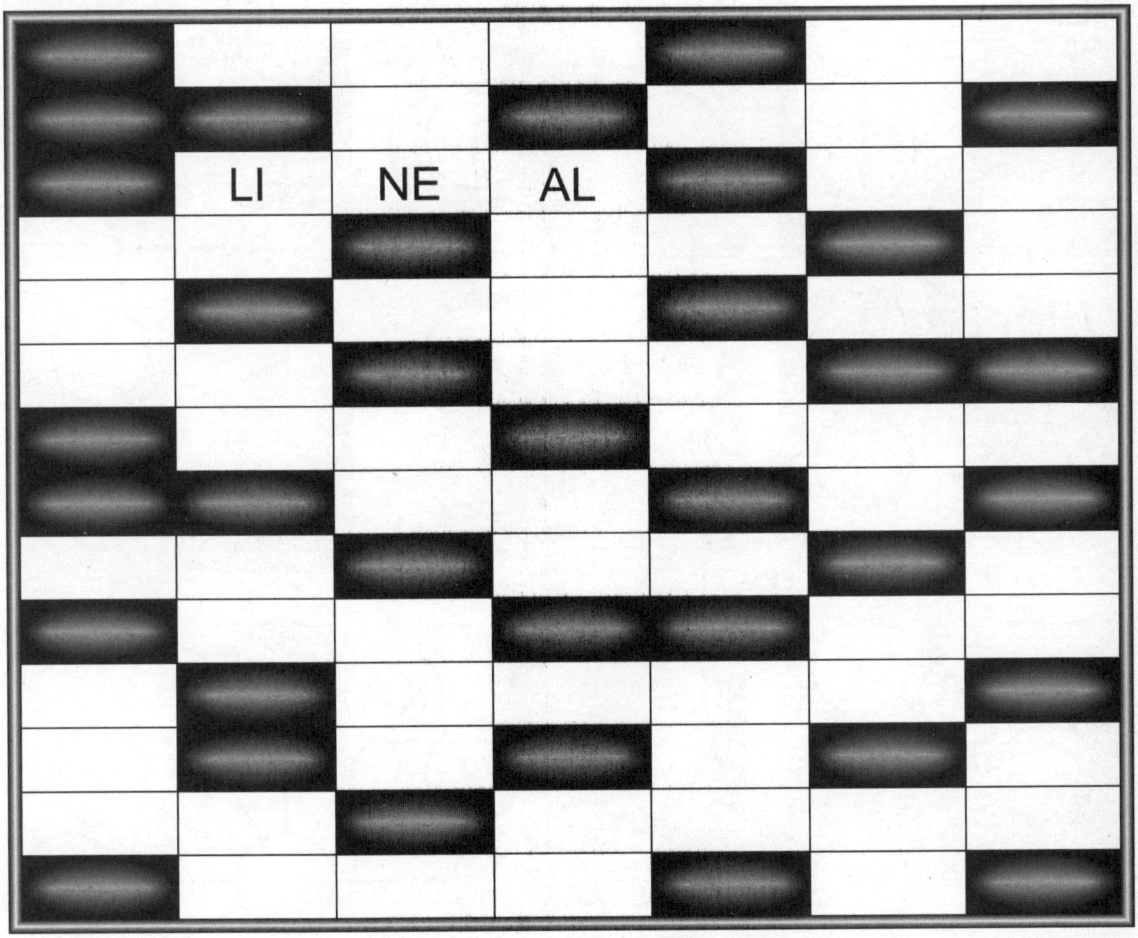

ALBANIEN, AUGEN, AUTOR, BABEL, BEWILLIGEN, DATO, ENZO, GECKOS, GOBELIN, GRATA, GRAUAMMER, HEGEN, HETEROGEN, INTERVIEW, LAGERUNG, LEDA, LENI, LETO, LIMETTE, LINEAL, LINZER, LITER, MERLIN, NESTOR, NIGRA, PEDALE, PELLE, PETER, PLAGEN, RASANZ, RATTE, REFERAT, RESET, ROMA, SELA, TARA, TEQUILA, TERZINE, TOGO, TONI, ZERSPRINGEN, ZOFE, ZOLA

Kreispärchen

★★★★ Zeit: ____ Min.

Die aufgelisteten Buchstabenpaare sind in die äußeren Kreise einzusetzen. Bei richtiger Lösung ergeben die Buchstabenpaare über den Mittelkreis gelesen ein sinnvolles Wort, wobei das Buchstabenpaar auf dem Mittelkreis stets für alle gefundenen Begriffe gleich ist.

1

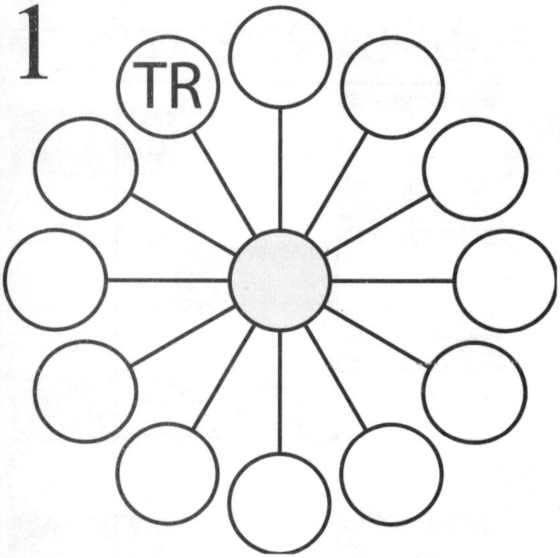

BR - BR - BR - CH - EN - ER - FE - GR - MA - SE - TR - TR

2

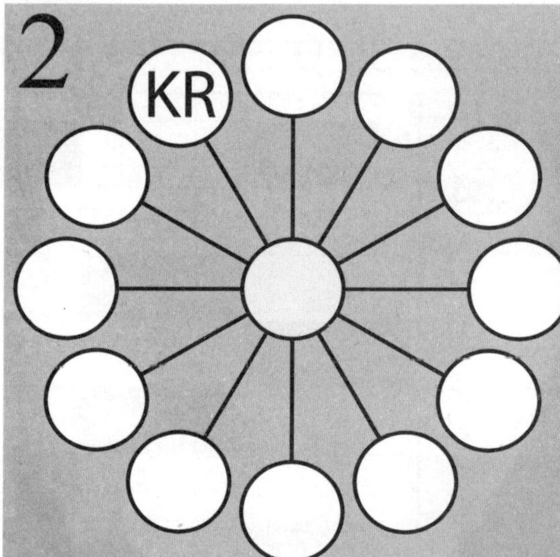

DR - EE - EN - EN - EN - FL - FR - FR - GE - IL - KR - TR

3

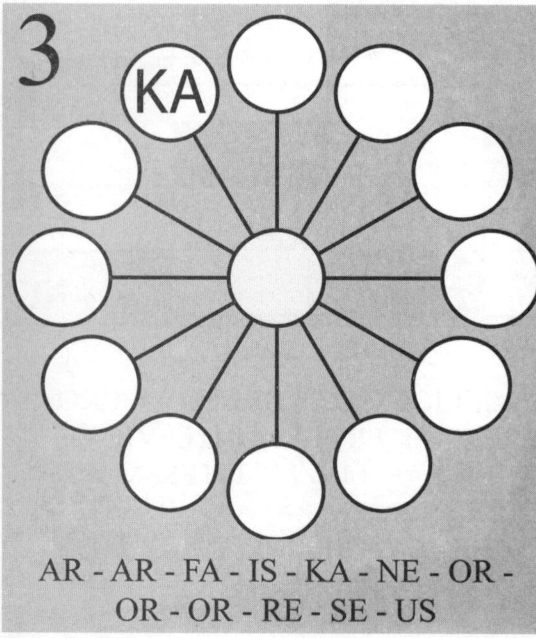

AR - AR - FA - IS - KA - NE - OR - OR - OR - RE - SE - US

4

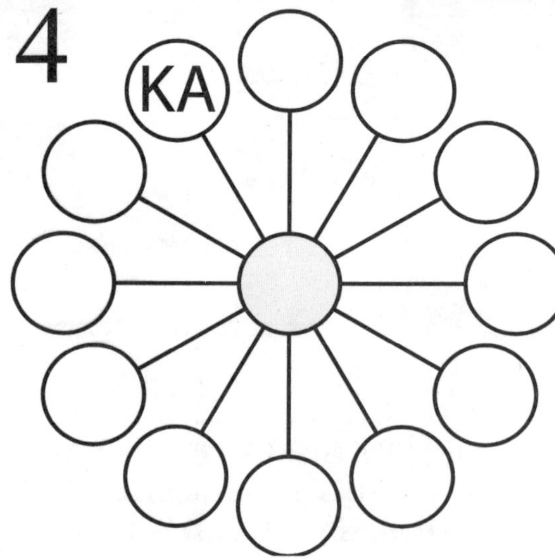

EL - EL - ER - ER - HA - KA - KO - MA - ON - ON - PO - WI

Denkspaß 010 Schiffe versenken

★★★★
Zeit: ____ Min.

Setzen Sie alle acht Schiffe, die unten dargestellt sind, in das Gitter ein. Sie dürfen sich aber an keiner Stelle berühren, weder an horizontal oder vertikal benachbarten Seiten noch an den diagonal gelegenen Eckpunkten. Die Zahlen an den Rändern geben an, wie viele Schiffsteile in der jeweiligen Zeile bzw. Spalte enthalten sein sollen.

	3	0	0	3	3	4	3	5	3	2	2	1
3												
4												
0												
0												
6												
0												
6												
1												
9												

Denkspaß 011 | Buchstabenringe

★★★★

Zeit: ____ Min.

Beim Buchstabenring sind zehn fünfbuchstabige Begriffe zu bilden und in den Ring einzutragen. Der Mittelbuchstabe ist bereits vorgegeben und muss durch die Buchstabenpaare entsprechend ergänzt werden, wobei die beiden Endbuchstaben eines Wortes automatisch die Anfangsbuchstaben des nächsten Wortes sind.

1

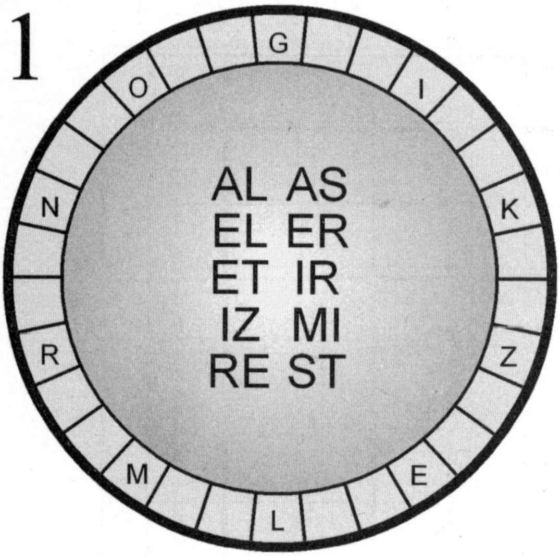

2

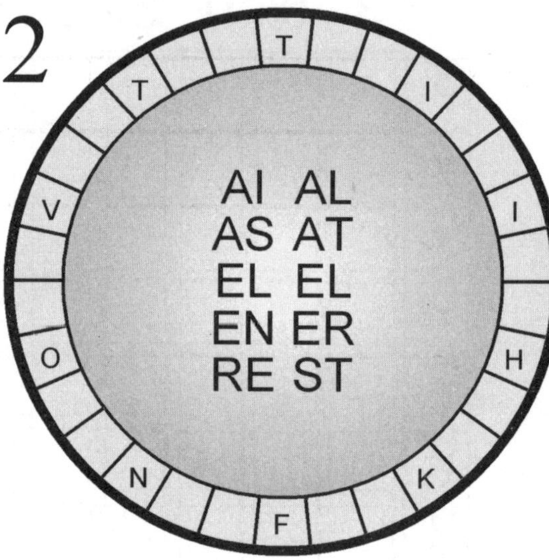

3

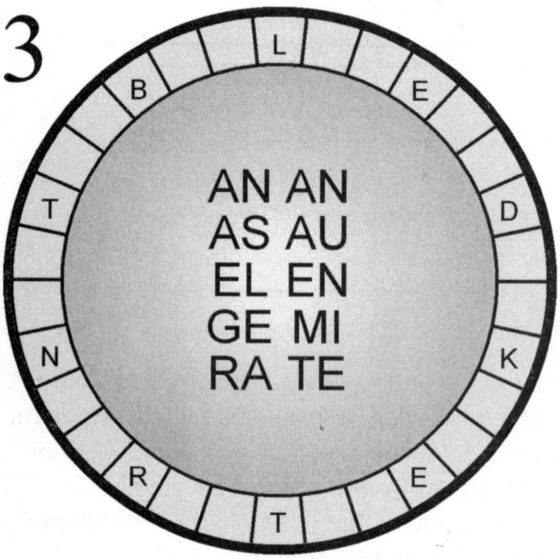

4

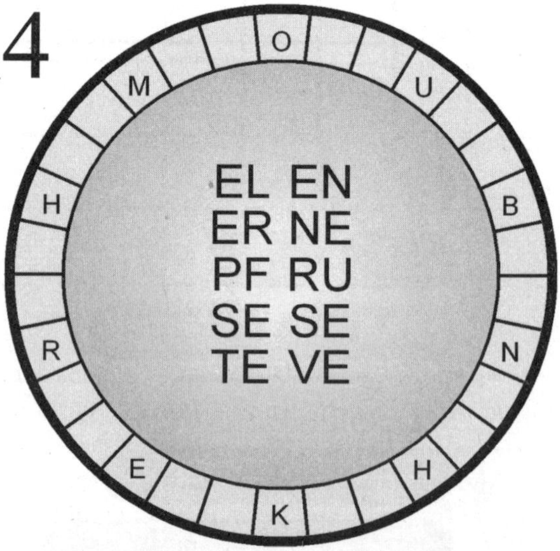

Denkspaß 012 — Schneckenrätsel

★★★★ Zeit: ___ Min.

Zuerst müssen die unten aufgeführten Begriffe gelöst und dann in Laufrichtung der Schnecke in das Diagramm eingesetzt werden, wobei die Wörter immer in den Eckfeldern starten und enden. Der Endbuchstabe des vorangegangenen Wortes ist also auch immer Anfangsbuchstabe des nächsten. Zu beachten ist, dass die zu lösenden Fragen ungeordnet aufgeführt sind. Bei richtiger Lösung ergibt sich in den getönten Feldern ein Sprichwort.

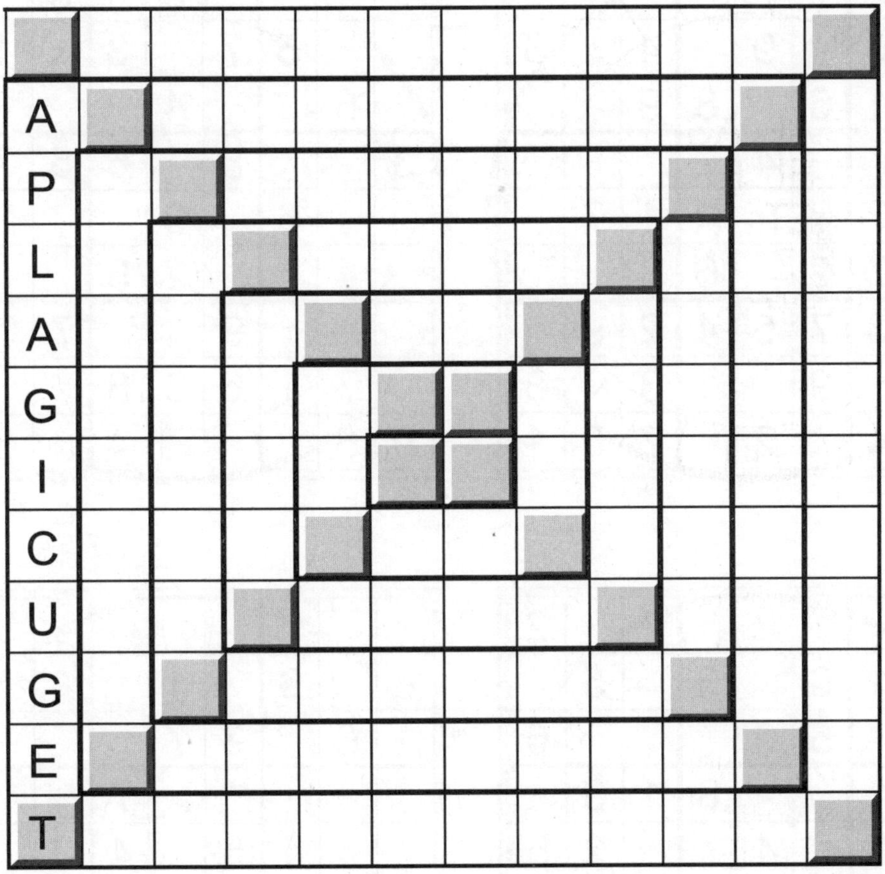

Witzbold • weniger bedeutsam • weißes liturgisches Gewand • unnützes Beiwerk • Getue • unbekannt (lateinische Abk.) • Teil mechanischer Uhren • Teil des Baums • süddeutsch: Hausflur • natürl. Haarfärbemittel • Name spanische Königinnen • Möbelstück • leer • Kultur • Hetze • Aufstachelung • ~~Hauptstadt v. Honduras~~ • Hauptfigur im Roman • fast, beinahe • egal • gleichermaßen • Dienststelle einer Behörde • denken • finden • chem. Zeichen für Neodym • byzantinische Kaiserin † 1050 • Burg an der Mosel

Denkspaß **013**

Sudoku

★★★☆
Zeit: ____ Min.

Bei diesem Rätseltyp sind die Zahlen 1 bis 9 in die leeren Felder der Grafik einzutragen, wobei sich jede dieser neun Zahlen genau einmal in einem Neunerblock, genau einmal auf jeder Horizontalen und genau einmal auf jeder Vertikalen befinden soll.

	5						1	7
	2	6		9		4		3
		1	6		8	9		
1				4				
	6	2				1	7	
		7	2		6	8		
8	1	3	7	5	4	2	9	
2			9		1	3		8
	9	4		2		7	5	1

7	1			6		8		2
		5	7		3		1	
	6			4				7
3			8		6	5	7	
		6		9			2	1
	4	7		2	5			
			9			7		8
	7	1	6	3	8			5
9	5				4		6	

6	5			8		7		2
		1	6		3		5	
	8		5	9				6
3					8	1	6	
		8		4			2	5
	9	6		2	1			
			4			6		7
	6	5	8	3	7			1
4	1				9		8	

							9	
8		9		1				
1	6		3	7				4
					7			9
		1	5		4	3		
7			1					
6				3	8		2	1
	1			2		7		6
	3							

Denkspaß 014 | ABC-Verfolgung | ★★★★ Zeit: ___ Min.

Bei der ABC-Verfolgung ist jeder Buchstabe des Alphabets in der Reihenfolge des Alphabets anzuspringen, wobei man sich auf den Linien (Kreisringen und Strahlen) bewegen muss, das Zentrum dabei aber nicht durchschreiten darf. (Mehrere Lösungswege sind dabei nicht ausgeschlossen.)

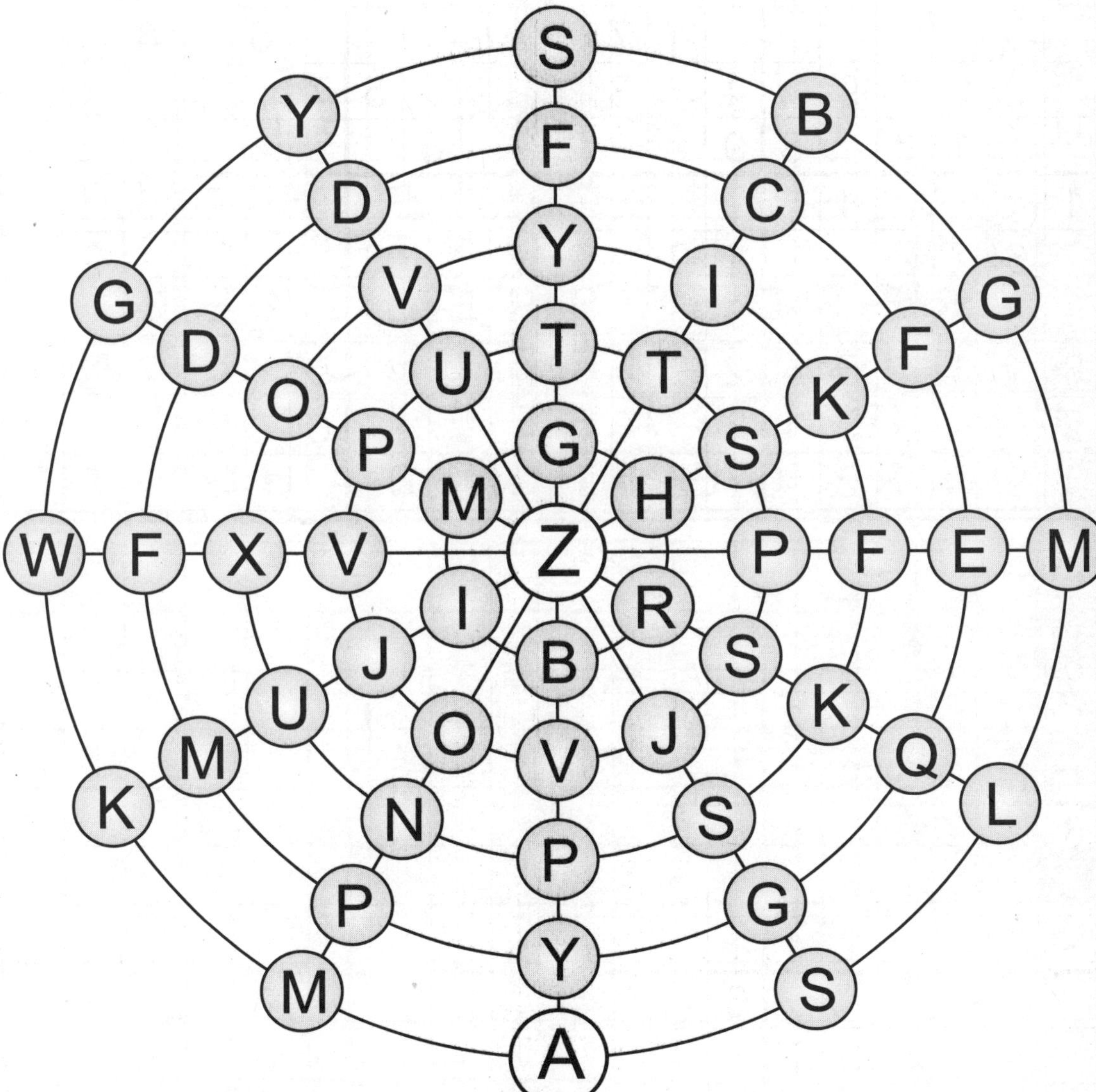

Denkspaß 015 | Kollapsrätsel | ★★★ Zeit: ___ Min.

Beim Kollapsrätsel wurden in der oberen Grafik die Blindfelder entfernt, wodurch die Buchstaben nach unten „gefallen“ sind. Durch Tüfteln muss das Rätsel rekonstruiert werden. Dabei hilft die erste Spalte, die bereits vorgegeben ist.

Q					D								S			B	
U	E		A	U	R	I	O		A	T	R	O	I		K	E	O
A	M	G	K	E	U	H	B	M	N	K	E	E	L	E	O	N	R
S	O	A	T	I	I	R	A	E	O	N	I	H	I	M	D	Z	A
T	N	R	E	S	D	E	T	E	R	E	C	L	K	E	E	I	A
G	I	N	I	E	E	T	M	R	B	T	H	O	O	S	L	N	A
U	N	O	D	R	N	R	A	E	E	E	T	L	N	E	T	A	T
T	O	I	R	E	G	E	N	T	O	N	B	A	U	S	A	T	Z

Q																	
U																	
A																	
S		(3)															
T					(2)												
■															(4)		
G											(6)						
U							(1)										
T																(5)	

1	2	3	4	5	6

Denkspaß **016**

Rechenräder

★★ Zeit: ___ Min.

Mit einer Zahl zwischen 1 und 9 sind sechs Rechenaufgaben hintereinander im oder gegen den Uhrzeigersinn abzuarbeiten, um auf das Endergebnis in der Mitte zu kommen. Bei welcher Rechnung müssen Sie anfangen, und welche Richtung ist richtig?

A

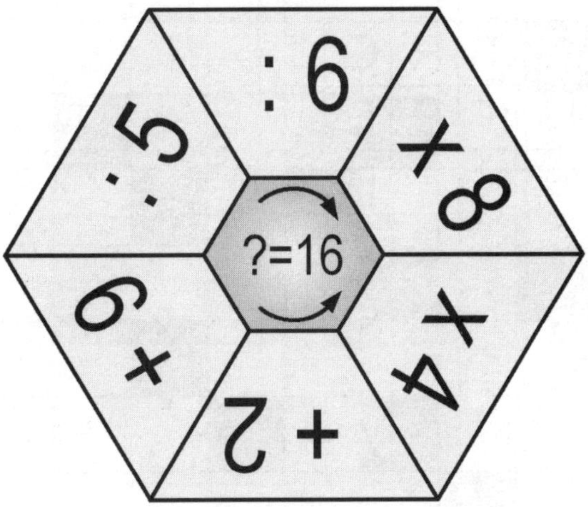

B

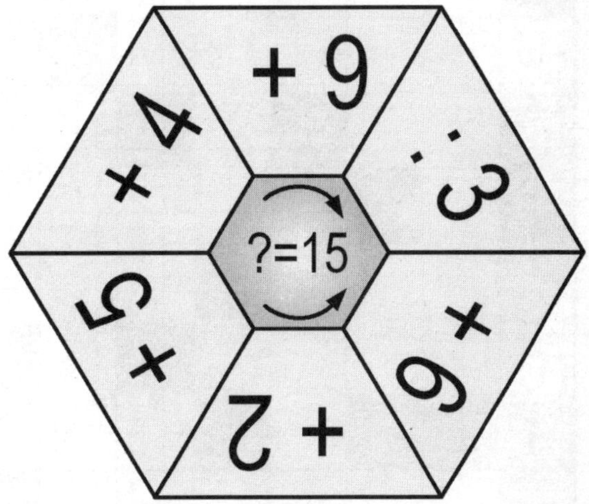

C

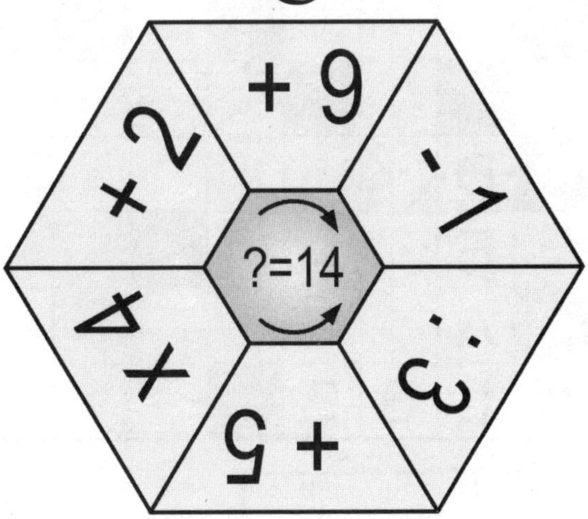

D

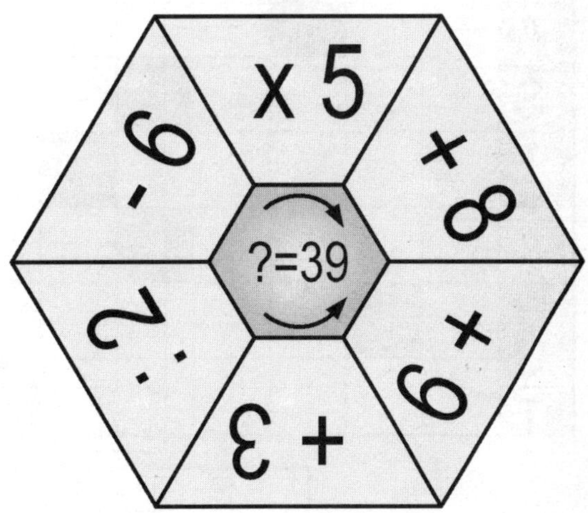

Denkspaß 017

Schüttelschwede

★★★★ Zeit: ____ Min.

Die in den Fragekästchen der Rätselgrafik stehenden geschüttelten Begriffe müssen gelöst – d. h. durch Neuordnung zu sinnvollen Begriffen gemacht – und in Pfeilrichtung eingetragen werden.

1	2	3	4	5	6	7	8	9

Denkspaß **018**	Von 0 auf 100	★★★★ Zeit: ___ Min.

Bei diesem Konzentrationsspiel sollen Sie mit einem Stift die Zahlen von 1 bis 100 möglichst schnell finden und abhaken.

61 22 38 68 48 16

33 9 88

60 10 81 71 41 75

7 93 52 17 77 36 83 62 85

51 27 29 49

99 26 70 47 96 8 73 2 56 5

45 20 100 65

59 50 64 30 98 54 15 82

43 42 34 19 90 1 23 79

84 78 57 63

3 37 94

87 39 72 24 67 46 6

12 28 32 11 31 86

18 35

97 91 76 58

4 66 53 25 95

55 21

92 44 74 13 89 14 40 80 69

Denkspaß **019**

Sudoku-Kreis

★★ Zeit: ____ Min.

Ähnlich wie beim klassischen Sudoku müssen die Zahlen 1 bis 9 genau einmal auf jedem Ring, auf jedem „Strahl“ von außen nach innen und auf jedem dick umrandeten Teilstück vorkommen.

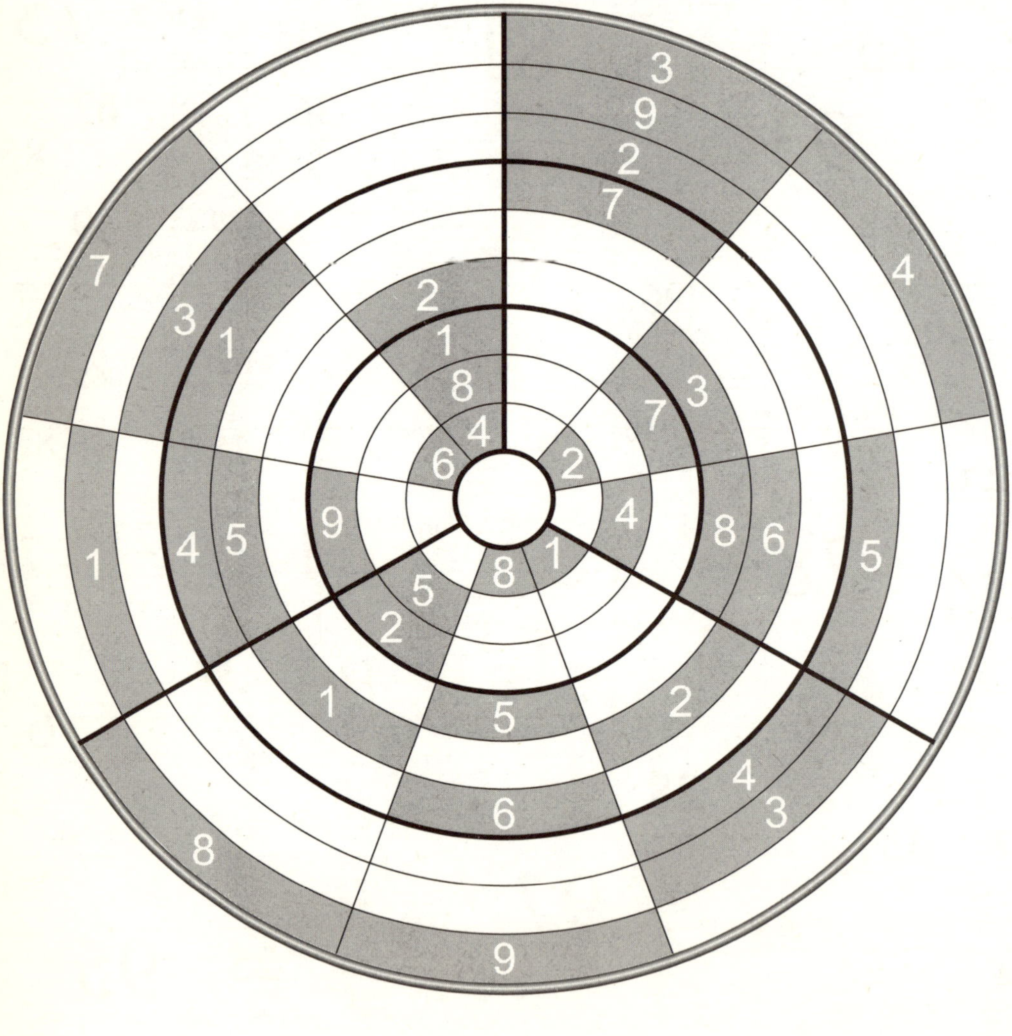

Denkspaß 020 Selfmadeschwede

★★★★
Zeit: ___ Min.

Die unter der eigentlichen Rätselgrafik stehenden Kästchen müssen gelöst werden. Da die Kästchen aber ungeordnet vorliegen, muss erst die genaue Position des gelösten Begriffs ermittelt werden. Dann kann ein Wort in die Rätselgrafik eingetragen werden. Wenn in den Kreisen der Rätselgrafik Zahlen stehen, so zeigen sie an, dass das Textkästchen mit der entsprechenen Zahl unterhalb der Grafik dem Kästchen in der Grafik zugeordnet werden muss, also der gelöste Begriff dort in Pfeilrichtung einzutragen ist.

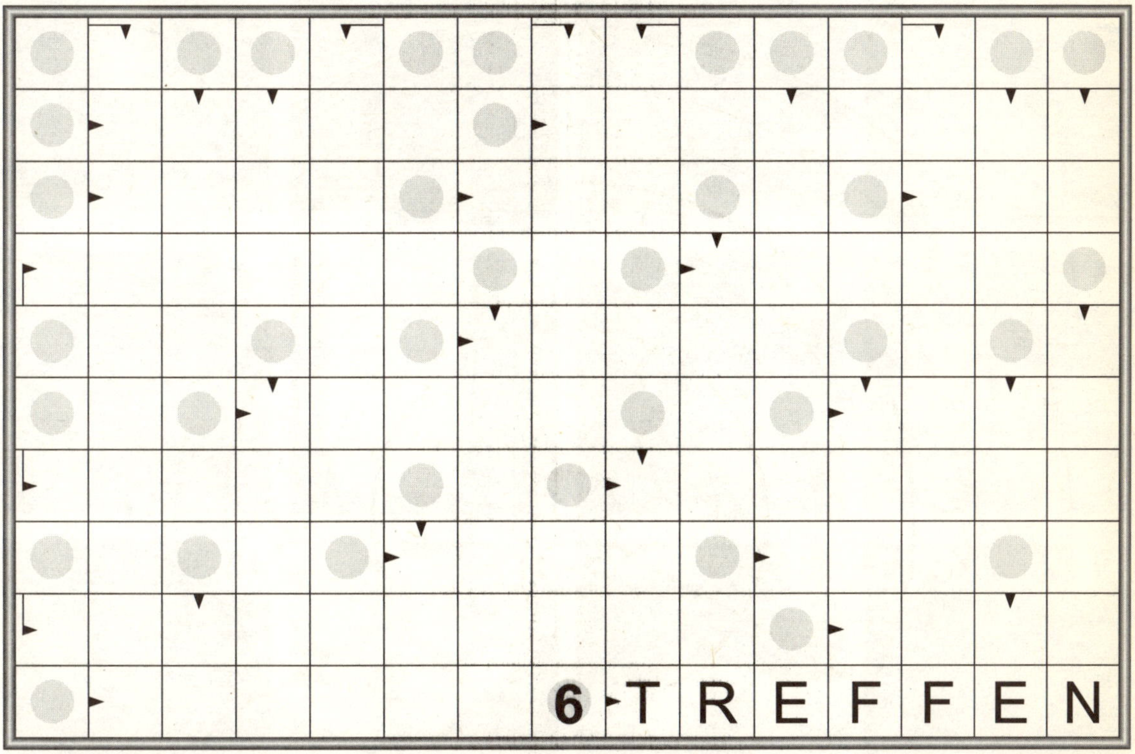

1 eingedickter Fruchtsaft	2 Jauche	3 Schicht beim Kohleabbau	4 Apfelsorte	5 Wolle lieferndes Tier	6 das Ziel nicht verfehlen	7 persönlicher Geschmack	8 von Sinnen	9 Elfenkönig	10 Geliebte von Lohengrin
11 sehr starker Wind	12 Nierensekret, Harn	13 kurz für: eine	14 Gleisanlage	15 nordschott. Grafschaft	16 Abonnement	17 Gebirgsmulde	18 jordanische Münze	19 Heimchen	20 Mongolendorf
21 Fluss durch Florenz	22 Baumfrucht	23 engl. Fürwort: er	24 unreifer junger Mensch	25 Ausruf des Erstaunens	26 altgriech. Philosophenschule	27 Fremdwortteil: vor	28 Schneegleitbrett	29 Sieb	30 westl. Militärbündnis (Abk.)
31 Halbedelstein	32 Abheben einer Rakete	33 Luftwedel	34 ganz knapp (ugs.)	35 eine Hochschule (Abk.)	36 Rauschgifthändler (engl.)	37 Flüssigkeitsmaß (Abk.)	38 Beherztheit		

Denkspaß **021**

Fotopuzzle

★★★★ Zeit: ____ Min.

Wie müssen die Puzzleteile zusammengesetzt werden, damit das komplette Originalbild erscheint? Tragen Sie die Nummern in die entsprechenden leeren Felder unten ein.

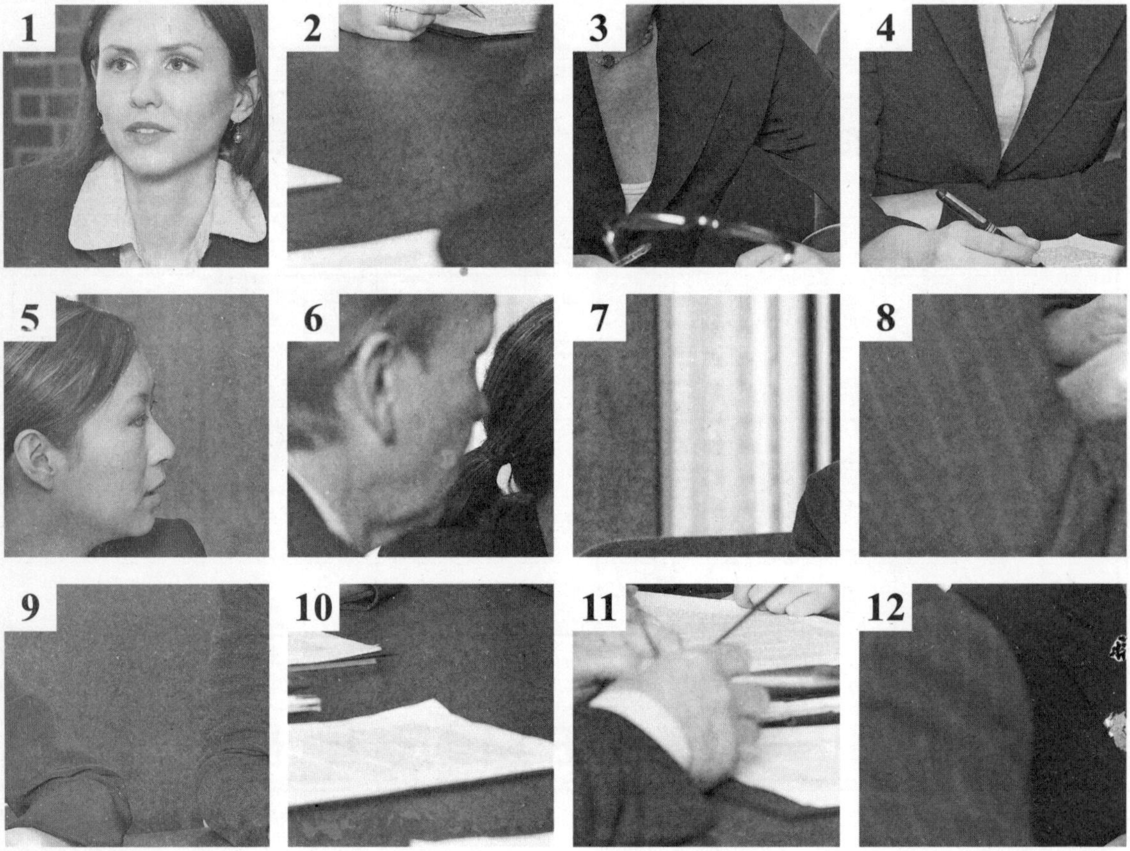

Denkspaß **022**

Tüftelrätsel

★★★★ Zeit: ___ Min.

Die im Fragetext aufgelisteten „geschüttelten" Begriffe und Definitionen sind zu lösen. Wenn ausreichend gelöste Begriffe vorliegen, kann damit begonnen werden, die genaue Position der Begriffe in der Rätselgrafik zu ermitteln. Sinnvollerweise sollte hierbei mit den längsten Begriffen begonnen werden.

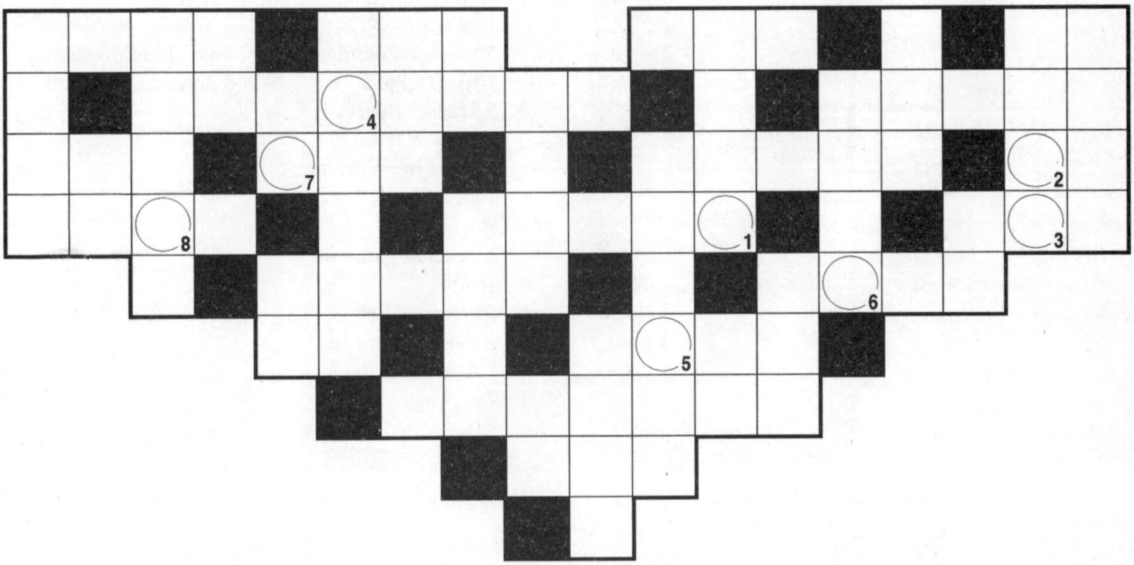

1	2	3	4	5	6	7	8

Waagerecht:
BEEER – im Stil von (franz.) – Stadtteil von München – biblische Bez. für das Paradies – Abk.: am Ende - DIOSS – Gemeinde, Dorf – persönliches Fürwort – langweilig – Bildaufzeichnung (Kw.) – ein Verkehrszeichen – AILS – Laut, Klang – dreiteiliger Film – Schmalzkringel – eintönige Landschaft – chem. Zeichen für Calcium – Büro eines Rechtsanwalts – ES

Senkrecht:
die Heilige Schrift (Mz.) – eh. Filmgesellschaft (Abk.) – Teil der Bibel (Abk.) – verehrtes Vorbild – Fremdwortteil: zu, nach – US-Schauspielerin (Sydne) – Form des Sauerstoffs – DE – US-Schriftsteller † 1849 – Hunnenkönig – FI – AA – Notsignale – Initialen des Autors Gide † – MR – Papierzählmaß – rumänische Währung – DEIR – englisch: ist – DLO – ARST – CEHU

Denkspaß 023 | Stufenrätsel

★★ Zeit: ____ Min.

Bei diesem Rätsel sind zeilenweise drei Begriffe zu finden, die miteinander verschmelzen.

A

Links der Stufen:
1 röm. Zahlzeichen: hundert
2 zwecks
3 Knabenstimmlage
4 Richtschnur
5 Transportgerät

Rechts der Stufen:
1 griechische Vorsilbe: Stern
2 Beschädigung im Stoff
3 flüssiges Fett
4 franz., span.: in
5 Abk.: Newton

Durchgehend:
1 kuban. Staatsmann
2 Kontur
3 Schmierstoffabfall
4 vereinheitlichen
5 einfaches Gefährt

B

Links der Stufen:
1 Abk.: Gramm
2 deutsche Vorsilbe
3 englisch: neu
4 jede, jeder
5 träge, schlaff

Rechts der Stufen:
1 schweiz. Alpengipfel
2 Speise, Gericht
3 Insel in der Irischen See
4 en vogue
5 portugiesisch: und

Durchgehend:
1 Violinenspieler
2 Ehemann
3 amerik. Schauspieler (Paul)
4 ohne Begleitung
5 Verbindungsstück

Denkspaß 024 | Wörter im Achteck | ★★★☆ Zeit: ____ Min.

Wählen Sie aus jedem Dreieck einen Buchstaben und finden Sie im oder gegen den Uhrzeigersinn das gesuchte Wort.

1

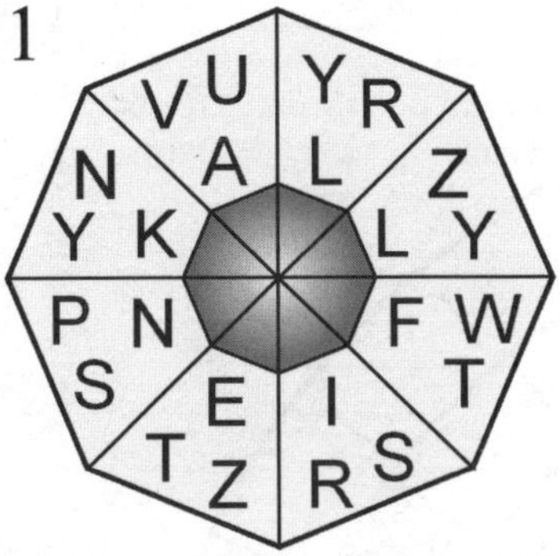

2

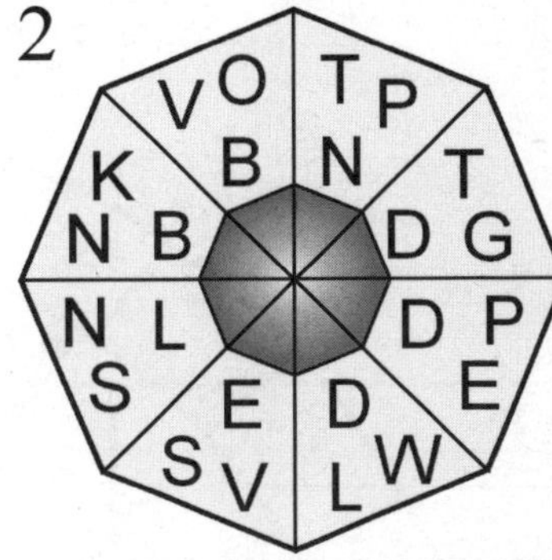

3

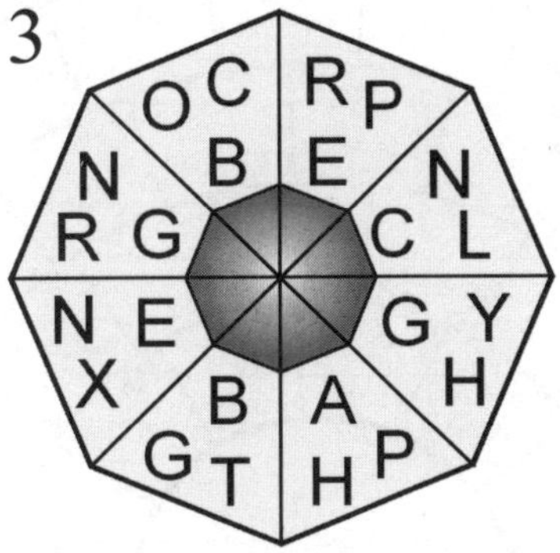

4

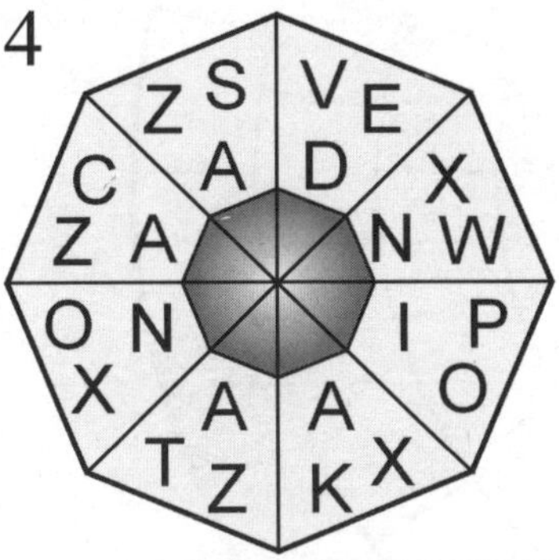

5

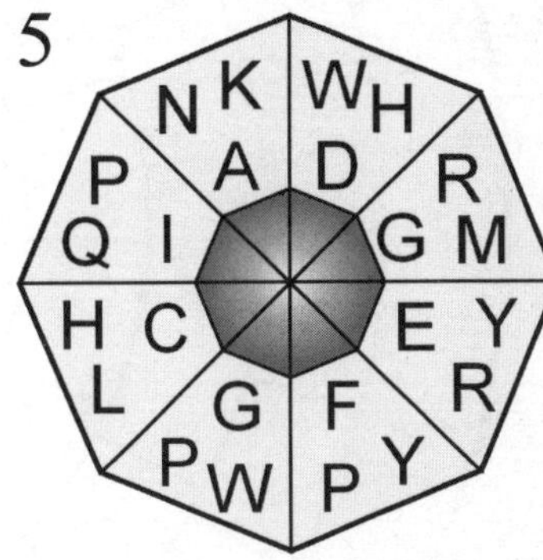

6

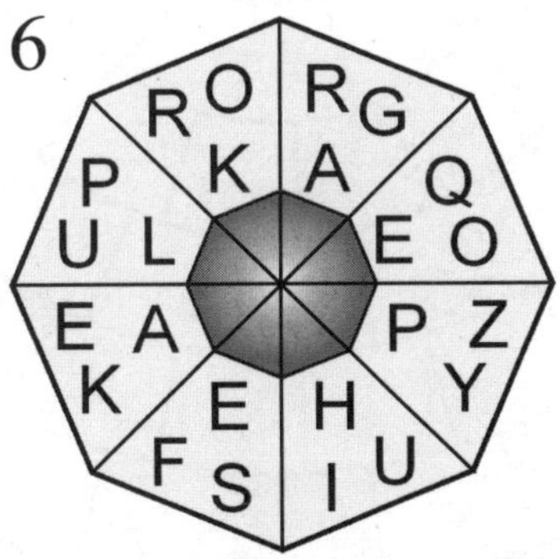

7

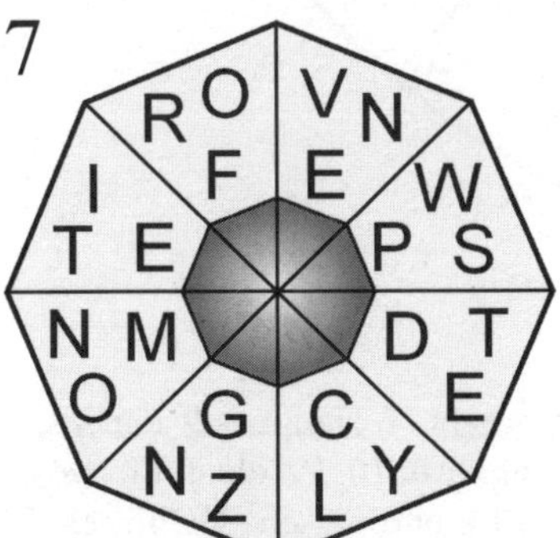

8

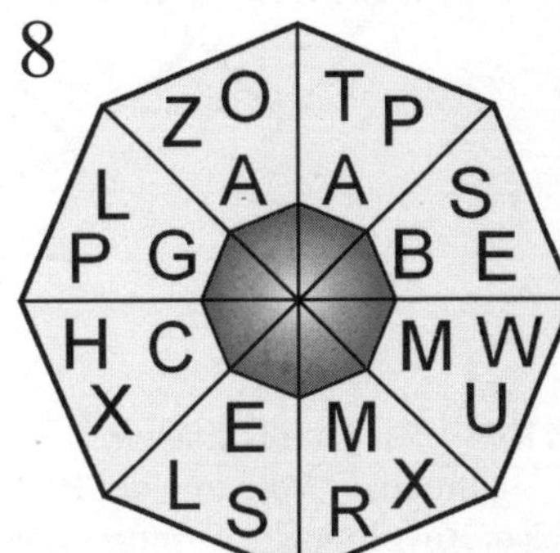

Denkspaß **025**

Spiralrätsel

★★★★
Zeit: ____ Min.

Die Wörter beginnen mit der Zahl und enden mit der nächsten. Der Endbuchstabe ist somit immer der Anfangsbuchstabe des nächsten Wortes. Die schattierten Felder ergeben – von außen nach innen gelesen – ein Sprichwort.

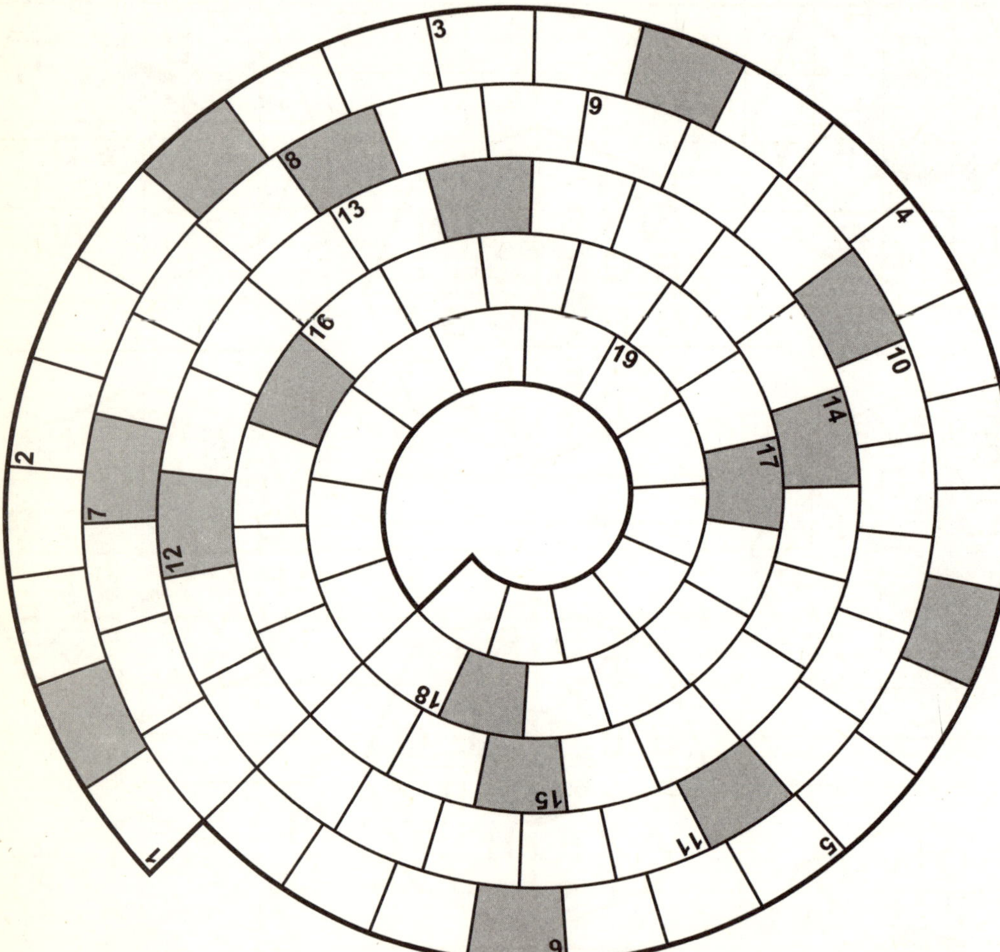

1. Königreich am Himalaja, 2. der Teufel, 3. schnell laufen, 4. wiederholt, erneut, 5. Hauptstadt Jemens, 6. Baumteil, 7. Vorname der Palmer, 8. Donauzufluss in Bayern, 9. Fischfangkorb, 10. Parole d. Französischen Revolution, 11. Impression, 12. Geräusch bei Glasbruch, 13. Tratsch, 14. europäische Halbinsel, 15. weitmaschige Unterwäsche, 16. verfahrene Situation, 17. Heil-, Bildungsstätte, 18. fehlerfrei, 19. Gemüsepflanze

Denkspaß **026**	# Des Rätsels Kern	★★★★ Zeit: ___ Min.

Die in den grauen Kästchen stehenden Buchstaben sind jeweils die Konsonanten des gesuchten Wortes. Es fehlen also jeweils die Vokale. Durch Ausloten der Kombinationsmöglichkeiten sollen alle weißen Felder mit sinnvollen Wörtern belegt werden.

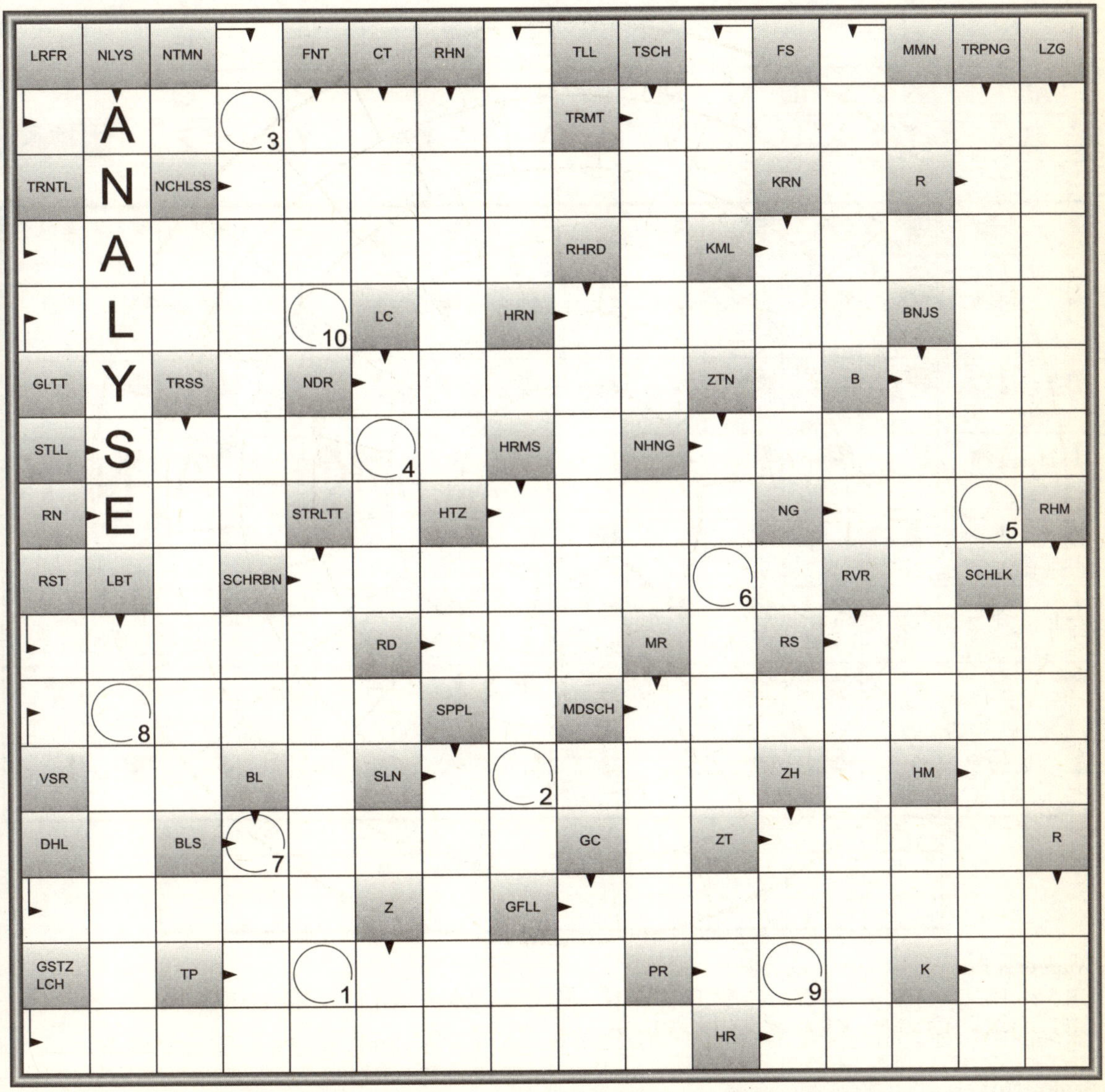

1	2	3	4	5	6	7	8	9	10

Denkspaß 027 Tiergruppenrätsel

★★★★ Zeit: ___ Min.

Ein Symbol steht jeweils für drei Buchstaben bzw. für zwei Buchstaben und das Blindfeld. Sämtliche unten aufgeführten Wörter sind in die Grafik einzutragen. Durch Ausprobieren und unter Mithilfe des Symbolschlüssels kann die richtige Position ermittelt werden.

A	B	C	D	E	F	G	H	I
J	K	L	M	N	O	P	Q	R
S	T	U	V	W	X	Y	Z	■

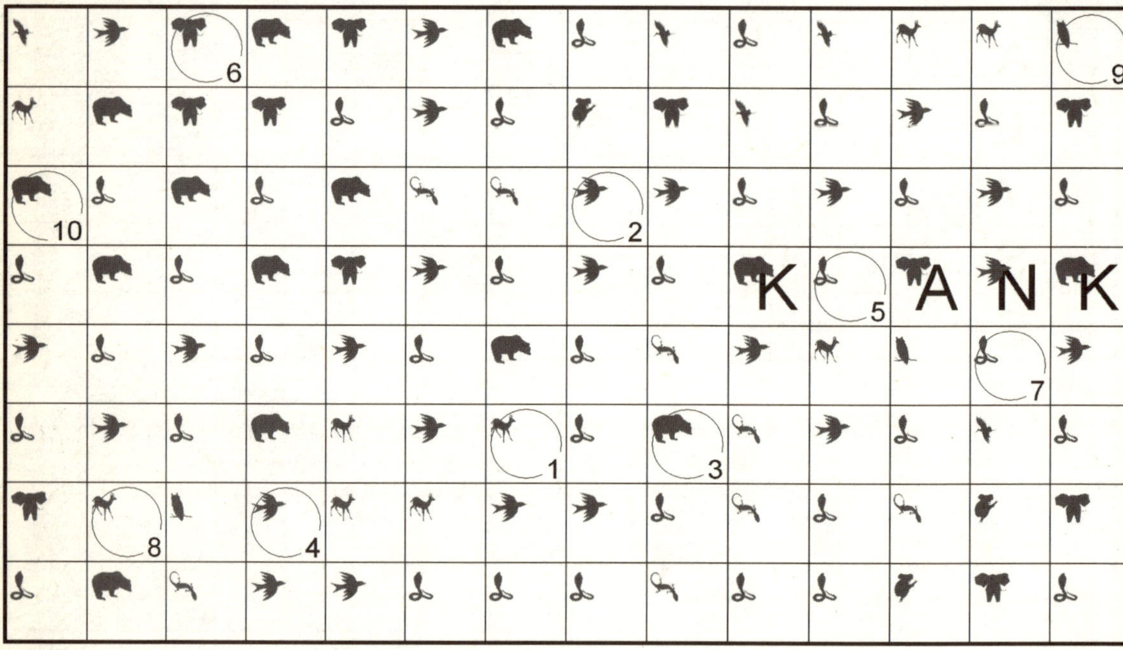

1	2	3	4	5	6	7	8	9	10

Waagerecht:
UKAS - BOE - MAGIE - TITAN - SCHELLEN - IKONE - OMA - BLEU - ER - BRONCHIE - FIRMA - GESTANK - BOXEN - KRANK - NIE - PUCH

Senkrecht:
GUT - KNOFI - SATIE - EK - PIERCE - TS - OB - NEON - BAELLE - MEER - HO - OM - BEN - HARKE - SI - PAN - BUER - UE - AH - TIECK - ENIGMA - EL

Denkspaß **028**	# Drei Freunde	★★★☆ Zeit: ___ Min.

In dieser Gedächtnisübung sollen Sie sich alle Zahlen und deren Position im oberen Bild gut einprägen. Dann decken Sie dieses obere Bild bitte ab, und tragen Sie im unteren Bild die fehlenden Zahlen ein. Achtung: Das untere Bild ist gespiegelt!

Denkspaß 029 — Randbuchstaben

★★☆☆ Zeit: ____ Min.

In diesen Logikrätseln müssen die Buchstaben A, B, C und D jeweils genau einmal in jeder Zeile und in jeder Spalte eingetragen werden. (Ein Feld bleibt somit in jeder Zeile und Spalte leer.) Die Buchstaben am Rand geben den aus dieser Position ersten Buchstaben an. Wenn also rechts neben dem Gitter ein B steht, dann ist in dieser Zeile von rechts gesehen das B der erste Buchstabe.

1

					A	
D						B
A						
B						A
	A	D		A		

2

	A	B		A		
C						A
A						
B						C
					A	

3

	D		C		A	
						B
D						
		B	B			

4

	A			D	A	
A						
	B		B			

Denkspaß **030** | # Ziegelrätsel | ★★★★ Zeit: ___ Min.

Die „Rätselziegel“ des ursprünglichen Rätsels sind durcheinandergewürfelt. Durch Ausprobieren sind die Rätselziegel an die richtige Stelle zu setzen, sodass sich daraus wieder ein „normales“ Kreuzworträtsel ergibt.

R	A		K	O	M	O	S		T		S	B	I		E	N	
E	N	Z		M		S		H	I	T	L	E	L	I	D		M
	D		W	A	T	S	P	O		M	O	T	E		E	A	U
T	R	E	L	A	E	B	E	S	Z	E		T	A	U	E	G	U
A	S		N		D	E	N		I	N	N	A	U	T		I	N
N		R		J	E	N		B	L	E		L		H	R		D
L	E	F	R		G		L	O		G	E	R	A	S	I		R
	M			S	A	S	I	D	E	E	N		R	E	E	I	A
V	I	E	T	O	N	I	S	O		L	E	A	T		N	S	O

	R	E	S	I	D	E	N	Z									
			Z	E													
			I	N	N												
			L	E													

Denkspaß **031** | **Kakuro-Quersummenrätsel** | ★★★★ Zeit: ____ Min.

Beim beliebten, aber auch schwierigen Kakuro sollen Sie Zahlen von 1 bis 9 in die leeren Felder eintragen. Dabei muss die jeweils links bzw. oben vorgegebene Summe bei jedem horizontalen bzw. vertikalen Zahlenblock berücksichtigt werden. In jedem dieser Blöcke darf eine Zahl höchstens einmal verwendet werden.

Denkspaß 032

Einer zu viel

★ Zeit: ___ Min.

In jedem Kästchen stehen zwei Buchstaben, aber nur einer ist richtig. Durch Streichen eines dieser Buchstaben müssen sowohl waagerecht wie auch senkrecht sinnvolle Begriffe entstehen.

S/R	K/I		N/B	E/A	T/D	T/O		M/E	T/P	W/O	U/A	S/P		T/S	U/O	S/L	V/O
T/O	R/E	U/T	T/E	M/D	M/K	E/B	R/I		Y/U		R/C	O/E	Z/T	T/R	P/E		Z/N
R/L		M/E	P/F	I/F		Z/L		K/F	U/R	V/U	M/K	M/F		R/K		G/E	I/E
M/A	Z/U		T/K		S/C	I/H	N/M	O/A	P/N		F/E		S/R	U/A	O/M	V/E	
U/T	N/K	R/A	U/M	T/H	V/I	O/G		J/D		P/B	R/H	I/D	T/P	S/B	N/C	M/H	E/D
S/I	I/E	M/E	W/N		O/L		T/S	U/O	V/L	T/L		L/K	T/O	S/G		K/A	
T/S		H/C		N/L	Z/O	V/K	L/I	T/P	L/A	O/E	T/P		Y/L		V/A	D/B	S/I
	T/D	Z/H	V/A	W/I		P/I	C/B	K/E		S/R		R/L	P/E	N/H	N/A	E/B	R/N
O/L	O/G	K/E	T/F	P/E	N/H		W/H		E/C	S/H	S/C	W/E	W/N		K/E		S/L
I/H	R/N	V/N		Y/D		Z/R	P/E	Y/U	Y/S	K/E		V/I		O/C	B/A	S/G	T/B
	Z/L		S/D	M/E	U/G	M/E	L/C		R/D		P/G	I/G	E/C	R/L		T/L	O/A
M/B	O/D	P/D	E/A	R/F		I/G		E/D	L/A	R/H	S/L	H/E	H/A	R/E	O/N		M/B
U/P	S/N		L/E		T/B	N/I	S/G	D/A		T/A	M/A	R/K		S/M		W/R	I/F
R/E		E/A	P/B	S/E	R/H	M/B	W/A	R/L	S/G		S/I		R/D	W/E	I/G	Z/E	L/E
O/N	P/E	U/O		R/M	E/C	O/E		S/B		D/B	U/G	Z/K	S/E	S/A		L/K	
L/A	V/L	H/G	W/E		Z/G		Y/P	W/E	T/K	L/E	R/C		N/E		P/F	G/E	H/B
V/U		I/E		F/A	N/I	T/C	O/F	N/H		V/O		S/C	Y/P	U/P	R/E	L/K	E/A

Denkspaß 033 — Rätselwurm

★★ Zeit: ____ Min.

Die gesuchten Begriffe sind mithilfe der Definitionen im Fragetext zu lösen und unter der jeweiligen Nummer in die Rätselgrafik einzutragen.

A

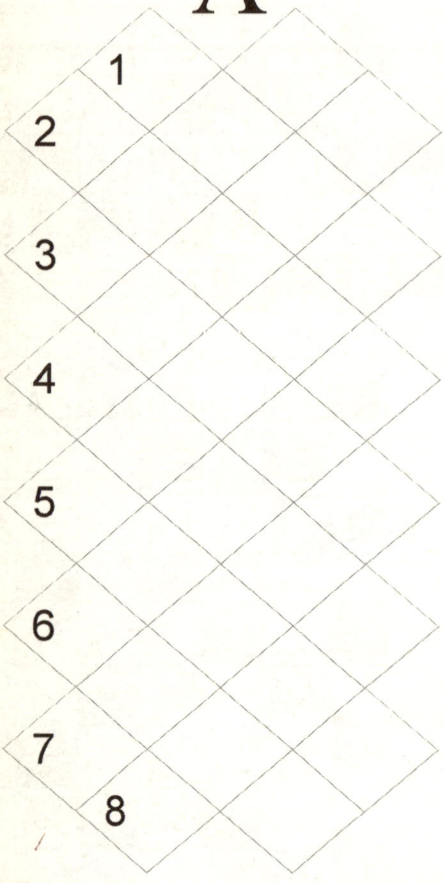

B

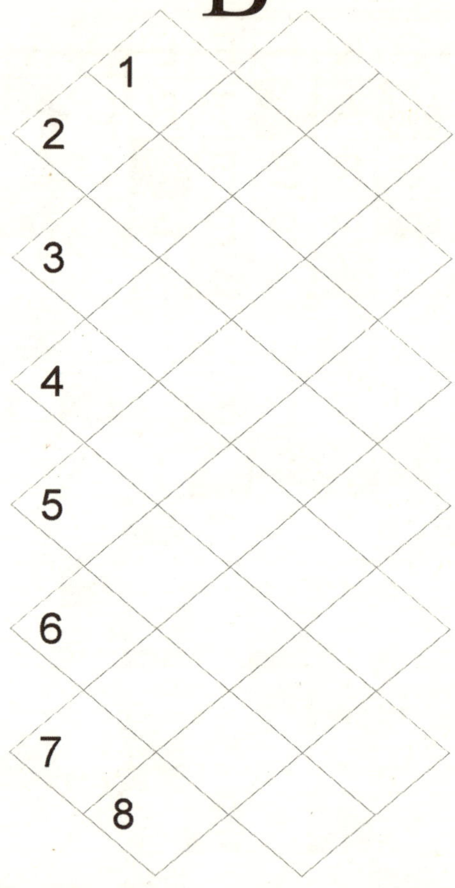

Nach rechts oben:
2. männlicher franz. Artikel, 3. Gaststättenbesitzer, 4. Festplatz in München, 5. Nebel, 6. Florentiner Dichter † 1321, 7. formlos bei der Anrede (zwei Wörter), 8. deutscher TV-Sender

Nach rechts unten:
1. vorher, 2. bergmänn.: enge Kluft, 3. Indianerstamm in Nordamerika, 4. Verletzung, 5. Pfeilwurfspiel, 6. grob, übel, 7. Kosewort für Vater

Nach rechts oben:
2. spanisch: ja, 3. Dringlichkeitsvermerk, 4. zeitlich abstimmen (engl.), 5. hohe Männersingstimme, 6. poetisch: Frühling, 7. rundherum, 8. leidenschaftliche Wut

Nach rechts unten:
1. Kammmacherwerkzeug, 2. Jünger Jesu, 3. unbestimmter Artikel (2. Fall), 4. Backmassen, 5. südamerikanischer Tanz, 6. Katzenlaut, 7. Abk.: Rechnungsrat

Denkspaß 034 | Tauschrätsel | ★★★☆ Zeit: ____ Min.

Die Buchstaben der waagerechten Wörter sind durcheinandergeraten und müssen wieder zu sinnvollen Begriffen zusammengestellt werden. Wenn dies gelingt, ergeben sich auch senkrecht automatisch sinnvolle Wörter.

R	O	K	F	F	E	■	R	M	D	A	■	W	T	S	E	A	■
A	■	A	■	T	R	O	N	L	I	E	A	■	O	■	T	S	E
S	S	R	E	E	■	L	E	E	■	B	■	U	T	N	L	E	■
S	R	R	P	E	A	■	M	■	R	I	E	B	B	■	R	■	U
N	E	E	■	G	■	O	L	H	E	B	■	M	■	N	H	H	A
■	S	■	U	N	E	E	B	■	T	■	U	R	A	A	■	S	E
U	R	F	E	E	■	C	■	Z	U	T	R	M	I	E	A	■	T
O	N	■	F	■	T	I	H	A	■	F	E	E	■	B	■	E	D
X	■	T	S	O	G	E	B	A	A	■	M	■	T	L	G	E	A

						■			(7)		■						■
	■		■				(8)					■		■			
		(4)			■				■								■
						■		■		(2)				■		■	
	(3)		■		■						■		■				(6)
■		■		(5)				■		■					■		
					■		■					(1)				■	
		■		■					■				■		■	(9)	
	■									■		■					

1	2	3	4	5	6	7	8	9

Denkspaß 035 | Zahlenschwedenkombi

★★ Zeit: ____ Min.

Die in den Fragekästchen der Rätselgrafik stehenden Texte müssen gelöst und in Pfeilrichtung eingetragen werden. Für den Zahlenkreuzwortbereich gilt: Gleiche Zahlen bedeuten gleiche Buchstaben. Durch Ausprobieren ist jeder Zahl ein Buchstabe zuzuordnen und in die Rätselgrafik einzutragen, sodass ein vollständiges Rätsel entsteht.

1	2	3	4	5	6	7	8	9	10	11	12	13	14	15	16	17	18	19	20	21	22	23	24	25	26
																					*	*	*	*	*

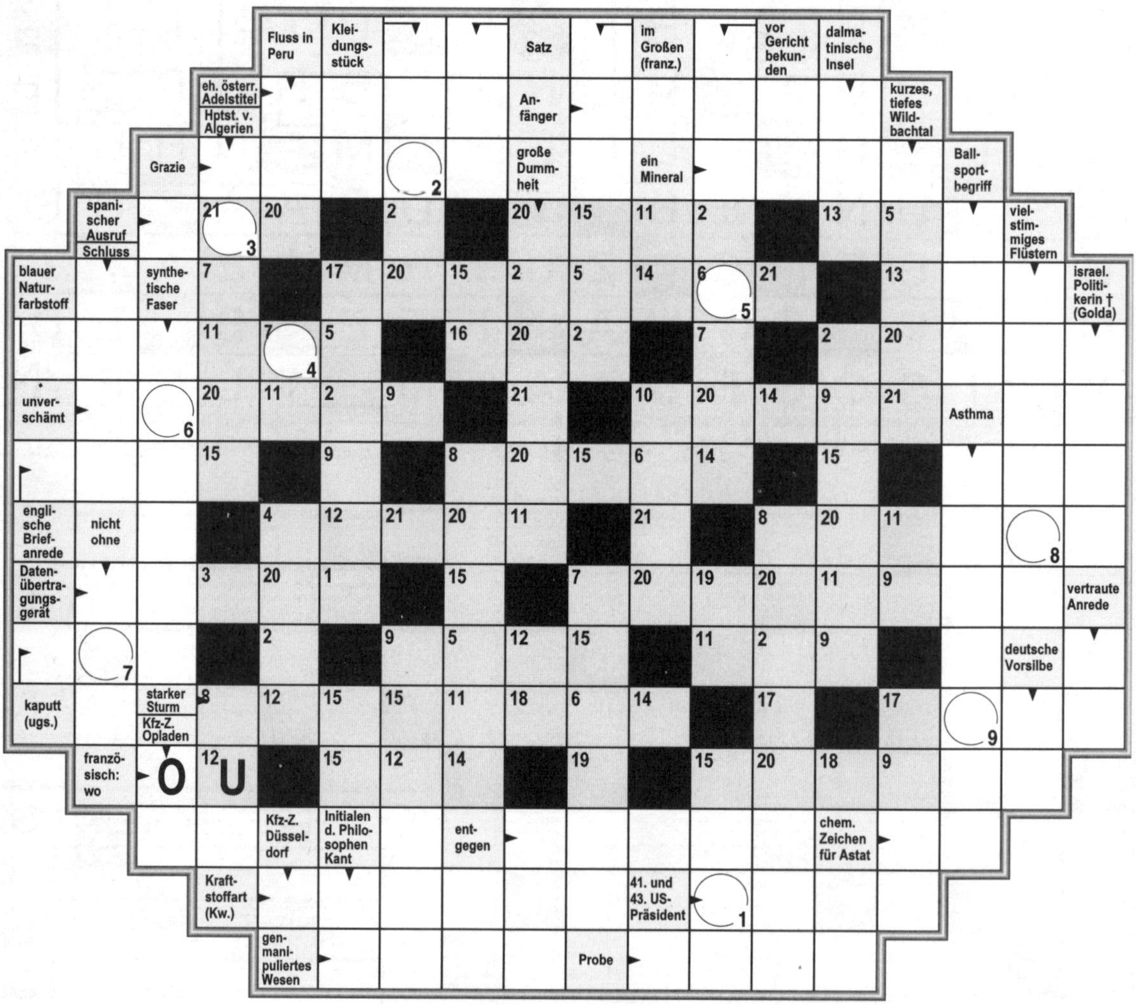

1	2	3	4	5	6	7	8	9

Denkspaß 036 | Vokalsuche | ★★★★ Zeit: ___ Min.

Die leeren Felder sind mit Vokalen auszufüllen, sodass sich sinnvolle Begriffe ergeben.

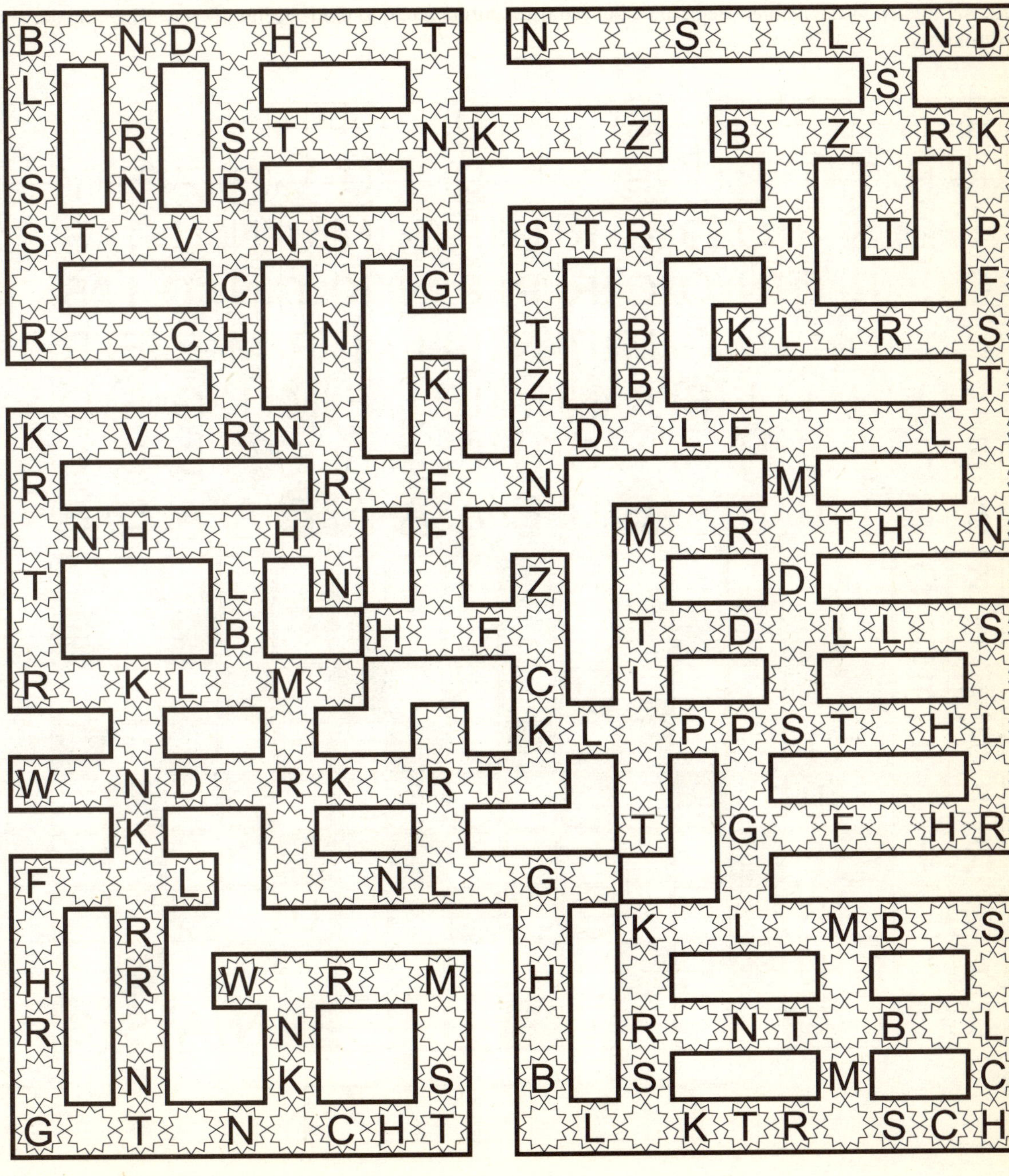

Denkspaß 037	Flipper	★★★☆ Zeit: ____ Min.

Über der Rätselgrafik befinden sich spaltenweise die Buchstaben, die in die jeweilige Spalte gehören – allerdings nicht in der richtigen Reihenfolge. Durch Ausprobieren und Tüfteln und den Vergleich mit den möglichen waagerechten Begriffen sind die Buchstaben an die richtige Stelle der jeweiligen Spalte einzutragen.

R						S			U		T					
K	R	T	T	R	T	S			Q	T	O	V	R	Z	S	V
I	O	S	R	O	O	R	R	U	P	R	N	U	N	U	I	S
G	L	R	O	N	O	O	R	P	P	N	K	T	N	T	I	S
E	L	O	L	N	G	M	P	N	L	L	I	R	M	R	E	R
B	I	N	I	I	B	K	N	M	L	I	F	M	I	G	E	O
B	F	L	E	H	A	I	G	H	E	A	E	E	E	D	D	L
A	E	I	B	E	A	E	C	E	A	A	A	E	A	A	D	B

K	O							■			I					
I	R		■		■						F			■		■
■	F	■	L				■				■		■			
B	E		I				(3)	■		■				(1)		■
E	■		B		■		■		(2)				■		■	
R	I	■	E	■		(5)				■		■				
G	(8)		R				■	(7)	■			U		■		
A	L	S	O	■	(6)	■						(4)			■	
B	■		■					■				■	N	A	S	S

1	2	3	4	5	6	7	8

Denkspaß 038 | Multiplikationsrätsel | ★★★☆ Zeit: ____ Min.

In die neun leeren Kreise sind die jeweils oben angegebenen Zahlen so einzusetzen, dass die Rechnung schlüssig wird. Sie dürfen hierbei zwar einen Taschenrechner benutzen; versuchen Sie dennoch, ihn möglichst selten einzusetzen.

A

1	8	20
4	9	23
5	19	27

◯	×	◯	×	◯	=	180
×		×		×		
◯	×	◯	×	◯	=	3680
×		×		×		
◯	×	◯	×	◯	=	513
=		=		=		
2484		40		3420		

B

1	11	18
4	16	19
10	17	29

◯	×	◯	×	◯	=	323
×		×		×		
◯	×	◯	×	◯	=	5104
×		×		×		
◯	×	◯	×	◯	=	720
=		=		=		
4930		198		1216		

Denkspaß **039** | Endspiel | ★★ Zeit: ____ Min.

Bei diesem Rätsel sind alle Begriffe bereits vorgegeben, aber ungeordnet und ohne Trennung aneinandergereiht. Sie finden sie unter dem Rätselgitter. Als Hilfe sind jedoch die Endbuchstaben aller Wörter, die länger sind als zwei Buchstaben, bereits eingetragen.

RAGTIMEBASSINTASSOPAGEBASAEIMAABNDADERREGLERPEAR-
LYENDEREVUESEILBAHNMEAEWEHMUTMEIERWESENSORAGIOAHIHSH
EKIMMEAIMISTRALWINDKISTENMIMETJAILALFLURELIEBLUETEIMOMARO-
MAGNUSIOMOSONARGOWOCHEORGELIREBRAUEREIURIRRBREMERBREI-
TETRAUBEARGUMENTISAIISAUTESTARETWASSTUNTSUKUEBELBUBEFURI-
OSHUESUEDENGUREUERMUMIEKY

Denkspaß 040 | Begriffsgleichungen

★★★☆ Zeit: ___ Min.

Ersetzen Sie die Buchstaben durch die gefragten Begriffe, sodass die jeweilige Wörtergleichung eine sinnvolle Lösung bzw. ein sinnvolles Lösungswort erhält.

1

$$(a - b) + (c - d) + (e - f) + (g - h) + (i - j) + (k - l) + (m - n) = X$$

a = Bewegungsorgan, b = griech. Göttin der Kunst, c = Rundfunksprecher, d = Kleintiergattung, e = beweglicher Sturzhelmteil, f = Zahlwort, g = fortbewegen durch die Luft, h = flach positionieren, i = anmutig, j = Gegenstand der Artussage, k = Backwarenhersteller, l = Wange, m = schüren, n = Spezialgebiet, X = das Lösungswort

2

$$(a - b) + (c - d) + (e - f) + (g - h) + (i - j) + (k - l) + (m - n) = X$$

a = fugenloser Fußboden, b = deutscher Ex-Tennisprofi, c = Stieftochter von Herodes, d = Hauptstadt Togos, e = Lust, Reiz, f = norddt. Landeshauptstadt, g = unsinnige Ideen, h = Fussel, i = Unterarmknochen, j = Laubbaum, k = Dusche, l = veraltet: Kusine, m = Glasbruchstück, n = Südslawe, X = das Lösungswort

3

$$(a - b) + (c - d) + (e - f) + (g - h) + (i - j) + (k - l) + (m - n) = X$$

a = verborgene Kostbarkeit, b = Treibjagd, c = Autor von „Faust“, d = Ostgermane, e = nicht einmal, f = eigentlicher Vorname Atatürks, g = Wichtigtuerei, h = Geschenk, i = nordeuropäischer Inselstaat, j = Mineralkörnchen, k = kernig, l = Inhalt der Knochen, m = Flagge, n = Ächtung, X = das Lösungswort

Denkspaß 041

Zeitablauf

★★★★ Zeit: ____ Min.

Ordnen Sie die Bilder so, dass ein zeitlich logischer Ablauf resultiert.

1

2

3

4

5

6

Zeitlicher Ablauf: ☐ → ☐ → ☐ → ☐ → ☐ → ☐

Denkspaß **042** | # Kollapsrätsel | ★★★ Zeit: ____ Min.

Beim Kollapsrätsel wurden in der oberen Grafik die Blindfelder entfernt, wodurch die Buchstaben nach unten „gefallen“ sind. Durch Tüfteln muss das Rätsel rekonstruiert werden. Dabei hilft die erste Spalte, die bereits vorgegeben ist.

		A											L				
E	G	L	L	K	L	E	N		E	O	T	I	O		B	E	R
N	S	T	O	T	A	L	S	D	A	F	H	T	T	E	U	R	D
A	E	H	A	E	G	X	T	E	I	F	E	K	H	E	G	P	N
K	I	I	N	I	E	L	E	T	H	S	O	E	A	N	A	E	O
H	N	N	E	S	R	P	R	I	O	E	U	N	R	B	L	L	D
E	E	G	S	T	N	E	I	L	C	T	E	I	L	E	A	L	I
K	N	U	T	E	I	N	L	T	H	E	R	A	P	I	E	M	N

E																	
N					2												
A																	
K															5		
H												4					
E	3																
						6										1	
K																	

1	2	3	4	5	6

Denkspaß 043 — Blindfeldsuche

★☆☆☆ Zeit: ____ Min.

Dieses Buchstabenfeld ist ein normales Kreuzworträtsel. Die Trennfelder sind allerdings durch Buchstaben verschleiert. Finden Sie die Position der Trennfelder heraus. Aus den in den Trennfeldern stehenden Buchstaben ergibt sich, zeilenweise von oben nach unten gelesen, ein Zitat von Christian Morgenstern.

S	T	U	T	E	E	I	I	O	D	E	M	N	F	A	R	C	E
U	V	W	E	I	P	L	A	K	A	T	I	V	R	R	K	O	H
F	L	L	I	L	O	I	A	K	T	C	M	H	S	I	L	U	R
F	U	E	L	L	E	R	E	U	I	B	I	R	K	E	G	P	U
I	R	R	E	E	T	N	K	L	E	I	N	E	I	R	K	E	N
X	G	N	E	D	E	V	O	T	D	G	A	O	B	O	E	N	G
K	B	E	T	E	N	E	B	I	P	A	T	R	O	N	I	N	S
B	O	N	T	M	I	B	E	I	L	M	K	G	B	M	F	E	G
R	S	N	D	I	V	E	R	S	E	S	O	A	C	S	E	M	I
S	K	A	I	H	I	N	N	S	X	O	A	N	I	O	N	S	P
L	O	E	N	S	E	G	L	K	U	N	D	E	T	F	E	B	S
I	P	N	E	W	A	E	G	I	S	I	A	E	D	E	A	L	E
E	I	G	R	I	L	L	N	B	G	A	C	K	E	R	B	A	U
M	O	O	S	O	P	L	A	B	B	E	D	A	N	N	S	M	T
A	U	M	E	L	E	K	T	U	E	R	E	C	T	K	A	I	A
I	R	E	D	E	M	F	O	Z	R	M	I	S	I	C	H	E	L
P	I	R	O	G	E	N	U	N	B	E	S	E	N	S	O	R	T
O	N	A	T	O	E	S	T	U	H	L	I	N	N	C	I	T	E

Denkspaß 044 | Knobelkreuzworträtsel | ★★★ Zeit: ___ Min.

Ermitteln Sie die gesuchten Wörter mithilfe der Definitionstexte bzw. Begriffsbeschreibungen, und tragen Sie sie anschließend waagerecht bzw. senkrecht in Rätselgrafik ein.

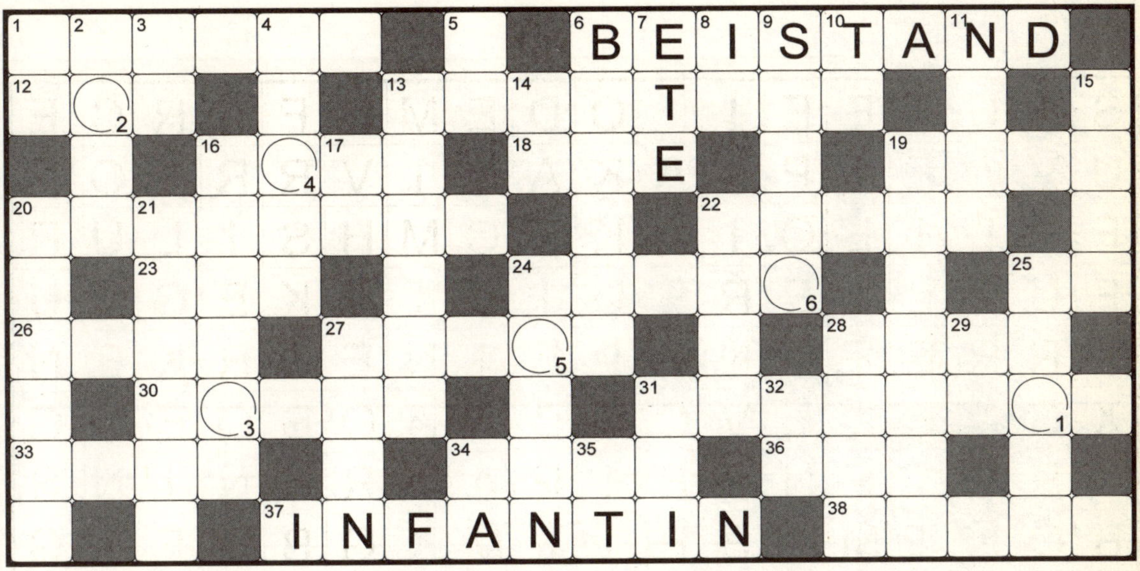

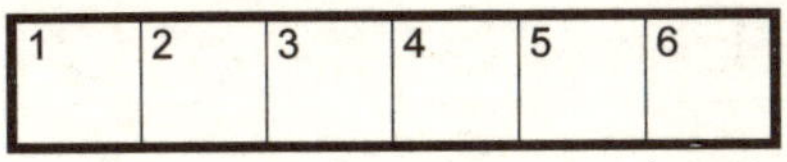

Waagerecht:
1. dünner Lichtstreifen, 6. Hilfe, Unterstützung, 12. Gesangspaar, 13. Drehung, 16. Schornstein, 18. Ruf beim Stierkampf, 19. venez. Herrschertitel, 20. Fußmatte, 22. chemisches Element, 23. arktischer Meeresvogel, 24. an dieser Sache, 25. Abk.: Bauamt, 26. Mutter Isaaks (A. T.), 27. pflegen und schützen, 28. großer kasachischer See, 30. Osteuropäerin, 31. Autoteil, 33. großer Wasservogel, 34. Fluss durch Florenz, 36. Satz, 37. Prinzessin in Spanien, 38. Bestimmung

Senkrecht:
1. Abk.: siehe dort!, 2. einfältig, 3. int. Kfz-K. Rumänien, 4. tschech. Schriftsteller †, Autor von „Schwejk“, 5. Abk.: Grundordnung, 6. Gebirgszug in Südosteuropa, 7. Figur der Quadrille, 8. röm. Zahlzeichen: zwei, 9. getrocknete Torfziegel, 10. int. Kfz-K. Tunesien, 11. Edelgas, 13. Ankerplätze, 14. englisch: nach, zu, 15. griechische Göttin der Ehe, 16. behördliche Anordnung, 17. Initialen der Temple, 19. Verordnungen, 20. ablehnende Mitteilung, 21. italienische Hafenstadt, 22. skand. Erzählstil des MA., 24. norddeutsch: Mädchen, 25. Teil des Fußballs, 27. Teil des Kopfes, 28. süddeutsch: schneefrei, 29. Fremdwortteil: zu, nach, 31. jüdische Bez. für Nichtjude, 32. russ. Atomrakete („... 20“), 34. Bergbach, 35. Teil der Bibel (Abk.)

Denkspaß 045 — Grafik-Ami

★★★☆ Zeit: ____ Min.

Hier soll ein vollständig ausgefülltes Kreuzworträtsel entstehen. Welche Wörter dabei von oben nach unten bzw. von links nach rechts auftauchen, wird am Rand in der jeweiligen Spalte bzw. Zeile vorgegeben. Die genauen Positionen der Begriffe und die Trennfelder müssen Sie hier selbst herausfinden.

	italienisch: Liebe Geburtsstätte von Zeus Unternehmensform (2)	Labans Tochter (A.T.) röm. Zahlzeichen: sechs Stern im ‚Großen Wagen' (2)	Staat in Mittelamerika Moment (3)	griech. Gebirge in Thessalien Mutter der Nibelungenkönige (3)	Skatausdruck ehem. deutsche Münze (Abk.) sehr ausgelassen (2)	britische Rockgruppe (Kw.) italienische Tonsilbe (3)	Anteilsschein Ruhepause (2)	Fremdwortteil: aus Mutter Marias (4)	Schauspiel von Goethe Abk.: dringend (3)	Teil des Krankenhauses (Abk.) Gesichtsausdruck (3)	nicht ausgeschaltet Buch der Juden (3)	asiatischer Halbesel Ruinenstätte in Syrien (1)
Rufname von Pacino Gottesurteil im MA. (3)												
Singvogel Tischlerabfall (2)												
Abk.: oben angeführt kontinuierlich Abk.: Nebenausgabe (3)												
winziges Teilchen (2)												
Mutter von Abel (A.T.) norwegischer Dichter † 1882 französisch: dich (3)												
Fluss durch Kufstein (Tirol) Teil der Kirche (3)												
Vulkan auf Sizilien (4)												
zu jener Zeit Madame (Abk.) (2)												
im Stil von (franz.) radioaktives Element (2)												
europ. Fußballbund (Abk.) Ansprache (3)												
starker Unterschied (2)												
eine Ampelphase Zeitalter (2)												

Denkspaß 046 Tiergruppenrätsel

★★★ Zeit: ___ Min.

Ein Symbol steht jeweils für drei Buchstaben bzw. für zwei Buchstaben und das Blindfeld. Sämtliche unten aufgeführten Wörter sind in die Grafik einzutragen. Durch Ausprobieren und unter Mithilfe des Symbolschlüssels kann die richtige Position ermittelt werden.

A	B	C	D	E	F	G	H	I
J	K	L	M	N	O	P	Q	R
S	T	U	V	W	X	Y	Z	

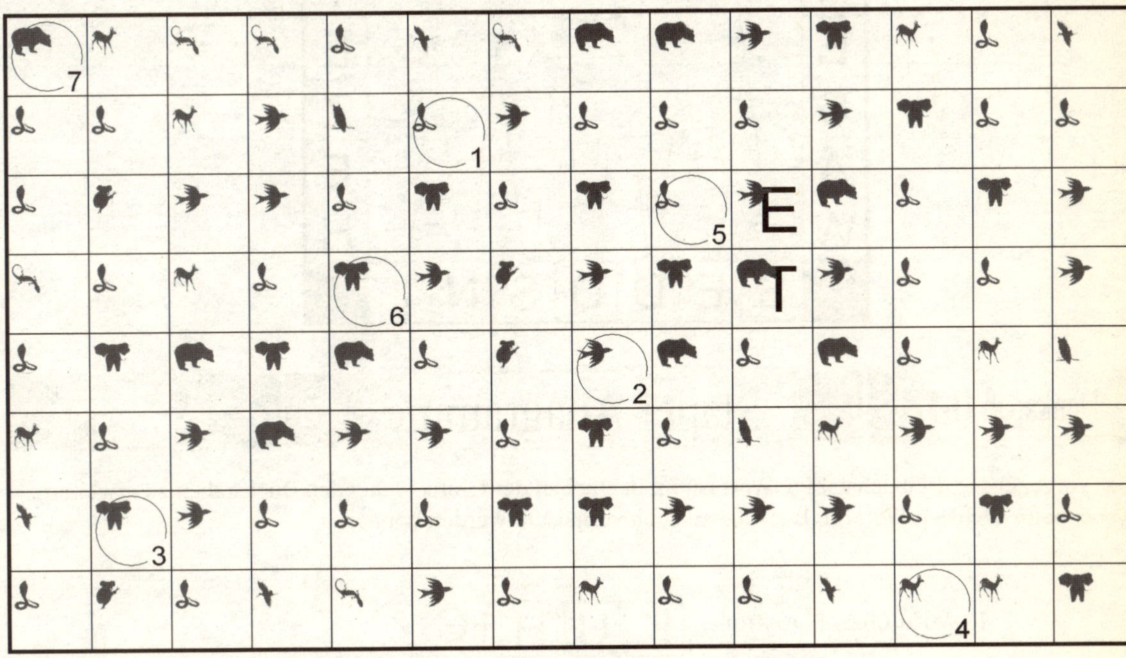

1	2	3	4	5	6	7

Waagerecht:
POTTWAL - LIEBEN - MET - PFEIL - HUENE - AE - SAEEN - LEHRE - SEMESTER - IDEE - PAN - IGLUS - TUFF - NARR - SIEB - SKAT - UZ

Senkrecht:
FEE - LP - LA - TRIST - ET - FLECKEN - STEIF - HEI - OE - SI - UNAU - SIAM - AB - GRENZE - MM - TRIO - SEEAAL - PRAE - RA - ANBETUNG

Denkspaß 047 — Zug um Zug

★ Zeit: ____ Min.

Bei diesem Rätsel befinden sich die Buchstaben eines Zitats in der Rätselgrafik. Sie müssen entlang der Striche die Buchstaben miteinander verbinden und auch den Anfang des gesuchten Satzes finden. Wenn Sie also den richtigen Anfang finden und den Linien folgen, ergibt sich ein Zitat von Pythagoras.

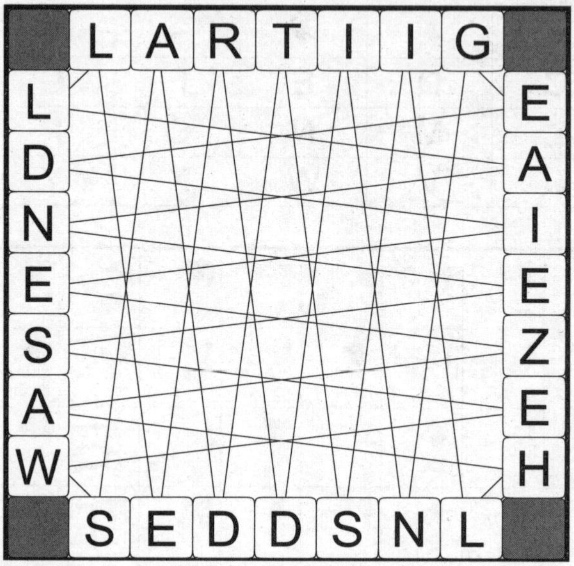

Denkspaß 048 — Stapel-Anagramme

★★ Zeit: ____ Min.

Das vorgegebene dreibuchstabige Wort ist um den neben der Grafik stehenden Buchstaben zu erweitern, wobei beim nächsten Wort die Buchstaben auch vertauscht werden können.

1 weibliches Haustier	K U H	+C
2 Figur bei Mark Twain	☐☐☐☐	+E
3 Kiepe	☐☐☐☐☐	+N
4 süße Backware	☐☐☐☐☐☐	+S
5 devot gehorchen	☐☐☐☐☐☐☐	+D
6 chinesisches Segelschiff	☐☐☐☐☐☐☐☐	+A
7 Grundschulfach	☐☐☐☐☐☐☐☐☐	

Denkspaß **049**

Füllschweizer

★★★☆ Zeit: ___ Min.

Die im Fragetext aufgelisteten Wörter sind in die Rätselgrafik einzutragen, wobei jedoch ertüftelt werden muss, an welche Stelle das Wort gehört und ob es waagerecht oder senkrecht einzutragen ist.

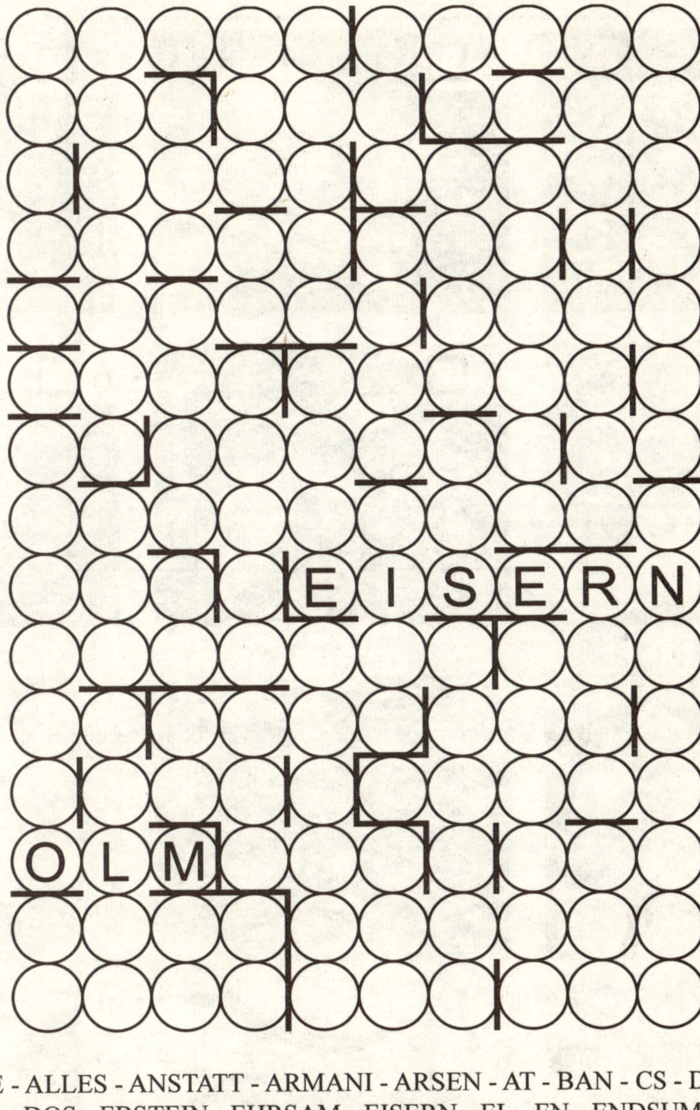

AACHEN - AASE - ALLES - ANSTATT - ARMANI - ARSEN - AT - BAN - CS - DAGON - DEFA - DEI - DIRN - DK - DOS - EBSTEIN - EHRSAM - EISERN - EL - EN - ENDSUMME - EPH - FL - GEEIGNET - GEIGE - GN - GNA - GOLEA - GRAZ - HRN - IHR - INGE - IOD - KALT - LAR - LEIS - LIEB - LINEAR - MIRA - NA - NEE - OLM - ON - ONA - OTTAVIO - PENT - PITZ - PSEUD - RAD - RADA - RAI - REIZ - RHE - RIN - ROBUST - RUANDA - SPUEREN - TENNO - TIC - TIMBRE - TRANSPORTE - TRE - UBI - ULM - UMBAU - URIG - VG - ZUNFT

Denkspaß 050

Fantastisch verfremdet

★★ Zeit: ____ Min.

Die fantasievollen Grafiken unten entstammen allesamt den oberen Bildern. Jedes dieser oberen Bilder wurde so verfremdet, dass daraus die unteren Darstellungen resultierten. Können Sie die Originale und die dazugehörigen Verfremdungen einander zuordnen?

1 ☐

2 ☐
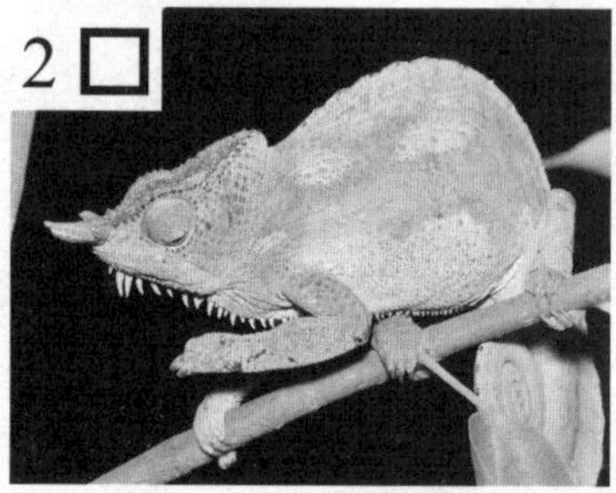

3 ☐

4 ☐

5 ☐

6 ☐

A
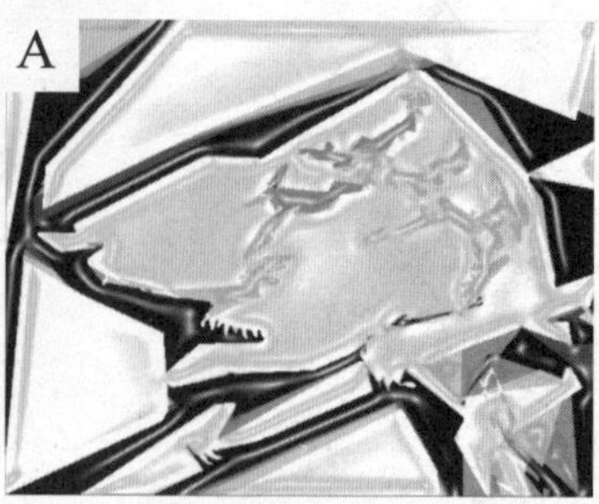

B

C

D

E

F

Denkspaß 051 Magische Treppe

★★★★ Zeit: ___ Min.

Die Fragetexte sind zu lösen und unter der jeweiligen Zahl sowohl waagerecht wie auch senkrecht in die Grafik einzutragen.

A

1. Rufname von Crosby †
2. Abrahams Sohn im A. T.
3. Hofunterhalter im MA. (Mz.)
4. boshaft
5. kirchlich: Abweichender
6. Metallverbindungsstück
7. Frauenkurzname

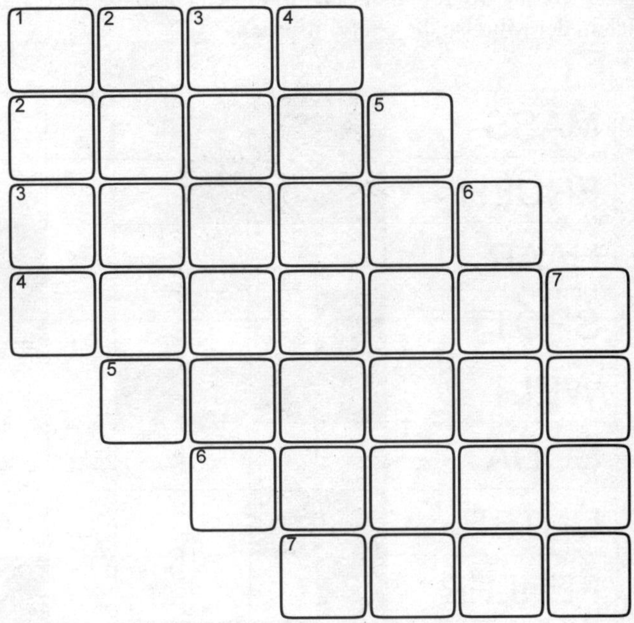

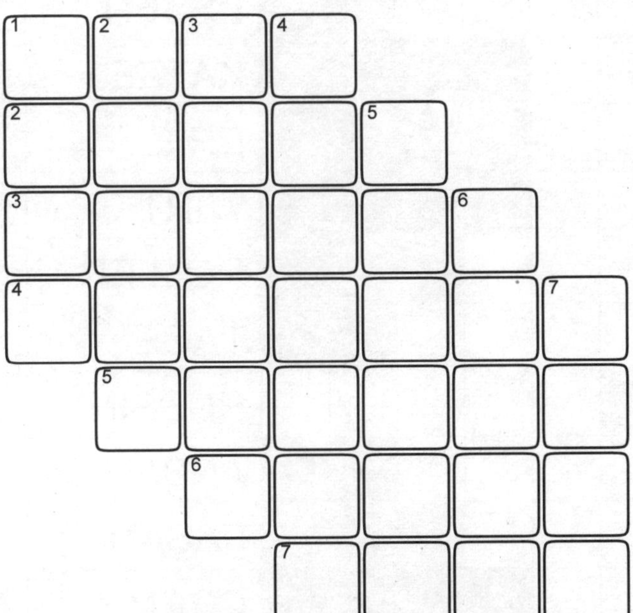

B

1. deutsche Anrede
2. Prophet im A. T.
3. Band, Gürtel
4. männlicher Hase
5. griechische Mondgöttin
6. ein sibirischer Nomade
7. Schiffstau

Denkspaß **052**

Brückenrätsel

★★★★ Zeit: ____ Min.

Beim Brückenrätsel müssen Brückenwörter gefunden werden, die die Begriffe in der linken Spalte ergänzen, sodass sie neue sinnvolle Wörter ergeben. Gleichzeitig werden sie den Begriffen der rechten Spalte vorangestellt und bilden mit diesen ebenfalls neue sinnvolle Begriffe. Bei richtiger Lösung ergibt sich in der Mittelspalte ein Sinnspruch.

MASS		WIDRIG
FRUEH		LUPE
HAAR		BAUM
SPOTT		HUEBSCH
WELT		FAHRT
SODA		SCHEU
UNTER		HAFT
FEHLER		GEHEGE
HAMMER		ESSEN
WELT		KATZE
LUFT		ERIE
FEUER		WIRT
MUERBE		ROLLER
KRAFT		TAGE
DECK		RUSSIN
WEISS		ANBAU
RHEIN		FASAN
BINDE		CREME

Denkspaß 053 | Fächerrätsel

★★★★ Zeit: ___ Min.

Aus den Hinweisen sind die gesuchten Wörter zu folgern und unter der jeweiligen Zahl von außen nach innen in die Grafik einzutragen. Im grauen Fächerrand entsteht so jeweils ein Lösungswort.

1

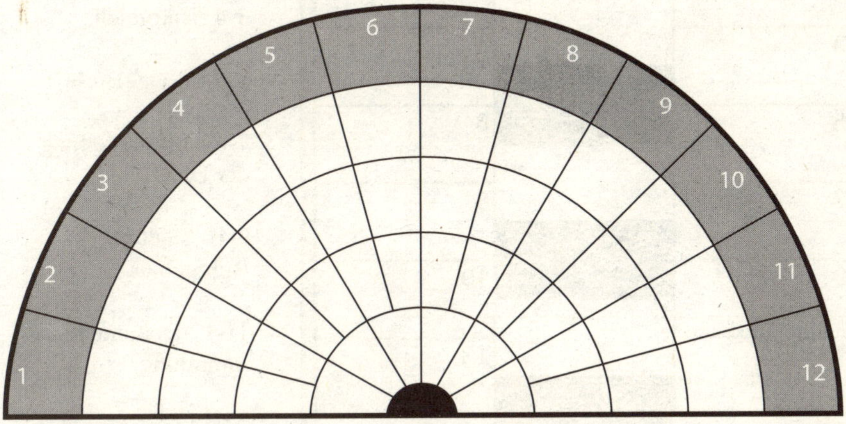

1. ein Landfahrervolk, 2. Quellgebiet des Ob, 3. franz. Physikerin † 1934, 4. Vogelweibchen, 5. scharfe Kurve, 6. Einbringen der Feldfrüchte, 7. Bodendunst, 8. die Nase betreffend, 9. Kastenmöbelstück, 10. Metallverbindungsstück, 11. Fremdwortteil: zwischen, 12. dazu, obendrein

2

1. Rhône-Zufluss in Frankreich, 2. männlicher Verwandter, 3. indian. Stammeszeichen, 4. Flechte, Hautausschlag, 5. Gemüsepflanze, 6. Serie, 7. Brandrückstand, 8. mehrere Menschen, 9. menschlich, 10. eisern, 11. Königin von Preußen, 12. Speisenfolge

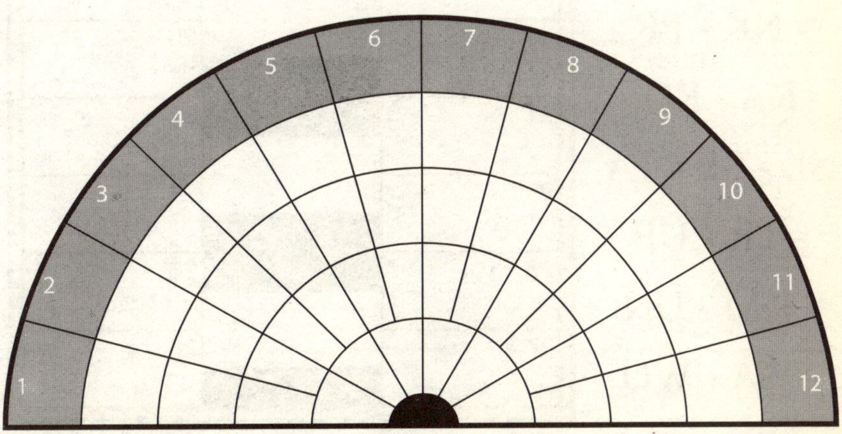

Denkspaß 054

Leiterrätsel

★★☆☆ Zeit: ____ Min.

Aus den Zweierbuchstaben links sind insgesamt 14 sechsbuchstabige Wörter zu bilden. Welche Wörter gesucht werden, sollen Sie anhand der Hinweise rechts herausfinden. In jedes Feld gehören zwei Buchstaben, wobei die Doppelbuchstaben in der Mitte von je zwei Wörtern verwendet werden. Am Ende schließlich erhalten Sie im Mittelbalken von oben nach unten gelesen ein Lösungswort.

AN - AR
- BO - CH
- CH - CO
- DE - EN
- EN - EN
- ER - ER -
ES - ES - FR
- GE - GT -
IV - JA - KO
- KU - LT
- NK - PR
- RA - RO -
SE - SE - TA
- TR - UF
- UM - UN
- WA - WO

1		2
3		4
5		6
7		8
9		10
11		12
13		14
15		16
17		18
19		20
21		22
23		24
25		26
27		28

1-2 Rechtsvertreter,

3-4 risikoreich,

5-6 Besatz, Borte,

7-8 Kulturabteilung der UNO,

9-10 Stadt im Ruhrgebiet,

11-12 Dokumentensammlung,

13-14 Gesamtheit der Medien,

15-16 Wandmalerei auf Kalk,

17-18 großer Raubfisch,

19-20 süße Backware,

21-22 Irrtümer (lat.),

23-24 Fragewort,

25-26 Gehirntätigkeit,

27-28 süddeutsche Trachtenjacke

Denkspaß **055**

Kapselrätsel

★★★☆ Zeit: ___ Min.

In die waagerechten Reihen sind je drei ineinander verkapselte Begriffe mit den im Fragetext aufgelisteten Bedeutungen einzutragen. Die Wörter am linken wie auch am rechten Rand haben jeweils vier, das mittlere Wort hat fünf Buchstaben. Bei richtiger Lösung ergibt sich in den Senkrechten A, B, und C ein Sprichwort oder Zitat.

A				B				C
1								
2								
3								
4								
5								
6								
7								

1 Bestandteil von Flüssenamen – Seemannslohn – eine Hülsenfrucht

2 Vorname d. Schauspielers Ventura – dt. express. Maler † (Emil) – altniederl. Kupfermünze

3 Sojaprodukt – Wagenladung – keltischer Name Irlands

4 Geliebte des Lohengrin – Bewohner Sardiniens – Wortteil: Zehntel

5 hartnäckig, verbissen – weiblicher Vorfahr – dt. Maler † 1916 (Franz)

6 rotes Stierkämpfertuch – vorbei, überholt (franz.) – Messer am Pflug

7 Fremdwortteil: gleich – Leitspruch – Kränkung, Affront

Denkspaß 056	Summen-Sudoku	★★☆☆ Zeit: ____ Min.

Beim Summen-Sudoku müssen die Zahlen 1 bis 4 in die leeren Felder eingetragen werden, wobei die gleichen Zahlen jeweils nur einmal in jeder Zeile und Spalte eingetragen werden dürfen. Als Hilfe dienen die bereits eingetragenen Zahlen, die die Summe der gesuchten Ziffern in den noch leeren Felder wiedergeben. Dabei werden alle horizontal, vertikal und diagonal anliegenden Felder berücksichtigt, die Zahlen zwischen 1 und 4 enthalten.

6		7			11	
	10		11	15		
11		13				10
		15		15		6
10			14		10	
	14			11	15	
	11		10			6

	11		4			7
		12		13	11	
10		13		11		
	15		16			6
6			18		12	
	14			15	13	
3		8				7

	11		10			5
	15			12	12	
10			14		10	
		13		17		6
8		12				10
	10		13	13		
5		8			11	

	12		10			3
	17			7	10	
10			11		10	
		16		14		9
9		14				10
	13		13	16		
3		6			12	

Denkspaß 057 | Kruzzle | ★★ Zeit: ___ Min.

Die in den Fragekästchen der Rätselgrafik stehenden Texte müssen gelöst und in Pfeilrichtung eingetragen werden – bei Definitionen ist das Lösungswort zu erraten, bei geschüttelten Begriffen ist durch eine Neuordnung ein sinnvoller Begriff „herzustellen“.

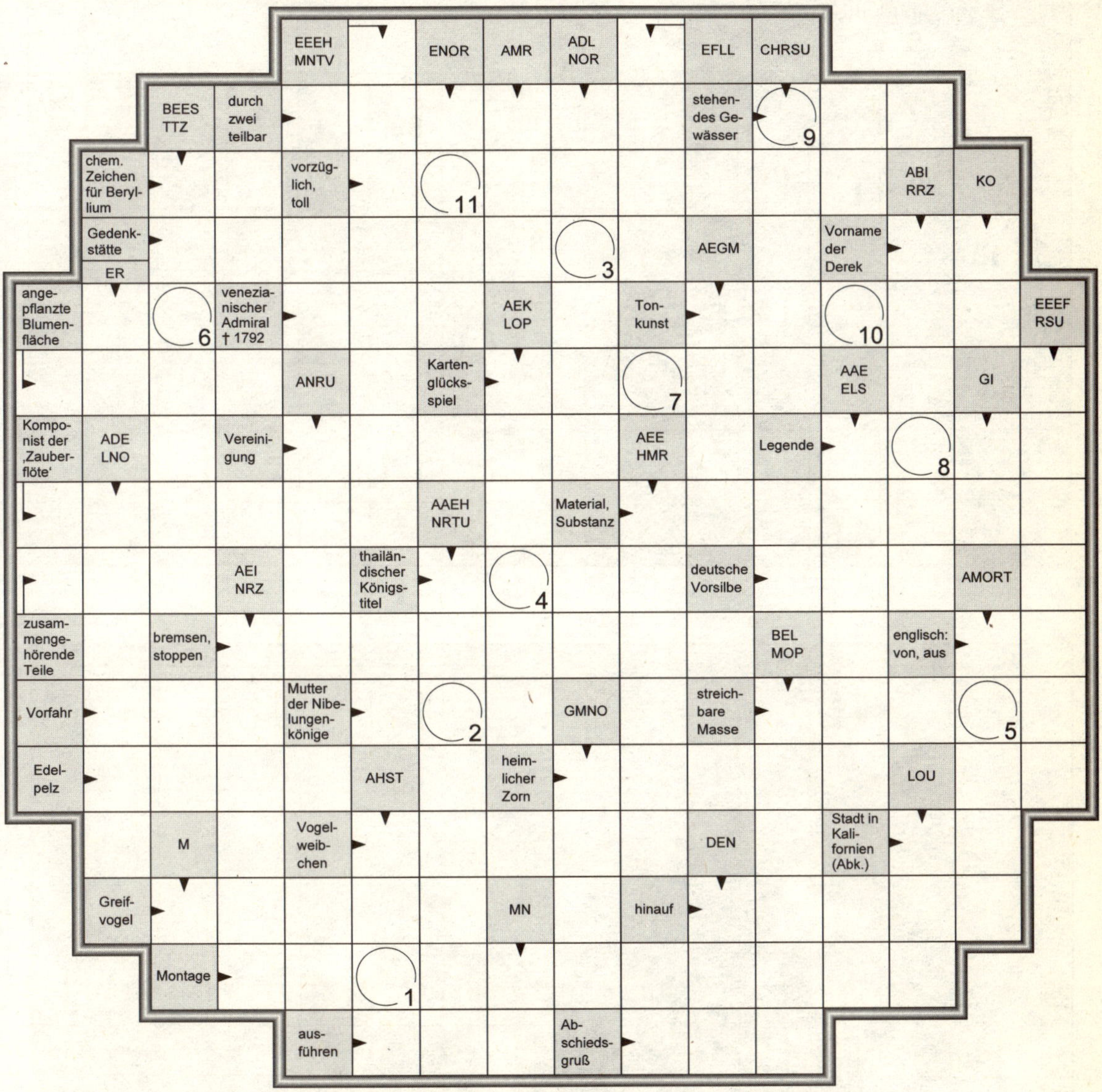

1	2	3	4	5	6	7	8	9	10	11

Denkspaß 058	Segeltörn	★★★★ Zeit: ____ Min.

In dieser Gedächtnisübung sollen Sie sich alle Zahlen und deren Position im oberen Bild gut einprägen. Dann decken Sie dieses obere Bild bitte ab und tragen im unteren Bild die fehlenden Zahlen ein. Achtung: Das untere Bild ist gespiegelt!

Denkspaß **059** | # 12er-Sudoku | ★★★★ Zeit: ___ Min.

Die folgenden zwölf Buchstaben sollen in jeder Zeile, in jeder Spalte und in jedem 12er-Block genau einmal enthalten sein.

C E F G H K R S T U W X

(11)							U	C		T	E
	T	E			R		(1)		G	X	S
X		W			C	(7)	G		U		
G	F	(5)	E	X			S	U			
	R	T	X	C	U	E	K			(6)	G
	C	U					W	(2)			
			H	S	F		T			K	
	G		U			X			(4)	H	
			S	H			(9)	T	C	W	U
		F		(3)	S	C					R
R	K			F			H		W	U	(10)
	(8)		G	T							

1	2	3	4	5	6	7	8	9	10	11

Denkspaß 060	Kristallgitter	★★★★ Zeit: ___ Min.

Die zwölf aufgeführten Wörter müssen auf die Kristalle verteilt werden, wobei sie jeweils um den Kristallmittelpunkt im Uhrzeigersinn oder umgekehrt laufen können. An welcher Stelle das Wort beginnt, muss ausgetüftelt werden. Hilfreich ist, dass aneinanderstoßende Kristallflächen immer den gleichen Buchstaben haben!

1

2

ARNIM, DAUNE, DRAMA, HEINO, KASTE, MYRTE, RHONE, ROGER, SIRUP, ~~THOMA~~, VOTUM, ZEUGS

BAUCH, BESAN, DAUNE, DEBIL, HUMUS, ~~JULEI~~, RHEIN, STADT, SUHLE, SUJET, TENNO, WILNA

Denkspaß **061** | # Wörtersuchspiel

★★★★ Zeit: ___ Min.

Finden Sie sämtliche unten aufgelisteten Wörter im Rätselgitter. Diese können vorwärts, rückwärts, horizontal, vertikal oder diagonal verlaufen. Die übrig gebliebenen Buchstaben ergeben ein Sprichwort.

S	T	A	L	L	T	E	E	R	E	R	L	E	D	I	G	T	N	F	F	L	O	P
I	T	N	A	O	A	E	A	N	V	D	A	L	L	I	R	E	U	G	E	H	R	D
E	I	B	I	R	K	A	T	K	A	T	S	E	F	S	T	O	N	I	V	N	N	E
U	U	A	N	E	S	R	S	E	L	T	E	F	G	S	C	H	O	R	E	A	E	I
B	Q	U	K	N	U	P	D	I	K	T	A	T	O	R	P	H	B	B	L	M	R	W
G	R	A	L	H	M	L	A	H	N	A	T	L	A	H	S	O	A	T	E	E	T	O
A	L	A	A	U	G	E	W	E	E	S	R	Y	P	E	D	H	S	U	A	R	K	R
K	E	N	V	T	K	N	G	I	C	U	B	A	K	N	T	E	S	T	K	S	I	A
E	K	O	E	U	R	N	I	V	T	H	A	S	T	U	R	E	I	O	E	E	E	N
S	N	E	N	H	A	U	O	L	A	A	T	S	G	T	R	N	L	R	L	R	L	S
B	E	A	R	T	C	R	M	U	B	B	S	E	U	A	A	H	F	Z	F	H	N	I
I	R	A	A	R	H	E	S	B	E	E	O	E	R	S	T	C	A	C	E	E	B	C
T	P	H	K	E	P	F	A	R	R	E	I	L	T	U	S	L	H	U	R	I	E	H
S	S	I	R	B	A	W	A	L	H	A	L	L	A	N	I	P	P	E	S	A	T	T

ABBA
ABER
ABRISS
AEON
AFFIG
AHNEN
AKRIBIE
ALTAN
ANBAU
ANSICHT
ANTI
ATTACHE
BAHT
BITS
BOLA
BRAV
CHOR
CUBA
DALLI
DIKTATOR
EARP
ELEVE
ELFER
ENKLAVE
ERLEDIGT
ERST
ESSAY
ESTLAND
FESTAKT
FLOP
FRESKO
FRIEDHOF
GRAL
GUERILLA
GUTHABEN
HABE
HABEN
HALL
HALM
HANKS
HEIA
HUTU
IBIS
KALK
KARAT
KARNEVAL
KRACH
KURHAUS
LIEBLING
LISSABON
LOREN
MUSKAT
NAME
NIPPES
NOVUM
OBERIN
OSTEN
OSTERN
PAECHTER
PFARREI
PLATANE
POSTER
QUITT
RAKETE
RAPS
RESUEMEE
SAAL
SANITAER
SATT
SCHAUKEL
SEEWEG
SPRENKEL
STAB
STALL
STARR
STERN
TAGS
TANGENTE
TONI
TRAN
TRUG
TUTOR
UMBRA
VORHER
WALHALLA
WORAN
ZEIT

Symbolrechnung

★★★★
Zeit: ____ Min.

Gleiche Symbole bedeuten gleiche Zahlen. Durch Rechnen und Tüfteln sind die Symbole durch Zahlen von 1 bis 9 zu ersetzen, sodass die Rechnung schlüssig wird.

A

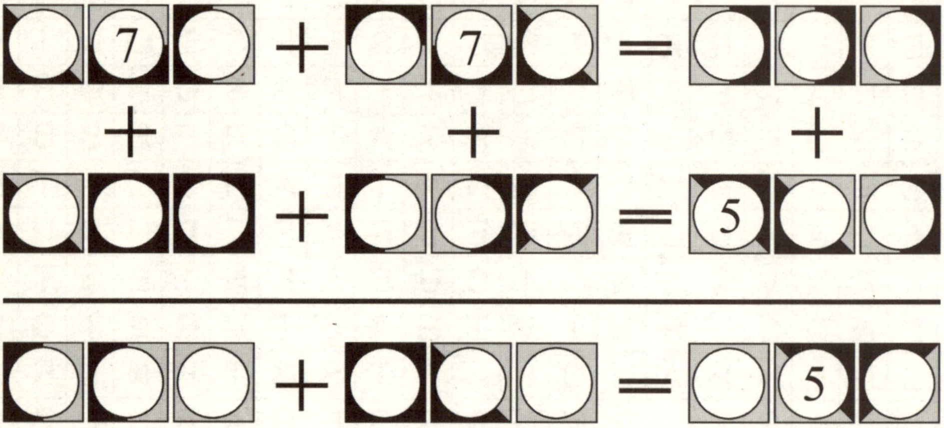

B

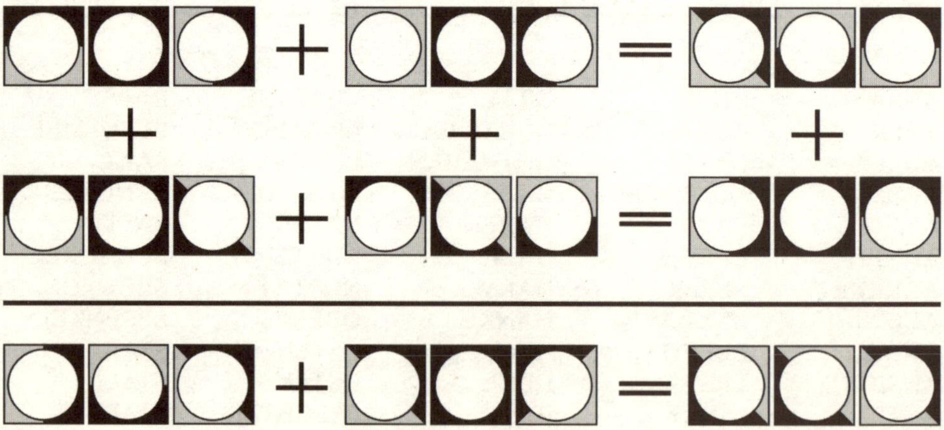

Denkspaß **063**

Wörterkreuzungen

★ Zeit: ___ Min.

Durch Kombinieren sind alle unten aufgelisteten Wörter in das Gitter einzutragen. Zur besseren Übersicht sind diese Begriffe bereits nach ihrer Buchstabenanzahl geordnet.

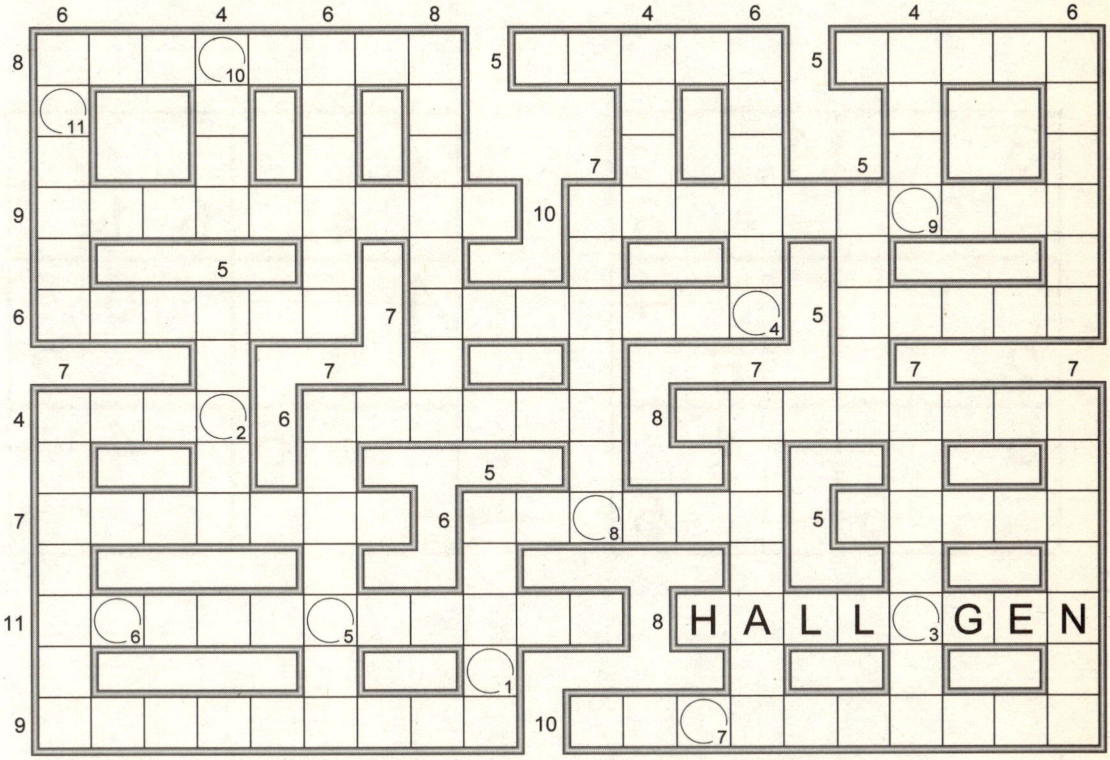

1	2	3	4	5	6	7	8	9	10	11

4 ASYL, FLAU, RUDI, VIZE

5 KRUPP, LEMUR, MAFIA, MINZE, STEIG, STELE, TRAEG

6 EHRSAM, GRANIT, KADETT, MARTIN, NEODYM, PLASMA, STREBE

7 BEAMTER, GANGWAY, GOENNEN, ISLAMIT, KNAESTE, MITGIFT, MONTANA, VOGESEN

8 EBENBILD, HALLIGEN, SINFONIE, UMARMUNG

9 ERMUEDEND, NAEHSEIDE

10 BLINDLINGS, INHALATION

11 SCHULSTUNDE

Denkspaß **064** | Kinder-Sudokus | ★☆☆ Zeit: ___ Min.

In diesen Sudokus sollen in jeder Zeile, in jeder Spalte und in jedem 2 x 3 Kästchen großen 6er-Block die Zahlen 1 bis 6 genau einmal enthalten sein.

3			4		
	5				6
	1				4
2				6	
5				4	
		6			5

	4		6	1	
4				6	
	3				2
	6	5		4	

		4	3		5
		2			6
			4		
		3			
2			6		
4		6	2		

	6	3		2	
2			6		3
	2				4
4				5	
3		6			2
	4		3	6	

Denkspaß 065 — Ziegelrätsel

★★★★ Zeit: ____ Min.

Die „Rätselziegel“ (3 x 3 Kästchen) des ursprünglichen Kreuzworträtsels sind durcheinandergewürfelt. Durch Kombinieren sind die Ziegel an die richtige Stelle zu setzen, sodass sich daraus wieder ein normales Kreuzworträtsel ergibt.

E	■	E	■	M	E	R	I	E
T	A	B	S	E	X	O	■	T
C	H	E	■	L	■	S	E	I
H	■	N	■	A	■	M	O	B
■	E	S	S	T	A	I	N	O
I	K	O	K	E	■	N	E	■
■	K	O	I	E	R	O	R	T
L	A	■	N	■	A	■	G	■
I	R	E	■	E	S	F	O	R
L	L	E	■	R	I	■	T	■
■	O	F	A	■	S	D	O	M
R	■	L	R	I	S	R	■	O
A	N	■	G	G	E	E	R	N
K	■	S	I	B	N	A	T	■
T	A	U	■	E	■	R	■	R
A	S	E	E	■	K	T	■	V
■	B	■	■	S	E	A	U	E
B	A	E	S	A	T	T	■	T

R	I	E	T			I	E	R
						N	■	A
						■	E	S

Denkspaß 066 — Endlosschwede

★★★★
Zeit: ____ Min.

Die in den Fragekästchen der Rätselgrafik stehenden Texte müssen gelöst und in Pfeilrichtung eingetragen werden. Begriffe enden bei Endlosrätseln jedoch nicht zwangsläufig am Rand eines Rätsels, sondern können auf der jeweils anderen Seite weiterlaufen.

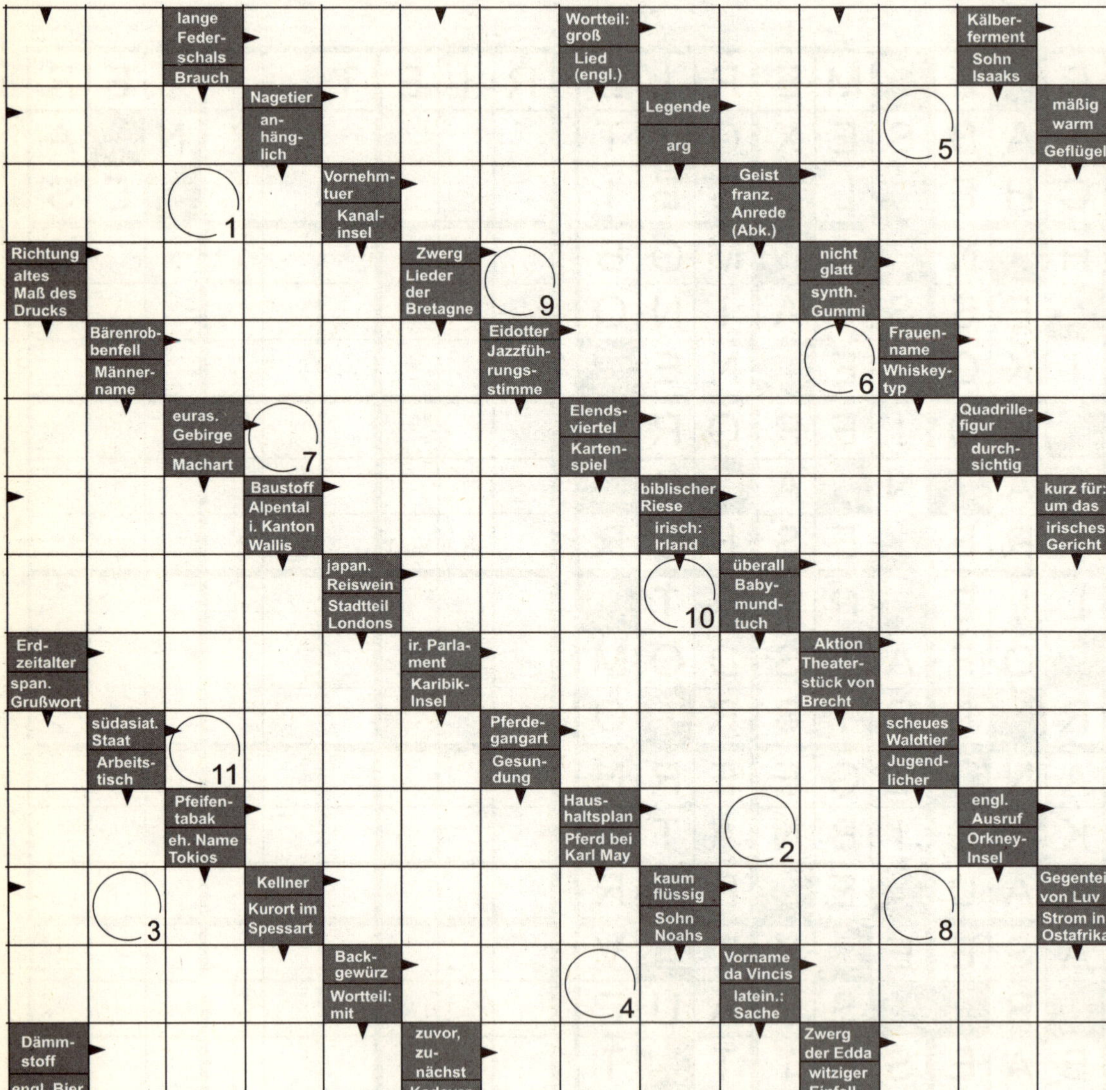

1	2	3	4	5	6	7	8	9	10	11

Denkspaß 067 — Größer oder kleiner

★ Zeit: ____ Min.

Bei diesem Rätsel müssen die Zahlen 1 bis 6 in die leeren Felder eingesetzt werden, sodass die Grafik logisch schlüssig wird. Mehrere Lösungen sind dabei möglich.

	=		<		>	5	>		=		<		=	
=		=		v		v		∧		∧		v		=
	=		=		>		<	5	=		=	5	<	6
v		v		∧		=		=		=		∧		v
	>		<		>		<		=		<	6	>	
=		∧		=		v		v		v		=		=
	=		<		>		<		=		<		>	
∧		v		=		∧		v		=		v		=
	>		<		>		>		<		=		<	
v		=		=		v		∧		∧		∧		v
	>		<		>	3	<	4	<		>		>	4
∧		∧		=		∧		v		v		v		∧
	>		<		>		>		<	4	=		<	5
=		=		v		v		∧		∧		=		=
	>		<		>		<		<		>		<	

Denkspaß **068**

Chaos im Büro

★★ Zeit: ____ Min.

Wie müssen die Puzzleteile zusammengesetzt werden, damit das komplette Originalbild erscheint? Tragen Sie die Nummern in die entsprechenden leeren Felder unten ein.

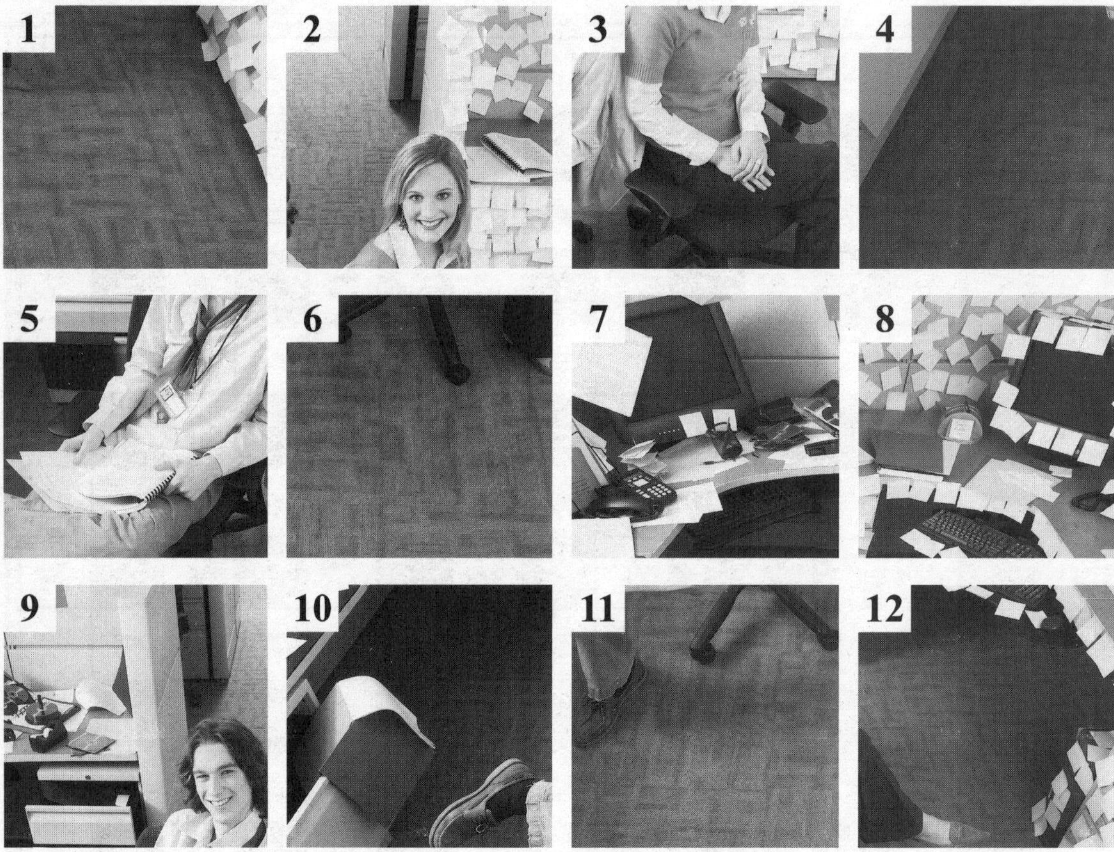

Denkspaß 069 | Zahlenwabe | ★★★ Zeit: ___ Min.

Die Zahlenwabe ist ein klassisches Zahlenkreuzworträtsel in der Logik und Grafik der Wabenrätsel. Gleiche Zahlen bedeuten gleiche Buchstaben. Die Wörter laufen stets in Pfeilrichtung um den schwarzen Kern herum.

1	2	3	4	5	6	7	8	9	10	11	12	13	14	15	16	17	18	19	20	21	22	23	24	25	26
																						*	*	*	*

1	2	3	4	5	6	7

Denkspaß **070** | Rad-Kreuzworträtsel | ★★ Zeit: ____ Min.

Dieses Rätsel wird gelöst wie ein normales Kreuzworträtsel. Die Fragen unten sind zu lösen und in der jeweiligen Richtung einzutragen.

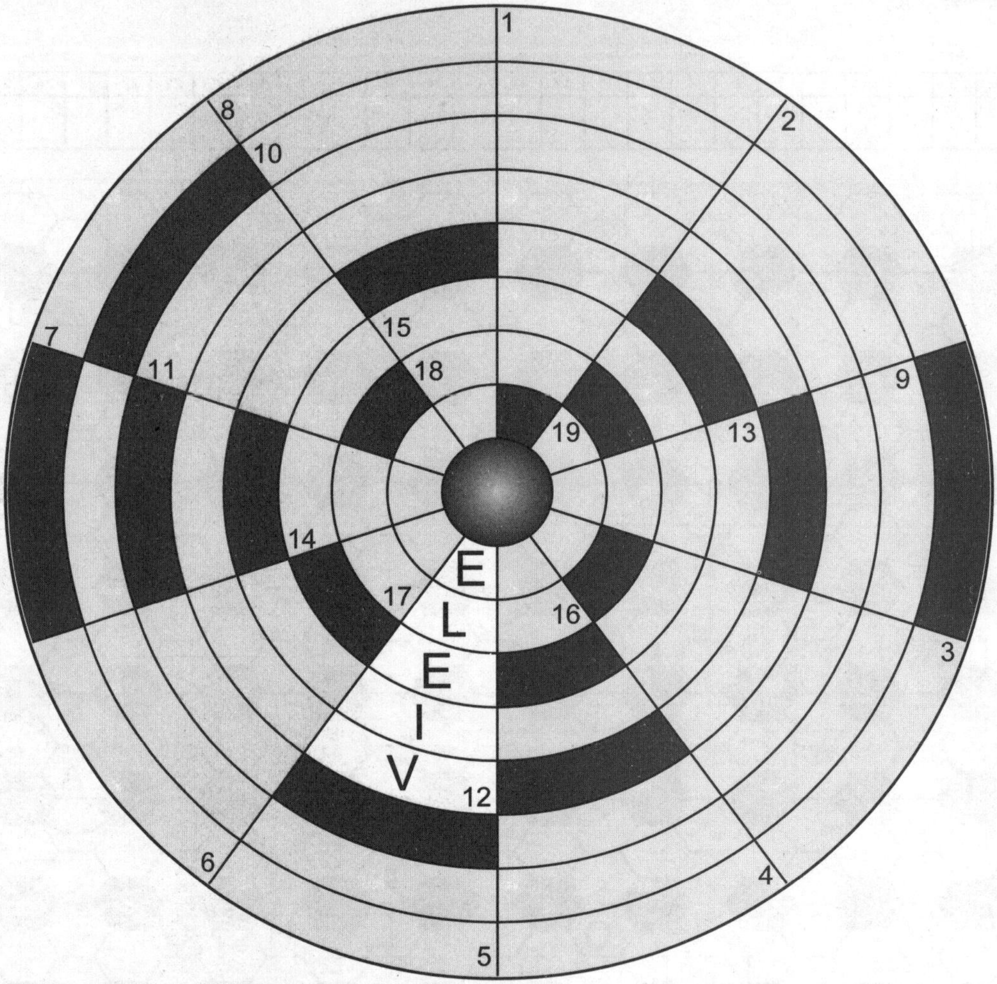

Im Uhrzeigersinn:
3. norddeutsch: Iltis, 7. Vorname der Engelke, 10. Kenntnis, Routine, 11. Kinderkrankheit, 12. überdachter Hausvorbau, 13. kristalliner Schiefer, 14. Sportgefährt, 16. Höhepunkt, 18. Scherz, 19. rettende Kühnheit

Zum Kreismittelpunkt:
1. Anrichte, 2. europ. Freihandelszone (Abk.), 3. deutscher Dichter † 1862, 4. süddeutsch: Hausflur, 5. Kfz-Z. Ludwigshafen, 6. Uneinigkeit (ugs.), 8. Edelgas, 9. ein Umlaut, 11. Teilbetrag, 12. zahlreiche, 13. durchsichtiges Gewebe, 14. Zuckerrohrschnaps, 15. längliche Vertiefung, 16. röm. Zahlzeichen: 400, 17. englisch: auf

Denkspaß 071 — Zitaträtsel

★★★★ Zeit: ____ Min.

Die unter den Spalten der Rätselgrafik aufgelisteten Buchstaben müssen irgendwo in die darüber liegenden Kästchen eingetragen werden. Bei richtiger Lösung ergibt sich – zeilenweise gelesen – ein Zitat von Theodor W. Adorno.

					■				■			
■											■	
									■			■
												■
												■
E	N	A	B	H	N	H	I	S	M	A	M	A
U	H	N	E	Z	U	I	S	C	H	D	N	E
L	I	E	R	E	I	L	E	H	I	T	I	
W	F	H	L	I	C	G	K	E		E	N	
	A	A	E	H		N	E	T		E		

Denkspaß **072** | Spiralrätsel | ★★★★ Zeit: ____ Min.

Die Wörter beginnen mit der Zahl und enden in der nächsten. Der Endbuchstabe ist somit immer der Anfangsbuchstabe des nächsten Wortes. Die schattierten Felder ergeben – von außen nach innen gelesen – ein Bibelzitat.

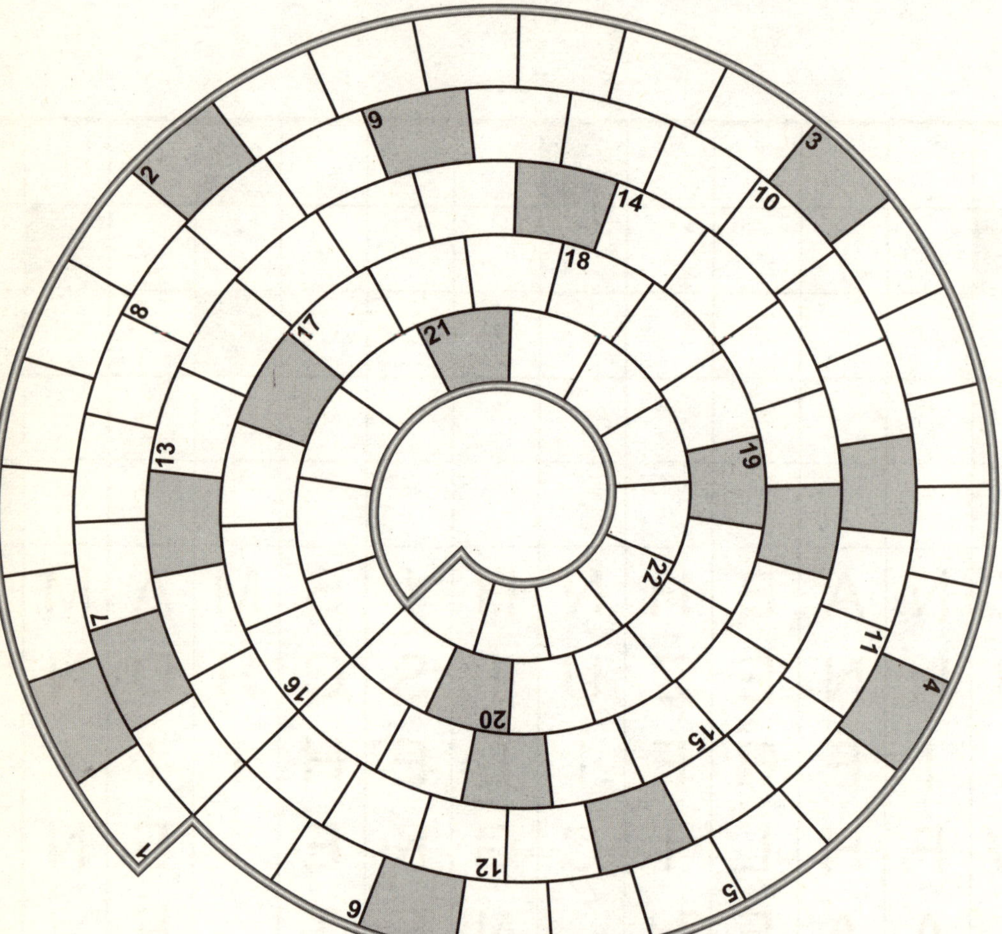

1. Gletscher, 2. Balearen-Insel, 3. Anreiz, 4. Wasserstrudel, 5. schmale Rinne, Rille, 6. literarische Abhandlung, 7. indischer Büßer, Asket, 8. russischer Zarenname, 9. Zeit ohne Sonnenlicht, 10. Schmelzgefäß, 11. Vorname Beethovens, 12. Wörterverzeichnis, 13. Bericht, Meldung, 14. Altwarenhändler, 15. Pferdesportler, 16. schnell fahren, 17. Ausruf der Verwunderung, 18. Harnsäuresalz, 19. seelischer Schock, 20. Hunger, 21. leicht färben, 22. Anfängerin

Denkspaß **073**

Symbolpfad

★☆☆☆
Zeit: ____ Min.

Beim Symbolpfad müssen Sie (bei einem Stern beginnend) den Weg zum anderen Stern finden, wobei immer nur das nächste nicht diagonale Feld genutzt werden kann. Der nächste Schritt ist aber nur dann zulässig, wenn das nächste Feld entweder das gleiche Symbol oder die gleiche Zahl wie das aktuelle hat.

□ 8	△ 1	◇ 5	◇ 6	△ 7	△ 8	○ 4	□ 8	△ 7	△ 6	□ 6	⬡ 7	○ 8	☆ 8	△ 1
○ 3	⬡ 7	○ 5	□ 1	○ 5	□ 5	○ 2	○ 3	△ 5	⬡ 6	□ 6	◇ 5	◇ 8	△ 7	△ 2
◇ 2	□ 1	△ 5	△ 4	◇ 8	◇ 6	△ 2	□ 5	○ 6	⬡ 4	○ 5	◇ 7	○ 5	⬡ 6	○ 3
○ 5	◇ 8	△ 4	⬡ 8	△ 2	⬡ 4	△ 5	◇ 6	◇ 6	◇ 8	□ 7	△ 7	◇ 8	○ 5	⬡ 1
△ 5	□ 7	⬡ 7	◇ 3	⬡ 4	○ 7	□ 8	△ 2	△ 4	○ 7	△ 7	○ 6	□ 8	◇ 8	□ 8
□ 7	△ 6	◇ 7	△ 5	⬡ 6	□ 7	◇ 7	⬡ 5	◇ 6	○ 6	⬡ 8	◇ 3	△ 5	○ 4	○ 3
△ 5	○ 2	○ 5	○ 8	⬡ 4	△ 7	□ 1	△ 6	⬡ 6	□ 8	◇ 3	⬡ 3	○ 4	□ 5	◇ 3
□ 8	○ 8	◇ 1	○ 2	□ 7	⬡ 3	⬡ 8	□ 6	△ 8	△ 5	◇ 1	□ 7	□ 7	○ 4	□ 8
□ 3	△ 6	□ 4	□ 2	◇ 8	△ 7	◇ 6	△ 6	⬡ 2	○ 4	⬡ 1	□ 5	◇ 1	□ 7	□ 6
⬡ 3	◇ 2	□ 6	△ 7	○ 5	□ 2	○ 6	□ 8	○ 7	◇ 3	△ 3	⬡ 3	△ 8	○ 7	△ 5
⬡ 6	□ 8	◇ 6	⬡ 6	◇ 6	⬡ 6	◇ 6	○ 3	□ 8	⬡ 3	○ 6	⬡ 1	○ 3	◇ 8	△ 5
◇ 6	○ 7	□ 5	○ 3	⬡ 4	□ 8	⬡ 1	△ 8	○ 6	⬡ 5	□ 7	△ 1	⬡ 7	△ 4	◇ 5
□ 6	△ 4	◇ 7	□ 5	◇ 1	⬡ 2	△ 8	○ 4	◇ 4	◇ 5	⬡ 4	△ 8	○ 4	⬡ 1	△ 7
□ 3	◇ 3	⬡ 3	◇ 4	○ 5	◇ 3	○ 3	○ 2	△ 6	□ 4	○ 5	△ 6	□ 5	△ 4	○ 2
△ 7	○ 8	⬡ 6	△ 6	◇ 6	◇ 1	⬡ 6	△ 3	△ 6	□ 4	⬡ 7	△ 1	◇ 1	□ 7	⬡ 1
☆ 1	⬡ 1	□ 8	○ 7	△ 5	○ 6	△ 7	□ 5	⬡ 8	◇ 6	○ 3	□ 8	◇ 5	⬡ 6	⬡ 6
⬡ 2	○ 1	⬡ 1	△ 1	⬡ 1	□ 1	⬡ 1	⬡ 2	△ 2	○ 2	△ 2	○ 2	◇ 2	□ 1	△ 1

Denkspaß 074 — Flickwerk

★★★☆ Zeit: ____ Min.

Die folgenden Wörter sind so in die Grafik einzusetzen, dass ein Zitat von Erich Fromm entsteht. Dabei bedeutet ein Zeilenende nicht immer, dass dort auch das Wort zu Ende ist.

AUTOMATEN BEI BERUHT BEZIEHUNGEN BLEIBEN DARAUF DENKEN DER DEREN DICHT DIE DIE ENTFREMDETER FUEHLEN HANDELN HERDE IHR IM IM MENSCHLICHEN MOEGLICHST NICHT SICH SICHERHEIT SIND UND UND UNTERSCHEIDEN VON WESENTLICHEN ZU ZU

			I						H				
		H									U		
			I						S				
		C									T		
			E						O				
		D									E		
			D						E				
		O									D		
			E						R				
		L									S		
			D						U				
		U									N		
			V						U				
		E									N		

Denkspaß **075** | **Sudoku-Stern** | ★★★★ Zeit: ____ Min.

Analog zum klassischen Sudoku müssen hier die Zahlen 1 bis 9 in die fett umrandeten Neuner-Dreiecke eingetragen werden. Auch in den langen Geraden (sie umfassen ebenfalls neun kleine Dreiecke) müssen diese neun Zahlen genau einmal enthalten sein, ebenso in den kurzen Geraden, zu denen auch noch das Feld in der Sternecke zählt.
(Die von der Sternmitte unterbrochenen Reihen zählen auch zu den langen Geraden.)

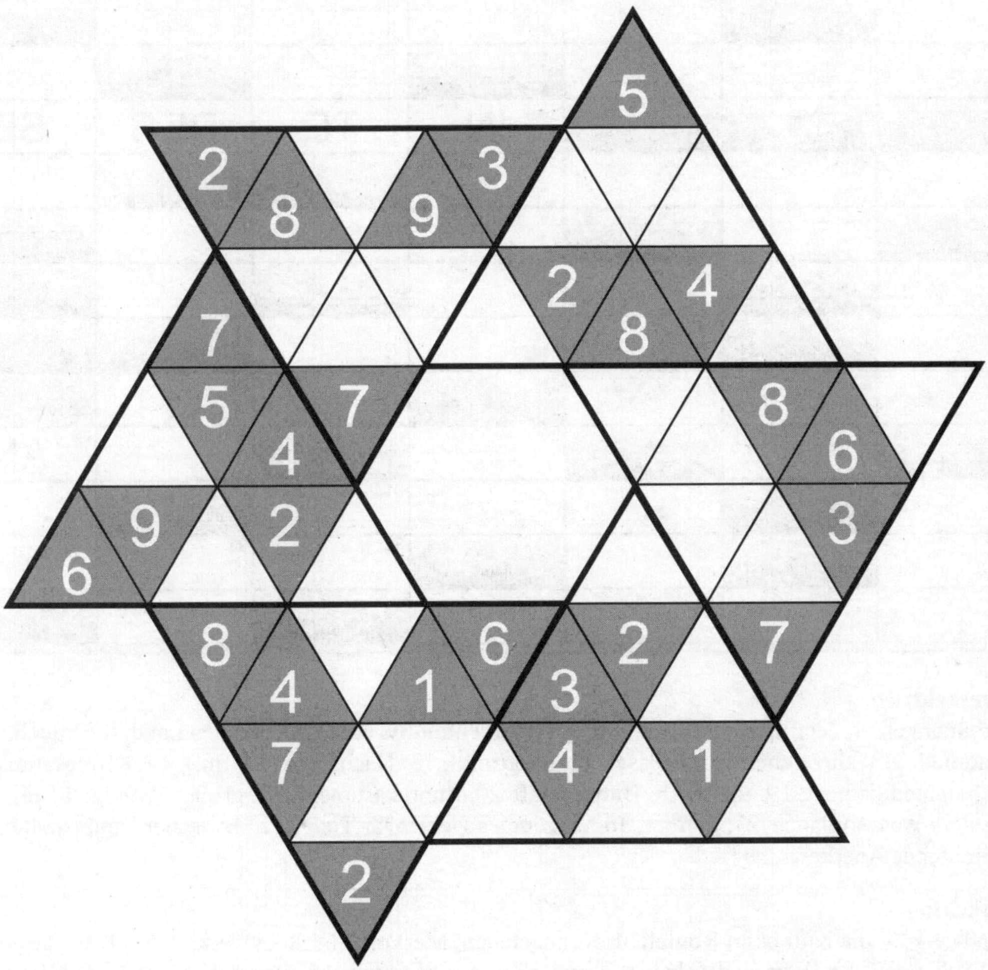

Denkspaß 076 | Silbenkreuzworträtsel

★★★★ Zeit: ____ Min.

Die Fragetexte sind zu lösen und danach silbenweise in die Rätselgrafik einzutragen – Lösungen aus Fragetexten, die unter „Waagerecht“ stehen, von links nach rechts, und diejenigen, die unter „Senkrecht“ stehen, von oben nach unten, jeweils beginnend mit dem Feld, in dem die Zahl steht.

Waagerecht:

1. Turnübungen, 4. detaillierte Beurteilung, 5. Ornamentmotiv, 6. weites, flaches Land, 8. Brauch, Zeremoniell, 9. Wahrzeichen von Brüssel, 11. Sperrmüll, 13. Nachfrage (kaufm.), 14. Kirmesattraktion, 16. Scheinmedikament, 19. rheinisch: Buttergefäß, 20. Zupfinstrument, 22. großes Wohngelände, 24. niedere Wasserpflanze, 27. hierher, 30. umzäuntes Gebiet für Tiere, 32. deutscher Hauptstädter, 34. verehrende Anerkennung

Senkrecht:

2. Handwerk, 3. die Null beim Roulett, 4. Kennzeichen, Merkmal, 6. Stockwerk, 7. Stadt am Vesuv, 10. 60 Sekunden, 12. Wärter, Wächter, 13. zwischen den Planeten, 15. Verstorbener, 17. weiblicher Kurier, 18. blaue Alpenblume, 19. tatarischer Volksstamm, 21. konkret, 23. Windfächer, 25. Leichtathlet, 26. Wölfin, 28. direkter Nachbar, 29. Rebenfrucht, 30. Blumenstrauß, 31. Spielkartenausteiler, 33. Getränke (Kw.)

Denkspaß **077**

Diagonalrätsel

★★☆☆ Zeit: ___ Min.

Die Fragetexte sind zu lösen und unter der jeweiligen Zahl waagerecht in die Grafik einzutragen. Aus den Feldern auf den Diagonalen ergibt sich – von links oben nach rechts unten und von rechts oben nach links unten gelesen – das Lösungswort.

A

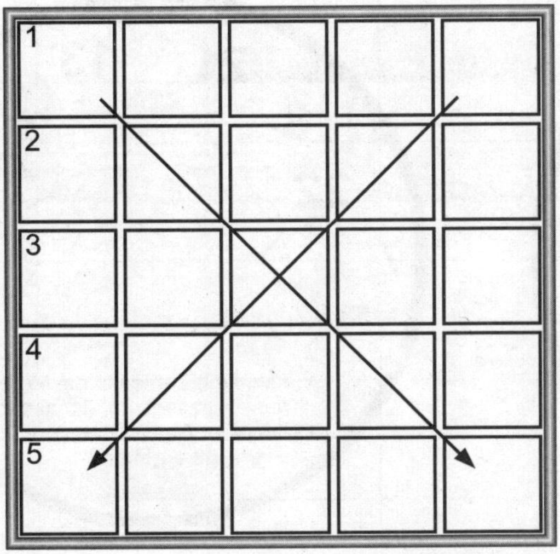

1. Teil des Heeres
2. Fremdwortteil: rückwärts
3. sehr schneller Lauf
4. ugs.: Gefängnis
5. kristalliner Schiefer

Die Buchstaben auf den Diagonalen ergeben das Lösungswort:

____

B

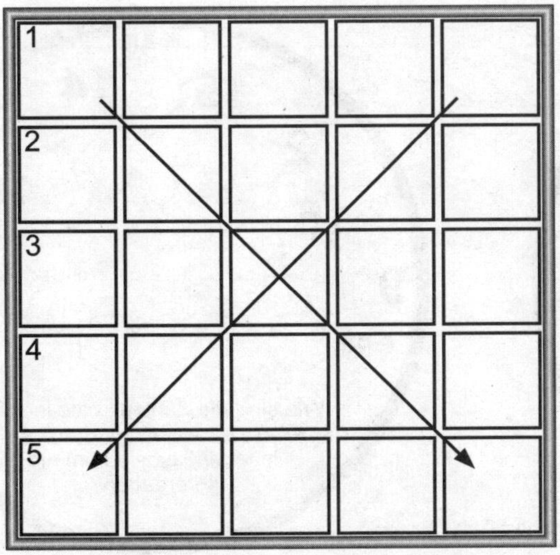

1. ein Verkehrszeichen
2. nichts Böses
3. Meeresbucht
4. Nadelbaum d. Mittelmeeres
5. Kleintiergattung

Die Buchstaben auf den Diagonalen ergeben das Lösungswort:

____

Denkspaß **078** | **Kreisrechnen** | ★★★☆ Zeit: ____ Min.

In die leeren Kreise sind die angegebenen Zahlen so einzusetzen, dass die Zahlen auf jeder Seite des Dreiecks summiert das angegebene Ergebnis haben.

A

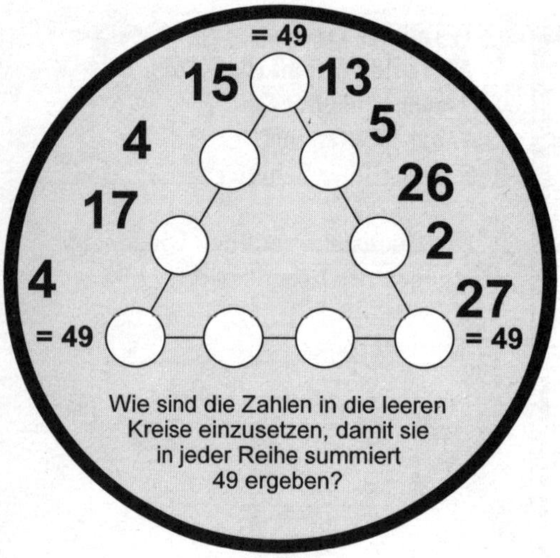

B

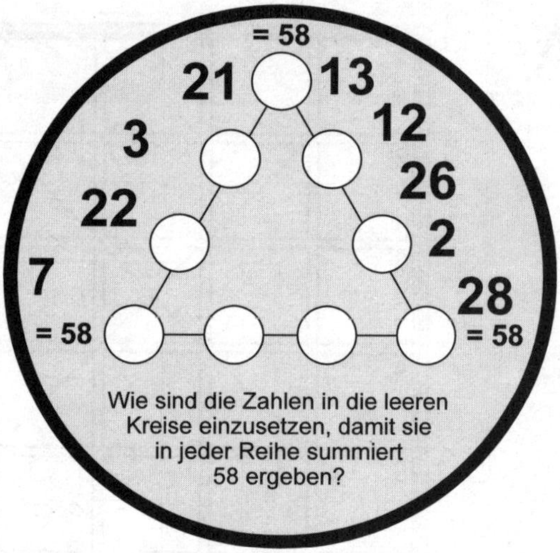

C

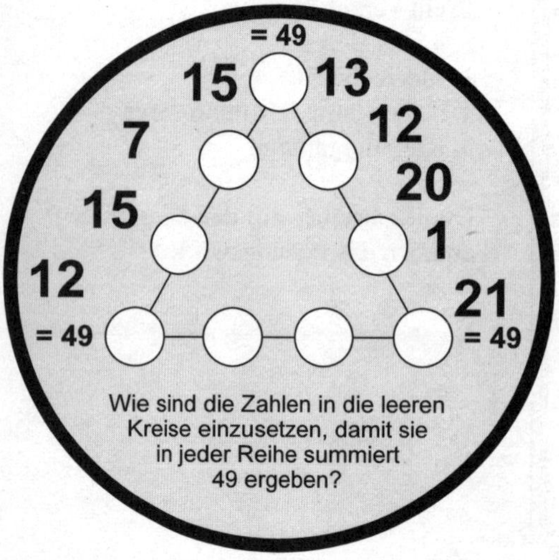

D

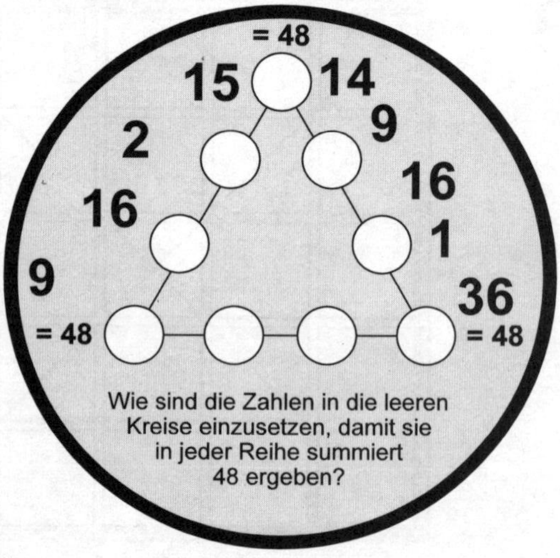

Denkspaß **079** | # Rechenschwede | ★★★★ Zeit: ____ Min.

In die leeren Felder der Rätselgrafik sind Zahlen zwischen 1 und 9 einzutragen, sodass die Summe aller Zahlen eines „Wortes“ der Zahl entspricht, die in dem Feld steht und das „Wort“ definiert. Anders ausgedrückt, die Zahl, die in den Fragekästchen steht, muss in „kleinere“ Portionen aufgeteilt und in Pfeilrichtung eingetragen werden.
Bei diesem Rätsel gibt es mehrere Lösungsmöglichkeiten.

Denkspaß **080**

Diagonale Total-Sudokus

★★ Zeit: ___ Min.

Bei dieser Sudoku-Variante sollen alle Zeilen, alle Spalten sowie jede der beiden Hauptdiagonalen die Zahlen 1 bis 7 genau einmal enthalten.

4		7	1	6		
	6					1
1			4	5	6	
6		1				
2		6		1		
		4			7	
					1	5

	5		2	7		
					7	
4	3					
		2		6	3	
			5		2	
						4
	1					6

	4		3		5	
6	7					3
			2		4	
		2	5	1		
5	2					
2						5
4	6		1		7	

		1	4	5		
	1		2		7	
6						7
2		7	5	1		
5					1	
	6			2	4	
	3	4	6	7		

Denkspaß 081 | Magische Kreuze

★★★☆
Zeit: ____ Min.

Die Fragetexte sind zu lösen und unter der jeweiligen Zahl sowohl waagerecht wie auch senkrecht in die Grafik einzutragen.

A

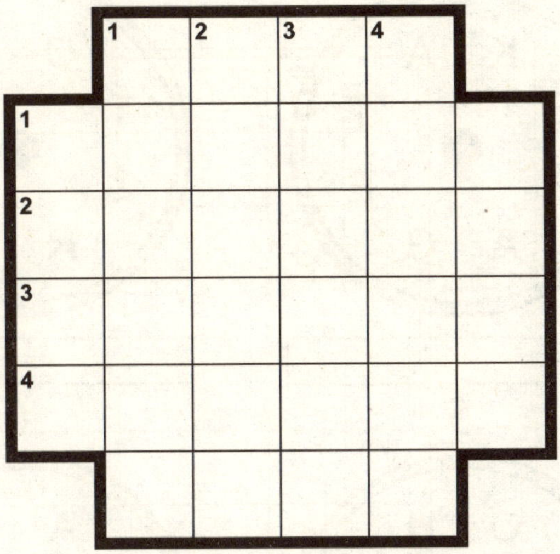

1. Nebeneinnahme,
2. Ureinwohner Spaniens,
3. Irrtümer (lat.),
4. Metalle verbinden

B

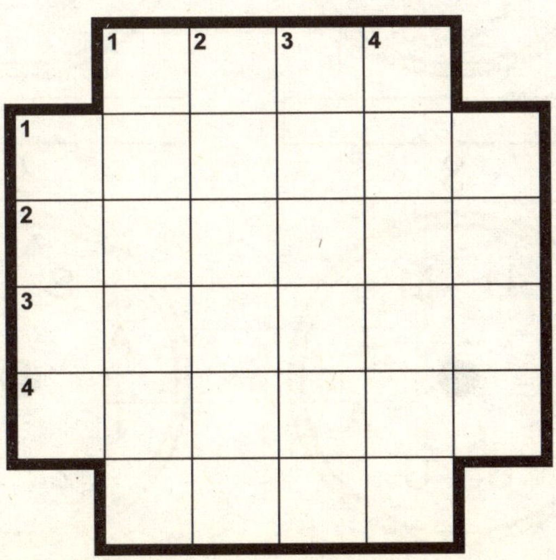

1. asiatische Kampfsportart,
2. Gerichtsentscheid,
3. Fechtwaffe,
4. enge Treppe

Denkspaß 082 — Worträder

★ Zeit: ____ Min.

Durch welchen Buchstaben muss das Fragezeichen jeweils ersetzt werden, damit sich im oder gegen den Uhrzeigersinn ein sinnvolles Wort ergibt?

1

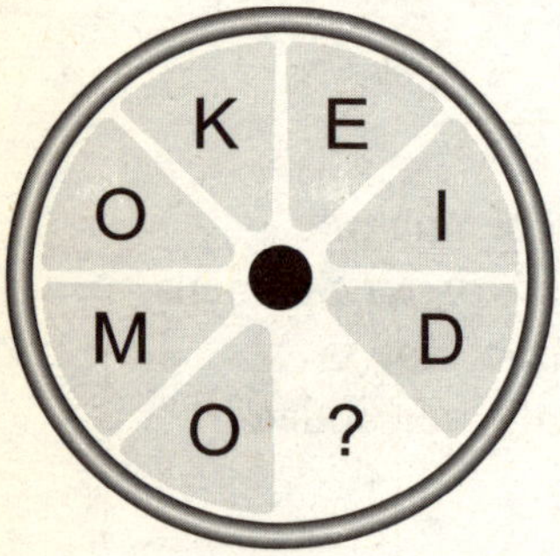

2

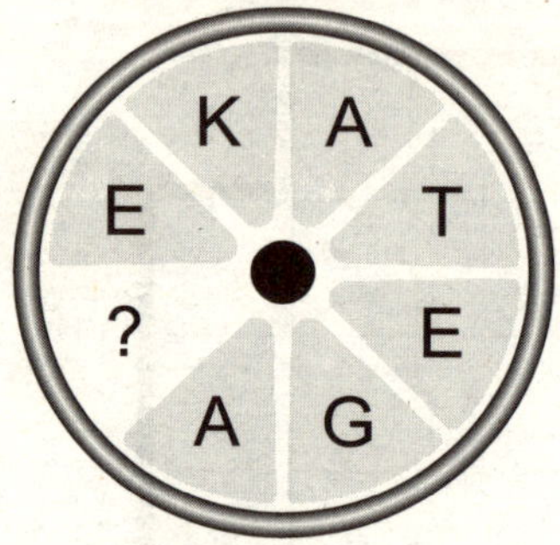

3

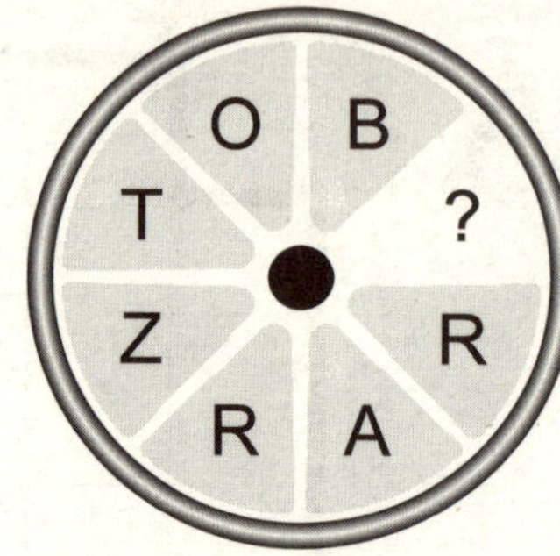

4

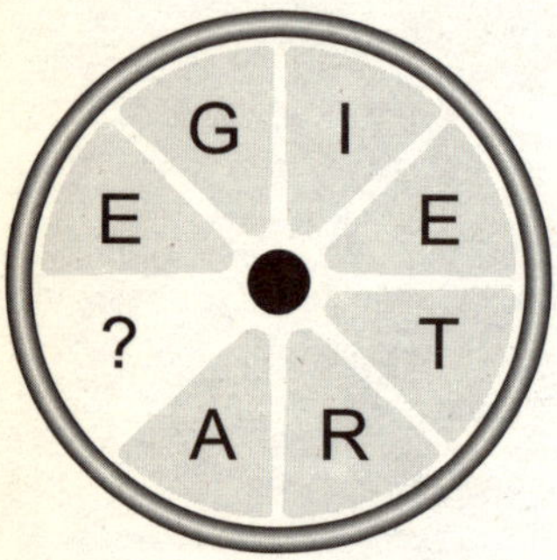

5

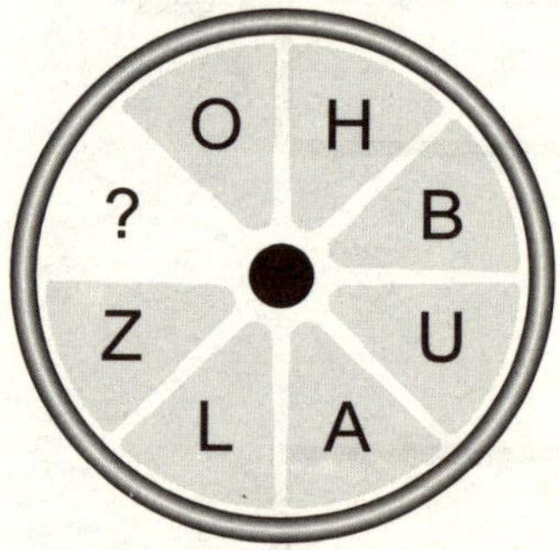

6

7

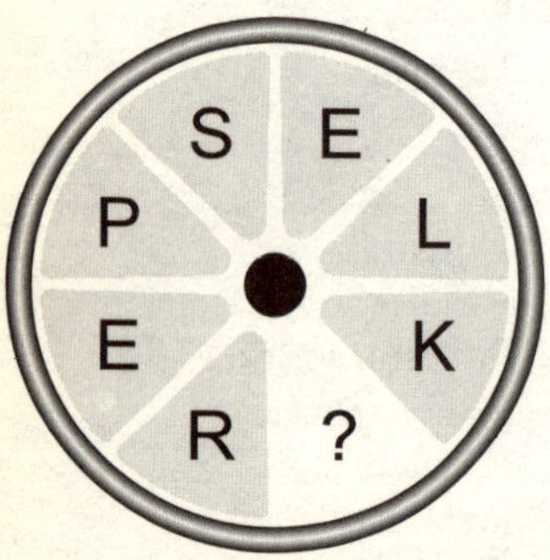

8

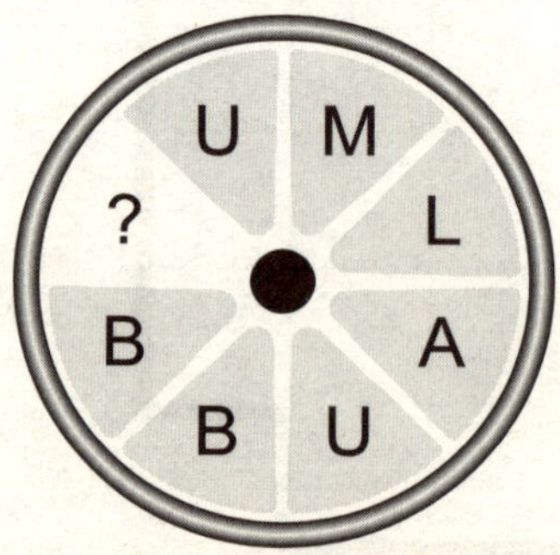

9

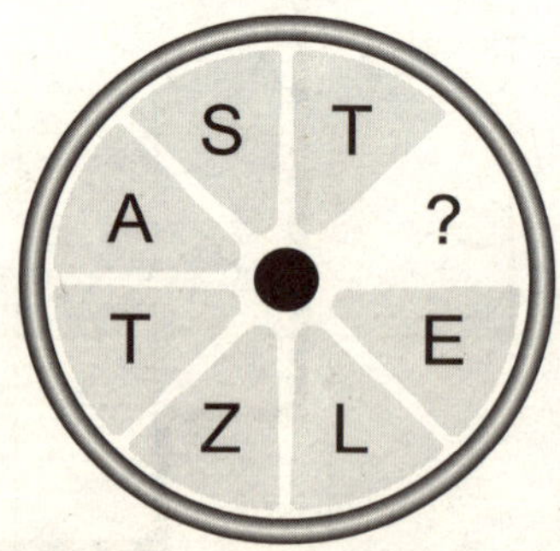

Denkspaß **083** | Magische Quadrate | ★★★ Zeit: ___ Min.

Aus den jeweils oben angegebenen Silben sind dreisilbige Wörter zu bilden, wobei jedoch die mittleren Silben nicht aufgelistet sind. Die Hinweise zu den Wörtern stehen jeweils darunter. Die fehlenden Mittelsilben in den grauen Feldern ergeben ein Lösungswort.

A

AMT - BEET - BER - CKEY - EH - EIS - GELN - LOG - MO - NEN - PA - REN - VEN - VER - WETT - ZIN

1-2. dt. Komponist (Ludwig van ...)
3-4. Schlittschuhsport
5-6. Selbstgespräch
7-8. ein Mineral
9-10. Angriff abwehren
11-12. zusperren
13-14. soziale Aufgabe ohne Entgelt
15-16. Laufwettbewerb

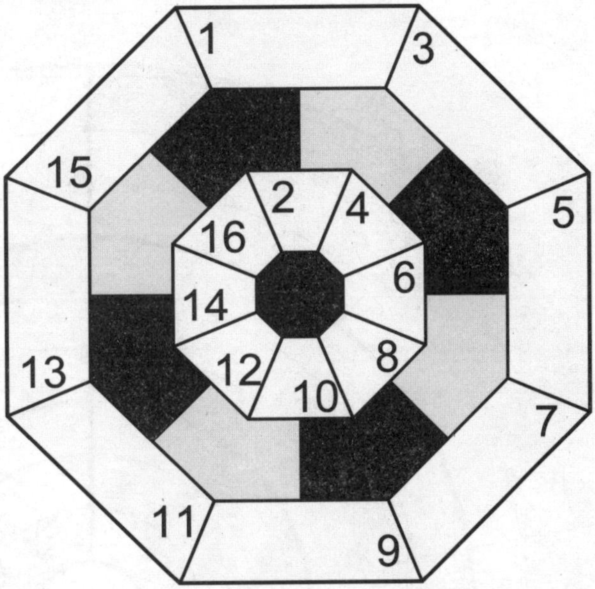

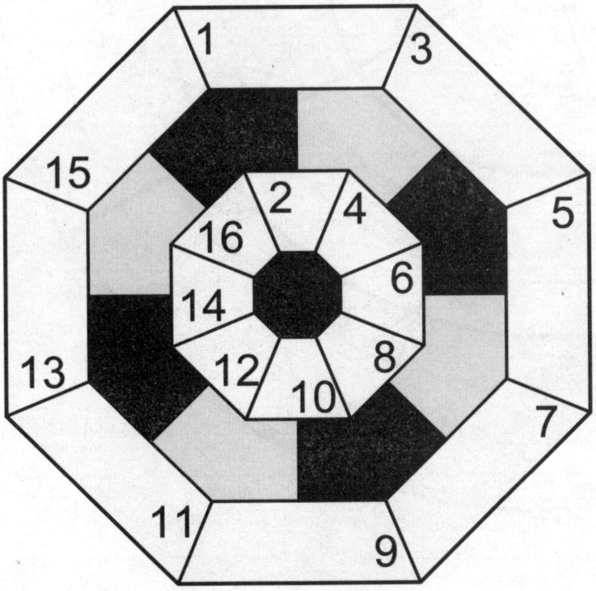

B

AUS - BEN - BOS - EN - ER - KU - LI - NE - NISCH - O - OR - RE - SA - SE - TAER - TEN

1-2. die Gesundheit betreffend
3-4. Region auf dem Balkan
5-6. tropische Schlingpflanze
7-8. Wasserstelle in der Wüste
9-10. zur belebten Natur gehörig
11-12. Aufwendungen, Kosten
13-14. richtig vermuten
15-16. südamerikanisches Pfeilgift

Denkspaß 084	Sudoku-Kreis	★★★★ Zeit: ____ Min.

Ähnlich wie auch beim klassischen Sudoku müssen die Zahlen 1 bis 9 genau einmal auf jedem Ring, auf jedem „Strahl“ von außen nach innen und auf jedem dick umrandeten Teilstück vorkommen.

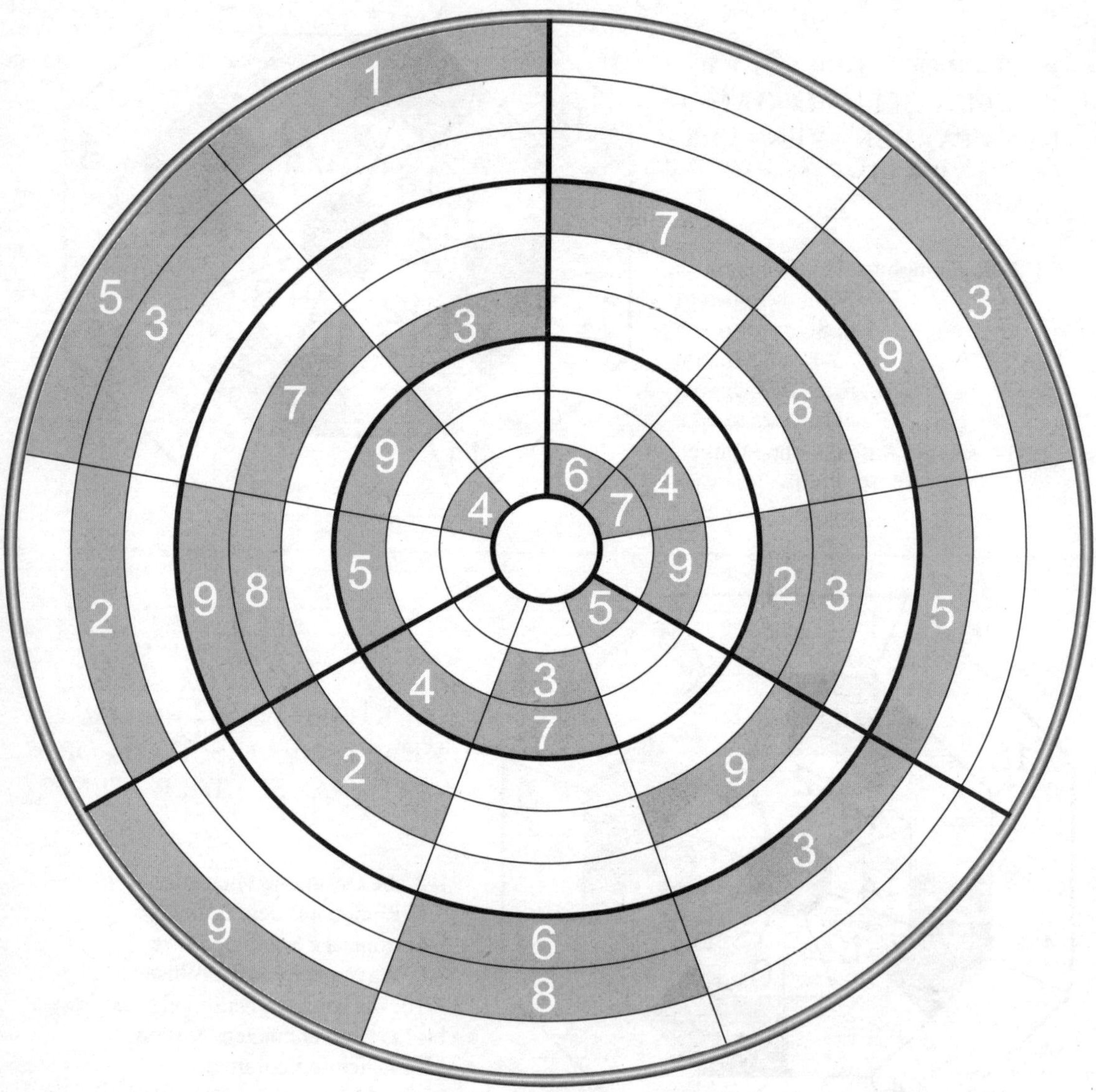

Wörtergitter

★ Zeit: ___ Min.

Die vorgegebenen Wörter sind derart einzutragen, dass das Kreuzwortgitter vollständig ausgefüllt ist. Ein Wort ist schon eingetragen.

4	BRAD, EARL, ELLA, ESRA, HAIR, RAHE, SIEL, SUVA
5	ARNIM, AUGUR, AULAS, BACHE, BERTI, DALLI, LOYAL, RINGS, SUCHT, TRABI
6	APPELL, AUSHUB, ERREGT, MEDICI, SCHILD, STUART, WONACH
7	AKRIBIE, FITNESS, SPAEHER, STANZEN
8	AMARETTO, EINTRITT, LAUSCHER, PARANOIA, RUEPELEI
9	MAESSIGEN, SPIELMANN
10	FEIERABEND

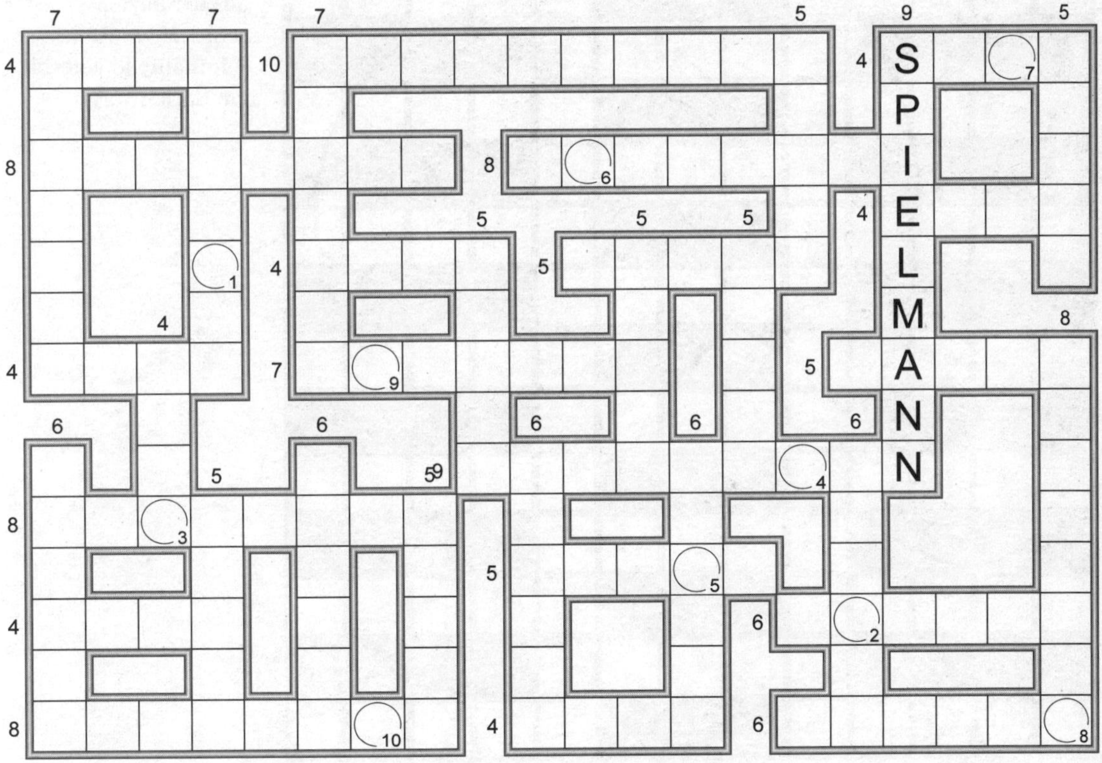

1	2	3	4	5	6	7	8	9	10

Denkspaß **086**

Sprossenwand

★★★★ Zeit: ____ Min.

Setzen Sie waagerecht Wörter folgender Bedeutungen ein:

1. Reifenmaterial, 2. leise, 3. alltägliches Einerlei, 4. moralische Gesinnung, 5. warum, weshalb, 6. Hautpflegemittel, 7. pers. Herrschertitel, 8. Urkundenjurist, 9. Sauerstoff aufnehmen, 10. schweizerisch: Gastmahl, 11. Hundeschar bei der Jagd, 12. Lärm um nichts, 13. kurze Aufzeichnung, 14. herankommen, 15. Erdzeitalter, 16. Jahrestagangabe, 17. Ort bei Sankt Blasien, 18. Beiname New Yorks (Big ...), 19. Schutzbecken für Schiffe, 20. Streichinstrument, 21. Stockwerk, 22. Fußballstrafstoß (Kw.), 23. geltende Gesetze

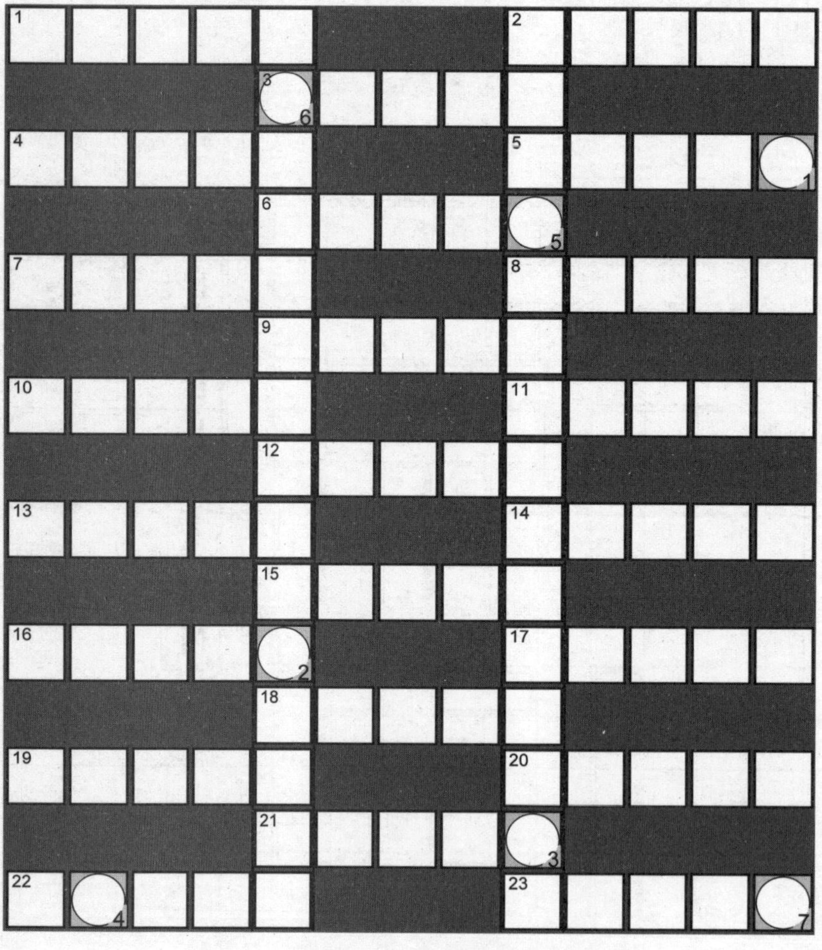

Bei richtiger Lösung ergibt sich aus der ersten senkrechten Reihe, den beiden stark umrandeten Spalten in der Mitte und aus der letzten senkrechten Reihe – fortlaufend gelesen – ein Sprichwort.

1	2	3	4	5	6	7

Denkspaß **087**	# Zahlenrätsel	★★★☆ Zeit: ___ Min.

Ersetzen Sie die Zahlen durch Buchstaben, wobei gleiche Zahlen auch gleiche Buchstaben bedeuten. Bei richtiger Lösung ergeben die siebten und die zwölften Buchstaben – jeweils von unten nach oben gelesen – ein Sprichwort.

Nr.															Hinweis
1	16	6	21	18	8	15	6	12	19	18	5	12	18	8	Werkstoffdefekt
2	10	20	9	20	17	19	21	22	18	15	1	18	17	13	visionär
3	9	6	1	1	18	17	1	14	5	12	6	11	18	8	erfolgreiches Produkt
4	1	14	5	20	5	11	18	1	14	5	6	18	19	21	Fachhandelsbetrieb
5	1	21	18	20	18	8	7	18	5	3	18	8	13	18	Finanzamt
6	7	8	15	12	12	18	17	11	18	1	21	18	12	12	Rahmen für Augengläser
7	4	6	8	12	6	16	18	17	21	6	8	15	18	8	Abgeordneter
8	21	6	17	21	18	18	16	16	6	12	6	13	18	17	Kleingeschäft
9	19	18	8	17	1	18	5	6	17	21	18	17	17	18	Empfangsverstärker
10	19	15	12	15	11	8	6	17	6	8	7	18	15	21	Goldschmiedetechnik
11	13	8	6	14	5	18	17	19	12	15	18	11	18	17	Luftsport
12	22	6	8	10	18	17	1	14	5	22	18	15	17	18	afrikanische Steppentiere
13	22	18	8	9	10	18	20	11	9	6	1	21	18	17	Behälter für Arbeitsgeräte
14	8	18	9	3	17	2	6	12	18	1	10	18	17	10	Genesung, Gesundung

Denkspaß **088**

Schwedenrätsel

★★ Zeit: ____ Min.

Die in den Fragekästchen der Rätselgrafik stehenden Texte müssen gelöst und in Pfeilrichtung eingetragen werden.

'Drahtesel' fahren	griech. Schicksalsgöttin	Pflichtarbeit		lateinisch: Löwe		Fluch, Kirchenbann		einfältige Menschen	Rinderwahnsinn (Abk.)	abstoßend	ugs.: sehr gut	Heilpflanze, Blaustern			Stammvater
			10			leichtfertig									
	1			halbgefrorenes Getränk		männlich					7				kleine Quasten
Börsenaufgeld			glatter Stock					Primzahl				Notsignale		und so weiter (Abk.)	
Nachbar				3					Bewohner des antiken Italiens						
Fluss durch Grenoble														8	
			Frische		6					ital.: Speiseeis	Formgestaltung		Musikträger (Abk.)		
dän. Filmkomiker †	kathol. liturg. Obergewand	Kykladeninsel								'herb' bei alkohol. Getränken		11		griech. Zupfinstrument	
Wegenutzungsgebühr					tüchtig, geschickt					Vorname Zolas † 1902					
Anfälle von Atemnot		südamerik. Tanz (Mz.)		Abk.: mit Umsatzsteuer							5		israel. Stadt am Golf von Akaba		
	4									germanische Gottheit		süddeutsch: Hausflur			
französisches Grußwort						vollkommen			poetisch: hier hin	Festkleid					kleiner Farbklecks
				von Sinnen		Fechtwaffe						Platzdeckchen		quälender Nachtgeist	
Stimmzettelbehälter			ein Asiat						kurz für: an dem	männlicher franz. Artikel	Fließbehinderung		9		
Tennisplatz (engl.)				2		Zierstrauch							alter Tonträger (Abk.)		
befestigtes Berberdorf					Pflanzenkübel										

1	2	3	4	5	6	7	8	9	10	11

Denkspaß 089 — Endlos-Kruzzle

★★★★ Zeit: ___ Min.

Die in den Fragekästchen der Rätselgrafik stehenden Texte müssen gelöst und in Pfeilrichtung eingetragen werden – bei Definitionen ist das Lösungswort zu erraten, bei geschüttelten Begriffen ist durch eine Neuordnung ein sinnvoller Begriff „herzustellen“. Begriffe enden bei Endlosrätseln jedoch nicht zwangsläufig am Rand eines Rätsels, sondern können auf der jeweils anderen Seite weiterlaufen.

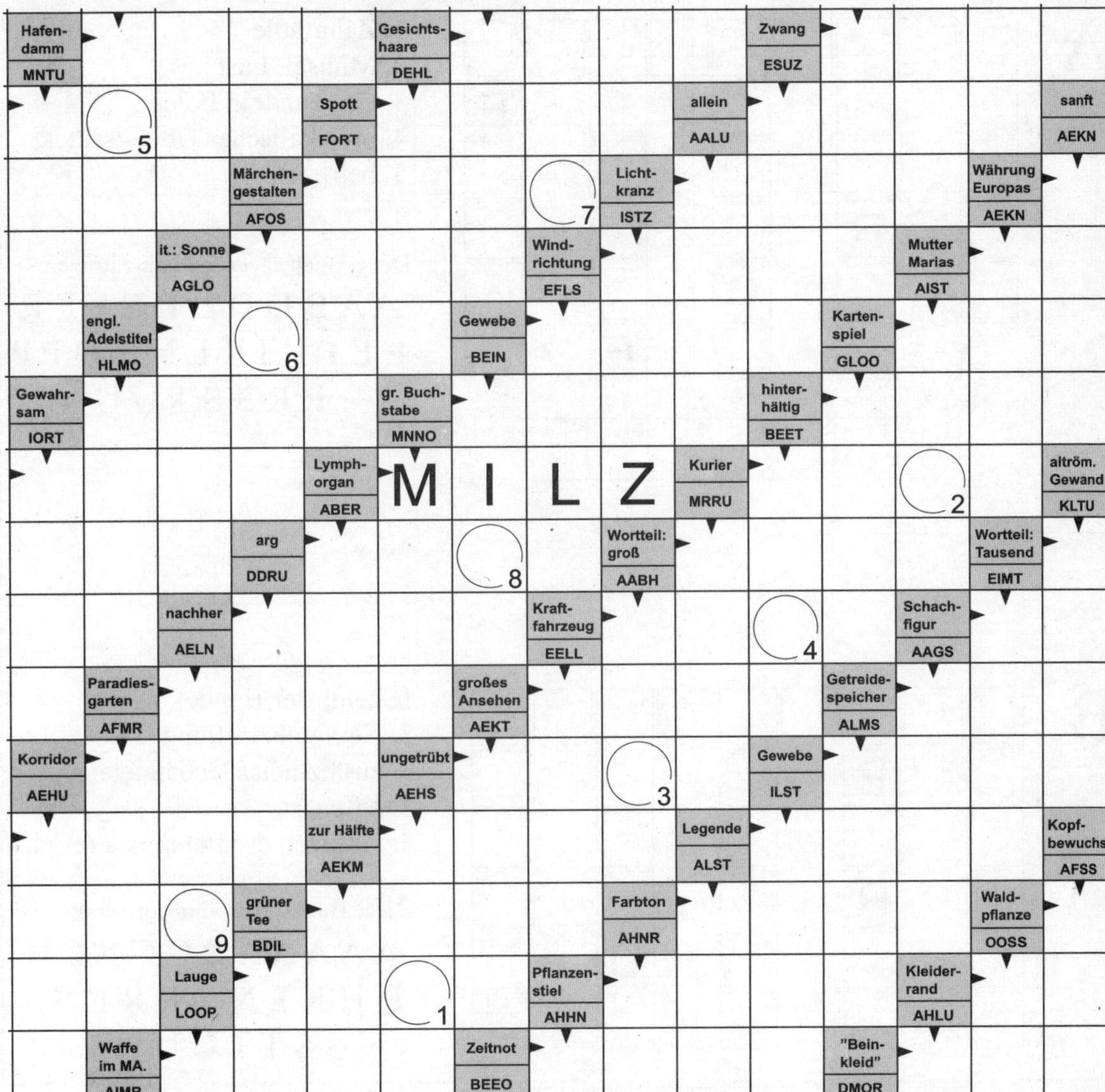

1	2	3	4	5	6	7	8	9

Denkspaß 090 — Kammrätsel

★★★★ Zeit: ____ Min.

Die Fragetexte sind zu lösen und unter der jeweiligen Zahl senkrecht in die Grafik einzutragen. Aus den Buchstaben des Kammrückens und der Kammenden ergibt sich das Lösungswort. Ein weiteres Lösungswort erhalten Sie in den Kreisfeldern.

A

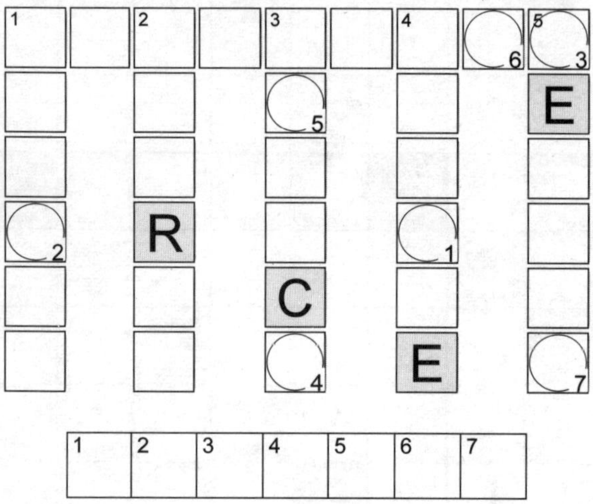

1. Zahnfäule
2. Mühsal, Last
3. Großstadt in Polen
4. musikalisches Übungsstück
5. betrügen

Diese Buchstaben sind einzutragen:

A A B D D D E E E E
E E F H I K L N N O P P
R R S S T U U

B

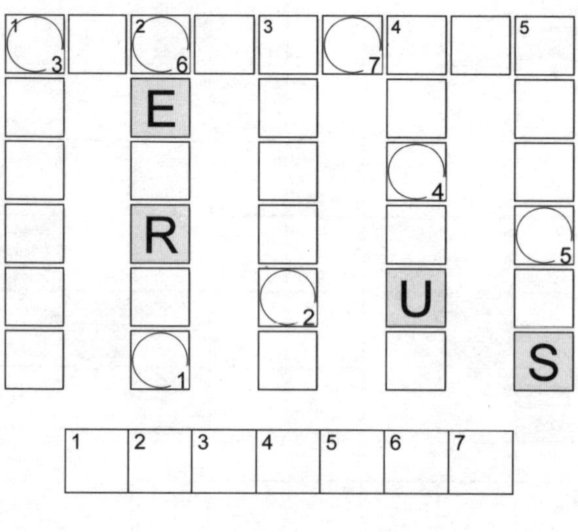

1. geldloser Handel
2. Nerven betreffend
3. zusätzliches Gebäudeteil
4. Affenart
5. Hitlisten der Popmusik (engl.)

Diese Buchstaben sind einzutragen:

A A A A A B C C E E H
H H K L N O R R R S S
S S T T U U U V

Denkspaß 091 — Tierisches Kreuzworträtsel

★★★ Zeit: ____ Min.

Gleiche Tiere bedeuten gleiche Buchstaben. Durch Ausprobieren ist jedem dieser Tierzeichen ein Buchstabe zuzuordnen und in die Rätselgrafik einzutragen. Auf diese Weise soll ein vollständiges Kreuzworträtsel entstehen.

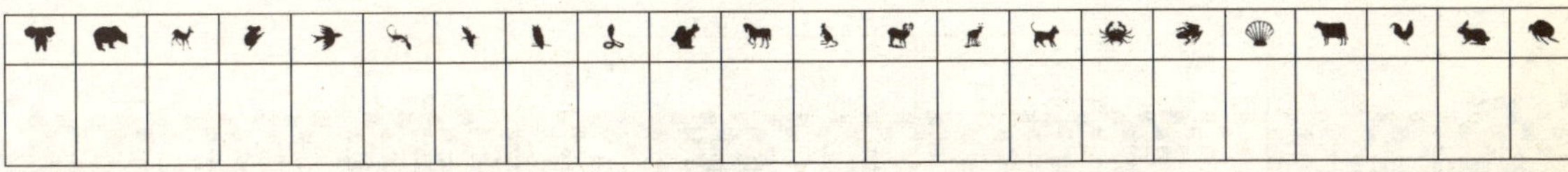

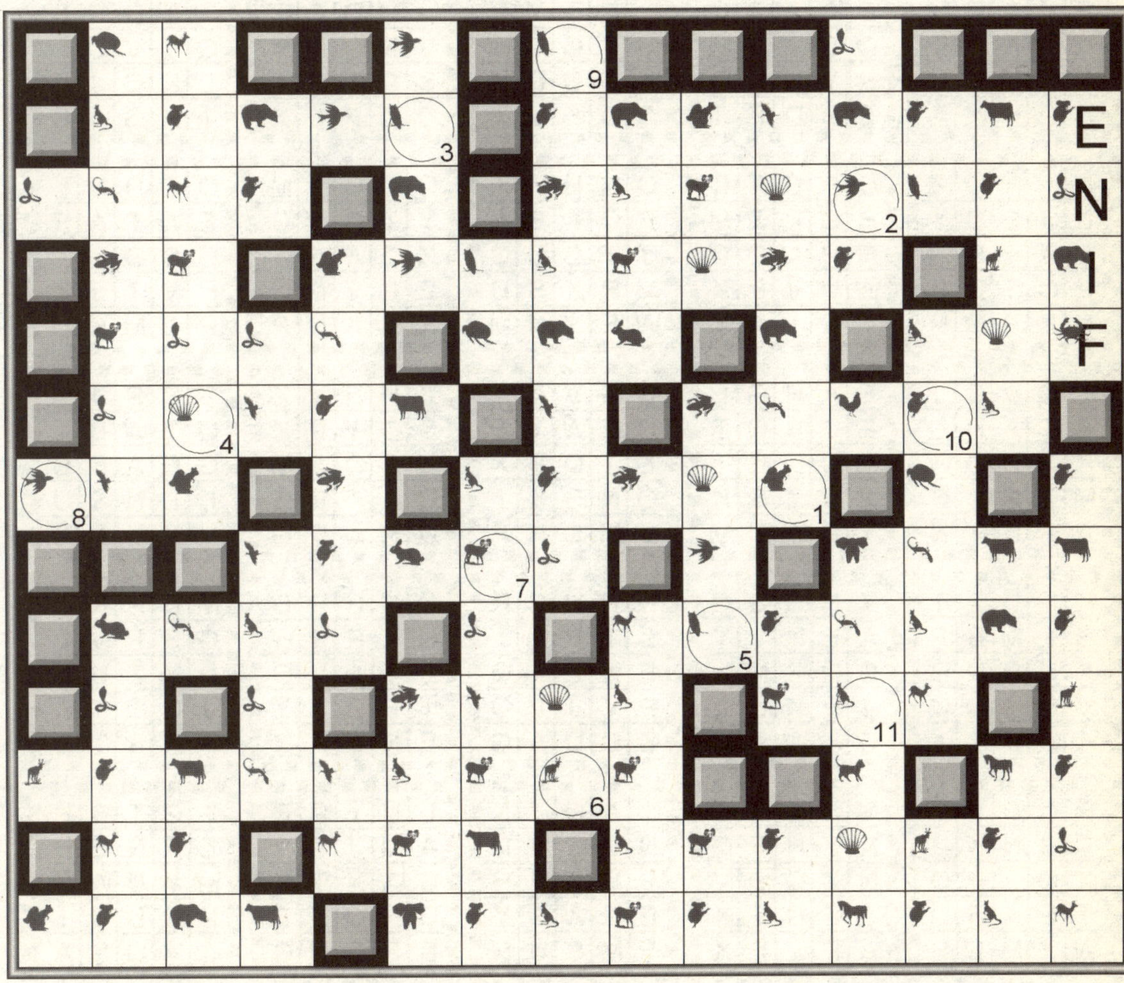

1	2	3	4	5	6	7	8	9	10	11

Denkspaß **092** | # Nur einer fehlt | ★☆☆☆ Zeit: ____ Min.

Nur einer fehlt ist ein einfaches Geduldspiel. In jedem der Kästchen befinden sich 25 unterschiedliche Buchstaben des Alphabets – es fehlt also in jedem Kasten ein Buchstabe. In allen 25 Kästen fehlen 25 unterschiedliche Buchstaben, der dann fehlende Buchstabe ist die Schlusslösung.

B	W	U	G	J
F	K	L	H	M
O	C	R	T	D
E	Z	V	Y	S
Q	P	I	X	A

A	E	U	T	K
P	W	X	Z	C
O	S	I	V	M
R	Y	N	H	Q
L	B	D	F	J

B	I	X	E	O
L	N	T	Y	V
U	P	G	C	W
K	J	Q	R	H
S	D	F	M	Z

Z	C	W	I	B
J	M	D	E	R
V	K	U	N	Y
S	P	T	H	A
Q	G	F	L	X

H	A	U	P	M
X	T	D	N	S
Q	Y	V	O	E
L	R	C	J	F
I	K	G	W	B

R	V	M	O	Z
U	J	E	C	Y
L	A	I	S	W
P	Q	T	D	F
N	K	B	G	H

Q	B	D	F	K
R	G	P	Z	M
N	H	L	O	C
W	U	J	E	X
T	S	I	A	Y

Q	A	H	Z	I
F	O	L	B	K
J	T	G	D	C
V	R	X	S	U
W	E	Y	N	M

O	G	Q	J	M
Y	I	R	S	C
X	Z	W	A	B
E	L	V	D	U
K	H	F	N	P

Q	F	D	N	L
E	W	T	A	R
G	S	O	B	Z
H	V	I	J	X
P	C	M	K	U

T	Q	V	C	J
P	G	A	H	L
K	X	D	O	W
M	Z	R	I	S
E	F	B	Y	N

F	A	H	G	L
E	J	B	O	T
M	U	Q	P	I
X	D	Z	S	K
Y	C	W	N	V

B	G	V	Z	A
U	R	W	Y	E
L	T	Q	P	X
O	N	S	K	I
J	M	C	H	F

X	H	N	Y	Z
S	D	I	P	K
L	F	Q	A	M
O	J	T	E	C
U	R	W	V	G

Z	R	P	J	M
O	T	W	B	I
G	H	A	D	C
E	L	N	S	U
V	X	K	F	Y

K	E	U	Z	T
S	L	M	B	F
X	H	D	N	G
V	R	O	C	Q
W	A	P	I	Y

X	N	O	S	G
A	E	R	V	Y
C	Q	Z	M	H
J	P	K	B	L
D	I	W	T	U

N	K	H	C	R
Z	T	B	M	I
E	X	L	F	Q
P	Y	J	V	O
S	U	D	A	G

Q	S	C	P	D
H	K	R	G	W
B	I	L	V	O
T	F	Z	J	Y
E	N	U	A	X

M	D	N	K	Q
G	S	F	V	L
P	Y	Z	U	B
J	C	O	I	W
A	X	R	T	E

R	C	D	V	Y
I	B	N	K	U
X	O	J	P	Q
T	E	A	H	G
W	Z	M	L	F

M	W	J	U	B
R	Y	H	F	G
N	Z	Q	O	V
I	S	D	T	X
A	P	L	E	K

I	A	Q	Z	K
N	C	O	J	D
B	V	X	P	H
E	T	W	G	Y
F	M	S	U	R

L	U	Y	P	R
A	M	J	S	V
C	W	X	T	E
D	H	Q	K	Z
B	F	O	N	G

F	G	T	D	P
L	R	N	E	H
M	Y	U	W	Z
X	C	B	Q	I
J	V	O	S	A

Denkspaß **093** | # Fehlende Verbindung | ★★★☆ Zeit: ____ Min.

In diesem Rätsel sollen Sie die unten aufgelisteten Buchstaben in die Grafik eintragen, sodass schließlich ein vollständiges Kreuzworträtsel entsteht, dessen Wörter jedoch vorwärts oder rückwärts geschrieben sind.

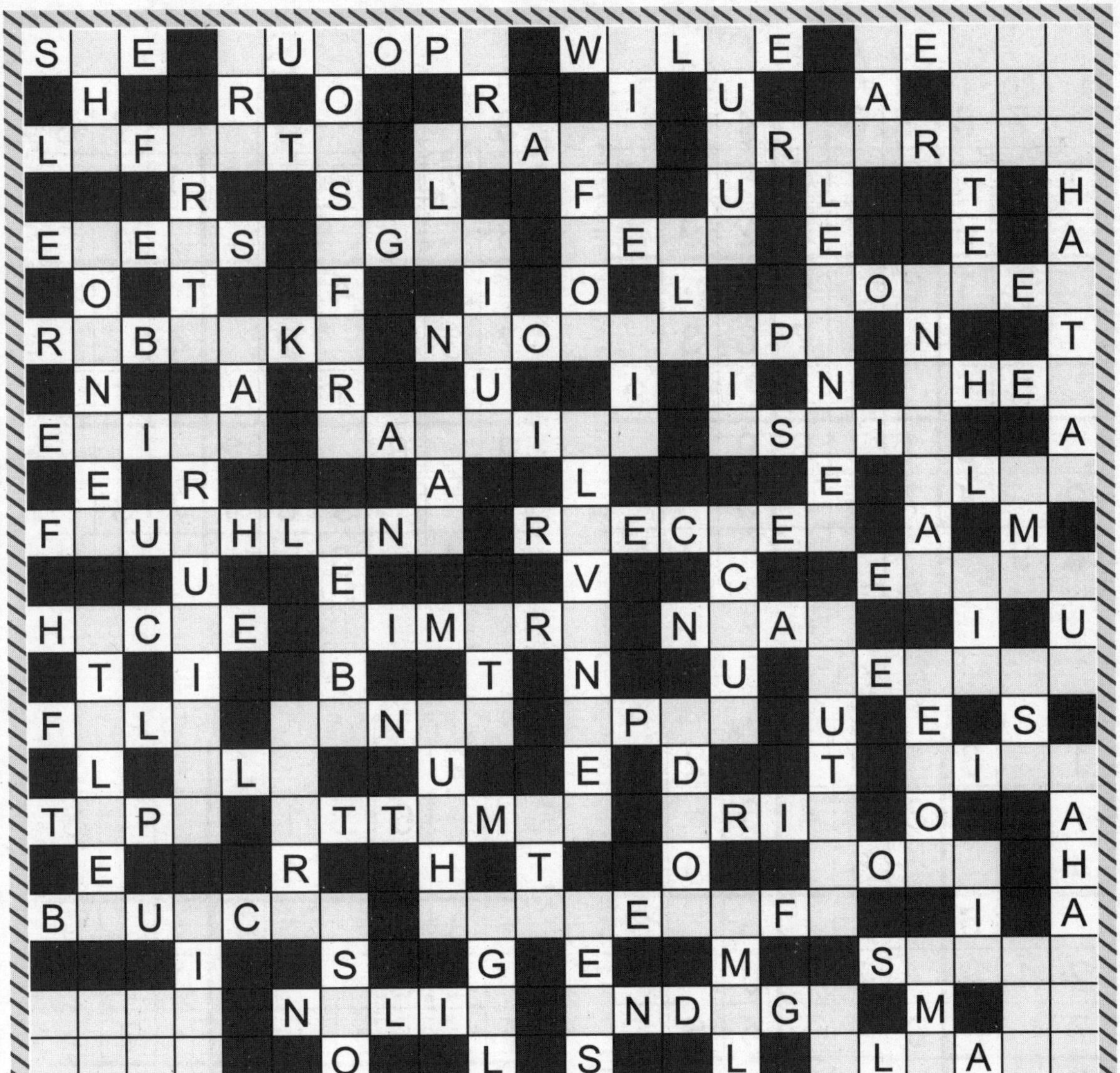

AAAAAAAAAAAABBBBDDDEEEEEEEEEEEEEEEEEEEEEEEEEEEEEEEFG
GGHIIIIIIIIIIIIKKKKKKKLLLLLLLMMMMMMNNNNNNNNNNNNNNNN
OOOOOOOOOOPPRRRRRRRRRSSSSSSSSSSSSSSSSTTTTTTTTUUUUV

Denkspaß **094** | # Sudoku für alle | ★★★☆ Zeit: ____ Min.

Bei diesem Rätseltyp sind die Zahlen 1 bis 9 in die leeren Felder der Grafik einzutragen, wobei sich jede dieser neun Zahlen genau einmal in jedem Neunerblock, genau einmal auf jeder Horizontalen und genau einmal auf jeder Vertikalen befinden soll.

A

	7	8	2	6		4	5	
1			9		5			6
	5	6	4	7	8	2	9	
		1	3		6	8		
	8	9			7	6	3	
	3			4				9
		5	1		3	9		
2		4	7	5		3		
8	9						7	

B

3		9		4			7	8
	7		6		8	1		
8				5			4	
	8	1	4		9			6
7	3			2		4		
			1	3		8	5	
9		8			2			
1			9	6	4	7	8	
	4		5				1	2

C

1		3		9			2	4
	2		8		4	6		
4				5			9	
	4	6	9					8
2	1			7		9		
7			6	1		4	5	
3		4			7			
6			3	8	9	2	4	
	9					3	6	7

D

9	2		7					5
		6		1	2			3
				4			2	
	8							9
	9	3				8	5	
1							7	
	4			5			8	
6			9	2		1		
3					6		4	2

Denkspaß **095**

Silbenschwedenrätsel

★★★☆ Zeit: ____ Min.

Die in den Fragekästchen der Rätselgrafik stehenden Texte müssen gelöst und in Pfeilrichtung eingetragen werden. In jedes Kästchen gehört eine Silbe.

eine Steuer, Abgabe (Kw.)			Sachlichkeit / Wein-traubenernte	schwarze Wasservögel		Ofenrohr-klappe
				kleines Motor-rad (Kw.)		
Zweig-stelle	Leiter-wagenleiste / wieder instandsetzbar			Vergeltung / russische Zarin		
Bruder von Romulus			britische Prinzessin / scharfe Gewürzsoße			Licht-bild
Ein Vorder-asiat		Staat in Asien / israelitischer König			römisches Übergewand	
		E		Sportwette (Kw.) / weibliche Verwandte		
Frauen-kurzname		LA	Wäschestück / Bruder von Pollux			Schie-nenweg
Wärme-spender	Urzeitechse (Kw.)	hinduist. Gesell-schaftsschicht / Sohn von Adam und Eva			kleiner Teich	
				Art, Stil / überreichen		
Erfinder des Dynamits			Leichtathlet / griech. Göttin der Jugend			schrill flöten
Ankleide-raum	politischer Aufwiegler	hochhieven / Vorname Whittakers			sehr krummes Riechorgan	
				Schutzbecken für Schiffe / Bronze-trompete		
dürr			sehr kleine Fenster / Gewürzkorn			Stich-waffe
		Abend-ständchen		RE		
tropische Schleichkatze / Folgsamkeit				Gottes Gunst		

Denkspaß 096 — Wörterversteck

★★ Zeit: ____ Min.

Finden Sie in der Rätselgrafik sämtliche unten aufgelisteten Wörter, die sich – horizontal, vertikal, diagonal, vorwärts oder rückwärts geschrieben – im Buchstabenfeld verstecken. Die Buchstaben, die am Ende übrig sind, ergeben einen sinnvollen Lösungssatz.

		V	B	N	A	F	E	R	I	E	G	T	E	S	T		
	I	R	R	K	L	O	B	I	G	G	B	T	U	L	D	N	
I	E	I	R	O	S	T	I	A	E	L	I	E	P	N	D	R	I
H	W	M	W	C	E	N	L	B	L	A	Z	L	H	A	S	E	T
Z	R	E	H	I	T	I	E			U	N	E	P	E	P	T	S
D	E	L	B	E	T	T	S			T	N	K	F	M	A	S	T
S	E	E	R	E	N	Z	S			I	O	S	L	A	L	E	T
N	E	I	Z	U	E	R	I	C	H	R	O	N	I	S	T	E	G
T	M	A	W	R	G	E	E	G	O	R	D	N	C	N	U	S	D
	E	R	N	A	A	A	M	I	H	E	S	C	H	U	N	D	
		V	I	N	N	P	D	O	N	R	A	E	T	L	G		

AERZTIN
AGENT
ALGE
ALSO
ARNO
BEET
CHRONIST
DIOR
DROGE
EDLE
EGALITE
EILE
ELEMI
EPEN
GEBET
HERB
HERZ
HOHN
IGEL
INTERIM
IRRER
IWAN
KLOBIG
MAST
MEISSEL
OSTIA
PAPST
PARZE
PFLICHT
REIN
RITUAL
SCHUND
SEESTERN
SEEWOLF
SKELETT
SPALTUNG
STEG
TESLA
TEST
UNSINN
URAN
WITZIG
ZEUS
ZUERICH
ZWIRN

Denkspaß 097 — Symbolpfad

★☆☆ Zeit: ____ Min.

Beim Symbolpfad muss (bei einem Stern beginnend) der Weg zum anderen Stern gefunden werden, wobei immer nur das nächste nicht diagonale Feld genutzt werden kann. Der nächste Schritt ist aber nur dann zulässig, wenn das nächste Feld entweder das gleiche Symbol oder die gleiche Zahl wie das aktuelle hat.

○ 2	⬡ 2	□ 2	□ 7	◇ 6	△ 8	○ 5	⬡ 2	⬡ 8	◇ 8	□ 1	○ 6	△ 8	☆ 7	○ 2
⬡ 2	□ 1	◇ 8	⬡ 7	⬡ 1	⬡ 2	⬡ 4	⬡ 6	△ 5	◇ 6	⬡ 6	⬡ 2	⬡ 6	⬡ 7	□ 3
⬡ 6	⬡ 4	△ 3	○ 6	◇ 2	△ 8	◇ 1	○ 4	○ 3	○ 3	△ 8	◇ 4	△ 8	◇ 4	△ 4
□ 5	⬡ 1	⬡ 7	□ 7	□ 3	○ 6	□ 4	⬡ 8	○ 5	□ 4	□ 3	△ 3	○ 6	◇ 5	○ 2
⬡ 7	○ 3	△ 1	◇ 6	△ 3	△ 1	○ 1	○ 6	△ 7	□ 1	○ 5	△ 7	□ 5	○ 5	△ 7
□ 7	◇ 2	◇ 5	◇ 8	⬡ 5	○ 7	◇ 3	○ 8	◇ 6	⬡ 1	□ 7	△ 3	⬡ 3	○ 4	◇ 2
□ 8	△ 6	□ 8	△ 1	□ 8	△ 5	○ 5	○ 6		⬡ 6	○ 6	◇ 1	⬡ 7	◇ 5	△ 1
□ 6	◇ 5	○ 7	△ 7	△ 3	○ 5	⬡ 7	□ 8	○ 3	◇ 8	△ 6	○ 3	□ 7	○ 7	○ 3
◇ 8	□ 8	□ 4	□ 1	◇ 5	○ 7	○ 5	○ 4	△ 3	□ 2	△ 2	⬡ 5	○ 8	◇ 6	□ 3
○ 5	⬡ 6	⬡ 8	⬡ 4	◇ 5	◇ 6	△ 3	□ 4	□ 7	□ 8	○ 4	□ 6	⬡ 7	□ 1	⬡ 3
○ 5	□ 7	□ 7	⬡ 3	○ 4	△ 2	○ 6	△ 5	⬡ 8	○ 5	□ 3	◇ 3	◇ 1	⬡ 2	△ 3
△ 8	◇ 5	◇ 1	◇ 5	△ 4	◇ 3	◇ 7	◇ 7	⬡ 3	⬡ 7	○ 3	⬡ 8	◇ 6	○ 8	△ 2
△ 5	△ 6	⬡ 8	○ 6	⬡ 4	□ 5	⬡ 2	⬡ 2	□ 4	△ 4	○ 2	△ 5	◇ 2	◇ 4	◇ 2
△ 1	◇ 1	○ 2	△ 4	○ 7	□ 7	△ 2	⬡ 2	◇ 8	○ 2	◇ 2	□ 6	○ 8	□ 7	⬡ 5
⬡ 6	⬡ 8	◇ 8	⬡ 3	○ 5	△ 1	◇ 6	□ 5	⬡ 5	⬡ 2	○ 8	⬡ 2	□ 1	□ 8	○ 4
☆ 7	⬡ 1	◇ 7	□ 1	⬡ 6	⬡ 7	⬡ 5	◇ 5	□ 3	△ 8	○ 8	◇ 1	⬡ 8	◇ 3	△ 5
○ 7	△ 7	△ 8	◇ 8	⬡ 8	△ 5	○ 4	⬡ 8	□ 1	□ 4	⬡ 1	△ 4	○ 6	○ 7	□ 4

Denkspaß 098	Silbenrauten	★★★★ Zeit: ___ Min.

Bei der Silbenraute sind die Fragen zu lösen und die viersilbigen Lösungen in Pfeilrichtung um die Raute einzutragen.

A

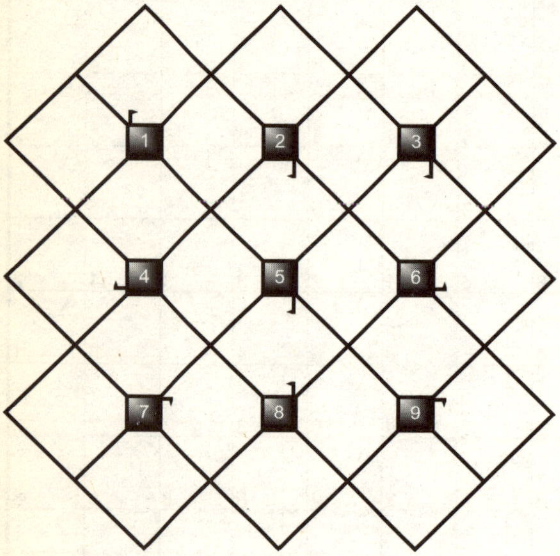

1. Pizzagewürz, 2. Grundstücke,
3. Fernsprechgeräte, 4. Verneinung,
5. Hauptstadt von Chile, 6. Ordnungsbegriff,
7. militärischer Großverband,
8. kaliforn. Hafenstadt (2 Wörter),
9. bildhaftes Gleichnis

B

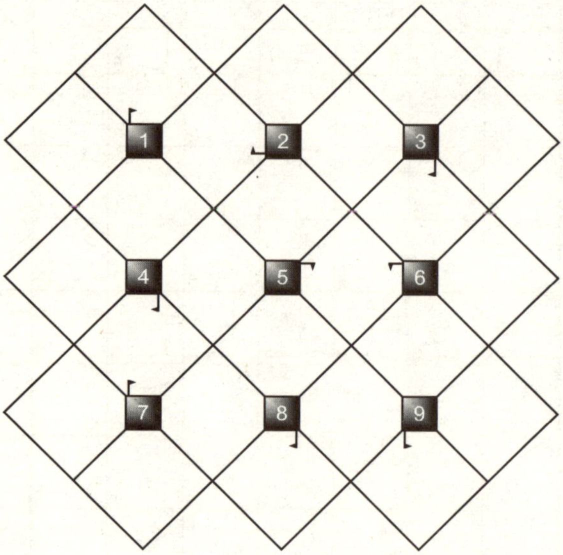

1. ital. Nudelteigpasteten, 2. Geige,
3. Gottesglaube, 4. griechische Felsenklöster,
5. schwarze Wasservögel, 6. Hausflure,
7. Gatte der Helena, 8. Buschwindröschen,
9. ärmelloser Umhang

Denkspaß **099**

Doppelstiege

★★★ Zeit: ____ Min.

Hier müssen die unten angegebenen Begriffe so in die Grafik eingesetzt werden, dass sich auf dem Mittelsteg ein sinnvoller Begriff ergibt.

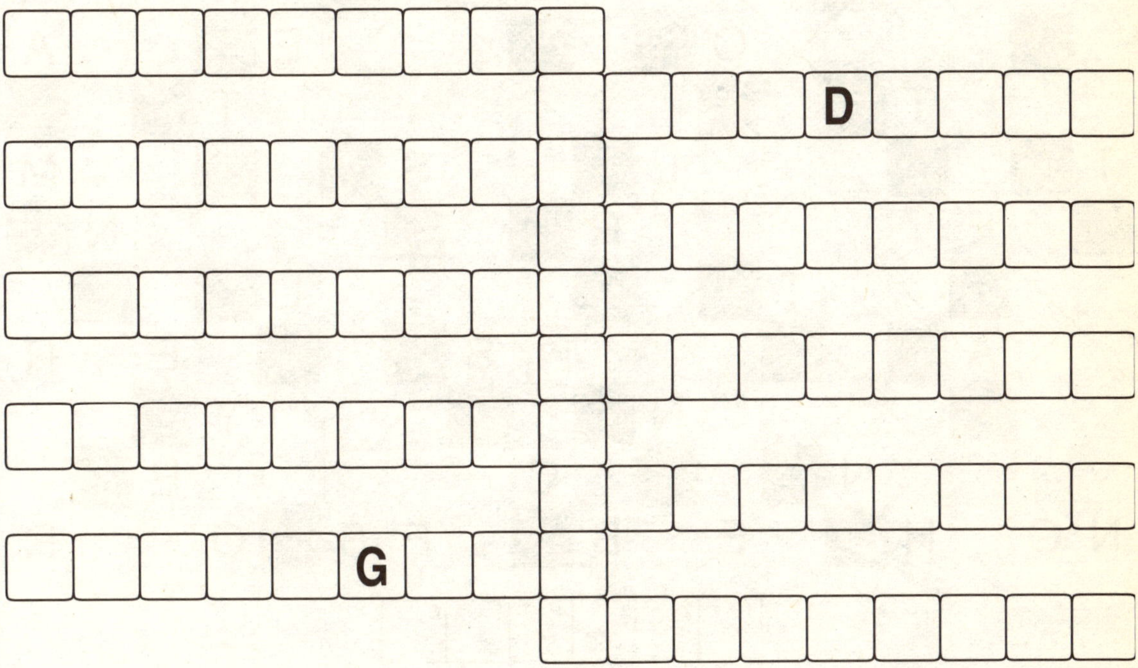

ABENDLAND, AUGENGLAS, EXPERTISE, FREISTOSS, KOHLDAMPF, KOMPETENT, LEBKUCHEN, LICHTHUPE, TREIBHAUS, TRIUMPHAL

Denkspaß 100

Endspiel

★★☆☆ Zeit: ____ Min.

Beim Endspiel sind die Begriffe bereits vorgegeben, aber ungeordnet und ohne Trennung aneinandergereiht. Als Hilfe sind die Endbuchstaben aller Wörter, die länger sind als zwei Buchstaben, schon eingetragen.

1	2	3	4	5	6

SAGEKAGAFANALMALAKENIASAUNASABTUNSBOBEREBOC
KERTCSCHRAMMEHDNESTRESTMERIMEHLZEHNTSEMESTERSE
HENSERMONGERUESTTEILSSEHRSEIMASTELEMERLANVERBTETEDE
SGFMITSAMTSIEIREEIFELGIOEIGENARTFISHIILELEVENFLICIMDMA
NDYUNIONTOMMOERTELBOANOAHLOHBRIGGARAIRABRASSEART
TRAREARMERASTROSTANSHTATSTORNOSYMO

Denkspaß 101 — Worträder

★ Zeit: ____ Min.

Welche Buchstaben sind hier anstelle der Fragezeichen einzusetzen, damit im oder gegen den Uhrzeigersinn jeweils ein Wort zu lesen ist?

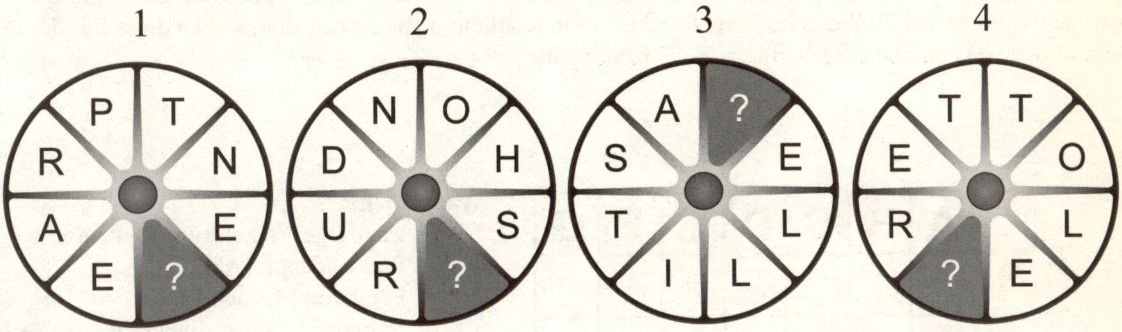

Denkspaß 102 — Größer oder kleiner

★★ Zeit: ____ Min.

Bei diesem Rätsel müssen die Zahlen 1 bis 6 in die leeren Felder eingesetzt werden, sodass die Grafik logisch schlüssig wird. Mehrere Lösungen sind dabei möglich.

	>		<		=		>		<		>		>	
=		∧		∨		∨		=		∨		=		∧
	<		>		>		=		=		=		=	
=		∨		∧		∧		∧		∧		∧		∨
	=		<		>		=		<		>		>	
∨		∧		∨		∨		∨		∨		=		∨
	<		>		>		=		=		<		>	
∨		∨		=		∧		∧		=		=		∧
	<		=		=		=		>		<		>	

Denkspaß **103**

Schweizer Füllrätsel

★★ Zeit: ____ Min.

Bei diesem Rätsel müssen sowohl die Begriffe als auch deren genaue Position in der Rätselgrafik sowie die Trennstriche ermittelt werden. Dazu sind die Fragetexte zu lösen und unter Heranziehung anderer diesen Begriff kreuzender Begriffe in die Grafik einzutragen. Einbuchstabige Begriffe werden im Fragetext nicht berücksichtigt. Wenn im Fragetext Ziffern in Klammern angegeben sind, stehen diese für die Anzahl der Trennstriche der jeweiligen Zeile bzw. Spalte.

	A	B	C	D	E	F	G
1							
2							
3						1	
4				6			
5			4				
6	5						
7		3					
8					2		
9							

1	2	3	4	5	6

Waagerecht:

1 asiatische Völkergruppe – deutsche Presseagentur (Abk.) (1)
2 Fürst von Monaco † (0)
3 Vorname v. Schauspieler Ode † – Teil eines Theaterstücks (1)
4 ein Längenmaß (Abk.) – Siegerin im Wettkampf (1)
5 bildende Künstlerin (0)
6 Fremdwortteil: ehemals – mobile Verkaufsstelle (1)
7 Bankkontoart – Stadt in Brasilien (Kw.) (1)
8 Laubbaum – russ. Atomrakete („... 20“) (1)
9 Wildhund (0)

Senkrecht:

A Science-Fiction-Serie („Star ...“) – König der griechischen Sage (1)
B Pferdezuruf: links! - eine Kleiderlänge – röm. Zahlzeichen: 99 (2)
C Faultier - Frauenkurzname – int. Kfz-K. Schweiz (4)
D medizinisch: Hormon – ein Ausruf (1)
E Lichtbilder – Flächenmaß der Schweiz (3)
F Geliermittel – „Jesus“ im Islam (1)
G deutscher TV-Sender – Computerbetriebssystem (3)

Denkspaß **104**

Kristalliner Nebel

★★☆☆ Zeit: ____ Min.

Die fantasievollen Grafiken unten entstammen allesamt den oberen Bildern. Jedes dieser oberen Bilder wurde so verfremdet, dass daraus die unteren Darstellungen resultierten. Können Sie die Originale und die dazugehörigen Verfremdungen einander zuordnen?

1 □

2 □

3 □

4 □

5 □

6 □

A

B

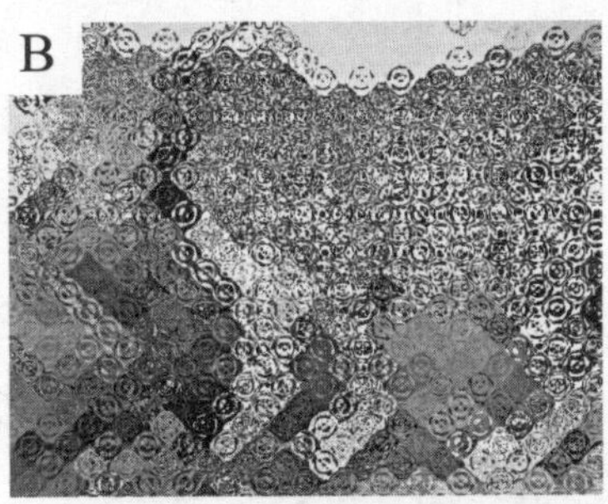

C

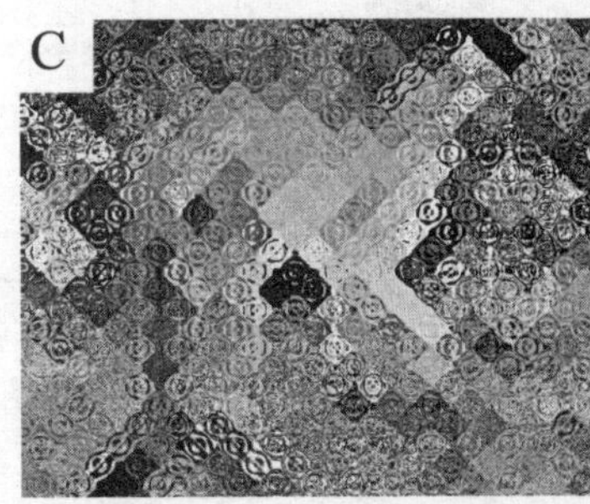

D

E

F

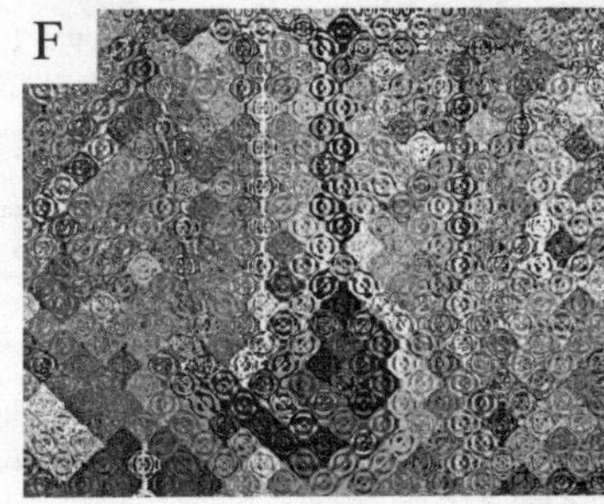

Denkspaß **105** | Schwedenrätsel | ★★★★ Zeit: ___ Min.

Die in den Fragekästchen der Rätselgrafik stehenden Texte müssen gelöst und in Pfeilrichtung eingetragen werden.

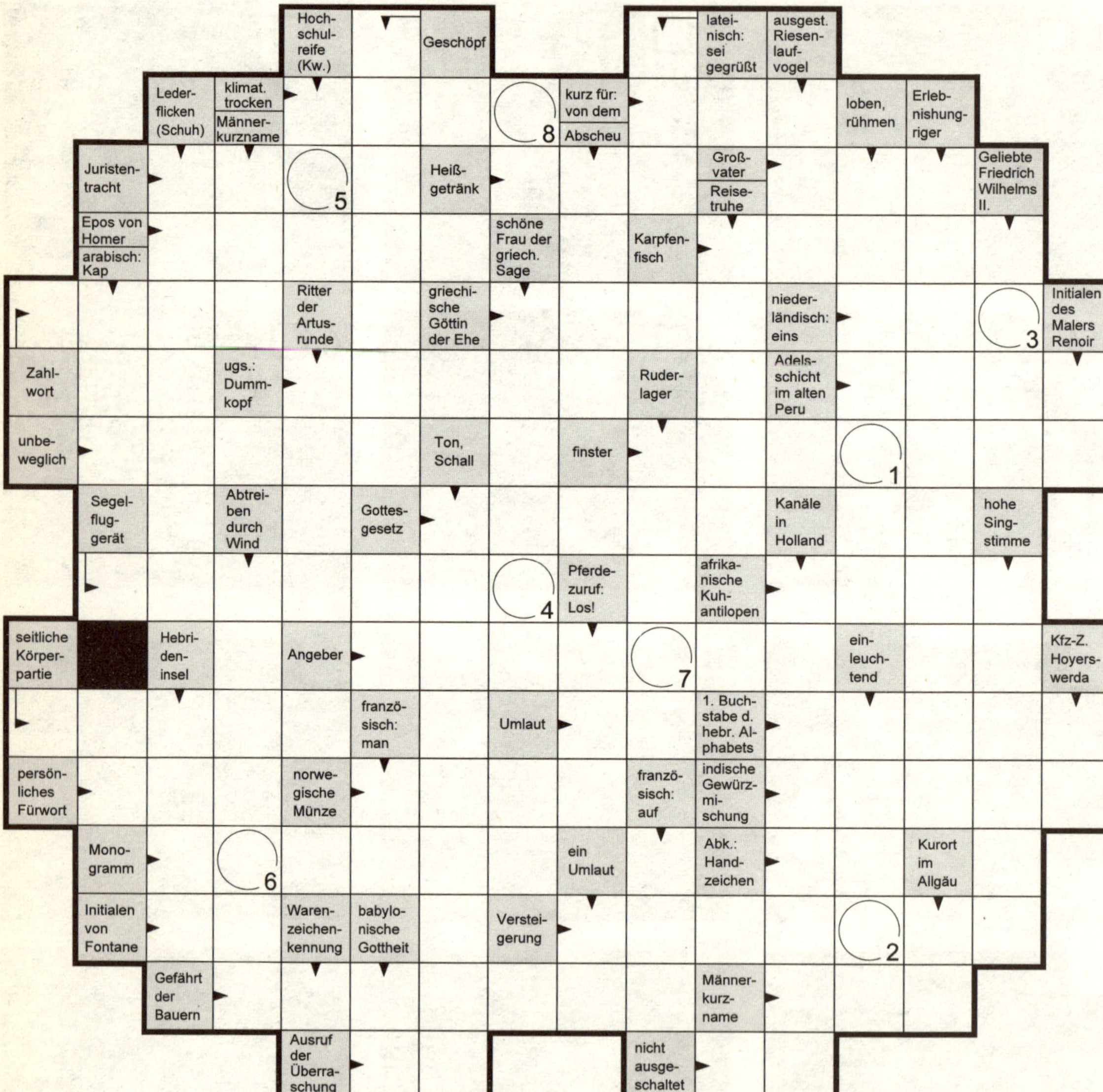

1	2	3	4	5	6	7	8

Denkspaß **106**

Magische Dreiecke

★★ Zeit: ____ Min.

Beim Magischen Dreieck müssen die Begriffe gelöst und sowohl senkrecht wie auch waagerecht in die Grafik eingetragen werden.

A

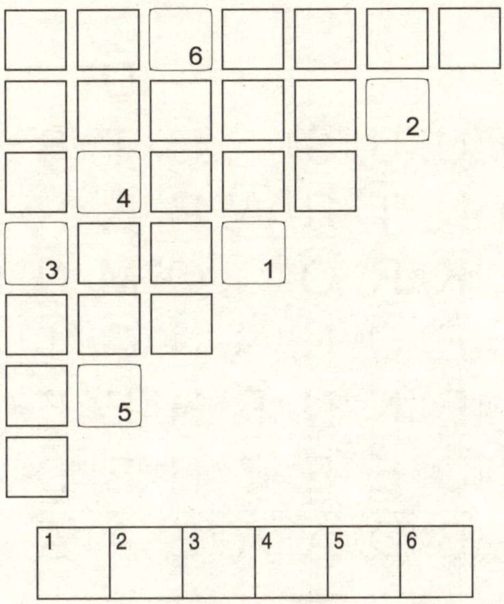

1. leichter Sommerschuh
2. Name der Europarakete
3. Wahrzeichen Triers „Porta ...“
4. Verdauungsorgan
5. Fremdwortteil: entsprechend
6. männlicher franz. Artikel

B

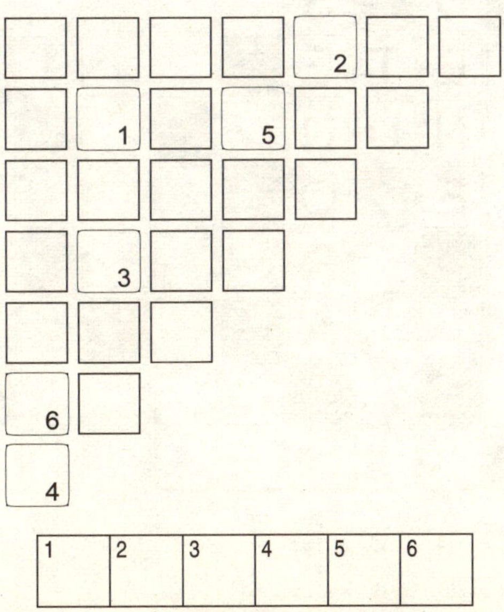

1. zur Bebauung freies Gebiet
2. dt. Schauspieler † (Hans)
3. Unterwassergefährt
4. südeurop. Männername
5. Rasse
6. Abk.: Nanosekunde

Denkspaß **107**	# Flipper	★★★ Zeit: ____ Min.

Über der Rätselgrafik befinden sich spaltenweise die Buchstaben, die in die jeweilige Spalte gehören – allerdings nicht in der richtigen Reihenfolge. Durch Ausprobieren und Tüfteln und den Vergleich mit den möglichen waagerechten Begriffen sind die Buchstaben an die richtige Stelle der jeweiligen Spalte einzutragen. Einige Wörter sind bereits eingetragen.

		U											U			Z
T	R	T	O	U		U	O	U	U	S		U	T	S	U	S
O	O	L	M	R	U	T	O	N	T	R	W	R	R	R	R	R
N	O	L	E	N	T	O	N	K	R	O	O	O	M	N	N	N
G	N	K	B	E	R	N	N	E	O	N	G	N	G	I	L	L
E	K	G	B	D	G	N	E	E	N	N	F	H	E	E	E	E
E	E	D	A	B	E	K	B	D	E	E	C	H	E	D	E	E
B	D	A	A	A	E	E	B	B	D	A	A	E	A	A	B	E

G				■				D		■		■	G	A	U	L
O	■						■	U	■	S				1		
T				■		■		E	T	E	■				■	
E	■		■				2	N	U	N		■		■		
■			A		■			E	■	O	■		3			
N	E 6	U	B	A	U	■		■		R		4		■		■
E	N	G	■		■	K			5	A	■		■			
■		■				E		■		■					■	
					■	N	■									

1	2	3	4	5	6

Denkspaß **108**

Beim Frühstück

★★☆☆ Zeit: ____ Min.

Wie müssen die Puzzleteile zusammengesetzt werden, damit das komplette Originalbild erscheint? Tragen Sie die Nummern in die entsprechenden leeren Felder unten ein.

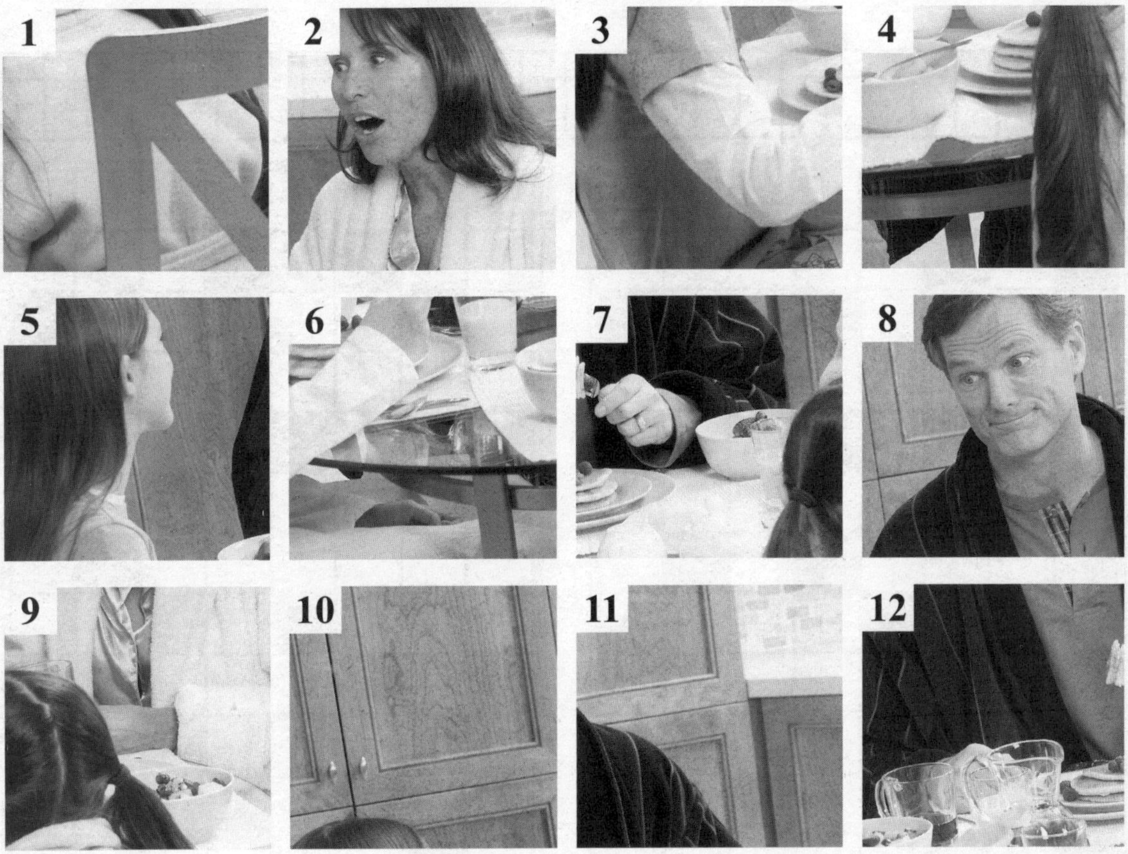

Denkspaß 109 | Janusrätsel

★★★★ Zeit: ____ Min.

Das Janusrätsel ist ein klassisches Zahlenkreuzworträtsel – gleiche Zahlen bedeuten gleiche Buchstaben. Allerdings gibt es zwei entscheidende Besonderheiten – die Begriffe in der rechten Hälfte laufen nicht von links nach rechts, sondern umgekehrt. Ferner sind zwei Startwörter vorgegeben, die ein Spiegelanagramm sind (das Wort könnte Emma oder Amme heißen.)

1	2	3	4	5	6	7	8	9	10	11	12	13	14	15	16	17	18	19	20	21	22	23	24	25	26
																			*	*	*	*	*	*	*

13	5	2	5	16	■	17	19
■	16	■	11	5	2	10	1 (○2)
14	7 (○10)	10	16	■	5	8	■
10	11	19	2	10	■	7	18
3	10	■	19	■	18	10	10
5	■	13	9	8	15	4	■
2	7	9	8	■	11 (○12)	■	13
10	■	8	■	10 E	11 M	11 M	5 A
■	12	7	13	8	10	19	16
5	2	16 (○3)	7	10	2	■	15
2	10	10	■	3	■	7	4
■	13	■	4	10	3	10	1 (○8)
19	13	2	5	11	■	6 (○9)	■
7	15	■	3 (○15)	■	13	7	13
3	4	10	19	13	16	■	19

13	■	4	5 A	16	6	10	8
16	5	■	11 M	■	10	4	19
19	■	5	11 (○11)	5	4	3	■
10	12	2	10 E	■	12	■	13
4	■	12	■	4	10	17 (○4)	7
■	1	10 (○13)	12	10	■	7	14
17	19	4	10	19	17 (○6)	■	4
10	10 (○1)	13	■	16	■	12	7
■	13	■	2	10 (○5)	12	10	1
4	10	3	15	4	■	2	■
15	1	■	14	■	19	2	14
1	■	1	10	1	4	10 (○7)	2
3	10	7	■	10	3	1	10
10	13	5	12	■	10	■	13
1	■	8	■	3	1 (○14)	5	13

1	2	3	4	5	6	7	8	9	10	11	12	13	14	15

Denkspaß 110	Bildpunkte	★☆☆☆ Zeit: ____ Min.

Verbinden Sie die Punkte in der Reihenfolge, in der es die daneben stehenden Nummern vorgeben. Zeichnen Sie möglichst gerade Striche. Sie erhalten auf diese Weise ein Bild, das aus einer einzigen durchgehenden Linie besteht.

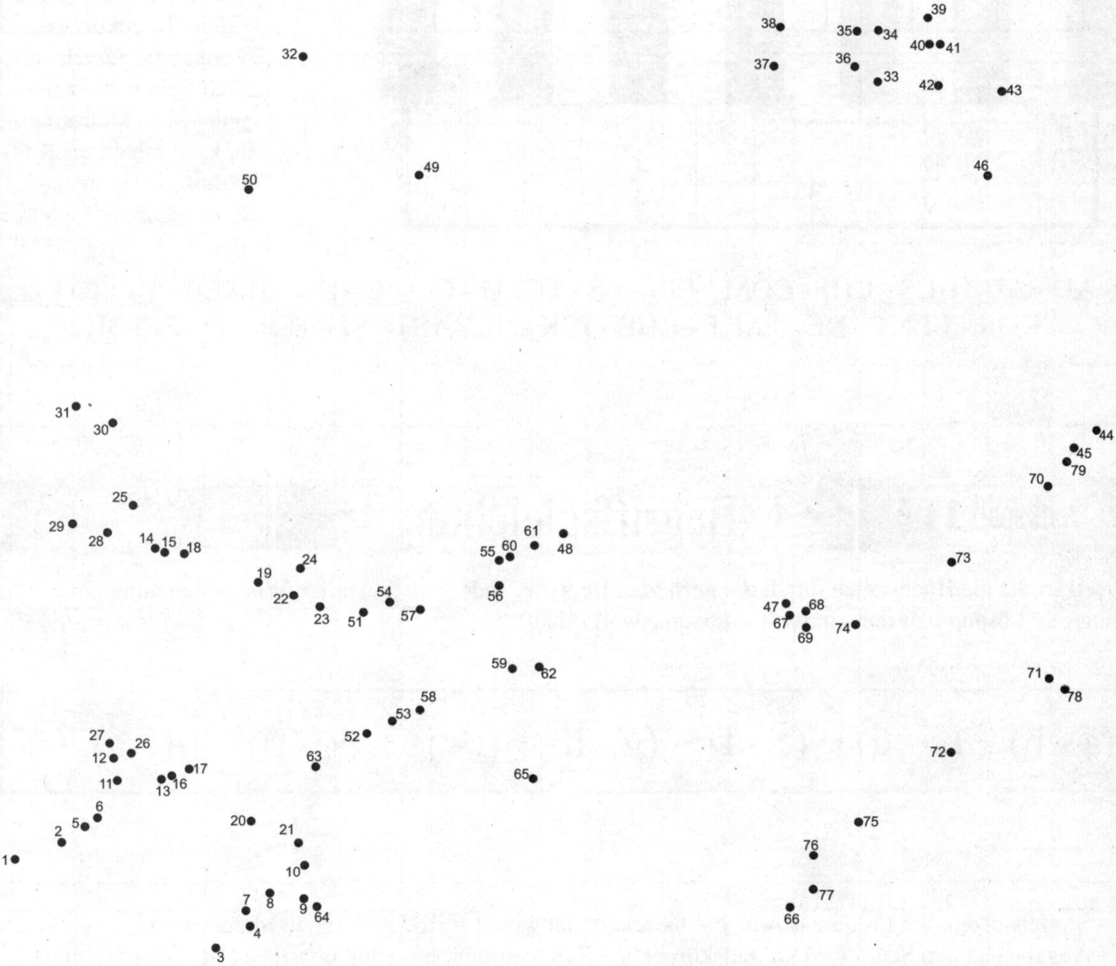

Denkspaß 111 – Silbenband

★★☆☆ Zeit: ___ Min.

Aus den Silben sind Wörter nachfolgender Bedeutungen zu bilden. Die nicht aufgeführten Mittelsilben ergeben das Lösungswort.

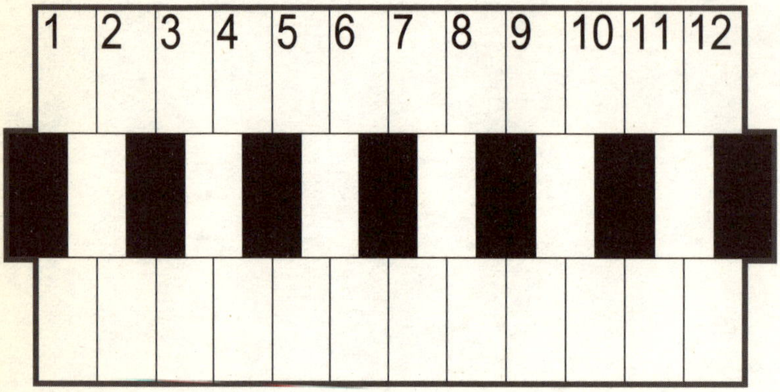

1. EDV-Gerät, 2. beleibt, 3. Hühnervogel, 4. Treffer beim Ballsport, 5. öffentliches Verkehrsmittel, 6. Lehre von der Redekunst, 7. Suppenschüssel, 8. Königin von Thailand, 9. US-Metropole, 10. koffeinhaltiges Kaltgetränk, 11. binnen, 12. enge Gemeinschaft

AU - AU - BUS - CHI - COM - EIS - FE - FOLG - GO - HAHN - HALB - IN - KIT - KOR - LENT - NE - PART - RHE - RIK - SCHAFT - SI - TER - TER - TOR

Denkspaß 112 – Begriffsgleichung

★★★☆ Zeit: ___ Min.

Ersetzen Sie die Buchstaben durch die gefragten Begriffe, sodass die jeweilige Wörtergleichung eine sinnvolle Lösung bzw. ein sinnvolles Lösungswort erhält.

$$(a - b) + (c - d) + (e - f) + (g - h) + (i - j) + (k - l) + (m - n) = X$$

---

a = Stiefelstutzen, b = Freiheitsstrafe, c = Geschäfte tätigen, d = Hochgebirge in Südamerika, e = Abgaben an den Staat, f = Himmelskörper, g = Tennisturnier, h = Bleibuchstabe (Druck), i = kleiner Brotrest, j = Brotkrümel, k = Musikinstrument, l = Party, m = farblos, n = weiches Schwermetall, X = die Schlusslösung

Im Bistro

★★★★ Zeit: ____ Min.

In dieser Gedächtnisübung sollen Sie sich alle Zahlen und deren Positionen im oberen Bild gut einprägen. Dann decken Sie dieses obere Bild bitte ab und tragen im unteren Bild die fehlenden Zahlen ein. Achtung: Das untere Bild ist gespiegelt!

Denkspaß **114**

Tierisches Kreuzworträtsel

★★★★
Zeit: ____ Min.

Gleiche Tiere bedeuten gleiche Buchstaben. Durch Ausprobieren ist jedem dieser Tierzeichen ein Buchstabe zuzuordnen und in die Rätselgrafik einzutragen. Auf diese Weise soll ein vollständiges Kreuzworträtsel entstehen.

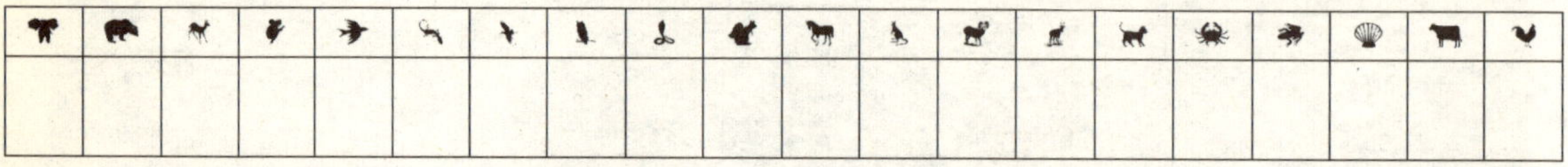

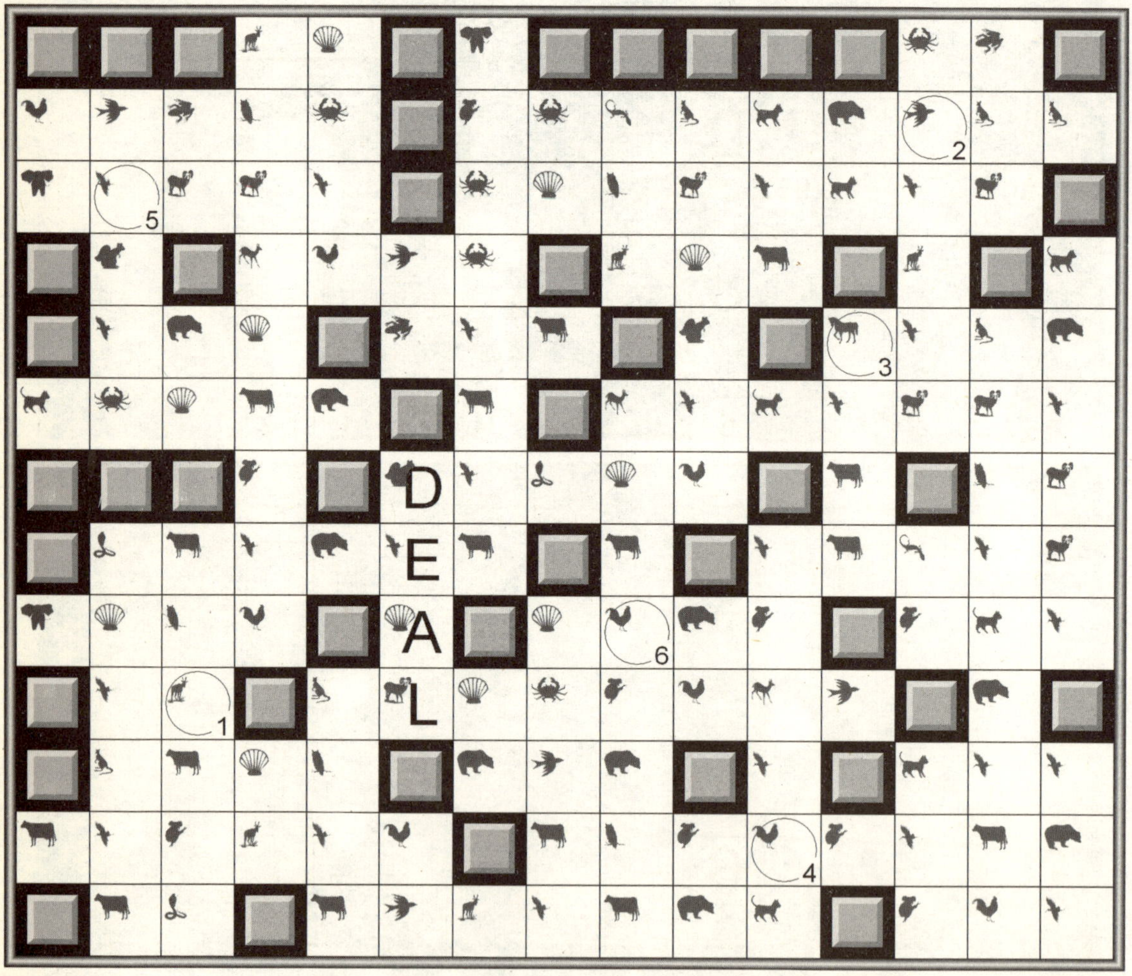

1	2	3	4	5	6

Denkspaß 115 — Löchrige Rechnungen

★ Zeit: ____ Min.

In die leeren Kästchen sind Zahlen einzutragen, sodass eine stimmige Rechnung entsteht.

A

□	3	3	+		9	□	=	2	□	3
	+				+				+	
	□	7	+			□	=		□	0
□	9	0	+		□	3	=	2	8	□

B

	□	8	+	1	8	□	=	2	□	3
	+				+				+	
2	□	1	+	□	2	2	=	6	9	□
□	0	9	+	□	0	7	=	□	1	6

C

4	1	□	−	2	□	2	=	1	□	2
	+				+				+	
2	□	6	−		6	□	=	1	□	5
6	□	0	−	□	5	3	=	2	□	7

Denkspaß **116**

Sudoku klassisch

★☆☆☆ Zeit: ____ Min.

Bei diesem Rätseltyp sind die Zahlen 1 bis 9 in die leeren Felder der Grafik einzutragen, wobei sich jede dieser neun Zahlen genau einmal in einem Neunerblock, genau einmal auf jeder Horizontalen und genau einmal auf jeder Vertikalen befinden soll.

8	6				7		2	
	1	3	2	4	9			6
			8			1		9
3	7	1		5	6			
		2	7	8			5	3
4			9		2	6	1	7
	2		3	7				1
		6	1		4		3	
1	3			2		9		5

	6		4	8	2			3
2	4		3			1		
			6	1			2	8
7	9	6			1			
		4			7	6	3	
3			2	4		7		
	1			5	8		6	
		9	7	2		8	4	1
8		3	1				9	

	9	4	6		3	5	2	7
3				7	4		1	9
	7	6	1	9		8		
5		8	7		9	2		
9	4		3			7	6	
		1		5	2	9		3
4			5		6			
6		9				3	5	
8			9	2			7	6

	5		4	1		8	6	
3	1			7	8	4		2
	4	8			6			1
			8	4				6
4	8	2	9	6	7	3		5
	9	3		5		7	8	
	6		7			1		9
5	3		6		9			7
		7		3			5	

Denkspaß 117 — Zug um Zug

★★★★ Zeit: ____ Min.

Bei diesem Rätsel befinden sich die Buchstaben eines Sprichworts oder Zitats in der Rätselgrafik. Wenn Sie den richtigen Anfang finden und den Linien folgen, ergibt sich ein französisches Sprichwort.

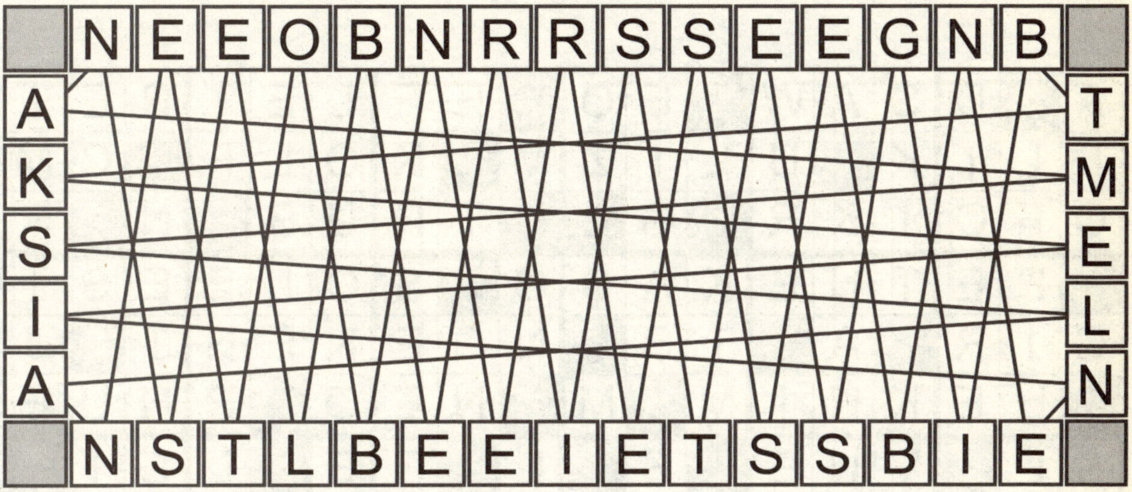

Denkspaß 118 — Zitaterätsel

★★★★ Zeit: ____ Min.

Hier sind die Buchstaben unterhalb der Kästchen in die darüber liegenden Kästchen einzutragen, sodass sich – zeilenweise von oben nach unten gelesen – ein Sprichwort oder Zitat ergibt.

						■				■					■
														■	
						■				■					
						■									■
E	U	L	L	P	A	P	H	E	L	C	K	E	R	L	U
R	E	D	G	E	N		W	I	S	T	H	U	I	T	S
G	N	O	O	R	R		E	S	T		T	E	L	N	
O	E	R	E	R	A		I	I	N		K	E	I		

Denkspaß 119 — Ziegelrätsel

★★★★
Zeit: ____ Min.

Die „Rätselziegel“ des ursprünglichen Rätsels sind durcheinandergewürfelt. Durch Ausprobieren sind die Rätselziegel an die richtige Stelle zu setzen, sodass sich daraus wieder ein „normales“ Kreuzworträtsel ergibt.

A	■	D	S	A	W	■	E	O	■	E	F	L	E	I	R	E	I
L	L	I	K	■	U	L	I	Z	M	■	K	O	L	F	■	C	M
O	F	O	I	K	R	■	G	■	■	T	R	U	B	■	N	■	R
■	R	E	T	H	E	K	A	S	O	■	S	O	L	E	E	S	T
G	I	R	■	A	■	I	S	■	N	G	E	N	E	H	T	■	J
■	H	E	K	R	I	M	■	M	■	N	E	O	■	R	H	U	E
S	E	■	V	U	E	■	S	■	E	■	R	E	■	L	E	I	■
I	L	T	■	M	I	N	I	G	■	M	I	■	A	E	N	■	A
M	I	■	R	B	S	T	L	A	A	U	T	T	E	N	N	U	N

										K							
										E					■	E	O
															L	I	Z
															■	G	■

Denkspaß **120**

Brückenrätsel

★★★ Zeit: ____ Min.

Beim Brückenrätsel müssen Brückenwörter gefunden werden, die die Begriffe in der linken Spalte ergänzen, sodass sie neue sinnvolle Wörter ergeben. Gleichzeitig werden sie den Begriffen der rechten Spalte vorangestellt und bilden mit diesen ebenfalls neue sinnvolle Begriffe.
So ergibt sich in der Mittelspalte ein Lösungsspruch.

BIMS									BOCK
LAST									KINO
KRAEUTER									ZWERG
BLEI									VOLL
ZINN									GRENZE
UNTER									STUECK
BUSCH									ZEUG
TEPPICH									SENKE
OBER									SAISON
NADEL									KUCHEN
WEIN									REICH
LAGER									LAND
HAAR									LAUCH
TROMMEL									TIER
NIEDER									WECHSEL
NACH									GRENZE
WEISS									LAWINE
KOCH									KUCHEN

Denkspaß 121 — Zahlenwabe

★★★ Zeit: ___ Min.

Die Zahlenwabe ist ein klassisches Zahlenkreuzworträtsel in der Logik und Grafik der Wabenrätsel. Gleiche Zahlen bedeuten gleiche Buchstaben. Um die schwarzen Felder stehen sechsbuchstabige Wörter in Pfeilrichtung.

1	2	3	4	5	6	7	8	9	10	11	12	13	14	15	16	17	18	19	20	21	22	23	24	25	26
																					.	.	.	.	.

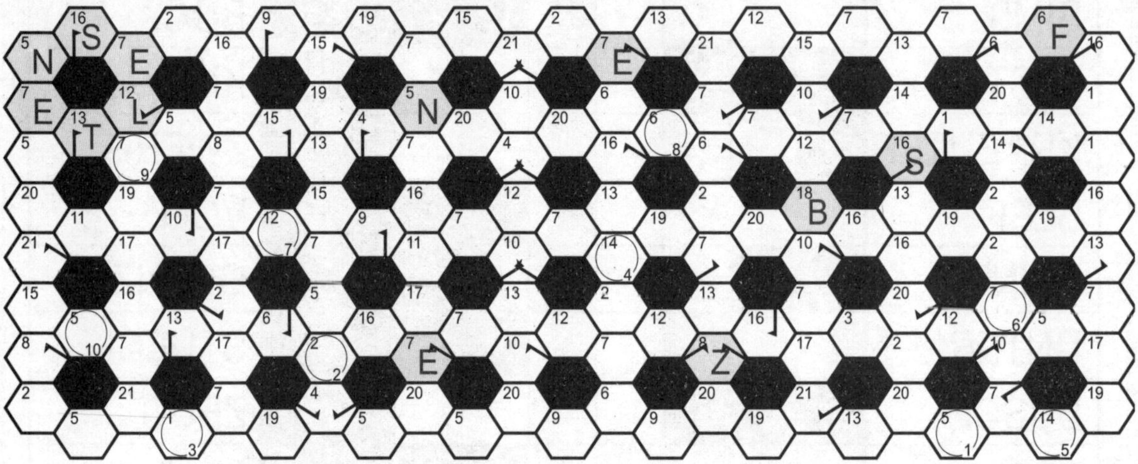

1	2	3	4	5	6	7	8	9	10

Denkspaß 122 — Weg der Zahlen

★★★★ Zeit: ___ Min.

Finden Sie einen Weg von 1 (oben links) bis 32 (unten rechts). Dieser Weg soll über genau 32 Felder führen und Felder der Zahlen von 1 bis 32 jeweils genau einmal beschreiten.

1	5	29	7	17	16	30	22	17	3
23	15	20	27	19	21	5	20	7	17
25	12	21	28	14	24	20	23	16	6
11	31	9	30	8	3	10	22	24	26
2	10	17	22	4	3	19	18	13	32

Denkspaß 123 — Tiergruppenrätsel

★★★★ Zeit: ___ Min.

Ein Symbol steht jeweils für drei Buchstaben bzw. für zwei Buchstaben und das Blindfeld. Sämtliche unten aufgeführten Wörter sind in die Grafik einzutragen. Durch Ausprobieren und unter Mithilfe des Symbolschlüssels kann die richtige Position ermittelt werden.

A	B	C	D	E	F	G	H	I
J	K	L	M	N	O	P	Q	R
S	T	U	V	W	X	Y	Z	■

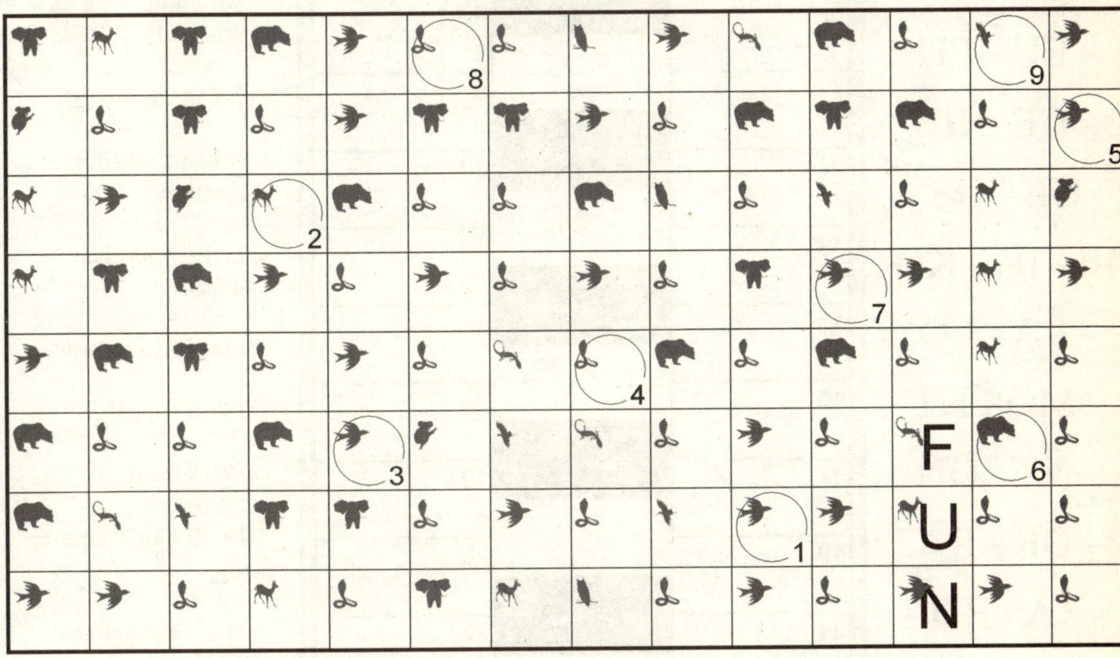

1	2	3	4	5	6	7	8	9

Waagerecht:
TOPAS - UNMUT - PNEU - TEMPO - SEELE - ORBIT - SCHREINER - TR - FBI - LABERN - KAT - HEFT - ETA - NASE - EN - AUSTER - CD - GE - ITH

Senkrecht:
NATRON - OPEC - FK - RA - HETERO - FUN - CLUB - UE - TAL - ENDE - TAPET - SI - PR - EI - IRR - ENTREES - SINNE - AMULETTE - SAMBA

Denkspaß 124 — Leiterrätsel

★★★★ Zeit: ____ Min.

Aus den Zweierbuchstaben links sind insgesamt 14 sechsbuchstabige Wörter zu bilden. Welche Wörter gesucht werden, sollen Sie anhand der Hinweise rechts herausfinden. In jedes Feld gehören zwei Buchstaben, wobei die Doppelbuchstaben in der Mitte von je zwei Wörtern verwendet werden. Am Ende schließlich erhalten Sie im Mittelbalken von oben nach unten gelesen ein Lösungswort.

AK - AN -
BU - CH - EL
- EN - EN
- EU - EU
- GE - GE
- GE - GS -
IE - IG - KO
- LA - LO
- MO - NT
- NZ - ON
- OR - RA
- RA - RD -
RD - RE - RT
- RU - ST -
TA - TR - UN
- UN

1		2
3		4
5		6
7		8
9		10
11		12
13		14
15		16
17		18
19		20
21		22
23		24
25		26
27		28

1-2 Hotelhalle,

3-4 vielstimmiges Flüstern,

5-6 Entlohnung nach Stückzahl,

7-8 Bestleistung,

9-10 altersbedingte Hautfalte,

11-12 verdorben (Fett),

13-14 Klosterbruder,

15-16 entlang,

17-18 loyal,

19-20 illoyal, abtrünnig,

21-22 Morgenland,

23-24 enge Treppe,

25-26 Kunststoffbelag in Stadien,

27-28 brit. Schauspieler † 1984

Denkspaß **125**	Summen-Sudoku	★★★★ Zeit: ___ Min.

Beim Summen-Sudoku müssen die Zahlen 1 bis 4 in die leeren Felder eingetragen werden, wobei die gleichen Zahlen jeweils nur einmal in jeder Zeile und Spalte vorkommen dürfen. Als Hilfe dienen die bereits eingetragenen Zahlen, die die Summe der gesuchten Ziffern in den noch leeren Felder wiedergeben. Dabei werden alle horizontal, vertikal und diagonal anliegenden Felder berücksichtigt.

	11		10			5
5			15		14	
4	15			16		
		13			16	10
13		13	10			
		13		10		10
	10			7	5	

5		9				5
	13			10	14	
9			12		12	
	13		12			10
10		14		13		
		12		17	13	
	9		8			5

4		11				6
	17			12	12	
6			18		11	
	15		13			8
10		12		13		
		11		13	13	
	8		7			6

3				12		7
	14	13			13	
	14		14			8
14			10		9	
		13		11		10
	16	11		14		
3			10		11	

Denkspaß 126 — Wörtersuchspiel

★★☆☆ Zeit: ___ Min.

Finden Sie sämtliche unten aufgelisteten Wörter im Rätselgitter. Diese können vorwärts, rückwärts, horizontal, vertikal oder diagonal verlaufen. Die übrig gebliebenen Buchstaben ergeben ein Sprichwort.

				T	A	K	O	V	D	A	O	T	N				
		H	M	N	K	N	I	R	R	L	I	C	H	T	E		
	E	G	A	E	A	A	G	T	A	H	C	U	O	C	F	F	
R	P	E	R	P	L	E	X	L	K	N	U	E	L	L	E	R	K
E	E	I	S	A	B	E	H	E	E	G	G	E	E	V	U	C	S
D	I	N	V	A	S	I	O	N	A	R	B	E	G	R	I	F	F
E	S	N	E	M	E	I	S	T	E	R	N	N	A	M	O	N	L
Z	G	L	S	S	A	R	E	M	A	K	O	M	T	T	E	U	P
K	K	E	I	A	B	G	A	S	A	R	M	B	O	G	A	R	T
	E	G	A	R	N	I	S	O	N	L	U	M	P	S	I	B	
		G	I	S	S	E	S	R	E	V	I	D	S	N	P		
				E	D	E	E	R	N	R	E	I	S				

ABGAS-ARM
ADVOKAT
AKNE
BATA
BEGRIFF
BLAK
BOGART
COUCH
CUVEE
DIVERSES
DRAKE
ECHT
EFEU
EGGE
ESSIG
EXAKT
EXTRA
GARNISON
GEBAELK
GENF
GRAS
HIESIG
INVASION
IRRLICHT
KAMERA
KNUELLER
LUMP
MAKO
MARS
MEISTERN
MICK
NARBE
NENA
OMAN
ORANGEAT
PERPLEX
PUETT
RAMMLER
RANGE
RASSE
REEDE
SAEGE
SAUL
SIEMENS
SPAN
SPOT
TAGELOHN
TOELE
ZEDER

Denkspaß 127 Der Sudoku-Stern

★★★★
Zeit: ____ Min.

Analog zum klassischen Sudoku müssen auch hier die Zahlen 1 bis 9 in die fett umrandeten Neuner-Dreiecke eingetragen werden. Auch in den langen Geraden (sie umfassen ebenfalls neun kleine Dreiecke) müssen diese neun Zahlen genau einmal enthalten sein, ebenso in den kurzen Geraden, zu denen auch noch das Feld in der Sternecke zählt.
(Die von der Sternmitte unterbrochenen Reihen zählen auch zu den langen Geraden.)

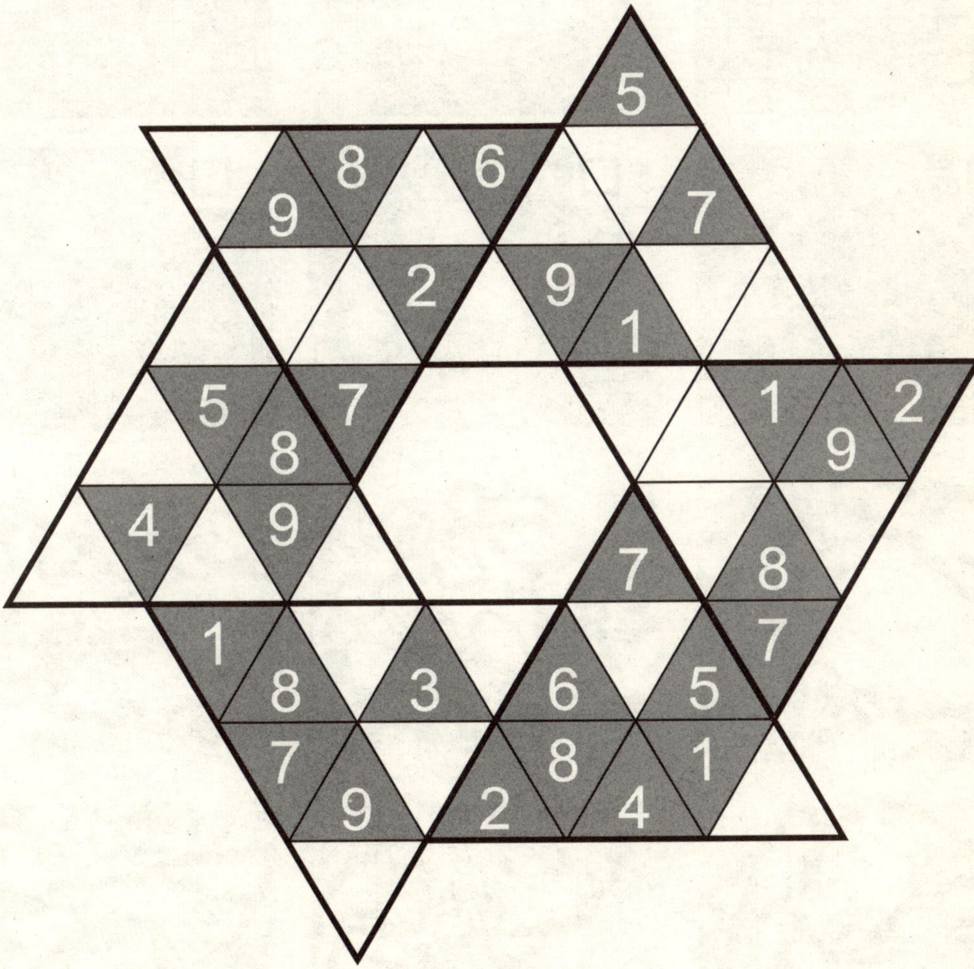

Denkspaß **128** | **Schattige Konturen** | ★★☆☆ Zeit: ____ Min.

Die fantasievollen Grafiken unten entstammen allesamt den oberen Bildern. Jedes dieser oberen Bilder wurde so verfremdet, dass daraus die unteren Darstellungen resultierten. Können Sie die Originale und die dazugehörigen Verfremdungen einander zuordnen?

1 ☐

2 ☐

3 ☐

4 ☐

5 ☐

6 ☐
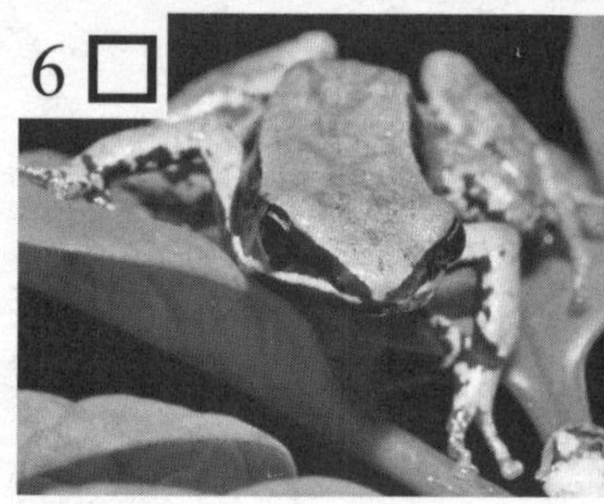

A

B

C
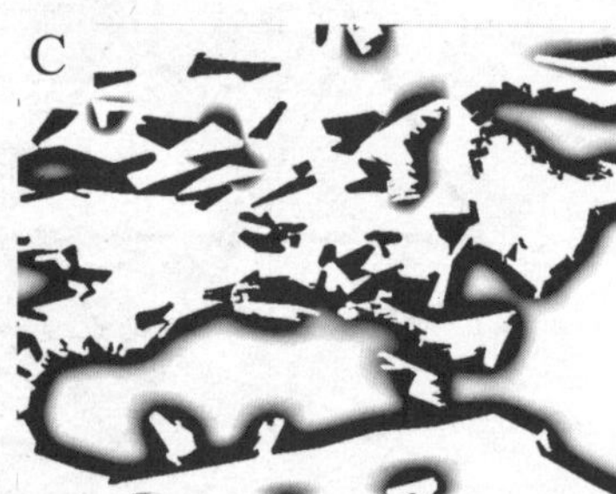

D

E

F

Denkspaß 129 — Suchspiel

★★ Zeit: ___ Min.

Finden Sie alle rechts angegebenen Wörter im Buchstabengitter. Die übrig gebliebenen Buchstaben ergeben eine Redensart.

E	N	I	N	P	A	T	R	I	A	R	C	H
N	I	R	E	D	N	E	R	R	M	S	C	P
P	A	E	L	L	A	I	Z	N	E	T	O	P
A	K	A	A	S	I	U	N	I	A	K	G	E
L	O	B	M	Y	S	T	R	M	O	N	O	N
E	K	N	A	L	I	F	I	R	I	D	L	S
I	T	U	G	A	U	A	P	L	R	E	D	A
E	T	A	D	K	O	H	K	O	D	E	M	O
R	O	R	A	T	L	C	S	C	T	H	A	I
P	S	B	V	L	E	S	E	K	E	S	R	M
L	A	I	O	T	E	T	N	E	E	D	I	N
U	T	S	S	L	M	O	B	R	E	M	E	N
S	T	A	N	L	E	B	E	N	H	O	L	Z

AGRO	ETIKETT	NIET
AHOI	ETWA	NOAH
ANBEI	EUROPA	OELIG
ANTITHESE	FABRIKNEU	PASS
AUTO	GNADE	RADAU
BARKER	HACKER	REAL
BEFUGNIS	HALO	RIES
BONN	KIND	RUHEN
CATS	KNEF	SPASSIG
DAUNE	LIFT	SUDAN
DORER	MIST	TABU
EINS	NANA	TANGENS
ENDLICH	NATUR	TEIN
ENTEIGNEN	NERV	TOBAGO
EPOS	NEST	TRAN
ERDBALL	NEURAL	UNENDLICH
ERIK	NEVADA	

Denkspaß 130 — Buchstabenauswahl

★★ Zeit: ___ Min.

Wählen Sie aus jedem Teilstück einen Buchstaben, sodass sich im oder gegen den Uhrzeigersinn ein Wort ergibt. Auch den Anfang müssen Sie finden!

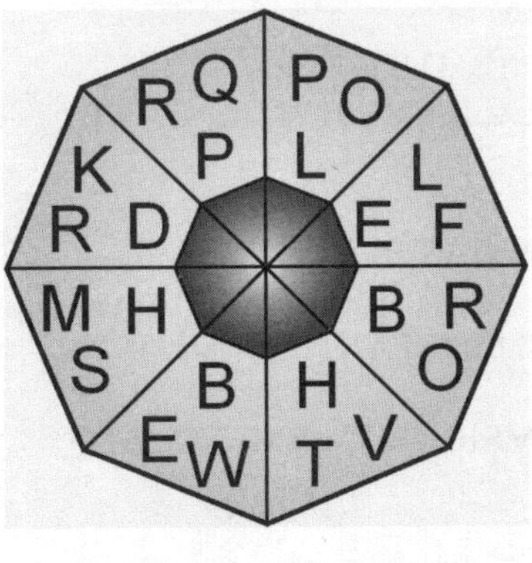

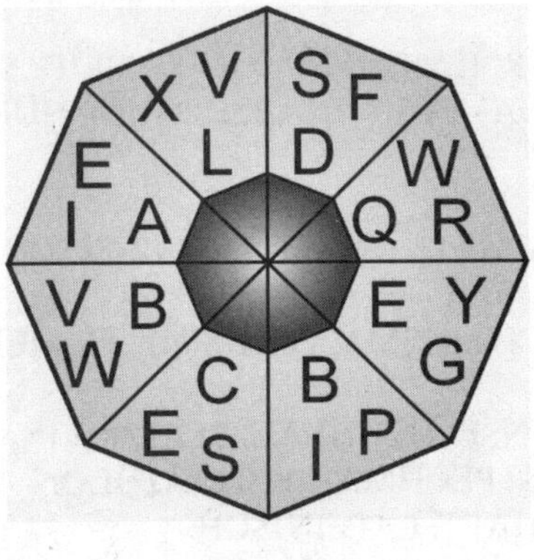

Denkspaß **131**

Wörterkreuzungen

★★ Zeit: ____ Min.

Durch Kombinieren sind alle unten aufgelisteten Wörter in das Gitter einzutragen. Zur besseren Übersicht sind diese Begriffe bereits nach ihrer Buchstabenanzahl geordnet.

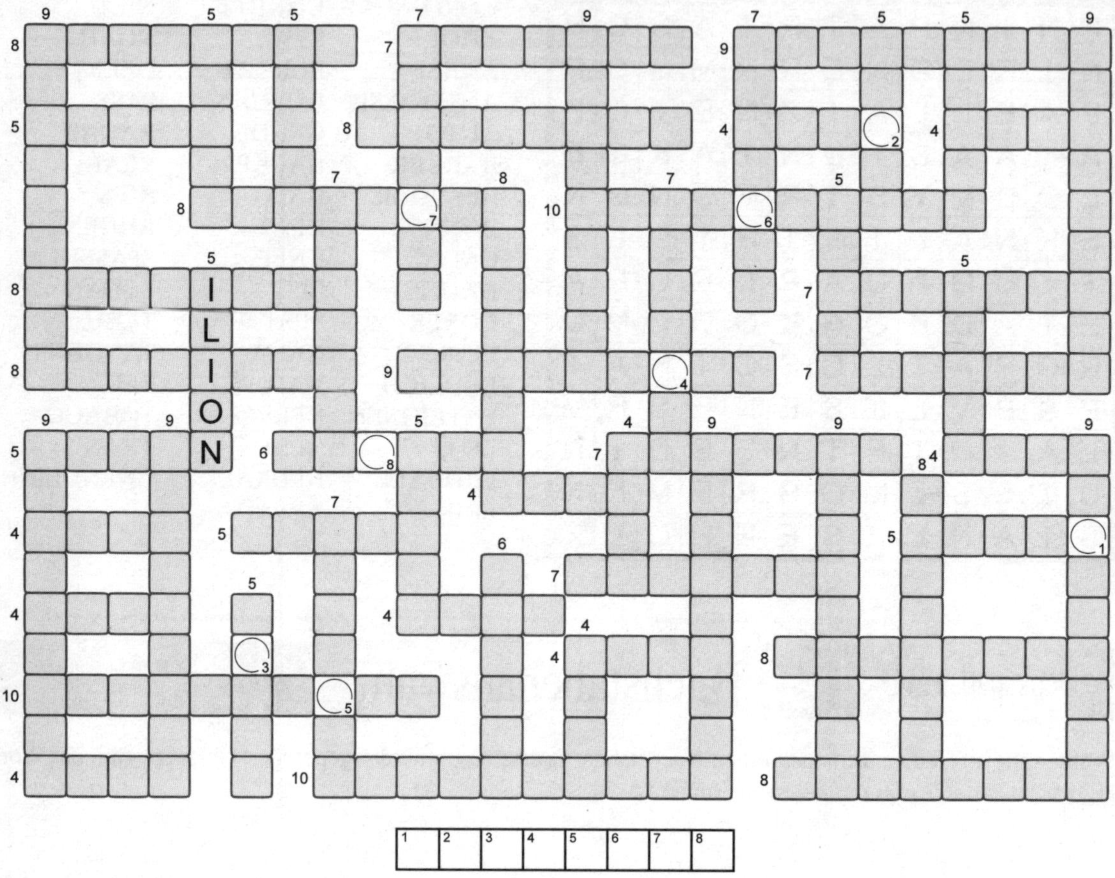

4 BORN, BUSH, ELLA, GOER, HAIE, IMAM, KEIT, NEID, SAME, TUFF, TUTE

5 ASTAT, ELEMI, ENZYM, GAMMA, HINAB, HOMER, HURRA, ILION, JUNTA, NAMIB, TOSEN, TRACK, TRANS

6 NIMBUS, ZELTEN

7 HEARING, KANZLER, KATHETE, MONTAGE, MUSISCH, PEGASUS, PENATEN, REINEKE, RIVALIN, SUEDSEE

8 BEISSEND, BENENNEN, CHARISMA, DRAISINE, GEMEINDE, INFANTIL, NAUTILUS, PARIEREN, STEINERN

9 ABHAENGIG, BAENDIGEN, ELBTUNNEL, ELFENBEIN, EMSIGKEIT, ERMUEDEND, LOECHERIG, NEINSAGEN, PECHMARIE, TRIATHLON

10 HANDSCHLAG, HERRSCHAFT, LATEINISCH

Denkspaß **132**	Super-Sudoku	★★★ Zeit: ___ Min.

In diesem Super-Sudoku sollen die Zahlen 1 bis 16 in jeder horizontalen Reihe, jeder vertikalen Spalte und jedem 4-x-4-Unterquadrat genau einmal enthalten sein.

			16		6	2	12					13	7		3
			12	5		10	13		9	4	3			11	
11	14	9		4	3				13		6	12		10	5
3		5	13			1	11	16		10				8	9
	16	12		11	1	6		7			5		15		
7		6				9	5				13	11		2	
	8	11						4	16	12	10	1	5		6
2				10		16				14		9	12		4
10		7	14		4				8		9				12
16		15	6	8	11	7	2						9	3	
	9		11	12				5	6				8		14
		1		13			15		11	2	16		10	6	
5	1				16		7	14	12			8	13		2
12	6		7	2		15				11	1		3	4	16
	11			1	13	12		8	10		4	7			
15		13	8					9	7	16		14			

Denkspaß **133**

Motiv-Sudokus

★★☆☆ Zeit: ____ Min.

Bei diesem Rätseltyp sind die Zahlen 1 bis 9 in die leeren Felder der Grafik einzutragen, wobei sich jede dieser neun Zahlen genau einmal in einem Neunerblock, genau einmal auf jeder Horizontalen und genau einmal auf jeder Vertikalen befinden soll.
Das Schöne an diesen Sudokus: Die Anordnung der vorgegebenen Zahlen ergibt jeweils ein Bildmotiv.

		6	3		7	9		
	3	8	9	4	2	1	7	
7	9			1			8	2
4	6						3	5
2	8						4	9
	7	5				6	1	
		9	8		4	5		
			1	7	5			
				3				

8				4				9
	3		5	1	8		7	
		1	2		9	4		
	7	2				3	1	
1	9						2	4
	4	5				9	6	
		4	7		3	8		
	8		4	9	1		3	
9				2				6

		3	6		7	5		
	6	2	5	9	4	8	7	
7	5			8			2	4
9	3						6	1
4	2						9	5
	7	1				3	8	
		5	2		9	1		
			8	7	1			
				6				

Denkspaß 134 Schwedenrätsel

★★★★ Zeit: ___ Min.

Zu den Fragetexten in den grauen Kästchen müssen geeignete Begriffe gefunden und in Pfeilrichtung eingetragen werden.

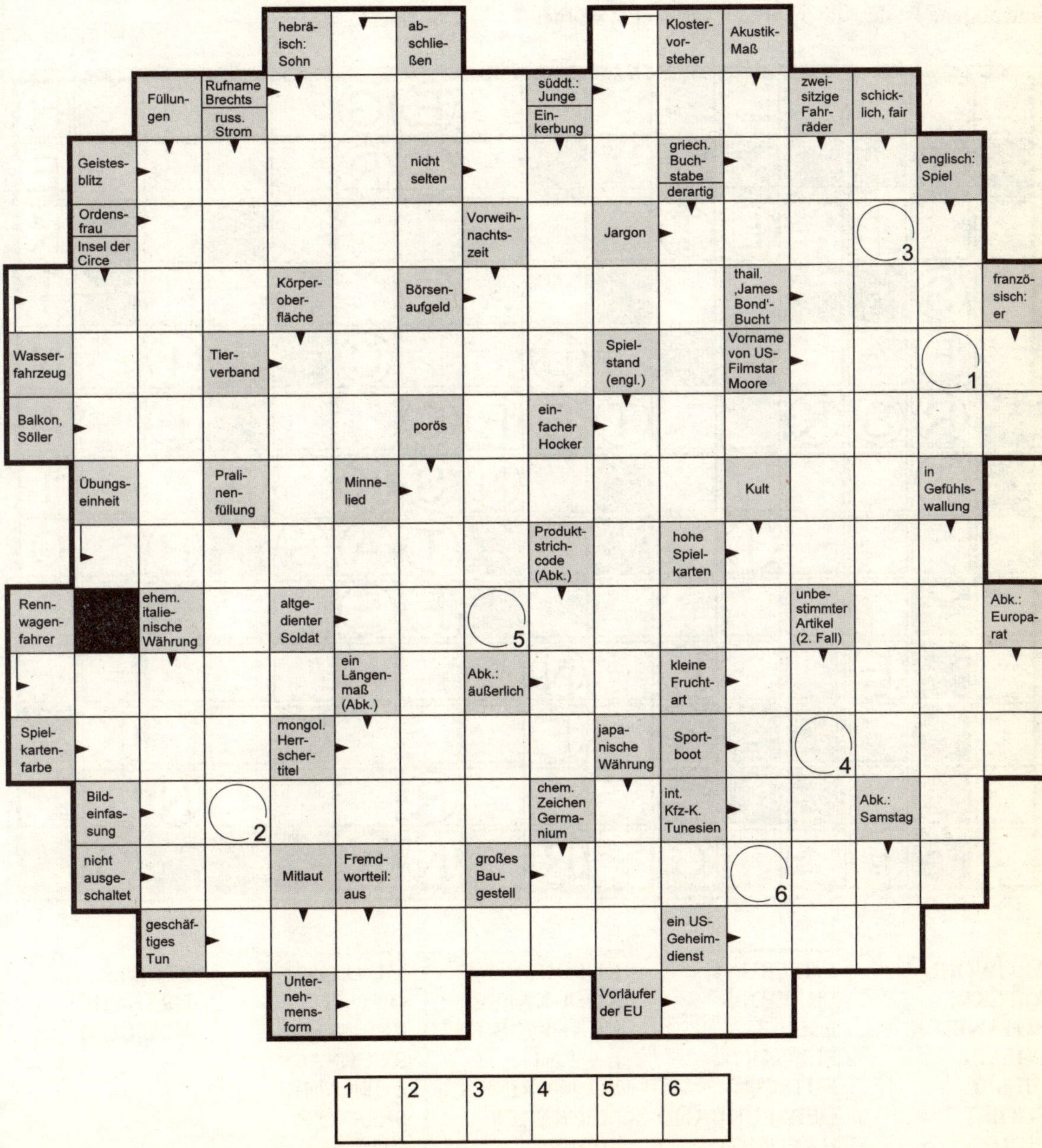

Denkspaß 135 | Salat zum Selbermachen

★★★★
Zeit: ____ Min.

Der Selfmade-Salat entspricht dem klassischen Buchstabensalat, wobei Sie allerdings die Begriffe nicht nur finden müssen, sondern die Grafik selbst fertigstellen. Sie müssen also die unten aufgelisteten Wörter in das Gitter einsetzen, horizontal, vertikal, diagonal, vorwärts oder rückwärts. Die bereits eingesetzten Buchstaben dienen dabei als Hilfe. Diese Startbuchstaben sind jedoch nicht zufällig platziert, sondern es sind all jene Felder, die mehrfach verwendet wurden.

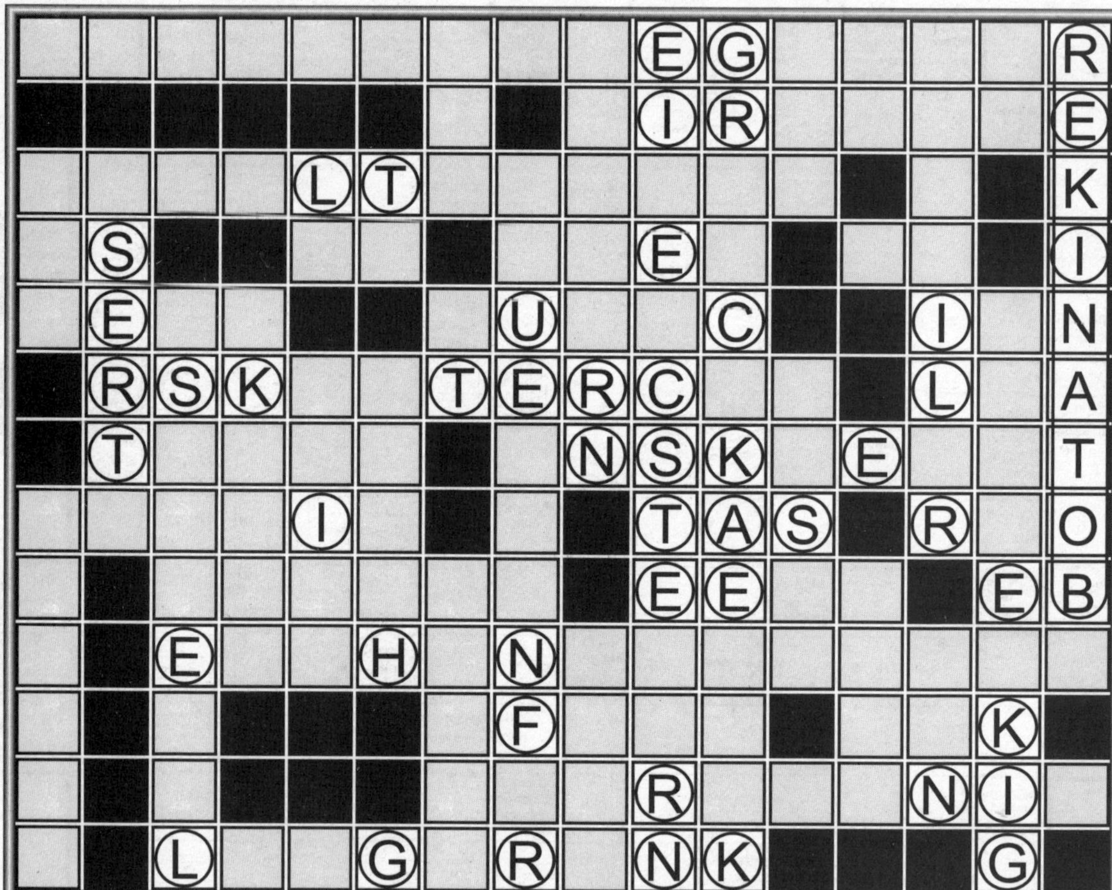

ARGWOHN
ATTEST
BOTANIKER
CHEMIE
DIESEL
EGOIST
EICHEN
ENTERUNG
ERLEBNIS
ESELEI
FLECKIG
FUTSCH
GEPAECKBAND
HAEUFIG
KNEBEL
KOCHKAESE
KRANKENKOST
LATENT
LONGDRINK
MECKERER
MISERE
MUTLOS
OUTFIT
RELING
RUCKSACK
RUFNAME
SKOOTER
STEUERN
STRESS
URSACHE
VIRTUOSE

Denkspaß 136 Löchrige Rechnungen

★★★★ Zeit: ___ Min.

In die leeren Kästchen sind Zahlen einzutragen, sodass eine stimmige Rechnung entsteht.

A

5	2		−		7	4	=		5	
	+				+				+	
2		9	−	2	2		=		5	
	0	5	−		9	9	=	1		6

B

2		2	+			3	=		4	5
	+				+				+	
		3	+	4		2	=	4	3	
2		5	+	4		5	=	7	8	

C

	7	3	+		8	7	=	9		0
	−				−				−	
1		7	+	1		6	=	3		3
2		6	+		1	1	=	5	9	

Denkspaß 137 Schüttelschweizer

★★★★
Zeit: ___ Min.

Die im Fragetext aufgelisteten Wörter sind schon die in die Rätselgrafik einzutragenden Begriffe, jedoch sind die Buchstaben der Wörter nicht in der richtigen Reihenfolge. Daher müssen die Buchstaben zunächst zu einem sinnvollen Begriff angeordnet und erst dann in die Grafik eingetragen werden – Vorsicht ist bei der Neusortierung allerdings geboten, da aus vielen Buchstabenkombinationen mehr als ein sinnvolles Wort entstehen kann.

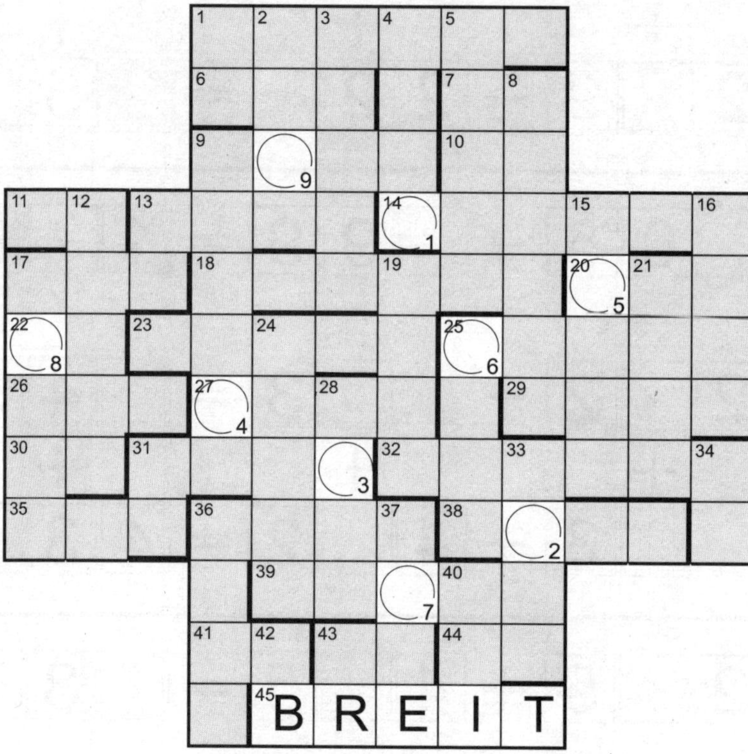

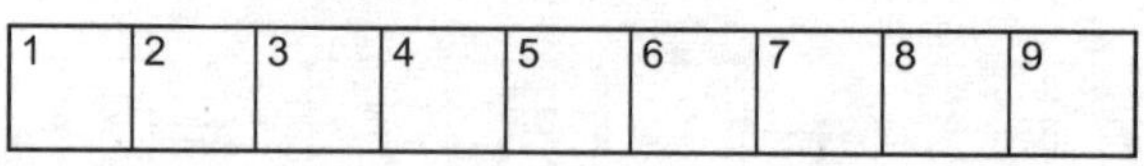

Waagerecht:
1. AABLTU, 6. AGR, 7. DE, 9. AMNO, 10. II, 11. RU, 13. PRSU, 14. ENSSUZ, 17. ALM, 18. AABKSU, 20. ELO, 22. EU, 23. ABEIN, 25. ADNNU, 26. EET, 27. EKKS, 29. MMOY, 30. EL, 31. EEMR, 32. AMMRST, 35. ELO, 36. ABDR, 38. IPPT, 39. AEILS, 41. AD, 43. CM, 44. NT, 45. BEIRT

Senkrecht:
1. AG, 2. ALMU, 3. AARRT, 4. ABNZ, 5. ADEIU, 8. AEIMNS, 9. AEKNOP, 12. AEERT, 13. LS, 15. ANOSY, 16. LMSU, 17. ELLMU, 19. IKSS, 21. DEMO, 24. BEEER, 25. ENTT, 28. AKLR, 31. MO, 33. IRST, 34. CM, 36. AABL, 37. DEIM, 40. AIN, 42. BD, 43. CR

Denkspaß 138 — Rechenschwede

★★★★ Zeit: ___ Min.

In die leeren Felder der Rätselgrafik sind Zahlen zwischen 1 und 9 einzutragen, sodass die Summe aller Zahlen eines „Wortes“ der Zahl entspricht, die in dem Feld steht und das „Wort“ definiert. Anders ausgedrückt, die Zahl, die in den Fragekästchen steht, muss in „kleinere“ Portionen aufgeteilt und in Pfeilrichtung eingetragen werden.
Bei diesem Rätsel gibt es mehrere Lösungsmöglichkeiten.

Denkspaß 139 — Zahlenpyramiden

★★★☆ Zeit: ____ Min.

Bei der Zahlenpyramide sind die Zahlen 1 bis 6 so in die untere Kästchenreihe einzutragen, dass die Additionsergebnisse bis zur Rätselspitze schlüssig sind.

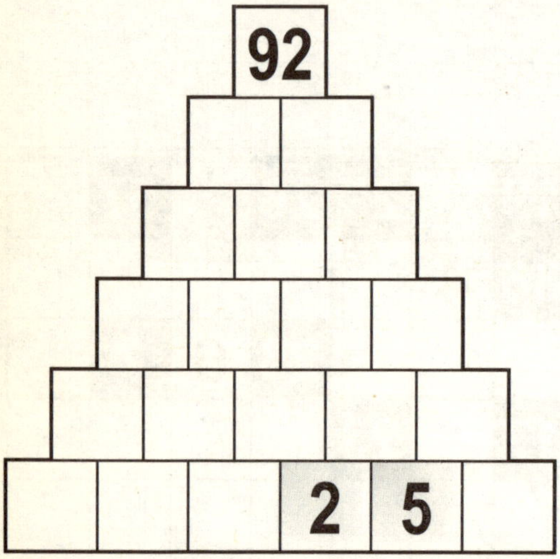

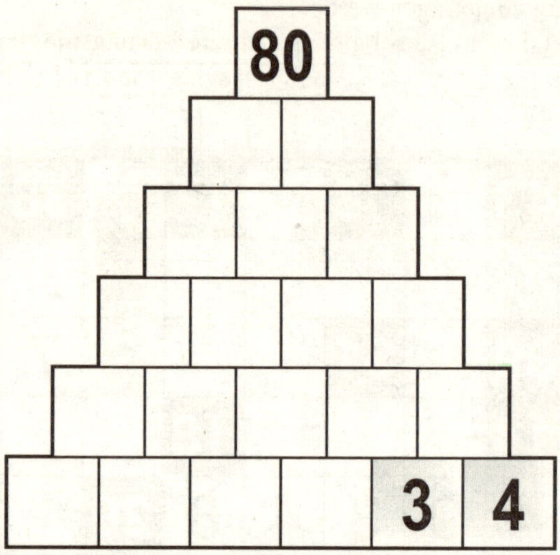

Denkspaß 140 — Rechenquadrat

★★★☆ Zeit: ____ Min.

Die Zahlen 1 bis 9 sind so in die Grafik einzutragen, dass die Rechnung schlüssig wird. Keine der Zahlen darf ein zweites Mal verwendet werden. In der Rechnung gilt nicht die Regel „Punktrechnung vor Strichrechnung“, sondern es wird grundsätzlich von oben nach unten bzw. von links nach rechts gerechnet.

27	-		+		25
-		+		+	
	x		-		68
-		x		-	
	-		x		6
12		45		7	

38	-		-		24
+		+		x	
	x		-		20
x		-		+	
	x		-		5
82		11		27	

Denkspaß **141**

Zahlenschwede

★★☆☆ Zeit: ____ Min.

Bei Zahlenschweden gilt: Gleiche Zahlen bedeuten gleiche Buchstaben. Durch Ausprobieren ist jeder Zahl ein Buchstabe zuzuordnen und in die Rätselgrafik einzutragen, sodass ein vollständiges Rätsel entsteht. Dem vorgegebenen Wort können die ersten Buchstaben-Zahlen-Paare entnommen werden.

1	2	3	4	5	6	7	8	9	10	11	12	13	14	15	16	17	18	19	20	21	22	23	24	25	26
																				*	*	*	*	*	*

■	17	■	■	12	18	■	1	■	■	■	■	■	9	■	■	13	■
■	10	1	20	17	11	■	3	1	9	17	10	9	20 (7)	10	1	14	3
6	10	18	17	14	17	■	3	■	8	10	16	8	17	20	20 (2)	17	■
■	17	3	■	5	■	10	17	9	18	3	20	1	20	■	3	■	1
■	7	■	12	1	4	17	■	15	10	17	■	3	■	8 K	1	14	11
19	17	19	17	10	16	11	15	■	10	■	19	1	10	1 A	9	15	20
18	10	1	14	11	■	11	■	3	15	20	17	10	■	6 B	■	11	1
■	■	■	3	■	3	17	7	1	3	■	15	■	15	10 R	10	■	9
■	6	10	17	5	17	11	■	20	■	15	11	9	20 (4)	15 I	20	18	20
■	1	1	10	■	9	■	9	17	2	5	■	5	1	16 O	■	11	17
■	3	5	■	6	17	9	20	15 (5)	5	5	20	■	3	■	17	15	11
3	17	9 (1)	17	10	■	17	10	11	■	17	■	14	17	15	9 (6)	9	■
3	1	13	14	17	11	■	17	■	20	10	15	17	10	■	1	■	8
■	10	14	■	5	■	1	6	9	18	4	■	15	■	1	18	10	1
■	17	■	1	9	13	14	17	■	5	1 (3)	11	4	17	3	■	17	10
8	11	16	6	17	3	11	■	1	6	10	18	17	9	20	18	11	7

1	2	3	4	5	6	7

Denkspaß 142 — Aus 3 mach 1

★ Zeit: ___ Min.

In der Zweitgrafik stehen unter den Nummern jeweils drei Begriffe, von denen jedoch nur einer richtig ist. Durch Austüfteln ist der richtige Begriff zu ermitteln und unter der Nummer in der Rätselgrafik in Pfeilrichtung einzutragen.

1			8	12			18	21	24		28	31			35		38
2					(5)		19						(1)				
3			9				20		25		(6)				36		39
	(4)			13		16						32		33			
4			10						26		29						
						17		22									40
			11		15	S	(2)			27				34		37	
5		7				E				(3)	30						
6				14		I		23									

1 STRATEGIE OKTANZAHL BIERWURST	7 ZIVILIST SCHENKEL AUERHAHN	13 SPAN MARC FEIN	19 WALDAMEISE UNDEUTLICH ENTSORGUNG	25 CHINA ADRIA ADIOS	31 PROGNOSEN FEGEFEUER DECKWEISS	37 JE IT DI
2 VETTER TALENT DIESIG	8 TAMBORA GRINSEN GELEHRT	14 MAN EID CIS	20 SALONS NATION KRABBE	26 MAEH HIEB BRIE	32 TRUEB SEIDE MENUE	38 UNSTET TORAUS SALAMI
3 SKAT GANZ CABS	9 MAN LIL DIE	15 SOJA FASS EURO	21 RUIN ENDE EFEU	27 ODE EIS AMI	33 STO SET ABI	39 OS NU AN
4 VERRAT KAMMER ALPAKA	10 NADEL MACAU KAPPA	16 SEHER KONTO KNACK	22 PFLUEGEN METEORIT FAULPELZ	28 SDR MAC ARA	34 TO PI DU	40 LEI GNU ALE
5 CIS BAD AGA	11 SI LP JE	17 ZOO SEI RUH	23 KAEMMERER HUGENOTTE CHARAKTER	29 SNIPES REITER BROKAT	35 ZAG KEA BGS	
6 TOD PUB ELI	12 UNIKAT FILMEN FAHRER	18 GEL ETE AAL	24 STATUT STAEBE HUSTEN	30 UNFALL FIASKO DETAIL	36 SPINAT KASINO AACHEN	

1	2	3	4	5	6

Denkspaß 143 Kakuro-Quersummenrätsel

★★★★
Zeit: ____ Min.

Beim beliebten, aber auch schwierigen Kakuro sollen Sie Zahlen von 1 bis 9 in die leeren Felder eintragen. Dabei muss die jeweils links bzw. oben vorgegebene Summe bei jedem horizontalen bzw. vertikalen Zahlenblock berücksichtigt werden. In jedem dieser Blöcke darf eine Zahl höchstens einmal verwendet werden.

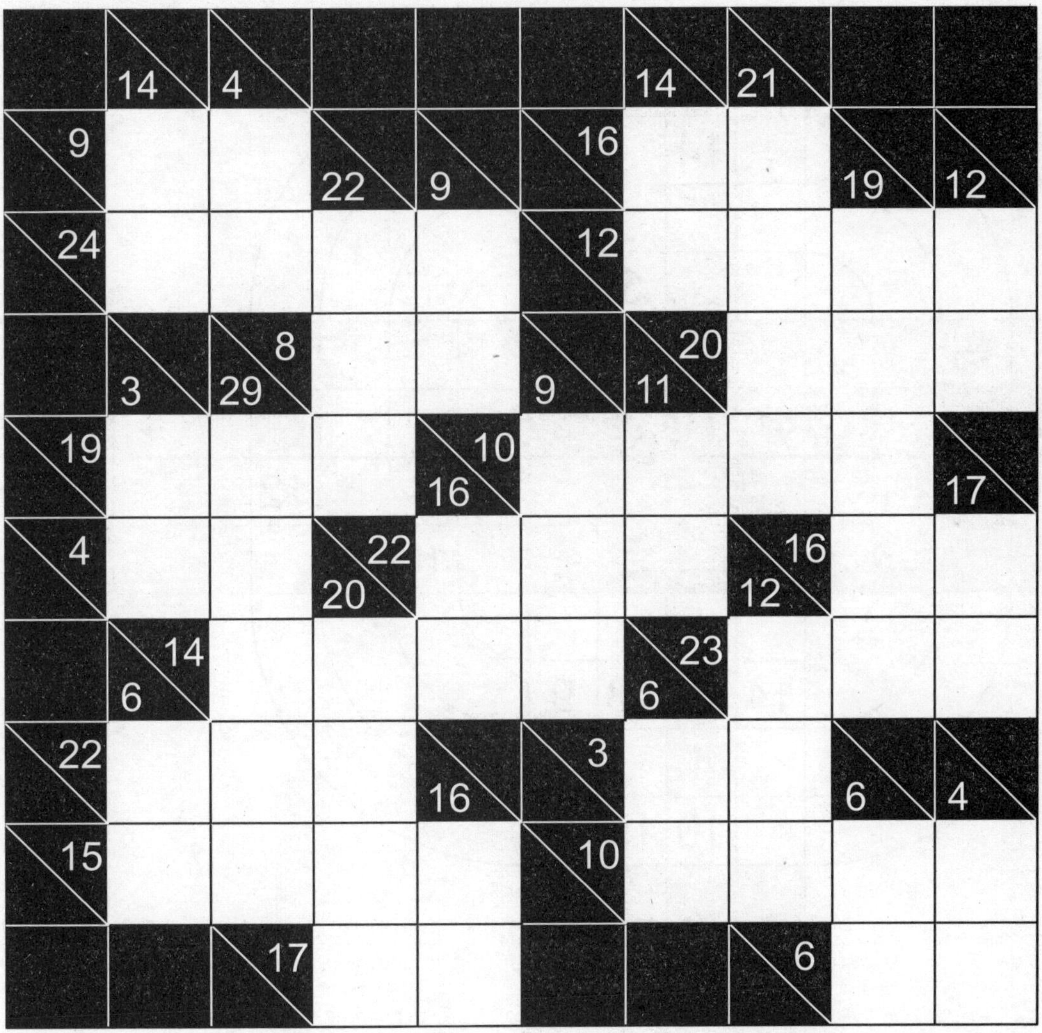

Denkspaß **144**	3-D-Sudoku	★★★★ Zeit: ____ Min.

Beim Würfel-Sudoku sollen alle sechs Seiten die Zahlen 1 bis 16 enthalten. Zusätzlich sollen diese 16 Zahlen in jedem Streifen, der um den Würfel herumläuft, genau einmal enthalten sein. (Es gibt zwölf Streifen, je vier für jede der drei Dimensionen.)

Die Würfelseite ganz unten ist dieselbe wie die Seite ganz rechts. Dass diese Seite zweimal erscheint, soll Ihnen die Lösung komfortabler machen.

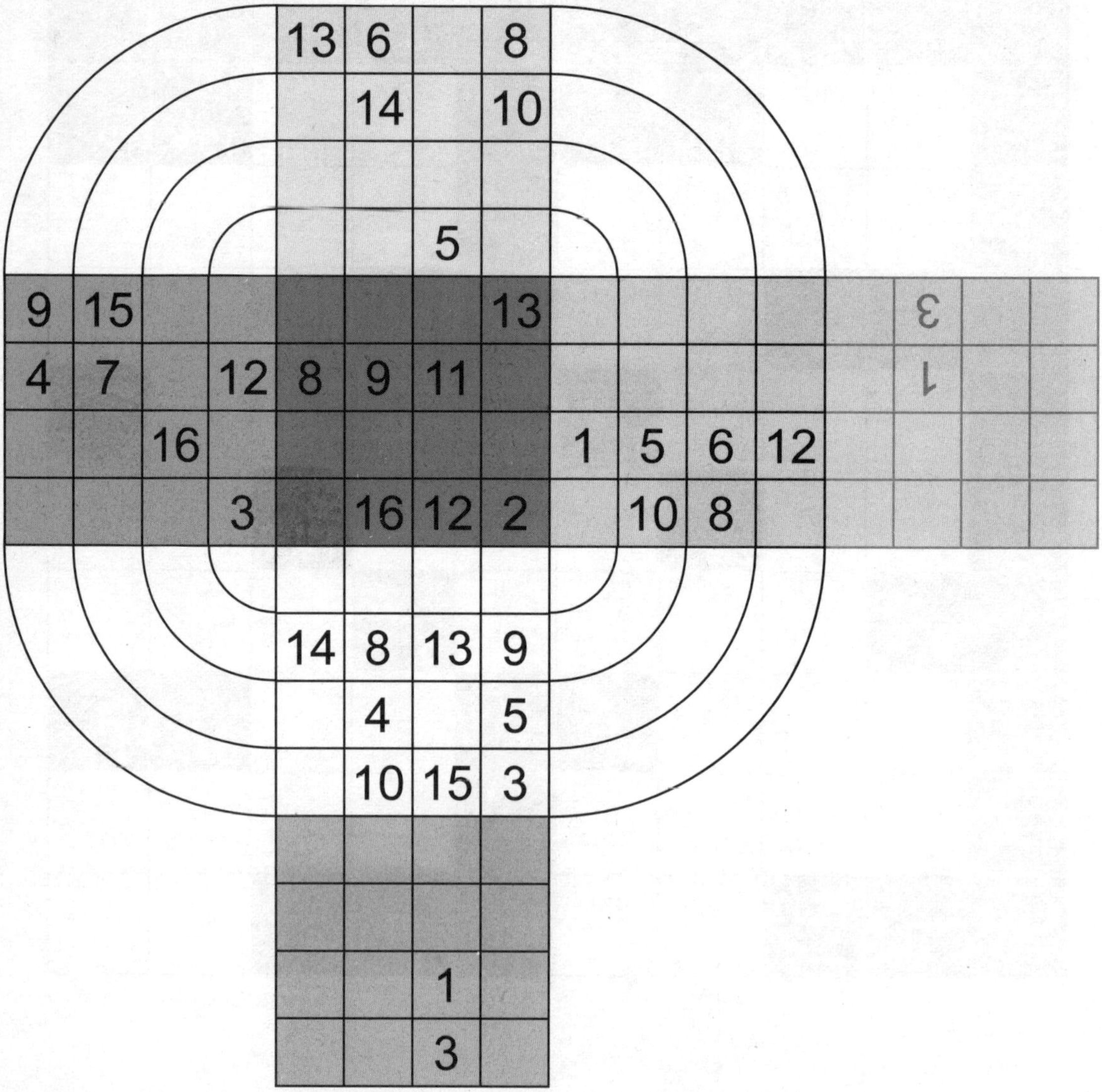

Denkspaß 145 — Buchstaben-Set

★★★★
Zeit: ___ Min.

Beim Buchstaben-Set sind schon alle Buchstaben der jeweiligen Rätselspalte bzw. -zeile vorgegeben – jedoch alphabetisch sortiert. Durch Tüfteln ist die richtige Position in der Rätselgrafik zu ermitteln. Auf diese Weise soll ein vollständig ausgefülltes Kreuzworträtsel entstehen.

Waagerecht: 1 DEEEEIKLNOORRRT, 2 AAAIIKLLMNOORTU, 3 ADEEEMOPRSVXY, 4 BEGIIIKLLNOWW, 5 AAAAGKLLMNPSST, 6 AAELLMRRRRSTU, 7 AEEHLLMORSSTU, 8 AEEEILMNNPPRS, 9 EEEFGIKMNNNORU, 10 ABDEILNRRTUZ, 11 AABCDEHILSSSTUV, 12 ACDEEELLMMOSU, 13 ADDEEHILMRSUU, 14 AAAEEGGNNRRTTUU

Senkrecht: 1 AEEEIKLNRRSTT, 2 AAABDEEIKLLR, 3 AELLLMPSUY, 4 ABCEILMNSU, 5 EHINNOPRRTU, 6 AFGLLLMMNRU, 7 AADDEELMORU, 8 EEEHIINNORSS, 9 AADEEGINRS, 10 DEEEEGGIRRRU, 11 AELMNRSSUV, 12 EGMPTTUVZ, 13 AAAADDIKMOSW, 14 ABIILLMORST, 15 AAKLLNOTUW, 16 ACEEHNOPRSSUX, 17 EEEKLMNOORRTTU

Denkspaß 146	Hochseefischen	★★★★ Zeit: ____ Min.

In dieser Gedächtnisübung sollen Sie sich alle Zahlen und deren Positionen im oberen Bild gut einprägen. Dann decken Sie dieses obere Bild bitte ab und tragen im unteren Bild die fehlenden Zahlen ein. Achtung: Das untere Bild ist gespiegelt!

Denkspaß 147 — Zahlenpyramiden

★★★☆
Zeit: ____ Min.

Bei der Zahlenpyramide sind die Zahlen 1 bis 6 so in die untere Kästchenreihe einzutragen, dass die Additionsergebnisse bis zur Rätselspitze schlüssig sind.

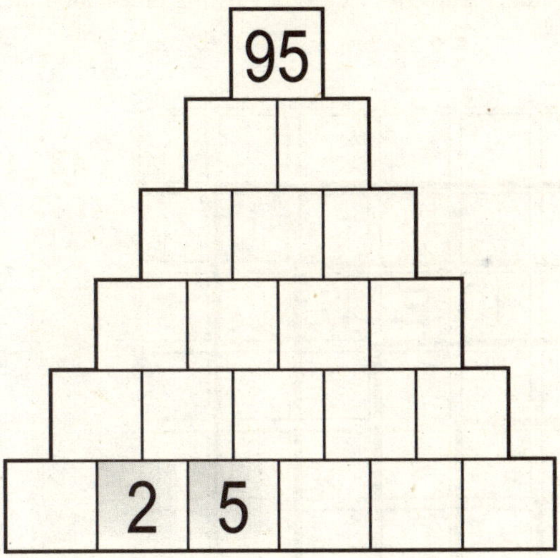

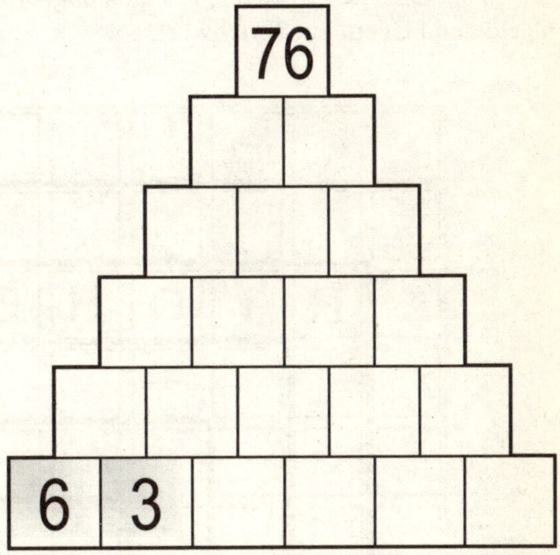

Denkspaß 148 — Worträder

★☆☆☆
Zeit: ____ Min.

Welche Buchstaben sind hier anstelle der Fragezeichen einzusetzen, damit im oder gegen den Uhrzeigersinn jeweils ein Wort zu lesen ist?

1

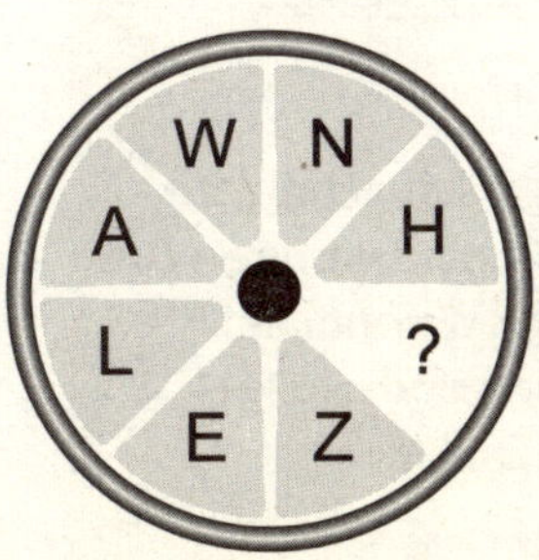

2

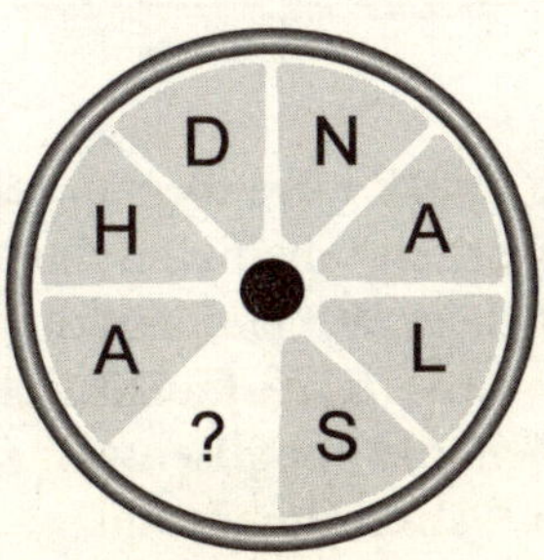

3

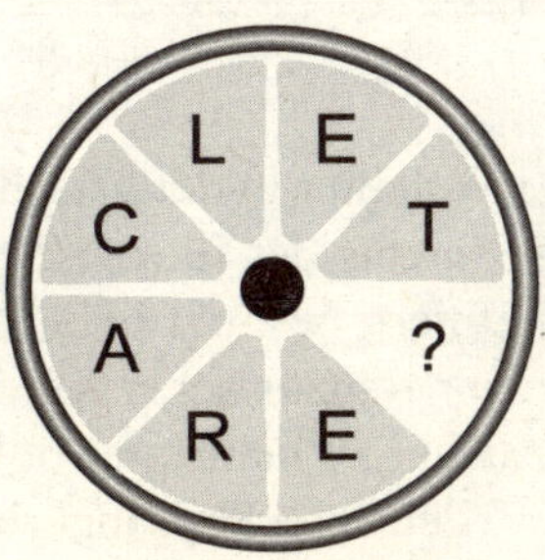

4

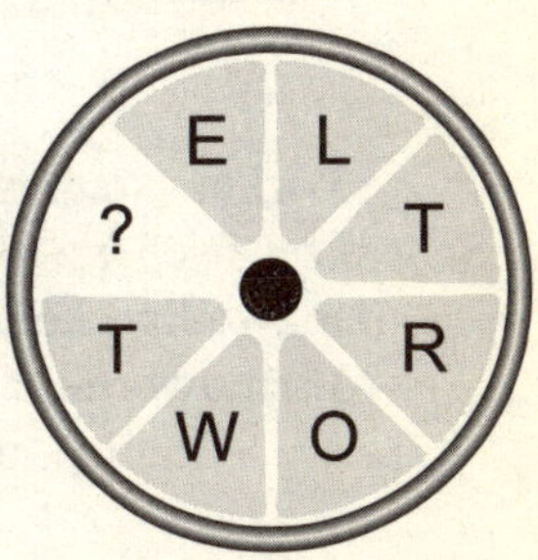

Denkspaß 149 — Schneckenrätsel

★★★★ Zeit: ____ Min.

Zuerst müssen die unten aufgeführten Begriffe gelöst und dann in Laufrichtung der Schnecke in das Diagramm eingesetzt werden, wobei die Wörter immer in den Eckfeldern starten und enden. Der Endbuchstabe des vorangegangenen Wortes ist also auch immer Anfangsbuchstabe des nächsten. Zu beachten ist, dass die zu lösenden Fragen ungeordnet aufgeführt sind. Bei richtiger Lösung ergibt sich in den getönten Feldern ein Sprichwort.

• Wirkungsradius • Weltalter in der griech. Antike • Traubenzucker • Schwerathlet • Schweizer • scherzen • Ruhetag der Juden • Nachtisch • medizinische Immunisierung • Lot • langweilig • konsterniert, bestürzt • Haushaltsgerät • Hafenstadt in SW-Finnland • Fremdwortteil: neu • französischer Kardinal † 1642 • französische Landschaft • fraglich, unsicher • Finanzkontrollbehörde • englisch: wir • Dichter • deutsche Popsängerin • Abk.: Durchwahl

Denkspaß **150**	Sudoku-Stern	★★☆☆ Zeit: ____ Min.

Analog zum klassischen Sudoku müssen auch hier die Zahlen 1 bis 9 in die fett umrandeten Neuner-Dreiecke eingetragen werden. Auch in den langen Geraden (sie umfassen ebenfalls neun kleine Dreiecke) müssen diese neun Zahlen genau einmal enthalten sein, ebenso in den kurzen Geraden, zu denen auch noch das Feld in der Sternecke zählt.
(Die von der Sternmitte unterbrochenen Reihen zählen auch zu den langen Geraden.)

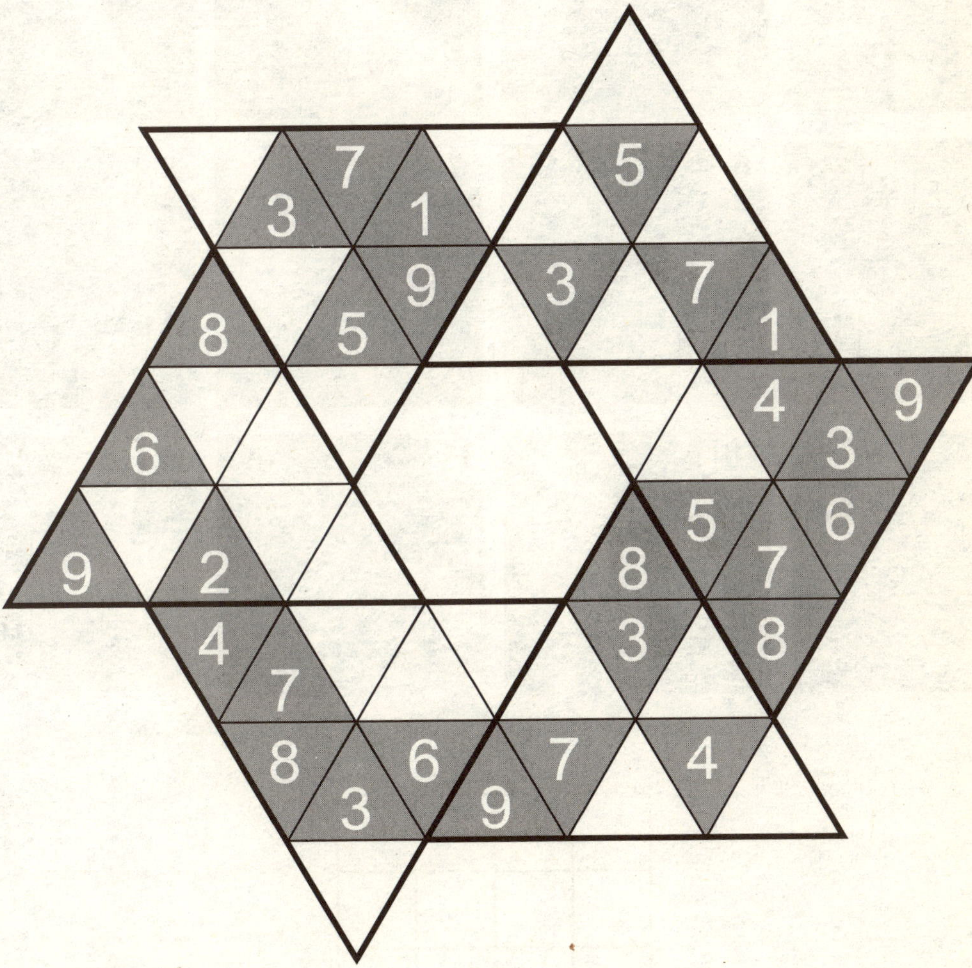

Denkspaß 151 | Romantischer Antrag | ★★★★ Zeit: ____ Min.

Wie müssen die Puzzleteile zusammengesetzt werden, damit das komplette Originalbild erscheint? Tragen Sie die Nummern in die entsprechenden leeren Felder unten ein.

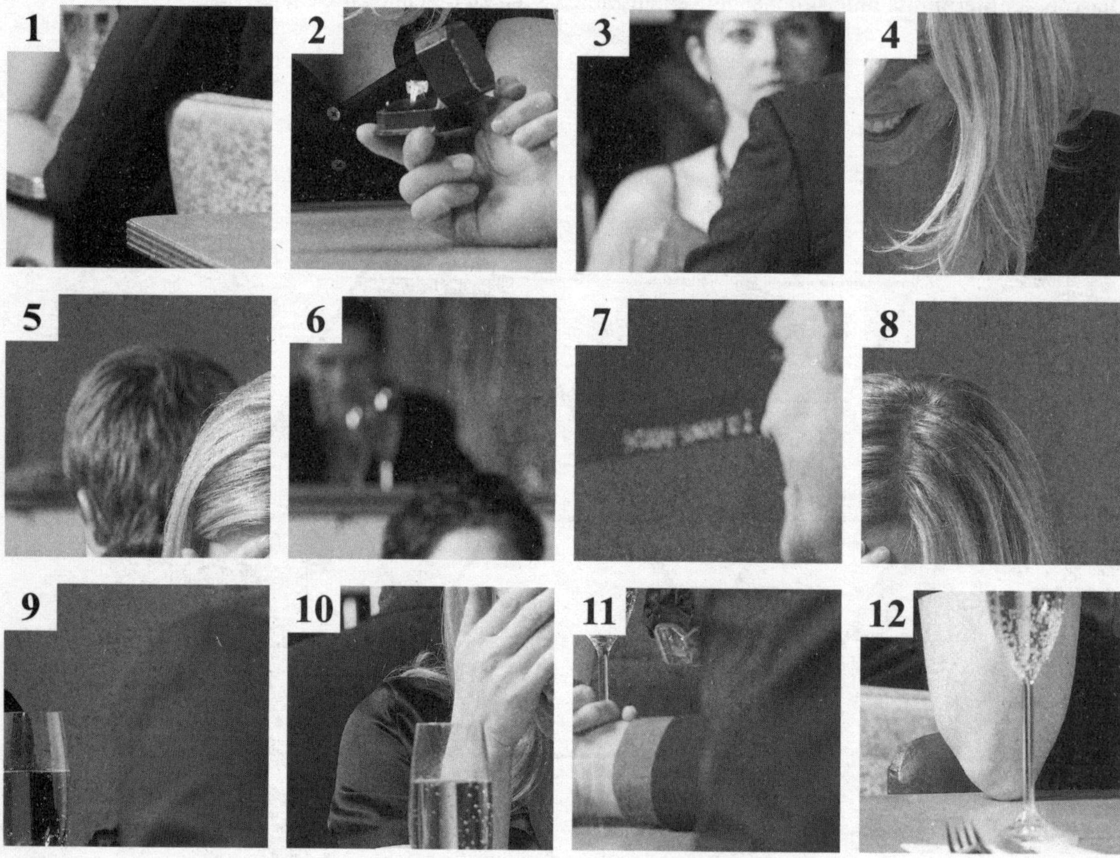

Denkspaß 152 Durchzähl-Sudoku

★★★★ Zeit: ____ Min.

Tragen Sie in dieses Sudoku Zahlen von 1 bis 9 ein, wobei jede dieser Zahlen in jeder Reihe, in jeder Spalte und in jedem Neuner-Block genau einmal enthalten sein muss.
Als Zusatzregel gibt es hier Zahlen in Pfeilen außerhalb des Rands. Diese Zahlen geben an, wie viele „Durchzähltreffer“ es in der betroffenen Reihe gibt. Das erste Feld bekommt also die 1, das zweite die 2 usw. Stimmt nun eine Zahl im Sudoku mit der durchgezählten Nummerierung überein, so ist dies ein „Durchzähltreffer“. Eine 4 im vierten Feld (in Pfeilrichtung) wäre ein Durchzähltreffer, ebenso wie eine 7 im siebten Feld usw.

	1	0	1	0	1	0	2	1	3	
0										2
4	2				5	1				2
0	7					4	5	3	6	2
0			8				3	1		1
0			2	3		8	6			0
1		1	5				2			0
0	9	4	7	8					2	2
3				9	2				7	0
1										0
	2	0	1	2	2	0	0	1	1	

Denkspaß 153 | Französisches Rätsel | ★★★★ Zeit: ____ Min.

Bei diesem Rätsel müssen sowohl die Begriffe als auch deren genaue Position in der jeweiligen Spalte bzw. Zeile ermittelt werden. Dazu sind die Fragetexte zu lösen und unter Heranziehung anderer, diesen Begriff kreuzender Begriffe in die Grafik einzutragen. Einbuchstabige Begriffe werden nicht berücksichtigt.

	A	B	C	D	E	F	G	H	J	K	L	M	N	O	P	Q	R
1			(6)								■						
2		■				■		■						■		■	
3			N	(2)	■						■		■	R			
4		■					(1)	■		■					■		
5					■		■							(8)		■	
6		■		■					■		(3)	N	■		■		
7	■							(7)		■		■				(4)	
8			■		(5)		■		■						■		
9				■	A							■					

1	2	3	4	5	6	7	8

Waagerecht:

1 kleines Gewässer – Kanton der Schweiz
2 streng – Fremdwortteil: Gebirge
3 Zweig des Weinstocks – deutsche Popsängerin – anbeißen, knabbern
4 Zustimmung (Abk.) – Sittenlehre – also (latein.)
5 Währung Europas – spannend
6 Rufname von Pacino – Rufname d. Schauspielers Lingen – ostasiatisches Laubholz
7 Fremdwortteil: vier – Blitz und Donner
8 vertraute Anrede – Singvogel – relig. Oberhaupt d. Joruba – chem. Zeichen für Zink
9 stark metallhaltiges Mineral – Geschäftsvermittlerin – flach, eben

Senkrecht:

A französisches Adelsprädikat – beste Schulnote (ugs.)
B breiige, erdige Flüssigkeit
C Aluminiumoxid
D Muse der Lyrik – Frage nach einem Ort
E Vorname der Turner – spanisch: nein
F ungültig, unwirksam
G Riese im Alten Testament – „und"-Zeichen („&")
H Haartrockner
J Salbe
K Kreiszahl – kaputt (ugs.) – Initialen Spielbergs
L weibliches „Grautier"
M Chaos, Durcheinander
N Kfz-Z. Bergisch Gladbach – hervorragend – Fremdwortteil: zu, nach
O rundes Blumenbeet
P Windschattenseite
Q Vorname der Schauspielerin Derek – Mediziner
R waghalsiger Unternehmer

Denkspaß **154**

Zeitablauf

★★ Zeit: ____ Min.

Ordnen Sie die Bilder so, dass ein zeitlich logischer Ablauf resultiert.

1

2

3

4

5

6

Zeitlicher Ablauf: ☐ → ☐ → ☐ → ☐ → ☐ → ☐

Denkspaß 155 Zahlenkreuzungen

★★☆☆ Zeit: ____ Min.

Tragen Sie sämtliche unten aufgelisteten Zahlen in das Gitterfeld ein. Dort sollen sie von links nach rechts bzw. von oben nach unten zu lesen sein.

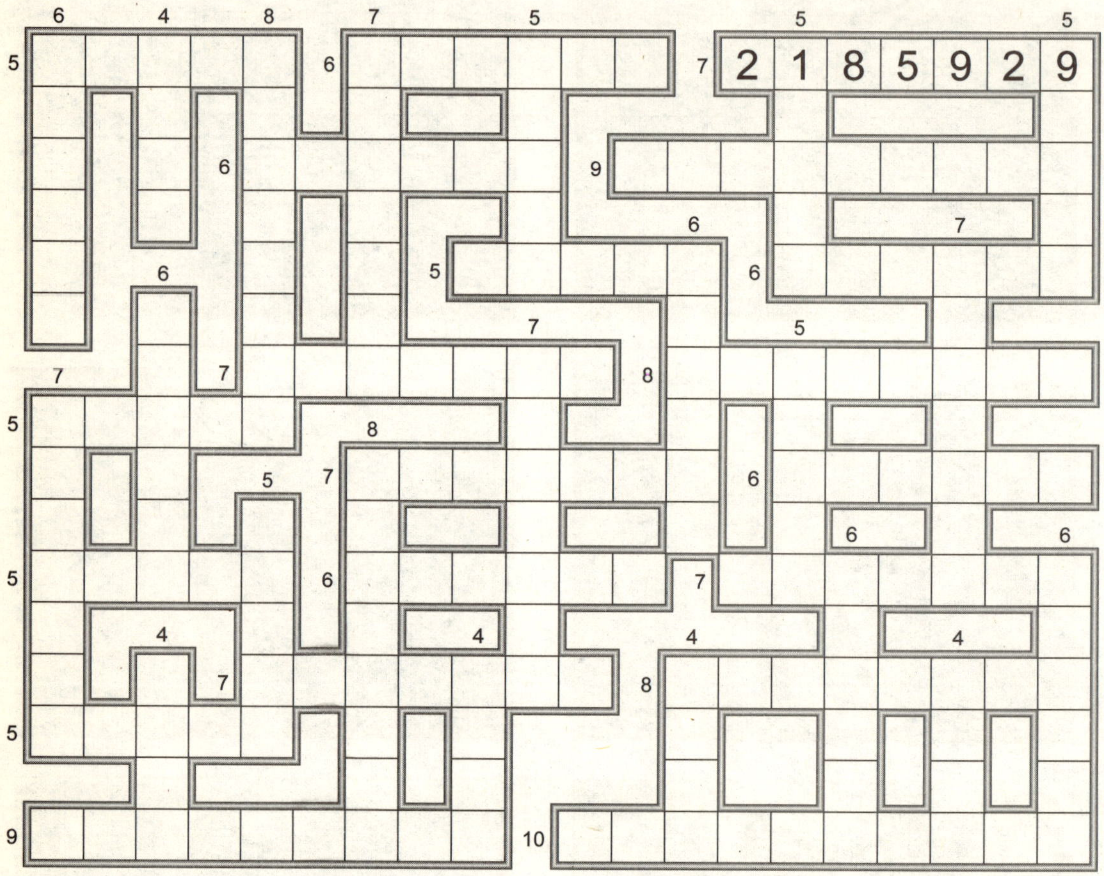

4 2723, 3178, 5934, 6869, 9764

5 14129, 15913, 17865, 28484, 42941, 49351, 61332, 69244, 84385, 98379

6 185144, 244485, 275731, 332699, 422787, 456321, 481748, 483513, 791742, 939298

7 1616321, 2185929, 2939753, 6549763, 7119673, 7939991, 8384327, 9496354, 9793152

8 15489379, 51795276, 56251452, 75158436

9 175954353, 839498658

10 6546383381

Denkspaß 156 Wörtergleichung

★★★☆ Zeit: ___ Min.

Ersetzen Sie die Buchstaben durch die gefragten Begriffe, sodass die jeweilige Wörtergleichung eine sinnvolle Lösung bzw. ein sinnvolles Lösungswort erhält.

$$(a-b)+(c-d)+(e-f)+(g-h)+(i-j)+(k-l)+(m-n)=X$$

---

a = Teil der Uhr, b = Sterbeort Wallensteins, c = Sorge, Betrübtheit, d = Wahlübung beim Sport, e = Spaßmacher, f = belustigende Wirkung, g = italienischer Modeschöpfer, h = Fürstin in Indien, i = lyrisches Werk, j = Gelenkrheuma, k = Minderwertiges, l = Meerenge in Skandinavien, m = ostdeutsches Bundesland, n = kurzes Schwert der Germanen, X = die Schlusslösung

Denkspaß 157 Verwandlungsrätsel

★★☆☆ Zeit: ___ Min.

Wie gelangen Sie vom oberen zum unteren Wort, wenn Sie in jeder Zeile genau einen Buchstaben austauschen müssen?

E	I	T	E	L
D	E	N	A	R

T	E	N	N	O
N	O	R	G	E

M	A	R	K	T
L	E	I	N	E

Denkspaß 158 | ABC-Verfolgung | ★ Zeit: ____ Min.

Bei der ABC-Verfolgung ist jeder Buchstabe des Alphabets in der Reihenfolge des Alphabets anzuspringen, wobei man sich auf den Linien (Kreisringen und Strahlen) bewegen muss, das Zentrum dabei aber nicht durchschreiten darf.

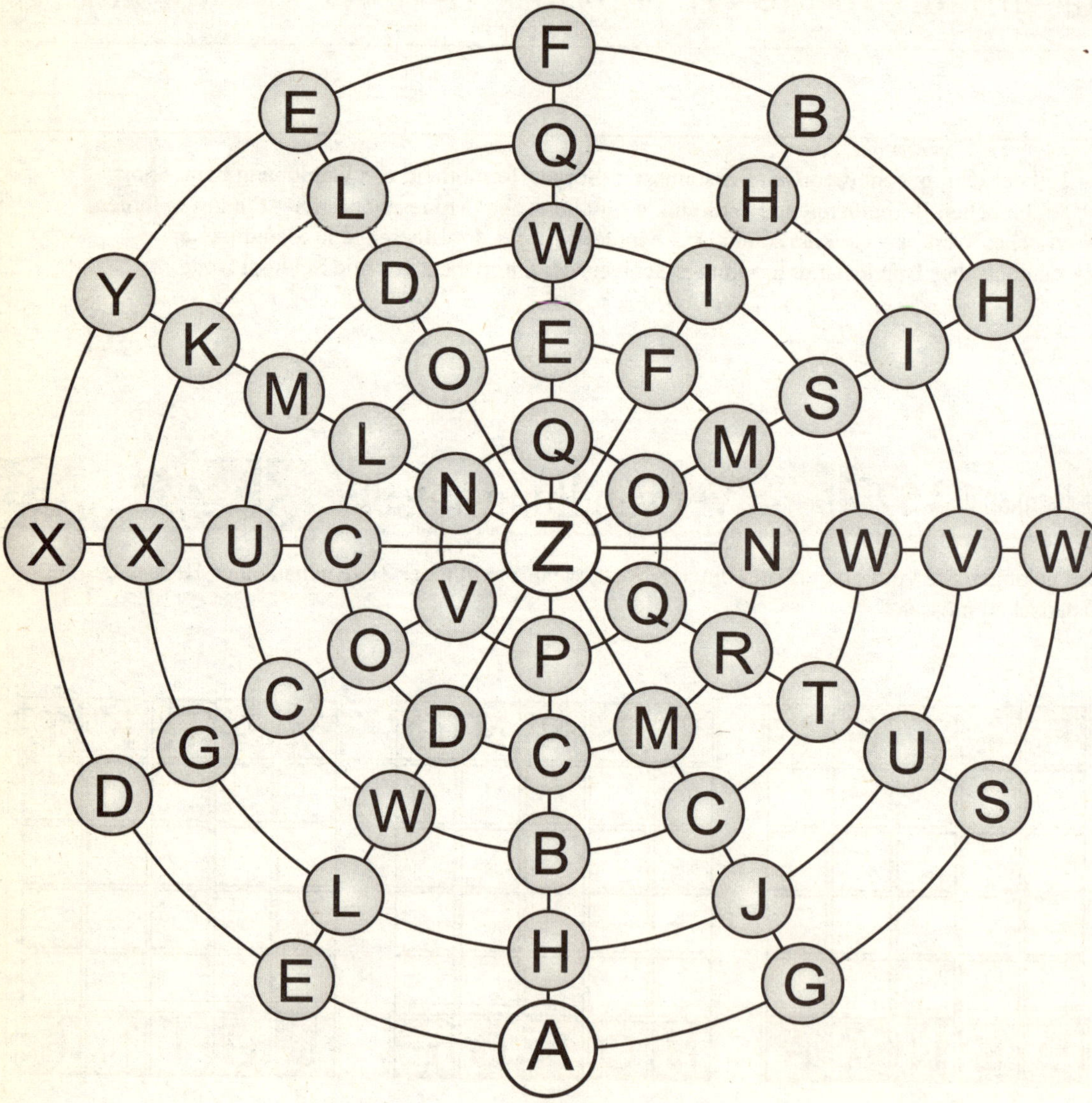

Denkspaß 159 | # Tierisches Kreuzworträtsel | ★★★★ Zeit: ____ Min.

Gleiche Tiere bedeuten gleiche Buchstaben. Durch Ausprobieren ist jedem dieser Tierzeichen ein Buchstabe zuzuordnen und in die Rätselgrafik einzutragen. Auf diese Weise soll ein vollständiges Kreuzworträtsel entstehen.

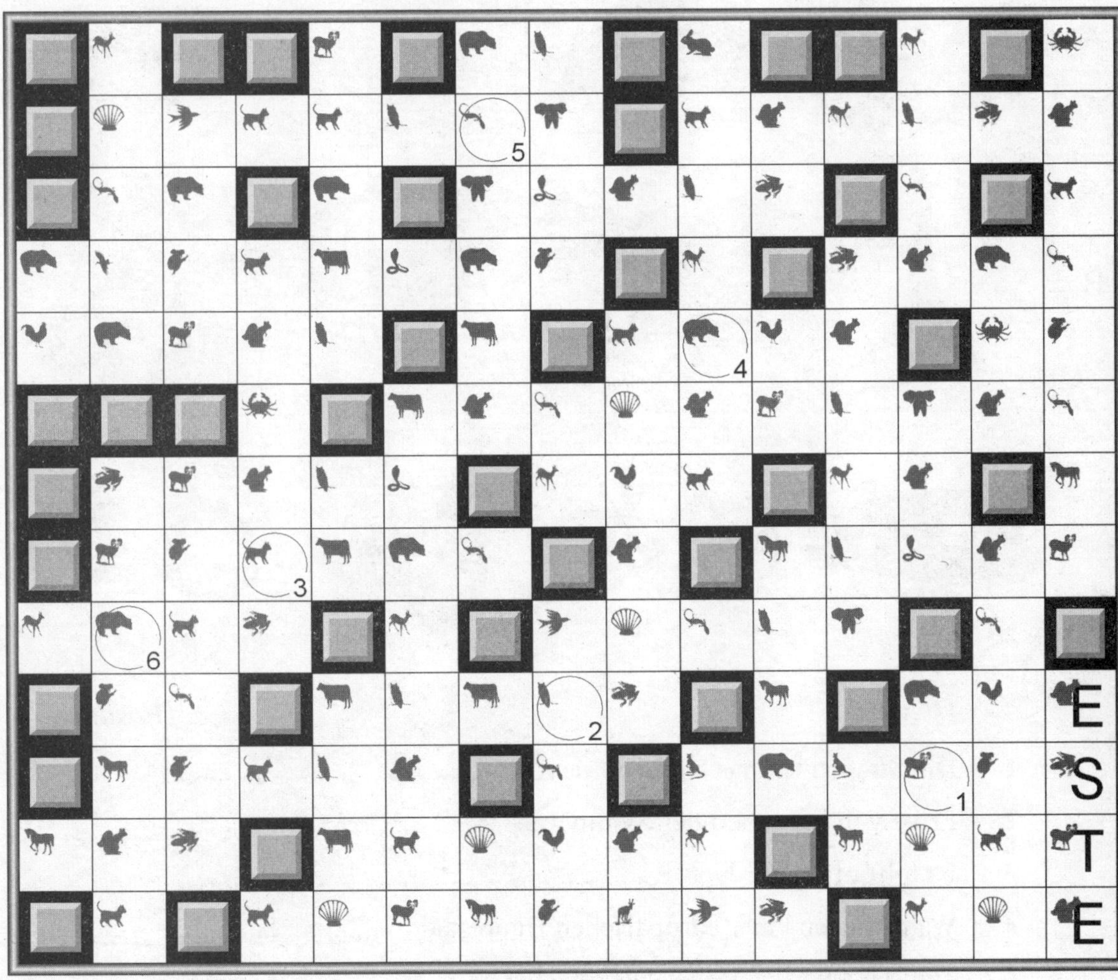

1	2	3	4	5	6

Denkspaß **160**

Bildergedächtnis

★★☆☆ Zeit: ____ Min.

Prägen Sie sich die Bilder in der Tabelle gut ein und merken Sie sich auch deren Position. Zum Beispiel: Bananen – A1. Decken Sie dann diese Tabelle ab und lösen Sie die Aufgabe darunter. Dort stehen Hinweise zu bestimmten Bildern. Sie sollen daraus schließen, welches Bild gemeint ist, und dann als Lösung die Position dieses Bildes angeben.

	1	2	3	4
A				
B				
C			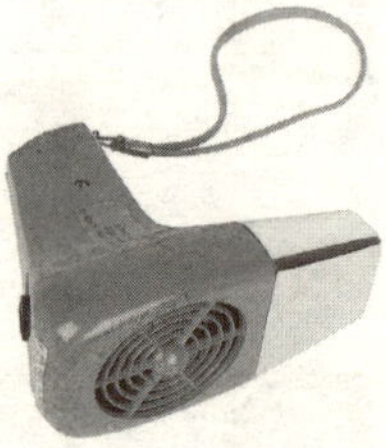	

	Hinweis		*Position*
1	Die Straßen Chinas sind voll davon	....	______
2	Er ist von bezaubernder Symmetrie	....	______
3	Es hilft oft in der Not	....	______
4	Wahrzeichen einer europäischen Hauptstadt	....	______
5	Typisch amerikanischer Dickmacher	....	______
6	Es wird als klassisches Fluchthindernis eingesetzt	....	______

Denkspaß 161 Endlos-Kruzzle

★★★★
Zeit: ____ Min.

Die in den Fragekästchen der Rätselgrafik stehenden Texte müssen gelöst und in Pfeilrichtung eingetragen werden – bei Definitionen ist das Lösungswort zu erraten, bei geschüttelten Begriffen ist durch eine Neuordnung ein sinnvoller Begriff „herzustellen". Begriffe enden bei Endlosrätseln jedoch nicht zwangsläufig am Rand eines Rätsels, sondern können auf der jeweils anderen Seite weiterlaufen.

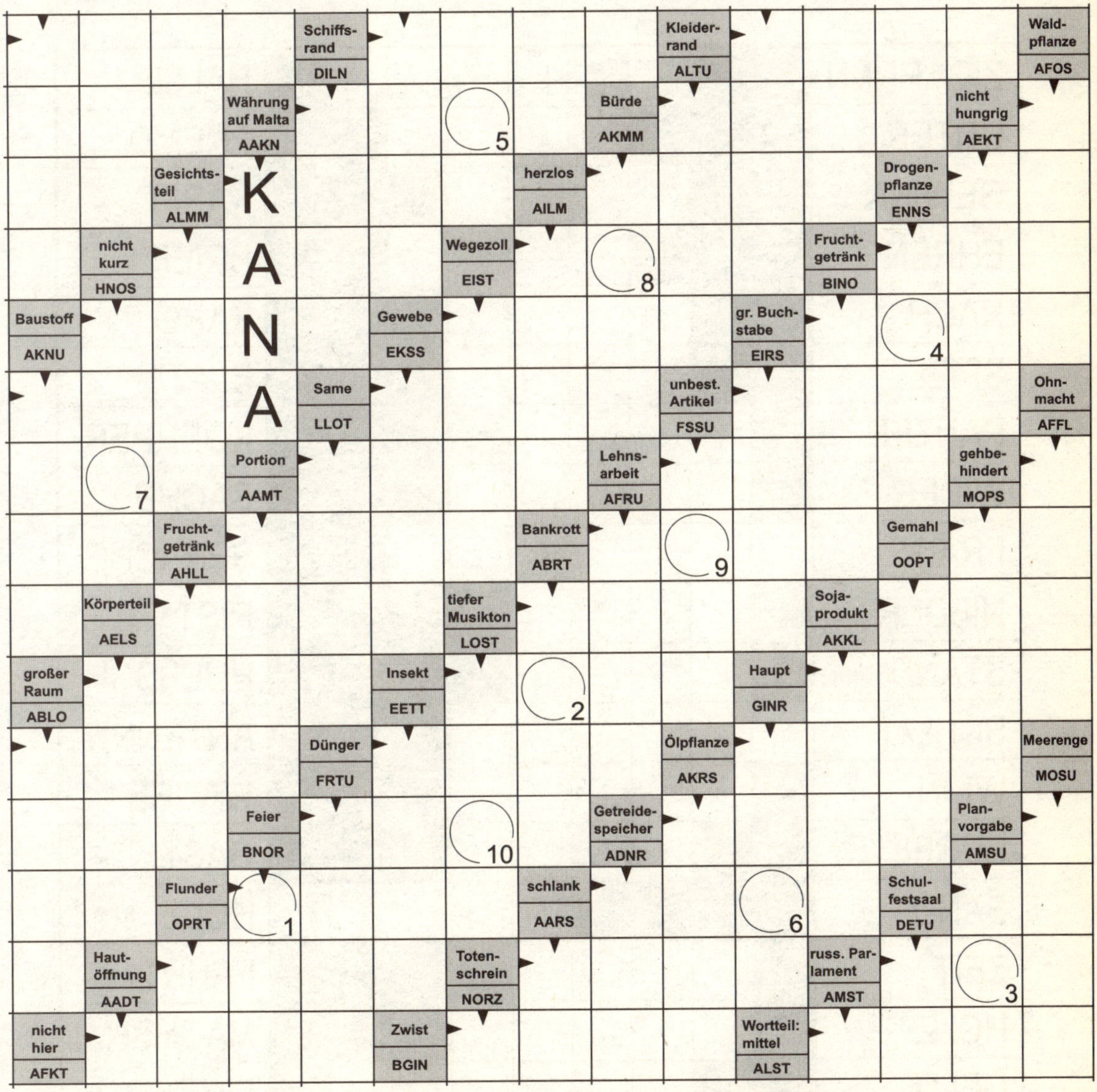

1	2	3	4	5	6	7	8	9	10

Denkspaß **162**

Brückenrätsel

★★★★ Zeit: ____ Min.

Beim Brückenrätsel müssen Brückenwörter gefunden werden, die die Begriffe in der linken Spalte ergänzen, sodass sie neue sinnvolle Wörter ergeben. Gleichzeitig werden sie den Begriffen der rechten Spalte vorangestellt und bilden mit diesen ebenfalls neue sinnvolle Begriffe.
Bei korrekter Lösung erhalten Sie in der Mittelspalte einen Lösungssatz.

ZIGARREN		HALLE
UNTER		FREMD
GEWINN		KARTE
EHREN		BRIEF
NACH		KARG
SPIEL		BLATT
PANZER		KOERPER
WIDER		SACHE
FRAGE		SPRACHE
NIEDER		RIST
STAND		HUEBSCH
SCHLAF		ANTENNE
WEIN		WACHE
SEGEL		GAST
BAND		HOLZ
ZEIT		FAHRT
HOLZ		MACHER
GELD		FINGER

Denkspaß 163 — Schwedenrätsel

★★ Zeit: ___ Min.

Die in den Fragekästchen der Rätselgrafik stehenden Texte müssen gelöst und in Pfeilrichtung eingetragen werden.

- Unterwasserwaffe
- durchsichtiges Material
- bei weitem
- großer kasachischer See
- Figur in ‚König Lear'
- Hafenstadt am Kongo
- Fremdwortteil: unter
- Kanton der Schweiz
- christl. Männerorganisation, Abk.
- seelische Krankheiten
- Salz der Ölsäure
- Raps, Ölfrucht
- Rätsellöser
- arabischer Artikel
- Malerei mit Wasserfarben
- Heldenepos von Vergil
- Stadtburg von Granada
- eine Tonart
- altröm. Göttin der Ernte
- schnell beweglich
- eine Zitatensammlung
- leicht färben
- deutsche Vorsilbe
- Ausspritzmundstück
- Titelgestalt bei Goethe
- hohe Wertschätzung
- französisch: wo
- chemisches Element
- Haschischzigarette
- Untergrundkämpfer
- Staatsoberhaupt
- Verbrennungsrückstand
- Scharnierteile
- englisch: Zeh
- kleiner Trickfilmfernsehdrache
- Bewohner von Sri Lanka
- dt. Kabarettist (Hanns Dieter)
- kurz für: lecker
- fair, ehrlich
- schweiz. Gebirgstal
- franz. Züchter der Begonie
- tatsächlich
- Explosivlaute
- Backware
- Vorname der Turner
- Buch des Alten Testaments
- Blechblasinstrument
- philosophischer Lehrsatz
- Kleinmalerei
- Film von Steven Spielberg
- Tor zu d. Schintoheiligtümern
- ägyptischer Sonnengott
- Kfz-Z. Gießen
- gefüllte Backware
- Skandal
- ein Erdachsenpunkt
- ital. Weinschaumcreme

1	2	3	4	5	6	7	8	9	10	11

Denkspaß **164** | Sudoku klassisch | ★★★★ Zeit: ____ Min.

Bei diesem Rätseltyp sind die Zahlen 1 bis 9 in die leeren Felder der Grafik einzutragen, wobei sich jede dieser neun Zahlen genau einmal in einem Neunerblock, genau einmal auf jeder Horizontalen und genau einmal auf jeder Vertikalen befinden soll.

							4	
8		1		9			7	
7	9		3	4				8
					7			1
		4	5		6	7		
2			1					
5				1	4		8	7
				7		2		3
	2							

	7	8			6			
3			7			9	1	
5						8		6
1		7		6				
	2				4		9	
				1		6		2
2		3						8
	4	5			3			9
			9			4	3	

	8							
				2		8		7
3				9	6		4	2
8			9					
		6	3		1	2		
					2			9
2	5		7	6				4
4		9		5			2	
							6	

	4							
				8		4		3
1				5	7		9	8
4			5					
		7	1		2	8		
					8			5
8	6		3	7				9
9		5		6			8	
							7	

Denkspaß 165 | Tierisches Kreuzworträtsel

★★★★
Zeit: ____ Min.

Gleiche Tiere bedeuten gleiche Buchstaben. Durch Ausprobieren ist jedem dieser Tierzeichen ein Buchstabe zuzuordnen und in die Rätselgrafik einzutragen. Auf diese Weise soll ein vollständiges Kreuzworträtsel entstehen.

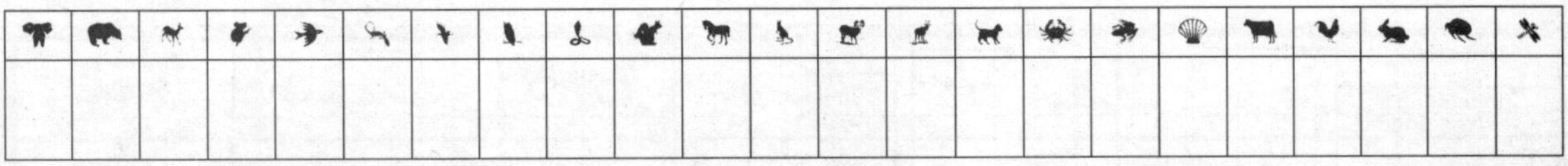

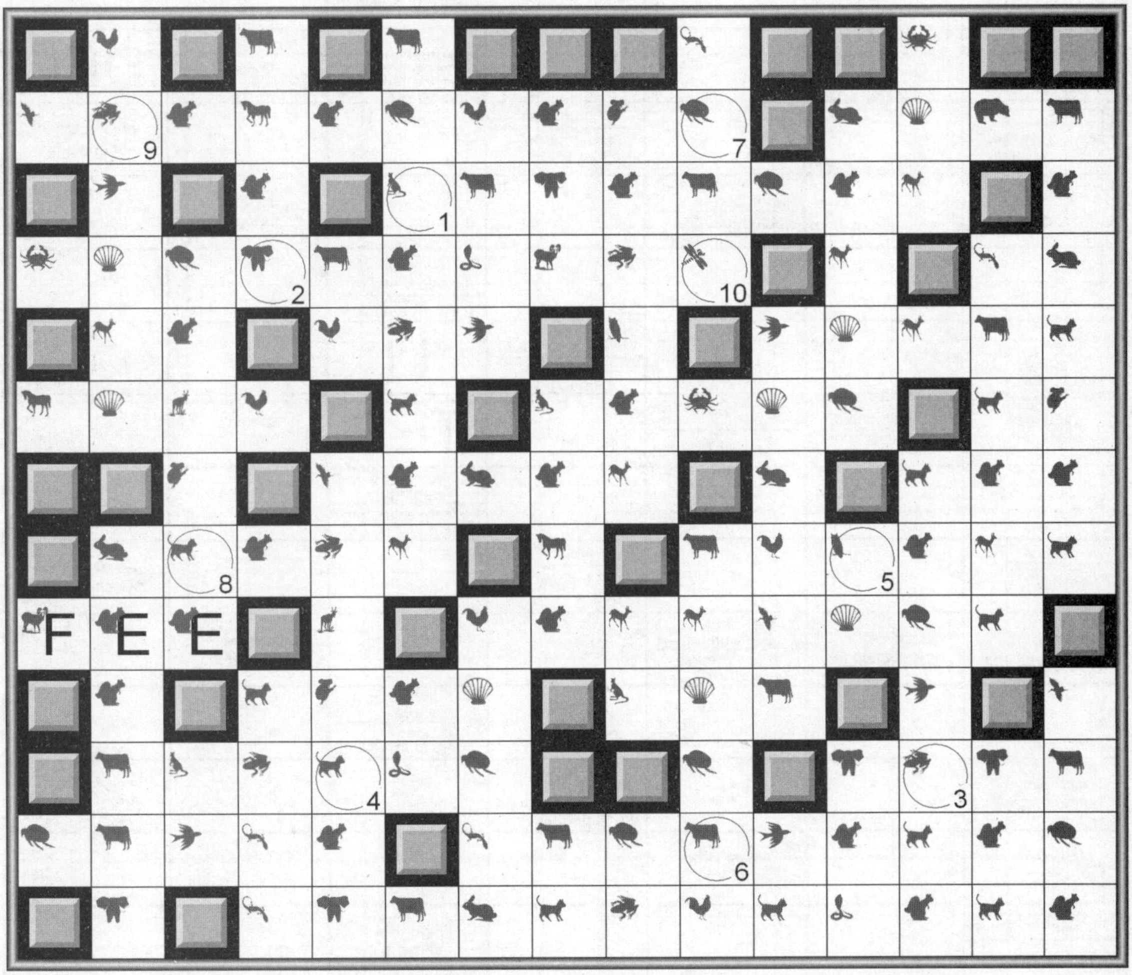

1	2	3	4	5	6	7	8	9	10

Denkspaß **166** | Silbenschwedenrätsel | ★★★★ Zeit: ____ Min.

Die in den Fragekästchen der Rätselgrafik stehenden Texte müssen gelöst und in Pfeilrichtung eingetragen werden. In jedes Kästchen gehört eine Silbe.

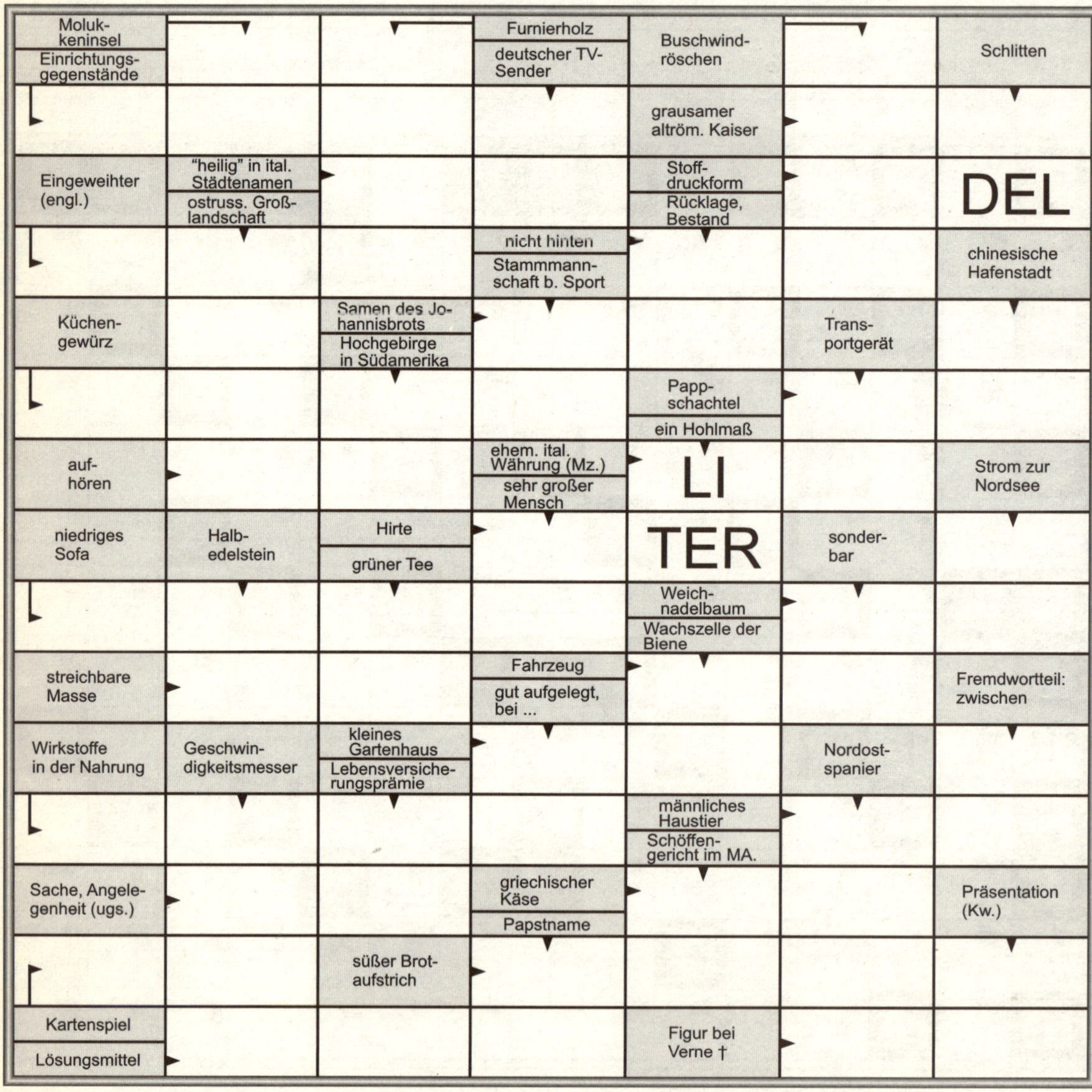

Denkspaß **167** | # Super-Sudoku | ★★★☆ Zeit: ____ Min.

In diesem Super-Sudoku sollen die Zahlen 1 bis 16 in jeder horizontalen Reihe, jeder vertikalen Spalte und jedem 4-x-4-Unterquadrat genau einmal enthalten sein.

	15				12	7		9	8		2	1	5	13	
		7	5	13	9	8				1		14			3
		6	13			5	11	10			15	16		2	
8	3	10		6	1				12	14			4	11	
15		13		9	6		8				4	2		5	
	10		14					8			12	11		9	16
7			11			15	12		2				13	8	10
5		3	6		2		10	11	1		9		15		
		4		11		2	7	1		8		10	16		12
6	13	12				1		16	4			15			2
3	1		8	12			9					5		4	
	11		2	4				13		12	6		1		7
	7	15			14	10				5	8		2	12	11
	2		10	15			5	3	6			13	7		
16			1		8				13	2	14	4	10		
	5	9	4	2		12	13		10	7				1	

Denkspaß 168 — Rechenquadrat

★★ Zeit: ___ Min.

Die Zahlen 1 bis 9 sind so in die Grafik einzutragen, dass die Rechnung schlüssig wird. Keine der Zahlen darf ein zweites Mal verwendet werden. In der Rechnung gilt nicht die Regel „Punktrechnung vor Strichrechnung“, sondern es wird grundsätzlich von oben nach unten bzw. von links nach rechts gerechnet.

23	+		-		21
+		x		+	
	x		-		13
x		-		+	
	x		+		29
84		15		17	

22	-		+		17
-		+		+	
	+		x		77
x		+		+	
	-		x		4
78		15		14	

Denkspaß 169 — Verwandlungsrätsel

★★ Zeit: ___ Min.

Wie gelangen Sie vom oberen zum unteren Wort, wenn Sie in jeder Zeile genau einen Buchstaben austauschen müssen?

W	A	R	Z	E
M	O	T	T	O

L	U	N	G	E
W	I	E	S	O

M	A	N	N	A
Z	I	C	K	E

Denkspaß 170

Multiple Formgebung

★★☆☆ Zeit: ____ Min.

Die fantasievollen Grafiken unten entstammen allesamt den oberen Bildern. Jedes dieser oberen Bilder wurde so verfremdet, dass daraus die unteren Darstellungen resultierten. Können Sie die Originale und die dazugehörigen Verfremdungen einander zuordnen?

1 □

2 □

3 □

4 □

5 □

6 □

A

B
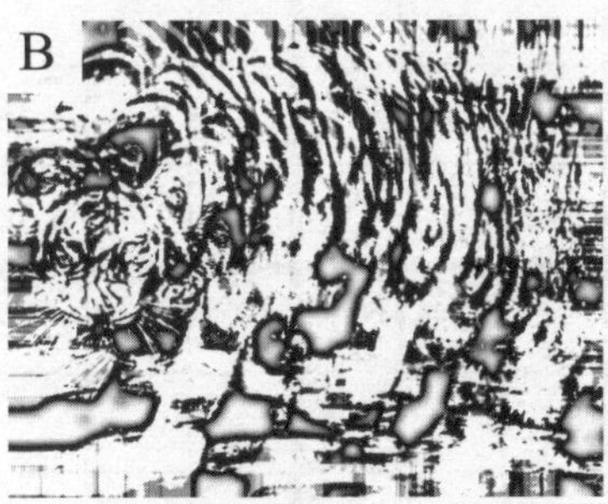

C
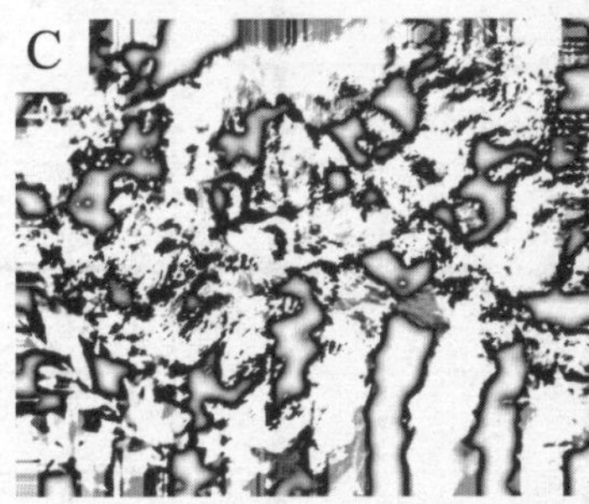

D
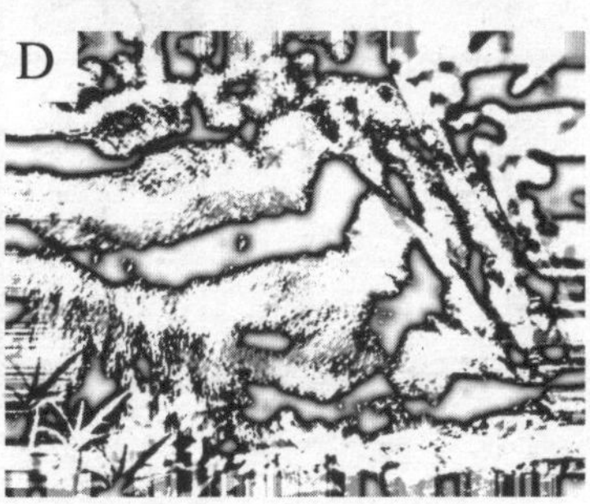

E
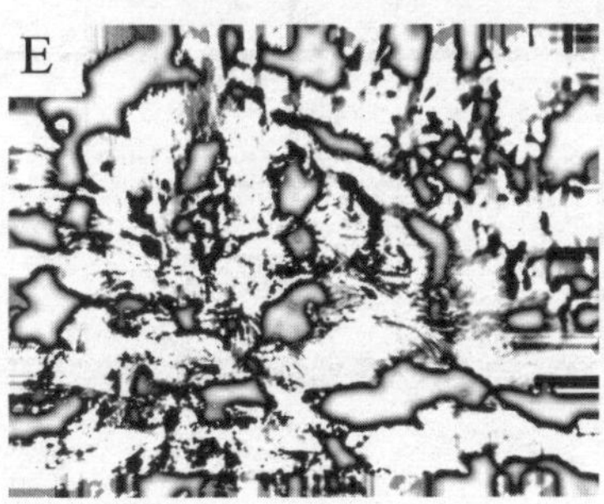

F
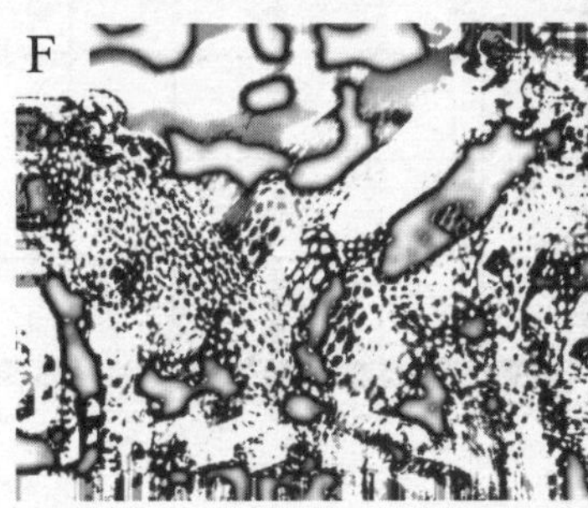

Denkspaß 171 — Ziegelrätsel

★★★★ Zeit: ____ Min.

Die „Rätselziegel“ des ursprünglichen Rätsels sind durcheinandergewürfelt. Durch Ausprobieren sind die Rätselziegel an die richtige Stelle zu setzen, sodass sich daraus wieder ein „normales“ Kreuzworträtsel ergibt.

G	I	N	E	N	■	E	■	Z	K	■	K	K	E	R	■	A	I
L	T	O	R	I	A	■	M	E	E	G	E	A	■	O	T	R	O
O	B	■	I	■	L	L	I	■	N	■	N	H	A	M	O	E	D
A	T	■	A	S	I	K	A	D	■	R	■	B	E	L	■	A	R
T	■	H	B	E	■	■	D	■	A	N	O	■	T	I	N	T	E
I	T	A	E	■	T	B	L	E	M	I	S	M	E	L	■	U	■
E	N	■	N	S	A	B	E	W	C	■	H	E	L	L	E	I	S
S	■	A	■	K	■	A	■	A	K	T	E	R	■	A	R	G	■
E	S	T	H	E	I	C	H	■	E	■	S	■	M	U	B	■	B

																	N
																	O
															C	■	H
															K	T	E
															E	■	S

Denkspaß 172	Motiv-Sudokus	★★★★ Zeit: ___ Min.

Bei diesem Rätseltyp sind die Zahlen 1 bis 9 in die leeren Felder der Grafik einzutragen, wobei sich jede dieser neun Zahlen genau einmal in einem Neunerblock, genau einmal auf jeder Horizontalen und genau einmal auf jeder Vertikalen befinden soll.
Das Schöne an diesen Sudokus: Die Anordnung der vorgegebenen Zahlen ergibt jeweils ein Bildmotiv.

1				6				8
	5		7	4	1		3	
		4	2		8	6		
	3	2				5	4	
4	8						2	6
	6	7				8	9	
		6	3		5	1		
	1		6	8	4		5	
8				2				9

		5	4		8	9		
	4	2	6	1	5	7	8	
6	7			2			5	4
3	8						9	1
5	1						7	6
	2	9				3	4	
		3	1		7	5		
			3	4	2			
				8				

		8	3		2	1		
	2	9	8	4	5	7	3	
5	7			9			8	2
6	3						1	4
8	4						7	5
	9	1				6	2	
		6	7		4	8		
			9	2	6			
				3				

Denkspaß 173 — Nur einer fehlt

★ Zeit: ___ Min.

Nur einer fehlt ist ein einfaches Geduldspiel. In jedem der Kästchen befinden sich 25 unterschiedliche Buchstaben des Alphabets – es fehlt also in jedem Kasten ein Buchstabe. In allen 25 Kästen fehlen 25 unterschiedliche Buchstaben, der dann fehlende Buchstabe ist die Schlusslösung.

B	R	S	D	H	F	I	Y	U	S	S	B	I	Z	W	A	N	D	Z	F	S	L	T	O	F
I	G	M	K	J	K	W	H	J	L	G	Q	X	O	P	I	R	E	U	H	D	W	B	V	N
C	N	Q	T	W	B	R	Z	G	M	U	F	R	N	A	T	L	Q	M	V	H	E	M	A	R
L	O	A	X	P	C	D	O	Q	A	C	J	H	E	M	Y	C	K	B	O	P	U	I	K	G
U	Z	E	V	F	N	P	E	T	X	D	T	L	V	Y	X	S	J	G	W	Z	J	Q	X	Y
T	E	X	H	S	C	U	A	P	J	N	R	J	F	M	M	Z	Q	S	G	A	S	V	X	N
W	U	O	Z	J	O	K	R	N	I	T	P	Z	X	H	H	U	K	F	E	T	Q	F	E	U
M	G	V	K	Y	Y	S	E	T	Q	C	A	I	S	G	D	B	L	V	O	C	M	L	I	R
P	N	F	B	C	D	W	Z	X	G	W	L	Q	B	E	R	C	A	I	Y	D	Z	H	K	G
D	A	R	I	Q	L	V	M	H	F	V	D	O	K	Y	X	T	W	N	P	J	Y	B	P	O
V	C	T	M	E	I	Z	J	X	Q	E	F	O	Y	S	J	D	X	R	L	V	R	H	Z	P
Q	N	G	S	K	L	O	U	S	F	N	M	D	P	Q	A	Y	I	O	E	K	L	T	S	A
I	W	Y	X	F	B	T	C	P	D	X	H	U	I	K	G	V	H	B	K	U	X	G	O	Q
L	O	P	A	B	W	N	K	M	G	C	Z	L	W	R	T	U	W	M	C	D	M	B	J	C
D	Z	R	U	J	V	E	H	Y	A	T	V	A	B	J	P	N	Q	F	S	W	N	F	I	Y
P	I	X	U	F	A	F	M	P	U	T	J	B	Z	W	O	J	G	P	A	P	X	E	I	U
R	E	T	M	Y	T	G	C	L	H	Q	H	N	I	R	Y	I	W	D	R	D	V	W	C	S
N	Z	V	B	G	D	Q	K	Y	R	X	S	U	G	L	B	C	K	F	Z	N	T	O	L	B
H	W	Q	C	D	Z	O	N	V	B	A	M	K	V	E	E	X	Q	L	N	Z	Y	J	A	K
J	K	A	L	S	I	J	E	X	W	P	C	F	Y	O	V	S	U	H	M	F	H	G	R	M
U	C	B	Z	V	D	C	B	J	R	O	Q	U	D	T	N	C	R	S	L	U	M	O	W	E
T	Q	A	F	P	S	Q	Z	I	W	N	A	V	W	M	Z	K	A	W	T	F	S	Y	I	N
D	O	W	G	N	G	L	T	P	X	G	E	Y	C	R	O	Y	V	U	B	V	Q	J	K	L
H	E	Y	S	J	N	Y	E	O	H	I	S	L	K	Z	Q	X	J	H	E	Z	D	T	R	G
X	I	L	K	R	V	U	K	F	M	J	H	X	B	P	G	F	M	D	P	H	P	B	A	C

Denkspaß 174 — Leiterrätsel

★★★★ Zeit: ___ Min.

Aus den Zweierbuchstaben links sind insgesamt 14 sechsbuchstabige Wörter zu bilden. Welche Wörter gesucht werden, sollen Sie anhand der Hinweise rechts herausfinden. In jedes Feld gehören zwei Buchstaben, wobei die Doppelbuchstaben in der Mitte von je zwei Wörtern verwendet werden. Am Ende schließlich erhalten Sie im Mittelbalken von oben nach unten gelesen ein Lösungswort.

AN - AR - AT - BE - CH - ED - EN - EN - EN - ER - ER - ER - ER - FI - FU - GE - GE - HA - LA - LE - MO - MU - NG - NN - NT - OB - OM - ON - RE - SS - ST - UF - US - WI - ZU

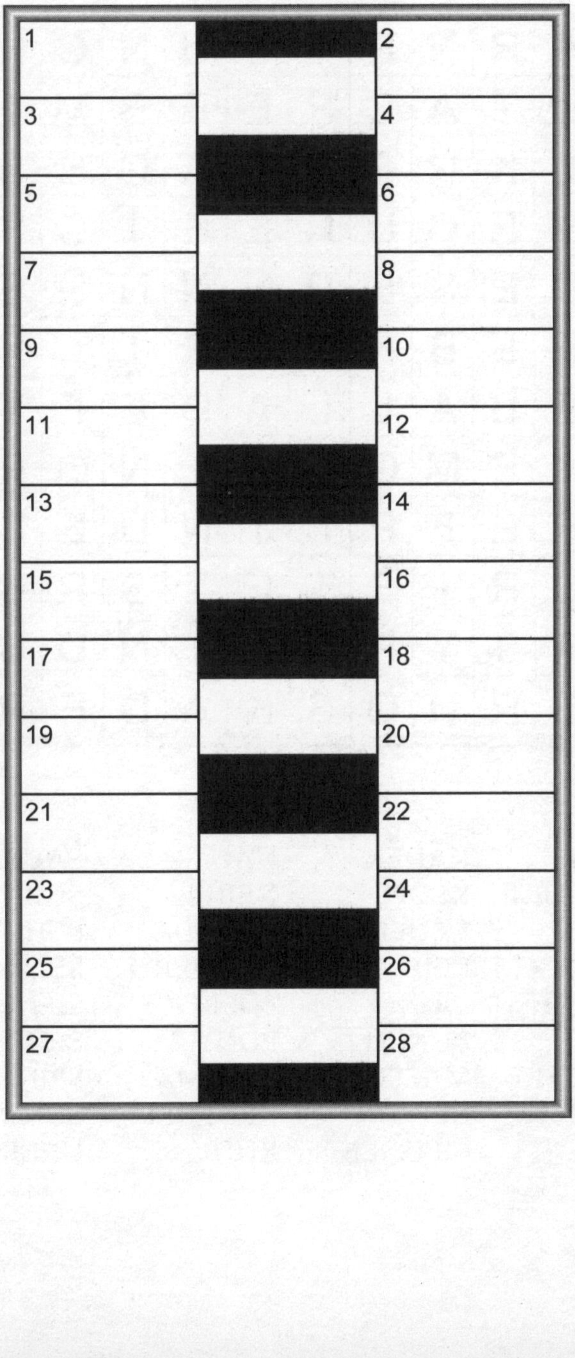

1-2 mit Sicherheit,

3-4 Lostreffer,

5-6 Ostseeinsel,

7-8 Schiffseigner,

9-10 König der Elfen,

11-12 noch bevor,

13-14 den Inhalt entnehmen,

15-16 morsch,

17-18 Balkenträger (Figur),

19-20 Startphase,

21-22 Teil der Hand,

23-24 Flugzeughalle,

25-26 Mitglied eines Ordens,

27-28 dänische Ostseeinsel

Denkspaß 175 Wörtersuchspiel

★★★★
Zeit: ____ Min.

Finden Sie sämtliche unten aufgelisteten Wörter im Rätselgitter. Diese können vorwärts, rückwärts, horizontal, vertikal oder diagonal verlaufen. Die übrig gebliebenen Buchstaben ergeben ein Sprichwort.

				A	R	N	E	I	L	U	N	C	H				
		A	A	U	T	A	E	R	E	E	B	M	I	H	L		
	T	G	D	L	K	R	E	E	B	A	G	S	S	A	M	L	
U	L	I	A	M	E	G	U	R	E	E	I	C	S	U	M	P	F
G	L	L	V	D	E	S	E	P	N	N	N	H	E	S	O	M	T
I	A	E	E	R	F	B	K	N	S	R	I	A	N	N	I	O	E
M	U	R	N	E	B	A	L	L	A	D	E	F	Y	E	H	E	R
N	E	S	S	I	E	M	O	L	U	T	N	O	R	C	L	I	L
N	R	O	D	R	E	F	P	L	I	N	U	E	S	B	A	N	C
	N	H	P	U	R	I	S	I	E	T	S	R	U	F	T	S	
		A	M	A	J	Y	P	P	W	I	N	D	U	N	G		
				S	R	U	G	S	K	A	D	E	R				

BALLADE
BERBEN
CYAN
DEREN
DUBLEE
EGER
EHER
EINS
EMAIL
EMMA
ENDSPURT
ERBEN
FAIR
FOERDE
GRAN
HIMBEERE
HISSEN
ISERE
KADER
KLOPS
LAUERN
LEID
LIGA
LUNCH
MASSGA-
BE
MEISSEN
NATUR
NEBEL
NEVADA
NILPFERD
POEM
PONY
PYJAMA
REDEREI
RUDI
SAURIER
SCHAF
SCHOT
SELA
SIEL
SIRUP
SPILL
SUMPF
UNEINIG
URNE
WINDUNG

Denkspaß **176** | Jubel, Trubel, Heiterkeit | ★★★★ Zeit: ___ Min.

In dieser Gedächtnisübung sollen Sie sich alle Zahlen und deren Positionen im oberen Bild gut einprägen. Dann decken Sie dieses obere Bild bitte ab und tragen im unteren Bild die fehlenden Zahlen ein.
Achtung: Das untere Bild ist gespiegelt!

Denkspaß **177** | # Tiergruppenrätsel | ★★★★ Zeit: ____ Min.

Ein Symbol steht jeweils für drei Buchstaben bzw. für zwei Buchstaben und das Blindfeld. Sämtliche unten aufgeführten Wörter sind in die Grafik einzutragen. Durch Ausprobieren und unter Mithilfe des Symbolschlüssels kann die richtige Position ermittelt werden.

A	B	C	D	E	F	G	H	I
J	K	L	M	N	O	P	Q	R
S	T	U	V	W	X	Y	Z	

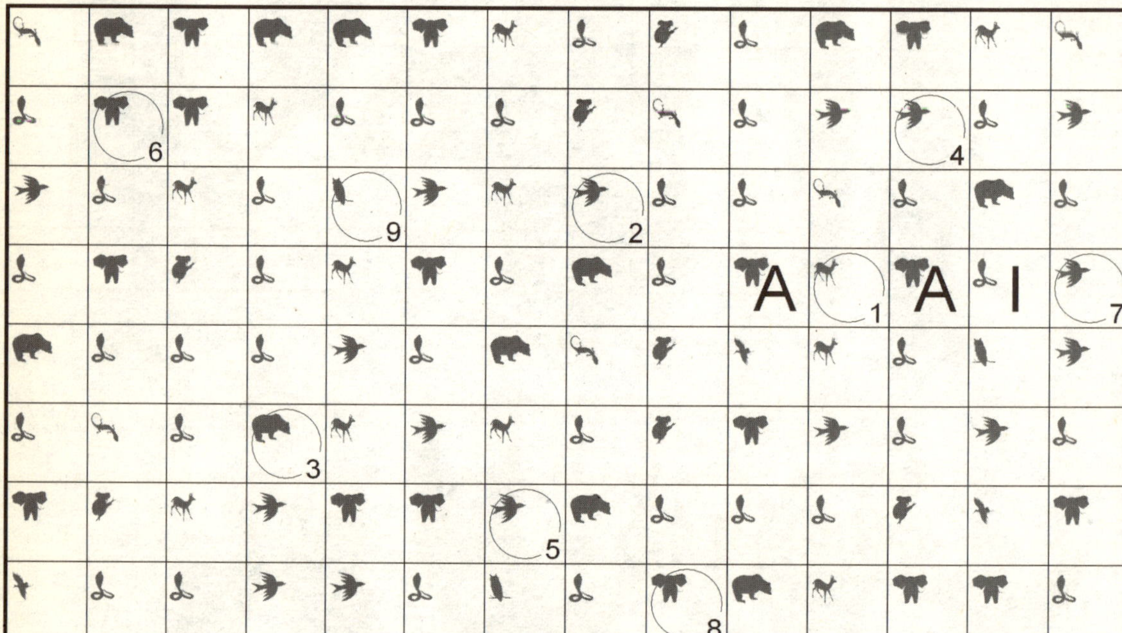

1	2	3	4	5	6	7	8	9

Waagerecht:
KOMPLIZE - MAE - RO - KAUF - RADIUS - ATLAS - VORNE - OBSTBAU - HEUER - AMUESANT - DPA - ALAIN - BI - REE - TRI - BLEU - SAU

Senkrecht:
DA - AE - BIZEPS - UR - TU - KUNZ - EA - ERTRAG - APART - ARES - SAUDI - AROM - VETO - FEINE - MM - HUELSE - BS - KNOLLE - BEE - AI - VOR

Denkspaß 178 — Tunnel

★★★★ Zeit: ___ Min.

Bei diesem Logical muss die einzig mögliche Tunnelverbindung zwischen Ein- und Ausgang gefunden werden, wobei sich die zu findenden Gänge nicht überschneiden oder berühren – höchstens an den Eckpunkten. Die Zahlen geben an, wie viele Tunnelteile sich in der jeweiligen Zeile oder Spalte befinden. Achtung: Die Felder, in denen die Zahlen stehen, kommen ebenfalls als Tunnelabschnitte in Frage. Sie werden aber nicht mitgezählt.

	1	0	0	0	1	2	2	1	3	1	4	5	1	2	2	2	3
6																	
5																	
6																	
5																	
3																	
3																	

Denkspaß 179 — Rechenquadrat

★★ Zeit: ___ Min.

Die Zahlen 1 bis 9 sind so in die Grafik einzutragen, dass die Rechnung schlüssig wird. Keine der Zahlen darf ein zweites Mal verwendet werden. In der Rechnung gilt nicht die Regel „Punktrechnung vor Strichrechnung", sondern es wird grundsätzlich von oben nach unten bzw. von links nach rechts gerechnet.

25	+		+		38
+		x		–	
	+		+		14
x		–		x	
	+		x		72
56		14		9	

35	–		+		36
+		+		+	
	x		+		25
–		x		x	
	x		+		53
31		96		55	

Denkspaß **180** | Summen-Sudoku | ★★★★ Zeit: ____ Min.

Summen-Sudoku

Beim Summen-Sudoku müssen die Zahlen 1 bis 4 in die leeren Felder eingetragen werden, wobei die gleichen Zahlen jeweils nur einmal in jeder Zeile und Spalte vorkommen dürfen. Als Hilfe dienen die bereits eingetragenen Zahlen, die die Summe der gesuchten Ziffern in den noch leeren Felder wiedergeben. Dabei werden alle horizontal, vertikal und diagonal anliegenden Felder berücksichtigt.

6			5		12	
	11	11		13		
		11		14		10
8			15		13	
	13		14			8
	14	14			11	
6				7		4

	10			8	3	
		16		12		13
12		12	10			
		8			19	14
7	13			13		
7			13		15	
	12		10			3

3				12		7
	14	13			13	
	14		14			8
14			10		9	
		13		11		10
	16	11		14		
3			10		11	

	11			7		6
		15	11		10	
10				13		11
6		15		15		
	10		14			10
	15	11			14	
6			10		11	

Denkspaß 181 — Kakuro-Quersummenrätsel

★★★★ Zeit: ___ Min.

Beim beliebten, aber auch schwierigen Kakuro sollen Sie Zahlen von 1 bis 9 in die leeren Felder eintragen. Dabei muss die jeweils links bzw. oben vorgegebene Summe bei jedem horizontalen bzw. vertikalen Zahlenblock berücksichtigt werden. In jedem dieser Blöcke darf eine Zahl höchstens einmal verwendet werden.

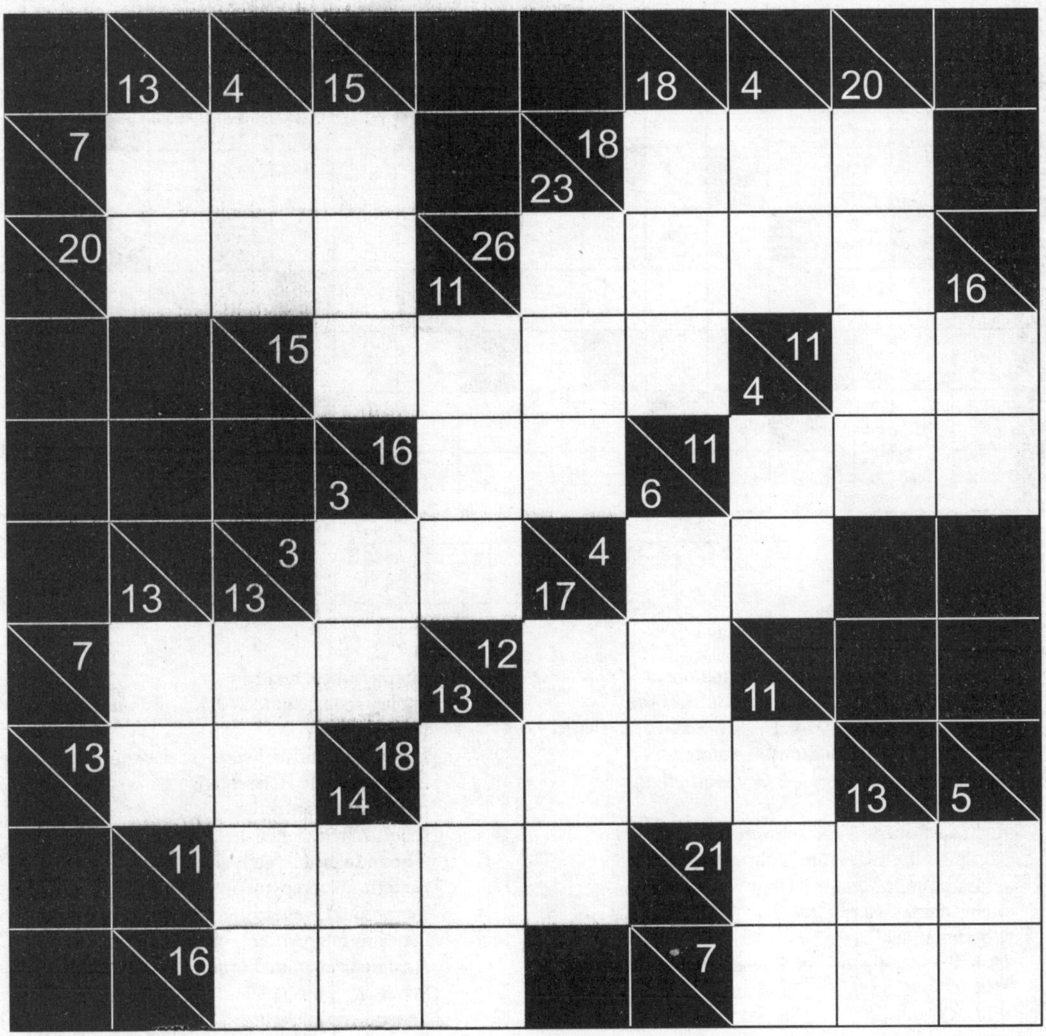

Denkspaß 182 Französisches Rätsel

★★★★ Zeit: ____ Min.

Bei diesem Rätsel müssen sowohl die Begriffe als auch deren genaue Position in der jeweiligen Spalte bzw. Zeile ermittelt werden. Dazu sind die Fragetexte zu lösen und unter Heranziehung anderer, diesen Begriff kreuzender Begriffe in die Grafik einzutragen. Einbuchstabige Begriffe werden nicht berücksichtigt.

1	2	3	4	5	6	7	8	9

Waagerecht:

1 Chronometerantrieb – Ausweisdokument
2 Wundsekret – spanisch: nein – Geistesblitz
3 Strick – spanischer Artikel – ostpreuß. Landschaft
4 bibl. Ort in Galiläa (ökum.) – Autoteil
5 tiefe Frauenstimmlage – Fremdwortteil: aus – englisch: Zeit
6 nicht ausfärbend – Fleischware
7 Vorläufer der EU – röm. Zahlzeichen für 101 – kleine, unbestimmte Menge – Fragewort
8 nicht schmal – fertig gekocht – Ausdruck d. Überraschung
9 Unheil ankündigen – int. Kfz-Z. Türkei – fraulich

Senkrecht:

A nimmermüde, rastlos
B latein., span.: Stunde – Klebstoff aus Algen
C übel, schlecht
D Luftwiderstandsbeiwert – dreieckige Dachfläche
E zu beweisende Behauptung
F nordisches Herdentier
G schottischer Namensteil – Schafleder – Fremdwortteil: doppelt
H zentrales Nervensystem
J Tierprodukt – ehemaliger Schah Persiens
K unbestimmter Artikel – Kfz-Z. Erlangen – katalanischer, mallorquinischer Artikel
L Schotter
M Tontaubenschießen
N Ziffernkennung (engl.) – korrekt
O röm. Statthalter in Judäa
P Initialen Delons – Ausruf der Überraschung
Q Laubbaum – Binnengewässer
R Auslese

Denkspaß **183**

Sudoku-Kreis

★★★★ Zeit: ____ Min.

Ähnlich wie auch beim klassischen Sudoku müssen die Zahlen 1 bis 9 genau einmal auf jedem Ring, auf jedem „Strahl“ von außen nach innen und auf jedem dick umrandeten Teilstück vorkommen.

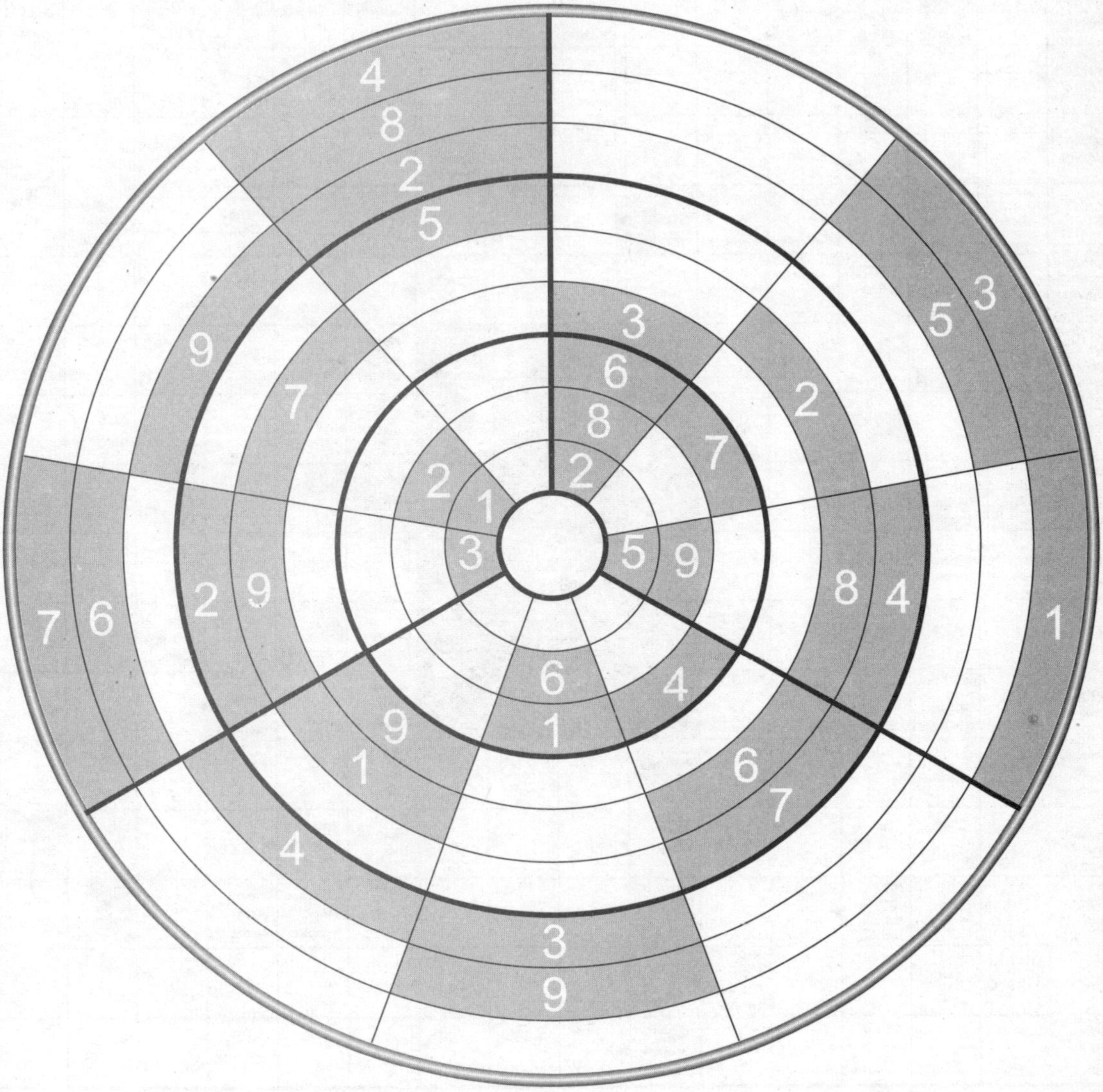

Denkspaß 184 | Schwedenrätsel

★★★★ Zeit: ____ Min.

Die in den Fragekästchen der Rätselgrafik stehenden Texte müssen gelöst und in Pfeilrichtung eingetragen werden.

Sonderzulage | altamer. Indianer in Mexiko | Schlange im ‚Dschungelbuch' | bestimmter Platz | Wenderuf beim Segeln | Knoblauch (ugs.) | Verabredung (engl.) | verfahrene Situation | US-Jazzmusiker † 1944 | Vergnügen (engl.)

Flugkörper | Freikörperkultur | 7

Zierstrauch | 5 | Kosewort für Vater | Hochgebirge betreffend | eine Verkehrsführung

6 | Jacke mit Kapuze | Tierfuß | 8 | plastisches Brustbild | spanischer Artikel

griechischer Buchstabe | Quellgebiet des Ob | Hoheitszeichen

Heiligenbild der Ostkirche | 4 | Haushaltsabfall | 9

falscher Weg | lauter Anruf (ugs.) | lateinisch: Luft | essbare Kastanie

weibliches Zauberwesen | aus Fels | Bewohner der ‚Grünen Insel' | Salz der Salpetersäure | Staat im Orient | Figur in ‚Land des Lächelns'

Sprühflüssigkeit

3 | deutsche Popsängerin | 10 | Seekrankheit

kraftvoll | Grußwort in der Schweiz | Schalter am Computer | italienisch: drei | französische Verneinung

Fluss durch Grenoble | orient. Floß aus Tierhäuten | Halbaffe, Wollmaki | Art eines Tons

anbeißen, knabbern | Mutter von Abel (A.T.) | 1 | Antitranspirant (Kw.) | französisch: Straße | ältester Sohn Noahs (A.T.)

Erdaushub | ostpreuß. Landschaft | Initialen Gottschalks | Heimat Abrahams | eh. deutsche Währung (Abk.)

sibir. Eichhörnchenfell | 2 | musikalisches Übungsstück

rein, nach Abzug | Gewichtseinheit

1	2	3	4	5	6	7	8	9	10

Denkspaß 185 — Durchzähl-Sudoku

★★★★ Zeit: ____ Min.

Tragen Sie in dieses Sudoku Zahlen von 1 bis 9 ein, wobei jede dieser Zahlen in jeder Reihe, in jeder Spalte und in jedem Neuner-Block genau einmal enthalten sein muss.
Als Zusatzregel gibt es hier Zahlen in Pfeilen außerhalb des Rands. Diese Zahlen geben an, wie viele „Durchzähltreffer“ es in der betroffenen Reihe gibt. Das erste Feld bekommt also die 1, das zweite die 2 usw. Stimmt nun eine Zahl im Sudoku mit der durchgezählten Nummerierung überein, so ist dies ein „Durchzähltreffer“. Eine 4 im vierten Feld (in Pfeilrichtung) wäre ein Durchzähltreffer, ebenso wie eine 7 im siebten Feld usw.

	4	0	0	0	4	1	0	0	0	
2				6				2		6
1		5						7	8	0
0			6	7	3	8				1
1	7				4					0
0			9				2			0
1					9				4	0
3				9	7	3	4			0
1	8	7						5		1
0		6				5				1
	1	0	0	1	0	2	1	0	4	

Denkspaß 186 Zahlenpyramiden

★★★☆ Zeit: ____ Min.

Bei der Zahlenpyramide sind die Zahlen 1 bis 6 so in die untere Kästchenreihe einzutragen, dass die Additionsergebnisse bis zur Rätselspitze schlüssig sind.

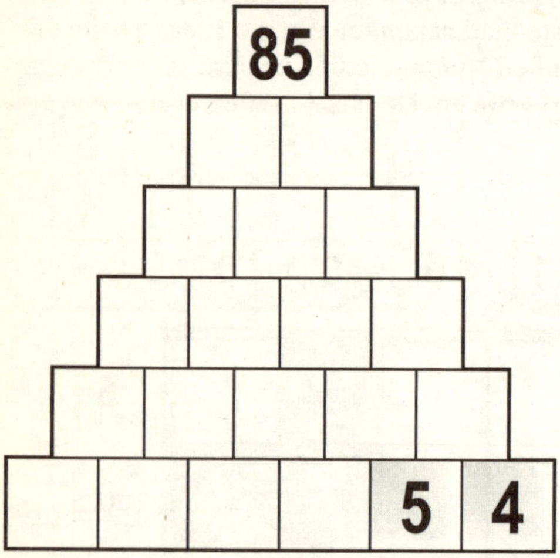

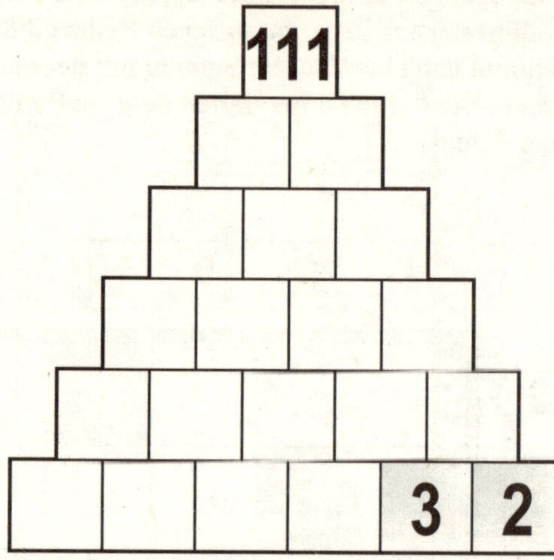

Denkspaß 187 Buchstabenringe

★★★☆ Zeit: ____ Min.

Beim Buchstabenring sind zehn fünfbuchstabige Begriffe zu bilden und in den Ring einzutragen. Der Mittelbuchstabe ist bereits vorgegeben und muss durch die Buchstabenpaare entsprechend ergänzt werden, wobei die beiden Endbuchstaben eines Wortes automatisch die Anfangsbuchstaben des nächsten Wortes sind.

1

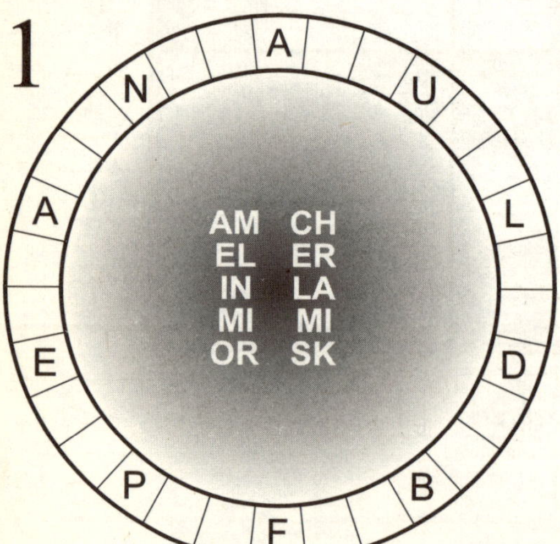

2

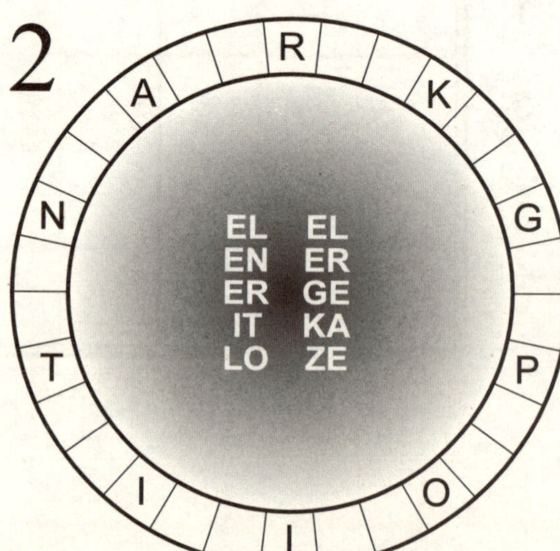

Denkspaß 188 — Sudoku klassisch

★★★★ Zeit: ____ Min.

Bei diesem Rätseltyp sind die Zahlen 1 bis 9 in die leeren Felder der Grafik einzutragen, wobei sich jede dieser neun Zahlen genau einmal in einem Neunerblock, genau einmal auf jeder Horizontalen und genau einmal auf jeder Vertikalen befinden soll.

	8					4		6
1	2	6		5		8		
	7		6	3			1	
		9		2	5			
	4	7	9			2		
			1			7	8	9
6	5			1	7			
		1			4		2	5
4			5		2		7	

6			5	7			8	3
3		5				1	4	
2			4		3			
		9		4	7	5		1
5	2					8	3	
4		6	8		5	7		
	8	3		5		6		
1					2		9	5
	5	2	3		1	4		8

	2	4		1		8	6	
9			3		6			1
	6	1	8	2	4	7	3	
		9	5		1	4		
	4	3				1	5	
				8				3
		6	9		5	3		
7		8		6		5		
4	3						2	

9		2		4			7	6
	7		1		6	5		
6				3			4	
	6	5	4		2			1
7	9			8		4		
			5	9		6	3	
2		6			8			
5			2	1	4	7	6	
	4		3				5	8

Beim Würfel-Sudoku sollen alle sechs Seiten die Zahlen 1 bis 16 enthalten. Zusätzlich sollen diese 16 Zahlen in jedem Streifen, der um den Würfel herumläuft, genau einmal enthalten sein. (Es gibt zwölf Streifen, je vier für jede der drei Dimensionen.)

Die Würfelseite ganz unten ist dieselbe wie die Seite ganz rechts. Dass diese Seite zweimal erscheint, soll Ihnen die Lösung komfortabler machen.

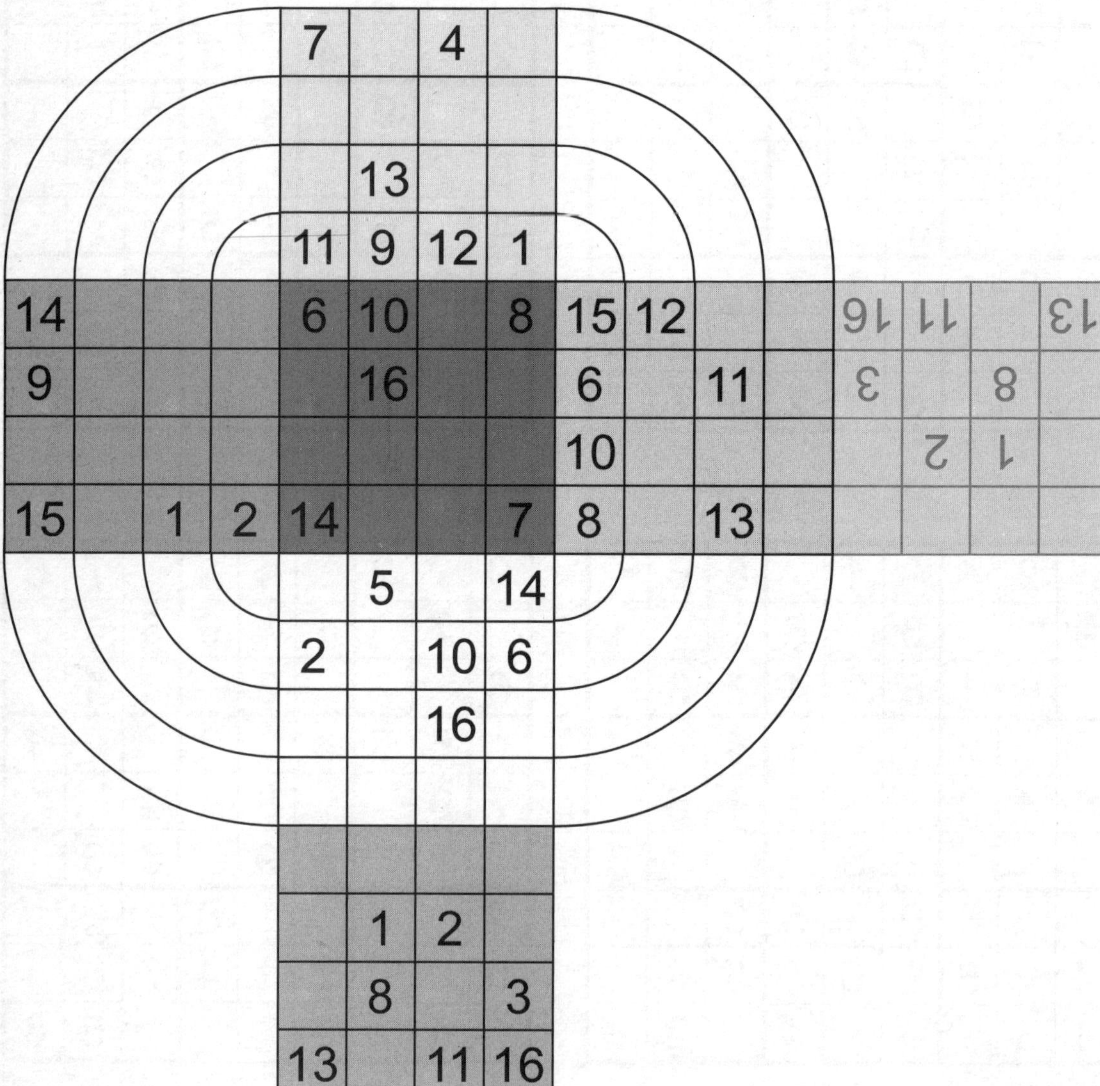

Denkspaß 190 Wörterkreuzungen

★ Zeit: ___ Min.

Durch Kombinieren sind alle unten aufgelisteten Wörter in das Gitter einzutragen. Zur besseren Übersicht sind diese Begriffe bereits nach ihrer Buchstabenanzahl geordnet.

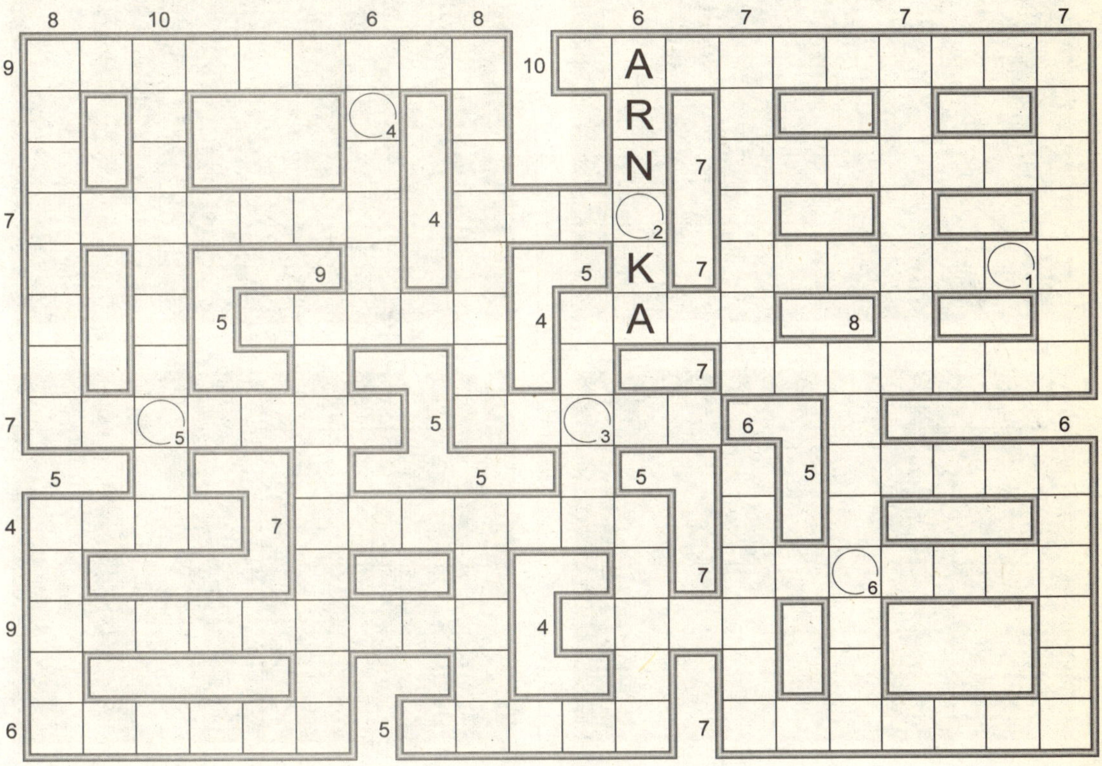

1	2	3	4	5	6

4 EARP, KIWI, LABE, TINA
5 BENIN, DRAIN, EIERN, ELEMI, IGITT, LACHS, STELE, TOERN
6 ARNIKA, NATHAN, SEENOT, STRENG, TRULLI
7 GESICHT, HAUTNAH, IMMERZU, RENDITE, RONDELL, ROTWEIN, SAEUGER, SCHLIPS, SCHWUEL, SPANIEL, TAUSEND
8 ATLANTIS, ETIKETTE, SOKRATES
9 EDELTANNE, GLEITBAHN, STATUETTE
10 ABENDSTERN, KAPSELRISS

Denkspaß **191**

Zeitablauf

★★☆☆ Zeit: ____ Min.

Ordnen Sie die Bilder so, dass ein zeitlich logischer Ablauf resultiert.

1

2

3

4

5

6

Zeitlicher Ablauf: ☐ → ☐ → ☐ → ☐ → ☐ → ☐

Denkspaß **192**

Schneckenrätsel

★★★★
Zeit: ____ Min.

Zuerst müssen die unten aufgeführten Begriffe gelöst und dann in Laufrichtung der Schnecke in das Diagramm eingesetzt werden, wobei die Wörter immer in den Eckfeldern starten und enden. Der Endbuchstabe des vorangegangenen Wortes ist also auch immer Anfangsbuchstabe des nächsten. Zu beachten ist, dass die zu lösenden Fragen ungeordnet aufgeführt sind. Bei richtiger Lösung ergibt sich in den getönten Feldern ein Sprichwort.

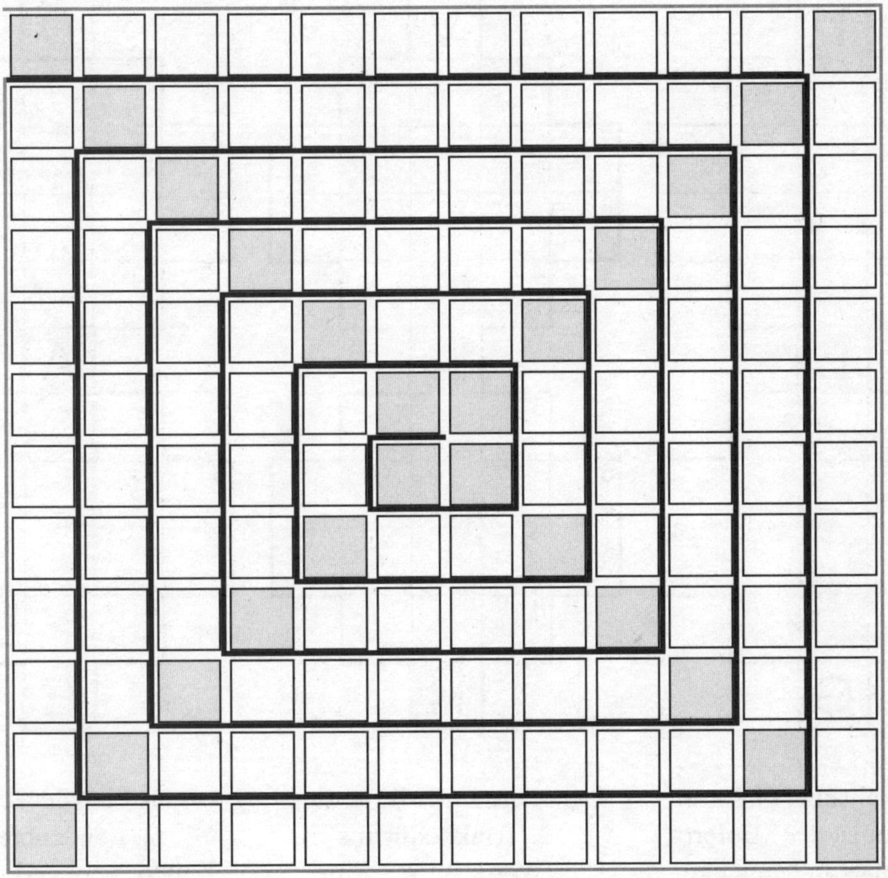

• zur hellen Tageszeit • Wenderuf beim Segeln • Weinort an der Ruwer • Truppenverlagerung • sinngemäß, analog • populär • Ort auf Gozo (Malta) • Lebewesen • ionische Insel • große Dummheit • Gleichgültigkeit • gewaltige Menge • Futtermittel • Fußbodenerhöhung • französisch: auf • Filmbearbeitung • Erinnerungsvermögen • Elastizität • Chalet • Betrug • bequeme Fußbekleidung • Backzutat • Backware

Denkspaß 193 | Eieruhren

★★★ Zeit: ____ Min.

Anhand der Definitionen unten sind die gesuchten Begriffe herauszufinden und bei der jeweiligen Zahl waagerecht in die Grafik einzutragen. Im senkrechten Mittelbalken ergibt sich dann jeweils ein Lösungswort.

1

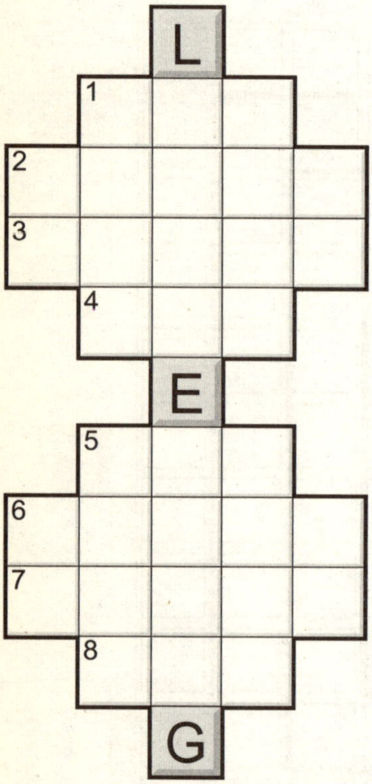

2

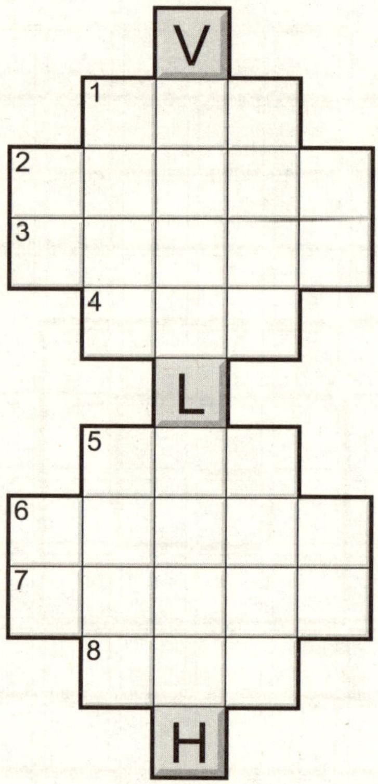

3

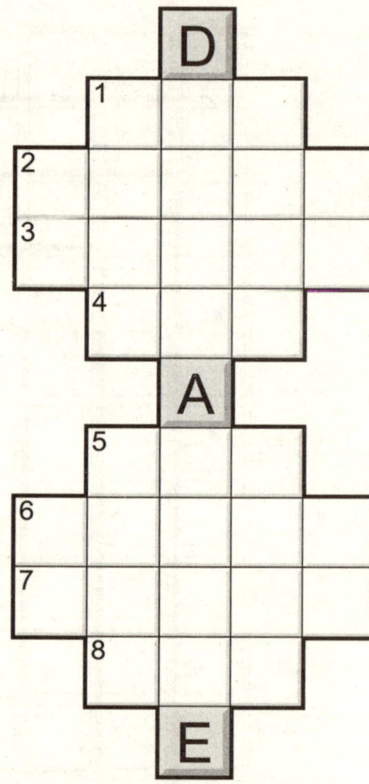

1. musikalischer Halbton
2. Komponist des „Bolero“
3. Festplatz in München
4. Himmelsrichtung
5. Kosename e. span. Königin
6. englische Dynastie
7. gasförmiges Element
8. englisch: eins

1. moderne Musikrichtung
2. Trinkbedürfnis
3. Wortteil für „dritte Potenz“
4. Schließfalte am Auge
5. früherer Name Tokios
6. legeres Begrüßungswort
7. besitzanzeigendes Fürwort
8. Autor von „Der Name der Rose“

1. Platzdeckchen
2. Lendenbraten
3. med. verwendete Droge
4. Teil eines Theaterstücks
5. griechische Unheilsgöttin
6. Wölfin
7. Oper von Puccini
8. starker Zweig

Denkspaß 194 | Rechenschwede

★★★★ Zeit: ____ Min.

In die leeren Felder der Rätselgrafik sind Zahlen zwischen 1 und 9 einzutragen, sodass die Summe aller Zahlen eines „Wortes“ der Zahl entspricht, die in dem Feld steht und das „Wort“ definiert. Anders ausgedrückt, die Zahl, die in den Fragekästchen steht, muss in „kleinere“ Portionen aufgeteilt und in Pfeilrichtung eingetragen werden.
Bei diesem Rätsel gibt es mehrere Lösungsmöglichkeiten.

Denkspaß 195	Zahlenkreuzungen	★★★★ Zeit: ___ Min.

Tragen Sie sämtliche unten aufgelisteten Zahlen in das Gitterfeld ein. Dort sollen sie von links nach rechts bzw. von oben nach unten zu lesen sein.

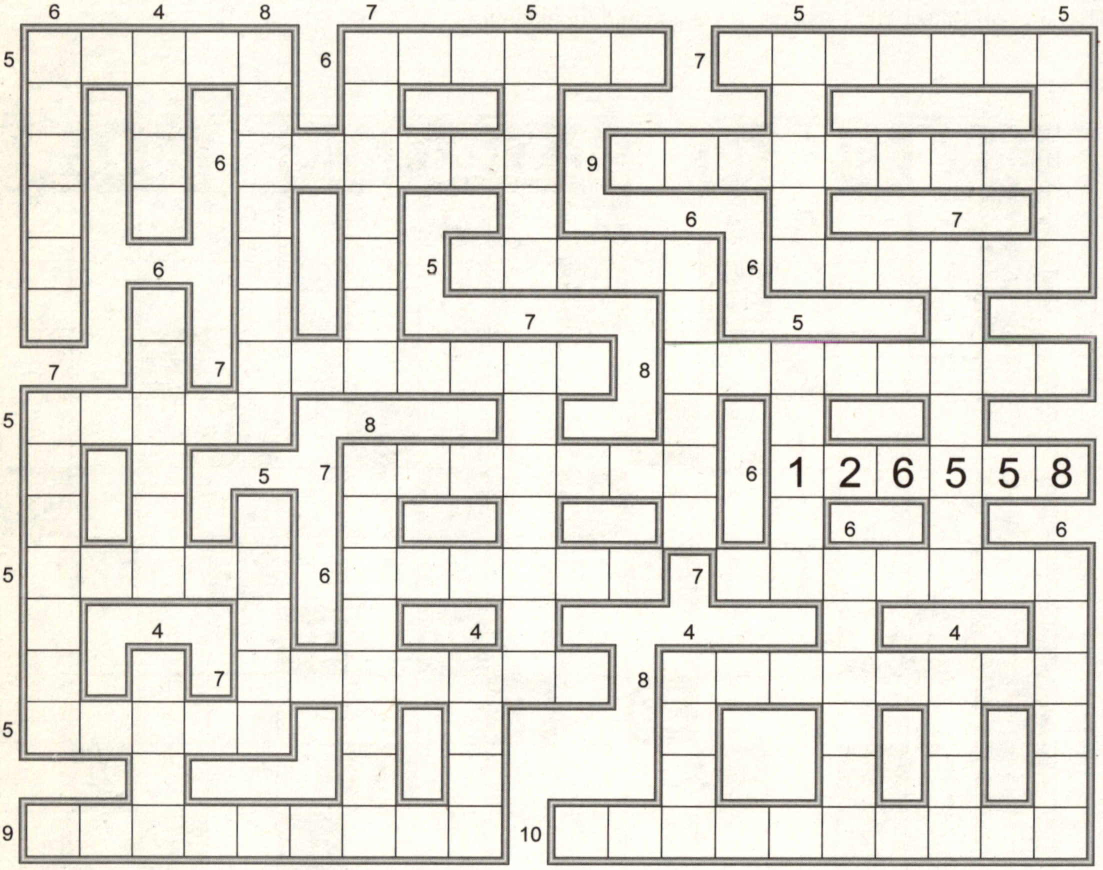

4 3248, 4651, 5894, 9431, 9676

5 13267, 13997, 39435, 48165, 49217, 52259, 76449, 78363, 93849, 95616

6 126558, 154184, 216644, 341912, 629278, 784823, 964282, 976563, 982313, 991382

7 1122994, 1362257, 3427359, 3539247, 4969687, 5441134, 5726592, 7845651, 9265934

8 12972126, 49412584, 71248259, 98462232

9 218328666, 339831873

10 8611923453

Denkspaß **196**

Zufriedene Heimwerker

★★☆☆
Zeit: ____ Min.

Wie müssen die Puzzleteile zusammengesetzt werden, damit das komplette Originalbild erscheint? Tragen Sie die Nummern in die entsprechenden leeren Felder unten ein.

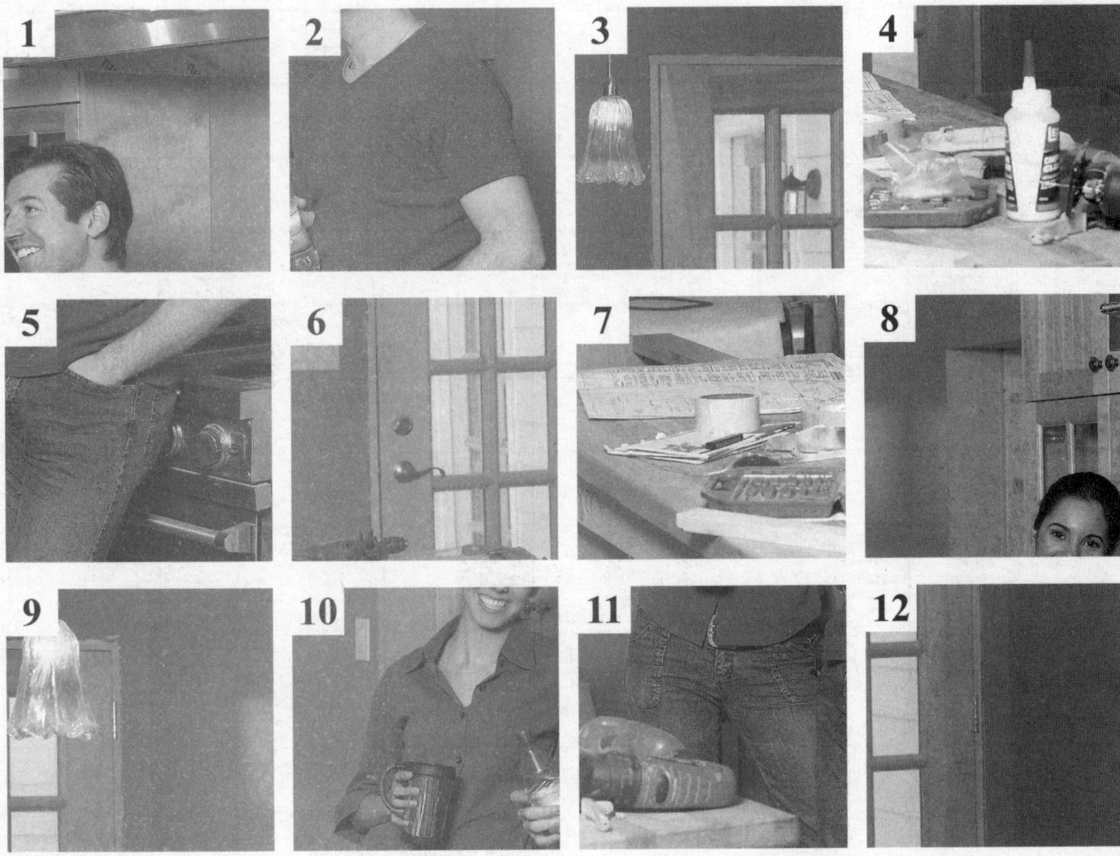

Denkspaß **197** | # Endlos-Kruzzle | ★★★★ Zeit: ____ Min.

Die in den Fragekästchen der Rätselgrafik stehenden Texte müssen gelöst und in Pfeilrichtung eingetragen werden – bei Definitionen ist das Lösungswort zu erraten, bei geschüttelten Begriffen ist durch eine Neuordnung ein sinnvoller Begriff „herzustellen". Begriffe enden bei Endlosrätseln jedoch nicht zwangsläufig am Rand eines Rätsels, sondern können auf der jeweils anderen Seite weiterlaufen.

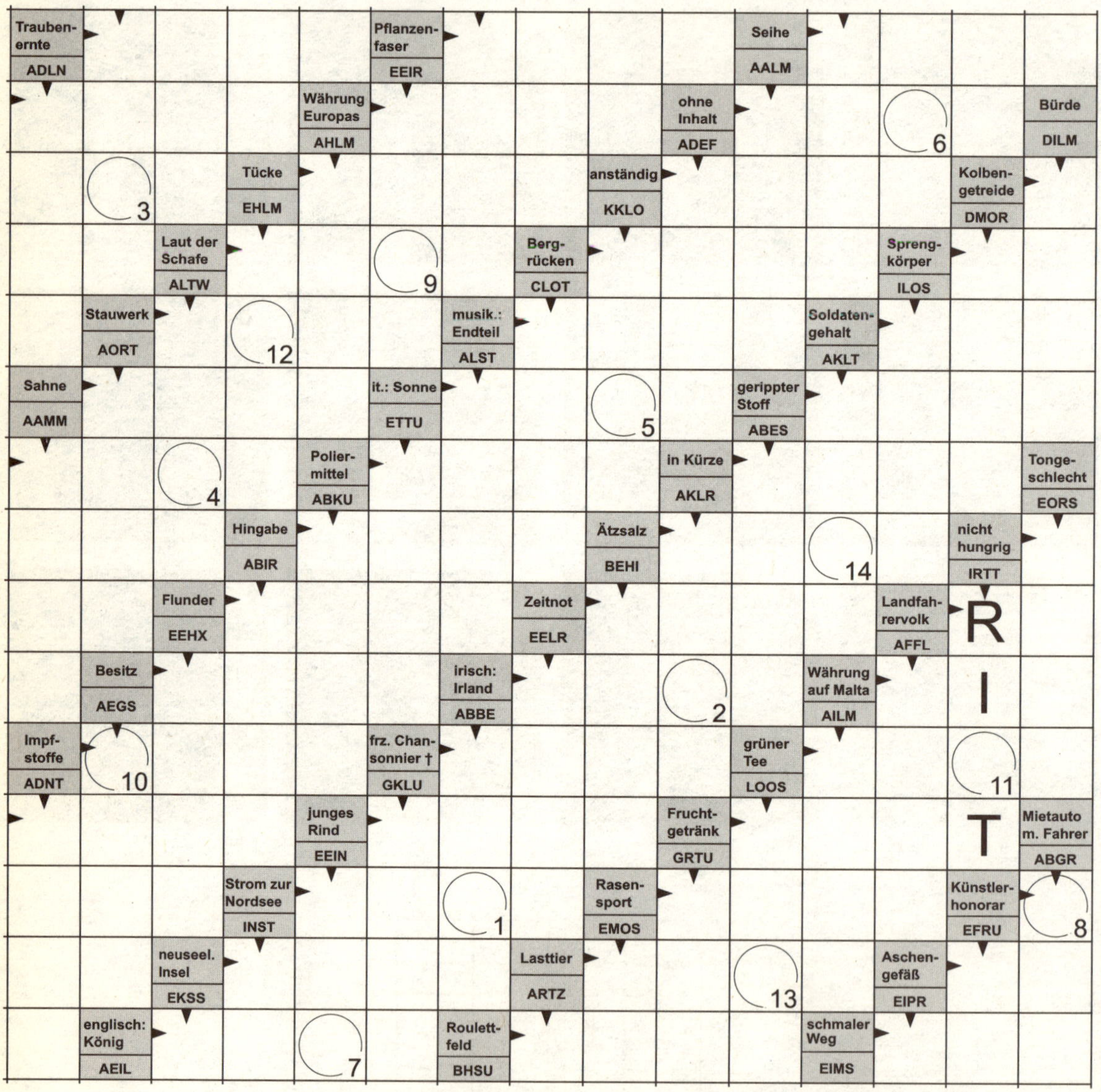

1	2	3	4	5	6	7	8	9	10	11	12	13	14

Denkspaß 198 ABC-Verfolgung

★★★★ Zeit: ____ Min.

Bei der ABC-Verfolgung ist jeder Buchstabe des Alphabets in der Reihenfolge des Alphabets anzuspringen, wobei man sich auf den Linien (Kreisringen und Strahlen) bewegen muss, das Zentrum dabei aber nicht durchschreiten darf.

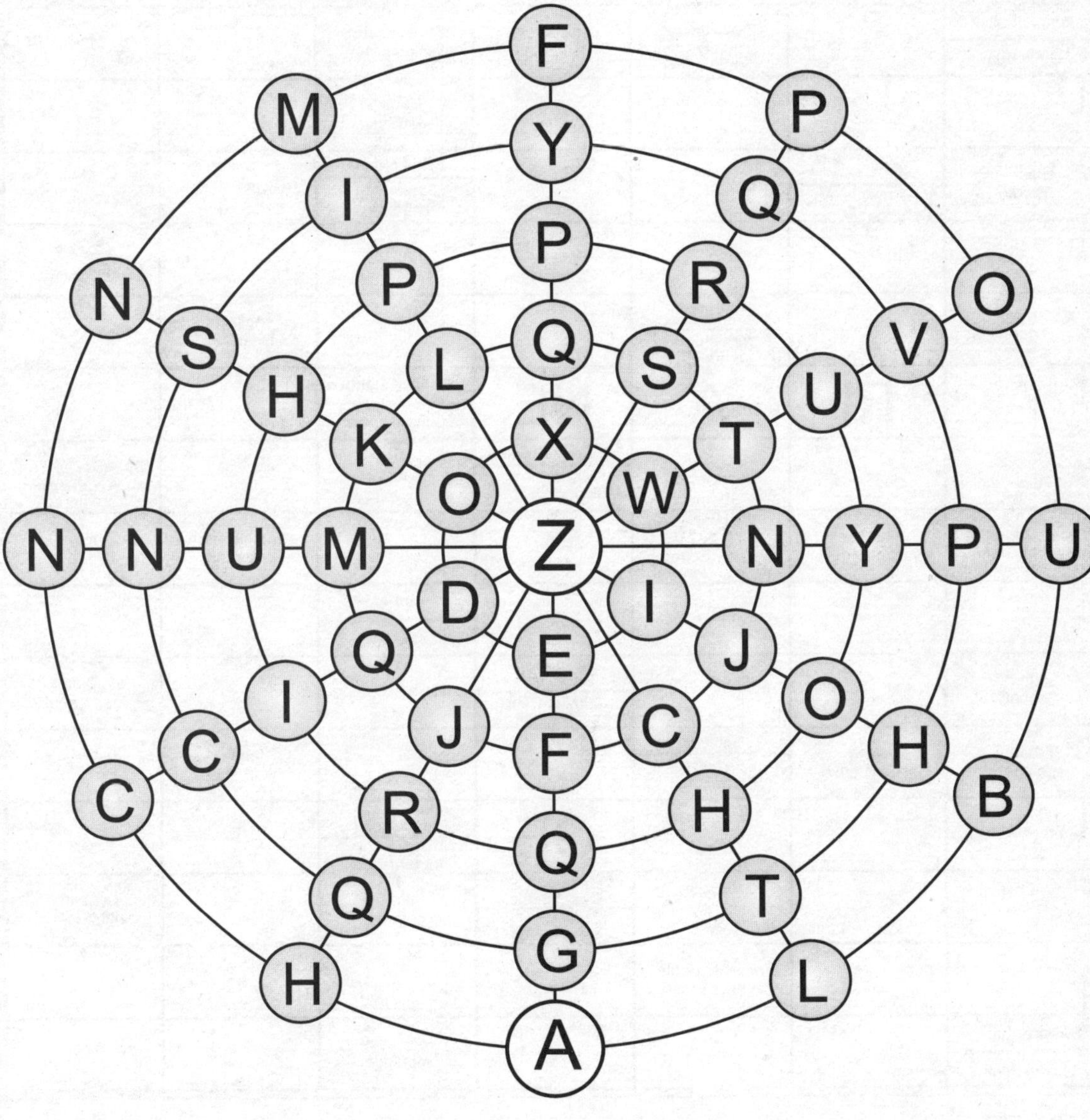

Denkspaß **199**

Silbenschwedenrätsel

★★★☆ Zeit: ____ Min.

Die in den Fragekästchen der Rätselgrafik stehenden Texte müssen gelöst und in Pfeilrichtung eingetragen werden. In jedes Kästchen gehört eine Silbe.

Autoanhalter / Gutachten		Zentralasiat (China)	Zeichen in Psalmen	kleinste zehnstellige Zahl		Pfütze
				fliederfarben		
Blasmusiker	Vorname von Bartók † / ärmelloser Umhang			Schiff Noahs / bestimmte Gegend		
			Schubfach / Badegefäß			Blätterpilz
Name der Europarakete		Bauwesen: Seitenwand / Wirtschaftsnachricht			englisch: Engel	
A	RI	A	NE	Schiffszubehör / Sinnesorgan		
Karibik-Insel			Teil des Fußes / Kraftsportgerät			Strauch an Waldrändern
wärmende Badekleidung	Porzellanverzierung	dt. Handelsbund im MA. / lymphatisches Rachengewebe			russische Währung	
				Stille / langweilig		
gedrehte Schnur			lehrhafte Erzählung / räumliche Beschränktheit			ein Saiteninstrument
Prophezeiung	Bewohner eines Erdteils	Schluss / überlieferte Erzählung			Künstlerwerkstatt	
			GE	griechische Unheilsgöttin / Spielkartenfarbe		
Bahre			kleines Bauernhaus / Erderschütterung			Radmittelhülse
		Frauenfigur als Sinnbild Berlins				
Lutscher (ugs.) / kaufen				Nachlassempfänger		

Denkspaß 200 Löchrige Rechnungen

★★★ Zeit: ___ Min.

In die leeren Kästchen sind Zahlen einzutragen, sodass eine stimmige Rechnung entsteht.

A

	5		+		6	9	=	3	2	
	+				+				+	
	8		+	3		4	=	4		2
1		9	+	5		3	=	7		2

B

5		8	−		8		=		4	0
	+				+				+	
	1	2	−	2		8	=	2	0	
9		0	−	2	9		=	6		4

C

	4	7	−		0	3	=	1	4	
	+				+				+	
	1	2	−		1		=	1	9	
	5	9	−		1	9	=		4	0

Denkspaß **201** | Sudoku-Stern | ★★★★ Zeit: ____ Min.

Analog zum klassischen Sudoku müssen auch hier die Zahlen 1 bis 9 in die fett umrandeten Neuner-Dreiecke eingetragen werden. Auch in den langen Geraden (sie umfassen ebenfalls neun kleine Dreiecke) müssen diese neun Zahlen genau einmal enthalten sein, ebenso in den kurzen Geraden, zu denen auch noch das Feld in der Sternecke zählt.
(Die von der Sternmitte unterbrochenen Reihen zählen auch zu den langen Geraden.)

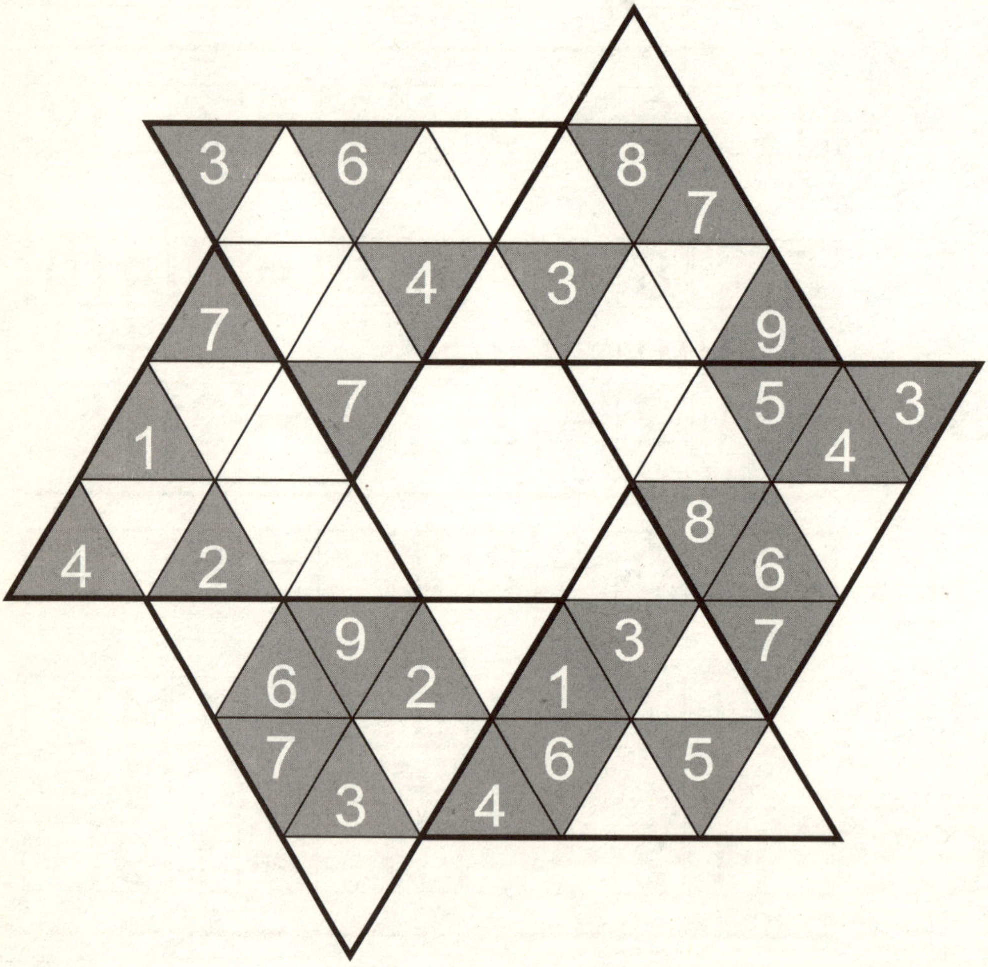

Denkspaß 202 — A-bis-Z-Rätsel

★★★★ Zeit: ___ Min.

Die in den Hinweisen unten aufgelisteten Definitionen sind zu lösen. Wenn ausreichend gelöste Begriffe vorliegen, kann damit begonnen werden, die genaue Position der Begriffe in der Rätselgrafik zu ermitteln.

1	2	3	4	5	6	7	8

Wörter, die mit A beginnen:
kaufm. Begriff (Abk.) – Vorname von Delon – span. Feldherr † 1582 – langschwänziger Papagei – RNEAA – Spezies

Wörter, die mit B beginnen:
RREEBB – Schwellung – Hafenviertel v. Buenos Aires – kurze Jacke – TRIEB

Wörter, die mit D beginnen:
ID – italienische Tonsilbe – Steinanlegespiel

Wörter, die mit E beginnen:
Flachland (Mz.) – Kriechtierart – Araberfürsten – UME – griechisches Wortteil: innen – metallhaltiges Gestein – Mensch mit gutem Appetit

Wörter, die mit G beginnen:
ein Dessert – ehem. niederl. Währung

Wörter, die mit I beginnen:
Abgott – IE – populär – Frauenkurzname – TOLIA

Wörter, die mit L beginnen:
männlicher franz. Artikel – Faserpflanze – Buchgemeinschaft – italienischer Artikel

Wörter, die mit M beginnen:
Speisenfolge – Hafendamm

Wörter, die mit N beginnen:
französische Verneinung

Wörter, die mit O beginnen:
englisch: eins – bestens

Wörter, die mit P beginnen:
teilweise – ZTPIGA – URPE – Zugvogel

Wörter, die mit R beginnen:
ägyptischer Sonnengott – RE – Vortrag – Nutztier der Lappen

Wörter, die mit S beginnen:
SIFEE – spanisch: ja – SN – SONB – auf diese Weise – Unruhestifter – US

Wörter, die mit T beginnen:
Rest beim Kartengeben – hohe Männersingstimme – englisch: nach, zu – indian. Ahnenverkörperung

Wörter, die mit W beginnen:
Beinmuskel – vorausgesetzt, falls

Denkspaß **203**	Super-Sudoku	★★★★ Zeit: ____ Min.

In diesem Super-Sudoku sollen die Zahlen 1 bis 16 in jeder horizontalen Reihe, jeder vertikalen Spalte und jedem 4-x-4-Unterquadrat genau einmal enthalten sein.

	9				16	3	11			4	1				15
11	8		1		7		10	2	13		3	16		14	12
	2	15						5	8		10	11	1		7
	3	7	5		2		12	9	16		15		8		
15	7		2			13			5	12					
			3	7	8	12			2	15		6	11		16
12	16	1		14	3			6		13	11	9			
	4	6					1	8				12	15		10
3		12	13				4	14					2	7	
			10	13	15		3			8	5		14	11	9
9		8	7		1	2			4	10	13	5			
					10	11			7			1		15	8
		13		3		10	8	11		16		7	6	9	
7		9	14	16		6	2						4	1	
4	6		11	5		15	9	10		3		8		16	13
8				11	13			4	9	2				10	

Denkspaß **204**

Tierisches Kreuzworträtsel

★★★☆ Zeit: ____ Min.

Gleiche Tiere bedeuten gleiche Buchstaben. Durch Ausprobieren ist jedem dieser Tierzeichen ein Buchstabe zuzuordnen und in die Rätselgrafik einzutragen. Auf diese Weise soll ein vollständiges Kreuzworträtsel entstehen.

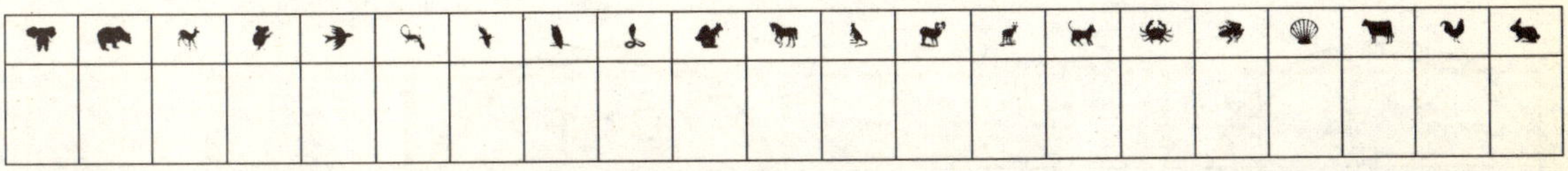

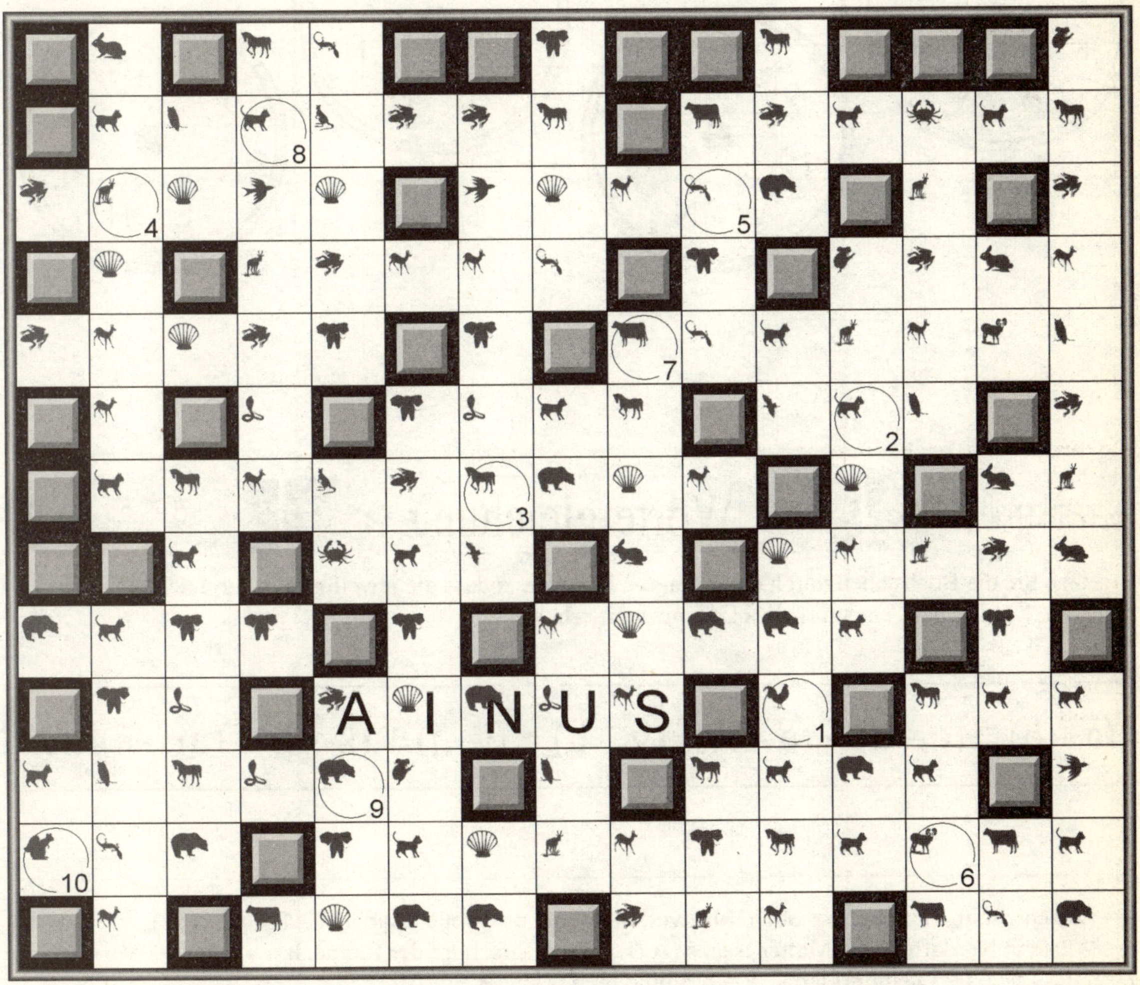

1	2	3	4	5	6	7	8	9	10

Denkspaß 205 | Worträder

★ Zeit: ____ Min.

Welche Buchstaben sind hier anstelle der Fragezeichen einzusetzen, damit im oder gegen den Uhrzeigersinn jeweils ein Wort zu lesen ist?

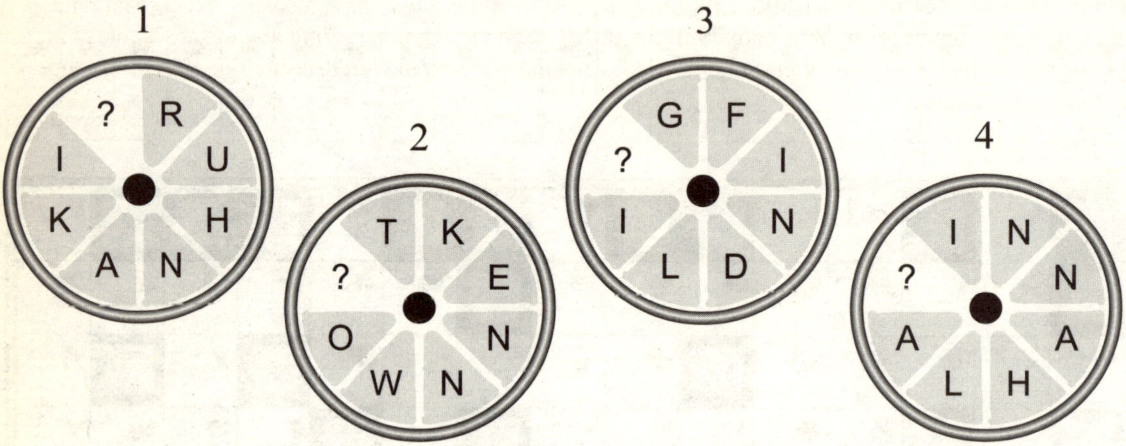

Denkspaß 206 | Wörtergleichung

★★★ Zeit: ____ Min.

Ersetzen Sie die Buchstaben durch die gefragten Begriffe, sodass die jeweilige Wörtergleichung eine sinnvolle Lösung bzw. ein sinnvolles Lösungswort erhält.

$$(a - b) + (c - d) + (e - f) + (g - h) + (i - j) + (k - l) + (m - n) = X$$

---

a = Erdschicht im Tagebau, b = obere Mastverlängerung, c = großer Stapel, d = Prügel (ugs.), e = Wüste in Nordafrika, f = Mutter Isaaks (A. T.), g = Haarschopf der Pferde, h = weiblicher Vorfahr, i = freier Platz, j = Ofenrohrklappe, k = Krimineller, l = langer Stoffstreifen, m = Hersteller von Holzkohle, n = versteinerte Pflanzenreste, X = die Schlusslösung

Denkspaß 207 — Durchzähl-Sudoku

★★★★ Zeit: ___ Min.

Tragen Sie in dieses Sudoku Zahlen von 1 bis 9 ein, wobei jede dieser Zahlen in jeder Reihe, in jeder Spalte und in jedem Neunerblock genau einmal enthalten sein muss.
Als Zusatzregel gibt es hier Zahlen in Pfeilen außerhalb des Rands. Diese Zahlen geben an, wie viele „Durchzähltreffer“ es in der betroffenen Reihe gibt. Das erste Feld bekommt also die 1, das zweite die 2 usw. Stimmt nun eine Zahl im Sudoku mit der durchgezählten Nummerierung überein, so ist dies ein „Durchzähltreffer“. Eine 4 im vierten Feld (in Pfeilrichtung) wäre ein Durchzähltreffer, ebenso wie eine 7 im siebten Feld usw.

	2	1	2	1	0	0	0	3	0	
1	7		8			3		1		1
0		4		5	7				3	1
0										0
0					6		5	3	8	0
0			7				2			4
2	8	3	6		1					0
3										3
3	5				2	9		8		0
0		7		3			6		4	0
	0	1	0	0	3	2	1	2	0	

Denkspaß 208 | Motiv-Sudokus | ★★ Zeit: ___ Min.

Bei diesem Rätseltyp sind die Zahlen 1 bis 9 in die leeren Felder der Grafik einzutragen, wobei sich jede dieser neun Zahlen genau einmal in einem Neunerblock, genau einmal auf jeder Horizontalen und genau einmal auf jeder Vertikalen befinden soll.
Das Schöne an diesen Sudokus: Die Anordnung der vorgegebenen Zahlen ergibt jeweils ein Bildmotiv.

		5	1		7	4		
	7	6	5	8	3	2	1	
3	2			6			5	7
9	1						4	8
5	8						2	3
	6	4				9	7	
		9	2		8	5		
			6	7	9			
				1				

		9	8		1	3		
	8	6	2	7	9	4	1	
2	4			6			9	8
5	1						3	7
9	7						4	2
	6	3				5	8	
		5	7		4	9		
			5	8	6			
				1				

3				7				4
	4		9	3	1		8	
		1	6		5	7		
	1	9				6	5	
6	3						7	1
	7	8				3	4	
		4	8		3	1		
	8		7	6	2		9	
2				1				3

Denkspaß **209**

Brückenrätsel

★★★★ Zeit: ___ Min.

Beim Brückenrätsel müssen Brückenwörter gefunden werden, die die Begriffe in der linken Spalte ergänzen, sodass sie neue sinnvolle Wörter ergeben. Gleichzeitig werden sie den Begriffen der rechten Spalte vorangestellt und bilden mit diesen ebenfalls neue sinnvolle Begriffe.
Bei korrekter Lösung erscheint in der Mittelspalte ein Lösungsspruch.

NADEL		GEIST
SPEER		SENDUNG
FEIER		STERN
WUCHER		GABE
HAFT		BEZUG
REGEN		GANG
STAND		SIEGER
CHINA		MUECKE
NORMAL		HEBEN
WASSER		SCHAFT
UMWELT		ERSATZ
BLASS		FIEBER
OBER		BAHN
WEINBRAND		KRAUT
GROSS		UNSER
WIRBEL		BUECHSE
WOHIN		WEHR
HOBEL		NOTE

Denkspaß **210**

Inseln im Meer

Zeit: ____ Min.

Die fantasievollen Grafiken unten entstammen allesamt den oberen Bildern. Jedes dieser oberen Bilder wurde so verfremdet, dass daraus die unteren Darstellungen resultierten. Können Sie die Originale und die dazugehörigen Verfremdungen einander zuordnen?

1 □

2 □

3 □

4 □

5 □

6 □

A
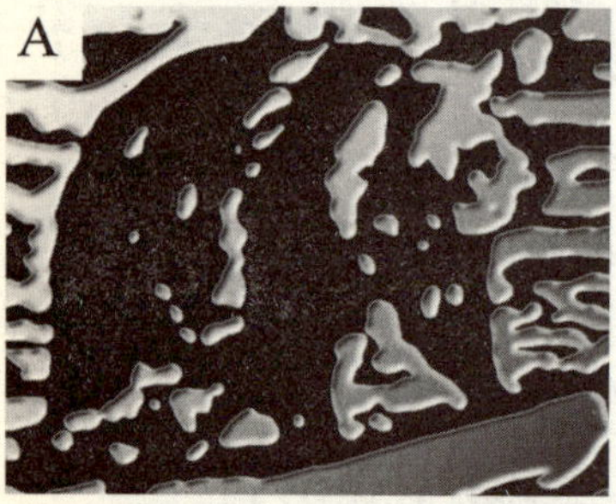

B
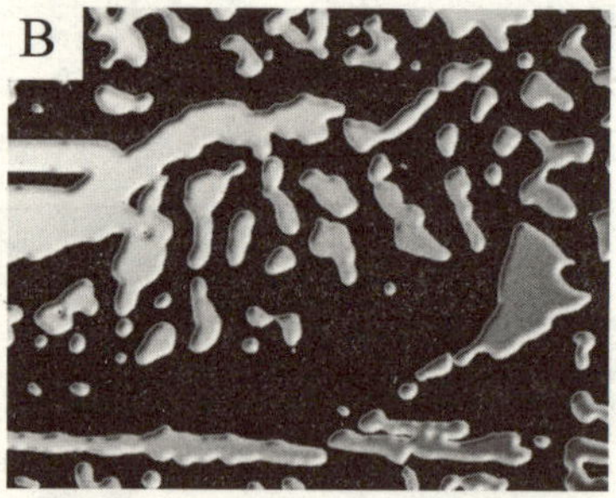

C

D
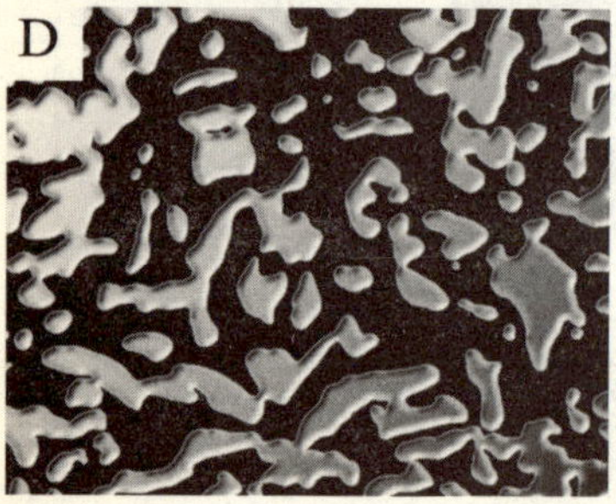

E

F

Denkspaß **211**

Leiterrätsel

★★☆☆ Zeit: ____ Min.

Aus den Zweierbuchstaben links sind insgesamt 14 sechsbuchstabige Wörter zu bilden. Welche Wörter gesucht werden, sollen Sie anhand der Hinweise rechts herausfinden. In jedes Feld gehören zwei Buchstaben, wobei die Doppelbuchstaben in der Mitte von je zwei Wörtern verwendet werden. Am Ende schließlich erhalten Sie im Mittelbalken von oben nach unten gelesen ein Lösungswort.

AN - AU
- BL - BR
- CH - DE
- DR - EI -
EI - EI - EN
- EN - EN
- FE - FE
- FR - GA -
IG - KR - LI
- LS - ND
- NE - NK
- ON - RT -
RU - SA - ST
- ST - TE -
TI - UF - VO
- YE

1		2
3		4
5		6
7		8
9		10
11		12
13		14
15		16
17		18
19		20
21		22
23		24
25		26
27		28

1-2 Freizeitpark in Kopenhagen

3-4 Abgesandter (franz.)

5-6 Pflanzenstumpf

7-8 oval

9-10 beendet, vollendet

11-12 kleines Feld

13-14 frech fordernd,

15-16 farblos

17-18 Klippe

19-20 englischer Admiral † 1805

21-22 Appell

23-24 Gewürz

25-26 Schreibmaterial für Tafeln

27-28 eine Ausdehnung

Denkspaß 212 | Schwedenrätsel

★★★★ Zeit: ____ Min.

Die in den Fragekästchen der Rätselgrafik stehenden Texte müssen gelöst und in Pfeilrichtung eingetragen werden.

zu diesem Ort
Vorname der Autorin Blyton
Gebetbuch
schweiz. Radprofi
altröm. Göttin d. Herdfeuers
Fluss durch Bad Tölz
leichter Pferdezaum
Höhenzug im Weserbergland
Erdalkalimetall
altindischer Hauptgott
Schreibutensil
Schwermetall
Fremdwortteil: zwei
Anlasser beim Auto
überstehender Faden
Backware
scheues Waldtier
Überzug auf Ton waren
nord. Göttin d. Vergangenheit
sehr fein
Fahrgastkabine im Zug
Initialen der Nannini
sich täuschen
Funkturm
Vulkangestein
babylonische Urgottheit
Osteuropäer
Verweigerung d. Gehorsams
Bewahrung
Staat im Süden Afrikas
chemisches Element, Gas
japanisches Schriftzeichen
Musterschau
Staat in Nahost
Aufforderung einzutreten
Kfz-Z. Magdeburg
indische Laute
altchin. Erfinder des Papiers
Handmähgerät
Symbol des Friedens, Vogel
Rufname von Crosby †
kleines Feingebäck
Luftreifen
Wortteil: natürlich, naturbelassen
ehem. Nachrichtenbüro i. Moskau
weiche Unterlage
Arbeitsmaterial von Malern
eiszeitlicher Höhenzug
Heiligenbild der Ostkirche
Abk.: Lesesaal
bayrisch: nein
Heilpflanze
US-Sportler (Jesse) †
Sonnenfinsternis
Gesangspaare
flüssiges Fett

1	2	3	4	5	6	7	8	9	10	11	12	13	14	15

Denkspaß 213 | Kakuro-Quersummenrätsel

★★★★ Zeit: ___ Min.

Beim beliebten, aber auch schwierigen Kakuro sollen Sie Zahlen von 1 bis 9 in die leeren Felder eintragen. Dabei muss die jeweils links bzw. oben vorgegebene Summe bei jedem horizontalen bzw. vertikalen Zahlenblock berücksichtigt werden. In jedem dieser Blöcke darf eine Zahl höchstens einmal verwendet werden.

Denkspaß 214 | Ziegelrätsel

★★★★ Zeit: ____ Min.

Die „Rätselziegel“ des ursprünglichen Rätsels sind durcheinandergewürfelt. Durch Ausprobieren sind die Rätselziegel an die richtige Stelle zu setzen, sodass sich daraus wieder ein „normales“ Kreuzworträtsel ergibt.

■	G	R	E	N	■	K	■	A	A	T	T	■	L	■	T	■	G
B	E	■	N	■	I	■	K	L	E	N	■	A	L	M	R	R	E
A	T	Z	A	S	T	R	N	I	T	■	R	R	E	■	E	■	W
N	I	L	M	O	A	T	E	A	S	C	H	T	U	E	■	K	I
■	N	■	■	F	■	I	■	M	E	■	Y	U	S	■	I	R	R
S	C	H	C	I	D	■	G	A	E	L	■	N	■	D	T	U	R
T	E	■	N	■	S	D	E	A	A	U	■	R	■	R	■	U	■
H	■	W	O	B	E	E	■	M	M	A	C	■	A	M	A	R	I
E	P	O	T	■	H	■	L	E	■	M	■	I	T	S	E	N	K

T	U	E	T	E													
															■	L	■
															A	L	M
															R	E	■

Denkspaß 215 | Buchstabenringe

★★★☆ Zeit: ___ Min.

Beim Buchstabenring sind zehn fünfbuchstabige Begriffe zu bilden und in den Ring einzutragen. Der Mittelbuchstabe ist bereits vorgegeben und muss durch die Buchstabenpaare entsprechend ergänzt werden, wobei die beiden Endbuchstaben eines Wortes automatisch die Anfangsbuchstaben des nächsten Wortes sind.

1

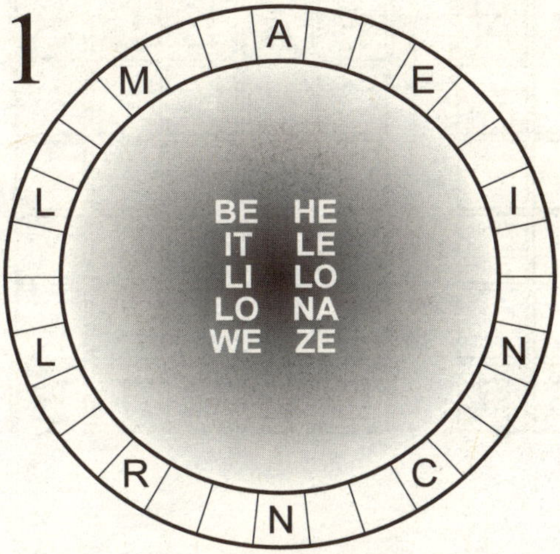

2

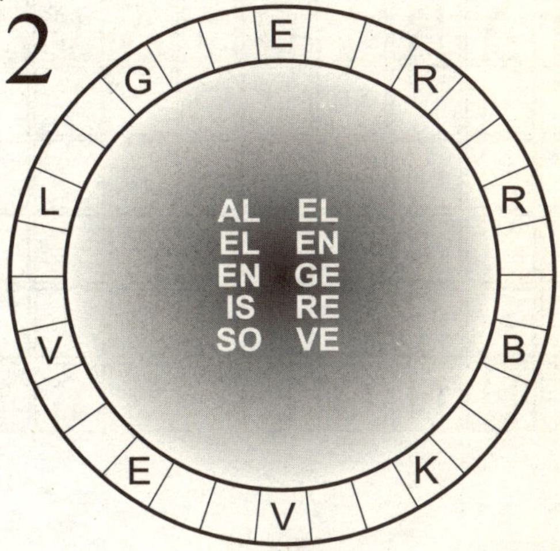

Denkspaß 216 | Rechenquadrat

★★☆☆ Zeit: ___ Min.

Die Zahlen 1 bis 9 sind so in die Grafik einzutragen, dass die Rechnung schlüssig wird. Keine der Zahlen darf ein zweites Mal verwendet werden. In der Rechnung gilt nicht die Regel „Punktrechnung vor Strichrechnung“, sondern es wird grundsätzlich von oben nach unten bzw. von links nach rechts gerechnet.

21	-		+		24
+		+		+	
	+		+		14
-		-		+	
	x		+		44
19		1		19	

27	-		x		60
+		+		+	
	x		-		14
-		+		x	
	+		+		19
24		20		18	

Denkspaß 217 Verwandlungsrätsel

★★★★ Zeit: ____ Min.

Wie gelangen Sie vom oberen zum unteren Wort, wenn Sie in jeder Zeile genau einen Buchstaben austauschen müssen?

M	A	R	I	O
Z	U	N	G	E

A	L	T	A	N
E	S	S	E	R

F	A	L	L	S
B	O	R	T	E

Denkspaß 218 Zahlenpyramide

★★★★ Zeit: ____ Min.

Bei der Zahlenpyramide sind die Zahlen 1 bis 6 so in die untere Kästchenreihe einzutragen, dass die Additionsergebnisse bis zur Rätselspitze schlüssig sind.

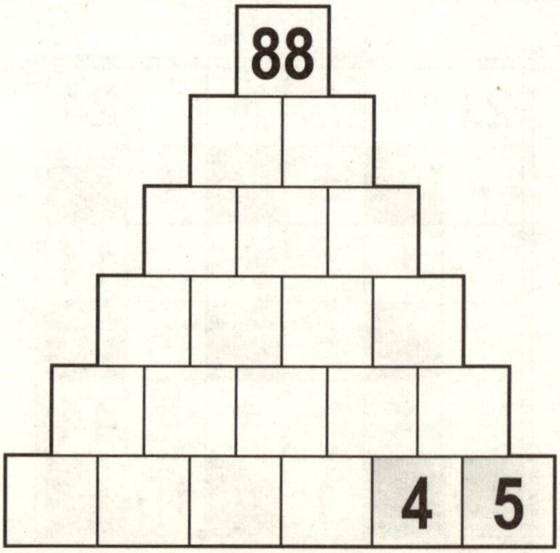

Denkspaß 219 — Tierisches Kreuzworträtsel

★★★★ Zeit: ____ Min.

Gleiche Tiere bedeuten gleiche Buchstaben. Durch Ausprobieren ist jedem dieser Tierzeichen ein Buchstabe zuzuordnen und in die Rätselgrafik einzutragen. Auf diese Weise soll ein vollständiges Kreuzworträtsel entstehen.

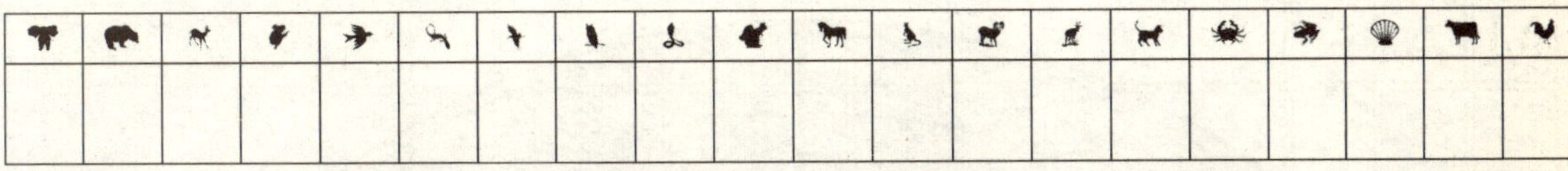

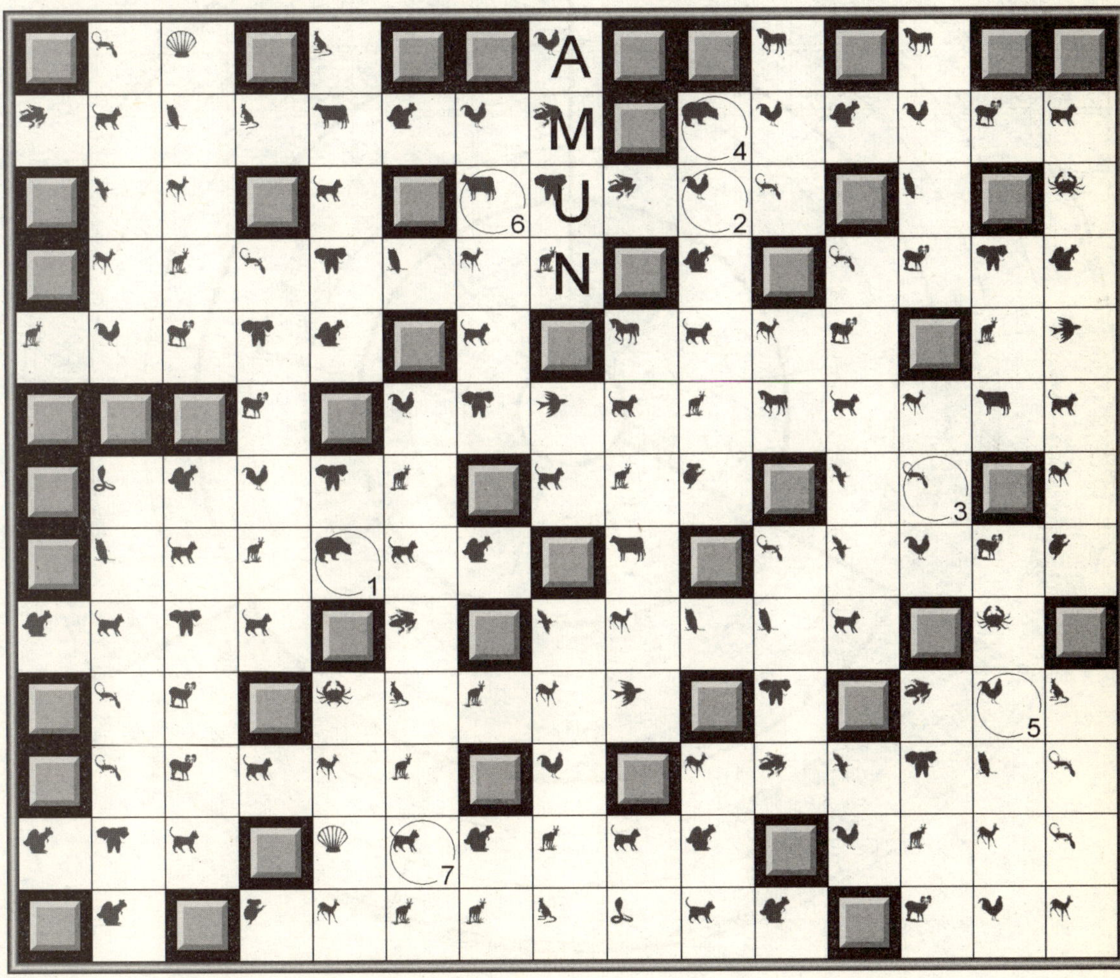

1	2	3	4	5	6	7

Denkspaß 220

Ring-Sudoku

★★★☆ Zeit: ____ Min.

Ähnlich wie auch beim klassischen Sudoku müssen die Zahlen 1 bis 9 genau einmal auf jedem Ring, auf jedem „Strahl“ von außen nach innen und auf jedem dick umrandeten Teilstück vorkommen.

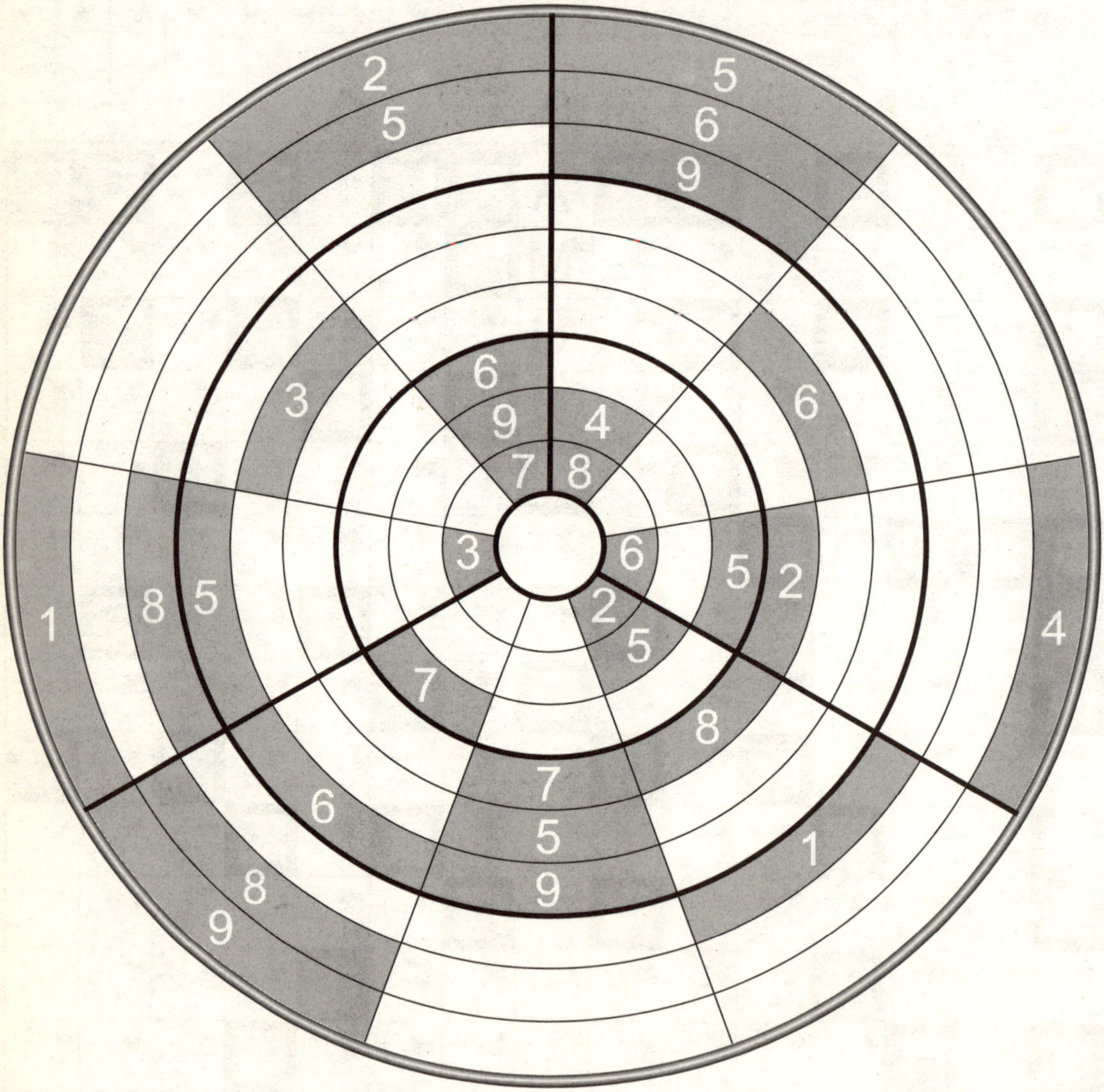

Denkspaß **221** | Wörterkreuzungen | ★ Zeit: ____ Min.

Durch Kombinieren sind alle unten aufgelisteten Wörter in das Gitter einzutragen. Zur besseren Übersicht sind diese Begriffe bereits nach ihrer Buchstabenanzahl geordnet.

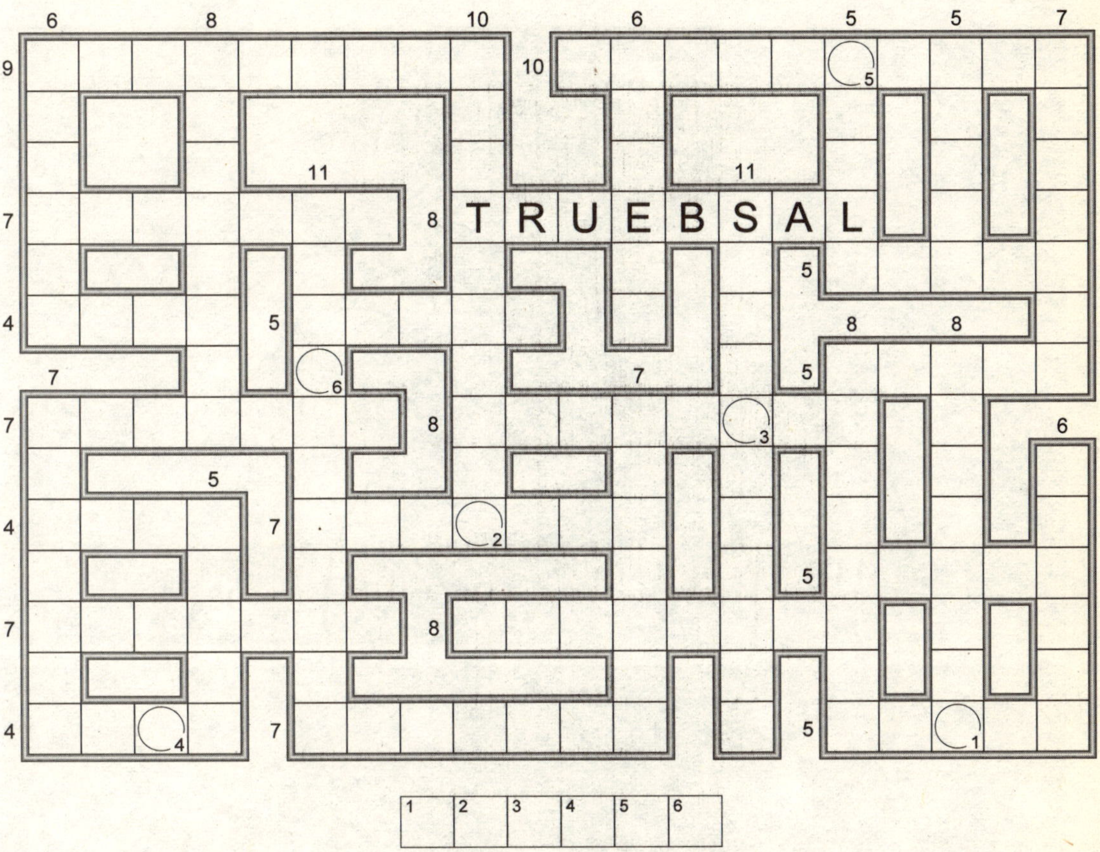

4 AZUR, MUFF, TAXE
5 CELLO, FLAIR, INTRA, ORADE, TOBEN, TUTOR, UBAHN, WARZE
6 ADRETT, PLAZET, SPESEN
7 FUNKELN, IBERIEN, MUSTERN, NAESELN, RABATTE, SAMARIA, STATION, ZOLLAMT
8 AUFTRIEB, LAUFBAHN, MAHLZEIT, TAKELAGE, TRUEBSAL, UNBEWEGT
9 PROMINENT
10 FALLSCHIRM, TRETROLLER
11 METHODISTEN, SCHWARZWALD

Denkspaß **222**

Schlagmann

★★★★
Zeit: ____ Min.

In dieser Gedächtnisübung sollen Sie sich alle Zahlen und deren Positionen im oberen Bild gut einprägen. Dann decken Sie dieses obere Bild bitte ab und tragen im unteren Bild die fehlenden Zahlen ein. Achtung: Das untere Bild ist gespiegelt!

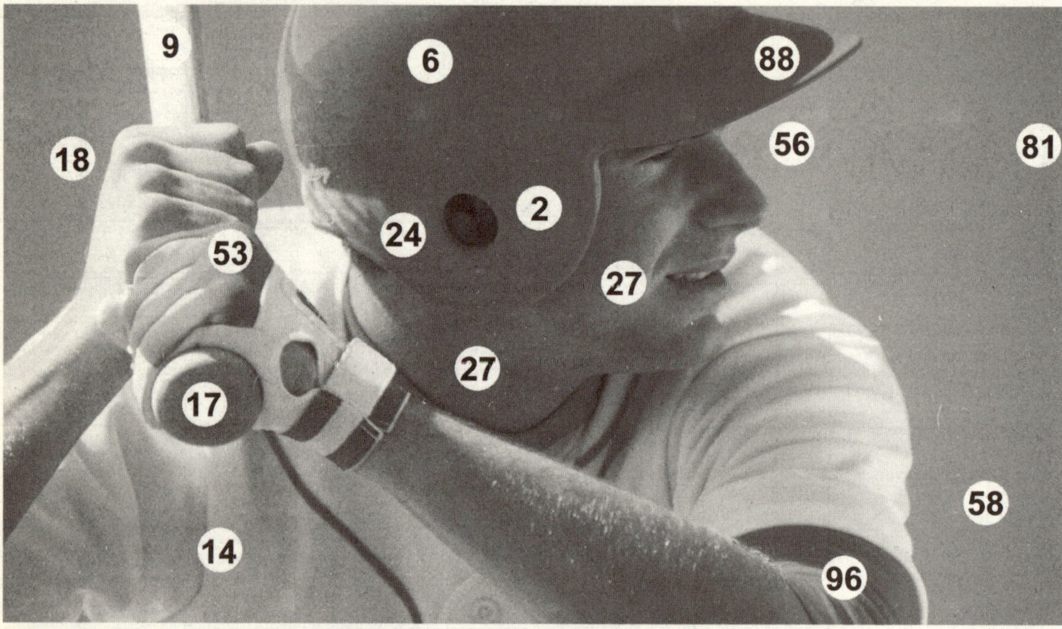

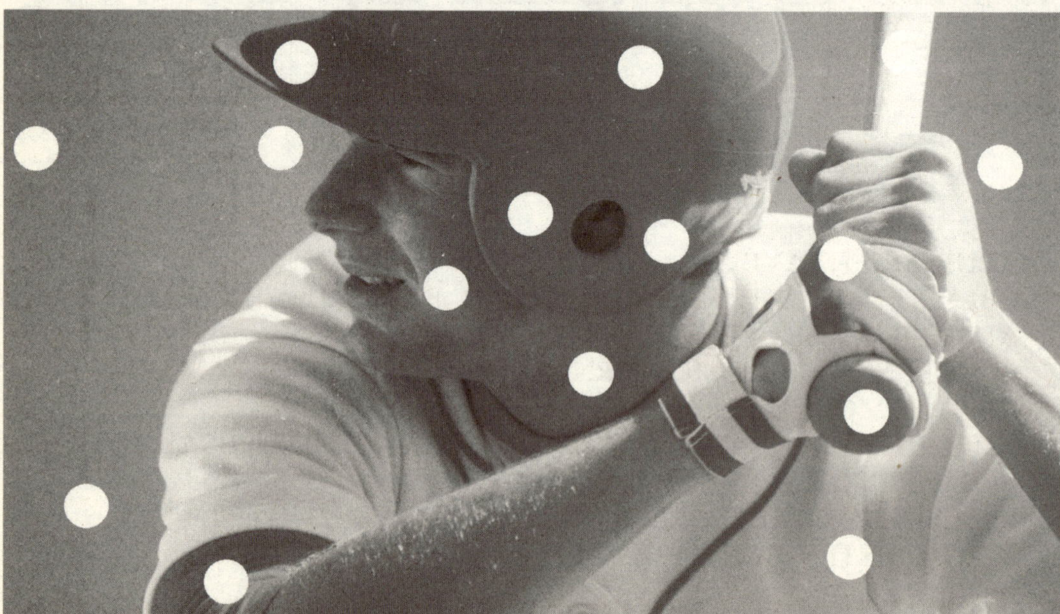

Denkspaß 223 — Rechenschwede

★★★★ Zeit: ____ Min.

In die leeren Felder der Rätselgrafik sind Zahlen von 1 bis 9 einzutragen, sodass die Summe aller Zahlen eines „Wortes“ der Zahl entspricht, die in dem Feld steht und das „Wort“ definiert. Anders ausgedrückt, die Zahl, die in den Fragekästchen steht, muss in „kleinere“ Portionen aufgeteilt und in Pfeilrichtung eingetragen werden.
Bei diesem Rätsel gibt es mehrere Lösungsmöglichkeiten.

26	27	34	3		13		17	42	20	21	27	7	47	
			7		53					7			7	
					28		31							
19		28		37									40	
33						18				22		10		
23							36		25	4	4	6	8	3
			3	26		23			3			48		
27	36		35						22		17			
26						24		34						
			19		15					18				27
19		47									20		20	1
19				16				11		29				
				7	12		29							
18		29								23				
29									28	4	3	9	7	5

Denkspaß 224 | # Wörtersuchspiel | ★★★★ Zeit: ____ Min.

Finden Sie sämtliche unten aufgelisteten Wörter im Rätselgitter. Diese können vorwärts, rückwärts, horizontal, vertikal oder diagonal verlaufen. Die übrig gebliebenen Buchstaben ergeben ein Sprichwort.

				A	K	R	I	Z	E	N	E	T	B				
		A	E	P	O	N	U	D	P	L	A	T	Z	E	N		
	S	M	E	A	M	E	L	I	E	F	E	R	N	R	I	H	
S	N	H	S	P	A	L	T	L	I	E	R	E	E	E	A	R	O
D	A	C	H	S	R	I	L	A	N	K	A	H	S	H	H	K	T
N	G	A	T	S	I	E	R	K	A	H	C	E	P	O	K	M	E
R	E	F	U	B	R	P	Z	I	T	I	E	I	B	A	O	A	B
E	N	I	E	M	A	N	D	T	S	N	N	Z	S	A	A	M	U
F	T	E	W	A	D	A	M	R	A	K	N	R	S	E	R	I	E
	R	W	B	A	R	G	L	E	K	S	A	E	I	E	C	H	
		Z	T	R	A	P	A	V	U	P	U	R	P	U	R		
				E	X	Q	U	I	S	I	T	Z	T				

AERA	BOHR	HERAN	LIEFERN	PURPUR	SRILANKA
AGENT	DACHS	HIRN	MAAR	RABE	UFER
AIDA	EARP	IDEE	MOOS	RAPS	UKAS
ANNE	EHER	IMAM	NIEMAND	SAKKO	VERTIKAL
ANPEILEN	ENTE	INRI	OMAR	SATZ	WIEN
APART	ERZIEHER	IRIS	OPEC	SEELE	ZEHN
ARMADA	EXQUISIT	KARMA	PAPA	SERIE	ZIRKA
ARZT	GANS	KASTANIE	PECH	SICHERN	ZUSATZ
BAAL	GRAB	KREISTAG	PLATZEN	SPALT	ZWEIFACH

Denkspaß 225 — Wörträder

★☆☆ Zeit: ___ Min.

Welche Buchstaben sind hier anstelle der Fragezeichen einzusetzen, damit im oder gegen den Uhrzeigersinn jeweils ein Wort zu lesen ist?

1 2 3 4

Denkspaß 226 — Bildpunkte

★☆☆ Zeit: ___ Min.

Verbinden Sie die Punkte in der Reihenfolge, in der es die daneben stehenden Nummern vorgeben. Sie erhalten auf diese Weise ein Bild, das aus einer einzigen durchgehenden Linie besteht.

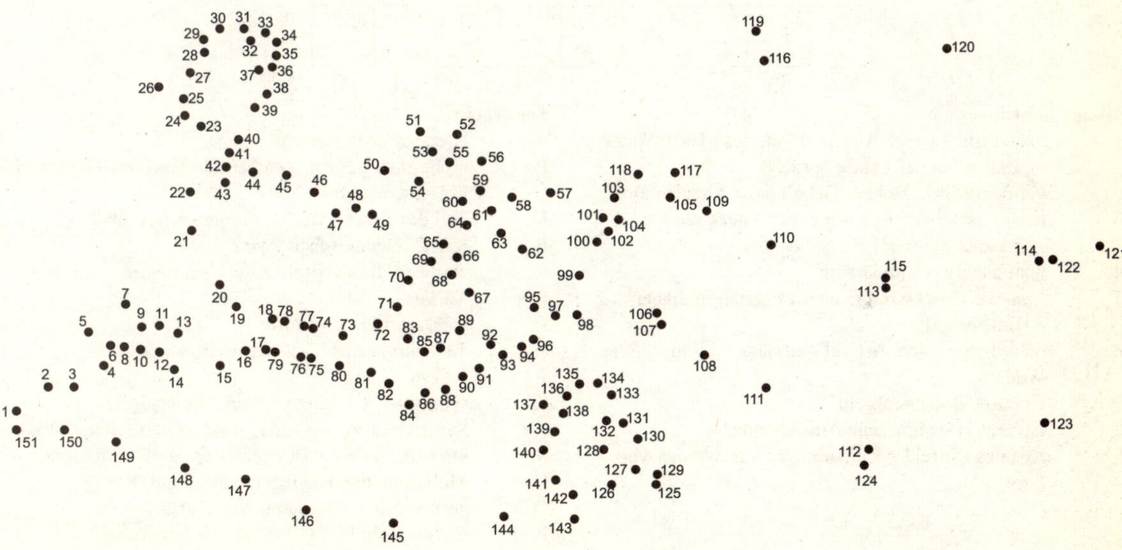

Denkspaß 227 — Französisches Rätsel

★★★★ Zeit: ____ Min.

Bei diesem Rätsel müssen sowohl die Begriffe als auch deren genaue Position in der jeweiligen Spalte bzw. Zeile ermittelt werden. Dazu sind die Fragetexte zu lösen und unter Heranziehung anderer, diesen Begriff kreuzender Begriffe in die Grafik einzutragen. Einbuchstabige Begriffe werden nicht berücksichtigt.

	A	B	C	D	E	F	G	H	J	K	L	M	N	O	P	Q	R
1	P		■								■						
2				(6)		■		■					(5)				
3			■		■					■	(1)			■		■	
4		■					C	(7)			■		■		(3)		
5		(10)		■				■		■		(2)				■	
6					■		■						■	A	■		
7		■		■		(8)				■		■					■
8			(9)				■		■							(4)	
9						■			L		■						

1	2	3	4	5	6	7	8	9	10

Waagerecht:

1 Pressearbeit (engl. Abk.) – Figur aus „1001 Nacht“ – „Italien“ in der Landessprache
2 gepflegte Grünfläche – Gehalt nach Abgabenabzug
3 russ. Herrscher † 912 – niederl. Adelsprädikat – französisch: wo
4 unabhängig – Hunderasse
5 Maß der Geschwindigkeit – Feuerlandindianer – Blütenstand
6 männlicher franz. Artikel – herzlos – blinder Sohn Wodans
7 Grazie – Börsenaufgeld
8 unverziert – räumliche Ausdehnung
9 soziales Umfeld – Kunstdünger – Bewohner von Laos

Senkrecht:

A Niederschrift, Bericht
B nicht glatt – chem. Zeichen für Natrium – Bergbach
C Fremdwortteil: alt
D Teil der Bibel (Abk.) – Fremdwortteil: halb
E Kfz-Z. Neunkirchen/Saar – englisch, französisch: Alter – en vogue
F Türke
G messerartige Stoßwaffe
H Tanz auf Hawaii – süddeutsch: sowieso
J Offerte
K spanisch: ja – französisches Adelsprädikat
L Kraftfahrerorganisation (Abk.) – Fernsehen (Abk.)
M kurz für: lecker – Bewohner des antiken Italiens
N Mohammeds Schwiegersohn – Laut, Klang
O zerbrechlich – Rufname von Capone
P französisch: hier – Fluss durch Frankreich
Q Laut des Ekels – Gerbmittel, Gerbrinde
R griech.-römische Kulturwelt – span. Fürwort: du

Denkspaß 228 | Sudoku-Stern

★★★★
Zeit: ___ Min.

Analog zum klassischen Sudoku müssen auch hier die Zahlen 1 bis 9 in die fett umrandeten Neuner-Dreiecke eingetragen werden. Auch in den langen Geraden (sie umfassen ebenfalls neun kleine Dreiecke) müssen diese neun Zahlen genau einmal enthalten sein, ebenso in den kurzen Geraden, zu denen auch noch das Feld in der Sternecke zählt.

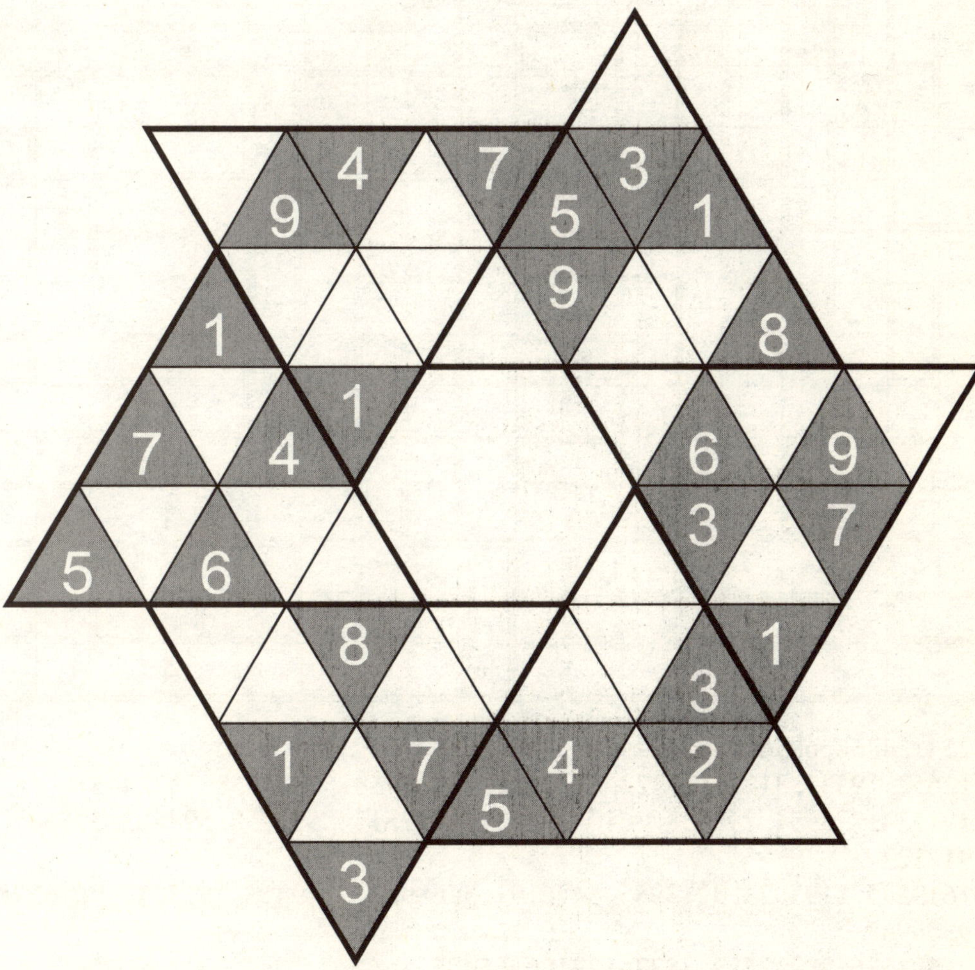

Denkspaß 229 | Zahlenkreuzungen

★☆☆☆ Zeit: ____ Min.

Tragen Sie sämtliche unten aufgelisteten Zahlen in das Gitterfeld ein. Dort sollen sie von links nach rechts bzw. von oben nach unten zu lesen sein.

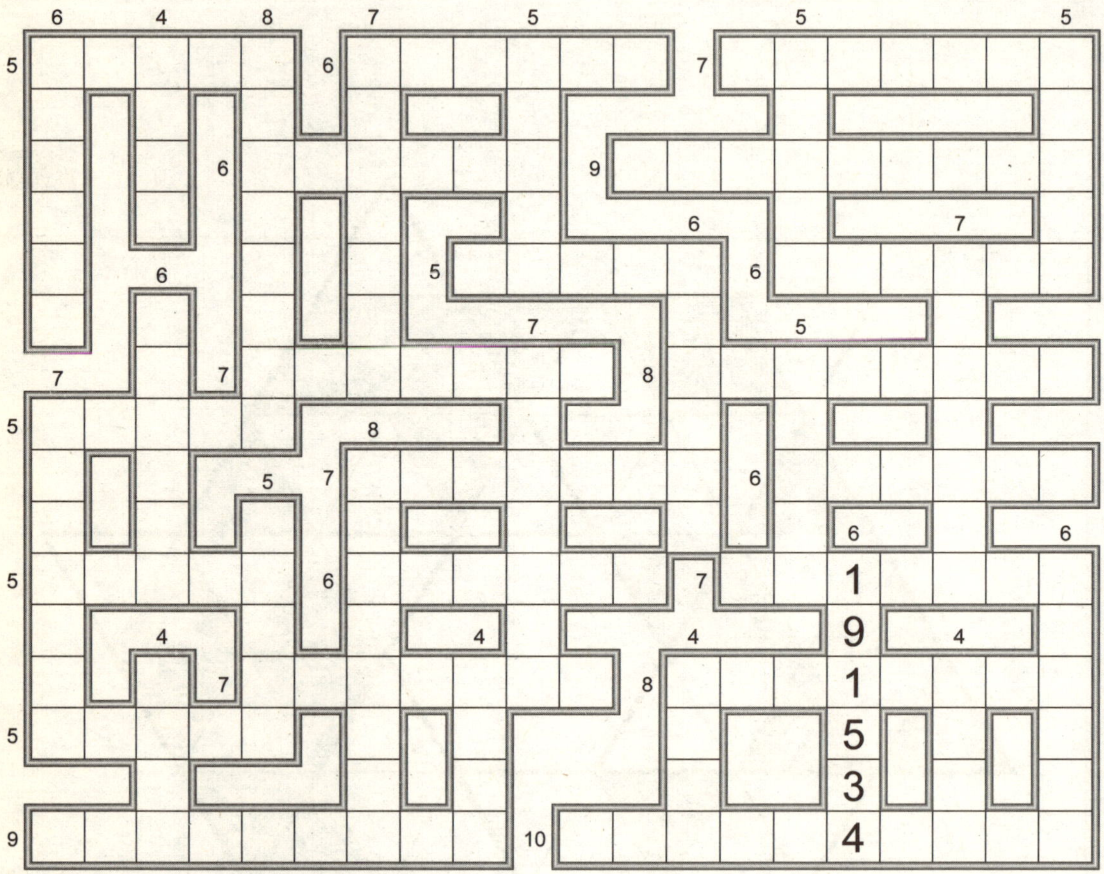

4 2541, 4268, 6856, 7858, 9393

5 12652, 19534, 31196, 33322, 45422, 58852, 64585, 78438, 86752, 94516

6 191534, 275554, 298758, 361243, 473161, 525134, 582858, 594423, 595585, 912127

7 1619395, 3197923, 3213985, 3476191, 5568983, 7249453, 7813917, 9676598, 9856967

8 27591636, 28217772, 38276129, 56965475

9 928727524, 966878963

10 1713946868

Denkspaß **230** | Tiergruppenrätsel | ★★★ Zeit: ____ Min.

Ein Symbol steht jeweils für drei Buchstaben bzw. für zwei Buchstaben und das Blindfeld. Sämtliche unten aufgeführten Wörter sind in die Grafik einzutragen. Durch Ausprobieren und unter Mithilfe des Symbolschlüssels kann die richtige Position ermittelt werden.

A	B	C	D	E	F	G	H	I
J	K	L	M	N	O	P	Q	R
S	T	U	V	W	X	Y	Z	

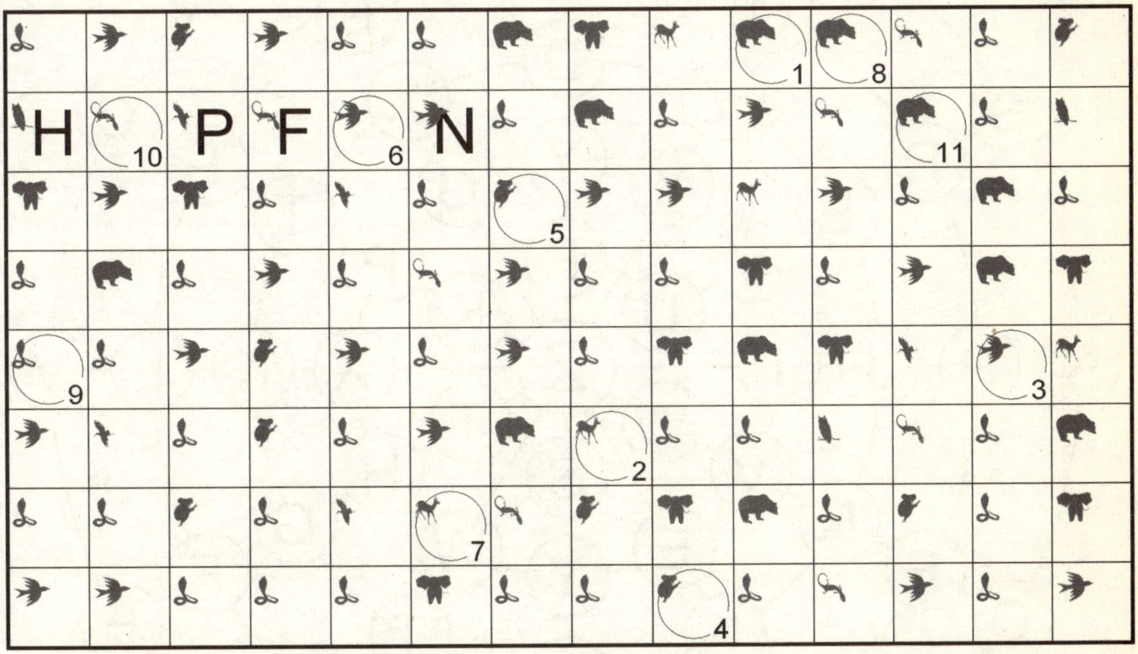

1	2	3	4	5	6	7	8	9	10	11

Waagerecht:
HORT - ETUI - ETA - MENUE - RAR - NEI - EIFER - RINDE - INDER - SEA - DIPLOMAT - NOTIZ - STAPEL - BACKBORD - FEIN - EG - HOPFEN

Senkrecht:
ELA - MENTOR - PR - REGIE - DPA - OT - EF - IHS - BOE - SIAM - EPODE - KNUST - AH - EDDI - REIN - ABER - ALTAN - UM - DI - DZ - NOETIG - RITTER

Denkspaß 231 ABC-Verfolgung

★★★★ Zeit: ____ Min.

Bei der ABC-Verfolgung ist jeder Buchstabe des Alphabets in der Reihenfolge des Alphabets anzuspringen, wobei man sich auf den Linien (Kreisringen und Strahlen) bewegen muss, das Zentrum dabei aber nicht durchschreiten darf.

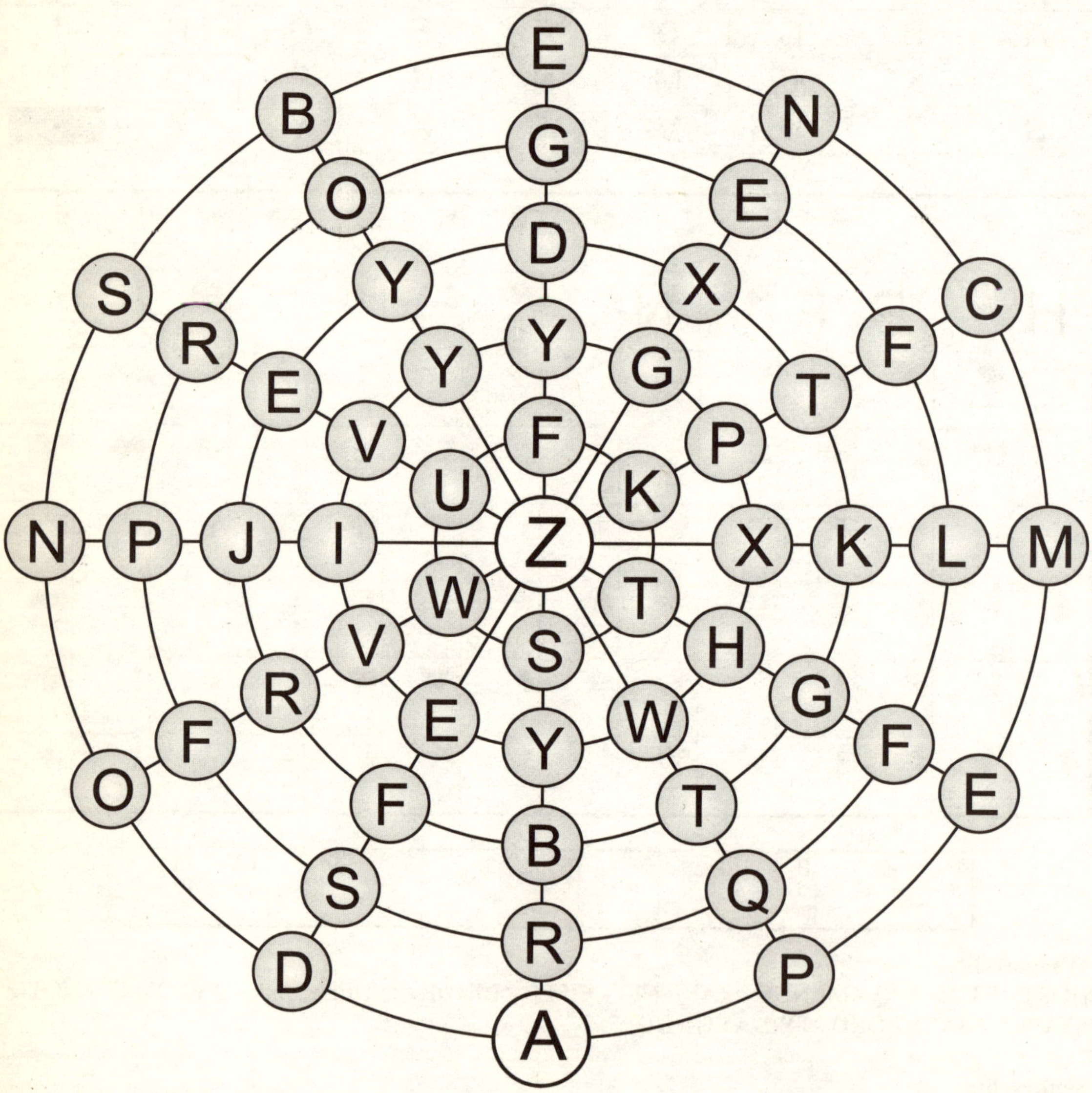

Denkspaß **232** | # Schwedenrätsel | ★★ Zeit: ____ Min.

Die in den Fragekästchen der Rätselgrafik stehenden Texte müssen gelöst und in Pfeilrichtung eingetragen werden.

Knorpelscheibe im Kniegelenk
Schlagersänger (Jürgen)
unweit
Muskelfortsetzung
englisch: eins
Schubfach
Ungeziefer
indischer Gott des Feuers
Mittelmeerinsulaner (Mz.)
Brunnen in Rom
schon lange
voreingenommen
strafende Vergeltung
Fremdwortteil: aus
den Mond betreffend
leichtes Elementarteilchen
erlesen, exquisit
Bewohner der ‚Grünen Insel'
Laut beim Öffnen einer Flasche
nicht innen
Süßigkeit
See in Schottland (Loch ...)
hinduist. Gesellschaftsschicht
großes Tuch
arabische Langflöte
hoher Fabrikschornstein
Symbol für Christus
seem.: Sprosse der Wanten
Weintraubenernte
Nebenmeer des Atlantiks
Sakramentszeuge
Höhenzug bei Braunschweig
kleinstes Bundesland
Apfelsorte
Departementhptst. (St. ...)
Initialen des Autors Ambler
chinesischer Politiker †
Stadt am Rhein
medizinisch: Bein, Knochen
alkenartiger Vogel
ungarischer Würdenträger
indischer Singvogel
Vorname der Riefenstahl
sehr fester Faden
Vorname von Tennisprofi Korda
israel. Stadt am Golf von Akaba
Stadt an der Lahn
niederdeutsch: Bauer
Angehöriger e. osteurop. Volks
Abgesang
Abk.: Oberinspektor
Kfz-Z. Freiberg
älteste lat. Bibelübersetzung
Abk.: Mittellatein
Polizeisondereinheit (Kw.)
früherer Spaßmacher
Körperfunktion
Gottesglaube
Singvogel

1	2	3	4	5	6	7	8	9	10	11	12

Denkspaß 233 Wörtergleichung

★★★ Zeit: ___ Min.

Ersetzen Sie die Buchstaben durch die gefragten Begriffe, sodass die jeweilige Wörtergleichung eine sinnvolle Lösung bzw. ein sinnvolles Lösungswort erhält.

$$(a - b) + (c - d) + (e - f) + (g - h) + (i - j) + (k - l) + (m - n) = X$$

---

a = Nebeneinnahme, b = Grundnahrungsmittel, c = Rundfunksprecher, d = Kleintiergattung, e = Notlage, f = Futterpflanze, g = ausleihen, h = schwed. Tennisspieler (Björn), i = kleiner Behelfsbau, j = Wange, k = Bezirk, l = vermögend, m = Angehöriger eines Ordens, n = zentrale Gestalt des N. T., X = die Schlusslösung

Denkspaß 234 Buchstabenringe

★★★ Zeit: ___ Min.

Beim Buchstabenring sind zehn fünfbuchstabige Begriffe zu bilden und in den Ring einzutragen. Der Mittelbuchstabe ist bereits vorgegeben und muss durch die Buchstabenpaare entsprechend ergänzt werden, wobei die beiden Endbuchstaben eines Wortes automatisch die Anfangsbuchstaben des nächsten Wortes sind.

1

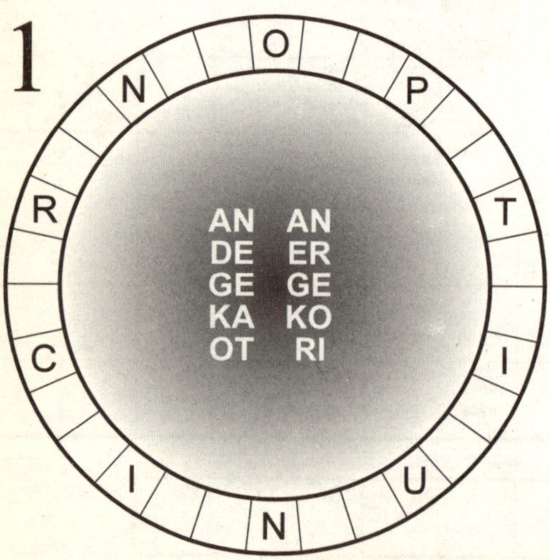

2

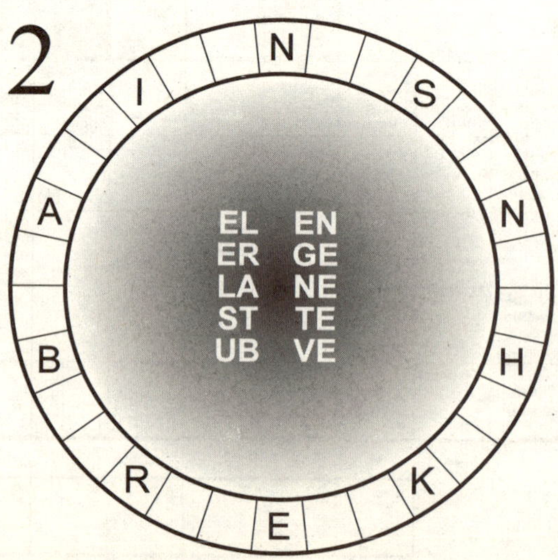

Denkspaß 235 — 3-D-Sudoku

★★★☆
Zeit: ____ Min.

Beim Würfel-Sudoku sollen alle sechs Seiten die Zahlen 1 bis 16 enthalten. Zusätzlich sollen diese 16 Zahlen in jedem Streifen, der um den Würfel herumläuft, genau einmal enthalten sein. (Es gibt zwölf Streifen, je vier für jede der drei Dimensionen.)

Die Würfelseite ganz unten ist dieselbe wie die Seite ganz rechts. Dass diese Seite zweimal erscheint, soll Ihnen die Lösung komfortabler machen.

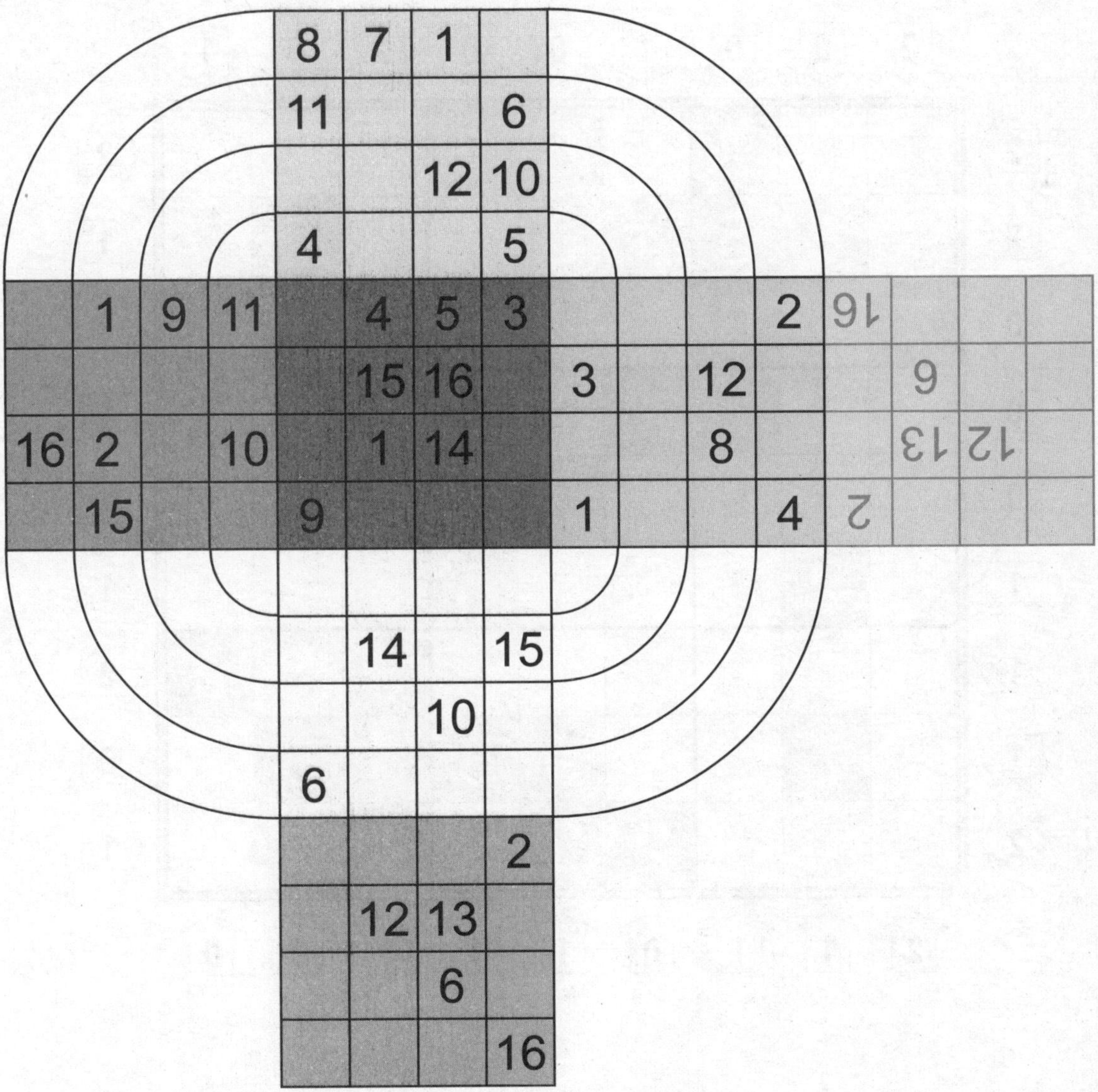

Denkspaß 236	Durchzähl-Sudoku	★★★★ Zeit: ____ Min.

Tragen Sie in dieses Sudoku Zahlen von 1 bis 9 ein, wobei jede dieser Zahlen in jeder Reihe, in jeder Spalte und in jedem 9er-Block genau einmal enthalten sein muss.

Als Zusatzregel gibt es hier Zahlen in Pfeilen außerhalb des Rands. Diese Zahlen geben an, wie viele „Durchzähltreffer" es in der betroffenen Reihe gibt. Das erste Feld bekommt also die 1, das zweite die 2 usw. Stimmt nun eine Zahl im Sudoku mit der durchgezählten Nummerierung überein, so ist dies ein „Durchzähltreffer". Eine 4 im vierten Feld (in Pfeilrichtung) wäre ein Durchzähltreffer, ebenso wie eine 7 im siebten Feld usw.

	2 ↓	0 ↓	0 ↓	1 ↓	0 ↓	0 ↓	2 ↓	3 ↓	1 ↓	
2 →			2		5	9				← 2
2 →		8	5	4	3			9		← 1
0 →	7		6							← 0
0 →			7	1				4		← 1
0 →					2					← 1
1 →		2				5	8			← 1
1 →							3		9	← 2
1 →		7			9	3	6	8		← 0
2 →				2	8		1			← 1
	2 ↑	1 ↑	1 ↑	0 ↑	1 ↑	1 ↑	3 ↑	0 ↑	0 ↑	

Denkspaß **237**

Endlos-Kruzzle

★★★★ Zeit: ____ Min.

Die in den Fragekästchen der Rätselgrafik stehenden Texte müssen gelöst und in Pfeilrichtung eingetragen werden – bei Definitionen ist das Lösungswort zu erraten, bei geschüttelten Begriffen ist durch eine Neuordnung ein sinnvoller Begriff „herzustellen". Begriffe enden bei Endlosrätseln jedoch nicht zwangsläufig am Rand eines Rätsels, sondern können auf der jeweils anderen Seite weiterlaufen.

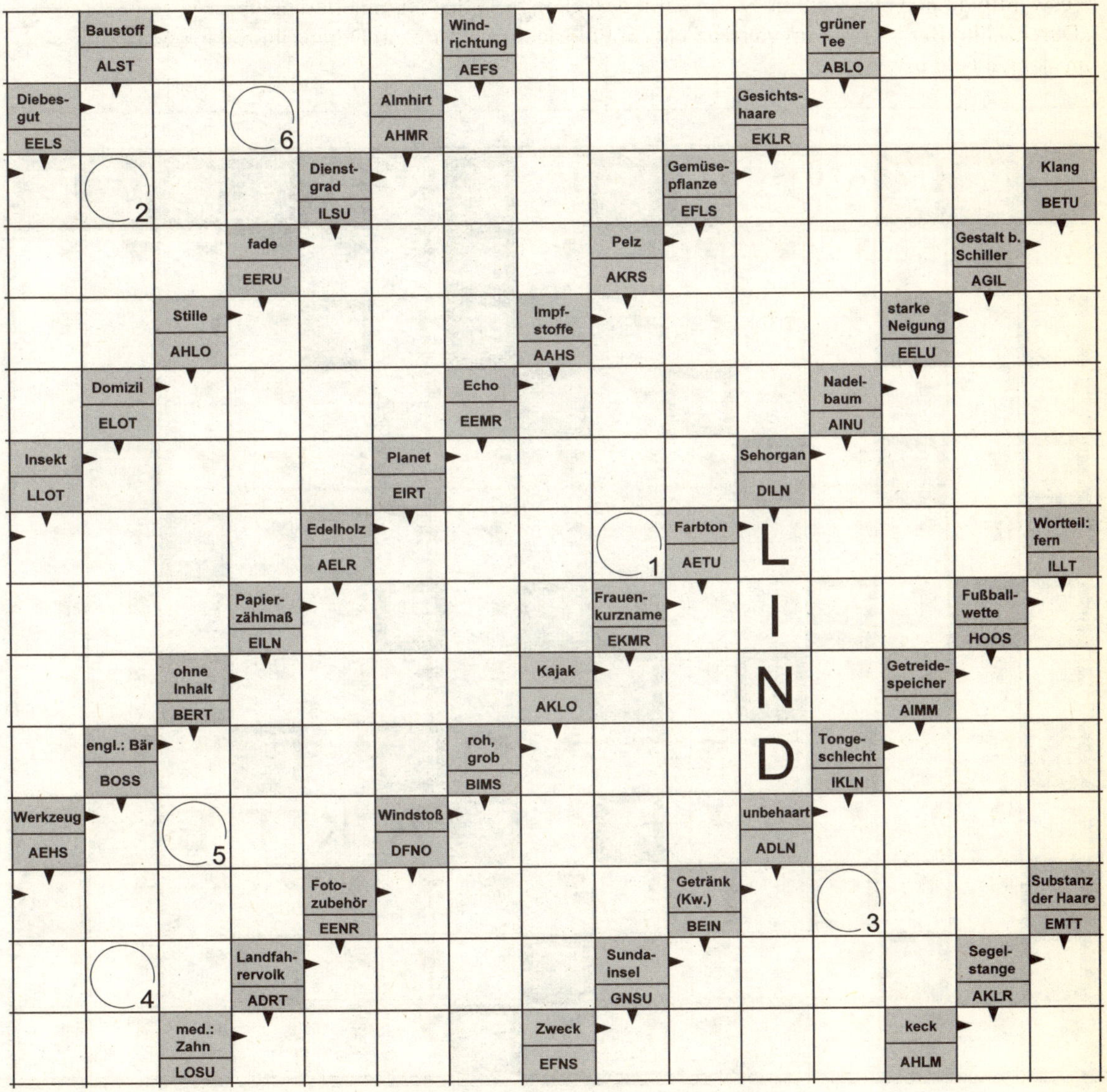

1	2	3	4	5	6

Denkspaß 238 — Tierisches Kreuzworträtsel

★★★★
Zeit: ___ Min.

Gleiche Tiere bedeuten gleiche Buchstaben. Durch Ausprobieren ist jedem dieser Tierzeichen ein Buchstabe zuzuordnen und in die Rätselgrafik einzutragen. Auf diese Weise soll ein vollständiges Kreuzworträtsel entstehen.

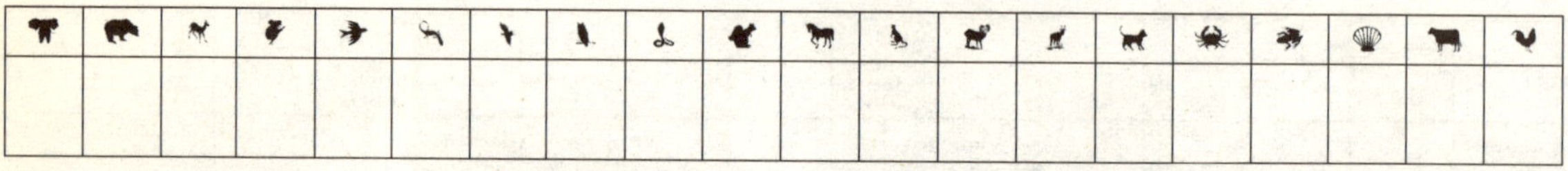

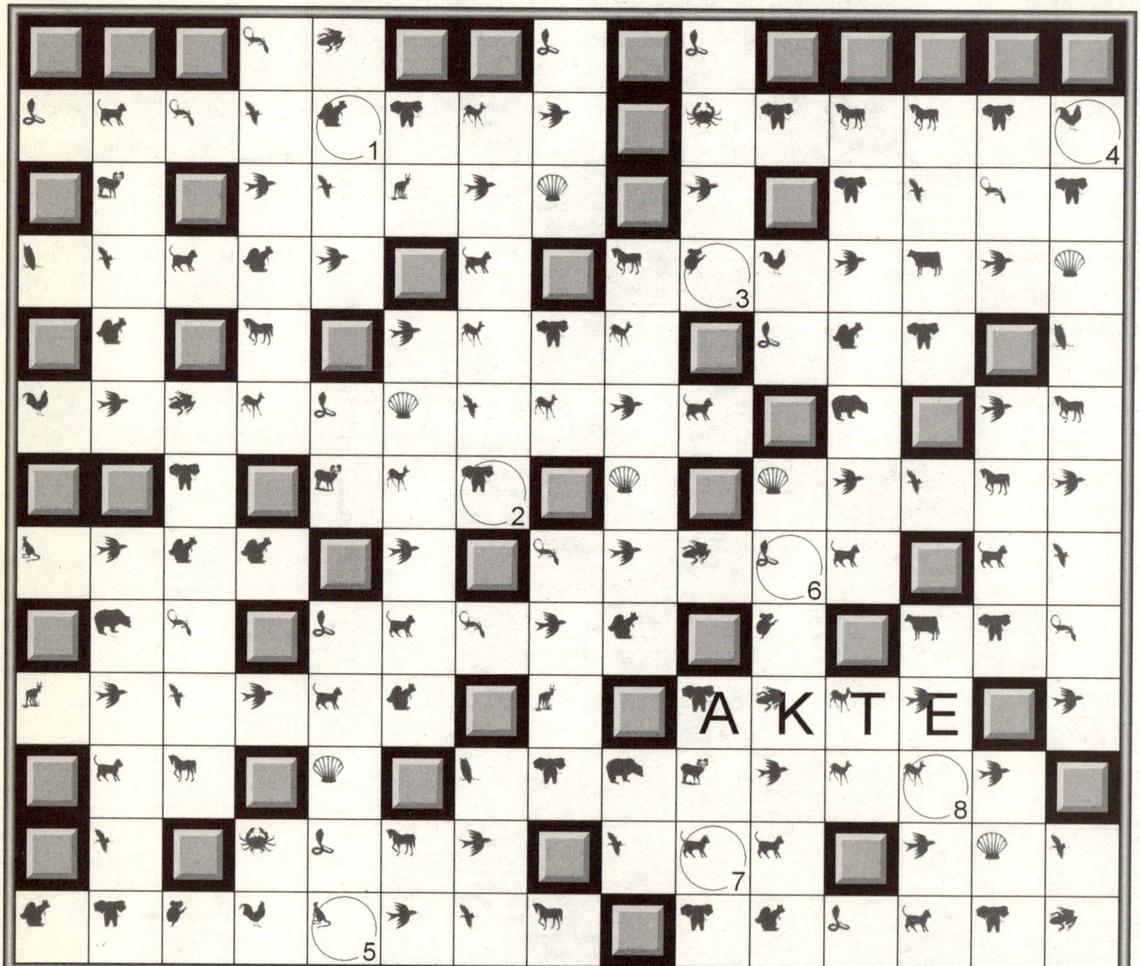

1	2	3	4	5	6	7	8

Denkspaß **239**

Nette Dienstleisterin

★★ Zeit: ____ Min.

Wie müssen die Puzzleteile zusammengesetzt werden, damit das komplette Originalbild erscheint? Tragen Sie die Nummern in die entsprechenden leeren Felder unten ein.

1
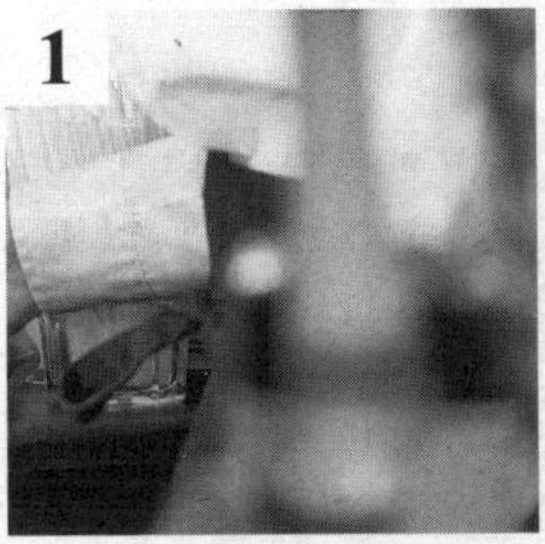

2
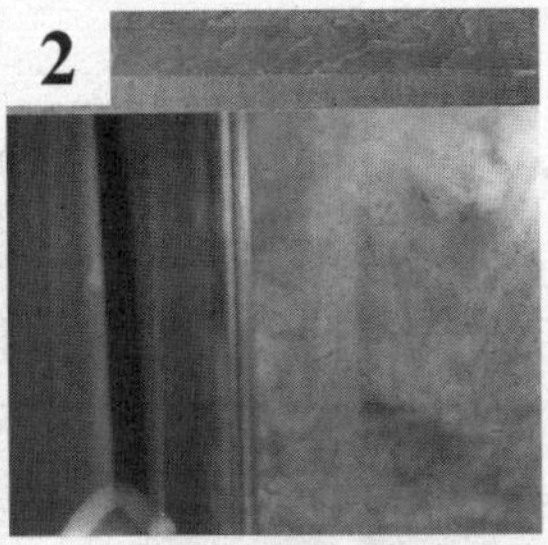

3

4

5

6

7
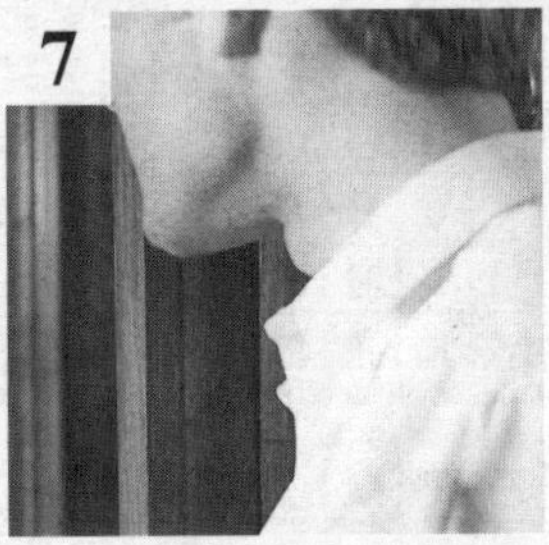

8
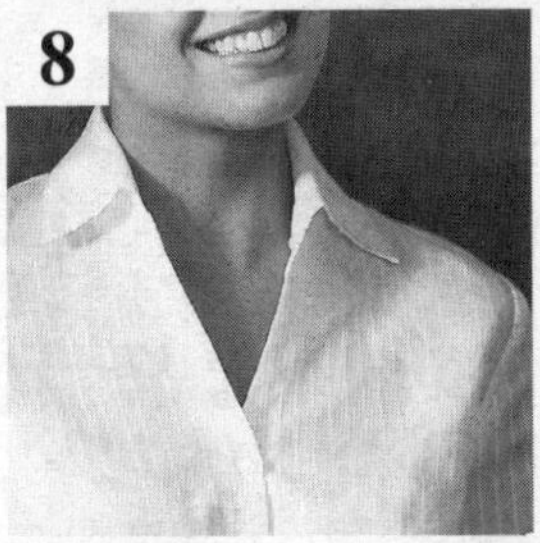

9

10

11

12
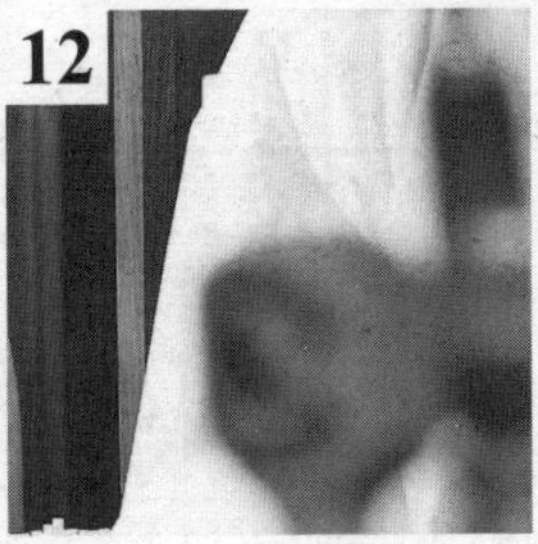

Denkspaß 240 | Nur einer fehlt

★★★★ Zeit: ____ Min.

Nur einer fehlt ist ein einfaches Geduldspiel. In jedem der Kästchen befinden sich 25 unterschiedliche Buchstaben des Alphabets – es fehlt also in jedem Kasten ein Buchstabe. In allen 25 Kästen fehlen 25 unterschiedliche Buchstaben, der dann fehlende Buchstabe ist die Schlusslösung.

N	Y	Q	I	M	G	C	V	Z	X	V	G	I	X	D	A	U	F	D	K	L	O	Q	T	X
B	O	R	Z	D	M	N	Y	F	U	J	A	M	C	E	B	Z	R	M	O	K	B	Z	F	I
P	J	T	V	K	K	D	I	H	W	S	H	R	L	O	V	P	S	G	L	W	R	U	A	M
W	U	L	X	G	R	L	O	A	P	B	Z	K	F	Y	I	C	Y	T	X	N	Y	H	P	G
E	H	C	S	F	B	J	E	T	S	W	U	P	N	Q	H	E	N	J	Q	D	S	E	C	J
G	O	K	T	Y	I	W	J	F	E	K	Y	Q	A	T	O	N	F	M	R	T	R	V	D	S
D	U	A	X	N	C	D	Q	U	O	R	G	X	V	Z	J	U	Y	X	H	I	N	C	Z	W
F	B	H	Q	Z	H	K	V	B	L	H	C	I	U	O	Q	P	Z	K	G	O	B	F	Y	G
V	L	E	C	M	A	M	T	N	S	M	S	L	W	J	T	A	S	B	D	M	U	Q	P	X
I	J	S	W	R	R	Y	X	Z	P	P	D	B	F	E	V	L	W	E	I	E	L	H	K	A
U	B	W	E	D	J	E	R	V	O	Z	Q	D	R	I	N	O	I	L	R	Z	R	X	O	P
I	A	M	Q	K	G	H	Q	I	Z	H	W	Y	T	L	A	W	X	S	C	E	N	F	C	K
J	L	S	T	P	S	C	K	P	N	U	A	F	X	N	K	B	H	Y	D	W	T	M	U	I
X	Y	C	R	G	U	D	F	X	W	V	G	P	M	E	J	T	Z	F	G	Q	A	G	B	J
Z	V	F	H	N	M	B	L	A	T	S	K	J	C	O	E	Q	U	V	P	H	V	L	S	Y
F	S	K	H	P	T	L	X	Q	W	W	P	M	F	Q	X	W	Z	Y	N	Z	M	N	H	Q
T	O	R	G	Z	R	E	Y	M	V	C	I	R	V	U	U	P	V	O	B	O	U	I	S	D
E	Q	C	W	N	O	B	J	I	Z	O	A	Z	N	Y	C	G	A	K	L	T	J	R	E	P
J	M	Y	V	I	K	A	P	H	F	J	K	S	L	X	T	J	H	M	S	K	X	C	W	B
U	D	B	A	X	N	D	C	G	S	B	D	T	H	G	D	E	Q	F	I	A	L	Y	V	G
E	S	K	C	D	E	L	W	J	Y	F	Y	P	N	H	W	T	D	V	Z	R	G	V	Y	S
U	B	O	N	T	P	H	A	X	Z	I	U	M	R	L	F	A	U	X	N	I	M	F	D	Z
J	A	M	Y	I	B	S	N	D	F	J	W	K	A	G	C	H	E	B	S	A	N	C	U	W
V	L	G	H	W	K	R	V	U	Q	D	Q	X	C	T	J	Q	L	I	M	E	T	J	B	X
Z	F	Q	R	P	C	G	M	O	T	O	V	Z	E	B	R	O	Y	G	P	L	O	Q	P	K

Denkspaß **241**

Zeitablauf

★★☆☆ Zeit: ____ Min.

Ordnen Sie die Bilder so, dass ein zeitlich logischer Ablauf resultiert.

Zeitlicher Ablauf: ☐ → ☐ → ☐ → ☐ → ☐ → ☐

Denkspaß 242 — Eieruhren

★★☆☆ Zeit: ____ Min.

Anhand der Definitionen unten sind die gesuchten Begriffe herauszufinden und bei der jeweiligen Zahl waagerecht in die Grafik einzutragen. Im senkrechten Mittelbalken ergibt sich dann jeweils ein Lösungswort.

1

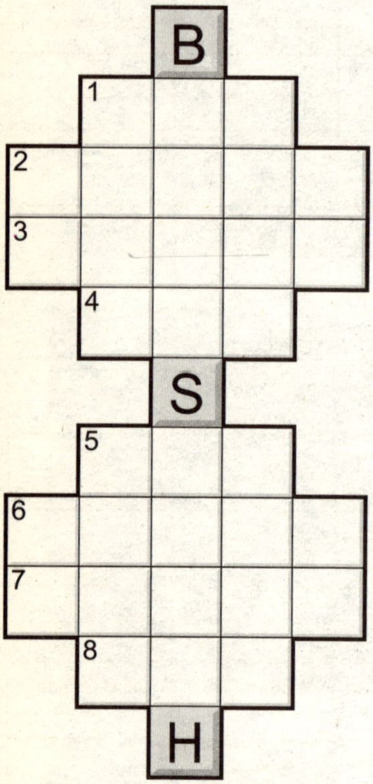

2

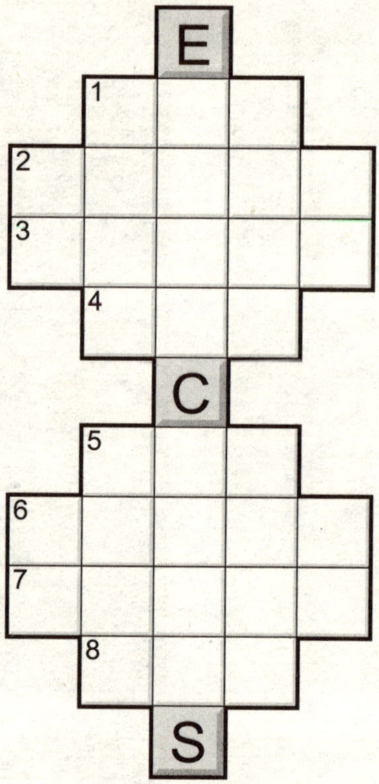

3

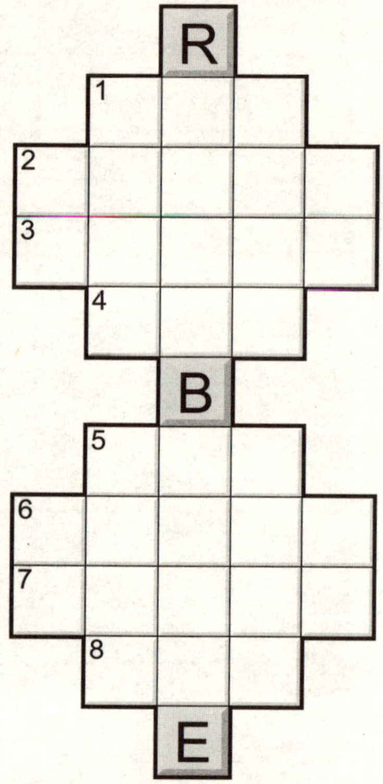

1. ... und her
2. altrömische Silbermünze
3. Datenübertragungsgerät
4. ostasiatisches Laubholz
5. Mutter der Nibelungenkönige
6. laute Mitteilung
7. Feuerstein
8. Gegner Luthers † 1543

1. Ziegenlederhandschuh
2. Teil des Jahres
3. unnötig lange Strecke
4. Antitranspirant (Kw.)
5. Schneegleitbrett
6. leicht windig
7. kleinste organische Einheit
8. natürliche Zeiteinteilung

1. kurz für: zu dem
2. Ritter der Artussage
3. Tempomesser (Kw.)
4. Spitzname Eisenhowers
5. Ex-Profiboxer (Mohammed)
6. Abfall
7. glätten, planieren
8. Männername

Denkspaß **243** | **Silbenschwedenrätsel** | ★★★☆ Zeit: ____ Min.

Die in den Fragekästchen der Rätselgrafik stehenden Texte müssen gelöst und in Pfeilrichtung eingetragen werden. In jedes Kästchen gehört eine Silbe.

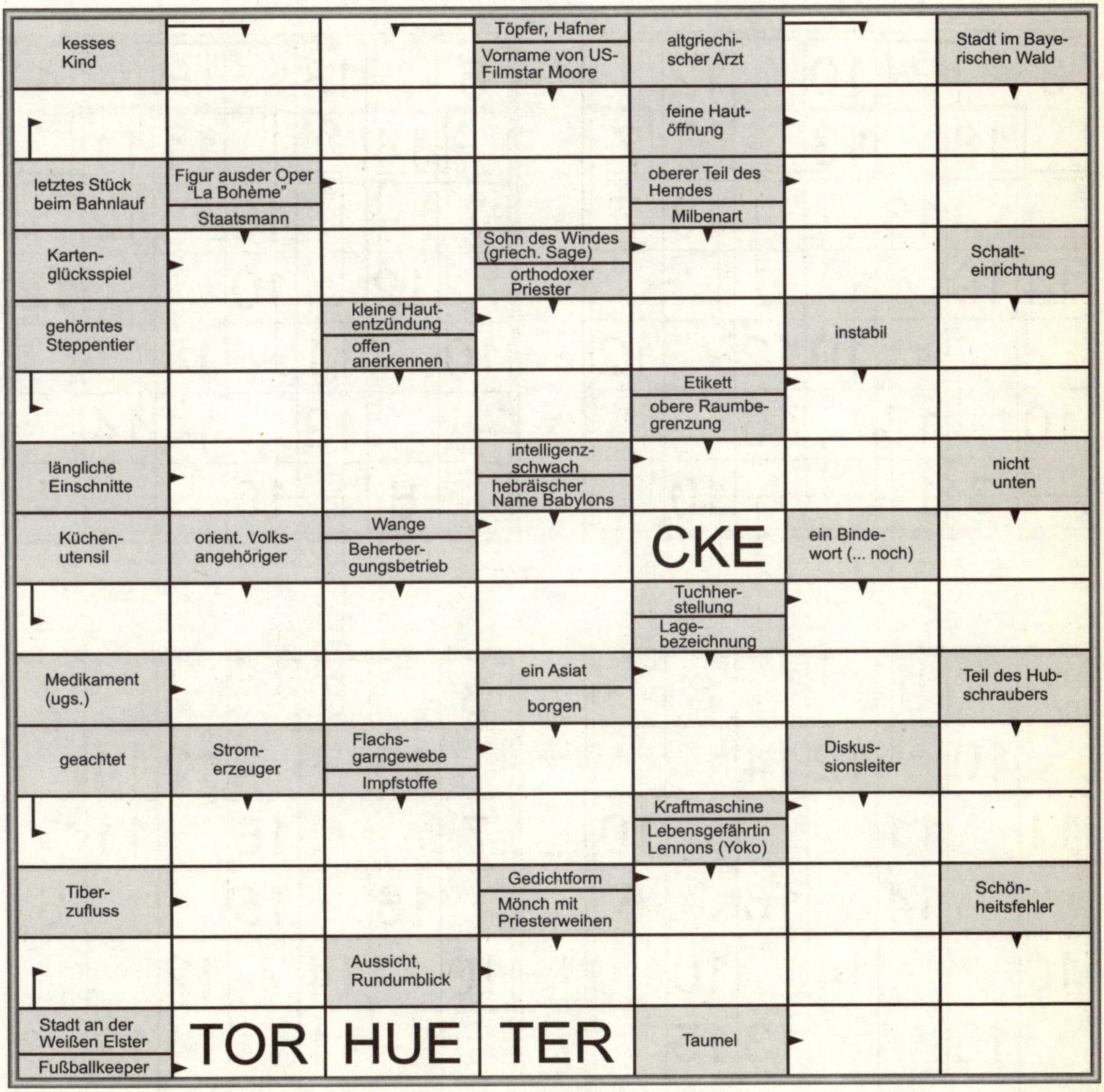

Denkspaß 244 — Summen-Sudoku

★★☆☆ Zeit: ____ Min.

Beim Summen-Sudoku müssen die Zahlen 1 bis 4 in die leeren Felder eingetragen werden, wobei die gleichen Zahlen jeweils nur einmal in jeder Zeile und Spalte vorkommen dürfen. Als Hilfe dienen die bereits eingetragenen Zahlen, die die Summe der gesuchten Ziffern in den noch leeren Feldern wiedergeben. Dabei werden alle horizontal, vertikal und diagonal anliegenden Felder berücksichtigt.

3			10		12	
	18		13			7
		13			13	7
14	19			8		
			10	12		12
10		15		16		
	3	11			10	

6		13				4
	14			11	11	
7			16		12	
	12		10			12
10		11		14		
		12		14	14	
	8		10			4

7		9			8	
	10		12	14		
11		11				10
		14		16		6
10			14		10	
	13			13	15	
	8		10			7

3		8				7
	15			12	14	
7			16		11	
	16		15			6
10		14		12		
		11		14	12	
	9		5			7

Denkspaß 245 Tiergruppenrätsel

★★★★ Zeit: ____ Min.

Ein Symbol steht jeweils für drei Buchstaben bzw. für zwei Buchstaben und das Blindfeld. Sämtliche unten aufgeführten Wörter sind in die Grafik einzutragen. Durch Ausprobieren und unter Mithilfe des Symbolschlüssels kann die richtige Position ermittelt werden.

A	B	C	D	E	F	G	H	I
J	K	L	M	N	O	P	Q	R
S	T	U	V	W	X	Y	Z	■

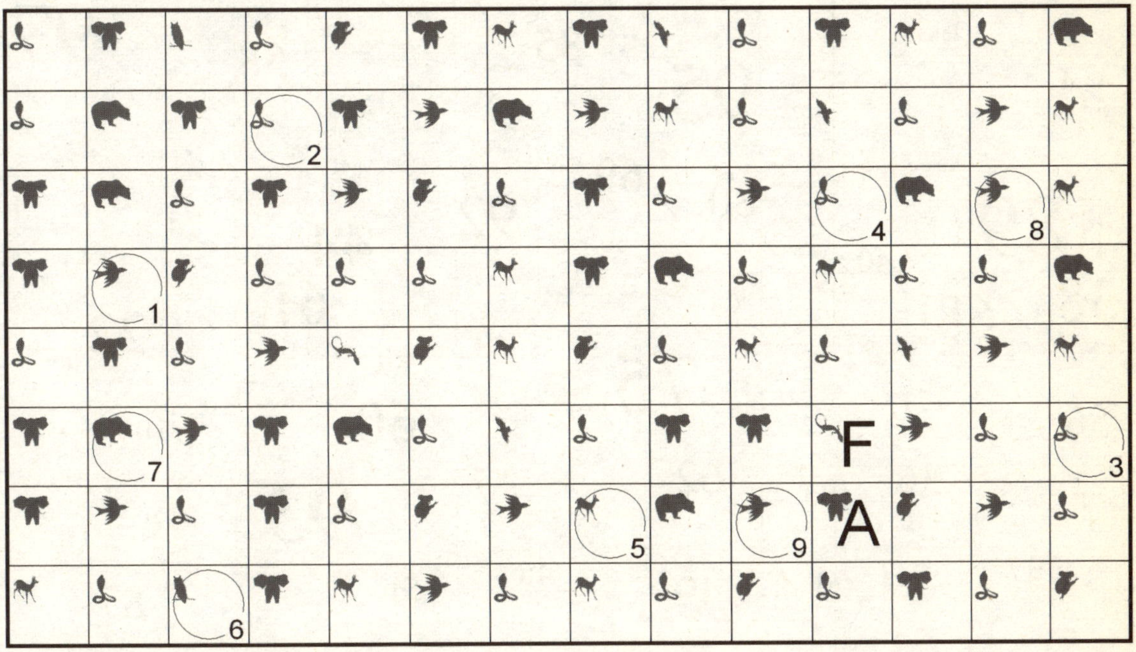

1	2	3	4	5	6	7	8	9

Waagerecht:
SAFE - NOVUM - SEM - AE - GNU - STRAND - LID - HAUE - STEAK - NU - EITEL - LABIL - TARANTEL - DECKNAME - MAUSGRAU - ARD - IT - RAH

Senkrecht:
CL - NEIN - FA - AND - GL - NASA - ER - SS - LUPE - UT - DE - MANIOK - HARM - KULTUR - ATTESTE - SESAM - EILAND - GEMA - RA - SKI - AGIL - SAU

Denkspaß **246**

Von 0 auf 100

★☆☆ Zeit: ____ Min.

Bei diesem Konzentrationsspiel sollen Sie mit einem Stift die Zahlen von 1 bis 100 möglichst schnell finden und abhaken.

3 37 94 81 39 72

67 6 24

46 12

100 43 28

11 86 18 35

91 97

76 85 58

32 25 95 4 15 66

21 53

69 80 89 92 74

44 40 48 14

38 16 61 68 22

9 88

75 33 31

71 60 56 10

77 36 83 62 7

93 55 52 17

27 45 29 49 51 87

73 2 5 70 96 8 26 47

57 20 65 99 59

50 64 54 30 82 98

41

42 90 34 1 23 79 78

84 13 63 19

Denkspaß 247 — A-bis-Z-Rätsel

★★★ Zeit: ___ Min.

Die in den Hinweisen unten aufgelisteten Definitionen sind zu lösen. Wenn ausreichend gelöste Begriffe vorliegen, kann damit begonnen werden, die genaue Position der Begriffe in der Rätselgrafik zu ermitteln.

1	2	3	4	5	6	7	8	9	10	11	12

Wörter, die mit A beginnen:
BA – israelische Münzeinheit – NHEA – ein Hautausschlag – Tennisverband (Abk.)

Wörter, die mit B beginnen:
Unmensch – Fremdwortteil: doppelt – OBB – heftiger Windstoß

Wörter, die mit D beginnen:
venez. Herrschertitel – Medikamentenform

Wörter, die mit E beginnen:
Backzutat – feierliches Gelübde – franz., lat.: und

Wörter, die mit F beginnen:
weit weg – SROLGFA

Wörter, die mit G beginnen:
Spielkartenausteiler – Langmut – Körnerfrucht – Chaos – scherzhaft: US-Soldat – Bahnschiene – nicht schlecht

Wörter, die mit H beginnen:
RIHE – großer Hohlraum im Felsen – OHF – Heiterkeit

Wörter, die mit I beginnen:
SIE

Wörter, die mit K beginnen:
Abfallprodukt beim Mahlen – Boxbegriff (Abk.) – tiefe Ohnmacht – USROKK

Wörter, die mit L beginnen:
weiblicher franz. Artikel – Inhaltslosigkeit – UTRLKEEE – ehem. ital. Währung (Mz.) – Abk.: Landesregierung

Wörter, die mit M beginnen:
ostdänische Insel

Wörter, die mit N beginnen:
Kfz-Z. Neuss – spanisch: nein – Augenblick

Wörter, die mit O beginnen:
Gaststättenangestellter – Wortteil: natürlich, naturbelassen – altröm. Göttin der Ernte – wüstes Gelage

Wörter, die mit P beginnen:
Fußhebel (Mz.) – Briefträger
Wörter, die mit R beginnen:
Tanz in der Reihe – altnordisches Schriftzeichen

Wörter, die mit S beginnen:
TSIEA – Kfz-Z. Steinfurt

Wörter, die mit T beginnen:
nordischer Donnergott – Loyalität – Fremdwortteil: drei – VT

Wörter, die mit U beginnen:
deutsche Vorsilbe

Wörter, die mit V beginnen:
niederl. Adelsprädikat – Kosename für Genoveva – niederländische Provinz

Denkspaß 248 | Bildertafel

★★★★ Zeit: ____ Min.

Prägen Sie sich die Bilder in der Tabelle gut ein und merken sich auch deren Position. Zum Beispiel: Bananen – A1. Decken Sie dann diese Tabelle ab und lösen Sie die Aufgabe darunter. Dort stehen Hinweise zu bestimmten Bildern. Sie sollen daraus schließen, welches Bild gemeint ist, und dann als Lösung die Position dieses Bildes angeben.

	1	2	3	4
A		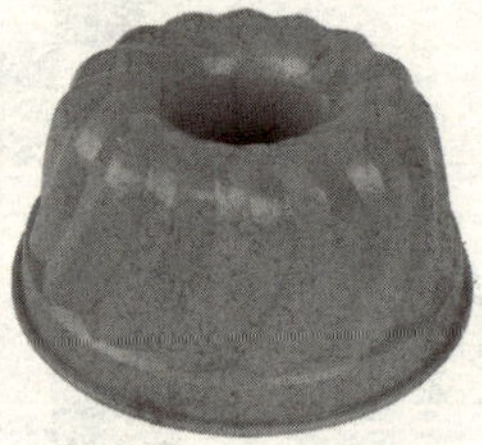		
B	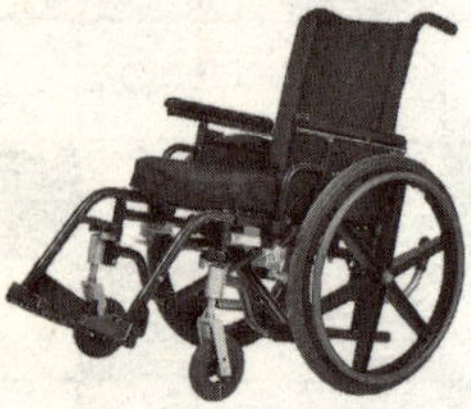			
C				

	Hinweis	*Position*
1	Die Grundeinheit einer intakten Gesellschaft	______
2	Er wird meist jeden Morgen gefüllt	______
3	Es macht kahle Wände interessanter	______
4	Es gibt dem Gebäck eine schöne Form	______
5	Er muss immer wieder nachgespitzt werden	______
6	Sie bringt Licht ins Dunkel	______

Denkspaß 249 | Super-Sudoku

★★★★ Zeit: ____ Min.

In diesem Super-Sudoku sollen die Zahlen 1 bis 16 in jeder horizontalen Reihe, jeder vertikalen Spalte und jedem 4-x-4-Unterquadrat genau einmal enthalten sein.

		13		12		16		2	7	15					10
	4	15		2			3					14	13	7	5
		11		14	5		13	3	1		9		6		
7		3	5		8		15			13	4		16		11
	16	5	12		11	3			4				7	14	2
	10			9			2	12		6	15	11			
6	9		11	5		15		7						4	13
2	8			16		4			14	5		9	3	12	
	6	16	1		15	13			9		11			10	12
9	7						5		6		16	1		3	14
			8	3	16		12	15			14			9	
4	15	2				1			5	7		6	8	11	
12		6		13	3			10		14		7	11		4
		4		15		5	10	9		11	3		12		
15	1	9	10					5			7		14	13	
11					14	12	16		13		2		5		

Denkspaß **250**

Zitatsuche

★★★★
Zeit: ____ Min.

Zwischen Anfangs- und Endbuchstabe ist ein Sprichwort oder Zitat versteckt, das es zu finden gilt. Der Eintrittspunkt kann links unten oder rechts oben sein.

D	T	I	O	X	N	H	I	N	E	I	N	S	I	E	H	T	E
V	I	U	Z	M	A	U	V	X	M	G	O	Q	O	W	V	S	V
I	O	E	N	N	T	T	C	J	U	J	P	B	V	V	D	X	A
N	B	W	I	W	H	A	I	N	R	I	O	F	E	P	P	I	T
L	A	N	N	H	C	T	X	V	J	W	V	I	R	M	N	H	G
T	N	E	D	E	S	Q	F	J	P	H	P	T	M	X	V	O	O
V	I	E	T	L	S	F	I	K	L	I	V	Y	R	K	U	D	P
R	C	A	K	D	E	T	V	Q	Q	D	A	C	Z	Z	K	T	K
K	J	K	A	N	Y	K	L	C	S	Z	F	X	J	F	L	K	Q
Y	M	I	T	U	R	A	S	E	O	Y	N	S	R	I	S	M	B
Z	U	L	W	M	G	X	O	X	R	E	M	U	X	Y	V	G	M
K	J	B	C	V	B	A	Q	U	T	X	S	N	E	G	N	I	L
Q	N	I	T	E	I	N	K	X	Y	B	Z	A	N	M	M	B	Y
V	X	I	S	H	Z	D	H	E	O	A	U	T	Q	L	O	G	S
X	Z	H	C	S	Q	G	U	K	E	T	O	M	S	I	B	N	I
K	X	M	E	N	T	H	K	I	V	M	D	D	P	N	P	L	S
J	E	R	R	I	I	A	E	B	R	L	Z	A	J	A	Q	U	K
E	D	X	T	K	Z	B	H	R	K	H	B	L	D	J	B	G	H

Lösungsspruch: ______________________________

____

Denkspaß 251	Löchrige Rechnungen	★☆☆☆ Zeit: ____ Min.

Löchrige Rechnungen

In die leeren Kästchen sind Zahlen einzutragen, sodass eine stimmige Rechnung entsteht.

A

	6		−				=			8
	+				+				+	
	0	9	−	2		8	=	2	0	
4	7		−	2	1		=	2	5	

B

		0	+	2		9	=		1	9
	+				+				+	
1		0	+	2	7		=		2	5
2	1		+	5	3		=	7	4	

C

4	8		−		3		=		5	7
	+				+				+	
3		9	−		9	4	=		0	5
8	8		−	2		4	=		6	2

Denkspaß 252	Codewort-Rätsel	★★★★ Zeit: ____ Min.

Gleiche Buchstaben der oberen Grafik bedeuten gleiche Buchstaben der unteren Grafik. Durch Ausprobieren ist jedem Buchstaben ein anderer Buchstabe zuzuordnen und in die Rätselgrafik einzutragen, sodass ein vollständiges Rätsel entsteht.

A	B	C	D	E	F	G	H	I	J	K	L	M	N	O	P	Q	R	S	T	U	V	W	X	Y	Z
			D	R								E	I				*	*	*	*	*	*	*	*	*

E	C	Q		J	E	N	K	B	A	G	E	J	B		J	P	M
	E	N	M	D		P	J	C		N		P	M	M	E	M	
G	M	F	F	M	F		H		O	P	C	Q	M		N		N
A	F	M		O		L	M	O	M	B		A		O	M	N	F
	G		Q	J	G	M	P		B		M	K	I	M		A	K
P	M	K	M	E		O		O	J	G	B	M	E	N	M		N
M	P		M		G	N	M	P		Q	J	F		E		C	D
N		D	E	J	C	K	K	M	F		L		F	J	M	H	M
D	M	A		J	E	K		N		K	M	F	J	B		C	E

	R	I	E	D											8		
		5															
										3							
				2								9					
	4										1						
																	6
					7												
														10			

1	2	3	4	5	6	7	8	9	10

Denkspaß 253 — Nur einer fehlt

★★★★

Zeit: ___ Min.

Nur einer fehlt ist ein einfaches Geduldspiel. In jedem der Kästchen befinden sich 25 unterschiedliche Buchstaben des Alphabets – es fehlt also in jedem Kasten ein Buchstabe. In allen 25 Kästen fehlen 25 unterschiedliche Buchstaben, der dann fehlende Buchstabe ist die Schlusslösung.

J	I	E	L	T	H	A	Z	M	K	N	H	X	Y	G	M	N	D	Q	G	M	R	O	X	S
F	G	Y	Q	B	G	T	Y	O	J	J	M	A	Q	E	X	L	O	R	P	B	F	W	I	K
W	R	A	X	V	L	D	R	C	P	U	D	T	F	I	F	E	W	I	V	D	N	H	Z	A
K	M	D	P	N	U	W	V	S	F	S	L	O	Z	B	U	K	A	S	Z	U	J	Y	E	Q
H	O	C	U	Z	I	N	E	B	Q	C	R	W	P	V	Y	C	T	B	H	L	C	G	T	V

S	F	U	O	L	H	J	A	Y	N	R	A	W	E	O	V	I	Z	W	A	N	H	G	U	W
J	W	R	G	I	F	O	Q	T	C	Y	H	M	S	C	U	G	K	R	Y	P	M	T	E	F
N	D	T	H	P	V	S	X	M	E	B	N	K	X	T	O	E	X	B	C	A	O	D	S	Q
C	X	M	A	V	L	I	P	B	G	P	Z	F	J	I	M	Q	T	P	J	B	X	I	Z	R
E	K	B	Q	Z	U	R	K	Z	D	Q	V	L	G	D	L	F	H	S	D	J	C	L	Y	K

T	Y	J	M	A	K	L	I	S	O	M	H	N	T	G	U	V	P	B	O	Y	A	U	I	B
K	R	F	U	Z	U	X	J	Q	F	U	Z	P	S	E	M	F	A	Z	X	C	X	W	K	V
B	H	C	P	E	A	C	W	H	Z	C	K	D	B	L	C	E	H	R	L	M	S	J	N	E
L	G	I	V	S	B	D	P	Y	M	V	R	W	A	X	J	I	T	W	K	F	Z	G	O	Q
N	D	O	X	W	E	V	N	G	R	J	O	Q	F	Y	N	Q	D	Y	S	R	T	D	P	H

R	W	X	G	C	N	S	O	A	W	K	X	J	H	Z	G	W	J	A	Y	V	G	A	L	C
D	N	U	B	F	L	C	B	Q	U	E	Q	W	R	O	D	L	S	E	T	R	N	M	T	S
H	E	T	I	Q	Y	M	I	V	R	L	C	D	T	N	Z	U	F	O	M	O	D	J	B	U
K	P	L	Z	J	E	K	T	F	G	B	I	G	S	A	B	N	K	Q	H	X	Z	Q	P	H
M	V	Y	O	S	Z	D	J	P	X	Y	U	V	M	P	X	P	V	I	R	Y	W	I	F	K

J	D	I	X	O	P	S	J	R	T	W	T	C	L	S	C	E	W	U	J	S	D	H	K	J
P	E	L	C	B	E	M	X	Q	K	P	N	Y	R	Z	N	B	S	K	T	M	I	V	F	O
R	H	M	S	K	G	Z	A	D	L	H	V	D	M	I	O	V	G	Z	I	Q	L	N	E	C
W	N	V	F	G	W	H	N	V	B	U	Q	K	G	A	R	F	M	A	H	X	A	P	T	G
T	U	Y	A	Q	F	I	U	C	Y	O	F	X	E	J	Q	P	L	X	Y	B	W	Y	Z	U

Sudoku-Stern

★★★★ Zeit: ____ Min.

Analog zum klassischen Sudoku müssen auch hier die Zahlen 1 bis 9 in die fett umrandeten Neuner-Dreiecke eingetragen werden. Auch in den langen Geraden (sie umfassen ebenfalls neun kleine Dreiecke) müssen diese neun Zahlen genau einmal enthalten sein, ebenso in den kurzen Geraden, zu denen auch noch das Feld in der Sternecke zählt.
(Die von der Sternmitte unterbrochenen Reihen zählen auch zu den langen Geraden.)

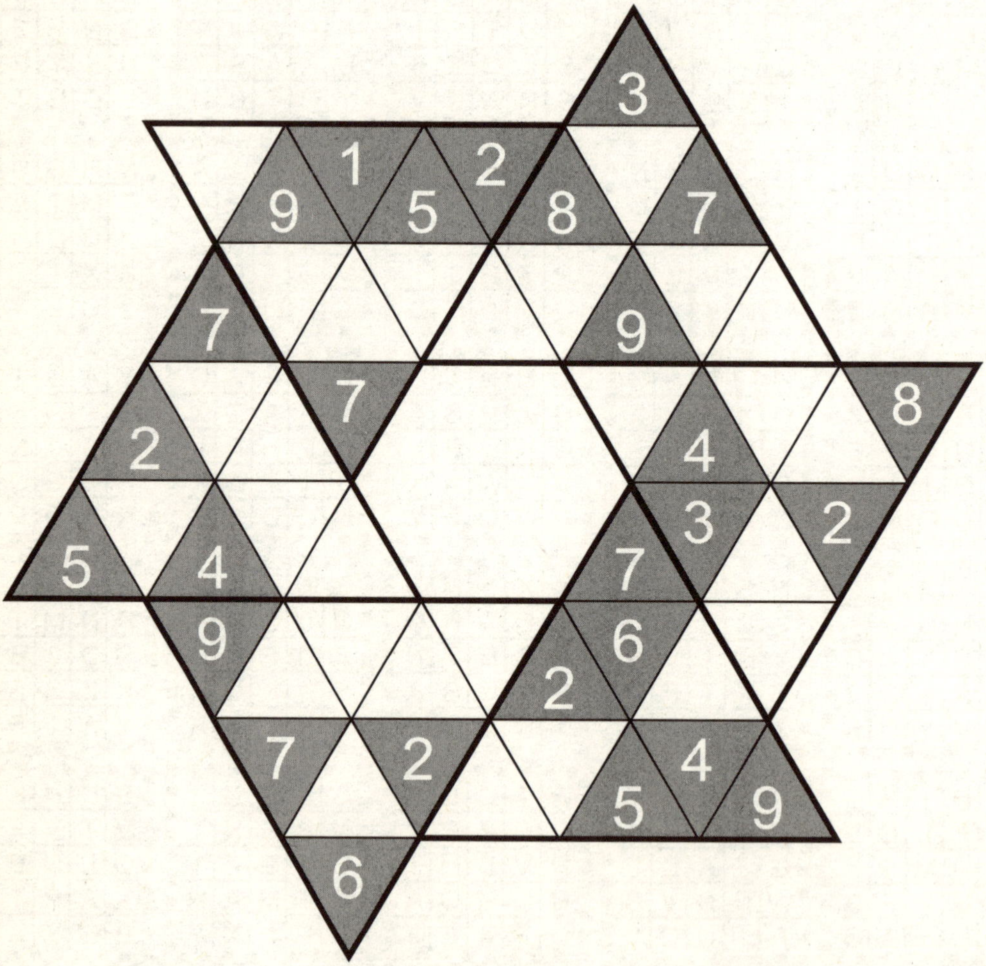

Denkspaß 255

Hitori

★★★☆ Zeit: ____ Min.

Das beliebte Hitori hat folgende Regeln:

- In jeder Zeile oder Spalte darf jede Zahl höchstens einmal auftauchen. Wenn eine Zahl in einer Zeile oder Spalte mehrfach vorkommt, müssen die falschen Zahlen schwarz eingefärbt werden.
- Zwei schwarze Felder dürfen waagerecht oder senkrecht nicht direkt aneinanderstoßen.
- Alle weißen Felder müssen waagerecht oder senkrecht miteinander verbunden sein. Es dürfen also keine zwei (oder mehr) weiße Bereiche entstehen, die durch schwarze Felder voneinander getrennt sind.

(Sehen Sie dazu ein Beispiel rechts.)

02	02	01	04	03
00	02	02	03	04
03	02	02	01	00
01	03	02	02	01
04	01	03	00	02

06	06	00	00	09	07	08	05	04	10	11	02
11	06	03	09	05	05	08	03	02	00	00	07
07	06	08	05	11	05	09	03	01	09	00	10
08	07	06	05	02	05	00	03	11	09	00	04
02	10	06	05	07	03	07	08	00	09	09	11
03	02	06	10	06	09	07	07	05	08	04	09
01	08	02	03	00	09	06	07	10	01	04	08
04	08	09	03	02	11	11	06	07	01	04	00
10	09	01	04	03	04	11	09	06	01	08	01
05	11	01	02	01	04	10	09	08	01	06	06
09	11	01	00	01	10	10	02	08	03	06	05
00	11	11	07	01	08	01	10	08	06	06	03

Denkspaß 256 | Sudoku klassisch | ★★★★ Zeit: ____ Min.

Bei diesem Rätseltyp sind die Zahlen 1 bis 9 in die leeren Felder der Grafik einzutragen, wobei sich jede dieser neun Zahlen genau einmal in einem Neunerblock, genau einmal auf jeder Horizontalen und genau einmal auf jeder Vertikalen befinden soll.

	1	5			4			
3			1			7	9	
8						5		4
9		1		4				
	2				6		7	
				9		4		2
2		3						5
	6	8			3			7
			7			6	3	

	7	2	6					
					1	3		6
	3			5				8
	5			4				2
		4	2		9	7		
1				7			3	
7				3			6	
2		6	7					
4					5	2	9	

8	1				7		9	
		6		9			5	
		5	8			7		
					9	2		
7		3		4		8		9
		8	6					
		2			8	6		
	4			1		5		
	8		5				3	

1				4		9	7	
9					2			4
	7							8
		1	9	7		5		
	9						3	1
		5		8	4	2		
6							8	
5			3					
	3	2		1				9

Denkspaß 257 | Aus 3 mach 1

★☆☆☆ Zeit: ____ Min.

In der Zweitgrafik stehen unter den Nummern jeweils drei Begriffe, von denen jedoch nur einer richtig ist. Durch Austüfteln ist der richtige Begriff zu ermitteln und unter der Nummer in der Rätselgrafik in Pfeilrichtung einzutragen.

1 UTENSIL PROVINZ NONSENS	8 SALTO CHROM ANBEI	15 WATEN THRON INARI	22 MENUES KAFFEE EINBAU	29 NIET BETE ARVE	36 OBST KALT DAVE	43 PIRSCH KRIPPE HBOMBE	50 SEI NIE IRE
2 VITAMIN PIPETTE CAPITOL	9 PENTAN MIMOSE ERSATZ	16 OFT ENT BEO	23 ZERREN PEDANT BOILER	30 OEL ISA ECK	37 SITZ AUCH ARIE	44 RAIN NASE BUNT	51 SNOB HOHN ERST
3 REH OMA BEI	10 KLAGLOS FUELLER EIBISCH	17 OB LE CM	24 ZILLE RASTE ASIAT	31 UWE PRO LIZ	38 PARKA LASUR EBNEN	45 OFT LOT GEB	52 OBER JENS ERDE
4 JETON DUENN BAUER	11 VERLEGER INVENTUR HAENDLER	18 RACK MAMA KAIN	25 SPACHTEL HARRISON FAHRWERK	32 POLIO FOKUS DROGE	39 RE KO HM	46 PAT OBI NSA	
5 SUED NANA KOHL	12 WUEHLEN ROSETTE HAMBURG	19 XP SI BO	26 LUX GAS ATH	33 VERLASSEN GRATULANT DUDELSACK	40 SET CDS ABI	47 ZWAR WEIL ELEN	
6 PEN GEI FBI	13 MAEHER HINTEN GIPFEL	20 WARE TROG KLEE	27 SOU POL IRR	34 UNERWARTET INVESTMENT GIESSKANNE	41 ZORN EGEL AXEL	48 ZEMENT ZAHLEN GELASS	
7 TRIBUENEN OBENDREIN KLANGVOLL	14 TOTER SPURT NEUER	21 PREISNACHLASS LEBENSWICHTIG DREHBUCHAUTOR	28 IDEELL HAUSSE FRATER	35 KLINGELN ERKENNEN ERDBEBEN	42 TAUBE RETRO BASIS	49 STUHL SEHEN ARGON	

1	2	3	4	5	6	7	8	9	10	11	12	13

Denkspaß 258 Endlos-Kruzzle

★★★★
Zeit: ____ Min.

Die in den Fragekästchen der Rätselgrafik stehenden Texte müssen gelöst und in Pfeilrichtung eingetragen werden – bei Definitionen ist das Lösungswort zu erraten, bei geschüttelten Begriffen ist durch eine Neuordnung ein sinnvoller Begriff „herzustellen“. Begriffe enden bei Endlosrätseln jedoch nicht zwangsläufig am Rand eines Rätsels, sondern können auf der jeweils anderen Seite weiterlaufen.

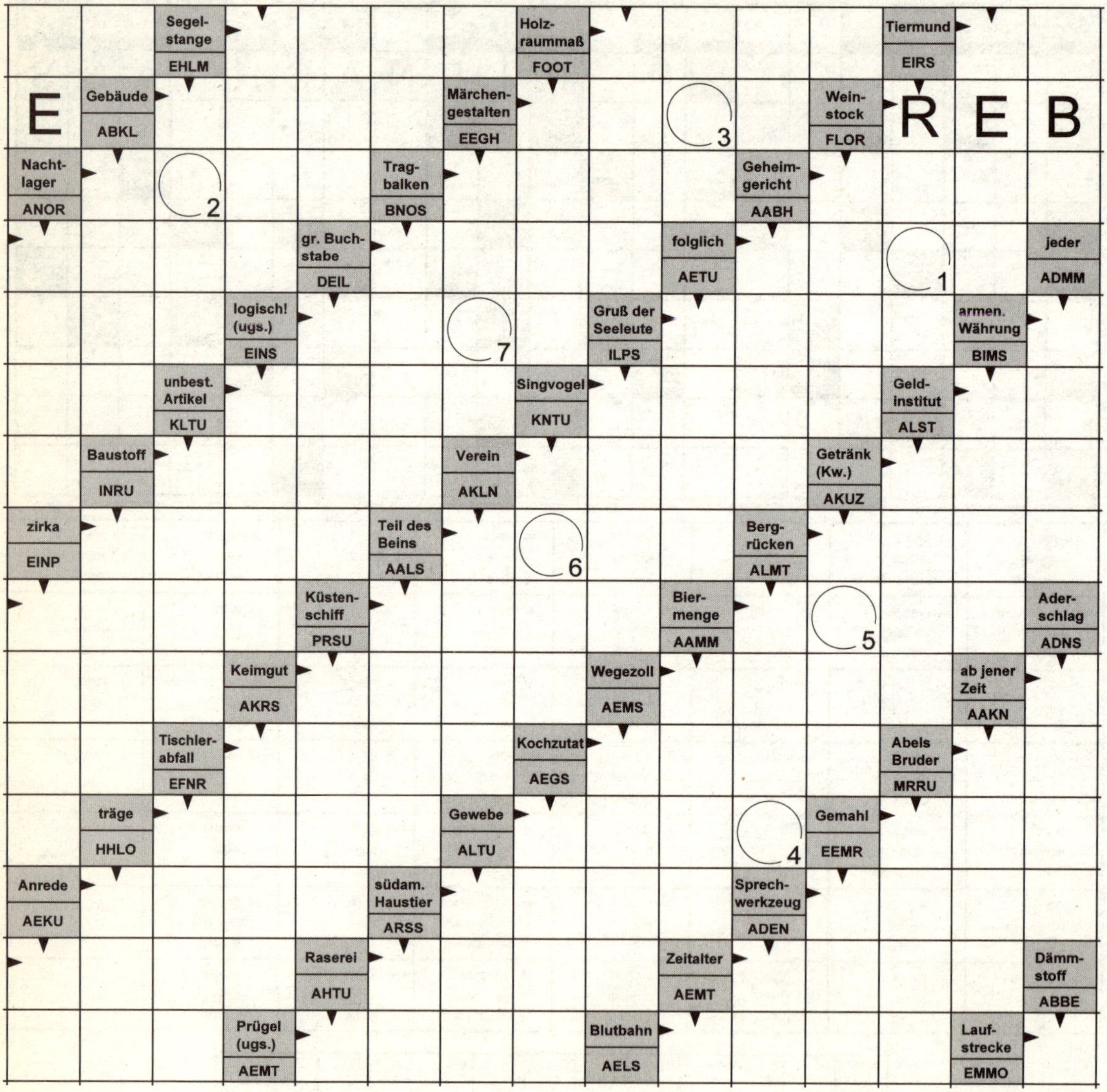

1	2	3	4	5	6	7

Denkspaß 259 | Kakuro-Quersummenrätsel | ★★★★ Zeit: ___ Min.

Beim beliebten, aber auch schwierigen Kakuro sollen Sie Zahlen von 1 bis 9 in die leeren Felder eintragen. Dabei muss die jeweils links bzw. oben vorgegebene Summe bei jedem horizontalen bzw. vertikalen Zahlenblock berücksichtigt werden. In jedem dieser Blöcke darf eine Zahl höchstens einmal verwendet werden.

Denkspaß **260**

Motiv-Sudokus

★★★★ Zeit: ____ Min.

Bei diesem Rätseltyp sind die Zahlen 1 bis 9 in die leeren Felder der Grafik einzutragen, wobei sich jede dieser neun Zahlen genau einmal in einem Neunerblock, genau einmal auf jeder Horizontalen und genau einmal auf jeder Vertikalen befinden soll.
Das Schöne an diesen Sudokus: Die Anordnung der vorgegebenen Zahlen ergibt jeweils ein Bildmotiv.

		3	9		5	8		
	9	7	8	4	6	1	5	
5	8			1			7	6
4	3						9	2
6	7						4	8
	5	2				3	1	
		8	7		4	2		
			1	5	2			
				9				

		8	4		3	1		
	3	2	8	5	6	9	4	
6	9			2			8	3
7	4						1	5
8	5						9	6
	2	1				7	3	
		7	9		5	8		
			2	3	7			
				4				

8				4				2
	9		1	5	8		7	
		6	9		2	4		
	1	9				2	6	
5	2						1	4
	4	7				5	3	
		4	5		3	1		
	6		7	2	4		9	
2				1				6

Denkspaß 261 — Tierisches Kreuzworträtsel

★★★★

Zeit: ____ Min.

Gleiche Tiere bedeuten gleiche Buchstaben. Durch Ausprobieren ist jedem dieser Tierzeichen ein Buchstabe zuzuordnen und in die Rätselgrafik einzutragen. Auf diese Weise soll ein vollständiges Kreuzworträtsel entstehen.

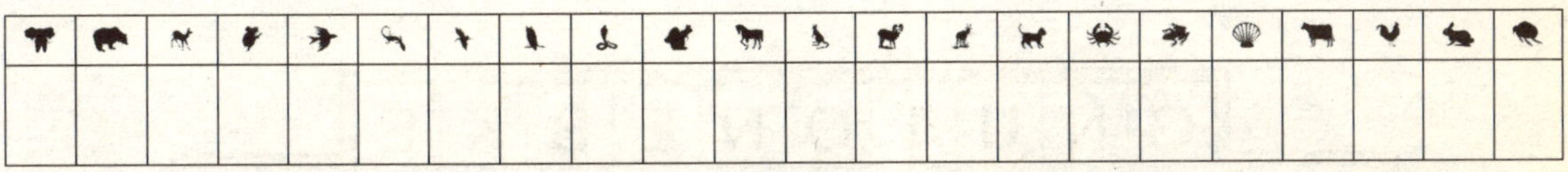

1	2	3	4	5	6	7	8	9	10

Denkspaß 262 — Wörtersuchspiel

★★☆☆ Zeit: ____ Min.

Finden Sie sämtliche unten aufgelisteten Wörter im Rätselgitter. Diese können vorwärts, rückwärts, horizontal, vertikal oder diagonal verlaufen. Die übrig gebliebenen Buchstaben ergeben ein Sprichwort.

				G	N	U	T	O	N	E	B	K	E				
		E	O	T	N	O	T	L	U	E	G	E	I	D	L		
	N	L	R	E	S	R	T	E	O	D	N	S	C	L	E	E	
L	C	N	E	U	L	I	C	H	N	E	N	H	E	S	F	H	G
O	N	I	R	A	M	S	O	R	G	L	I	U	E	K	E	N	T
R	O	U	P	O	H	A	E	G	A	L	N	K	D	A	U	N	E
I	G	A	S	U	W	D	E	A	E	N	O	S	F	T	G	I	N
T	K	A	R	T	S	B	A	N	A	R	A	A	H	E	B	I	E
O	A	I	E	H	O	M	E	G	I	D	O	C	R	O	M	A	L
	G	A	M	O	H	A	L	K	O	N	I	A	H	I	W	E	
		R	S	N	L	L	B	O	H	R	U	P	E	T	L		
				R	E	F	E	R	A	T	E	F	N				

ABSTRAKT
ACHT
AGIL
AHOI
AMOR
ANNUELL
BENO-
TUNG
BOHR
CHILENE
CLOG
DAUNE
EDEL
EFEU
EGAL
EGGEN
EGOIST
ELBE
ETWA
FEME
GAEHNEN
GURUS
HAAR
HEDE
HEIA
IROKESE
KENT
LAMBDA
LEHR-
GANG
LIRA
LORI
MIEF
NACHT
NEULICH
NOTLUEGE
OKLAHO-
MA
PAKO
PHOBIE
REFERAT
RICHTUNG
ROSMARIN
RUMAE-
NIN
SAAT
SEHNEN
SHOW
SOHLE
SOMIT
TIROL
TRAKT
TUAREG
URIG

Denkspaß **263**

Brückenrätsel

★★★☆ Zeit: ____ Min.

Beim Brückenrätsel müssen Brückenwörter gefunden werden, die die Begriffe in der linken Spalte ergänzen, sodass sie neue sinnvolle Wörter ergeben. Gleichzeitig werden sie den Begriffen der rechten Spalte vorangestellt und bilden mit diesen ebenfalls neue sinnvolle Begriffe.
In der Mittelspalte soll ein sinnvoller Lösungssatz entstehen.

UNTER		GESETZ
HEFT		RAMPE
REIN		SCHIRM
DUENN		STADT
ROST		BAER
NORMAL		KANISTER
WEIN		MANN
REISE		GERADE
EDEL		RUSSE
TOAST		ERWERB
RAUSCH		SCHLANGE
GROSS		RIND
WELT		SICHT
FLUSS		TIER
HALB		KRAFT
HOLZ		OFEN
KAHL		BAUM
BLEI		ZAHN

Denkspaß 264 | Ziegelrätsel | ★★★★ Zeit: ____ Min.

Die „Rätselziegel“ des ursprünglichen Rätsels sind durcheinandergewürfelt. Durch Ausprobieren sind die Rätselziegel an die richtige Stelle zu setzen, sodass sich daraus wieder ein „normales“ Kreuzworträtsel ergibt.

Q	■	B	A	U	S	O	■	R	T	T	L	Z	I	E	L	L	■
U	F	E	E	■	T	■	A	L	I	R	■	■	H	■	O	E	H
E	■	O	R	I	E	R	Z	E	T	■	A	I	N	V	E	N	T
A	I	R	E	■	K	M	U	T	S	A	■	■	P	N	E	U	■
N	■	T	S	S	E	■	R	■	U	■	E	I	L	I	G	E	R
■	K	E	K	■	R	S	E	N	N	T	I	M	I	G	■	R	A
E	Z	U	B	L	A	N	■	I	G	■	L	S	P	E	C	L	A
R	■	G	R	■	S	G	E	■	■	H	E	R	A	T	L	U	E
■	V	E	U	R	■	W	■	A	T	O	■	■	U	■	I	S	■

			Z	I	E												
			■	H	■												
			I	N	V												
					I												

Denkspaß 265 — Rechenquadrate

★★ Zeit: ___ Min.

Die Zahlen 1 bis 9 sind so in die Grafik einzutragen, dass die Rechnung schlüssig wird. Keine der Zahlen darf ein zweites Mal verwendet werden. In der Rechnung gilt nicht die Regel „Punktrechnung vor Strichrechnung“, sondern es wird grundsätzlich von oben nach unten bzw. von links nach rechts gerechnet.

34	+		+		43
–		+		+	
	x		–		51
–		x		+	
	x		–		36
20		55		14	

40	+		+		48
+		+		x	
	+		+		16
–		–		–	
	+		+		20
38		2		17	

Denkspaß 266 — Wörtergleichung

★★★ Zeit: ___ Min.

Ersetzen Sie die Buchstaben durch die gefragten Begriffe, sodass die jeweilige Wörtergleichung eine sinnvolle Lösung bzw. ein sinnvolles Lösungswort erhält.

$$(a-b)+(c-d)+(e-f)+(g-h)+(i-j)+(k-l)+(m-n)=X$$

---

a = Backstein, b = Insektenfresser, c = europäischer Inselstaat, d = Kante, äußere Begrenzung, e = Reise reservieren, f = gebundenes Schriftwerk, g = Witz, Gag, h = Spielkartenfarbe, i = reliefartig, j = Vermächtnis empfangen, k = Pferdezaum, l = Getreidesorte, m = ehrlich, n = nicht leise, X = die Schlusslösung

Denkspaß 267 | Wörterkreuzungen | ★☆☆ Zeit: ____ Min.

Durch Kombinieren sind alle unten aufgelisteten Wörter in das Gitter einzutragen. Zur besseren Übersicht sind diese Begriffe bereits nach ihrer Buchstabenanzahl geordnet.

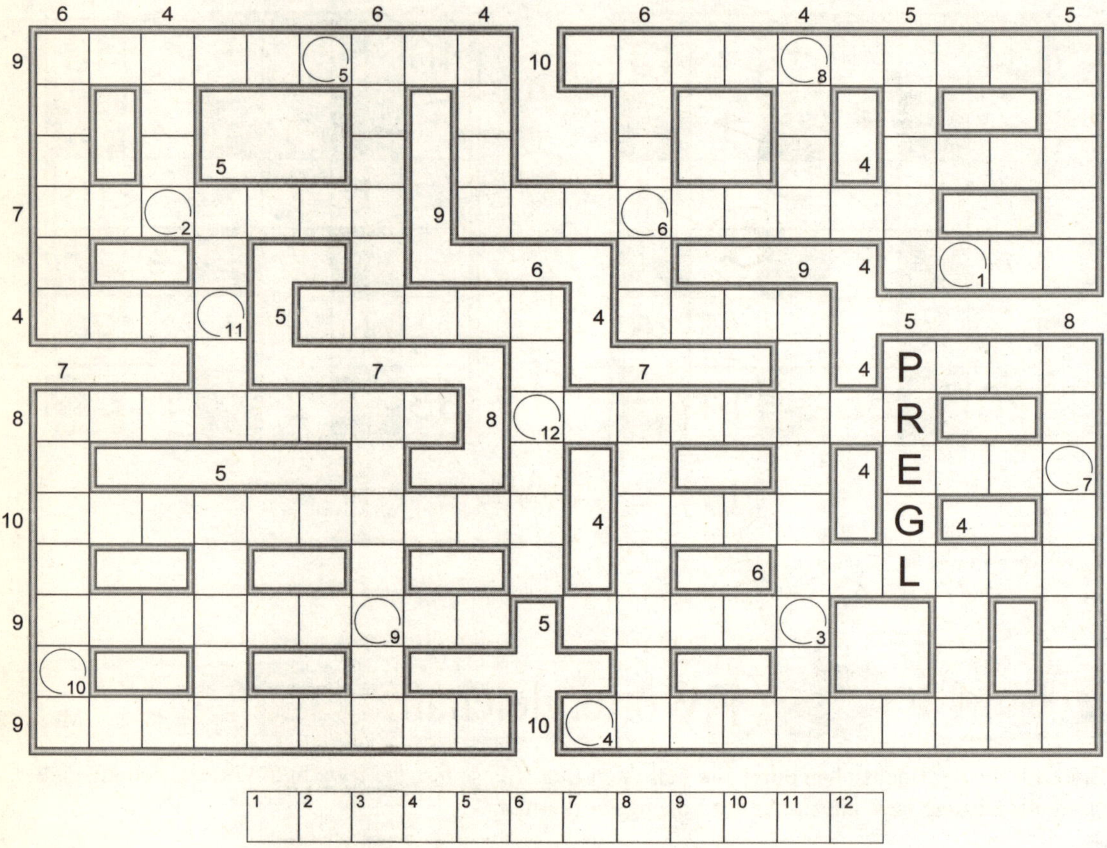

4 ASYL, EGON, ERIE, LORI, LYRA, NEUE, OPEC, POMP, RIET, SEGU, VIZE
5 ADHOC, GRUBE, HERTA, NATAL, PREGL, SOLAR, WHIST
6 EKLOGE, ETUEDE, KAUTEL, RASPEL, THERMO
7 ARIETTE, LOLLAND, RUSHDIE, TRAWLER
8 LEKTORAT, PINZETTE, STRUKTUR
9 AKKUSATIV, DEZERNENT, EITELKEIT, ENTZUECKT, KOLLEKTIV
10 FESTNEHMEN, HEIMTUECKE, LIEGEWIESE

Denkspaß **268**

ABC-Verfolgung

★★★★ Zeit: ___ Min.

Bei der ABC-Verfolgung ist jeder Buchstabe des Alphabets in der Reihenfolge des Alphabets anzuspringen, wobei man sich auf den Linien (Kreisringen und Strahlen) bewegen muss, das Zentrum dabei aber nicht durchschreiten darf.

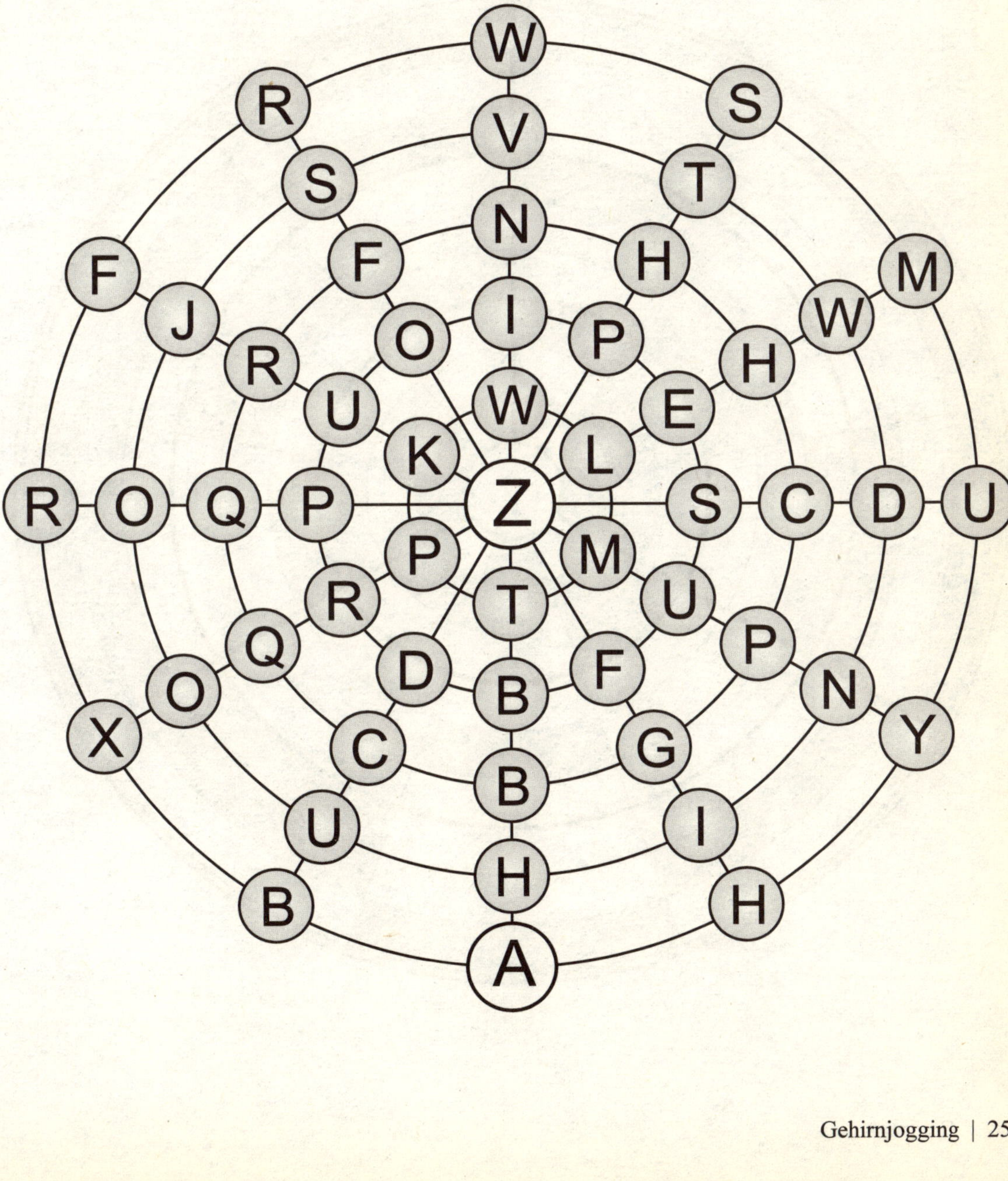

Denkspaß **269** | Sudoku-Kreis | ★★★★ Zeit: ____ Min.

Sudoku-Kreis

Ähnlich wie auch beim klassischen Sudoku müssen die Zahlen 1 bis 9 genau einmal auf jedem Ring, auf jedem „Strahl" von außen nach innen und auf jedem dick umrandeten Teilstück vorkommen.

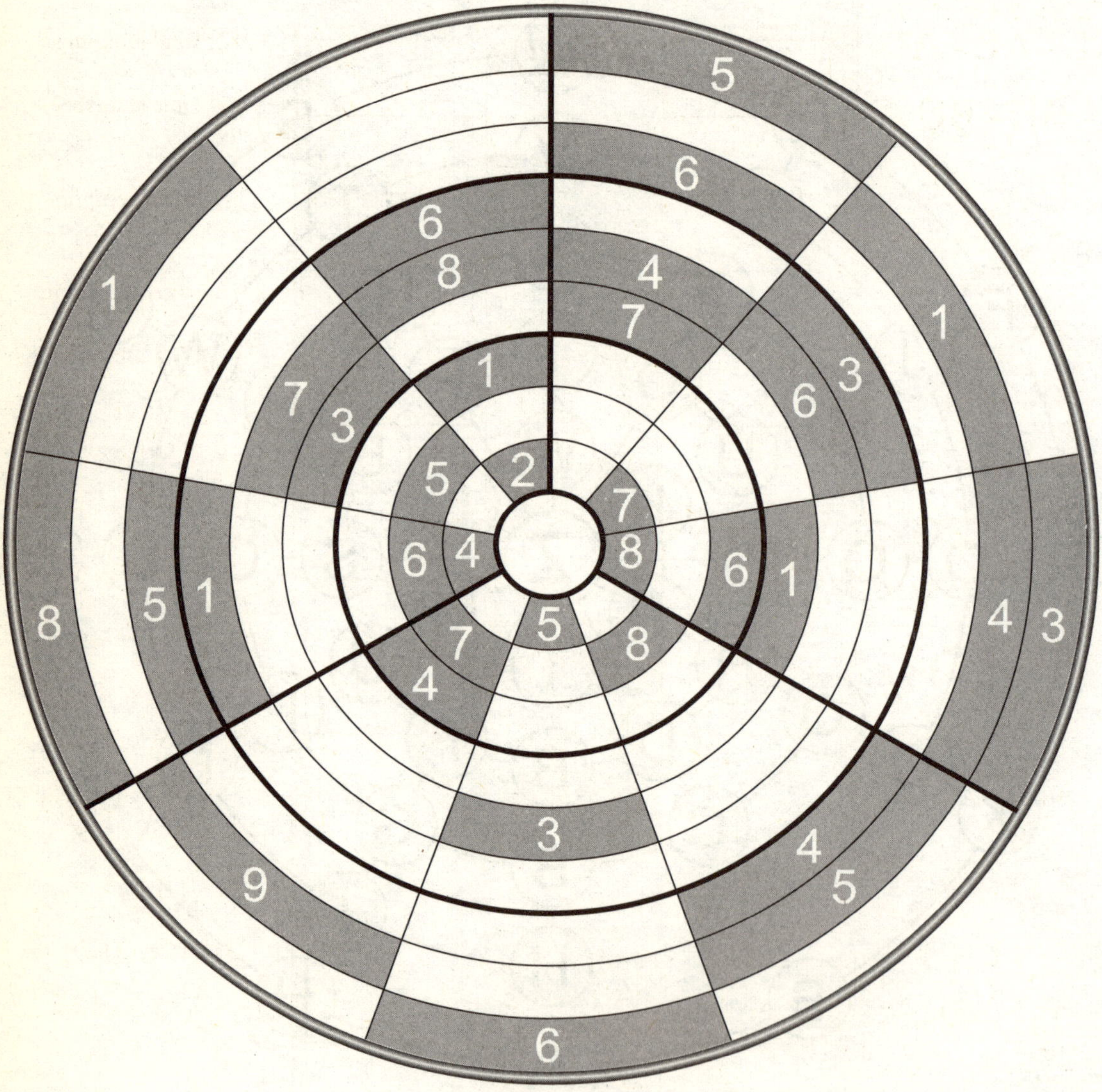

Denkspaß **270**

Leiterrätsel

★★☆☆ Zeit: ___ Min.

Aus den Zweierbuchstaben links sind insgesamt 14 sechsbuchstabige Wörter zu bilden. Welche Wörter gesucht werden, sollen Sie anhand der Hinweise rechts herausfinden. In jedes Feld gehören zwei Buchstaben, wobei die Doppelbuchstaben in der Mitte von je zwei Wörtern verwendet werden. Am Ende schließlich erhalten Sie im Mittelbalken von oben nach unten gelesen ein Lösungswort.

AL - AL - AT - BE - BU - DE - DE - EN - EN - EO - ER - ER - EU - FR - FR - GE - HA - HO - ME - ND - NI - OR - PO - RN - RN - RS - SC - SC - ST - ST - ST - TE - TE - TE - WA

1		2
3		4
5		6
7		8
9		10
11		12
13		14
15		16
17		18
19		20
21		22
23		24
25		26
27		28

1-2 Beglaubigung,

3-4 Gelege ausbrüten,

5-6 Glücksempfinden,

7-8 enger Vertrauter,

9-10 Raumtonverfahren,

11-12 Gegenteil von Kälte,

13-14 dt. Schauspieler † (Hans),

15-16 sehr ausgelassen,

17-18 ästhetisch,

19-20 längliche Kapselfrucht,

21-22 Garant,

23-24 Festigkeit,

25-26 niedrige Empore,

27-28 einen Auftrag erteilen

Denkspaß 271 — Durchzähl-Sudoku

★★★★
Zeit: ____ Min.

Tragen Sie in dieses Sudoku Zahlen von 1 bis 9 ein, wobei jede dieser Zahlen in jeder Reihe, in jeder Spalte und in jedem Neuner-Block genau einmal enthalten sein muss.
Als Zusatzregel gibt es hier Zahlen in Pfeilen außerhalb des Rands. Diese Zahlen geben an, wie viele „Durchzähltreffer" es in der betroffenen Reihe gibt. Das erste Feld bekommt also die 1, das zweite die 2 usw. Stimmt nun eine Zahl im Sudoku mit der durchgezählten Nummerierung überein, so ist dies ein „Durchzähltreffer". Eine 4 im vierten Feld (in Pfeilrichtung) wäre ein Durchzähltreffer, ebenso wie eine 7 im siebten Feld usw.

	3	0	0	0	0	2	3	0	1	
5	1									0
1		6				2		1		0
1	9	8	4	6						5
1		9		5			1			0
0		1	6		7		5	9		0
0			7			4		2		3
1						3	7	5	8	0
0		3		7				6		1
0									3	0
	0	0	2	0	1	3	1	1	1	

Denkspaß 272 | Nasskaltes Abenteuer

★★★★ Zeit: ___ Min.

In dieser Gedächtnisübung sollen Sie sich alle Zahlen und deren Positionen im oberen Bild gut einprägen. Dann decken Sie dieses obere Bild bitte ab und tragen im unteren Bild die fehlenden Zahlen ein. Achtung: Das untere Bild ist gespiegelt!

Denkspaß **273**

Rechenschwede

★★★★
Zeit: ____ Min.

In die leeren Felder der Rätselgrafik sind Zahlen von 1 bis 9 einzutragen, sodass die Summe aller Zahlen eines „Wortes“ der Zahl entspricht, die in dem Feld steht und das „Wort“ definiert. Anders ausgedrückt, die Zahl, die in den Fragekästchen steht, muss in „kleinere“ Portionen aufgeteilt und in Pfeilrichtung eingetragen werden.
Bei diesem Rätsel gibt es mehrere Lösungsmöglichkeiten.

Denkspaß 274 | # Französisches Rätsel | ★★★ Zeit: ___ Min.

Bei diesem Rätsel müssen sowohl die Begriffeals auch deren genaue Position in der jeweiligen Spalte bzw. Zeile ermittelt werden. Dazu sind die Fragetexte zu lösen und unter Heranziehung anderer, diesen Begriff kreuzender Begriffe in die Grafik einzutragen. Einbuchstabige Begriffe werden nicht berücksichtigt.

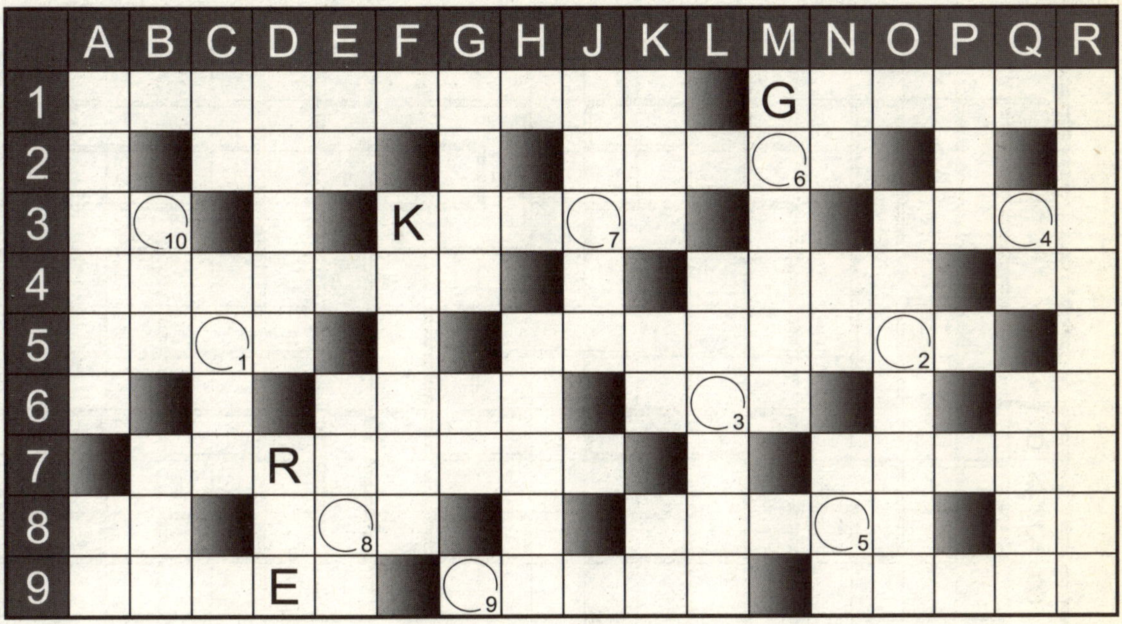

1	2	3	4	5	6	7	8	9	10

Waagerecht:

1 TV, Fernsehen – eine Virusinfektion
2 südamerikanischer Kuckuck – fossiler Brennstoff
3 Rufname von Capone – hinduistische Gesellschaftsschicht – Edelmetallgewicht
4 Weltorganisation (Abk.) – Lastenheber – Feiertag
5 Saugwurm – gefühlsmäßig, instinktiv
6 Schmerzlaut - Schaffensfreude – englisch: eins
7 zur Familie gehörend – Mittelmeerinsulaner
8 niederländisch: eins – Initialen des Autors Lenz – Fechtwaffe – Abk.: Notausgang
9 Mannequin – Lagebestimmung – gefeit

Senkrecht:

A Berbervolk in der Sahara – Augenblick
B See und Stadt in der Osttürkei – poet.: Unwahrheit
C Wildpflege – spanischer Artikel
D Wenderuf beim Segeln – Boten Gottes
E röm. Zahlzeichen: sechs – kleines Küstensegelschiff
F kath. Hilfsgeistlicher
G Haltetau – eingeschaltet
H ein Bindewort
J ein Kohlenwasserstoff
K vertraute Anrede – Name Noahs in der Vulgata – englisch: nach, zu
L Käufer (Mz.)
M Ruhm, Herrlichkeit
N Stadt am Weißen Meer – Skatausdruck – chem. Zeichen für Astat
O einstimmig (alle)
P Verbindungsstift
Q hohe Spielkarten – Adelsprädikat
R möglicherweise, vielleicht

Denkspaß 275 — Zahlenkreuzungen

★☆☆ Zeit: ____ Min.

Tragen Sie sämtliche unten aufgelisteten Zahlen in das Gitterfeld ein. Dort sollen sie von links nach rechts bzw. von oben nach unten zu lesen sein.

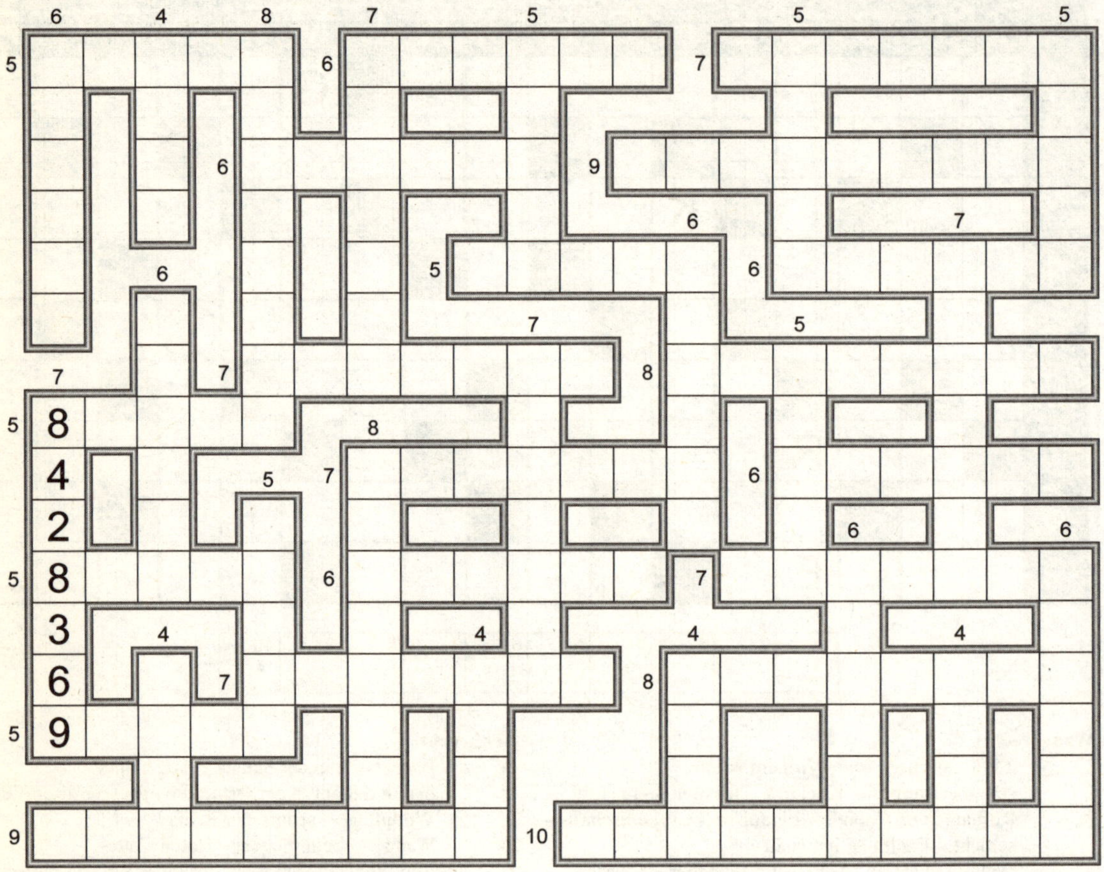

4 1716, 4379, 7638, 8959, 9157

5 12317, 48741, 49178, 84666, 86413, 89389, 91856, 93466, 94371, 95923

6 147237, 367399, 383628, 396537, 613989, 637676, 714417, 725158, 893176, 934636

7 1249918, 1916372, 1989774, 3133226, 5113334, 7873273, 8333794, 8428369, 9793627

8 11669967, 18398178, 34982172, 64128189

9 289588888, 299339891

10 8663374716

Schwedenrätsel

★★★★ Zeit: ____ Min.

Die in den Fragekästchen der Rätselgrafik stehenden Texte müssen gelöst und in Pfeilrichtung eingetragen werden.

lockere Zusammenkunft
Friedensgott der Maori
Zögling
Weg, Fuhrt
Vorname Quadfliegs
Biene
belg. Ardennenheilbad
Stadt an der Yonne, Burgund
tschech. Name der Stadt Brünn
Wasserfälle in Brasilien
Vorname der Basinger
Kleidervolant
Lerneifer
1
8
Weltreich (lat.)
5
talentiert
australisches Beuteltier
Angehöriger des niederen Adels
10
Skizze eines Geländes
Musiknote
witziger Einfall
spanischer Ausruf
derartiges
wissen

poetisch: flaches Wiesengelände
11
Verbindungsstellen
Rabenvogel
austauschbar
Ärmelschnitt
germanischer Volksstamm
Wichtigtuerei
nicht weit entfernt
4
Einbringen der Feldfrüchte
7
Dichter
ohne Übereinstimmung
um Antwort bitten
französisch: eins
Rennbahnbelag
Vorname der Hayworth
Streitmächte
Oberschicht
3
6
südamerikanisches Nagetier
britische Prinzessin
kleines Beiboot
inneres Organ
Normalmaß
weinartiges Honiggetränk
Metropole an der Seine
südslawischer Name für Wien
Figur in ‚Land des Lächelns'
Fakten
Kurort in Südtirol
9
kurz für: in dem
ein Haus errichten
2
Buch über Umgangsformen
Seelachsart
Grundfarbe
schadenfreudig
Abk.: Nahgüterzug

1	2	3	4	5	6	7	8	9	10	11

Denkspaß 277 | 3-D-Sudoku

★★★★
Zeit: ____ Min.

Beim Würfel-Sudoku sollen alle sechs Seiten die Zahlen 1 bis 16 enthalten. Zusätzlich sollen diese 16 Zahlen in jedem Streifen, der um den Würfel herumläuft, genau einmal enthalten sein. (Es gibt zwölf Streifen, je vier für jede der drei Dimensionen.)

Die Würfelseite ganz unten ist dieselbe wie die Seite ganz rechts. Dass diese Seite zweimal erscheint, soll Ihnen die Lösung komfortabler machen.

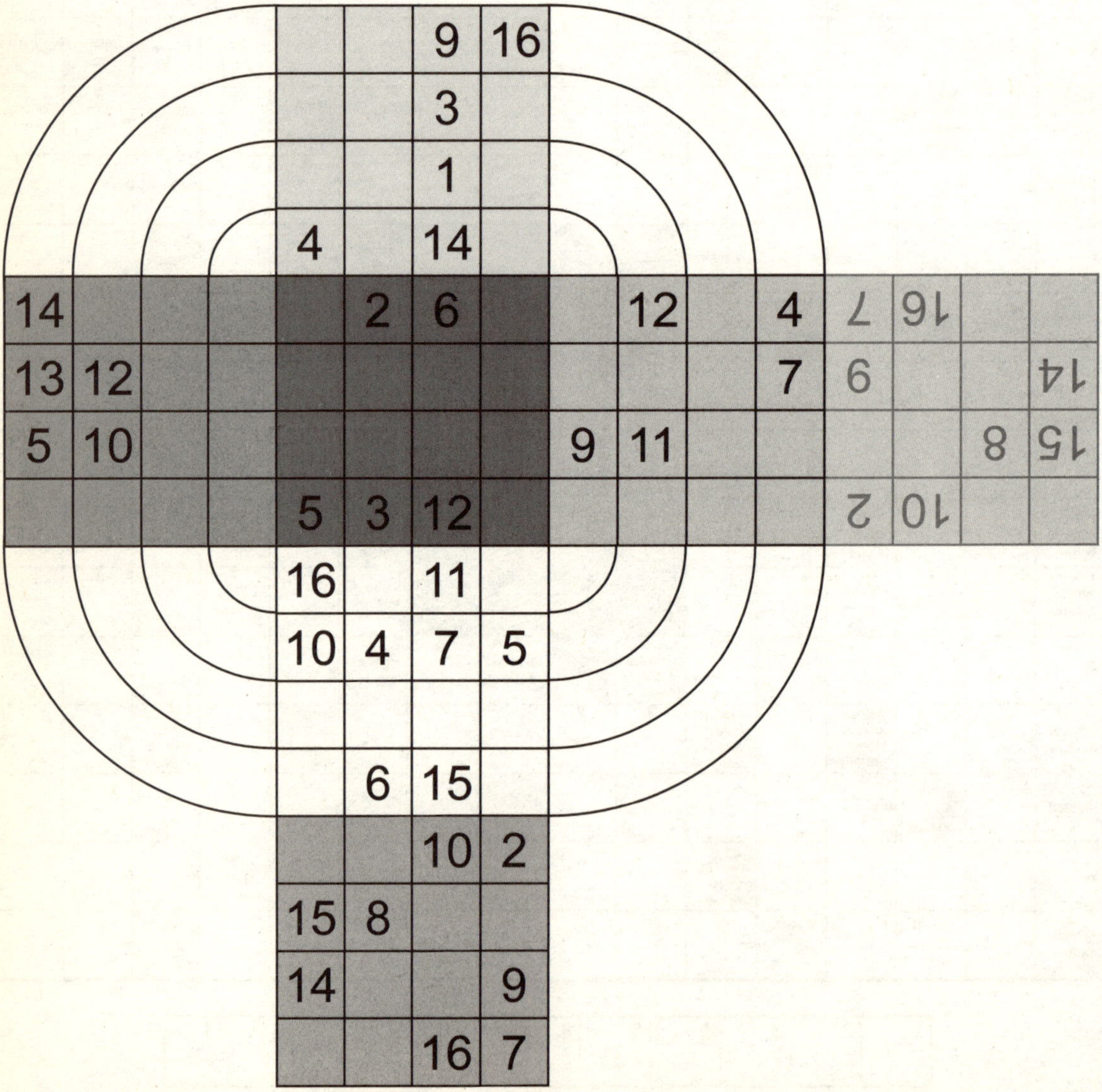

Denkspaß 278 | Tierisches Kreuzworträtsel

★★★ Zeit: ____ Min.

Gleiche Tiere bedeuten gleiche Buchstaben. Durch Ausprobieren ist jedem dieser Tierzeichen ein Buchstabe zuzuordnen und in die Rätselgrafik einzutragen. Auf diese Weise soll ein vollständiges Kreuzworträtsel entstehen.

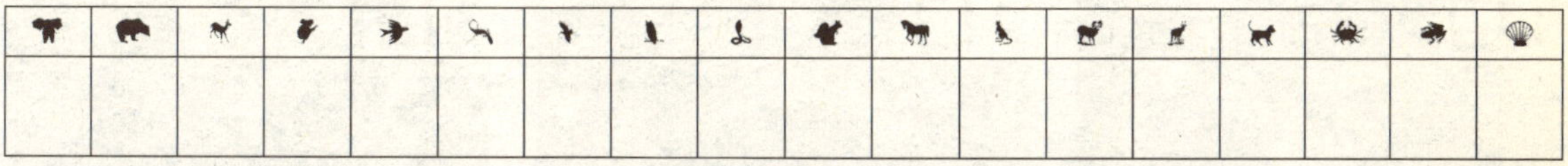

1	2	3	4	5	6	7	8	9	10	11	12

Denkspaß 279 Verschluckt im Sandsturm

★★☆☆ Zeit: ____ Min.

Die fantasievollen Grafiken unten entstammen allesamt den oberen Bildern. Jedes dieser oberen Bilder wurde so verfremdet, dass daraus die unteren Darstellungen resultierten. Können Sie die Originale und die dazugehörigen Verfremdungen einander zuordnen?

1 □

2 □

3 □

4 □

5 □

6 □

A
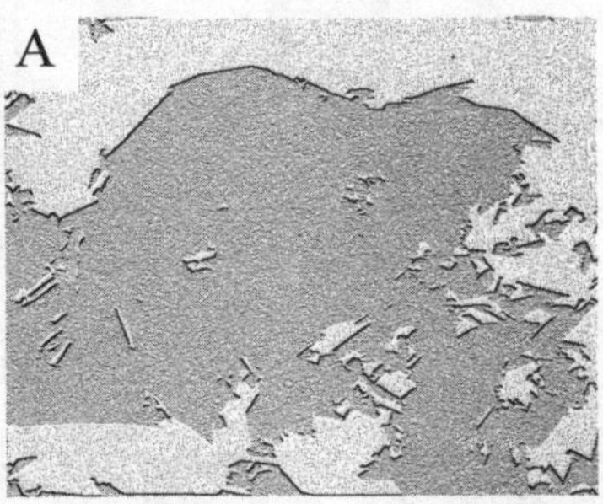

B
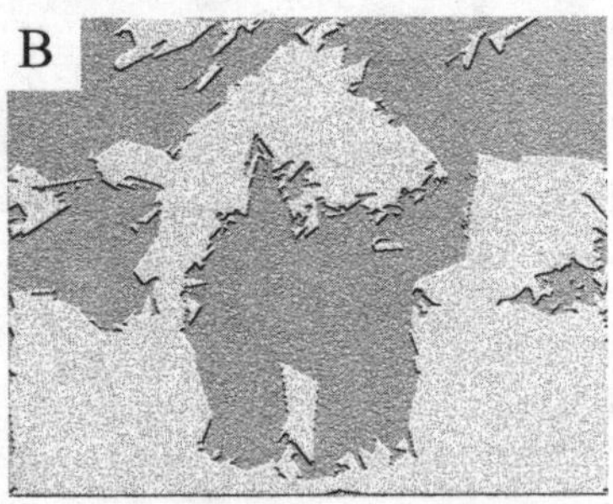

C

D
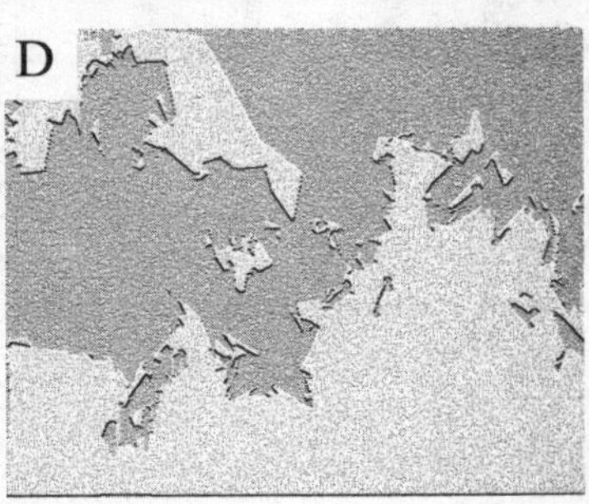

E
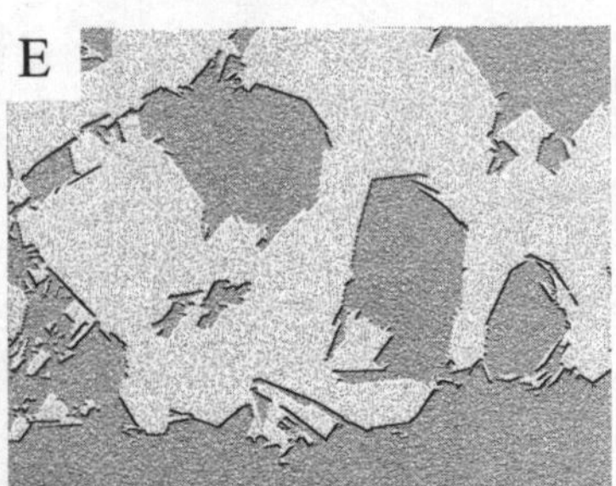

F
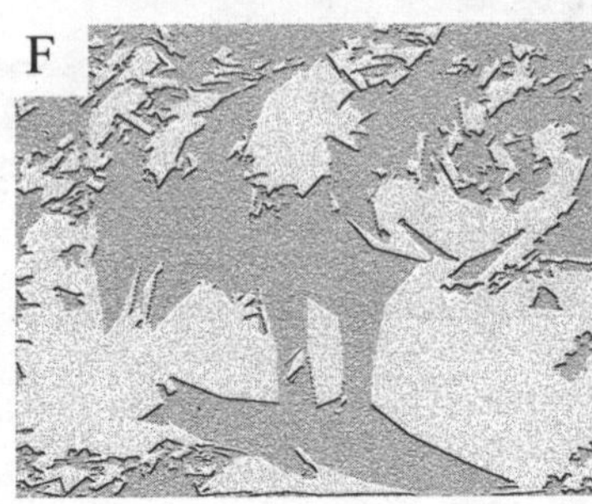

Denkspaß **280** | Summen-Sudoku | ★★★★ Zeit: ____ Min.

Beim Summen-Sudoku müssen die Zahlen 1 bis 4 in die leeren Felder eingetragen werden, wobei die gleichen Zahlen jeweils nur einmal in jeder Zeile und Spalte vorkommen dürfen. Als Hilfe dienen die bereits eingetragenen Zahlen, die die Summe der gesuchten Ziffern in den noch leeren Feldern wiedergeben. Dabei werden alle horizontal, vertikal und diagonal anliegenden Felder berücksichtigt.

	11		10			5
5			15		14	
4	15			16		
		13			16	10
13		13	10			
		13		10		10
	10			7	5	

6		7			11	
	10		11	15		
11		13				10
		15		15		6
10			14		10	
	14			11	15	
	11		10			6

6		9				4
	12			13	13	
9			12		14	
	10		12			12
10		13		12		
		14		12	12	
	12		8			4

5				11		5
	13	9			14	
	11		14			8
10			11		14	
		14		13		10
	14	18		11		
5			9		7	

Denkspaß **281**

Zeitablauf

★★★★
Zeit: ____ Min.

Ordnen Sie die Bilder so, dass ein zeitlich logischer Ablauf resultiert.

Zeitlicher Ablauf: ☐ → ☐ → ☐ → ☐ → ☐ → ☐

Denkspaß 282 | Silbenschwedenrätsel

★★ Zeit: ____ Min.

Die in den Fragekästchen der Rätselgrafik stehenden Texte müssen gelöst und in Pfeilrichtung eingetragen werden. In jedes Kästchen gehört eine Silbe.

Finnland in der Landessprache	pazifische Inselwelt	spanischer Maler †	Rundfunksprecherin / Sänger (Paul)	AN	KA	Filmapparat
			Lappe, Finne			Wahlspruch
die Null beim Roulett		RO	durch zwei teilbar / Hafenschutzdamm			
Menschenfresser		gelber Farbstoff / festes Seezeichen			Qualitätsstufe (engl.)	
				Weintraubenernte / Säugetiergattung		
Geliebte Friedrich Wilhelms II.			kernlose Orange / zeitlich abstimmen (engl.)			ein Laubbaum
Gewinnbeteiligungen	Vorname der Sängerin Turner	asiatische Großkatze / Kosename e. span. Königin			den Weg zeigen	
				Gleisumstellvorrichtung / Stand des "Blauen Blutes"		
Roman von Emile Zola			nordisches Göttergeschlecht / germanisches Schriftzeichen			hüpfen (ugs.)
Niederung	Einsiedelei	Wolfsschar / mittelalterliche Steuer			israel. Staatsmann † 1995	
				gepflegte Grünfläche / laut aufmerksam machen		
Vortrag, Ansprache / kleiner Gummiball			roter Edelstein / summen			Beiboot
		wellenreiten / konferieren			Vorname Lindenbergs	
mongolisches Reitervolk / anwesend				Zarenerlass		
			elektrische Verbindung			

Denkspaß 283 Eieruhren

★★★★ Zeit: ____ Min.

Anhand der Definitionen unten sind die gesuchten Begriffe herauszufinden und bei der jeweiligen Zahl waagerecht in die Grafik einzutragen. Im senkrechten Mittelbalken ergibt sich dann jeweils ein Lösungswort.

1

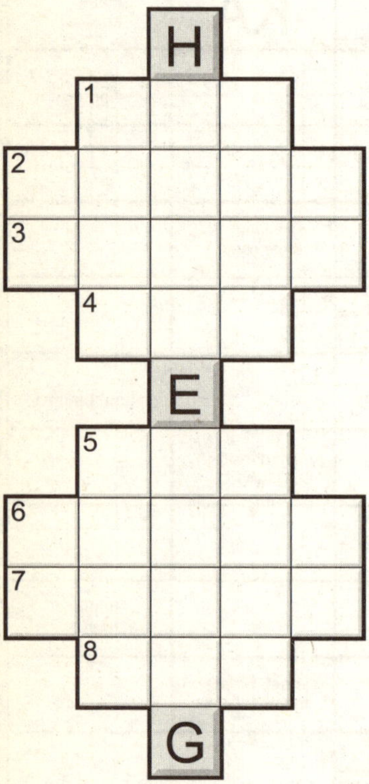

2

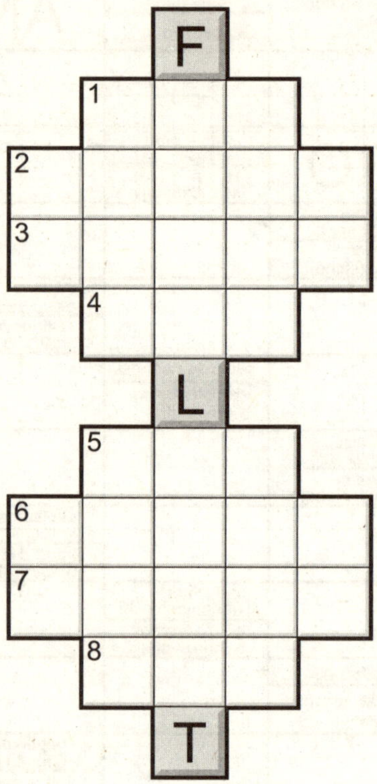

3

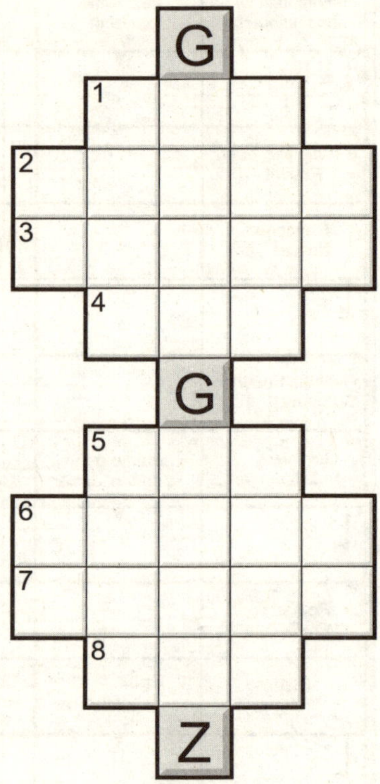

1

1. rumänische Währung
2. Frauengemächer im Orient
3. Held der Argonautensage
4. Tanzfigur der Quadrille
5. Grottenmolch
6. messerartige Stoßwaffe
7. langsamer Tanz im 4/4-Takt
8. knapp, wenig Raum lassend

2

1. griech. Vorsilbe: Erd...
2. Hochgebirge in Südamerika
3. standhaft
4. Fremdwortteil: drei
5. Erbträger
6. Mundart
7. ehem. portug. Gebiet in China
8. persönliches Fürwort (4. Fall)

3

1. stark metallhaltiges Mineral
2. blühende Pflanze
3. grasartige Sumpfpflanze
4. Abschiedswort
5. Fragewort
6. militärischer Stützpunkt
7. Märchengestalt
8. griechischer Buchstabe

Denkspaß 284 — Nur einer fehlt

★ Zeit: ____ Min.

Nur einer fehlt ist ein einfaches Geduldspiel. In jedem der Kästchen befinden sich 25 unterschiedliche Buchstaben des Alphabets – es fehlt also in jedem Kasten ein Buchstabe. In allen 25 Kästen fehlen 25 unterschiedliche Buchstaben, der dann fehlende Buchstabe ist die Schlusslösung.

A	M	Q	I	G
D	F	Z	R	K
W	T	C	O	X
Y	N	L	P	H
E	S	J	V	U

C	U	K	A	N
O	D	L	Z	F
V	S	W	P	T
R	I	H	G	X
B	Y	Q	M	J

A	B	M	U	Y
H	N	G	F	D
Q	X	C	T	P
W	J	E	L	V
I	O	S	R	Z

N	X	M	I	D
G	L	C	Y	K
H	F	U	W	Q
E	V	J	Z	T
B	S	R	P	A

S	W	K	M	B
F	P	Z	Q	E
O	T	N	H	Y
V	U	X	G	L
R	C	I	J	A

M	C	Z	O	Y
N	R	P	K	E
S	L	U	F	T
G	V	J	D	X
Q	W	H	I	B

O	T	U	G	L
A	I	W	D	Z
Y	M	K	B	E
J	X	H	V	R
N	S	Q	P	C

D	U	A	O	Z
E	I	T	W	Y
C	P	R	K	X
J	M	L	B	V
N	Q	H	S	F

A	X	S	Z	N
C	B	Q	V	Y
E	L	W	G	K
H	J	M	R	D
I	U	F	T	O

V	X	E	D	L
S	R	W	H	U
J	M	Q	Z	F
C	A	B	O	K
I	N	P	G	Y

J	C	F	V	L
K	Y	A	O	B
I	G	Z	R	S
M	U	N	W	H
T	X	P	D	E

K	D	A	L	E
W	B	G	X	V
Z	H	R	N	C
O	T	S	Q	Y
F	U	I	P	J

G	B	V	K	C
Z	Q	E	I	N
X	P	D	Y	S
M	A	O	J	H
L	U	F	T	R

E	Z	R	I	L
P	G	F	K	N
X	O	V	W	S
D	H	B	T	Y
M	J	Q	U	A

R	I	W	A	S
L	Z	N	V	P
H	F	K	Q	J
G	D	C	U	O
M	T	E	X	B

A	J	X	Z	S
W	F	P	E	I
M	C	G	B	D
Y	U	R	Q	H
T	V	L	K	O

X	K	V	Q	H
C	R	N	S	A
G	F	E	J	Z
L	P	B	W	O
Y	U	D	T	M

G	F	U	P	T
D	E	A	Q	Z
I	H	C	O	M
B	S	Y	W	J
V	X	R	K	N

N	V	K	Z	G
M	A	X	T	Y
B	R	I	P	D
H	W	J	U	C
Q	O	F	L	E

M	H	G	N	Q
O	Y	C	V	W
I	U	D	Z	J
S	B	L	F	P
X	A	K	E	T

O	V	A	I	J
F	U	L	Y	K
T	H	M	E	X
R	W	N	G	Q
S	P	B	D	C

K	B	A	Z	X
O	C	H	W	S
V	L	U	M	Y
F	T	N	E	I
P	Q	D	G	R

Y	L	I	W	T
E	K	G	D	A
V	H	M	Q	O
S	Z	F	P	N
X	J	B	C	R

N	Y	C	I	T
Q	J	D	F	K
R	A	Z	W	M
L	X	H	P	S
U	O	G	E	B

I	L	W	N	P
H	C	M	V	D
Z	E	K	O	J
S	R	G	B	Y
T	U	F	A	Q

Denkspaß **285** A-bis-Z-Rätsel

★★★★ Zeit: ____ Min.

Die in den Hinweisen unten aufgelisteten Definitionen sind zu lösen. Wenn ausreichend gelöste Begriffe vorliegen, kann damit begonnen werden, die genaue Position der Begriffe in der Rätselgrafik zu ermitteln.

1	2	3	4	5	6

Wörter, die mit A beginnen:
klösterliches Stift – Kfz-Z. Altenkirchen – Theaterspielabschnitte – französisch: Jahr – byzantinische Prinzessin – TA – Lehrling (Kw.)

Wörter, die mit B beginnen:
naturfarben – Deckschicht – heiliger Vogel der Ägypter – Verletzungen durch Tiere

Wörter, die mit D beginnen:
altniederl. Kupfermünze

Wörter, die mit E beginnen:
Herausgabe von Büchern – Auszeichnung – französisch, spanisch: in

Wörter, die mit F beginnen:
italienische Tonsilbe – LKF

EA – äußere Gestalt – Vergnügen (engl.)

Wörter, die mit G beginnen:
deutsche Vorsilbe – altröm. Familienverband – Kunststil im MA.

Wörter, die mit I beginnen:
Christusmonogramm – kaufm.: Bestand – japanischer Politiker † 1909

Wörter, die mit K beginnen:
Ziegenleder

Wörter, die mit L beginnen:
Nachschlagewerk – chinesischer Politiker (Peng) – Bund, Bündnis – Vorname der Dagover † 1980 – geradlinig – Vorname Beethovens

Wörter, die mit M beginnen:
Vorname der Schauspielerin West † – Gewürztunke – „Aus" beim Schach – kleines Gliedertier

Wörter, die mit N beginnen:
Abk.: nach Abzug – Kleintiergattung – Wasserfall in Nordamerika – Tonzeichen – WRN

Wörter, die mit P beginnen:
Titelfigur bei Milne (Bär)

Wörter, die mit R beginnen:
Staatsoberhaupt – unentschieden beim Schach – US-Universitätsstadt – japanisches Längenmaß – italienische Stadt an der Adria – offene Wasserleitung

Wörter, die mit S beginnen:
alter Name von Thailand – altes Tasteninstrument – TTSKIA

Wörter, die mit T beginnen:
Kinderfilmfigur (Pan ...) – UTRKEE

Wörter, die mit U beginnen:
UE – ital. Männername (Hugo) – Frauenkurzname

Wörter, die mit W beginnen:
WO

Wörter, die mit X beginnen:
röm. Zahlzeichen: 990

Wörter, die mit Z beginnen:
deutsche Vorsilbe – ZWIE

Denkspaß 286 | Super-Sudoku | ★★★★ Zeit: ___ Min.

In diesem Super-Sudoku sollen die Zahlen 1 bis 16 in jeder horizontalen Reihe, jeder vertikalen Spalte und jedem 4-x-4-Unterquadrat genau einmal enthalten sein.

			9	16	5			10	7	11			15		
		6	11			13	14	8		12		10	2		
2	12	16	5	11		1	4			3				14	
	3			6		8		5		2			11	4	12
	6				11	15			10			5	1	9	3
1	11		16		12	5			6	13	7	4			10
5				10	8					16	3	7	14	6	
3	7		8		9		13	4					16	2	
	16	9					12	15		6		3		7	4
	10	12	1	9	16					4	11				2
4			3	8	6	10			12	7		1		5	16
13	5	7	6			3			9	10				11	
6	8	11			1		7		2		12			10	
	15				4			11	3		6	2	13	1	7
		13	12		3		6	16	15			14	4		
		3			14	2	8			9	13	11			

Denkspaß 287 Endlos-Kruzzle

★★★★ Zeit: ___ Min.

Die in den Fragekästchen der Rätselgrafik stehenden Texte müssen gelöst und in Pfeilrichtung eingetragen werden – bei Definitionen ist das Lösungswort zu erraten, bei geschüttelten Begriffen ist durch eine Neuordnung ein sinnvoller Begriff „herzustellen". Begriffe enden bei Endlosrätseln jedoch nicht zwangsläufig am Rand eines Rätsels, sondern können auf der jeweils anderen Seite weiterlaufen.

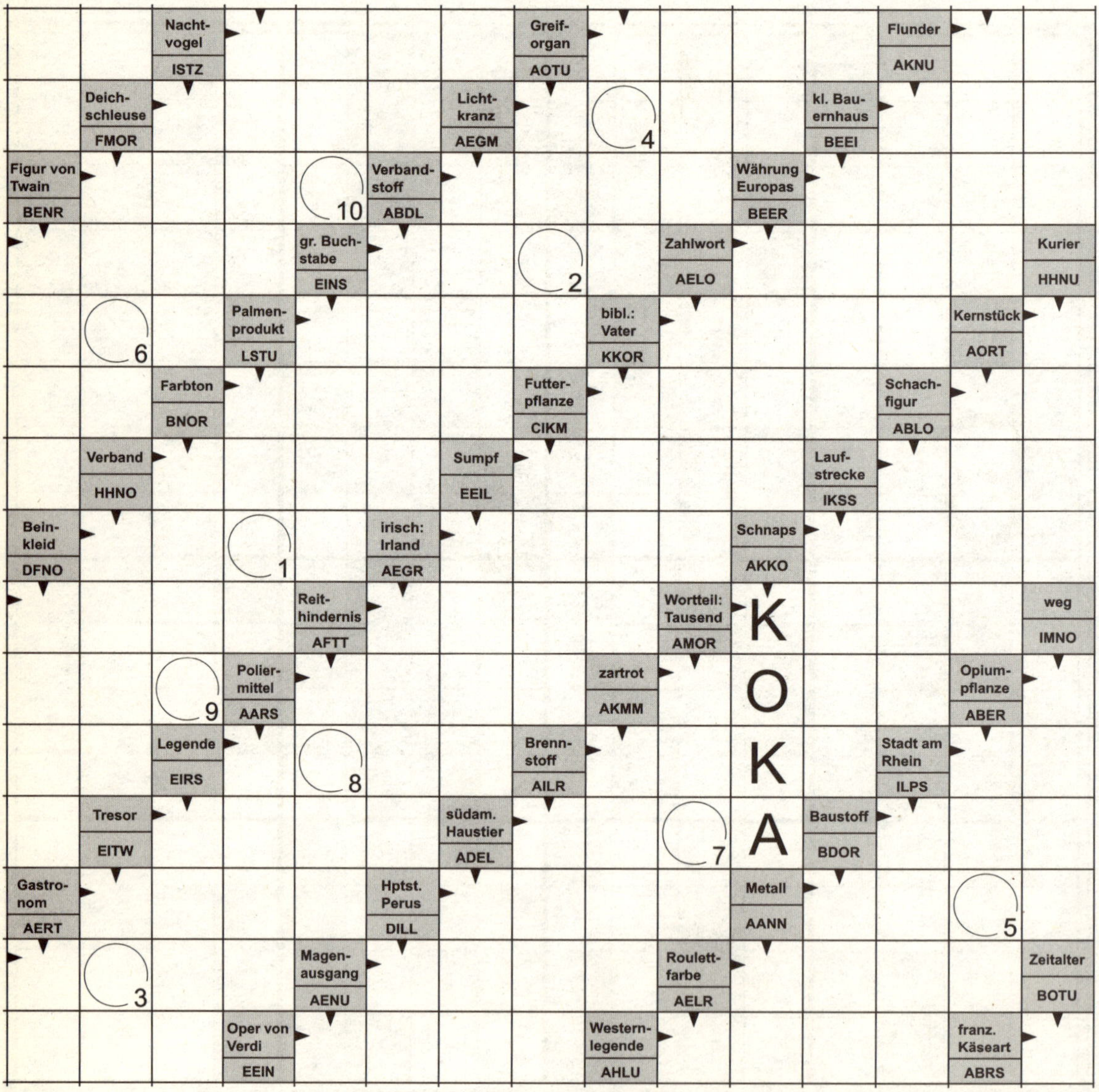

1	2	3	4	5	6	7	8	9	10

Denkspaß 288 Zahnräder

★★★★ Zeit: ____ Min.

Das schwarze Zahnrad in der Mitte dreht sich in Pfeilrichtung. In welche Richtung (A oder B) dreht sich das Rad am anderen Ende?

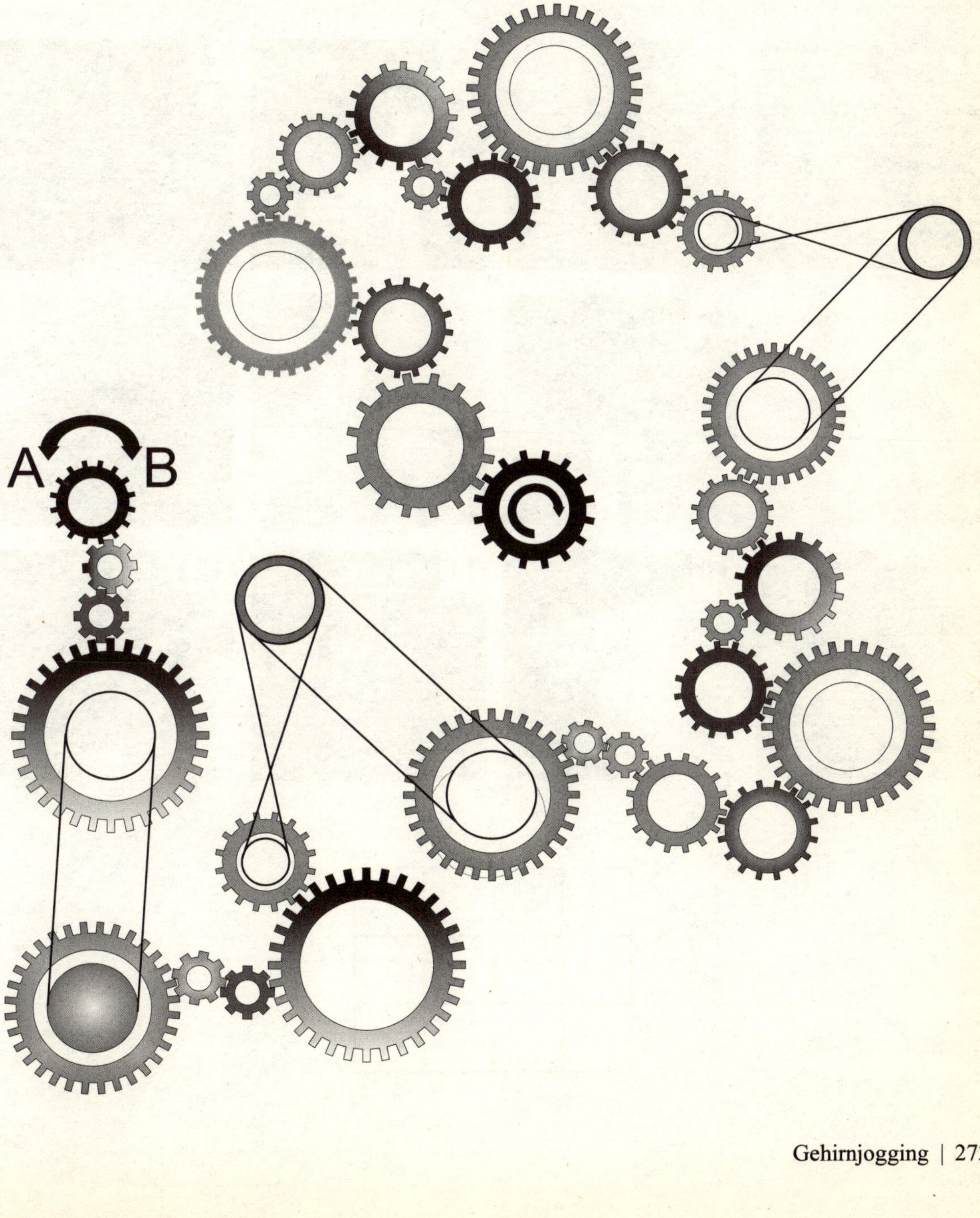

Denkspaß **289**

Im Zeitplan

★★☆☆ Zeit: ____ Min.

Wie müssen die Puzzleteile zusammengesetzt werden, damit das komplette Originalbild erscheint? Tragen Sie die Nummern in die entsprechenden leeren Felder unten ein.

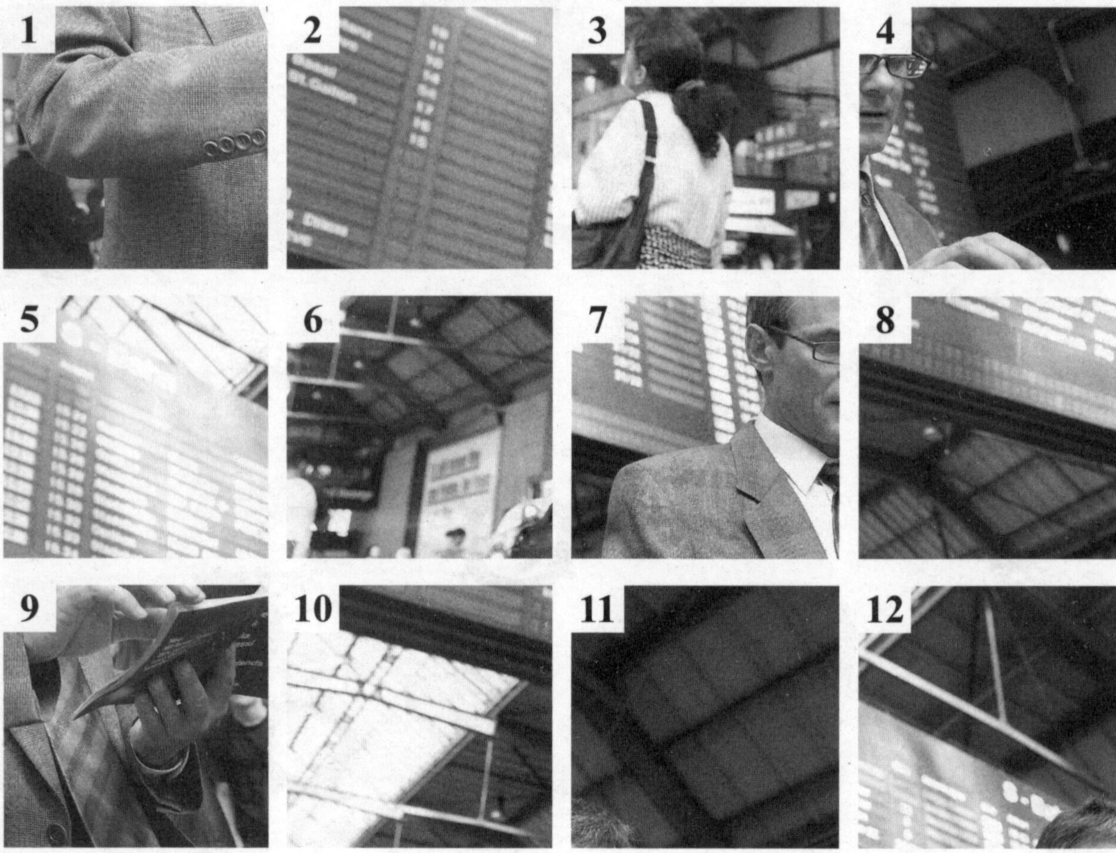

Denkspaß **290**	# Würfelbruch	★★★☆ Zeit: ___ Min.

Dieser angebrochene Würfel setzt sich aus vielen kleinen Einheitswürfelchen zusammen.
Wie viele solcher kleinen Würfel fehlen hier?
(Es gibt keine versteckten Lücken. Sämtliche fehlenden Würfel sind als solche zu erkennen.)

Antwort: Es fehlen ________ kleine Einheitswürfel.

Denkspaß 291 — Aus 3 mach 1

★★★★ Zeit: ____ Min.

In der Zweitgrafik stehen unter den Nummern jeweils drei Begriffe, von denen jedoch nur einer richtig ist. Durch Austüfteln ist der richtige Begriff zu ermitteln und unter der Nummer in der Rätselgrafik in Pfeilrichtung einzutragen.

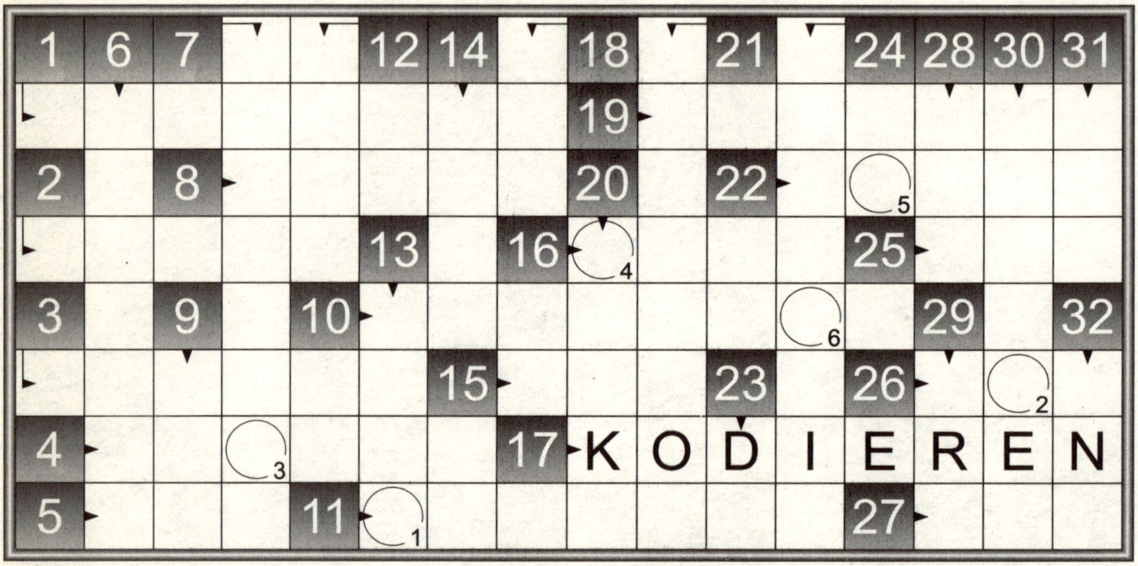

1 SPRECHEN RESULTAT NOTIEREN	7 HESEKIEL ERTRAGEN ATLANTIS	13 ODIN KOCH GELB	19 KOSTBAR FANFARE ESKORTE	25 GNA ATE ALT	31 PAN ENA CIA
2 SPORT ROLLO BLOED	8 SITIN KLEIE DABEI	14 TELE OPER EIRE	20 PHASE MIRKO LESER	26 LOK GEI ARA	32 MAI AST ANI
3 TOLLEN PROLOG LUPINE	9 VAG REX PUR	15 IRR EOS AUL	21 MESOTRON DRAUSSEN BANDWURM	27 TIM MOL EDI	
4 SAPHIR MUESLI HUMMER	10 TATSACHE LEIBCHEN GEWITTER	16 WERK MORD BLUT	22 SPANN GOLEM ASEAN	28 REG FAD BAD	
5 MAL ERL CER	11 SCHLAMM NIKOTIN BEGONIE	17 KODIEREN BANKNOTE ABNEHMEN	23 XP FE DI	29 ZER ARE ALA	
6 PFLAUME PATRONE MAHNMAL	12 SARG ENGE ACID	18 INN HER FEZ	24 REPUBLIK ENGLISCH AKADEMIE	30 TANKRED SAMMELN DUERFEN	

Denkspaß **292** — Zahlenkreuzungen

★☆☆☆ Zeit: ___ Min.

Tragen Sie sämtliche unten aufgelisteten Zahlen in das Gitterfeld ein. Dort sollen sie von links nach rechts bzw. von oben nach unten zu lesen sein.

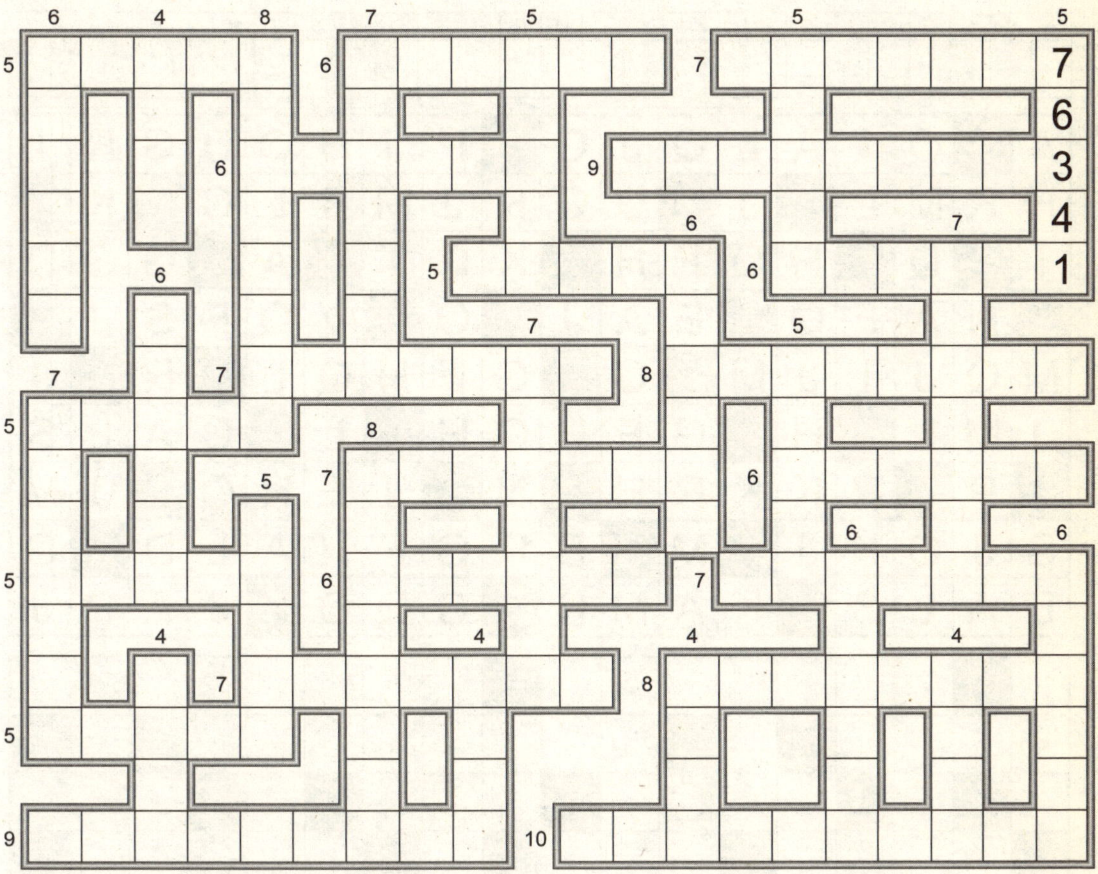

4 2968, 3243, 8729, 8968, 9653

5 18696, 21959, 29518, 42235, 49187, 56229, 56819, 76341, 89498, 95636

6 328914, 512825, 572484, 652981, 748811, 758738, 815296, 855524, 893175, 995434

7 4278419, 5171283, 6938976, 8427477, 8713459, 8989373, 9563838, 9687597, 9931756

8 35239142, 85185332, 94896176, 96756195

9 377184983, 433533618

10 1896348321

Denkspaß 293	Codewort-Rätsel	★★★☆ Zeit: ____ Min.

Gleiche Buchstaben der oberen Grafik bedeuten gleiche Buchstaben der unteren Grafik. Durch Ausprobieren ist jedem Buchstaben ein anderer Buchstabe zuzuordnen und in die Rätselgrafik einzutragen, sodass ein vollständiges Rätsel entsteht.

A	B	C	D	E	F	G	H	I	J	K	L	M	N	O	P	Q	R	S	T	U	V	W	X	Y	Z
																						*	*	*	*

A	■	Q	I	A	L	Q	J	G	■	P	J	H	O	U	G	R	I
H	R	M	L	■	J	■	U	Q	K	J	M	R	L	C	■	K	■
I	■	D	■	H	Q	F	H	■	K	G	T	■	A	■	G	Q	D
■	N	A	F	Q	■	E	A	J	■	O	■	V	Q	F	S	J	■
M	Q	J	I	J	M	■	G	■	G	F	H	Q	L	■	R	■	J
J	M	L	■	H	■	G	F	H	O	H	■	L	■	C	A	L	S
■	P	■	R	K	K	R	H	■	N	■	J	F	H	Q	■	J	M
S	J	O	K	J	■	M	■	B	R	G	F	H	A	L	D	■	O
E	A	L	S	■	K	A	M	R	■	C	Q	Q	■	J	A	P	J

	■								■								
			(10)	■		■								(4)	■		■
	■		■			C		■		(1)		■		■			(11)
■		(5)	C		■				■		■	(2)		C			■
				(6)		■		■		C				■		■	
	(7)		■		■		C				■		■				
■		■				(3)		■		■		C			■		
					■		■				C				(8)	■	
				■				(9)	■				■				

1	2	3	4	5	6	7	8	9	10	11

Denkspaß **294**

Motiv-Sudokus

★★☆☆ Zeit: ____ Min.

Bei diesem Rätseltyp sind die Zahlen 1 bis 9 in die leeren Felder der Grafik einzutragen, wobei sich jede dieser neun Zahlen genau einmal in einem Neunerblock, genau einmal auf jeder Horizontalen und genau einmal auf jeder Vertikalen befinden soll.
Das Schöne an diesen Sudokus: Die Anordnung der vorgegebenen Zahlen ergibt jeweils ein Bildmotiv.

		7	9		6	8		
	9	4	2	3	7	5	6	
2	5			4			7	9
1	6						8	3
7	3						5	2
	4	8				1	9	
		1	3		5	7		
			1	9	4			
				6				

		5	1		9	2		
	1	7	8	3	5	6	9	
8	6			7			5	1
4	9						2	3
5	3						6	8
	7	2				4	1	
		4	3		6	5		
			4	1	7			
				9				

8				1				9
	6		2	9	7		8	
		1	5		4	7		
	4	5				2	7	
7	1						9	5
	8	9				6	1	
		7	6		9	8		
	2		1	5	3		6	
9				7				3

Denkspaß 295 | Löchrige Rechnungen

★★★★ Zeit: ____ Min.

In die leeren Kästchen sind Zahlen einzutragen, sodass eine stimmige Rechnung entsteht.

A

	8		+		6		=	1		1
	+				+				+	
1		9	+	3	8		=	5	7	
	6	9	+		4	7	=	7		6

B

	3		+			0	=		5	
	+				+				+	
2		8	+	3		1	=		4	9
	2	5	+	3	8		=	7		6

C

3	7		−	2		1	=		8	
	+				−				+	
1	8		+	1		2	=	2	8	
	5	9	−	1	8		=	3		0

Denkspaß 296 — Zitatsuche

★★★★ Zeit: ___ Min.

Zwischen Anfangs- und Endbuchstabe ist ein Sprichwort oder Zitat versteckt, das es zu finden gilt. Der Eintrittspunkt kann links unten oder rechts oben sein.

O	L	T	R	R	U	O	O	G	A	X	K	A	T	J	B	E	G
E	O	A	J	N	Z	U	J	Q	L	N	U	U	R	F	I	K	A
C	A	C	T	A	B	N	M	K	V	U	L	R	V	A	G	T	R
P	Y	I	C	P	S	W	R	T	S	Z	O	E	G	S	A	K	F
B	D	R	G	S	X	T	S	V	T	A	R	S	R	A	L	J	H
N	Q	A	E	F	L	G	G	T	C	R	G	S	E	D	S	A	C
P	P	M	R	P	S	M	C	J	M	E	X	A	M	I	E	N	T
A	S	G	H	F	R	E	I	B	M	I	S	Y	K	X	Q	S	O
O	E	M	R	S	L	L	B	T	I	L	E	X	T	B	O	F	Q
C	O	V	H	W	W	V	T	H	P	W	O	Z	R	S	F	X	E
W	I	C	B	T	Y	M	O	B	X	K	U	H	O	U	B	T	U
Y	E	A	G	J	D	I	G	E	H	D	J	K	D	V	R	B	M
W	F	J	X	I	S	F	N	Z	P	U	Z	B	X	J	B	F	Q
H	O	Q	I	T	T	A	A	A	T	F	H	S	I	V	X	S	M
A	J	S	E	H	D	A	S	W	O	Q	A	B	R	N	L	N	P
K	N	D	I	R	H	C	A	A	W	E	F	L	E	U	P	G	I
S	I	R	E	W	A	X	S	X	R	U	C	O	X	J	L	F	K
O	R	A	I	I	N	H	O	V	L	H	S	B	M	E	N	R	S

Lösungsspruch: ____

____

Denkspaß 297 — Schwedenrätsel

★★★★ Zeit: ____ Min.

Die in den Fragekästchen der Rätselgrafik stehenden Texte müssen gelöst und in Pfeilrichtung eingetragen werden.

ruhelos, rastlos	griechische Meerjungfrau		biblischer Prophet		Sumpfgas	durch Wasser gehen		Berg Gottes im A.T.		feine ägypt. Baumwolle	Blumengebinde (Mz.)			Gebäude	Rundreise
				4		Energiequelle						7			
Siegerin im Wettkampf						Hptst. von New Mexico (Santa ...)		Getöse		8				Individuum, Mensch	
	1		Treibjagd		nordafrikan. Wüstenfuchs						Spottschriftenautor		Titelfigur bei Milne (Bär)		
Papagei Mittel- und Südamerikas		gekrümmter Stift						Südosteuropäer							
russischer Männername					ungleichmäßig					himmelsfarben					
an etwas schärfen		Beglaubigung		spanischer Artikel						französisch: dich			zahlungskräftig		
			10							ein Edelgas		US-Schriftsteller † 1849		2	
Früchte	Hochstapler		französischer Artikel												Rotation
		3		Vorname von US-Filmstar Moore						Handelnder		französisches Seebad (St. ...)		lateinisch: damit	
Stadt am Vesuv			dort								6				
						poetisch: Frühling		süßer Brotaufstrich	Papageien Neuseelands	Feldertrag			9		
	5		französisch: Gesetz		undicht					Spielkartenfarbe				bestimmter Artikel (4. Fall)	
deutsche Vorsilbe		Raubinsekt								kurz für: eine	Abk. für ein Hohlmaß		vertraute Anrede		
Autor von ‚Der Name der Rose‘				englisch: eins				Anstoß geben							
Kitzel					organischer Verfall										

1	2	3	4	5	6	7	8	9	10

Denkspaß 298 | Von 0 auf 100 | ★★★★ Zeit: ____ Min.

Bei diesem Konzentrationsspiel sollen Sie mit einem Stift die Zahlen von 1 bis 100 möglichst schnell finden und abhaken.

12 75 65

28 18 35 93 54 82

70 30 90 1 23 38

4 15 5 13 63

69 92 44 58 97 99 59

66

64 9 88 8 21 53 26 24

33 74

84 51 60 61 14 22 89 17

50 96 85 98 42 34

3 37 94 100 80 31

67 41 6 40

20 11 43 86 68 16 78

91 45 56 71 48 46

32 76 25 95 77 36 83 62 47

19 79 39 10 27 87 29 49 7

72 81 52 73 2 57 55

Denkspaß 299 Nur einer fehlt

★★★★ Zeit: ____ Min.

Nur einer fehlt ist ein einfaches Geduldspiel. In jedem der Kästchen befinden sich 25 unterschiedliche Buchstaben des Alphabets – es fehlt also in jedem Kasten ein Buchstabe. In allen 25 Kästen fehlen 25 unterschiedliche Buchstaben, der dann fehlende Buchstabe ist die Schlusslösung.

T	P	Q	V	Y
K	R	N	O	M
J	X	A	W	G
B	U	E	H	L
F	Z	S	C	D

M	X	G	R	S
J	H	Z	E	O
Y	I	T	C	K
F	P	V	Q	W
B	D	N	L	A

W	I	K	T	B
Y	G	A	Q	O
E	R	P	V	X
H	U	C	J	M
S	Z	N	F	L

C	U	O	D	P
B	M	E	F	Q
G	Y	T	H	Z
S	X	W	L	R
J	I	A	V	N

U	N	B	A	F
P	D	G	X	E
L	S	V	Q	Y
O	R	I	M	H
W	J	Z	T	K

O	W	J	N	T
U	K	Y	D	B
L	V	G	R	A
M	H	E	C	Z
I	P	F	Q	X

Z	L	N	A	M
R	E	K	P	T
U	H	O	Q	G
S	I	X	D	F
C	Y	B	W	V

Z	F	S	O	P
H	C	W	N	J
B	X	T	V	L
I	Q	G	R	Y
U	A	D	M	K

W	Z	C	N	G
F	S	M	H	Q
D	J	L	U	P
A	E	O	I	B
V	K	Y	T	X

U	G	Y	H	Q
S	K	D	P	T
R	O	N	A	L
V	J	W	I	E
X	B	Z	C	M

I	L	M	V	W
Q	A	P	Y	G
K	E	S	N	C
J	R	D	O	T
F	B	U	X	Z

A	D	Q	E	O
W	R	X	U	M
H	Y	K	B	C
N	J	S	V	T
Z	P	I	F	L

S	Z	K	P	B
L	V	G	R	H
F	M	Q	O	C
U	T	D	X	Y
E	J	I	N	W

V	Q	E	G	R
C	Y	X	W	H
U	J	F	S	B
Z	K	A	T	I
O	M	N	D	L

J	O	K	F	Y
D	E	L	U	P
A	T	Q	M	I
R	S	W	G	Z
V	H	X	C	B

B	Y	G	T	K
P	Q	U	J	V
A	R	N	C	Z
H	F	S	O	D
I	L	M	X	E

K	E	X	M	A
P	F	Y	I	H
J	S	L	N	C
V	U	D	Q	R
W	T	B	O	G

V	Y	S	D	H
P	I	R	B	X
L	M	A	Q	G
N	E	Z	U	F
J	W	K	C	T

F	Y	L	A	T
D	J	G	N	B
O	H	M	E	R
U	K	S	W	V
X	C	I	P	Z

U	X	Q	S	W
D	E	N	R	K
M	A	I	P	Y
T	C	B	H	O
G	J	F	Z	L

D	F	K	P	W
T	G	E	M	U
H	C	I	Q	V
X	L	O	B	S
R	J	Z	A	N

G	F	A	Z	K
O	T	E	U	P
H	R	Q	C	W
L	X	M	I	D
J	V	Y	N	S

A	Z	B	X	G
H	E	Q	K	U
C	O	S	R	N
I	J	F	P	Y
L	W	T	D	V

A	B	H	M	G
P	N	U	Q	Z
L	E	S	V	J
K	I	W	R	D
Y	O	C	F	T

A	K	Q	X	F
U	W	I	E	H
P	O	M	J	Y
G	S	C	B	D
N	R	Z	V	L

Denkspaß 300 | Durchzähl-Sudoku | ★★★★ Zeit: ____ Min.

Tragen Sie in dieses Sudoku Zahlen von 1 bis 9 ein, wobei jede dieser Zahlen in jeder Reihe, in jeder Spalte und in jedem 9er-Block genau einmal enthalten sein muss.
Als Zusatzregel gibt es hier Zahlen in Pfeilen außerhalb des Rands. Diese Zahlen geben an, wie viele „Durchzähltreffer“ es in der betroffenen Reihe gibt. Das erste Feld bekommt also die 1, das zweite die 2 usw. Stimmt nun eine Zahl im Sudoku mit der durchgezählten Nummerierung überein, so ist dies ein „Durchzähltreffer“. Eine 4 im vierten Feld (in Pfeilrichtung) wäre ein Durchzähltreffer, ebenso wie eine 7 im siebten Feld usw.

	0	1	2	2	0	0	2	1	1	
2		2						8		1
0			7				6		2	1
3			3	8		2		7		1
2		7		4			3			2
0					9					1
1			6			5		4		1
1		3		7		8	4			1
0	2		1				8			0
0		9						1		1
	2	1	1	0	0	1	0	4	0	

Denkspaß 301 | Kakuro-Quersummenrätsel | ★★★★ Zeit: ____ Min.

Beim beliebten, aber auch schwierigen Kakuro sollen Sie Zahlen von 1 bis 9 in die leeren Felder eintragen. Dabei muss die jeweils links bzw. oben vorgegebene Summe bei jedem horizontalen bzw. vertikalen Zahlenblock berücksichtigt werden. In jedem dieser Blöcke darf eine Zahl höchstens einmal verwendet werden.

■	■	■	↓28	↓14	↓6	↓30	■	↓11	↓27
■	■	→11					→12		
■	↓9	↓4 →29					↓16 →13		
→12					↓12 →23				
→19				↓22 →18					
■	↓18	↓14	↓13 →18				↓25	↓3	↓4
→31						↓17 →7			
→10					↓4 →18				
→4			→11					■	■
→16			→25					■	■

Denkspaß 302 | Tierisches Kreuzworträtsel

★★★★ Zeit: ____ Min.

Gleiche Tiere bedeuten gleiche Buchstaben. Durch Ausprobieren ist jedem dieser Tierzeichen ein Buchstabe zuzuordnen und in die Rätselgrafik einzutragen. Auf diese Weise soll ein vollständiges Kreuzworträtsel entstehen.

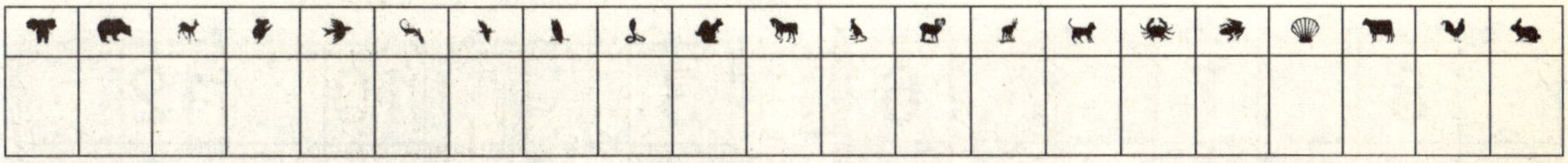

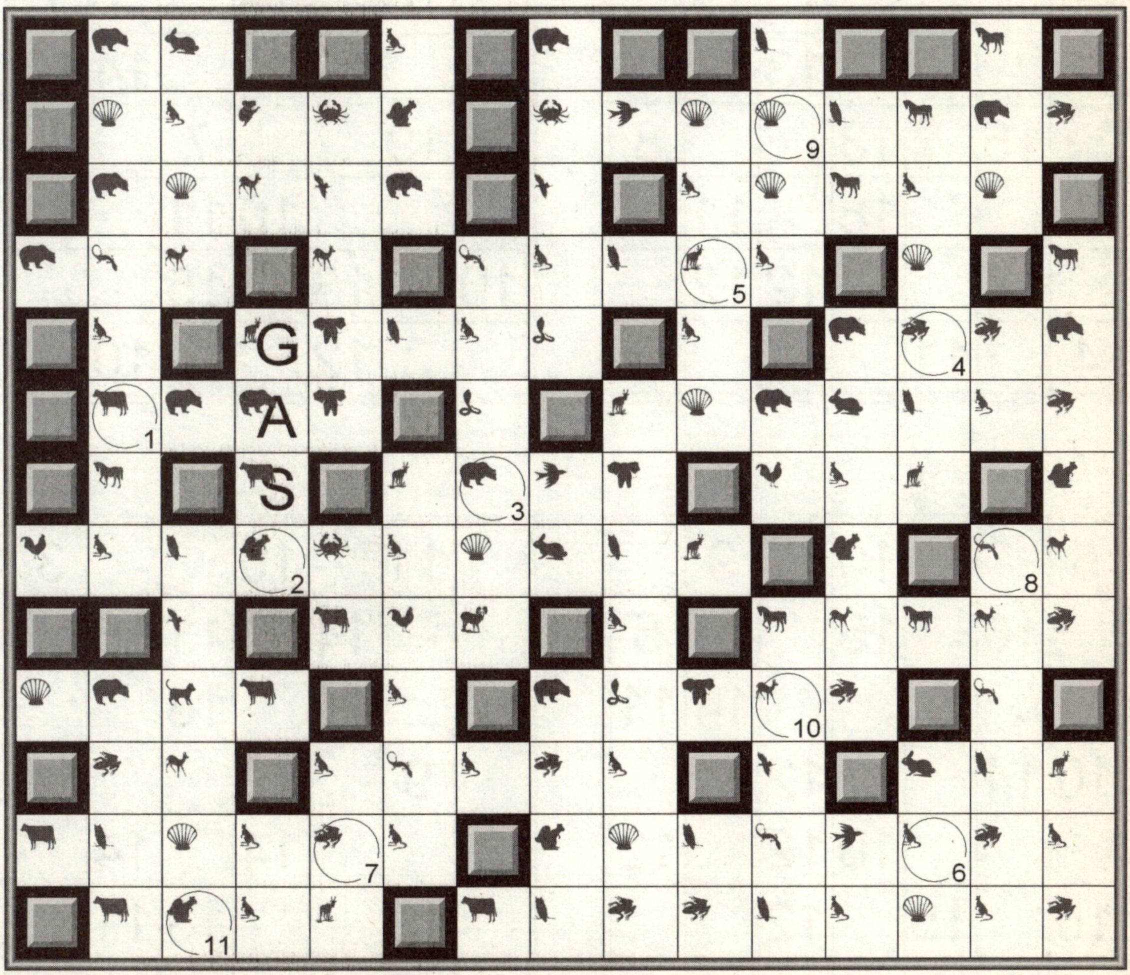

1	2	3	4	5	6	7	8	9	10	11

Denkspaß **303**

Summen-Sudoku

★★★★

Zeit: ____ Min.

Beim Summen-Sudoku müssen die Zahlen 1 bis 4 in die leeren Felder eingetragen werden, wobei die gleichen Zahlen jeweils nur einmal in jeder Zeile und Spalte vorkommen dürfen. Als Hilfe dienen die bereits eingetragenen Zahlen, die die Summe der gesuchten Ziffern in den noch leeren Feldern wiedergeben. Dabei werden alle horizontal, vertikal und diagonal anliegenden Felder berücksichtigt.

	8		7			6
		11		13	13	
10		12		13		
	15		13			8
6			18		11	
	17			12	12	
4		11				6

3			10		12	
	18		13			7
		10			14	10
14	19			7		
			10	11		11
10		18		15		
	3	12			10	

5			10		9	
	16		15			5
		9			14	11
10	14			12		
			10	12		12
10		15		12		
	5	8			10	

	11		10			3
		14		11	13	
10		11		13		
	9		10			14
8			14		14	
	13			13	11	
7		12				3

Denkspaß 304 — Französisches Rätsel

★★★☆ Zeit: ___ Min.

Bei diesem Rätsel müssen sowohl die Begriffe als auch deren genaue Position in der jeweiligen Spalte bzw. Zeile ermittelt werden. Dazu sind die Fragetexte zu lösen und unter Heranziehung anderer, diesen Begriff kreuzender Begriffe in die Grafik einzutragen. Einbuchstabige Begriffe werden nicht berücksichtigt.

	A	B	C	D	E	F	G	H	J	K	L	M	N	O	P	Q	R
1				■						■		○3					
2					■		■		○1				■		■		
3		■		■		○8	Z			■		■	R	○9			
4							■		■					■			
5				■		■				○7	■			O	■		■
6	■		■		○5			■				■		■			
7		○6							■		■						
8				○4		■		■			G		○2	■		■	
9					■								■				

1	2	3	4	5	6	7	8	9

Waagerecht:

1 Tierfuß – Bindewort – auf dem neuesten Stand
2 Vogelnachwuchs – Fremdwortteil: Mann – Dreifingerfaultier
3 Urlaubsfahrt – Herrenbekleidung
4 Reisemesse in Berlin (Abk.) – Geheimgesellschaft – Fest der Auferstehung
5 leblos – lateinisch: ich – Fremdwortteil: halb
6 Mongolendorf – Kosewort für Großvater – größter schweiz. Rheinzufluss
7 Meeresgischt – Banner
8 wüstes Gelage – Hauptschlagader
9 Vorname der Meysel † – Juristentracht – einfache Reiseunterkunft

Senkrecht:

A Unterwassergefährt – Meeresbucht
B Kfz-Z. Neuwied/Rhein – älteste Stadt Ungarns
C zweistimmiger Gesang – schlimm
D Fremdwortteil: vor
E historische spanische Flotte
F Romanfigur von Twain – chem. Zeichen für Ruthenium
G Handmähgerät
H Symbol des Friedens, Vogel
J Vorname der Asumang – medizinisch: Bein, Knochen – dicht zusammen
K Insel vor Sizilien
L Fluss durch Florenz – altjapanisches Brettspiel
M kampfunfähig (Abk.) – franz.: Ende – Vorsilbe
N Warengestelle
O Mutter der Nibelungenkönige
P röm. Zahlzeichen: zwei – Börsenaufgeld
Q Laster mit Anhänger
R Traubenernte – angenehm, willkommen

Denkspaß 305 — Ziegelrätsel

★★☆☆ Zeit: ____ Min.

Die „Rätselziegel“ des ursprünglichen Rätsels sind durcheinandergewürfelt. Durch Ausprobieren sind die Rätselziegel an die richtige Stelle zu setzen, sodass sich daraus wieder ein „normales“ Kreuzworträtsel ergibt.

R	A	■	R	I	N	R	A	■	■	D	A	S	O	U	G	■	B
O	R	T	T	■	N	O	■	R	V	I	N	E	R	N	■	K	E
T	A	■	■	B	E	S	T	E	■	R	■	M	S	E	T	E	N
■	R	■	L	E	E	U	M	B	N	■	D	W	■	L	■	L	E
A	L	B	E	T	T	■	I	■	■	K	E	E	K	A	M	A	L
L	■	E	U	■	Z	G	R	A	T	O	N	I	G	E	■	B	■
S	V	E	F	■	K	E	S	E	T	E	N	G	U	T	E	S	■
E	■	D	A	B	L	■	O	R	■	T	■	E	R	■	B	■	T
■	J	E	■	H	E	R	■	G	P	E	R	R	■	B	E	D	E

						E	S	E									
						■	O	R									
						R	■	G									
												A					
												L					

Denkspaß 306 — Sudoku-Stern

★★ Zeit: ____ Min.

Analog zum klassischen Sudoku müssen auch hier die Zahlen 1 bis 9 in die fett umrandeten Neuner-Dreiecke eingetragen werden. Auch in den langen Geraden (sie umfassen ebenfalls neun kleine Dreiecke) müssen diese neun Zahlen genau einmal enthalten sein, ebenso in den kurzen Geraden, zu denen auch noch das Feld in der Sternecke zählt.
(Die von der Sternmitte unterbrochenen Reihen zählen auch zu den langen Geraden.)

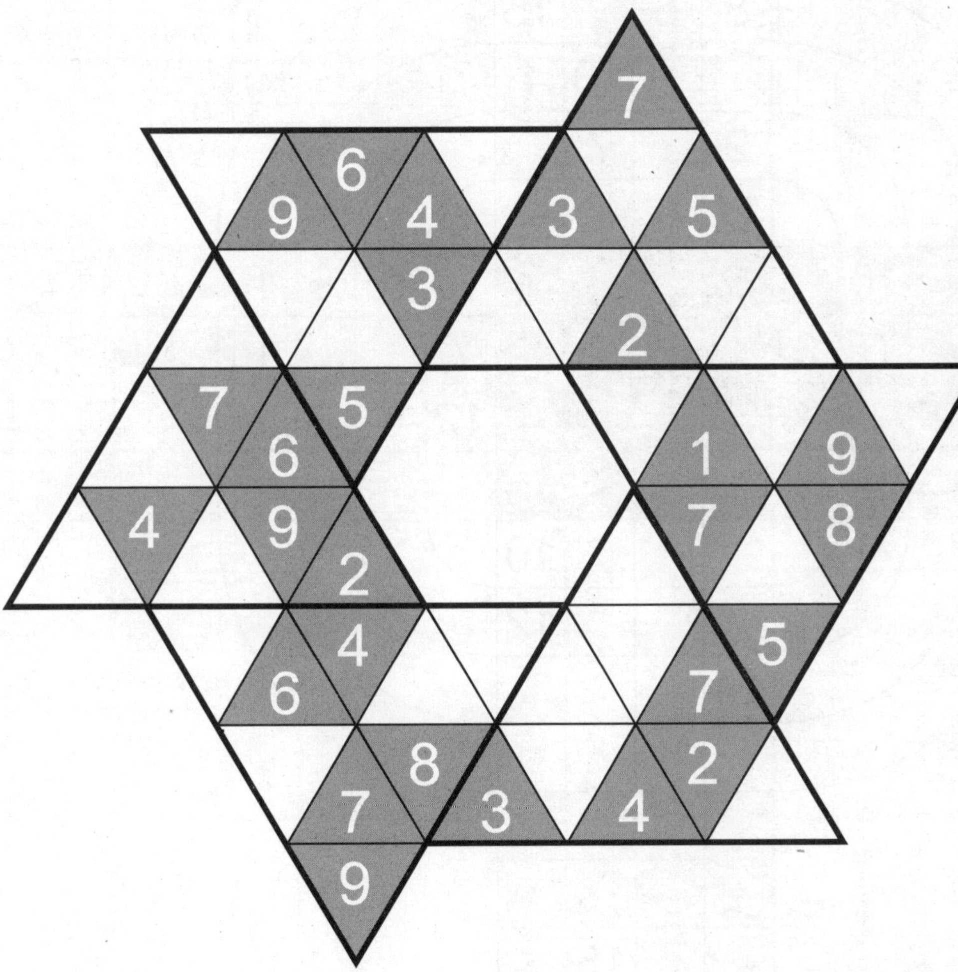

Denkspaß 307 — 3-D-Sudoku

★★★★ Zeit: ____ Min.

Beim Würfel-Sudoku sollen alle sechs Seiten die Zahlen 1 bis 16 enthalten. Zusätzlich sollen diese 16 Zahlen in jedem Streifen, der um den Würfel herumläuft, genau einmal enthalten sein. (Es gibt zwölf Streifen, je vier für jede der drei Dimensionen.)

Die Würfelseite ganz unten ist dieselbe wie die Seite ganz rechts. Dass diese Seite zweimal erscheint, soll Ihnen die Lösung komfortabler machen.

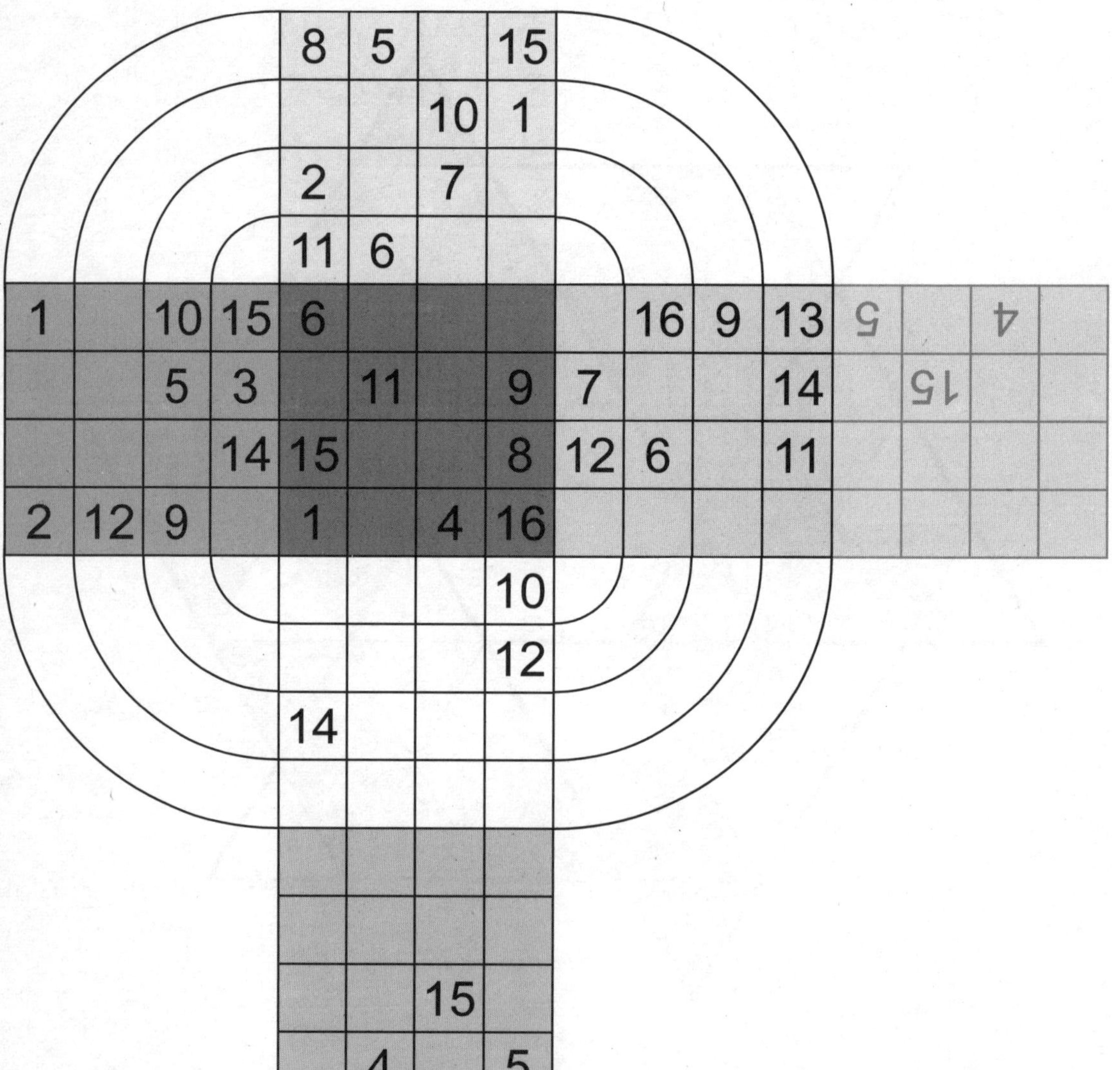

Denkspaß **308**	Wörtersuchspiel	★★★★ Zeit: ___ Min.

Finden Sie sämtliche unten aufgelisteten Wörter im Rätselgitter. Diese können vorwärts, rückwärts, horizontal, vertikal oder diagonal verlaufen. Die übrig gebliebenen Buchstaben ergeben ein Sprichwort.

				T	Z	T	E	L	U	Z	T	T	N				
		O	Z	R	O	I	U	E	T	N	R	E	W	O	H		
	A	S	R	B	O	R	E	F	E	A	H	C	S	O	N	S	
D	M	A	E	A	L	I	N	G	R	I	E	N	N	T	U	N	U
H	N	R	N	G	N	U	D	I	E	L	K	O	E	A	U	I	E
N	O	F	U	E	Z	G	S	L	I	L	R	I	M	M	C	E	N
N	E	R	A	W	G	I	E	T	R	A	E	D	M	W	T	I	G
H	L	O	O	E	B	R	M	I	R	H	V	I	A	N	P	A	E
T	L	D	K	S	C	O	O	S	A	C	H	A	R	O	W	N	L
	A	A	S	I	K	H	R	B	K	H	G	S	H	E	N	N	
		K	A	E	N	O	E	I	E	E	T	C	C	A	N		
				R	N	N	P	R	S	G	S	T	S				

ADORF
ALLIANZ
ANNE
ATMEN
BORIS
CHOPIN
DEAR
DIOR
EINS
ENGEL
ERNTE
FAECHER
GEBOR-
GEN
GIRO
HABEN
HONORAR
HOROSKOP
ILTIS
IMMUN
KARRIERE
KINN
KLEIDUNG
LEID
LEIHEN
LEON
LUST
MAUS
NAIV
NARR
NERZ
NONNE
OBERON
ORANGE
RAMMEN
REISEWEG
ROME
SACHA-
ROW
SCHAEFER
SCHRAM-
ME
TEIGWARE
TEST
THAI
VERKEHRT
WAAGE
WURM
ZIEGELEI
ZULETZT
ZUNFT

Denkspaß 309	ABC-Verfolgung	★☆☆☆ Zeit: ____ Min.

Bei der ABC-Verfolgung ist jeder Buchstabe des Alphabets in der Reihenfolge des Alphabets anzuspringen, wobei man sich auf den Linien (Kreisringen und Strahlen) bewegen muss, das Zentrum dabei aber nicht durchschreiten darf.

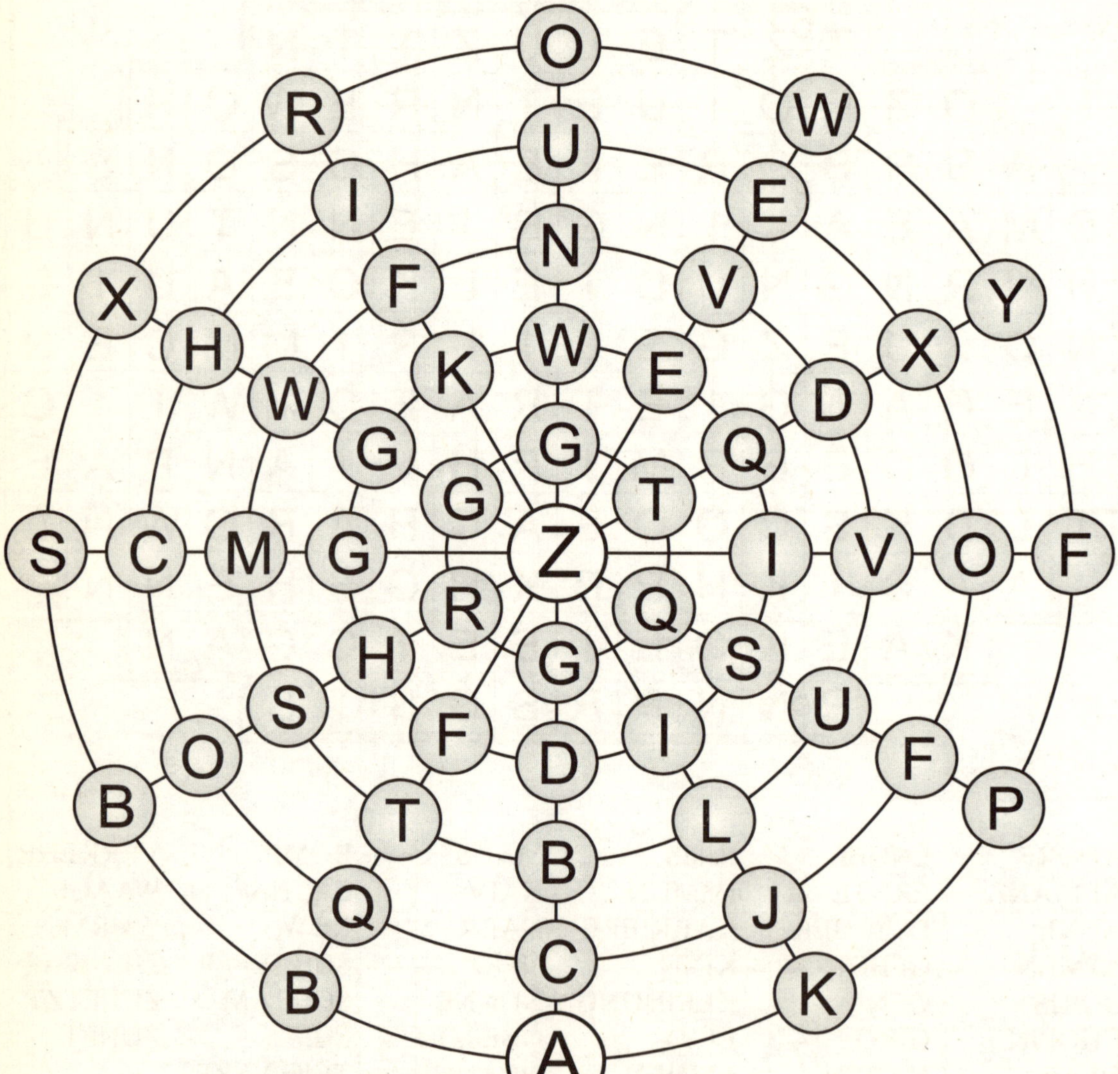

Denkspaß **310** | # Sudoku klassisch | ★★★★ Zeit: ___ Min.

Bei diesem Rätseltyp sind die Zahlen 1 bis 9 in die leeren Felder der Grafik einzutragen, wobei sich jede dieser neun Zahlen genau einmal in einem Neunerblock, genau einmal auf jeder Horizontalen und genau einmal auf jeder Vertikalen befinden soll.

8		4	7		6	5	9	
9	1		5			4		7
		2		9		6	8	
		3	9		8	2		4
	6	8	2			3	5	9
7		9	3	4		1		
			6		4		3	5
	4	7				9		6
6	8			3	9			2

	1	7		9	5	6	8	
2		5	7	3			9	4
9	3		1				5	
1				5	7			
8		4	3			2	7	5
	7	3		8			6	
6		9			3		1	
3	5		6		1		4	8
	8			4		3	2	

	2		3	1		9	6	
8	1			5	9	3		4
	3				6			1
			9	3		7		6
3	9	4			5	8		2
6	7	8		2		5	9	
	6		5			1		7
2	8		6		7		3	5
		5		8			2	

9			3		5			1
		6	8			3		5
5	3	4	1	7			9	2
	9					7	5	
3		5		6	9		2	8
6	7		5	8	2			
		3	9	5			1	7
		2	6	4		5		
7		9	2		3	6		4

Denkspaß **311**

Brückenrätsel

★★★★ Zeit: ____ Min.

Beim Brückenrätsel müssen Brückenwörter gefunden werden, die die Begriffe in der linken Spalte ergänzen, sodass sie neue sinnvolle Wörter ergeben. Gleichzeitig werden sie den Begriffen der rechten Spalte vorangestellt und bilden mit diesen ebenfalls neue sinnvolle Begriffe.
In der Mittelspalte soll eine Lebensweisheit erscheinen.

FLUG		HAUS
GRUND		ZIEGEL
MEISTER		TASCHE
WEIN		WACHE
FREI		RAUM
BUERGER		BUEGEL
CHOR		WAGEN
RUND		TELEFON
HAMMER		SPIEL
LESE		TIER
LORBEER		LAUS
WASSER		RECHTE
WAAGE		ZEITIG
STEIL		BILD
HALB		ERGEBEN
PRESTIGE		ANTEIL
DACH		SENKE
HAND		BRIEF

Denkspaß 312 | Rechenschwede | ★★★☆ Zeit: ____ Min.

In die leeren Felder der Rätselgrafik sind Zahlen von 1 bis 9 einzutragen, sodass die Summe aller Zahlen eines „Wortes“ der Zahl entspricht, die in dem Feld steht und das „Wort“ definiert. Anders ausgedrückt, die Zahl, die in den Fragekästchen steht, muss in „kleinere“ Portionen aufgeteilt und in Pfeilrichtung eingetragen werden.
Bei diesem Rätsel gibt es mehrere Lösungsmöglichkeiten.

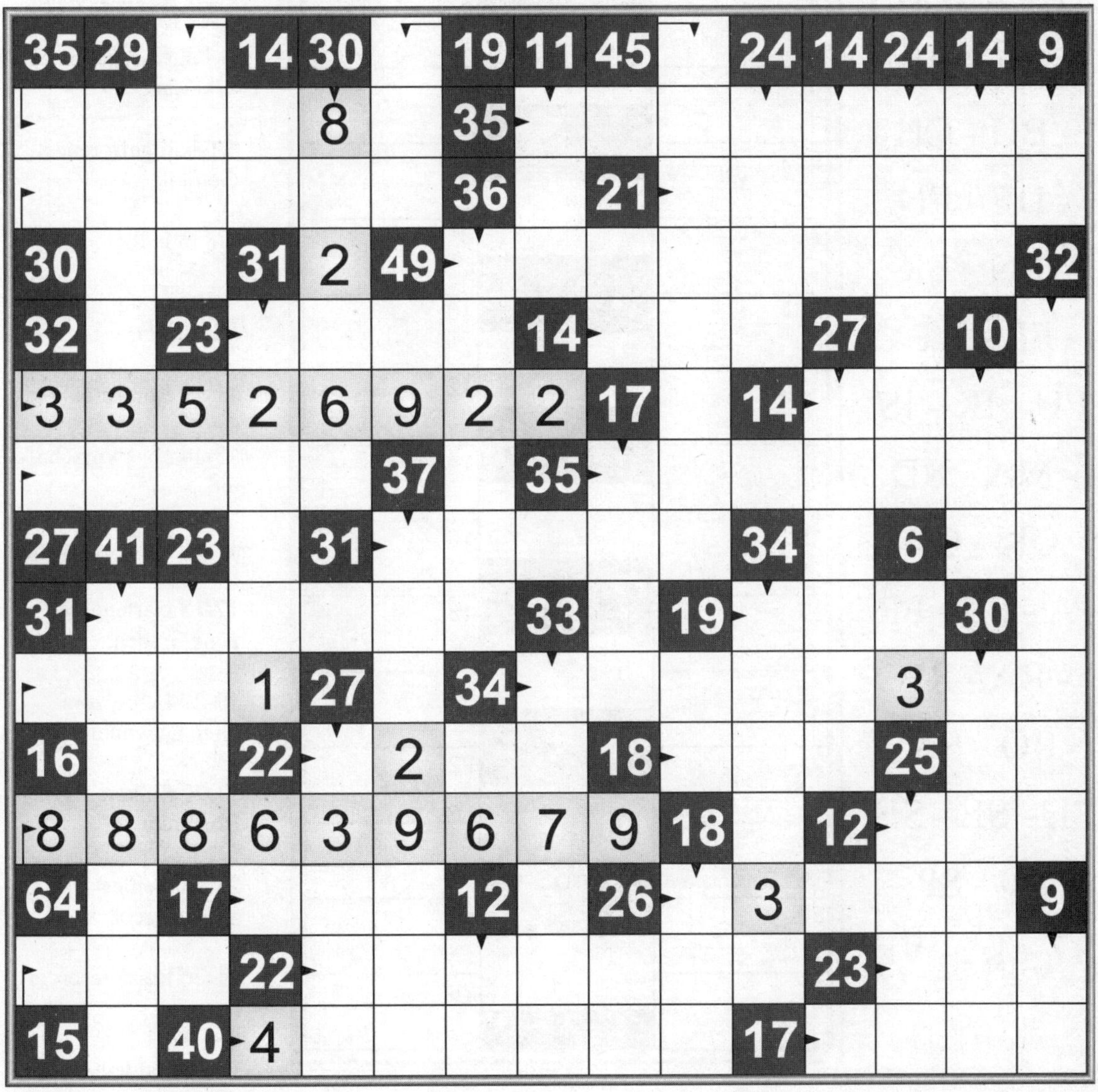

Denkspaß **313** | **Leiterrätsel** | ★★★★ Zeit: ____ Min.

Aus den Zweierbuchstaben links sind insgesamt 14 sechsbuchstabige Wörter zu bilden. Welche Wörter gesucht werden, sollen Sie anhand der Hinweise rechts herausfinden. In jedes Feld gehören zwei Buchstaben, wobei die Doppelbuchstaben in der Mitte von je zwei Wörtern verwendet werden. Am Ende schließlich erhalten Sie im Mittelbalken von oben nach unten gelesen ein Lösungswort.

AL - AT - BA
- BA - BR
- BU - CH
- DE - EN
- EN - ER
- ER - ET -
EU - IK - IS
- MA - ND
- OK - OP -
PA - PE - PR
- RA - RB
- RO - SA -
SE - SE - SE
- SO - SP -
ST - TA - VE

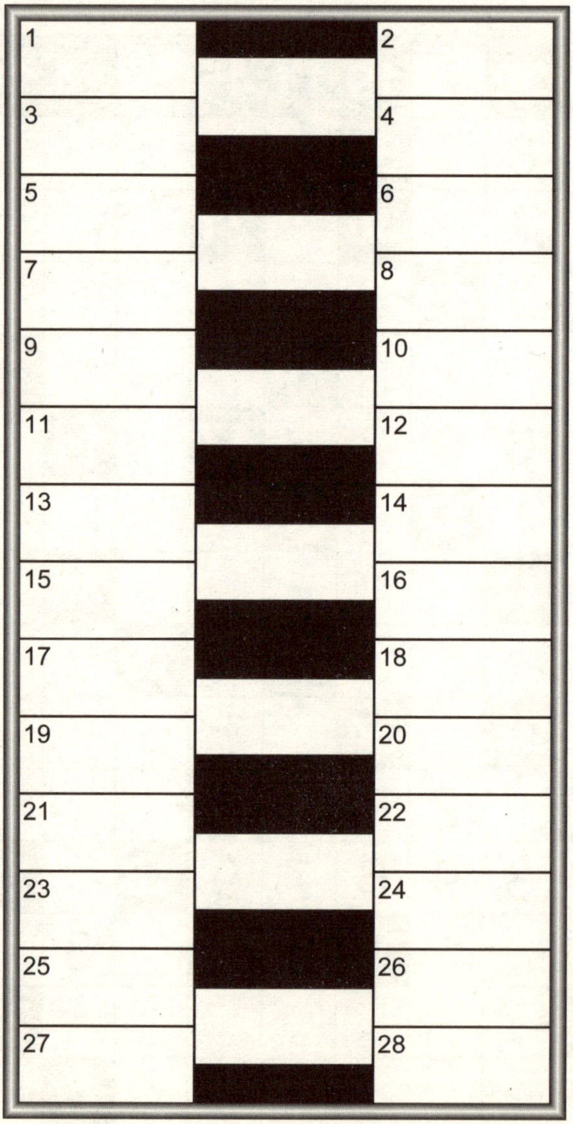

1-2 vor Wut tobend,

3-4 ehem. spanische Währung,

5-6 halbgefrorenes Getränk,

7-8 mündlich,

9-10 byzantinischer Historiker,

11-12 Börsenmakler,

13-14 abgewirtschaftet,

15-16 ein Kontinent,

17-18 Gartengerät zum Graben,

19-20 Lehre vom Gleichgewicht,

21-22 Sinken der Börsenkurse,

23-24 weißes Schaumgebäck,

25-26 Reise reservieren,

27-28 Ostdeutscher

Denkspaß **314**	Sudoku-Kreis	★★★★ Zeit: ____ Min.

Ähnlich wie auch beim klassischen Sudoku müssen die Zahlen 1 bis 9 genau einmal auf jedem Ring, auf jedem „Strahl“ von außen nach innen und auf jedem dick umrandeten Teilstück vorkommen.

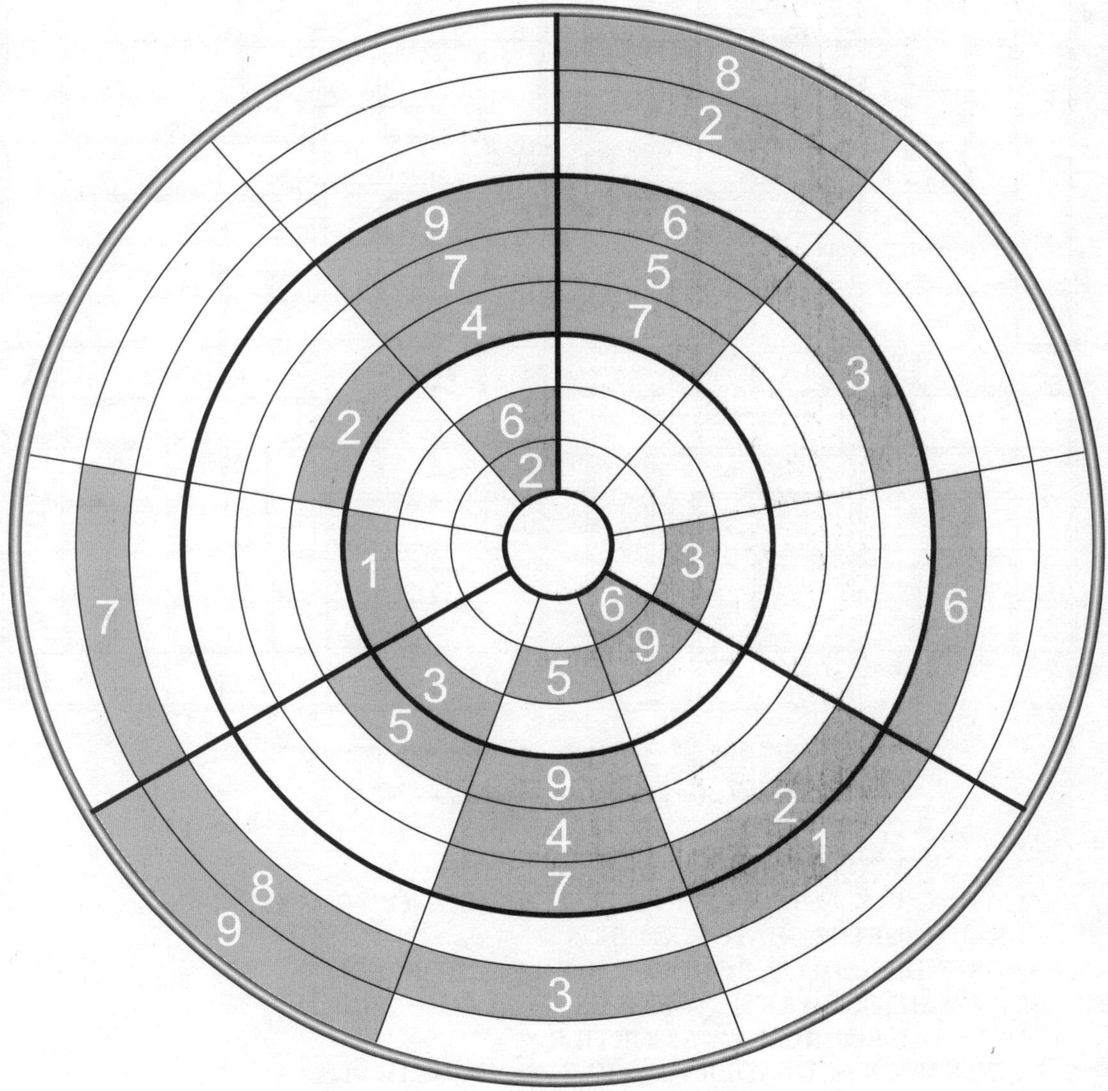

Denkspaß 315 Wörterkreuzungen

★★★★ Zeit: ____ Min.

Durch Kombinieren sind alle unten aufgelisteten Wörter in das Gitter einzutragen. Zur besseren Übersicht sind diese Begriffe bereits nach ihrer Buchstabenanzahl geordnet.

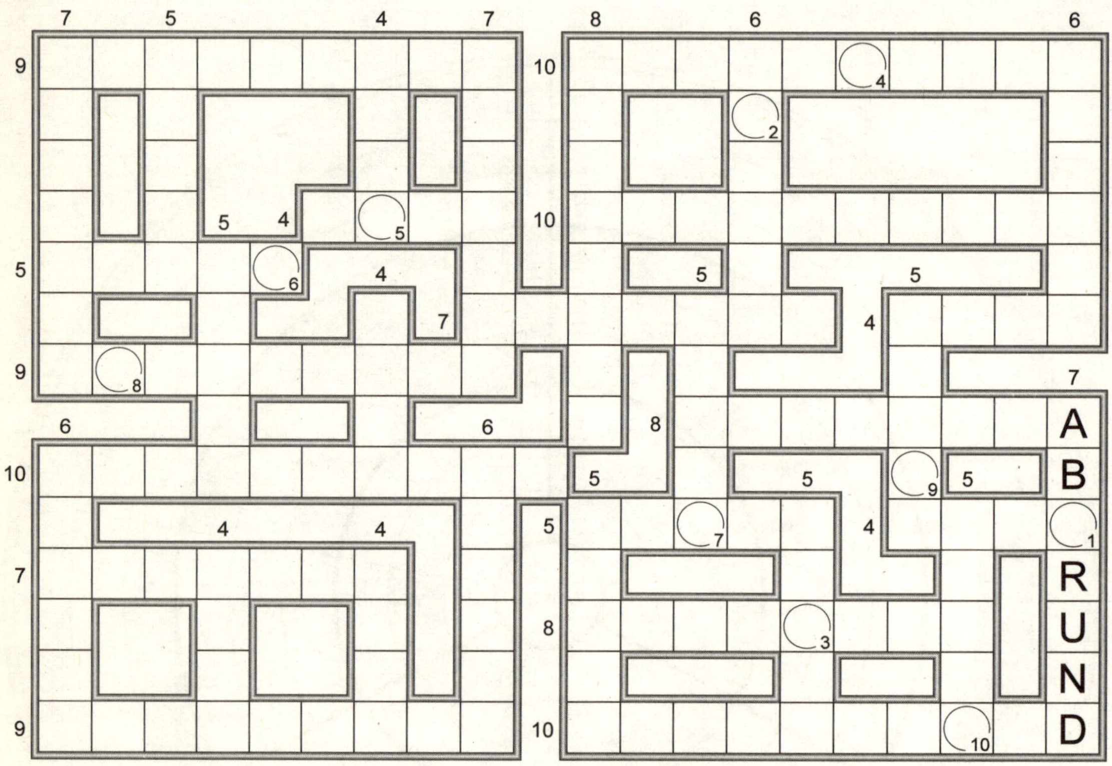

1	2	3	4	5	6	7	8	9	10

4 CATS, CREW, DRIN, GERE, SEAL, SEMI, SMOG
5 AGAVE, CHIPS, ESTEO, ESTIN, ETZEL, HEINZ, MOEWE, VESUV, VIOLA
6 EUKLID, GUETER, HIATUS, KONFUS
7 ABGRUND, NEIDLOS, RONDELL, ROULETT, TORPEDO
8 SCHWALBE, SCHWARTE, TORTILLA
9 LUFTPIRAT, ROHRLEGER, STINKTIER
10 KEINESWEGS, STUENDLICH, VERLETZEND, WAHLPLAKAT

Denkspaß 316 | Tierisches Kreuzworträtsel

★★★★ Zeit: ____ Min.

Gleiche Tiere bedeuten gleiche Buchstaben. Durch Ausprobieren ist jedem dieser Tierzeichen ein Buchstabe zuzuordnen und in die Rätselgrafik einzutragen. Auf diese Weise soll ein vollständiges Kreuzworträtsel entstehen.

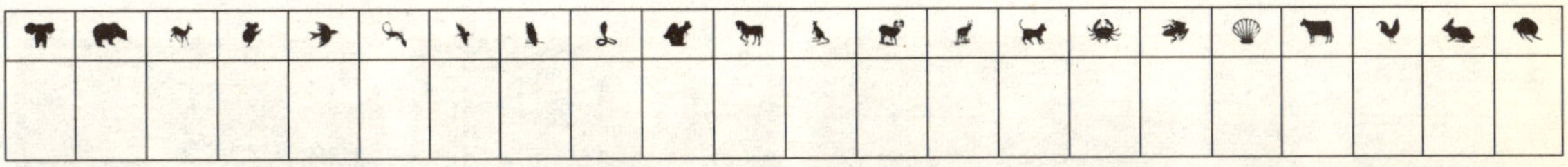

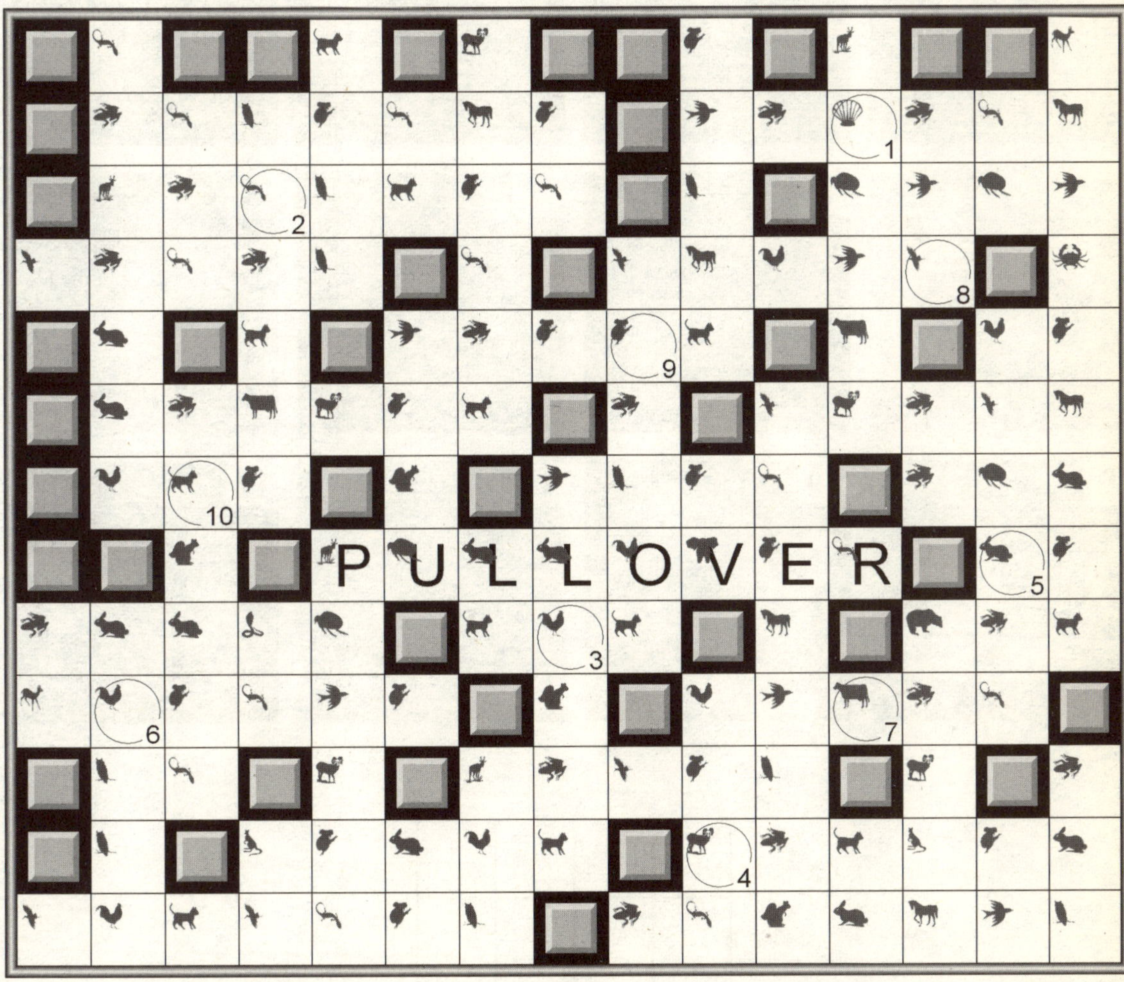

1	2	3	4	5	6	7	8	9	10

Denkspaß **317**

Zentrales Arbeitsgerät

★★☆☆
Zeit: ____ Min.

Wie müssen die Puzzleteile zusammengesetzt werden, damit das komplette Originalbild erscheint? Tragen Sie die Nummern in die entsprechenden leeren Felder unten ein.

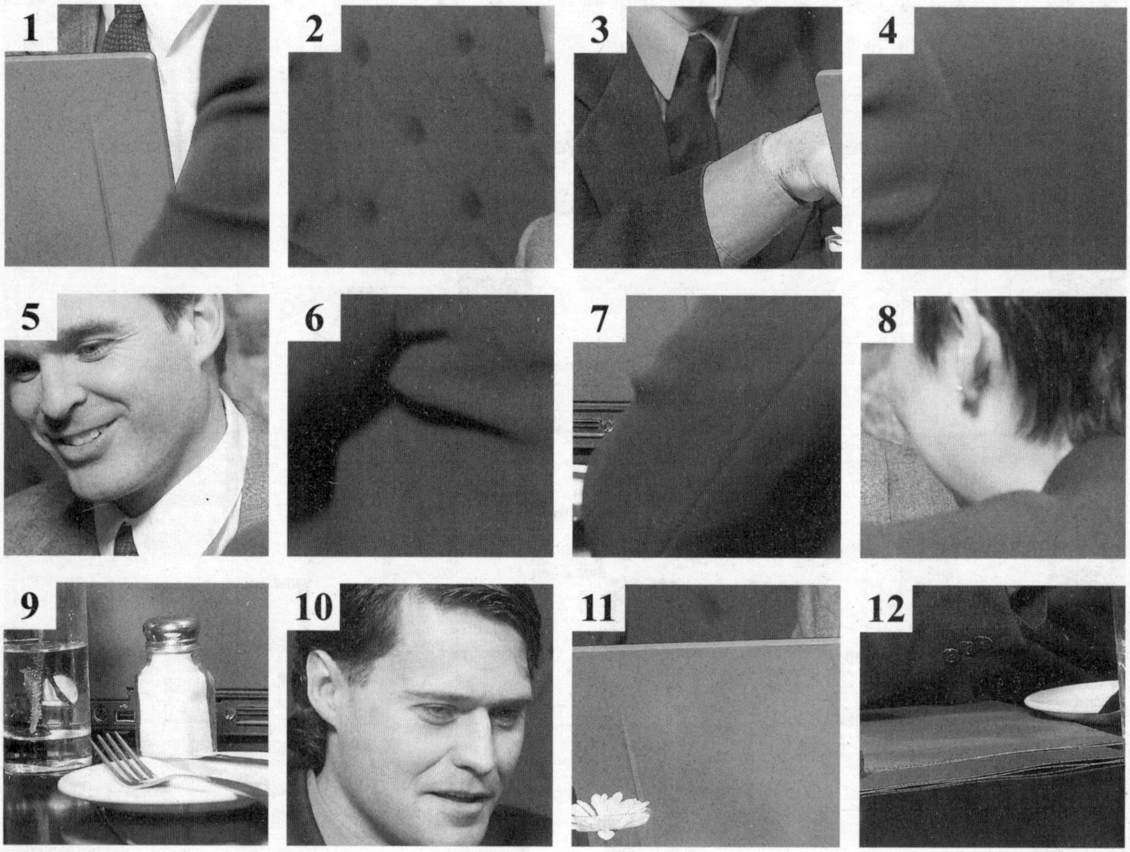

Denkspaß 318 — Endlos-Kruzzle

★★★★ Zeit: ___ Min.

Die in den Fragekästchen der Rätselgrafik stehenden Texte müssen gelöst und in Pfeilrichtung eingetragen werden – bei Definitionen ist das Lösungswort zu erraten, bei geschüttelten Begriffen ist durch eine Neuordnung ein sinnvoller Begriff „herzustellen“. Begriffe enden bei Endlosrätseln jedoch nicht zwangsläufig am Rand eines Rätsels, sondern können auf der jeweils anderen Seite weiterlaufen.

Keimgut / AARS
weg / AAHS
kl. Bauernhaus / LLMU
9
11
Elendsviertel / ABEH
Gebetszeit / AEHS
Sprengkörper / ALST
M
Prügel (ugs.) / BEOR
Außenorgan / ABLZ
2
Windrichtung / EHOS
U
Westernlegende / AARU
semit. Gottheit / DMOR
Körperteil / EKST
L
bibl.: Vater / ALNU
4
Biermenge / DMNU
Planvorgabe / ARST
10
L
Hafendamm / KLTU
Rückstand / AFFL
Bronzeposaune / DEEN
nicht lang / BISS
Pökelbrühe / EHPU
Währung Europas / ADEL
Verband / EEMR
Zeitnot / GLOO
8
Mutter Marias / EELL
sanft / EIRT
3
nat. Gasgemisch / AKLT
altnord. Sagen / EKSS
Prüfung / DEIR
Haupt / LOST
5
Futterpflanze / AGLT
Position / AALS
Gestalt b. Schiller / BNTU
Papierzählmaß / GHHI
6
allein / EELR
Lauge / EIPT
anwesend! / AGST
1
englisch: Osten / AEGT
Aderschlag / ADMR
Raffsucht / AEMR
Kante / ADHN
Sache / AEGU
7
bäuerl. Gehilfin / ORTW
Echo / EIKS
Frauenkurzname / LPSU
Fluss in England / FLOU

1	2	3	4	5	6	7	8	9	10	11

Denkspaß 319 | Schwedensilbenrätsel

★★★★
Zeit: ___ Min.

Die in den Fragekästchen der Rätselgrafik stehenden Texte müssen gelöst und in Pfeilrichtung eingetragen werden. In jedes Kästchen gehört eine Silbe.

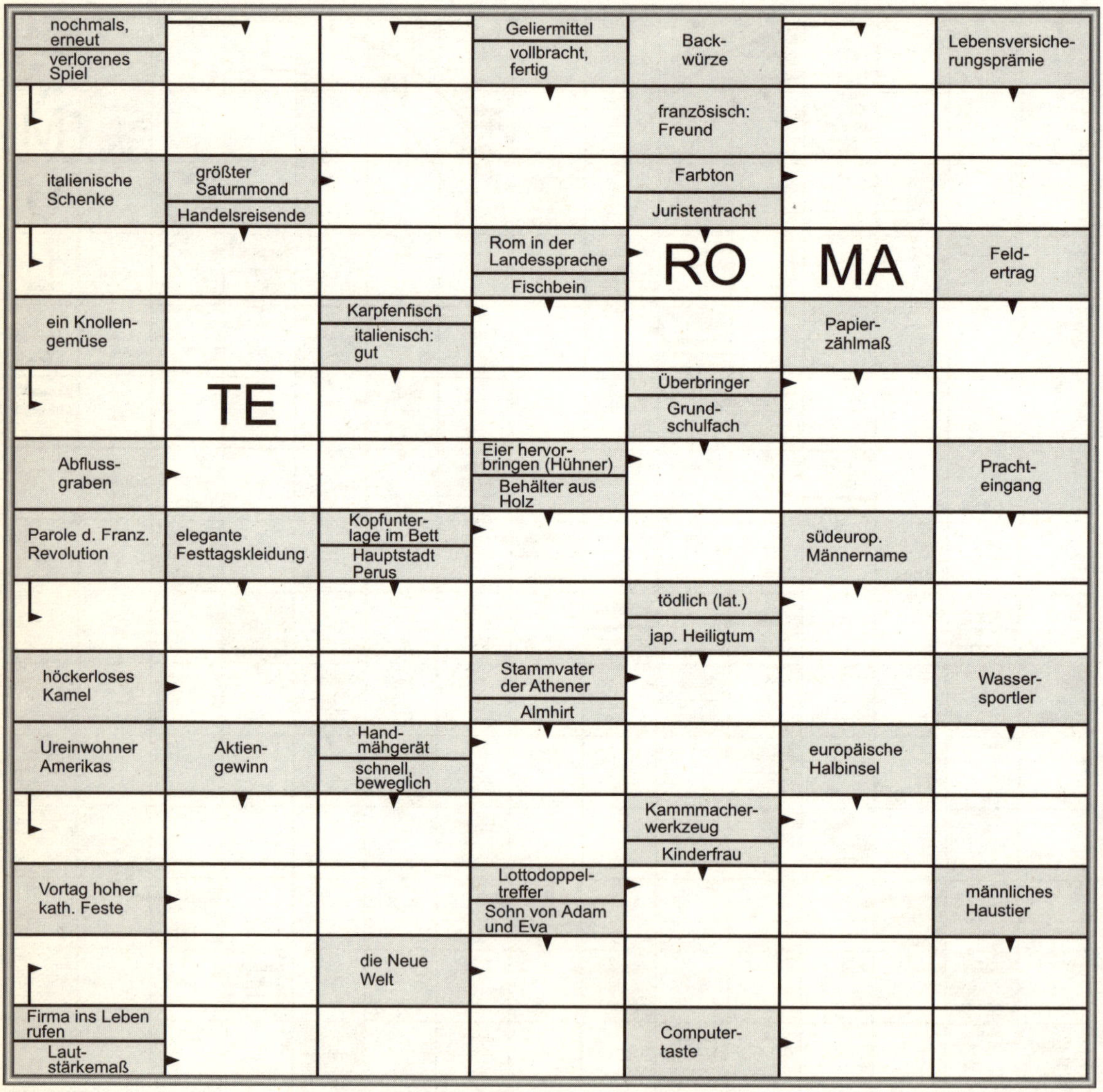

Denkspaß 320 — Buchstabenringe

★★★ Zeit: ___ Min.

Beim Buchstabenring sind zehn fünfbuchstabige Begriffe zu bilden und in den Ring einzutragen. Der Mittelbuchstabe ist bereits vorgegeben und muss durch die Buchstabenpaare entsprechend ergänzt werden, wobei die beiden Endbuchstaben eines Wortes automatisch die Anfangsbuchstaben des nächsten Wortes sind.

1

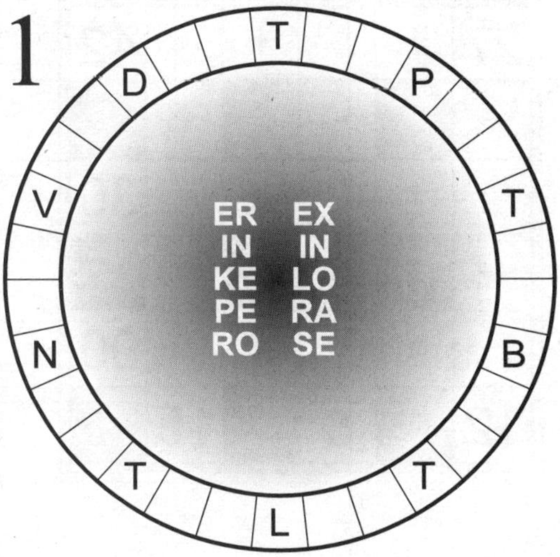

2

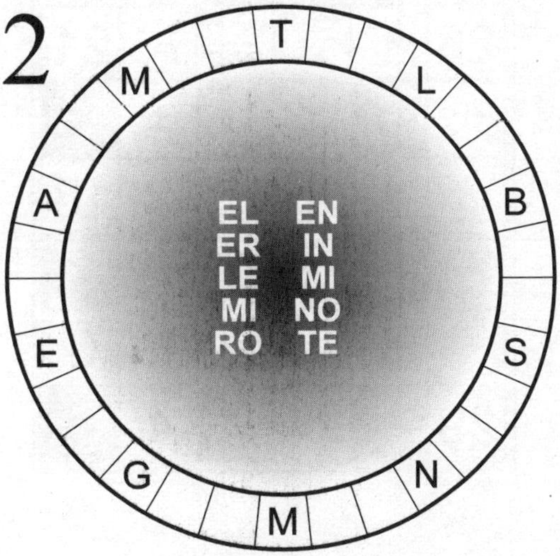

Denkspaß 321 — Wörtergleichung

★★★ Zeit: ___ Min.

Ersetzen Sie die Buchstaben durch die gefragten Begriffe, sodass die jeweilige Wörtergleichung eine sinnvolle Lösung bzw. ein sinnvolles Lösungswort erhält.

$$(a - b) + (c - d) + (e - f) + (g - h) + (i - j) + (k - l) + (m - n) = X$$

---

a = Bratgefäß, b = britische Prinzessin, c = Schachfigur, d = Hinterhalt, e = Tagesanbruch, f = Stille, g = platzen, h = Sprechen mit Gott, i = konzentrierter Auszug, j = sehr genau, k = Abgabe an den Staat, l = Holzraummaß, m = hörig, treu, n = Spielkarten austeilen, X = die Schlusslösung

Denkspaß 322 — Rechenquadrate

★★ Zeit: ____ Min.

Die Zahlen 1 bis 9 sind so in die Grafik einzutragen, dass die Rechnung schlüssig wird. Keine der Zahlen darf ein zweites Mal verwendet werden. In der Rechnung gilt nicht die Regel „Punktrechnung vor Strichrechnung“, sondern es wird grundsätzlich von oben nach unten bzw. von links nach rechts gerechnet.

26	+		–		21
+		x		+	
	+		+		18
–		x		–	
	x		–		6
29		24		4	

27	+		+		42
–		–		+	
	+		x		30
–		x		+	
	x		x		90
12		8		15	

Denkspaß 323 — Worträder

★ Zeit: ____ Min.

Welche Buchstaben sind hier anstelle der Fragezeichen einzusetzen, damit im oder gegen den Uhrzeigersinn jeweils ein Wort zu lesen ist?

1

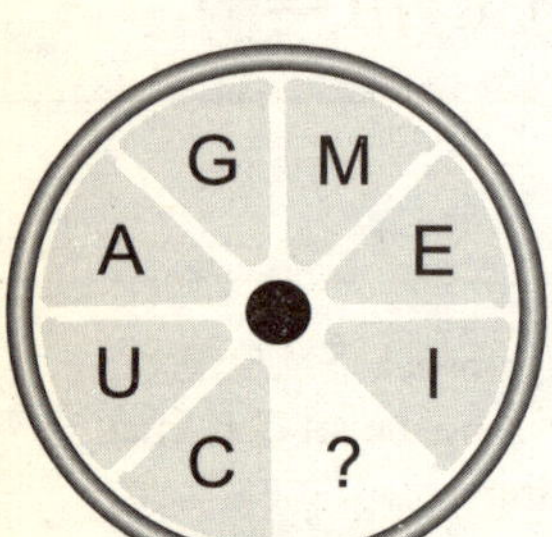

2

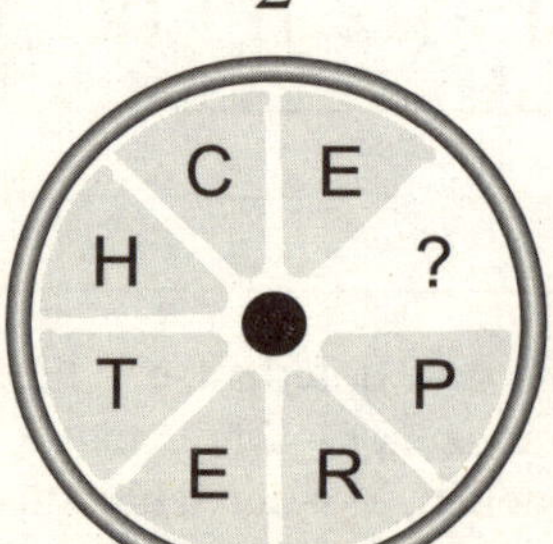

3

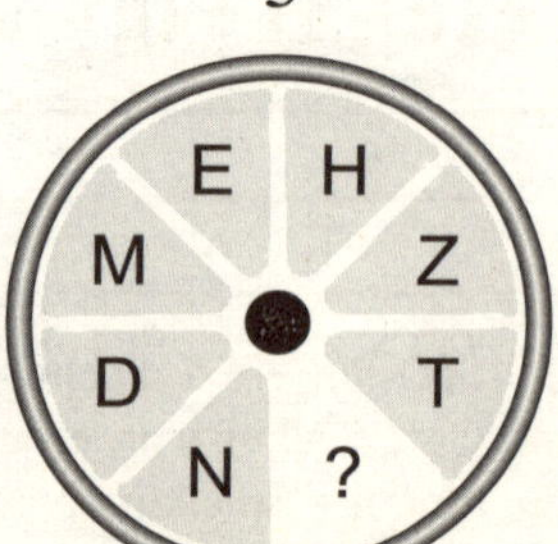

4

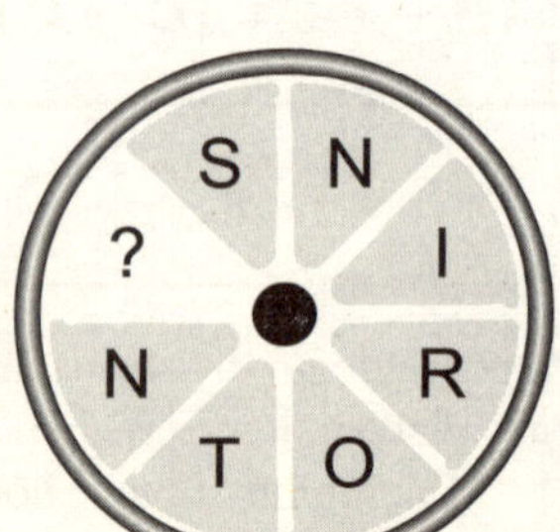

Denkspaß **324**

Tiergruppenrätsel

★★★★ Zeit: ____ Min.

Ein Symbol steht jeweils für drei Buchstaben bzw. für zwei Buchstaben und das Blindfeld. Sämtliche unten aufgeführten Wörter sind in die Grafik einzutragen. Durch Ausprobieren und unter Mithilfe des Symbolschlüssels kann die richtige Position ermittelt werden.

A	B	C	D	E	F	G	H	I
J	K	L	M	N	O	P	Q	R
S	T	U	V	W	X	Y	Z	■

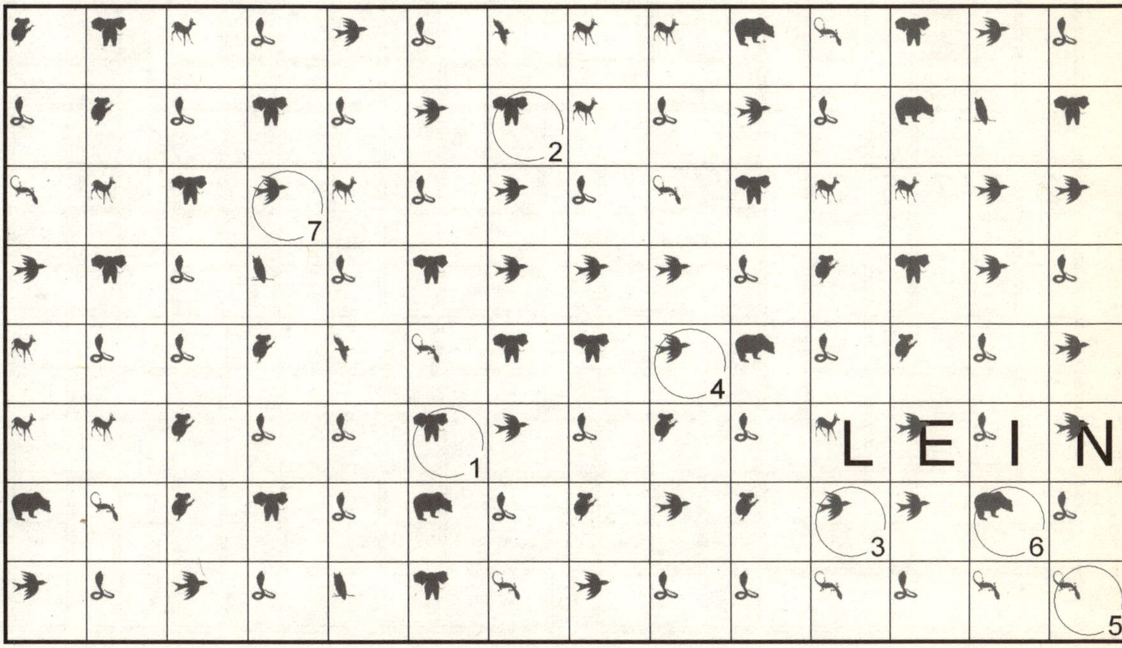

1	2	3	4	5	6	7

Waagerecht:
FAULEN - IMPOSANT - KOMA - ANNE - MAN - GLUKOSE - ES - AREAL - ULM - DEMENTI - HAFER - KHA - FUSEL - ISE - OF - LEIN - MAURE

Senkrecht:
RAEHM - IMME - KEA - ENIF - EHEN - LEO - ERL - ITO - FENDER - AN - UM - SKLAVEN - DE - LL - NA - AOSTA - AVUS - LO - GAENSE - PI - FELUKE

Denkspaß 325 Zahlenkreuzungen

★★★★ Zeit: ____ Min.

Tragen Sie sämtliche unten aufgelisteten Zahlen in das Gitterfeld ein. Dort sollen sie von links nach rechts bzw. von oben nach unten zu lesen sein.

4 3296, 4693, 6375, 6593, 8756

5 13136, 23633, 25757, 48963, 57572, 71727, 72256, 76873, 81713, 82185

6 293321, 297696, 467268, 467325, 513787, 658451, 676596, 695162, 747352, 764783

7 1362496, 1656398, 2937367, 3844467, 4989497, 6173568, 6777524, 7317384, 9368396

8 17294829, 33882121, 38431347, 69889855

9 436139933, 548739119

10 2933913662

Denkspaß 326

Zeitablauf

★★★★ Zeit: ____ Min.

Ordnen Sie die Bilder so, dass ein zeitlich logischer Ablauf resultiert.

Zeitlicher Ablauf: ☐ → ☐ → ☐ → ☐ → ☐ → ☐

Hole-in-one

★★★★
Zeit: ____ Min.

In dieser Gedächtnisübung sollen Sie sich alle Zahlen und deren Positionen im oberen Bild gut einprägen. Dann decken Sie dieses obere Bild bitte ab und tragen im unteren Bild die fehlenden Zahlen ein. Achtung: Das untere Bild ist gespiegelt!

Denkspaß **328** | Super-Sudoku | ★★★★ Zeit: ___ Min.

Super-Sudoku

In diesem Super-Sudoku sollen die Zahlen 1 bis 16 in jeder horizontalen Reihe, jeder vertikalen Spalte und jedem 4-x-4-Unterquadrat genau einmal enthalten sein.

15		13	4	3		14				11		6	9	10	5
10			2			1	11		9	15	4		3		
11	1			15				13			8	4			12
9		7			13	4	8	10	16					11	
8		16		10			14	5	13		3	15		1	
	15			4	11	2	6			12	1	7		8	
4	13				15				11	16	7	12			
	12	2			8	16	13	15	14				5		9
16		5				6	12	2	4	8			10	14	
			7	14	10	9				1				5	4
	14		1	2	16			11	5	9	15			6	
	9		3	8		11	1	12			14		13		16
	7		8			12		16	2	14			1		10
2			13	9			5				10			16	6
		9		13	4	10		6	8			5			3
3	10	12	6		1				15		5	14	11		2

Denkspaß **329**

Motiv-Sudokus

★★☆☆ Zeit: ____ Min.

Bei diesem Rätseltyp sind die Zahlen 1 bis 9 in die leeren Felder der Grafik einzutragen, wobei sich jede dieser neun Zahlen genau einmal in einem Neunerblock, genau einmal auf jeder Horizontalen und genau einmal auf jeder Vertikalen befinden soll.
Das Schöne an diesen Sudokus: Die Anordnung der vorgegebenen Zahlen ergibt jeweils ein Bildmotiv.

		7	5		4	8		
	5	2	1	9	7	6	4	
1	6			2			7	5
3	4						8	9
7	9						6	1
	2	8				3	5	
		3	9		6	7		
			3	5	2			
				4				

6				2				7
	9		6	8	5		4	
		8	7		3	2		
	4	3				9	8	
8	7						3	2
	2	5				7	1	
		2	9		4	6		
	6		8	7	2		9	
7				3				1

		5	1		7	9		
	7	3	4	8	9	2	1	
1	9			2			3	4
8	5						7	6
4	3						8	9
	1	6				5	2	
		9	8		3	6		
			6	1	2			
				7				

Denkspaß 330 Zahlenpyramiden

★★★☆
Zeit: ___ Min.

Bei der Zahlenpyramide sind die Zahlen 1 bis 6 so in die untere Kästchenreihe einzutragen, dass die Additionsergebnisse bis zur Rätselspitze schlüssig sind.

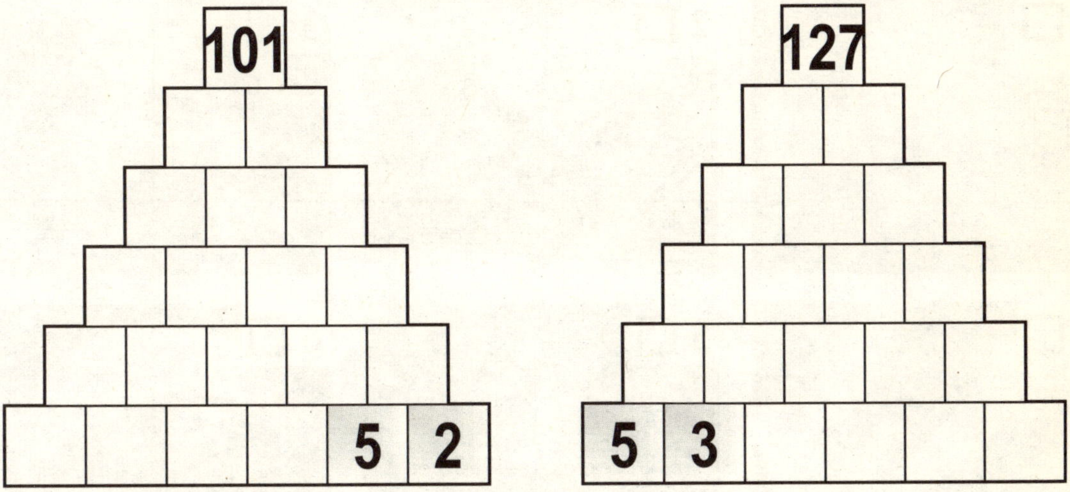

Denkspaß 331 Worträder

★☆☆☆
Zeit: ___ Min.

Welche Buchstaben sind hier anstelle der Fragezeichen einzusetzen, damit im oder gegen den Uhrzeigersinn jeweils ein Wort zu lesen ist?

1 2 3 4

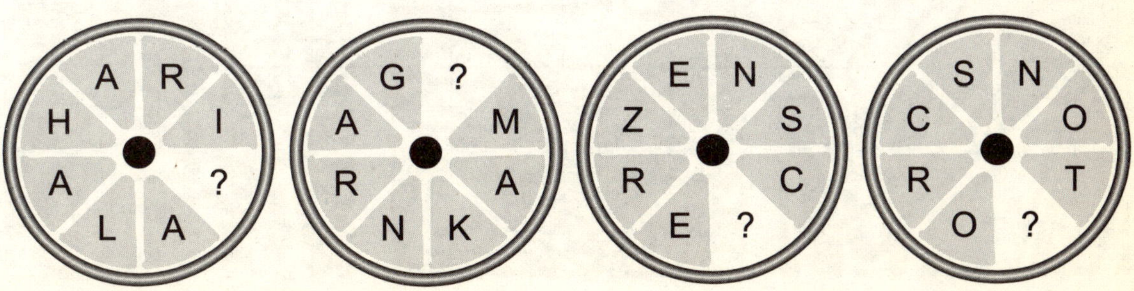

Denkspaß 332 | Im Chaoslabyrinth

★★★★ Zeit: ____ Min.

Die fantasievollen Grafiken unten entstammen allesamt den oberen Bildern. Jedes dieser oberen Bilder wurde so verfremdet, dass daraus die unteren Darstellungen resultierten. Können Sie die Originale und die dazugehörigen Verfremdungen einander zuordnen?

1 ☐

2 ☐

3 ☐

4 ☐

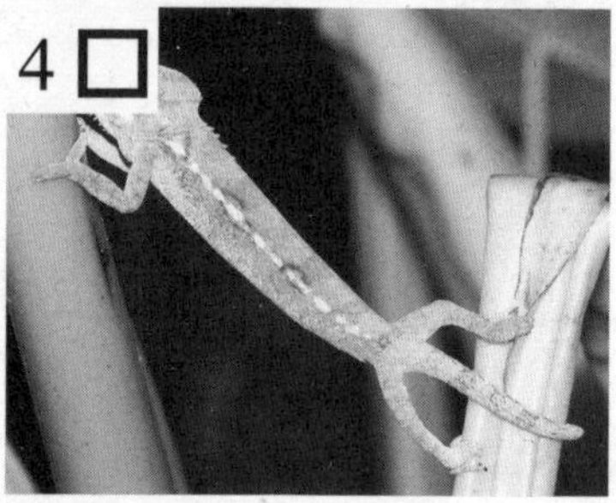

5 ☐

6 ☐

A

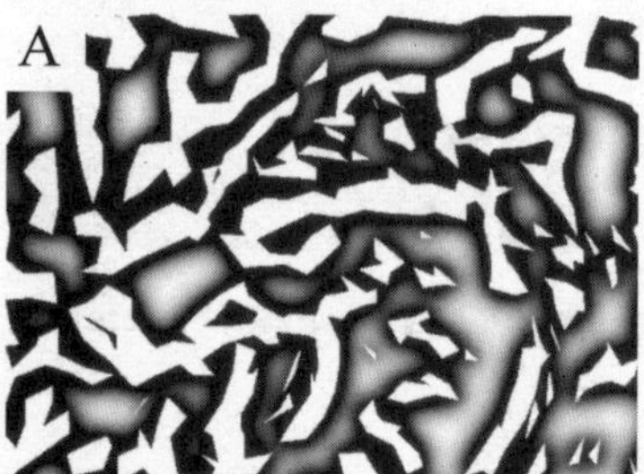

B

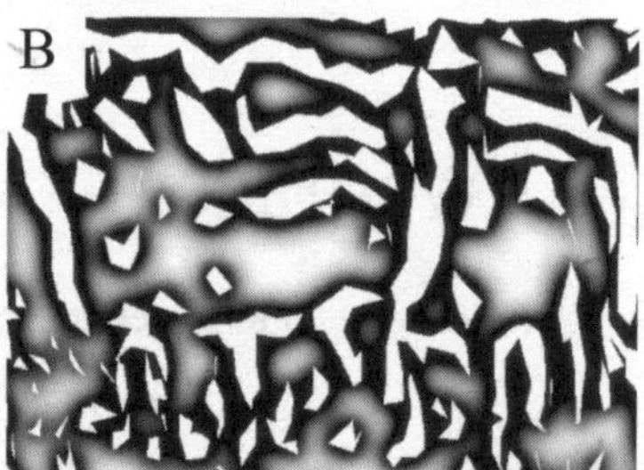

C

D

E

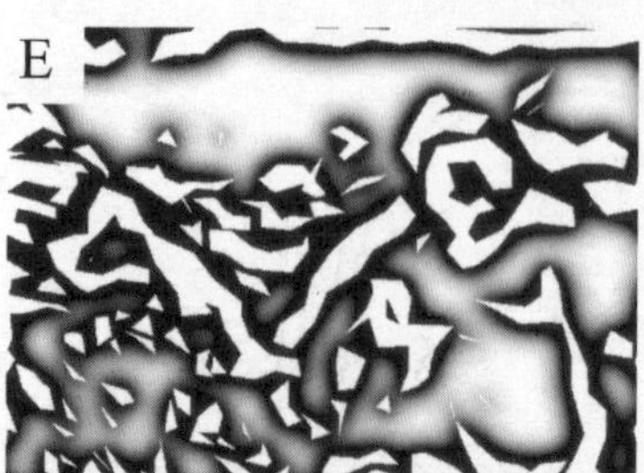

F

Denkspaß 333 Kakuro-Quersummenrätsel

★★★★
Zeit: ____ Min.

Beim beliebten, aber auch schwierigen Kakuro sollen Sie Zahlen von 1 bis 9 in die leeren Felder eintragen. Dabei muss die jeweils links bzw. oben vorgegebene Summe bei jedem horizontalen bzw. vertikalen Zahlenblock berücksichtigt werden. In jedem dieser Blöcke darf eine Zahl höchstens einmal verwendet werden.

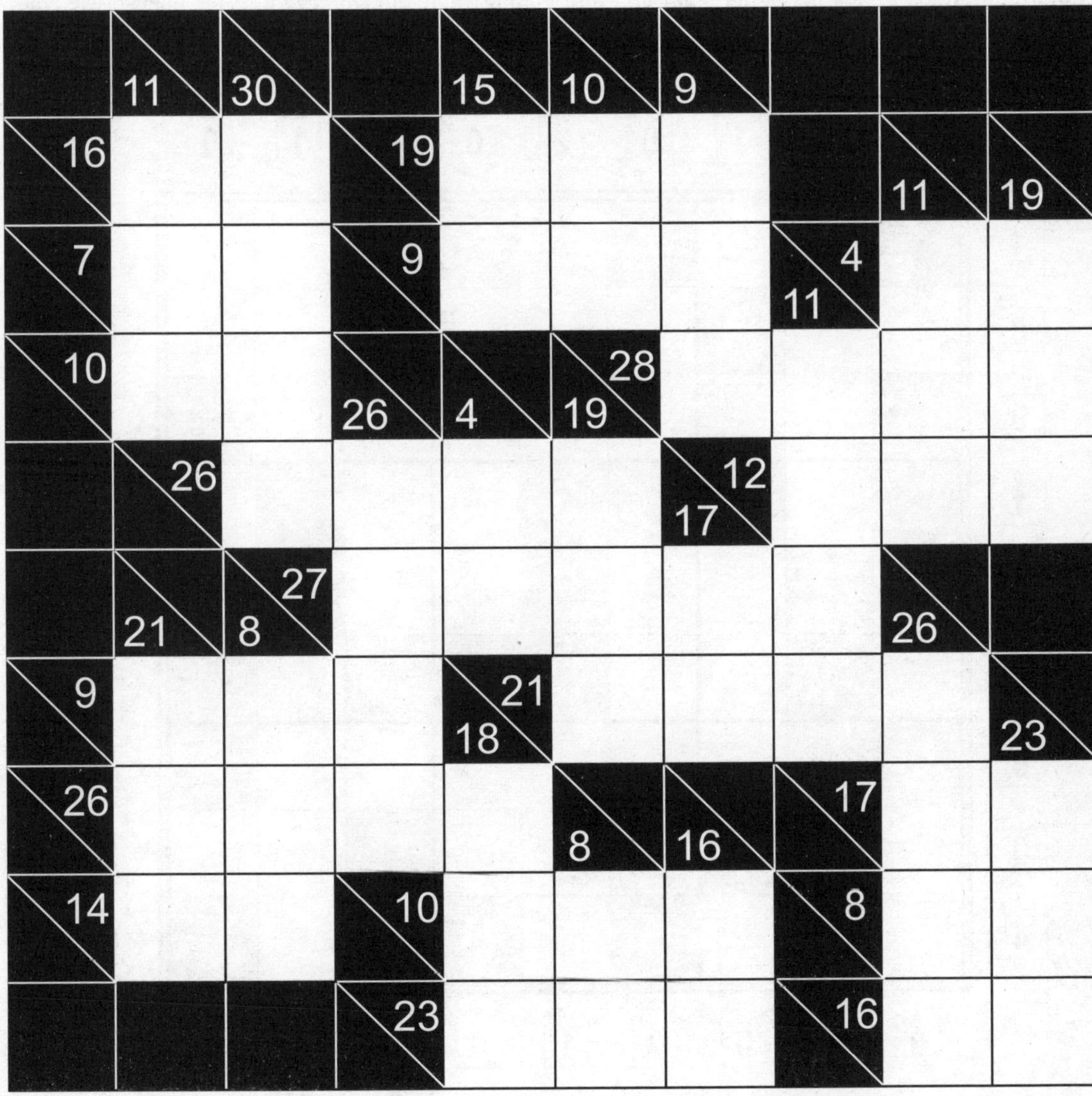

Denkspaß 334 — Durchzähl-Sudoku

★★☆☆ Zeit: ____ Min.

Tragen Sie in dieses Sudoku Zahlen von 1 bis 9 ein, wobei jede dieser Zahlen in jeder Reihe, in jeder Spalte und in jedem 9er-Block genau einmal enthalten sein muss.
Als Zusatzregel gibt es hier Zahlen in Pfeilen außerhalb des Rands. Diese Zahlen geben an, wie viele „Durchzähltreffer" es in der betroffenen Reihe gibt. Das erste Feld bekommt also die 1, das zweite die 2 usw. Stimmt nun eine Zahl im Sudoku mit der durchgezählten Nummerierung überein, so ist dies ein „Durchzähltreffer". Eine 4 im vierten Feld (in Pfeilrichtung) wäre ein Durchzähltreffer, ebenso wie eine 7 im siebten Feld usw.

	↓	↓	↓	↓	↓	↓	↓	↓	↓	
	3	1	1	0	2	0	1	1	0	
1 →	1			7		5				← 1
0 →			6				2			← 0
0 →	3								1	← 1
1 →	2		9	6	3			8		← 1
2 →		3			5			4		← 1
1 →		1			8	9	3		2	← 1
0 →	9								5	← 2
0 →			1				9			← 2
4 →				5		6			8	← 0
	0	1	0	3	1	0	0	4	0	
	↑	↑	↑	↑	↑	↑	↑	↑	↑	

Denkspaß **335**

Nur einer fehlt

★☆☆☆
Zeit: ____ Min.

Nur einer fehlt ist ein einfaches Geduldspiel. In jedem der Kästchen befinden sich 25 unterschiedliche Buchstaben des Alphabets – es fehlt also in jedem Kasten ein Buchstabe. In allen 25 Kästen fehlen 25 unterschiedliche Buchstaben, der dann fehlende Buchstabe ist die Schlusslösung.

Q	A	I	R	J	Z	I	V	W	O	A	B	N	R	F	G	F	N	A	H	F	V	A	D	Q
O	L	B	F	D	K	L	Q	U	T	Z	C	L	U	O	I	Q	E	R	V	K	X	U	M	E
G	U	E	Z	N	H	G	Y	N	X	H	V	Q	M	S	X	Z	Y	T	S	T	P	C	R	B
M	P	C	T	Y	A	P	M	F	B	P	D	T	I	J	O	D	P	J	B	J	Z	O	S	Y
S	W	K	H	X	S	R	E	D	C	Y	K	E	X	W	C	U	L	M	W	H	W	I	N	G
I	V	D	B	U	G	K	H	N	Y	R	G	S	P	X	M	H	G	S	Y	I	H	Y	S	E
F	M	J	Q	W	F	V	P	U	C	Q	F	U	E	N	F	N	C	D	T	R	N	W	P	M
A	Y	G	X	N	L	E	D	R	S	C	W	T	Y	A	W	R	A	K	E	T	G	F	O	V
S	L	O	P	T	B	O	M	I	A	D	K	Z	H	L	Q	O	V	L	U	U	C	A	Z	L
R	Z	H	K	C	X	J	T	Q	Z	I	V	J	B	O	J	X	B	I	P	K	B	Q	J	X
D	Z	E	F	L	B	U	E	C	G	J	I	A	M	Y	U	V	B	F	N	X	D	C	T	V
G	Y	C	J	I	S	V	I	N	R	O	R	Q	Z	S	H	L	R	P	K	Y	H	G	B	U
Q	B	U	W	R	K	F	J	T	Z	E	P	H	X	F	A	I	X	J	Y	R	W	O	J	Z
N	P	S	K	X	W	P	D	Y	X	K	D	L	C	W	W	M	O	C	T	L	F	S	M	P
M	V	T	A	H	L	M	A	H	O	T	V	G	U	B	G	D	E	Q	Z	K	A	E	N	Q
C	G	Z	O	J	S	P	O	E	N	O	A	P	Y	K	G	E	K	S	H	R	D	W	Y	X
P	T	E	S	Q	U	H	T	I	Z	X	M	N	F	B	X	T	Y	U	W	F	I	L	E	H
H	L	X	V	M	M	V	R	K	D	Z	Q	R	V	J	I	V	N	B	A	M	S	Z	N	U
B	D	Y	U	K	J	C	X	F	A	T	S	D	G	U	L	D	Q	C	J	K	B	V	A	J
N	W	R	F	I	L	G	W	B	Q	W	E	L	C	I	O	P	M	Z	R	Q	P	O	G	C
S	W	M	T	H	W	O	Y	X	S	M	B	K	C	V	U	D	C	T	X	H	K	R	X	W
A	O	Y	L	J	B	D	Z	T	A	Y	O	L	X	N	O	N	Z	M	R	F	G	M	N	V
C	I	K	U	N	P	V	J	L	H	A	G	E	J	W	K	V	A	H	W	D	E	O	L	Y
D	V	P	F	G	R	I	F	Q	E	H	S	Z	U	T	E	F	P	Y	Q	S	Z	A	Q	J
X	B	Q	Z	E	K	M	C	G	N	F	D	I	Q	R	J	S	I	L	G	U	P	B	T	I

Denkspaß 336 | Schwedenrätsel

★★★★ Zeit: ___ Min.

Die in den Fragekästchen der Rätselgrafik stehenden Texte müssen gelöst und in Pfeilrichtung eingetragen werden.

Strom durch London		Spielfläche im Theater			hohe Spielkarte	Erzlagerstätte	abweichende Strecke			fair, ehrlich	letzter Liefertermin (engl.)		Spiel im Sport		die Heilige Schrift (Mz.)
heimischer Vogel								5		Wem-Fall					
					Fechthieb		ein Bindewort (... noch)						ein US-Präsident † 1964		Kfz-Z. Neuenburg, Schweiz
jüdische Schläfenlocken		Bewohner der Arktis		Berliner Flughafen					7	griechische Hauptstadt					
Funkturm			10				Gartenblume					6			
elektrostatische Einheit (Abk.)				Schiff in Gefahr						histor. span. Königreich					Programmankündigung
Staat in Südamerika	Gewebeart		Abk.: seinerzeit							ohne Vergnügen		franz. Departementhptst.		fromm, gläubig	
					längster Strom Afrikas										
im Dienst wirken		3								besitzanzeigendes Fürwort					
			Verzierung an Textilien							markig	Flachland (Mz.)		spanischer Artikel		
Palästinenserorganisation		Kolloid													
mit allem			2		ekelhaft, gemein		mit Bäumen eingefasste Straße		ein Halbedelstein	Turnerstellung					
Milchprodukt		griechischer Buchstabe		französischer Polizist			8		Satz				griechischer Buchstabe		deutsche Vorsilbe
					1				chinesischer Politiker (Peng)	englisch: nach, zu		US-Schriftsteller † 1849		4	
wegen			Märchengestalt				Schrott				9				
				Abschnitt								Jetzt-Zustand			

1	2	3	4	5	6	7	8	9	10

Denkspaß 337 — Eieruhren

★★☆☆ Zeit: ___ Min.

Anhand der Definitionen unten sind die gesuchten Begriffe herauszufinden und bei der jeweiligen Zahl waagerecht in die Grafik einzutragen. Im senkrechten Mittelbalken ergibt sich dann jeweils ein Lösungswort.

1

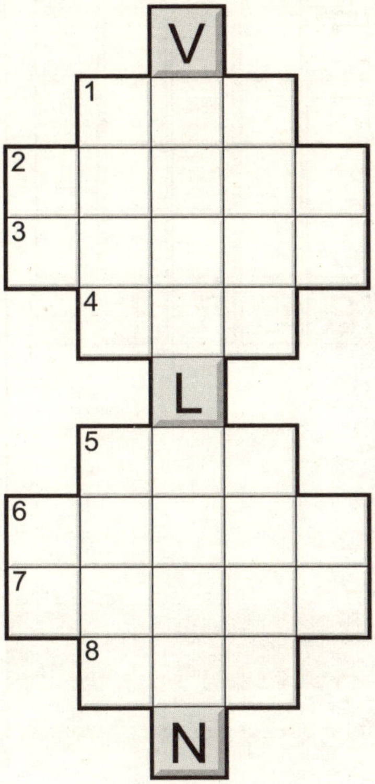

2

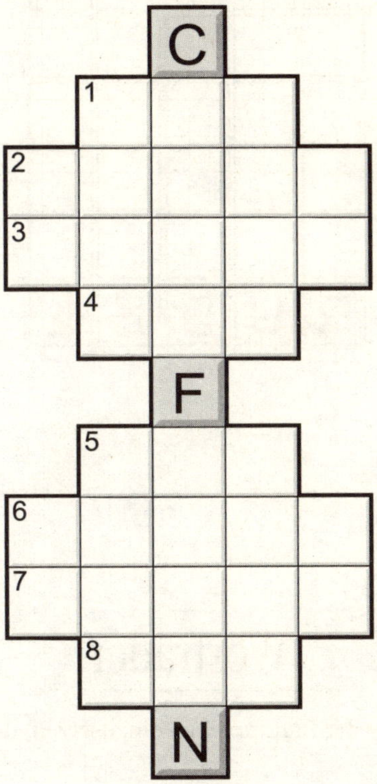

3

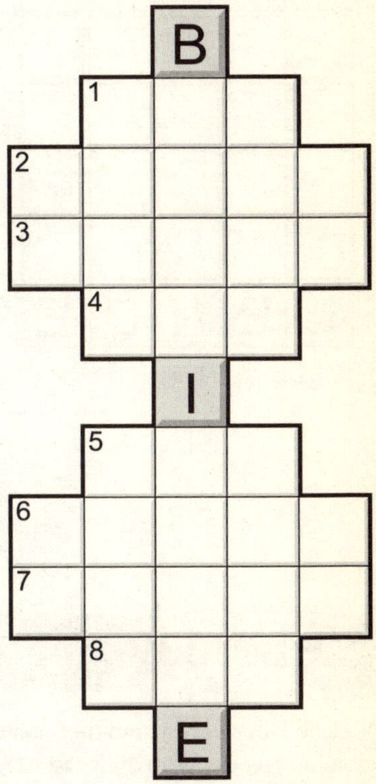

1

1. sib. Eichhörnchenfell
2. Kunststil
3. Übernachtungsstätte
4. persönliches Fürwort (3. Fall)
5. ungarischer Würdenträger
6. geschnittenes Holz
7. Aufeinanderfolgendes
8. amerikanischer Polizist (Kw.)

2

1. Gehörorgan
2. mattfarbig
3. schmelzen (Schnee)
4. unbekanntes Flugobjekt
5. bestimmter Artikel
6. Weltmeer
7. würdigen, auszeichnen
8. Leid

3

1. poetisch: scheu
2. einfetten
3. Mannequin
4. Norne der Vergangenheit
5. Gebirgsnische
6. Wäschestück
7. Sitzstreik (engl.)
8. mittels, durch

Denkspaß 338 Verwandlungsrätsel

★★ Zeit: ____ Min.

Wie gelangen Sie vom oberen zum unteren Wort, wenn Sie in jeder Zeile genau einen Buchstaben austauschen müssen?

B	I	E	S	T
L	E	N	D	E

M	O	D	U	S
R	U	B	E	L

T	A	S	S	O
R	O	T	T	E

Denkspaß 339 Worträder

★ Zeit: ____ Min.

Welche Buchstaben sind hier anstelle der Fragezeichen einzusetzen, damit im oder gegen den Uhrzeigersinn jeweils ein Wort zu lesen ist?

1

2

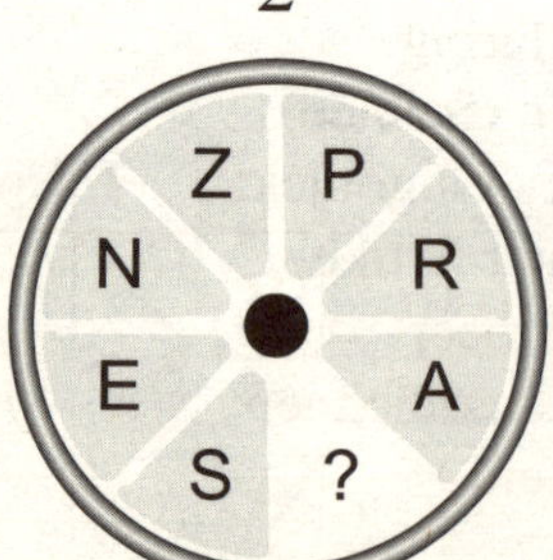

3

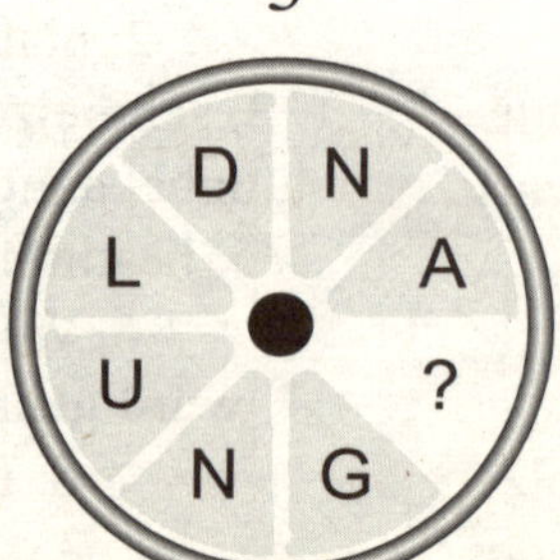

4

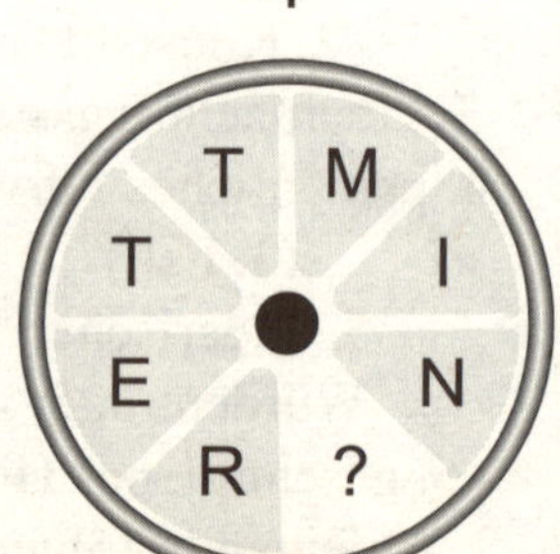

Denkspaß 340 – Einer zu viel

★ Zeit: ___ Min.

In jedem Kästchen stehen zwei Buchstaben, aber nur einer ist richtig. Durch Streichen eines dieser Buchstaben müssen sowohl waagerecht wie auch senkrecht sinnvolle Begriffe entstehen.

L/A	U/S	R/B	T/E	■	K/I	U/E	R/M	U/N	V/K	R/F	C/A	H/F	T/C	W/T	R/E	R/D	Y/K
E/C	■	L/E	Y/R	P/G	O/N	■	S/L	Y/E	O/H	■	Y/E	■	S/E	R/C	U/K	F/E	R/P
W/T	W/A	U/N	U/D	F/E	R/A	N/B	■	U/T	■	L/I	S/O	Y/E	N/L	S/O	■	W/I	I/F
■	T/O	P/E	P/E	■	U/K	■	G/B	E/C	P/G	Z/E	T/N	■	K/A	■	T/A	S/P	Y/E
L/C	■	W/G	■	U/L	Z/E	U/I	E/D	S/R	■	K/D	■	H/A	U/K	U/P	T/R	■	G/F
S/D	R/K	L/A	N/L	P/O	V/N	■	L/H	■	S/M	F/A	U/N	L/I	U/E	W/R	O/E	N/B	■
W/S	T/E	W/T	■	S/D	■	T/H	K/E	I/F	P/A	■	E/D	R/K	M/L	■	S/M	■	S/A
■	S/K	■	T/G	V/E	S/D	E/B	M/I	P/H	T/E	N/C	■	U/B	■	S/F	P/G	V/U	K/B
V/P	R/O	R/A	Z/E	■	O/B	R/H	T/A	■	L/H	■	S/I	O/A	L/E	V/T	U/O	■	P/A
R/M	U/L	N/H	P/I	G/B	■	M/L	■	M/B	O/E	Z/E	U/C	Y/G	■	M/A	■	S/D	U/T
O/I	T/L	■	Z/H	■	Z/N	V/E	D/B	T/E	W/N	■	Y/S	■	M/K	U/G	Z/L	P/I	■
U/N	■	Z/T	L/I	T/O	U/P	U/S	■	T/S	■	H/D	U/I	O/L	V/R	■	Y/O	U/M	P/A
T/G	E/A	V/I	R/G	■	Z/B	■	S/B	N/E	D/A	E/B	N/F	Y/K	H/E	V/N	■	T/I	■
W/E	■	N/F	■	Z/T	I/A	X/N	U/I	■	T/I	W/C	T/E	■	V/T	■	U/O	V/L	O/M
■	D/B	E/A	L/G	I/B	■	P/O	V/E	P/E	■	K/C	■	C/B	N/E	S/K	Y/T	S/I	G/E
Y/H	I/H	■	I/E	G/C	M/K	■	T/S	■	P/H	L/E	U/G	S/E	R/E	■	N/I	■	R/M
S/E	P/L	Y/M	■	T/K	■	R/A	R/E	R/G	O/E	P/L	■	I/E	■	S/E	Y/L	V/L	S/E
M/I	S/L	■	F/B	V/E	Y/T	K/E	N/A	■	K/F	■	W/U	R/N	W/A	L/G	■	U/B	W/N
I/D	I/D	D/A	V/E	T/O	■	I/E	■	M/D	O/E	V/M	O/N	G/A	K/E	C/B	R/H	V/S	V/T
U/E	Y/G	■	I/A	■	R/P	L/F	T/A	U/A	■	I/A	S/F	T/F	■	S/H	■	T/H	O/G

Denkspaß **341**

Hitori

★★★☆
Zeit: ____ Min.

Das beliebte Hitori hat folgende Regeln:
- In jeder Zeile oder Spalte darf jede Zahl höchstens einmal auftauchen. Wenn eine Zahl in einer Zeile oder Spalte mehrfach vorkommt, müssen die falschen Zahlen schwarz eingefärbt werden.
- Zwei schwarze Felder dürfen waagerecht oder senkrecht nicht direkt aneinanderstoßen.
- Alle weißen Felder müssen waagerecht oder senkrecht miteinander verbunden sein. Es dürfen also keine zwei (oder mehr) weiße Bereiche entstehen, die durch schwarze Felder voneinander getrennt sind.

(Sehen Sie dazu ein Beispiel rechts.)

02	02	01	04	03
00	02	02	03	04
03	02	02	01	00
01	03	02	02	01
04	01	03	00	02

03	02	11	10	05	11	01	04	03	07	03	09
07	04	01	08	01	11	06	08	03	05	11	04
10	04	09	04	01	11	02	08	11	00	05	00
06	07	07	04	10	02	10	09	01	00	02	03
05	11	07	04	09	04	10	00	08	00	02	11
09	11	05	02	07	07	03	00	10	10	02	08
02	11	04	01	03	07	05	05	10	08	01	06
03	01	03	05	04	07	07	11	10	09	09	02
02	06	03	03	08	05	04	07	02	02	09	10
00	10	03	03	00	09	04	03	07	02	09	05
11	10	02	06	00	10	04	03	05	02	07	02
01	05	06	11	00	00	08	03	09	03	04	07

Denkspaß 342 | A-bis-Z-Rätsel

★★★☆ Zeit: ___ Min.

Die in den Hinweisen unten aufgelisteten Definitionen sind zu lösen. Wenn ausreichend gelöste Begriffe vorliegen, kann damit begonnen werden, die genaue Position der Begriffe in der Rätselgrafik zu ermitteln.

1	2	3	4	5	6	7

Wörter, die mit A beginnen:
chem. Zeichen für Silber – Initialen Hitchcocks – Überempfindlichkeit – Jacke mit Kapuze – Opernlied

Wörter, die mit B beginnen:
schirmlose Mütze – eine Behörde – Körperglied – Peinlichkeit

Wörter, die mit D beginnen:
ebenso

Wörter, die mit E beginnen:
hohe Anerkennung – Figur aus dem Musical „My Fair Lady" – USEA – Tanzfigur der Quadrille – englische Schulstadt – besitzanzeigendes Fürwort

Wörter, die mit G beginnen:
fossiler Brennstoff – Untaten zugeben – altjapanisches Brettspiel – weibliche Gottheit

Wörter, die mit H beginnen:
bewahren, pflegen – nordisches Totenreich – hochziehen (Fahne, Segel)

Wörter, die mit I beginnen:
Abk.: in Gründung – Laut des Ekels

Wörter, die mit L beginnen:
Vater von Lea und Rahel (A. T.) – gesetzlich – SLEE – Markierung des Spielfeldes – span. Doppelkonsonant – Abk.: Lieferschein – chem. Zeichen für Lutetium

Wörter, die mit M beginnen:
MLA – Langlaufsport – ostafrikanisches Hirtenvolk – Verwegenheit

Wörter, die mit N beginnen:
frühere deutsche Automarke – YN

Wörter, die mit O beginnen:
Abk.: oben angeführt – US-Bundesstaat – französisch: man – Teil des Krankenhauses (Abk.)

Wörter, die mit P beginnen:
Postsendung – griechischer Buchstabe – RP

Wörter, die mit R beginnen:
Segelkommando: wendet! – jemenitische Währung – ehem. deutsche Münze (Abk.) – US-Filmstar (Meg)

Wörter, die mit S beginnen:
Saatgut – Schneegleitbrett – Zierde, Dekor – SROIEE – TSLLA – ZS

Wörter, die mit T beginnen:
Arbeitsgruppe (engl.) – Lebewesen

Wörter, die mit U beginnen:
höchster Berg Istriens – Vereinigung – UTE

Wörter, die mit W beginnen:
kurz für: etwas – Windrichtung

Wörter, die mit Z beginnen:
Buddhismusrichtung

Denkspaß 343 | Von 0 auf 100

★ Zeit: ____ Min.

Bei diesem Konzentrationsspiel sollen Sie mit einem Stift die Zahlen von 1 bis 100 möglichst schnell finden und abhaken.

37 80 31

6 3 67 75 89

43 38 100 46 16

86 11 78 23 68

56 91 71

95 94 32 25 62 47 98 77 36

76

19

10 81 49 7 26 27

55 73 2

72 52 17 30 45

24 65 57 20

93 28 18 35 82 42 54

85 79 48 90

5 13 4 15 63 1

69 97

12 92 99 59 83

58

39 41 29 66

8 21 64 9 53

88 33 84 14 74

60

87 61 51

96 40 34 44 22

50 70

Denkspaß 344 — Aus 3 mach 1

★★★★ Zeit: ___ Min.

In der Zweitgrafik stehen unter den Nummern jeweils drei Begriffe, von denen jedoch nur einer richtig ist. Durch Austüfteln ist der richtige Begriff zu ermitteln und unter der Nummer in der Rätselgrafik in Pfeilrichtung einzutragen.

1 STEILPASS LADERAMPE BESOLDUNG	6 TORRAUM SOUTANE BELGIER	11 NA CW BE	16 ZUHAUS SURFER SOLCHE	21 RATION PLEITE GARTEN	26 ZUVOR GIZEH BATIK
2 SPIELZEUG ERMITTELN BALDACHIN	7 SAUNA JUROR EIMER	12 TRIO SKAI PUTE	17 WILDENTE KONSTANT KLINGELN	22 WARE ARGO ABBA	27 MONET MIERE IMBUS
3 REGIE LAOTE KAJAL	8 WURST WACHE BEULE	13 MIXEN EMILE CHART	18 WERWOLF KAUTION ALKOHOL	23 KLINGELN HOROSKOP ERHALTEN	28 WE LE IT
4 THE GAR FEH	9 PRUEFUNG PLATINEN MOBILIAR	14 ZUG FIT ATE	19 GENESEN GAMMELN APOSTEL	24 OBST MEMO MALI	29 INDOLENT GETRIEBE CHRISTUS
5 STIMME NEKTAR MUENZE	10 ZAHNARZT INVENTUR AUTOBAHN	15 TOP SUR CLE	20 URAN ISBN BRIE	25 SO ON NS	30 PALME MOLEN FOLIE

1	2	3	4	5	6	7	8	9

Denkspaß 345 Löchrige Rechnungen

★ Zeit: ____ Min.

In die leeren Kästchen sind Zahlen einzutragen, sodass eine stimmige Rechnung entsteht.

A

2	9		+			7	=	3		6
	+				+				+	
2	8		+	2	6		=	5	5	
5		7	+		5	6	=	9	4	

B

2	3		+	1	7		=	4		4
	+				+				+	
	6	6	+	1		9	=	2		5
4	0		+		9	8	=	6	9	

C

3	9		+		6	5	=	7		0
	–				–				–	
1	4		+	1	8		=	3	2	
	5	3	+	1	7		=	4	3	

Denkspaß **346** | Sudoku-Kreis | ★★★ Zeit: ___ Min.

Ähnlich wie auch beim klassischen Sudoku müssen die Zahlen 1 bis 9 genau einmal auf jedem Ring, auf jedem „Strahl" von außen nach innen und auf jedem dick umrandeten Teilstück vorkommen.

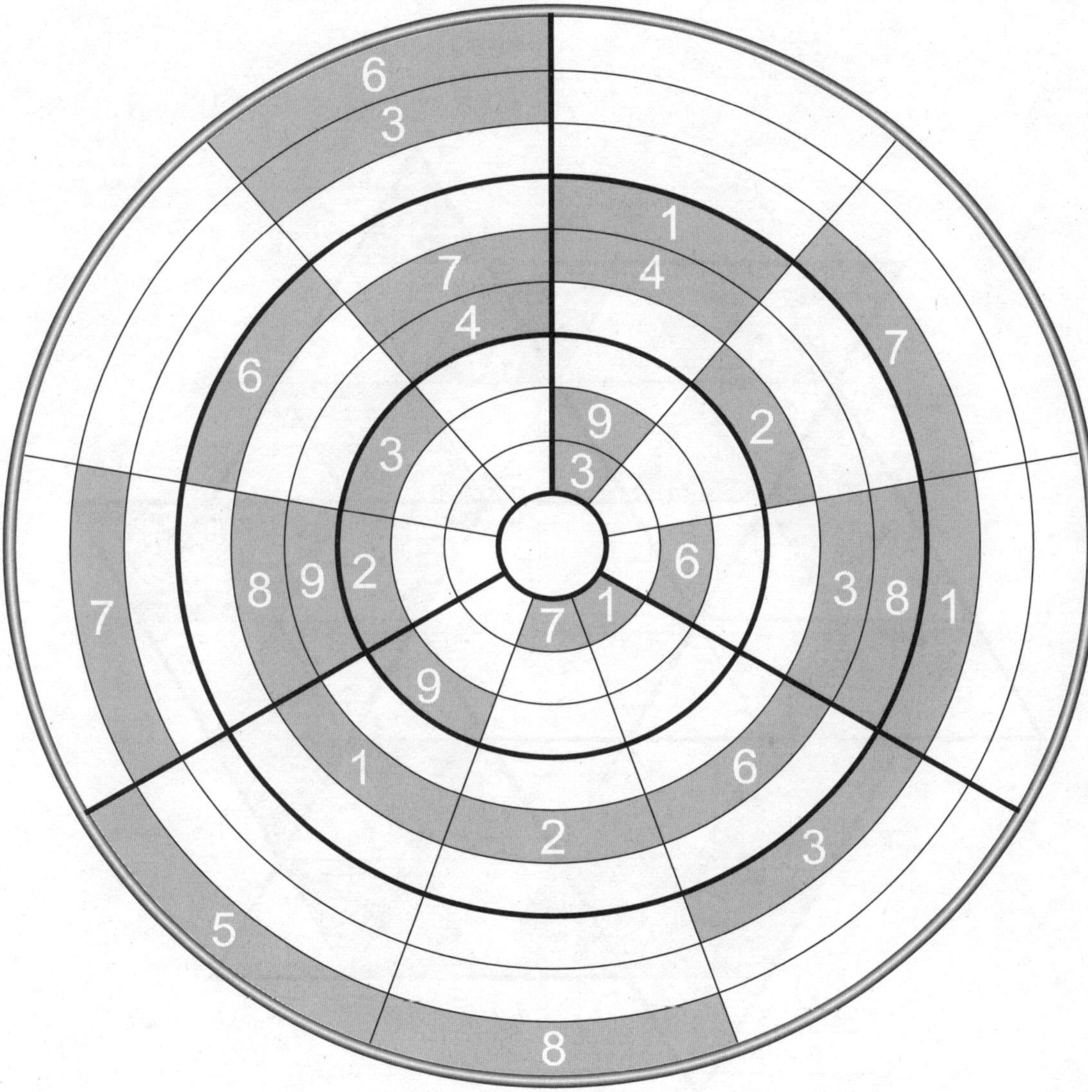

Denkspaß **347**	# Sudoku-Stern	★★★★ Zeit: ____ Min.

Analog zum klassischen Sudoku müssen auch hier die Zahlen 1 bis 9 in die fett umrandeten Neuner-Dreiecke eingetragen werden. Auch in den langen Geraden (sie umfassen ebenfalls neun kleine Dreiecke) müssen diese neun Zahlen genau einmal enthalten sein, ebenso in den kurzen Geraden, zu denen auch noch das Feld in der Sternecke zählt.
(Die von der Sternmitte unterbrochenen Reihen zählen auch zu den langen Geraden.)

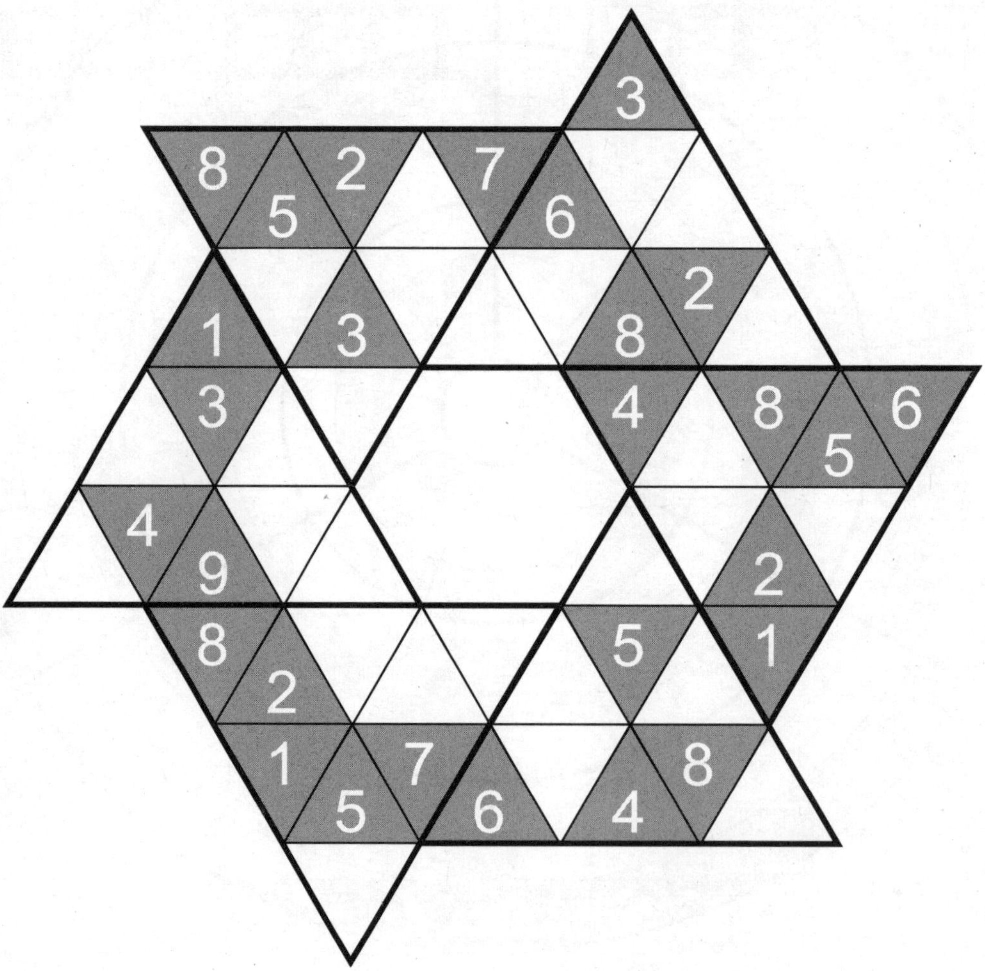

Denkspaß 348 | Tierisches Kreuzworträtsel

★★★★ Zeit: ____ Min.

Gleiche Tiere bedeuten gleiche Buchstaben. Durch Ausprobieren ist jedem dieser Tierzeichen ein Buchstabe zuzuordnen und in die Rätselgrafik einzutragen. Auf diese Weise soll ein vollständiges Kreuzworträtsel entstehen.

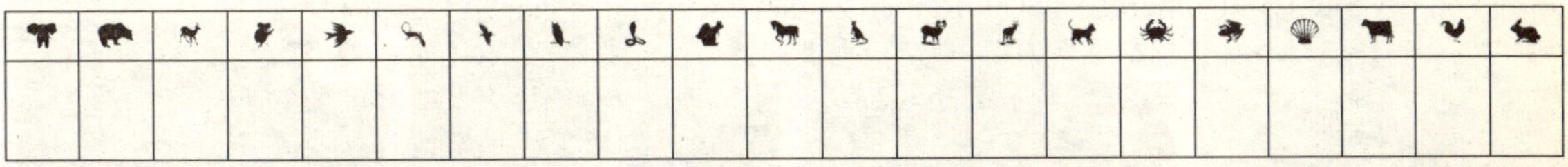

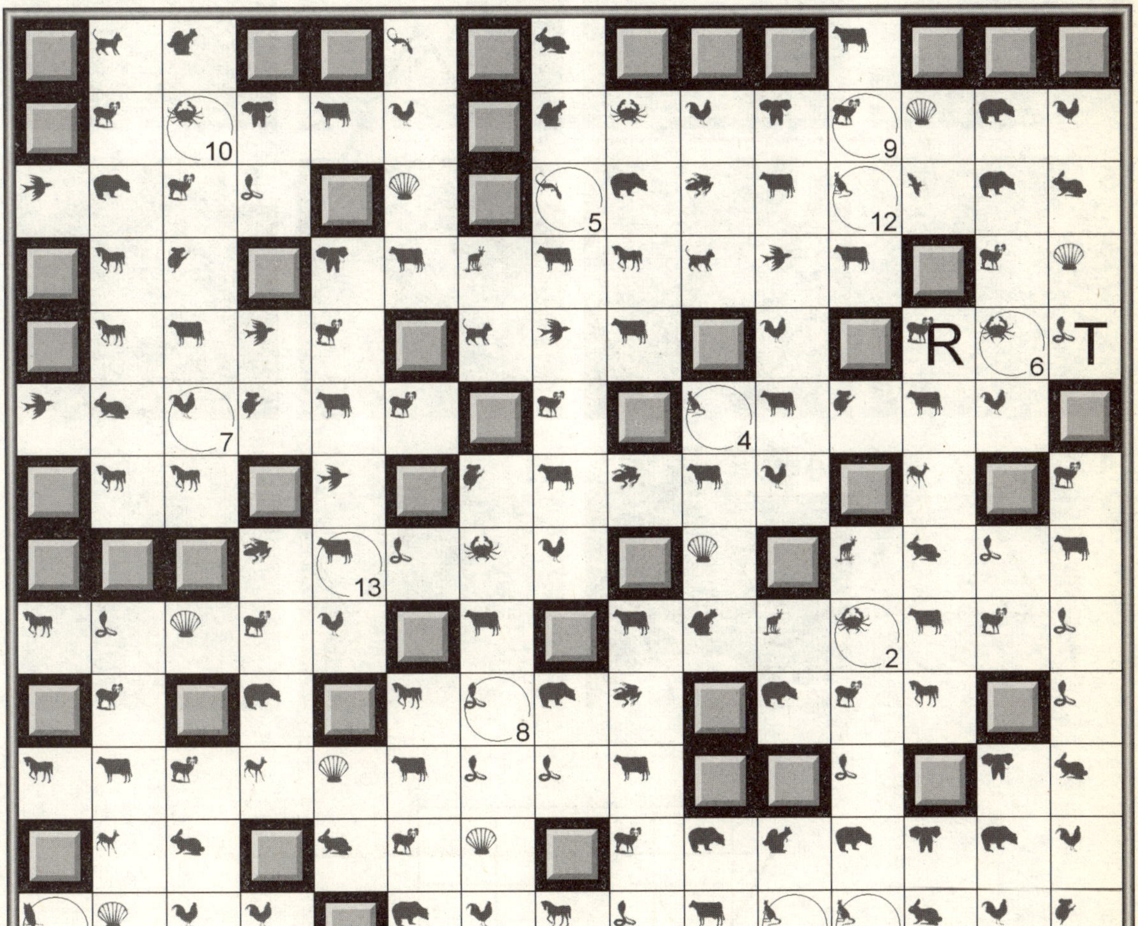

1	2	3	4	5	6	7	8	9	10	11	12	13

Denkspaß **349**

Gemeinsamer Kraftakt

★★☆☆ Zeit: ____ Min.

Wie müssen die Puzzleteile zusammengesetzt werden, damit das komplette Originalbild erscheint? Tragen Sie die Nummern in die entsprechenden leeren Felder unten ein.

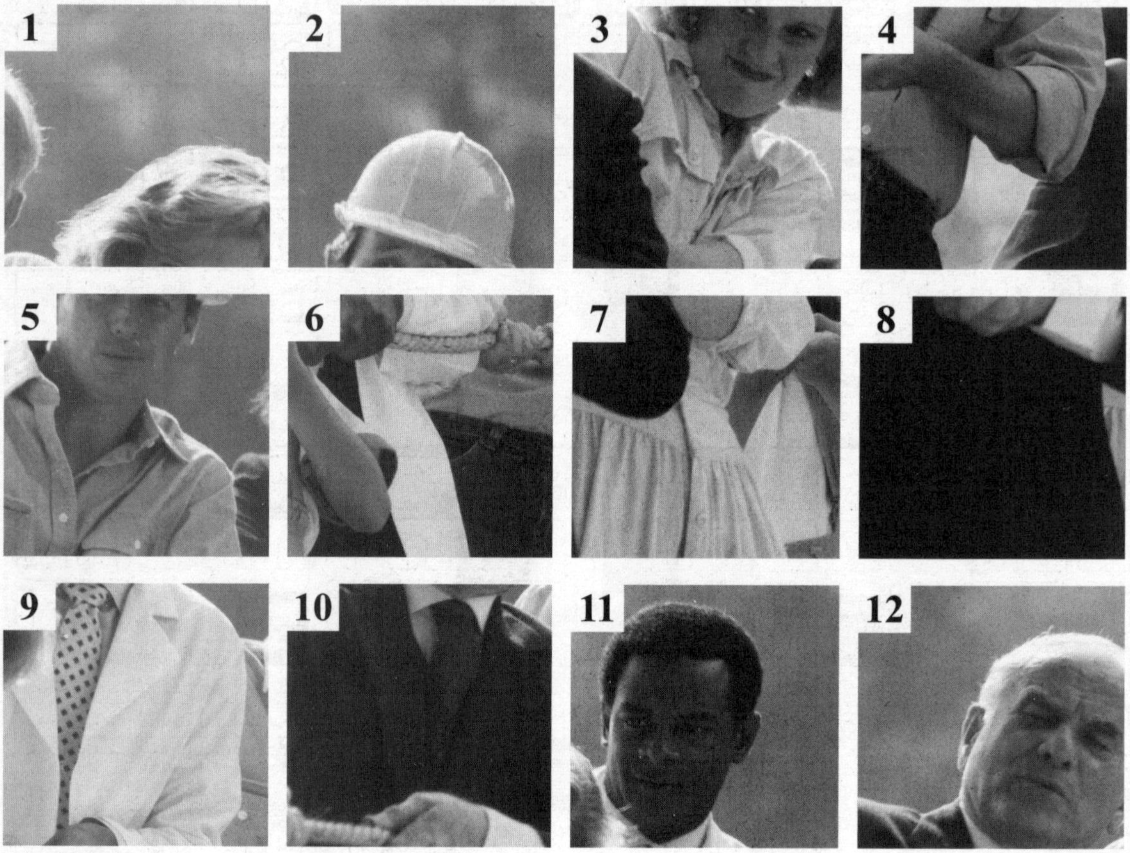

Denkspaß 350 — Zitatsuche

★★★★ Zeit: ____ Min.

Zwischen Anfangs- und Endbuchstabe ist ein Sprichwort oder Zitat versteckt, das es zu finden gilt. Der Eintrittspunkt kann links unten oder rechts oben sein.

B	U	F	E	Z	Z	M	M	V	D	G	D	V	O	F	E	N	V
T	Z	E	I	O	R	B	Z	M	F	I	A	T	S	D	B	I	E
N	B	Z	N	Q	F	U	I	R	N	B	D	Z	A	G	M	B	L
I	Q	B	K	Z	G	C	A	I	J	L	S	Y	P	Z	V	T	U
Q	E	T	P	L	C	Y	F	L	G	G	K	G	Q	P	A	R	H
C	W	F	G	S	A	A	Z	H	C	L	E	D	B	S	R	E	R
B	X	R	X	Q	C	T	R	X	Y	P	Y	L	Z	O	A	E	E
Z	L	I	S	X	D	Y	Q	T	U	V	L	Q	Y	I	R	R	G
N	K	E	G	O	H	U	I	G	M	Q	Z	K	X	D	I	W	O
F	M	A	R	V	F	Q	P	C	F	W	C	Y	M	D	R	N	S
O	W	F	G	W	T	J	Y	Z	A	T	Z	E	L	U	G	E	N
Y	A	R	S	L	M	H	U	K	S	X	V	O	N	B	T	R	E
T	M	Q	J	O	N	O	G	R	E	T	Q	F	C	U	C	G	D
E	J	B	C	D	G	R	T	N	G	P	P	Q	X	A	R	A	N
H	O	R	N	Q	R	N	R	B	S	T	U	N	R	W	T	N	O
B	R	D	E	E	L	V	O	L	E	S	U	D	E	X	E	W	V
F	O	C	R	I	S	K	N	D	I	R	T	G	W	Q	R	E	G
C	D	V	E	V	Y	C	Y	W	Y	I	X	N	T	Y	H	N	I

Lösungsspruch: ______________________________

Denkspaß 351 — Wörterkreuzungen

★ Zeit: ____ Min.

Durch Kombinieren sind alle unten aufgelisteten Wörter in das Gitter einzutragen. Zur besseren Übersicht sind diese Begriffe bereits nach ihrer Buchstabenanzahl geordnet.

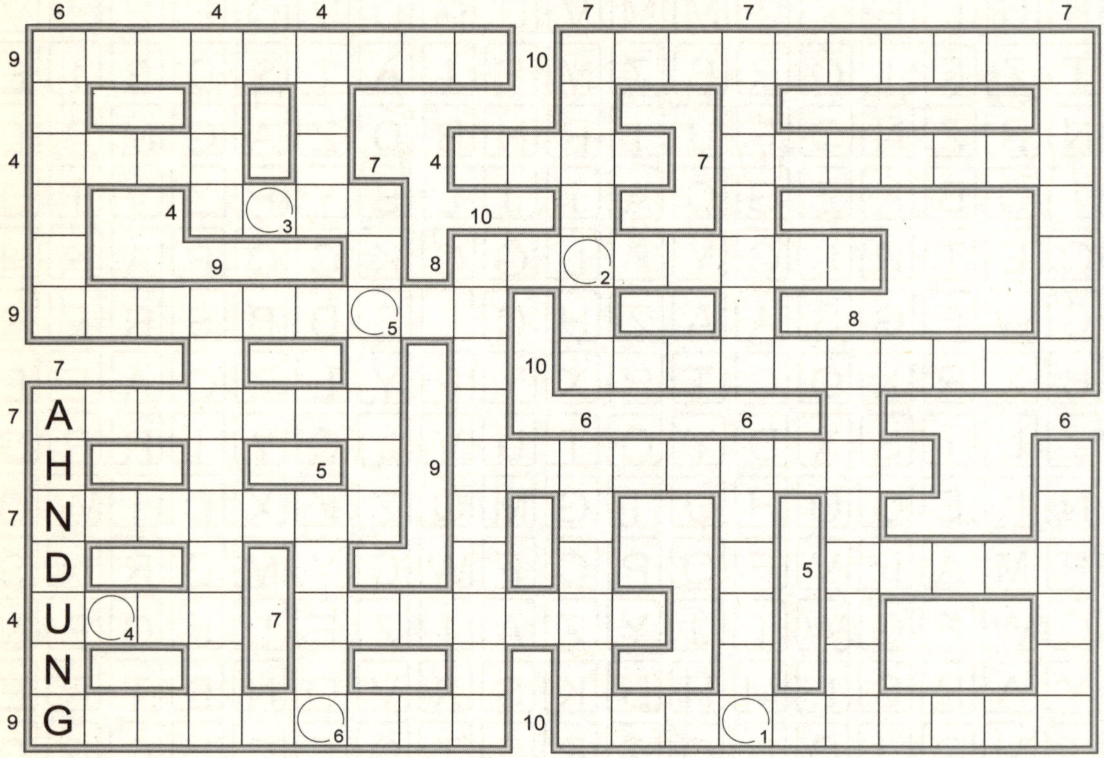

1	2	3	4	5	6

4 CHIP, DINO, HOPS, KAFF, SAFT, UZEN
5 ROMME, SIGEL
6 ABHANG, SCHERF, SUCHER, ZUERST
7 AHNDUNG, ANREISE, GREIFEN, KANUELE, MANFRED, NARKOSE, NEULICH, SCHADEN, TRIREME
8 AQUARELL, FORCIERT
9 ANERKANNT, GOETTLICH, NASSRASUR, ROMANCIER, SOPHOKLES
10 DELEGATION, FLEGELHAFT, FREUNDLICH, MUSKATNUSS

Denkspaß **352**	# Summen-Sudoku	★★★★ Zeit: ____ Min.

Beim Summen-Sudoku müssen die Zahlen 1 bis 4 in die leeren Felder eingetragen werden, wobei die gleichen Zahlen jeweils nur einmal in jeder Zeile und Spalte vorkommen dürfen. Als Hilfe dienen die bereits eingetragenen Zahlen, die die Summe der gesuchten Ziffern in den noch leeren Feldern wiedergeben. Dabei werden alle horizontal, vertikal und diagonal anliegenden Felder berücksichtigt.

	7	6			10	
10		10		10		
			10	14		14
6	11			18		
		15			11	5
	15		17			3
7			10		8	

	8		10			7
	13			13	15	
10			14		10	
		14		16		6
11		11				10
	10		12	14		
7		9			8	

3		6			12	
	13		13	16		
9		14				10
		16		14		9
10			11		10	
	17			7	10	
	12		10			3

7		12				3
	13			13	11	
8			14		14	
	9		10			14
10		11		13		
		14		11	13	
	11		10			3

Denkspaß 353 Französisches Rätsel

★★★★ Zeit: ____ Min.

Bei diesem Rätsel müssen sowohl die Begriffe als auch deren genaue Position in der jeweiligen Spalte bzw. Zeile ermittelt werden. Dazu sind die Fragetexte zu lösen und unter Heranziehung anderer, diesen Begriff kreuzender Begriffe in die Grafik einzutragen. Einbuchstabige Begriffe werden nicht berücksichtigt.

	A	B	C	D	E	F	G	H	J	K	L	M	N	O	P	Q	R
1									■			R					
2	(2)			■		■					■				■	(5)	
3	■		■					■				■		■			
4	A						(4)		■		■						■
5		(3)				■		■						■		■	
6			■		■				(6)		■		■	T			
7		■						■		■					■		
8				(7)	■		■						(1)				
9			T	■					■						■		

1	2	3	4	5	6	7

Waagerecht:

1 ein Pelztier – Arbeitsmaterial von Malern
2 Speisefisch – je (lat.) – Frauenkurzname - Abk.: Samstag
3 Stelle – Seemannsgruß – scheues Waldtier
4 Schiffsleinwand – Bogenwaffe im MA.
5 Wettkampftrophäe – Ding
6 süßer Brotaufstrich – Mannschaft (engl.) – Initialen Gandhis
7 Skatausdruck – Juristentracht – himmlischer Bote
8 Theaterplatz – für ein ganzes Leben
9 Tauf-, Firmzeuge – Scharnierteil – Klostervorsteher – Abk.: oben angeführt

Senkrecht:

A Teil des Krankenhauses (Abk.) – Hauptstadt von Eritrea
B weggebrochen (ugs.) – Erlös, Ausbeute
C schottischer Namensteil – italienischer Artikel – deutsche Vorsilbe
D große Schrägfläche am Berg
E Blütenstand
F französisch: wo – „Bett“ in der Kindersprache
G englisches Seebad
H Keimzelle – französischer Artikel
J langer Spieß – kampfunfähig (Abk.)
K Fidschiinsel – ein dt. Bundespräsident
L Haustier der Lappen
M indonesisches Frauengewand – ägypt. Sonnengott
N Schönheitsfehler – Rinderwahnsinn (Abk.)
O spanischer Artikel – Schweizer Sagenheld
P Vorname des Sängers Kollo
Q Fluss durch Florenz – Berg bei Innsbruck (Tirol)
R nicht weit entfernt – griechischer Buchstabe

Denkspaß **354**	# 3-D-Sudoku	★★★★ Zeit: ____ Min.

Beim Würfel-Sudoku sollen alle sechs Seiten die Zahlen 1 bis 16 enthalten. Zusätzlich sollen diese 16 Zahlen in jedem Streifen, der um den Würfel herumläuft, genau einmal enthalten sein. (Es gibt zwölf Streifen, je vier für jede der drei Dimensionen.)

Die Würfelseite ganz unten ist dieselbe wie die Seite ganz rechts. Dass diese Seite zweimal erscheint, soll Ihnen die Lösung komfortabler machen.

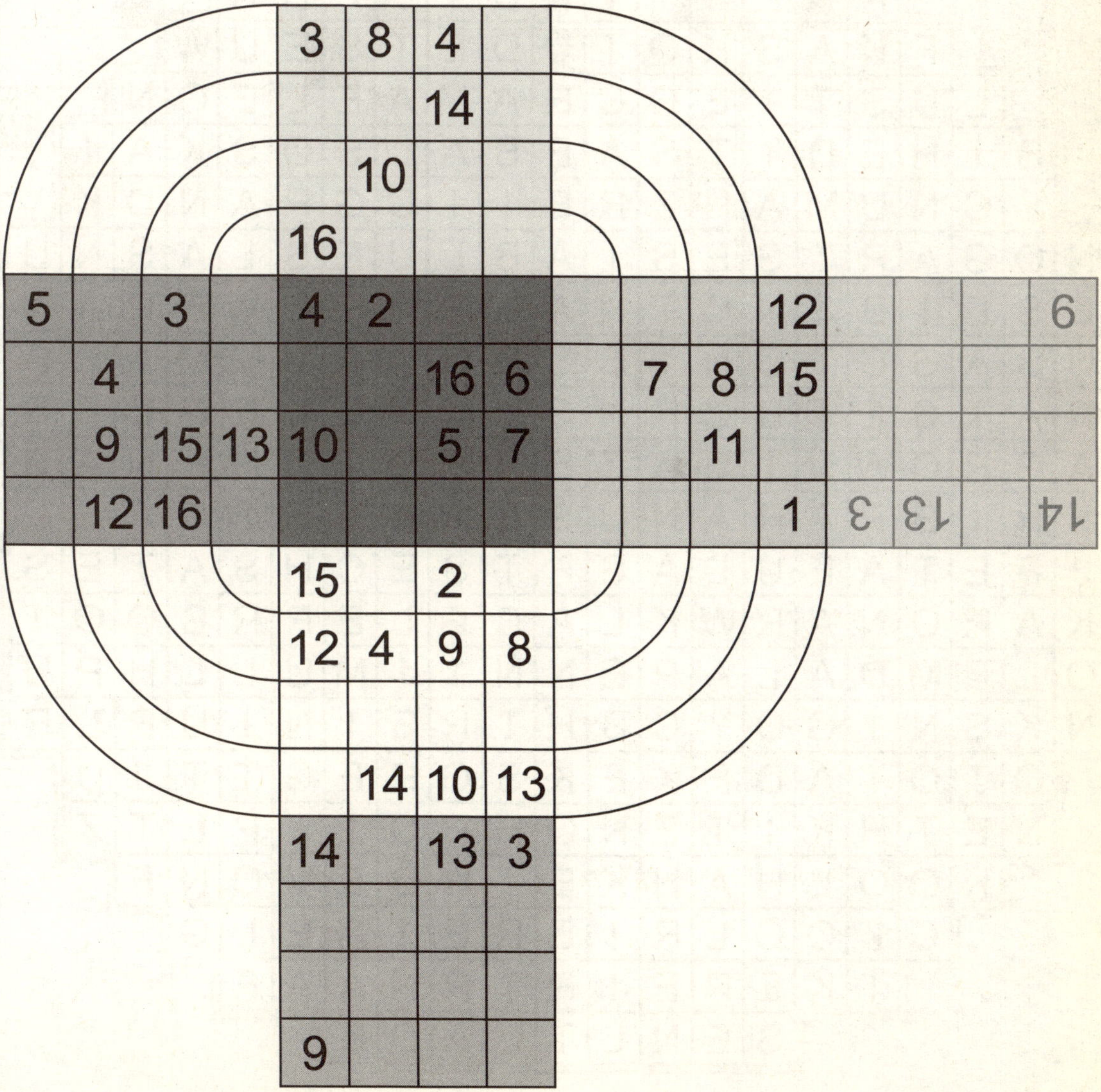

Denkspaß 355 — Blindfeldsuche

★★☆☆ Zeit: ____ Min.

Dieses Buchstabenfeld ist ein normales Kreuzworträtsel. Die Trennfelder sind allerdings durch Buchstaben verschleiert. Finden Sie die Position der Trennfelder heraus. Aus den in den Trennfeldern stehenden Buchstaben ergibt sich, zeilenweise von oben nach unten gelesen, ein Zitat von Friedrich Rückert. Als zusätzliche Schwierigkeit gilt hier, dass die Wörter sowohl vorwärts als auch rückwärts verlaufen können.

						L	A	R	T	F	L	O	E	Z						
				R	N	E	S	I	V	E	D	I	T	F	D	A				
			F	K	A	S	K	O	T	U	D	E	T	S	E	U	W			
		L	U	S	T	I	E	C	C	H	A	M	A	E	L	E	O	N		
	B	I	H	E	D	I	T	S	A	E	B	A	L	S	O	S	K	A	I	
	L	C	N	U	M	A	H	Z	R	E	I	I	C	G	R	A	N	D	K	
N	O	G	A	R	T	S	E	S	I	A	B	L	U	E	S	L	A	S	N	U
E	S	E	I	B	S	N	C	T	H	A	I	S	H	R	L	A	P	P	A	N
U	S	A	S	G	T	O	N	I	C	S	B	O	K	A	M	M	M	A	R	A
R	A	T	S	E	I	B	C	R	H	G	I	K	N	E	L	E	G	E	F	S
A	G	R	O	W	N	I	G	A	Z	E	E	M	O	T	D	H	E	N	A	B
L	R	I	B	P	A	R	A	N	U	S	S	A	B	L	E	C	U	A	S	L
J	B	E	T	A	E	U	L	A	S	P	T	S	E	C	H	S	A	T	E	S
K	A	R	O	N	A	R	W	K	L	A	B	E	L	E	R	R	B	O	O	T
O	L	E	M	D	A	L	A	P	E	N	N	I	I	M	U	L	L	H	P	U
N	K	S	N	I	G	O	Y	C	B	H	T	R	E	I	N	I	U	R	L	R
	O	T	O	T	A	D	E	K	E	K	S	G	R	E	G	T	T	J	U	
	N	E	T	H	K	I	T	E	N	O	H	P	O	T	E	P	E	T	Z	
		K	O	O	L	H	A	H	K	E	I	R	D	E	V	O	N	F		
			C	L	O	G	L	R	I	E	R	E	I	N	E	L	G			
				T	K	E	R	E	I	R	T	R	N	A	A	F				
						S	E	N	L	T	L	A	O	B						

Denkspaß **356**

ABC-Verfolgung

★ Zeit: ___ Min.

Bei der ABC-Verfolgung ist jeder Buchstabe des Alphabets in der Reihenfolge des Alphabets anzuspringen, wobei man sich auf den Linien (Kreisringen und Strahlen) bewegen muss, das Zentrum dabei aber nicht durchschreiten darf.

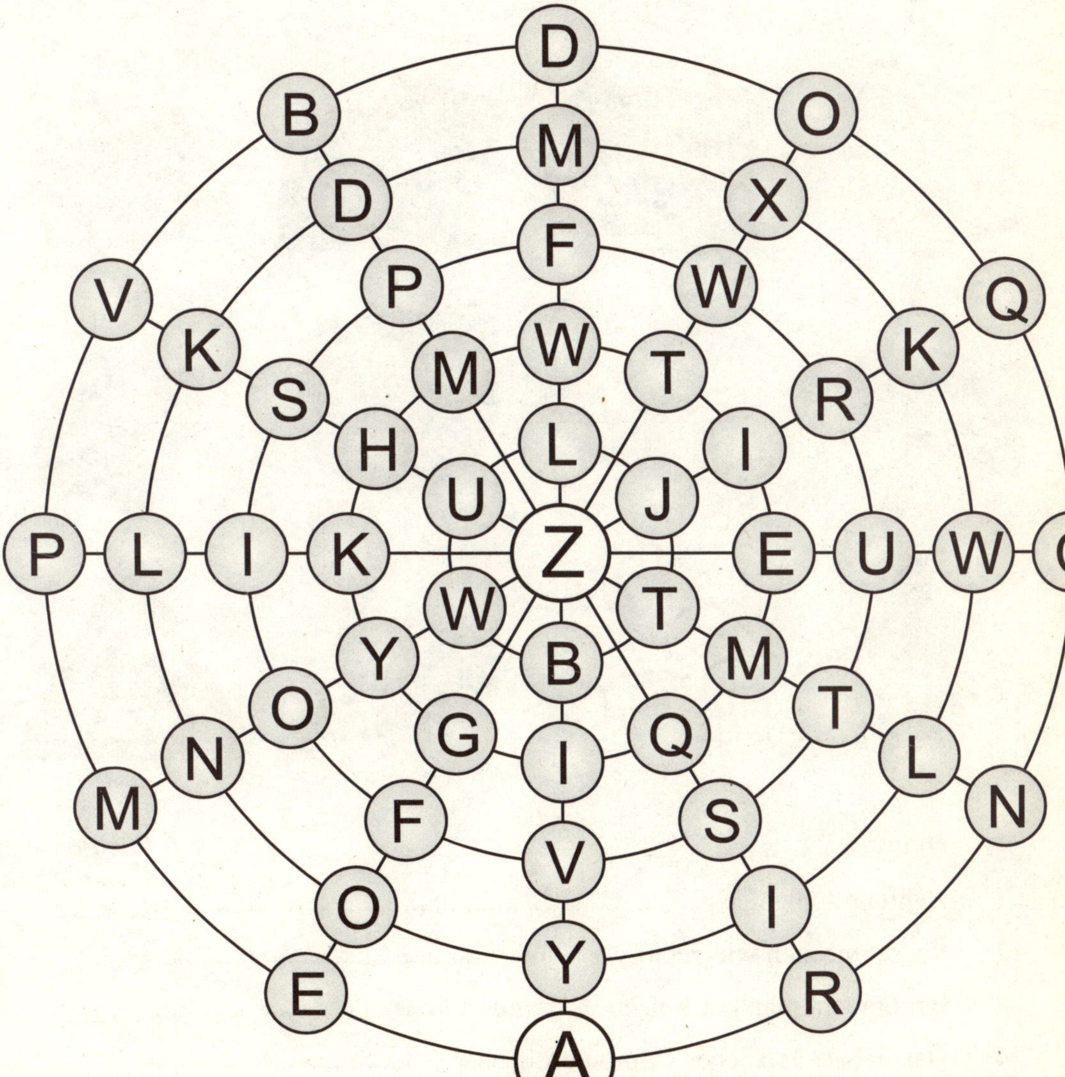

Denkspaß 357	Bildertafel	★★★★ Zeit: ____ Min.

Prägen Sie sich die Bilder in der Tabelle gut ein und merken Sie sich auch deren Position.
Zum Beispiel: Bananen – A1. Decken Sie dann diese Tabelle ab und lösen Sie die Aufgabe darunter. Dort stehen Hinweise zu bestimmten Bildern. Sie sollen daraus schließen, welches Bild gemeint ist, und dann als Lösung die Position dieses Bildes angeben.

	1	2	3	4
A				
B		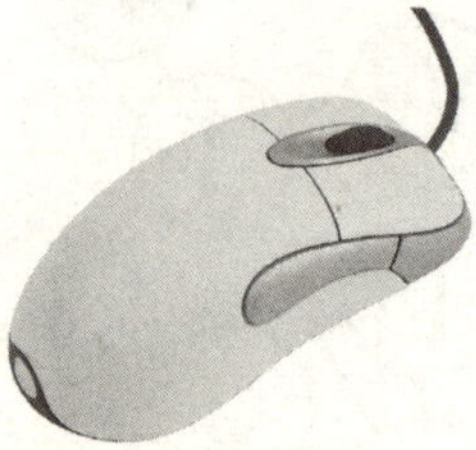		
C	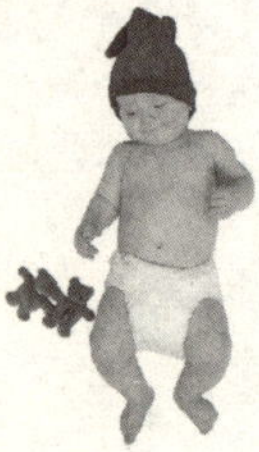			

	Hinweis	*Position*
1	Achtung Fußgänger	______
2	Sie schmecken wie zuckriger Sand	______
3	Ihn braucht man bei Reisen in fremde Länder	______
4	Das liebste Tier jedes Computernutzers	______
5	Tragbares Unterhaltungsgerät	______
6	Des Menschen Zufluchtsstätte	______

Denkspaß **358** | Sudoku klassisch | ★★★☆ Zeit: ____ Min.

Bei diesem Rätseltyp sind die Zahlen 1 bis 9 in die leeren Felder der Grafik einzutragen, wobei sich jede dieser neun Zahlen genau einmal in einem Neunerblock, genau einmal auf jeder Horizontalen und genau einmal auf jeder Vertikalen befinden soll.

		6	9					
	1	8	2			7		
7		3		4		2		9
	4		5	9				
5								3
				8	6		9	
6		7		2		9	5	8
		4			8		2	
					9	6		

2		7	5	6			3	8
	3		4		8	9		
8				1			6	
	8	9	6					4
3	2			5		6		
			9	2		8	1	
7		8			5			
9			7	4	6	3	8	
	6			8			9	5

	8	7	6		9	2		4
9					7		1	8
		6		8		3	9	
2		3	4		8	5		
8						4		2
		1		2	5	8		9
7			2		6			
6		8				9	2	
3			8	5			4	6

	5	7		8			6	
6	8		3		2			7
	3		7			1		2
	2			6		7		
9	4	5			7	8		6
			4	9				3
	9				3			1
8	1			7	4	9		5
	6		9	1		4	3	

Denkspaß 359 — Endlos-Kruzzle

★★★★
Zeit: ____ Min.

Die in den Fragekästchen der Rätselgrafik stehenden Texte müssen gelöst und in Pfeilrichtung eingetragen werden – bei Definitionen ist das Lösungswort zu erraten, bei geschüttelten Begriffen ist durch eine Neuordnung ein sinnvoller Begriff „herzustellen“. Begriffe enden bei Endlosrätseln jedoch nicht zwangsläufig am Rand eines Rätsels, sondern können auf der jeweils anderen Seite weiterlaufen.

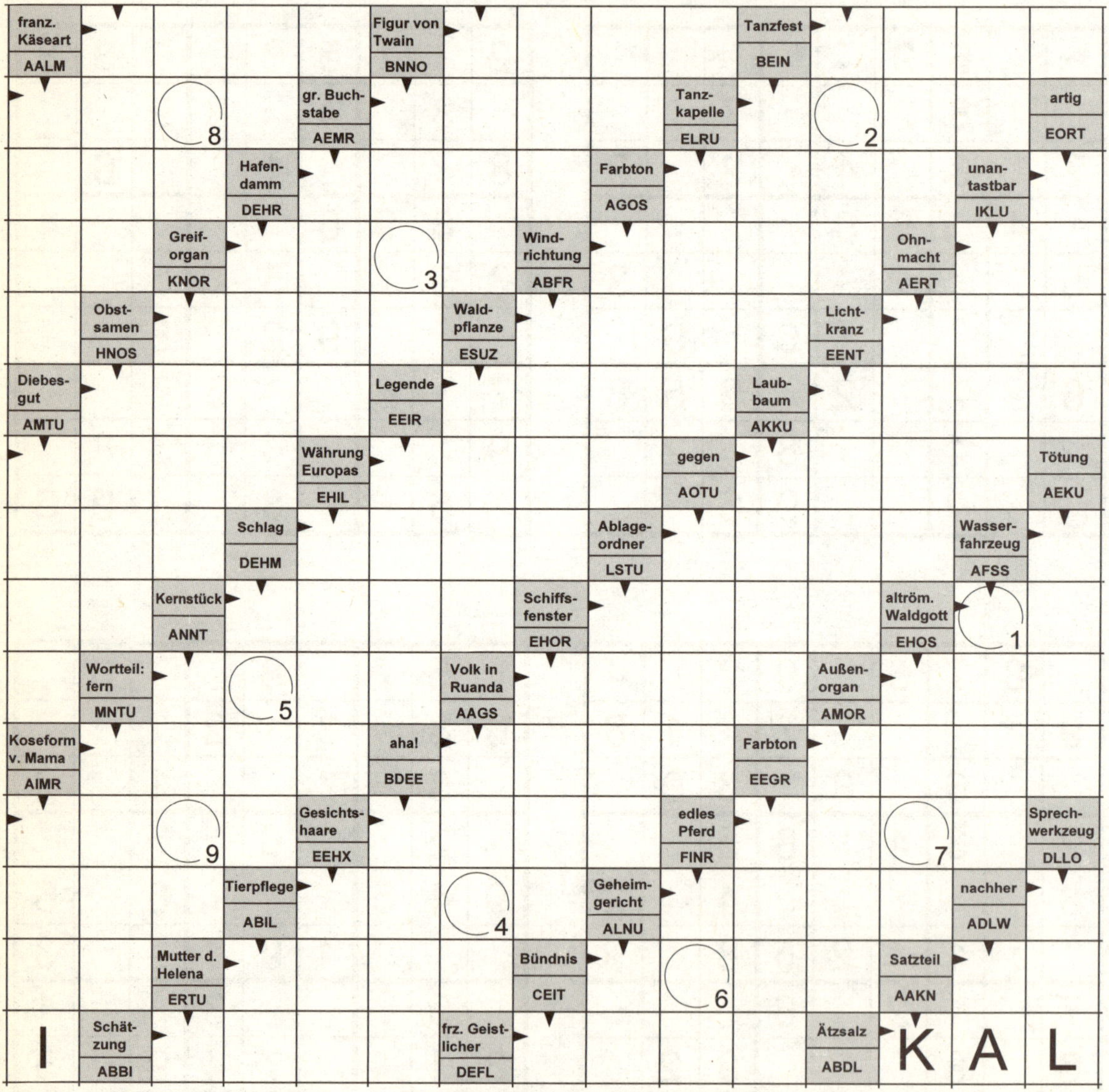

1	2	3	4	5	6	7	8	9

Denkspaß **360**	Würfelbruch	★★ Zeit: ___ Min.

Dieser angebrochene Würfel setzt sich aus vielen kleinen Einheitswürfelchen zusammen.
Wie viele solcher kleinen Würfel fehlen hier?
(Es gibt keine versteckten Lücken. Sämtliche fehlenden Würfel sind als solche zu erkennen.)

Antwort: Es fehlen ________ kleine Einheitswürfel.

Denkspaß 361 Silbenschwedenrätsel

★★ Zeit: ____ Min.

Die in den Fragekästchen der Rätselgrafik stehenden Texte müssen gelöst und in Pfeilrichtung eingetragen werden. In jedes Kästchen gehört eine Silbe.

Kenner, Fachmann	Angaben zur Person	PRO	Schützling	Urwaldpflanze		Indianerpfeilgift
		TE	Währung auf Malta			Gabe an Arme
Saugströmungen		GE	Terrain künstlicher Satellit			
spitzer Pfahl (Schutzwall)		Zentralstern überlieferte Erzählung			Markenzeichen	
				durch Los ermitteln Zimmerwinkel		
räumliche Beschränktheit			das Ich (lat.) Schutzbecken für Schiffe			zeitliches Spielverbot f. Sportler
ein Wärmespender	Nutzrecht für Treue im MA.	Ferse Feuerlandindianer			Polizeiposten	
				käuflicher Gegenstand Besitz, Eigentum		
Naturfarbstoff			Hackfleischgericht (franz.) lange kochen lassen			Horntier
Geschöpfe	Dopingmittel (Mz.)	Dargebrachtes Pastenbehälter			Vergeltung	
				heftige Wut Fragewort		
Radmittelhülse schwedischer Filmstar (Greta) †			sieben Tage Hafenstadt in Südportugal			Brille
		gelbbrauner Zucker dt. Arbeiterführer † 1913			Kindertagesstätte (Kw.)	
Fußballspielerposition Einzelwort				Lichtspielhaus		
			Quallenfangarm		TA	

Denkspaß 362 — Codewort-Rätsel

★★★☆ Zeit: ___ Min.

Gleiche Buchstaben der oberen Grafik bedeuten gleiche Buchstaben der unteren Grafik. Durch Ausprobieren ist jedem Buchstaben ein anderer Buchstabe zuzuordnen und in die Rätselgrafik einzutragen, sodass ein vollständiges Rätsel entsteht.

A	B	C	D	E	F	G	H	I	J	K	L	M	N	O	P	Q	R	S	T	U	V	W	X	Y	Z
																				*	*	*	*	*	*

C	■	C	R	K	M	M	■	L	■	F	K	M	C	K	H	N	O
A	H	K	P	■	O	■	A	K	A	O	H	P	K	A	■	O	■
G	■	M	■	P	G	P	K	■	G	H	O	■	G	■	J	M	E
■	F	K	D	K	J	Q	M	G	■	A	■	K	M	N	O	M	■
B	O	■	O	R	O	■	T	■	I	E	H	C	T	■	C	■	S
K	P	F	■	R	■	T	Q	T	O	H	■	T	■	C	T	K	H
H	N	■	P	O	J	O	M	■	C	■	J	K	H	M	O	P	O
C	O	J	O	M	■	P	■	N	G	N	Q	■	R	Q	P	■	T
G	M	■	G	■	A	O	D	H	H	O	G	F	■	S	P	E	T

	■						■		■								E
				■	E	■				(8)					■	E	■
	■		■					■			E	■		■			
■									■		■				E		■
	E	■	E		E	■		■				(4)		■		■	
			■		■		(2)		E		■		■		(7)		
		■		E		E		■		■				(1)	E		E
	(5)		E		■		■		(3)			■				■	(6)
		■		■		E				E			■				

1	2	3	4	5	6	7	8

Denkspaß **363**

Zeitablauf

★★★★ Zeit: ____ Min.

Ordnen Sie die Bilder so, dass ein zeitlich logischer Ablauf resultiert.

1

2

3

4

5

6

Zeitlicher Ablauf: ☐ → ☐ → ☐ → ☐ → ☐ → ☐

Denkspaß 364 Schwede ohne Vokale

★★★★ Zeit: ___ Min.

Die in den Fragekästchen der Rätselgrafik stehenden Texte müssen so mit Vokalen aufgefüllt werden, dass sinnvolle Begriffe entstehen.

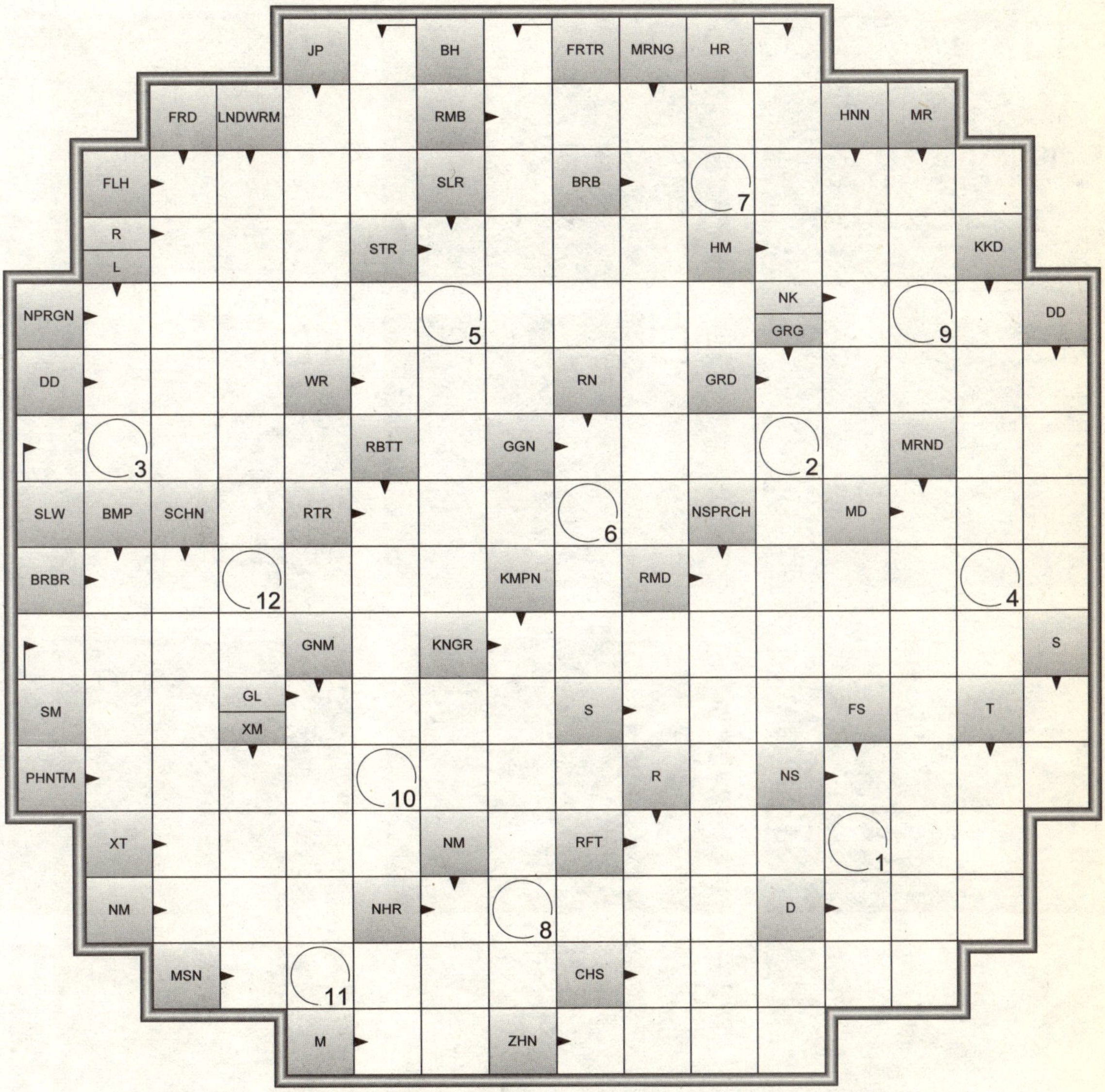

1	2	3	4	5	6	7	8	9	10	11	12

Denkspaß 365 | Schattierte Konturen

★★ Zeit: ____ Min.

Die fantasievollen Grafiken unten entstammen allesamt den oberen Bildern. Jedes dieser oberen Bilder wurde so verfremdet, dass daraus die unteren Darstellungen resultierten. Können Sie die Originale und die dazugehörigen Verfremdungen einander zuordnen?

1 ☐

2 ☐

3 ☐

4 ☐

5 ☐

6 ☐

A
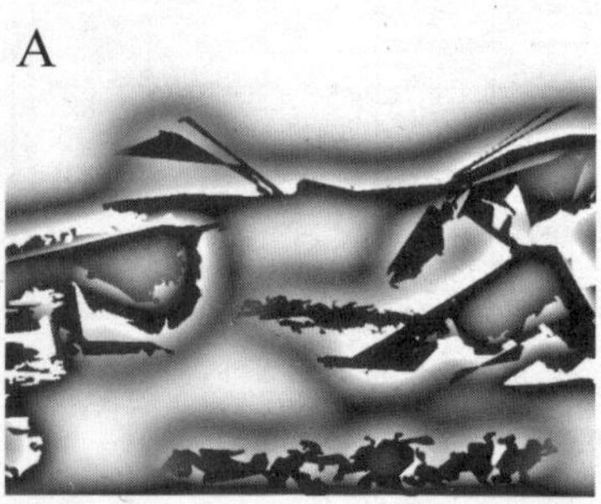

B

C
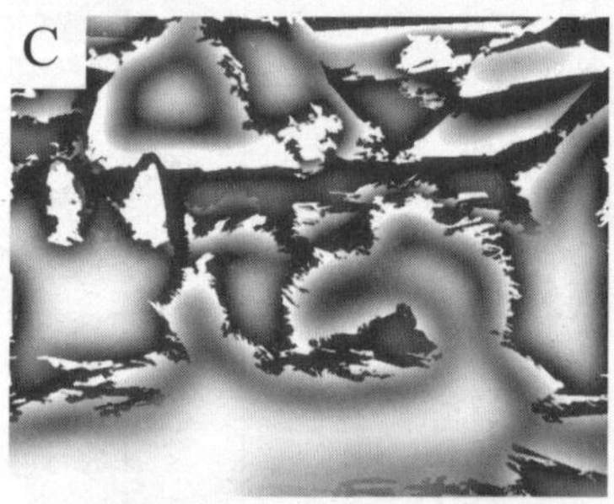

D
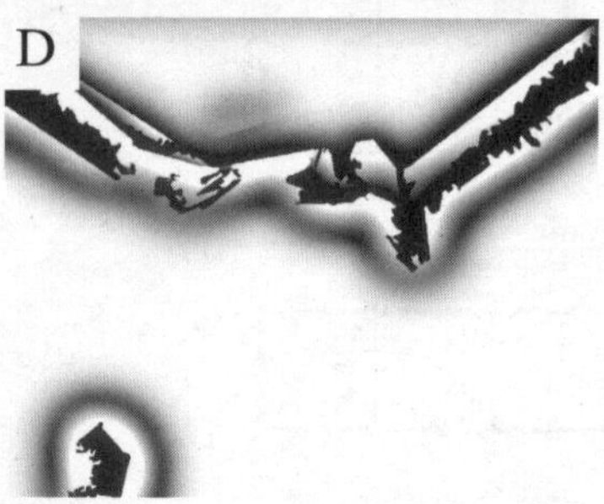

E

F

Denkspaß 366 | A-bis-Z-Rätsel

★★★★ Zeit: ___ Min.

Die in den Hinweisen unten aufgelisteten Definitionen sind zu lösen. Wenn ausreichend gelöste Begriffe vorliegen, kann damit begonnen werden, die genaue Position der Begriffe in der Rätselgrafik zu ermitteln.

1	2	3	4	5	6	7	8	9	10	11

Wörter, die mit A beginnen: REBA – griechische Unheilsgöttin – altes Maß des Luftdrucks – poetisch: flache Wiesengelände

Wörter, die mit B beginnen: schweiz. Kantonshauptstadt – Steuer im MA. – elektr. Informationseinheit – OB

Wörter, die mit D beginnen: UD

Wörter, die mit E beginnen: sächliches Fürwort – französisch: Osten

Wörter, die mit F beginnen: UNFAA – Hptst. von New Mexico (Santa ...)

Wörter, die mit G beginnen: Erbfaktor

Wörter, die mit H beginnen: Unnachgiebigkeit – SSNHAA – IHEA – Hausgrille – eine TV-Nachrichtensendung – haltbares Tierprodukt – UH

Wörter, die mit I beginnen: französisch: er – Abk.: Internetprotokoll – Regenbogenhaut im Auge – englisch: ist – ionische Insel

Wörter, die mit J beginnen: Düsenflugzeug

Wörter, die mit K beginnen: Gewichtseinheit (Abk.) – Schottenrock – MMKI – leimen – kugelförmige Speise – NKIE – POKIE – Meeresgestade – Mulde

Wörter, die mit L beginnen: Kfz-Z. Lüneburg

Wörter, die mit N beginnen: direkte Nachbarschaft – Abk.: Nachnahme – Kunstfaser

Wörter, die mit O beginnen: Vorzeichen

Wörter, die mit P beginnen: Spielkartenfarbe

Wörter, die mit R beginnen: ein dt. Bundespräsident – entschlossen

Wörter, die mit S beginnen: ein Holzschuh – abgestanden – englisches Fürwort: sie – SM – Kochsalzlösung – Teil des Fußes – tierisches Fett – keimfrei – TSROH

Wörter, die mit T beginnen: TRLAA

Wörter, die mit U beginnen: Ausruf des Schauderns – beinhalten – Grundmodell

Wörter, die mit Y beginnen: TONYG

Denkspaß 367 | Zahnräder

★★★★ Zeit: ____ Min.

Das schwarze Zahnrad links oben dreht sich in Pfeilrichtung. In welche Richtung (A oder B) dreht sich das Rad am anderen Ende?

Denkspaß **368** | # Wörtersuchspiel | ★★☆☆ Zeit: ___ Min.

Finden Sie sämtliche unten aufgelisteten Wörter im Rätselgitter. Diese können vorwärts, rückwärts, horizontal, vertikal oder diagonal verlaufen. Die übrig gebliebenen Buchstaben ergeben ein Sprichwort.

				B	S	N	A	C	K	U	R	E	E				
		R	S	F	S	E	S	E	E	E	R	A	Z	R	S		
	N	E	O	N	C	P	D	L	G	P	E	K	R	S	K	E	
H	O	R	F	E	H	P	B	E	A	E	I	N	E	T	O	O	A
A	S	A	P	G	E	E	F	A	J	L	S	E	K	G	P	L	P
T	A	P	A	P	R	N	T	S	A	C	B	C	E	G	E	A	L
U	I	S	I	S	B	U	I	D	H	A	E	L	L	E	K	L	A
S	S	T	R	I	E	R	B	A	N	D	R	I	G	W	E	A	N
E	A	R	B	M	N	M	E	D	K	K	G	P	L	A	Q	U	E
	A	L	U	D	A	L	I	R	N	O	O	R	E	G	L	E	
		A	S	L	E	T	A	L	S	A	K	R	A	T	N		
				N	I	P	E	C	E	H	S	T	N				

ADULA	EGEL	FORST	KOPEKE	PEPITA	SIPPE
AIRBUS	EISBERG	FROH	KORN	PLANE	SNACK
AKNE	ELBE	GASSE	LAMBDA	PLAQUE	SOLL
ALOE	ELGER	GEWAGT	LEGO	REIS	SPARER
ATUE	ELLE	IASON	MATE	SAKRA	TAPA
BANDIT	ELSA	JEDES	NEON	SAND-	TRIER
BLEU	EMILE	KEGELN	NEPPEN	BURG	UTAH
CAST	ERBEN	KERZE	PAPAT	SCHAELEN	
CLIP	FEGER	KOKAIN	PARKDECK	SCHERBEN	

Denkspaß **369**

Ziegelrätsel

★★☆☆ Zeit: ____ Min.

Die „Rätselziegel" des ursprünglichen Rätsels sind durcheinandergewürfelt. Durch Ausprobieren sind die Rätselziegel an die richtige Stelle zu setzen, sodass sich daraus wieder ein „normales" Kreuzworträtsel ergibt.

M	O	R	B	■	S	A	A	■	■	T	■	■	O	N	A	U	S
E	N	■	E	A	K	U	L	K	O	N	A	K	■	A	T	■	O
T	■	S	T	T	E	T	E	■	T	A	N	■	F	R	■	L	P
G	■	B	B	E	■	H	A	I	S	A	L	■	C	L	O	P	I
■	C	U	I	R	R	A	E	N	■	T	■	R	I	E	K	H	■
T	O	N	E	L	■	N	■	G	Z	O	B	■	S	■	R	■	V
U	M	■	E	■	T	A	I	M	A	L	■	S	■	T	G	A	N
L	■	G	■	A	C	■	F	■	B	■	T	E	T	R	E	■	I
A	G	E	U	E	H	R	A	T	C	H	O	■	M	I	■	J	E

														T			
														O			
						S	■	T						N			
						E	T	R						A			
						■	M	I						R			
														M			

Denkspaß 370 – Wörtergleichung

★★★☆ Zeit: ___ Min.

Ersetzen Sie die Buchstaben durch die gefragten Begriffe, sodass die jeweilige Wörtergleichung eine sinnvolle Lösung bzw. ein sinnvolles Lösungswort erhält.

$$(a - b) + (c - d) + (e - f) + (g - h) + (i - j) + (k - l) + (m - n) = X$$

a = Lebensumfeld, b = unsere Erde, c = kleine Gemeinde, d = Gerät zur Kammherstellung, e = Kahlkopf, f = durchsichtiges Gewebe, g = Türklingel, h = clever, i = geneigte Bergseite, j = ängstlich, k = Mühsal, Last, l = weißer Südafrikaner, m = schaffen, vollbringen, n = Verzeichnis, X = die Schlusslösung

Denkspaß 371 – Rechenquadrate

★★☆☆ Zeit: ___ Min.

Die Zahlen 1 bis 9 sind so in die Grafik einzutragen, dass die Rechnung schlüssig wird. Keine der Zahlen darf ein zweites Mal verwendet werden. In der Rechnung gilt nicht die Regel „Punktrechnung vor Strichrechnung", sondern es wird grundsätzlich von oben nach unten bzw. von links nach rechts gerechnet.

31	+		+		43
+		+		–	
	+		x		72
–		x		x	
	x		+		17
35		14		14	

24	–		x		85
+		x		x	
	+		x		36
–		–		+	
	+		–		14
18		19		33	

Denkspaß 372 | Eieruhren

★★★★
Zeit: ____ Min.

Anhand der Definitionen unten sind die gesuchten Begriffe herauszufinden und bei der jeweiligen Zahl waagerecht in die Grafik einzutragen. Im senkrechten Mittelbalken ergibt sich dann jeweils ein Lösungswort.

1

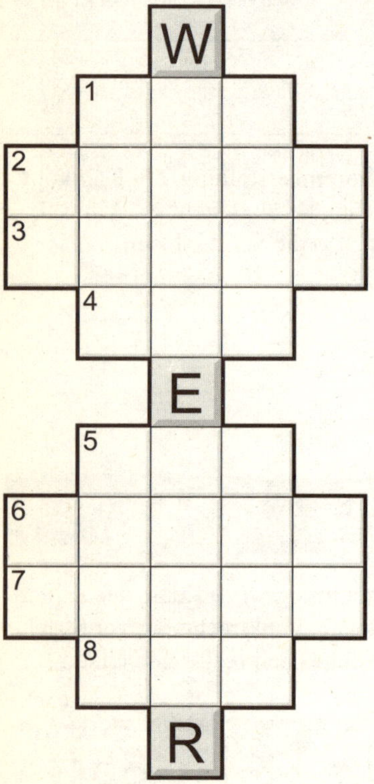

2

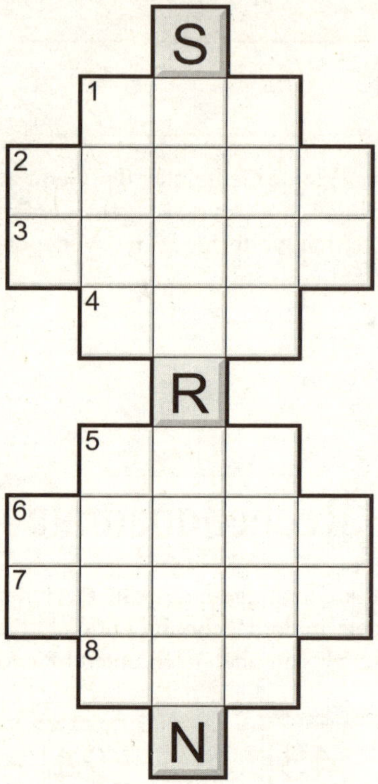

3

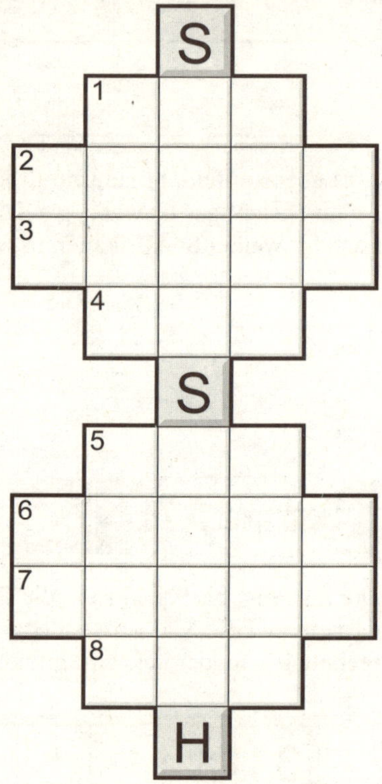

1. Fernkopie (Kw.)
2. Kinderlähmung (Kw.)
3. Lärm
4. US-Amerikaner (Kw.)
5. Wacholderschnaps
6. literarische Abhandlung
7. genau zusammenfügen
8. rote Filzkappe

1. Naumburger Domfigur
2. Metallfeingehalt
3. Kleidungsstück
4. Radiowellenbereich (Abk.)
5. Kfz-Abgasentgifter (Kw.)
6. Rückenstütze des Stuhls
7. Mittelloser
8. ältester Sohn Noahs (A. T.)

1. französischer unbest. Artikel
2. Streichinstrument
3. englischer Polizist
4. Spielkartenfarbe
5. Tennisverband (Abk.)
6. Gattin des Wodan
7. fester, farbloser Überzug
8. die eigene Person

Denkspaß **373** | **Schmetterling** | ★★★★ Zeit: ___ Min.

In dieser Gedächtnisübung sollen Sie sich alle Zahlen und deren Positionen im oberen Bild gut einprägen. Dann decken Sie dieses obere Bild bitte ab und tragen im unteren Bild die fehlenden Zahlen ein. Achtung: Das untere Bild ist gespiegelt!

Denkspaß **374** | **Bildpunkte** | ★☆☆☆ Zeit: ____ Min.

Verbinden Sie die Punkte in der Reihenfolge, in der es die daneben stehenden Nummern vorgeben. Sie erhalten auf diese Weise ein Bild, das aus einer einzigen durchgehenden Linie besteht.

Denkspaß **375** | Kakuro-Quersummenrätsel | ★★★★ Zeit: ___ Min.

Beim beliebten, aber auch schwierigen Kakuro sollen Sie Zahlen von 1 bis 9 in die leeren Felder eintragen. Dabei muss die jeweils links bzw. oben vorgegebene Summe bei jedem horizontalen bzw. vertikalen Zahlenblock berücksichtigt werden. In jedem dieser Blöcke darf eine Zahl höchstens einmal verwendet werden.

■	■	27\	8\	16\	■	■	■	16\	11\
■	9\23				■	■	\4		
\14					■	19\	16\16		
\15			18\	■	16\16				
\17				21\13					■
■	■	10\33						23\	7\
■	15\14					\19			
\10					■	13\	4\13		
\13			■	■	\17				
\5			■	■	\7				■

Denkspaß 376 — Zahlenkreuzungen

★ Zeit: ____ Min.

Tragen Sie sämtliche unten aufgelisteten Zahlen in das Gitterfeld ein. Dort sollen sie von links nach rechts bzw. von oben nach unten zu lesen sein.

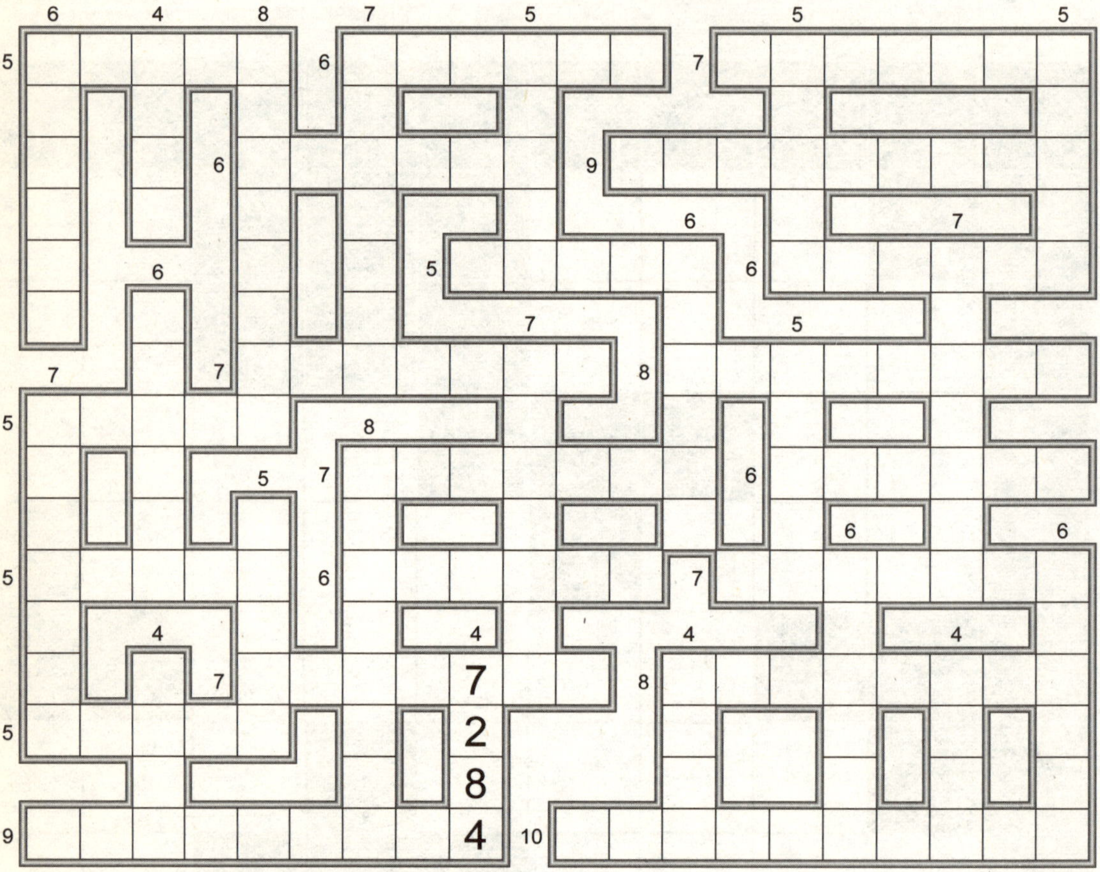

4 1676, 2796, 2849, 4197, 7284

5 18152, 28136, 31575, 32684, 52763, 61545, 64214, 74178, 85242, 99172

6 265424, 338783, 359761, 421435, 441983, 468625, 652423, 693864, 747975, 831879

7 1836719, 2326418, 3591381, 3839252, 4728795, 6381954, 6393959, 7311966, 9327193

8 24529842, 24954131, 31472451, 46351272

9 377288194, 821634365

10 8467349649

Denkspaß 377 | Selfmade-Rätsel

★★★★ Zeit: ___ Min.

Die unter der eigentlichen Rätselgrafik stehenden Kästchen müssen gelöst werden. Da die Kästchen aber ungeordnet vorliegen, muss erst die genaue Position des gelösten Begriffs ermittelt werden. Dann kann ein Wort in die Rätselgrafik eingetragen werden. Wenn in den Kreisen der Rätselgrafik Zahlen stehen, so zeigen sie an, dass das Textkästchen mit der entsprechenen Zahl unterhalb der Grafik dem Kästchen in der Grafik zugeordnet werden muss, also der gelöste Begriff dort in Pfeilrichtung einzutragen ist.

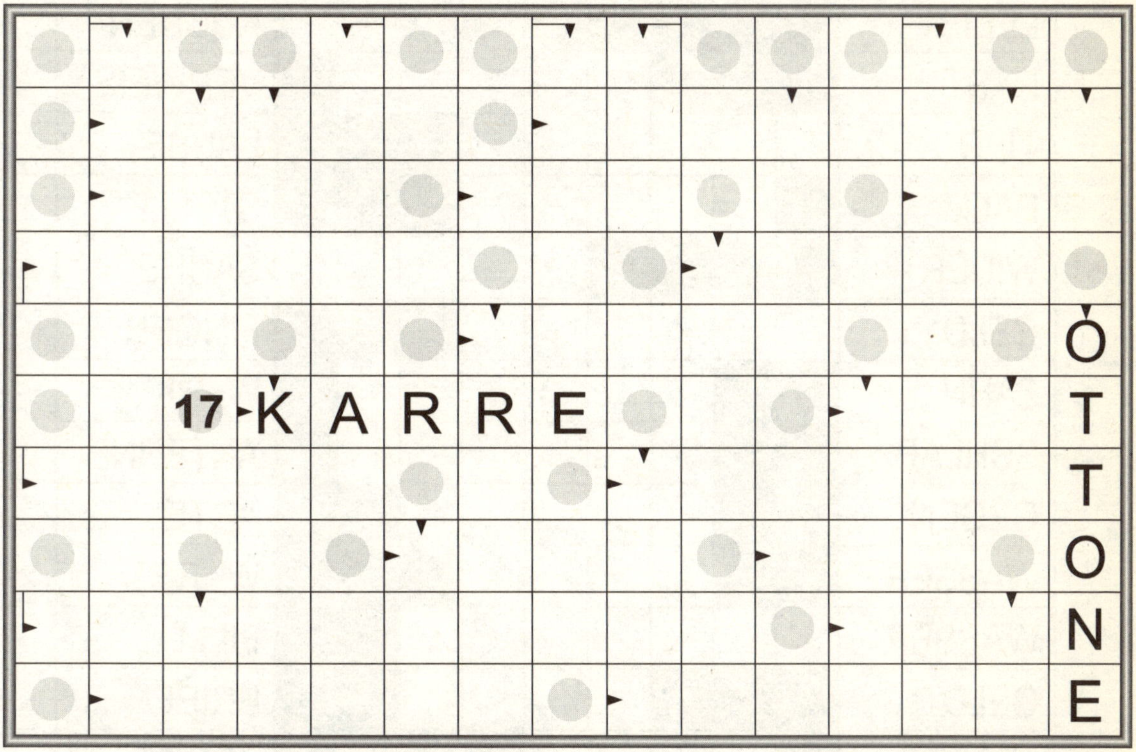

1 Kfz-Z. Halle/ Westfalen	2 Lampenruß	3 Schildkrötenprodukt	4 geraffte Inhaltsangabe	5 französisch: Schrei	6 geometrische Form	7 Vagabunden	8 Abk.: Aktiengesellschaft	9 Abk.: zur Ruhe	10 Ausruf
11 kurze Filmeinstellung	12 schott. Stammesverband	13 Nerven betreffend	14 Steigerung, desto	15 Vorname Lindenbergs	16 Heilkundiger	17 einfaches Fuhrwerk	18 gleichsam	19 Hautentzündung	20 Schande
21 NATO-Frühwarnsystem	22 röm. König aus Sachsen	23 Märchenwesen	24 kokettes Spiel	25 Gesangspaare	26 Erstanschaffungspreis	27 putzig	28 gewitzt	29 geistlicher Amtsbezirk	30 Glarner Alpengipfel
31 Vormerkung	32 Weltall	33 Markierung	34 russischer Monarch	35 ein Bundesland (Abk.)	36 Erdzeitalter	37 Walt-Disney-Film	38 Äußerung		

Denkspaß 378 — Brückenrätsel

★★★ Zeit: ____ Min.

Beim Brückenrätsel müssen Brückenwörter gefunden werden, die die Begriffe in der linken Spalte ergänzen, sodass sie neue sinnvolle Wörter ergeben. Gleichzeitig werden sie den Begriffen der rechten Spalte vorangestellt und bilden mit diesen ebenfalls neue sinnvolle Begriffe.
In der Mittelspalte soll so ein Sprichwort resultieren.

LEBER		KUCHEN
RAST		VERWEIS
TIER		LAUBE
PALM		STELLE
WIDER		SACHE
GELD		FINGER
ZAHN		WERK
SCHLAF		ANTENNE
GEGEN		ARTE
WASSER		WURST
WASSER		FILM
GELD		BRIEF
LEBER		SPORT
DAUMEN		PROBE
GOLD		FIEBER
RECHTS		PFOSTEN
LAND		SCHAFT
MUERBE		ROLLER

Denkspaß **379**

Rechenschwede

★★★☆
Zeit: ___ Min.

In die leeren Felder der Rätselgrafik sind Zahlen von 1 bis 9 einzutragen, sodass die Summe aller Zahlen eines „Wortes“ der Zahl entspricht, die in dem Feld steht und das „Wort“ definiert. Anders ausgedrückt, die Zahl, die in den Fragekästchen steht, muss in „kleinere“ Portionen aufgeteilt und in Pfeilrichtung eingetragen werden.
Bei diesem Rätsel gibt es mehrere Lösungsmöglichkeiten.

Denkspaß **380**

Leiterrätsel

★★☆☆ Zeit: ____ Min.

Aus den Zweierbuchstaben links sind insgesamt 14 sechsbuchstabige Wörter zu bilden. Welche Wörter gesucht werden, sollen Sie anhand der Hinweise rechts herausfinden. In jedes Feld gehören zwei Buchstaben, wobei die Doppelbuchstaben in der Mitte von je zwei Wörtern verwendet werden. Am Ende schließlich erhalten Sie im Mittelbalken von oben nach unten gelesen ein Lösungswort.

AL - AR - BR - CH - DI - DI - EI - EL - EN - EN - ER - GL - HE - HE - HR - HW - IT - KU - LA - LI - LI - MA - NE - RZ - SC - SC - SC - ST - TE - UG - UN - UR - VE - WA - WU

1		2
3		4
5		6
7		8
9		10
11		12
13		14
15		16
17		18
19		20
21		22
23		24
25		26
27		28

1-2 falsch, gelogen,

3-4 Emirat am Persischen Golf,

5-6 Verspätung, in ...,

7-8 Pflanzenteil,

9-10 professionell betreuen,

11-12 Pflichtarbeit,

13-14 Zunge am Schnürschuh,

15-16 kleine Schlinge,

17-18 von hohem Gewicht,

19-20 Eid, Gelübde,

21-22 seitliche Ausdehnung,

23-24 in Kürze,

25-26 geradlinig,

27-28 Hilfswerkzeug zum Zeichnen

Denkspaß **381**

Nur einer fehlt

★★★★ Zeit: ____ Min.

Nur einer fehlt ist ein einfaches Geduldspiel. In jedem der Kästchen befinden sich 25 unterschiedliche Buchstaben des Alphabets – es fehlt also in jedem Kasten ein Buchstabe. In allen 25 Kästen fehlen 25 unterschiedliche Buchstaben, der dann fehlende Buchstabe ist die Schlusslösung.

D	K	R	N	E	A	V	T	I	P	I	A	D	Z	F	F	B	K	D	T	Z	K	R	P	B
V	I	Q	H	A	J	R	W	Z	M	K	B	Y	O	G	V	G	L	H	P	A	H	N	U	D
Z	O	J	Y	X	S	L	Q	E	N	R	E	S	M	U	S	J	M	E	A	F	C	S	V	G
S	F	M	P	G	O	B	U	X	Y	L	Q	X	H	V	R	W	O	X	Q	L	M	X	W	I
W	L	C	T	U	H	F	K	D	C	T	J	C	N	P	Y	I	N	C	Z	O	Y	T	Q	E
T	O	D	Q	M	K	R	D	H	L	Q	B	T	K	L	R	Q	C	X	I	D	J	Q	C	B
U	K	R	C	I	V	Q	T	C	P	M	C	R	U	A	T	D	H	F	A	L	E	Y	U	K
N	G	E	V	S	G	M	J	B	Z	J	I	G	D	H	S	P	G	Y	E	P	X	W	S	T
W	A	Y	Z	H	Y	N	O	S	I	Y	E	V	Z	W	K	B	N	M	W	I	M	F	G	Z
B	J	L	F	P	W	A	E	X	U	N	P	X	F	S	U	J	V	O	Z	O	H	V	A	N
Z	W	I	D	S	M	N	A	F	K	W	K	C	E	X	X	N	A	U	C	N	A	R	U	B
N	A	U	X	C	Y	S	J	D	V	M	Z	P	D	T	I	T	O	V	Y	K	Y	P	I	M
L	G	Q	J	E	I	X	T	Q	Z	A	B	U	Y	Q	G	H	W	L	F	S	F	V	J	X
O	R	V	H	K	P	U	G	B	R	N	J	L	G	F	J	B	E	K	P	Q	G	D	W	L
M	B	T	P	F	L	O	H	W	C	V	O	S	R	I	Z	Q	S	M	R	E	C	H	O	T
V	D	E	Q	W	G	J	Y	Q	E	U	I	A	B	G	H	C	R	G	T	M	H	E	D	F
I	J	Y	U	F	T	K	F	B	U	N	P	F	X	Z	I	J	N	O	W	A	V	X	B	W
K	B	Z	A	N	V	S	X	L	R	K	C	L	R	V	Y	P	E	B	S	Y	K	R	L	Q
H	X	G	T	P	M	Z	I	P	A	M	D	W	E	S	X	M	U	Q	L	J	S	C	P	O
S	R	L	C	O	H	O	N	W	D	O	J	H	T	Y	D	F	Z	K	A	Z	G	N	T	U
W	A	G	Q	E	I	W	Y	D	C	C	F	H	I	V	C	F	L	N	H	L	C	D	Z	U
H	B	T	N	K	S	U	A	K	X	N	P	X	U	Q	P	D	J	S	V	A	J	E	O	M
P	V	C	F	U	G	R	F	P	M	O	G	Y	A	S	R	I	O	W	X	Q	Y	K	V	X
X	R	I	M	D	T	H	O	E	B	T	R	D	M	L	Z	B	G	U	E	B	G	R	W	F
L	Y	J	Z	O	Z	J	V	Q	L	Z	W	J	E	B	Y	A	K	M	Q	N	I	S	T	H

Denkspaß 382 | Tierisches Kreuzworträtsel

★★★ Zeit: ____ Min.

Gleiche Tiere bedeuten gleiche Buchstaben. Durch Ausprobieren ist jedem dieser Tierzeichen ein Buchstabe zuzuordnen und in die Rätselgrafik einzutragen. Auf diese Weise soll ein vollständiges Kreuzworträtsel entstehen.

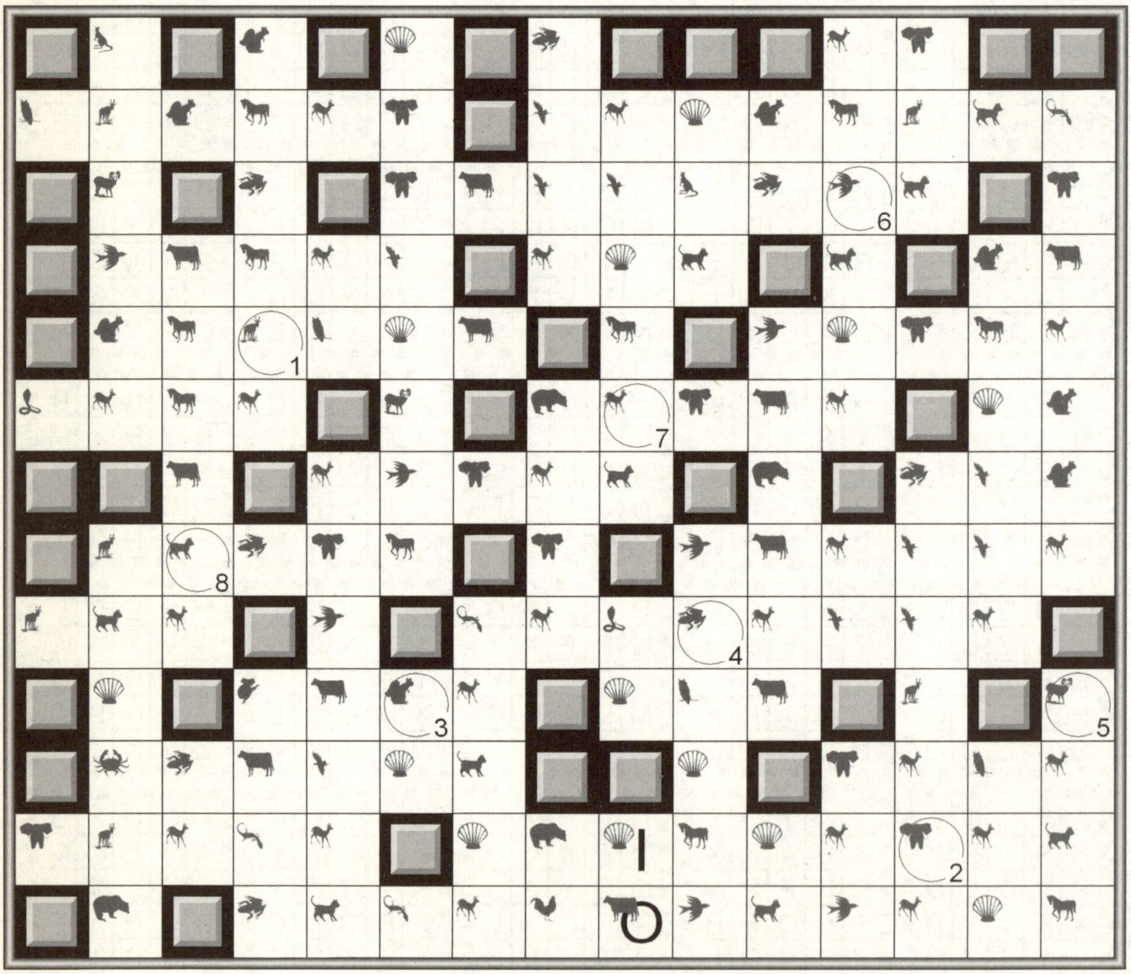

1	2	3	4	5	6	7	8

Denkspaß 383 — Sudoku-Kreis

★★★★
Zeit: ___ Min.

Ähnlich wie auch beim klassischen Sudoku müssen die Zahlen 1 bis 9 genau einmal auf jedem Ring, auf jedem „Strahl“ von außen nach innen und auf jedem dick umrandeten Teilstück vorkommen.

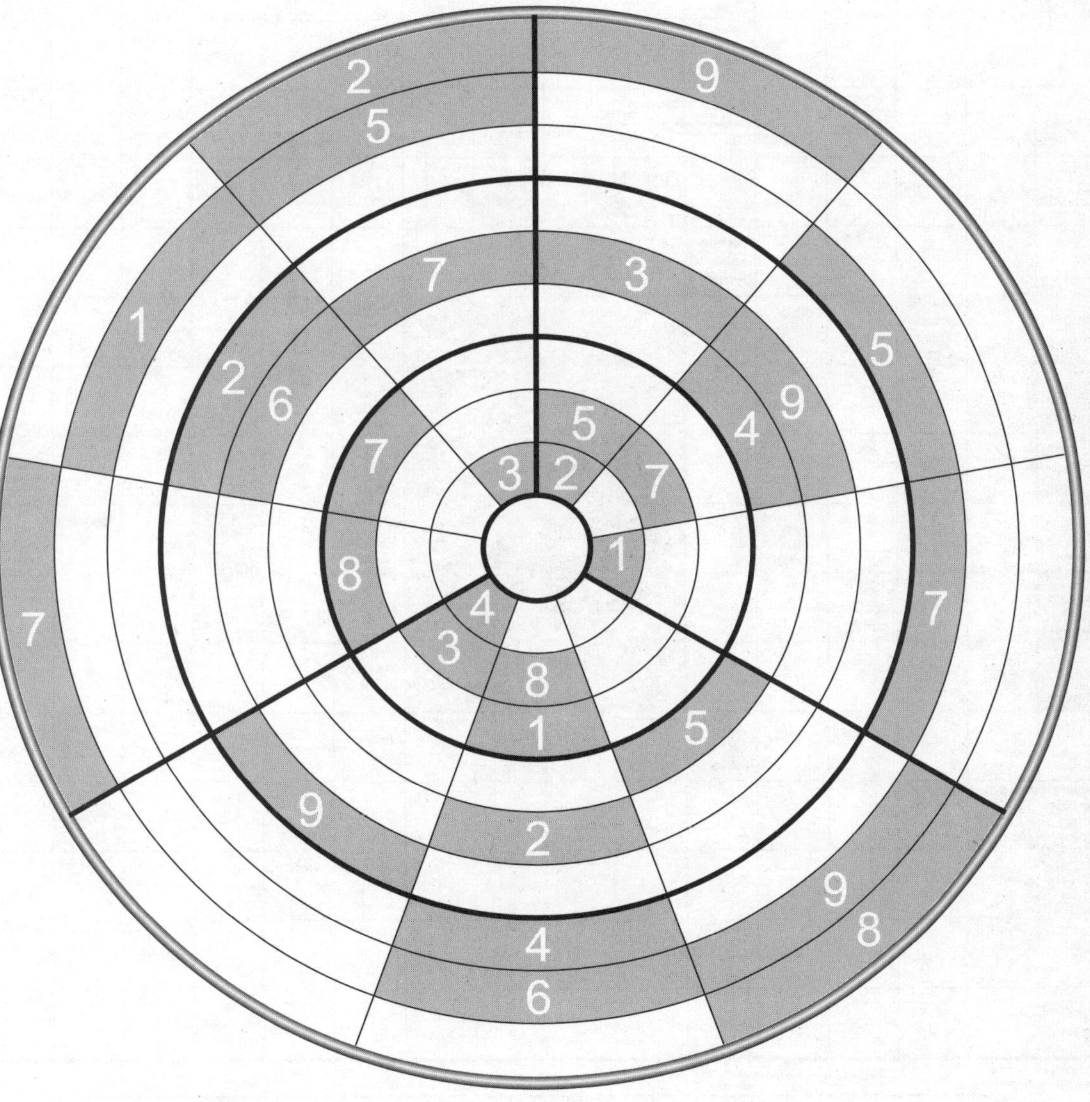

Denkspaß 384 Schwedenrätsel

★★★★ Zeit: ____ Min.

Die in den Fragekästchen der Rätselgrafik stehenden Texte müssen gelöst und in Pfeilrichtung eingetragen werden.

Holzstruktur
Solostück in der Oper
Hirt auf der Alm
anheimelnd
ehem. Name von Tallinn
sechster Monat im jüd. Kalender
Badestrand bei Venedig
Metallschutz
englisch: drei
bloßgestellt
Hauptstadt von Angola
wertvoller Grundstoff
Einzahl
Ritter der Artussage
Vermischtes
Alpenbewohner
Schmerzlaut
Guckkasten
Motivationsarmut
Mitarbeiterin
Ältestenrat
Stellung der Gestirne
männliche Zuchttiere
arabischer Artikel
männlicher franz. Artikel
dringend
asiat. Staatenverbund (Abk.)
‚heilig' in dt. Städtenamen
Papagei Mittel- und Südamerikas
leise
nachdenken
türk. Dorfvorsteher
eine Meeresmuschel
ehem. sowjetischer Diktator
Gegner Luthers † 1543
Balldrehung beim Tennis
Abk.: Motorschiff
ein Pflanzentyp
Film von Steven Spielberg
französische Verneinung
Arktisvögel
italienische Tonsilbe
Hafenstadt in Mali
Milbenart
Klettertrieb
Mutter der Nibelungenkönige
deutsche TV-Anstalt (Abk.)
Schuhmacherwerkzeug
Honigwein
altes dän. Längenmaß (31 cm)
zu keiner Zeit
tägliches Einerlei
englisch, span.: mich, mir
Ziffernkennung (engl.)
ein Skandinavier
griechischer Buchstabe
italienischer Artikel
Heidekraut
anstrengend
subarktischer Hirsch

1	2	3	4	5	6	7	8	9	10	11	12	13

Denkspaß 385 — Sudoku-Stern

★★ Zeit: ____ Min.

Analog zum klassischen Sudoku müssen auch hier die Zahlen 1 bis 9 in die fett umrandeten Neuner-Dreiecke eingetragen werden. Auch in den langen Geraden (sie umfassen ebenfalls neun kleine Dreiecke) müssen diese neun Zahlen genau einmal enthalten sein, ebenso in den kurzen Geraden, zu denen auch noch das Feld in der Sternecke zählt.
(Die von der Sternmitte unterbrochenen Reihen zählen auch zu den langen Geraden.)

Denkspaß 386 — Super-Sudoku

★★★★ Zeit: ____ Min.

In diesem Super-Sudoku sollen die Zahlen 1 bis 16 in jeder horizontalen Reihe, jeder vertikalen Spalte und jedem 4-x-4-Unterquadrat genau einmal enthalten sein.

	1					2	15	11	4	12					8
12					3	11	14	1	5		2				15
				16	12	5				13	6	4			1
9	14	4	16		6					7			12		5
	11	10				3	2	13		4			9	6	
6	16		2	15	11		12			1				8	3
		1	3					16			11	13	2	15	
		12	13	14		6				9	10	7	5		
		3	4	8	5				7		16	11	13		
	6	5	14	2			11					1	10		
1	15				10			14		5	13	8		16	6
	13	11			16		3	4	9				7	5	
4		7			2					11		12	8	14	9
5			6	11	14				12	2	9				
11				3		12	5	7	13	14					10
2					9	10	8	6	16					4	

Denkspaß 387 Französisches Rätsel

★★★★ Zeit: ____ Min.

Bei diesem Rätsel müssen sowohl die Begriffe als auch deren genaue Position in der jeweiligen Spalte bzw. Zeile ermittelt werden. Dazu sind die Fragetexte zu lösen und unter Heranziehung anderer, diesen Begriff kreuzender Begriffe in die Grafik einzutragen. Einbuchstabige Begriffe werden nicht berücksichtigt.

1	2	3	4	5	6	7	8	9	10	11	12

Waagerecht:

1 Vorläufer der EU – junges Haustier – Gastmahl, Diner
2 Pfiff, Schwung – deutscher Motorenerfinder – Beinbekleidung
3 Lurchtier – Kammmacherwerkzeug – deutsche Vorsilbe
4 Schwertlilie – in der Regel
5 Initialen Lindenbergs – Greifvogel – Eintrittskarte
6 spanischer Ausruf – früher als erwartet – Allerzufluss in Gifhorn
7 Gott im Islam – Blutbahn
8 Möbelstück – gehärtetes Eisen
9 Lichtspielhaus – kostbar, selten – jetzt, in diesem Moment – Buchregisterzeichen (Abk.)

Senkrecht:

A Schauspielerin ... Derek – ital.: ja – ein Tanz (Kw.)
B Jacken ohne Ärmel – franz., lat.: und
C weggebrochen (ugs.) – bestimmter Platz
D Stammvater – englisch: nach, zu – arabischer Artikel
E von geistiger Bedeutung
F kroatische Domstadt
G indisches Frauengewand – Abk.: Ehrenordnung
H aufrichtig
J spanisch: nein – italienischer Artikel
K derart – Ausgestaltungen
L persönliches Fürwort – absolute Temperaturskala
M türk. Großgrundherr
N kleines Raubtier – alter Tonträger (Abk.)
O sächliches Fürwort – Kehrgerät
P Triathlonsportler (... man)
Q Gepflogenheit – Abk.: Funk
R Mann von Anstand

Denkspaß 388 | ABC-Verfolgung | ★☆☆☆ Zeit: ____ Min.

Bei der ABC-Verfolgung ist jeder Buchstabe des Alphabets in der Reihenfolge des Alphabets anzuspringen, wobei man sich auf den Linien (Kreisringen und Strahlen) bewegen muss, das Zentrum dabei aber nicht durchschreiten darf.

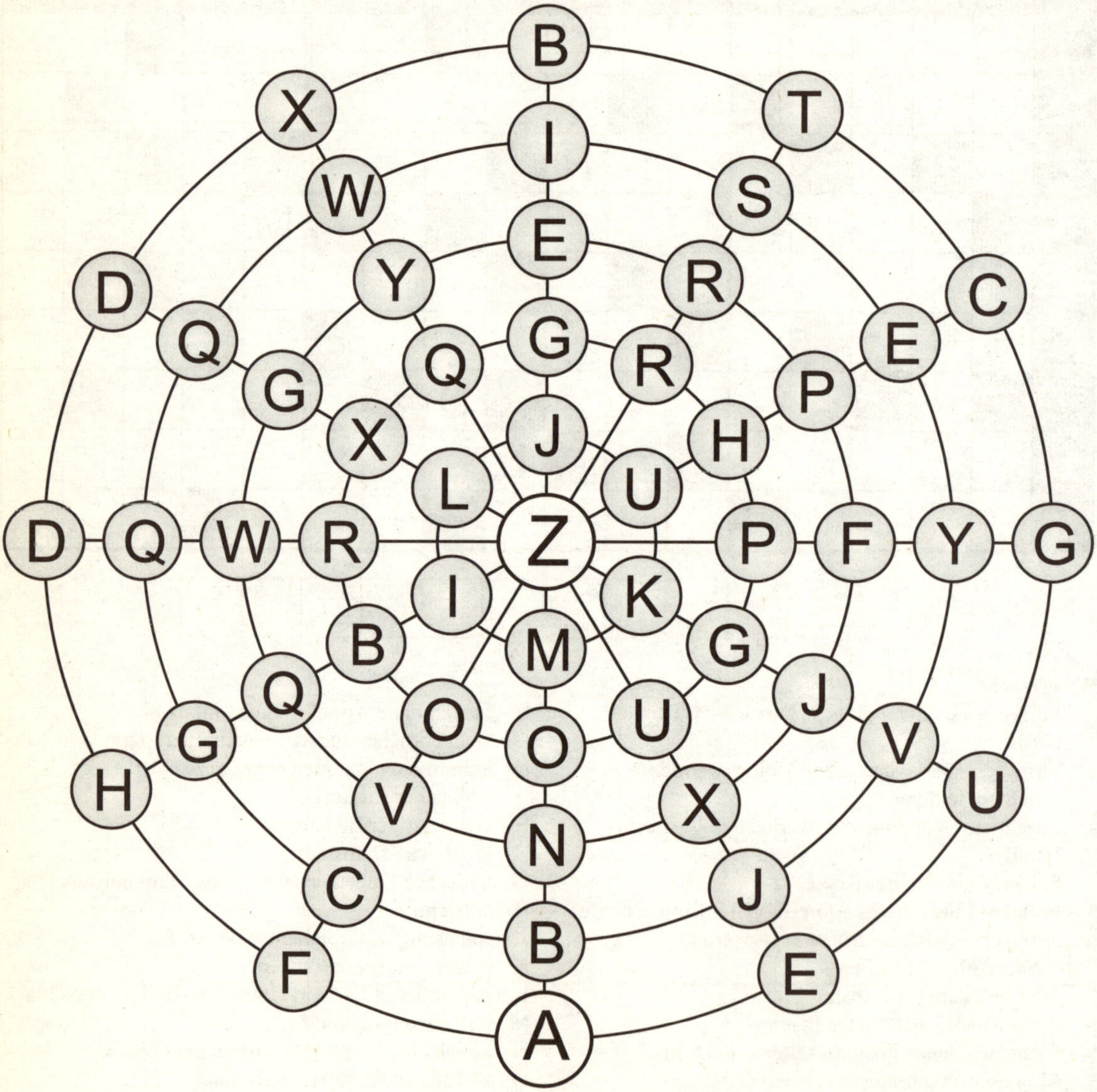

Denkspaß 389 — Silbenschwedenrätsel

★★★★ Zeit: ___ Min.

Die in den Fragekästchen der Rätselgrafik stehenden Texte müssen gelöst und in Pfeilrichtung eingetragen werden. In jedes Kästchen gehört eine Silbe.

Ausbildungszeit		Milchstraßensystem	Erfinder des Dynamits	Beiträge zum Unterhalt		bestimmte Gegend
				fliederfarben		
Pizzagewürz	Etikett / altgriech. Philosoph			große Anzahl / einfaches Gefährt		
Jazzvariante (Kw.)			geografisches Druckwerk / Stichwaffe			kleines Stück Papier
wahr		besitzanzeigendes Fürwort / Lotteriescheine			spanisches Grußwort	
				Beherbergungsbetrieb / Weissager		
Fluss in Thüringen			Zeichen in Psalmen / Welle			männliches Kind
Erdbebenforscher	nicht stereo	Fragewort / gewelltes Haarbüschel			Stadt im Bayerischen Wald	
	MO			Zweig des Weinstocks / Windfächer		
kleine Erhebung	NO		weil / Teil des Hubschraubers		GEN	Glasvorprodukt
Diskussionsleiter	politischer Aufwiegler	Schlitten / wilde Ackerpflanze			ein Gasthaus	
				See in Italien (...see) / Spielkartenfarbe		
beinlose Insektenlarve			kleine Bauernhäuser / Hochschulen (Kw.)			überreichen
		ein Facharzt				
tropischer Fruchtbaum / Gelübde, Versprechen				Rinder gebären		

Denkspaß **390**

Löchrige Rechnungen

★ Zeit: ____ Min.

In die leeren Kästchen sind Zahlen einzutragen, sodass eine stimmige Rechnung entsteht.

A

7	3	□	−	1	6	□	=	5	7	□
	+				−				+	
	□	9	+		□	1	=	□	6	0
8	2	□	−		8	□	=	7	□	8

B

□	2	5	+		5	□	=	1	□	5
	+				+				+	
	2	□	+	□	7	8	=	3	□	8
1	□	5	+	□	2	8	=	□	7	3

C

□	6	7	−	□	9	4	=	□	7	3
	+				+				+	
3	7	□	−	2	2	□	=	1	□	7
□	3	7	−	5	1	□	=	4	□	0

Denkspaß **391**

Motiv-Sudokus

★★☆☆
Zeit: ____ Min.

Bei diesem Rätseltyp sind die Zahlen 1 bis 9 in die leeren Felder der Grafik einzutragen, wobei sich jede dieser neun Zahlen genau einmal in einem Neunerblock, genau einmal auf jeder Horizontalen und genau einmal auf jeder Vertikalen befinden soll.
Das Schöne an diesen Sudokus: Die Anordnung der vorgegebenen Zahlen ergibt jeweils ein Bildmotiv.

4				9				2
	6		7	2	3		8	
		8	5		6	7		
	4	2				1	7	
7	9						2	3
	3	6				9	5	
		7	9		2	3		
	5		1	3	8		6	
2				7				8

		2	5		1	9		
	1	8	2	3	4	6	5	
4	6			8			2	1
7	5						9	3
2	3						6	4
	8	9				7	1	
		7	6		3	2		
			8	1	7			
				5				

		1	5		6	3		
	6	7	4	9	3	8	5	
5	3			8			7	4
9	1						6	2
4	7						9	3
	5	2				1	8	
		3	9		7	2		
			2	5	8			
				6				

Denkspaß 392 — Aus 3 mach 1

★ Zeit: ____ Min.

In der Zweitgrafik stehen unter den Nummern jeweils drei Begriffe, von denen jedoch nur einer richtig ist. Durch Austüfteln ist der richtige Begriff zu ermitteln und unter der Nummer in der Rätselgrafik in Pfeilrichtung einzutragen.

1 REMIS PFAND GROLL	7 STAUFER REGATTA BEWUSST	13 KONDITOREI EUROVISION BRATHERING	19 SEM ANN AIX	25 TOREROS GERBERA BEINAHE	31 OE GI AR
2 SOLEI NEUER HEGEL	8 PLAKATIV MASKULIN FLEISSIG	14 RUBEL LOBEN ATOUT	20 WAERTER RAGTIME AUSMASS	26 OCA NEU KUH	32 OE NS GE
3 UMRISS RELIKT ABSATZ	9 IBIS HEIN BARN	15 PORE POPE KURZ	21 TELLER TAETER BRAUCH	27 KO IL AD	
4 TYP TAS FAX	10 ZWIRN IRDEN AREAL	16 REIBE AMOUR ABZUG	22 TOLLEN PUTSCH DUNKEL	28 OUT BOB AVA	
5 TRIBUENE REISEBUS ERDKUGEL	11 MI BE AB	17 MAROTTE LENKUNG ANNAHME	23 ODAL KOMA HATZ	29 OLALA LIMBA BOHLE	
6 PACKEIS BEILEID ANGETAN	12 WUT FAX ALL	18 ZILLE PFIFF NABOB	24 TUTU SODA ABER	30 MERCEDES HANDBALL GASPEDAL	

1	2	3	4	5	6	7	8	9	10

Denkspaß 393 Tierisches Kreuzworträtsel

★★★ Zeit: ____ Min.

Gleiche Tiere bedeuten gleiche Buchstaben. Durch Ausprobieren ist jedem dieser Tierzeichen ein Buchstabe zuzuordnen und in die Rätselgrafik einzutragen. Auf diese Weise soll ein vollständiges Kreuzworträtsel entstehen.

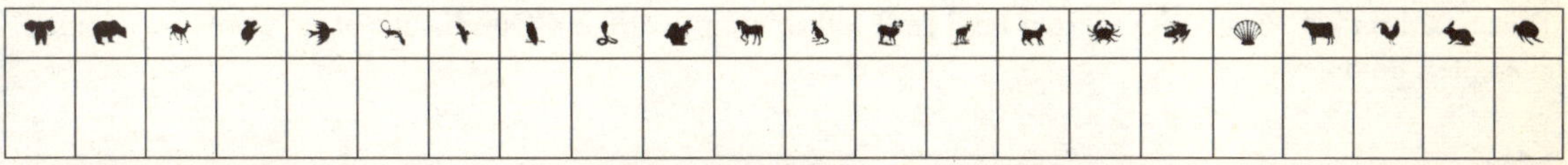

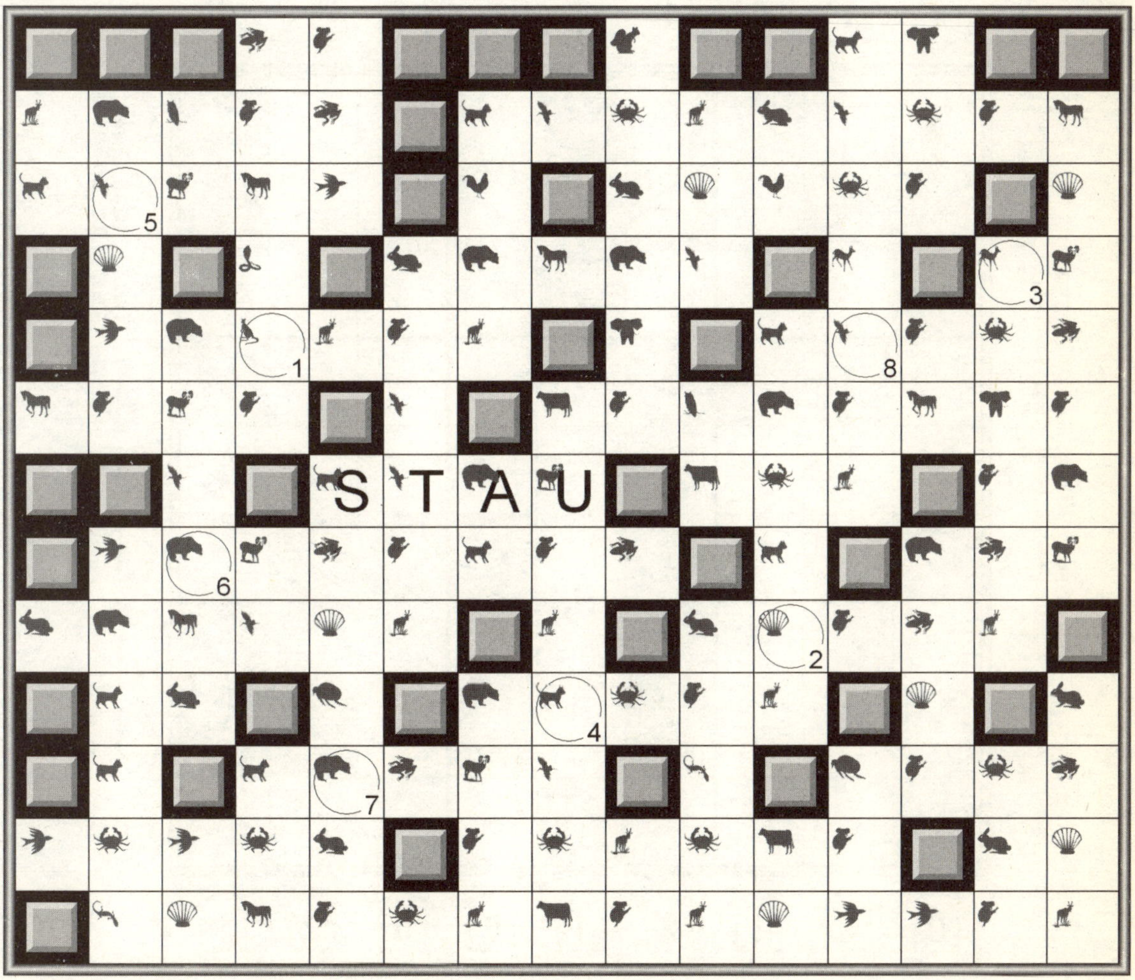

1	2	3	4	5	6	7	8

Denkspaß 394 — Durchzähl-Sudoku

★★☆☆ Zeit: ____ Min.

Tragen Sie in dieses Sudoku Zahlen von 1 bis 9 ein, wobei jede dieser Zahlen in jeder Reihe, in jeder Spalte und in jedem 9er-Block genau einmal enthalten sein muss.
Als Zusatzregel gibt es hier Zahlen in Pfeilen außerhalb des Rands. Diese Zahlen geben an, wie viele „Durchzähltreffer" es in der betroffenen Reihe gibt. Das erste Feld bekommt also die 1, das zweite die 2 usw. Stimmt nun eine Zahl im Sudoku mit der durchgezählten Nummerierung überein, so ist dies ein „Durchzähltreffer". Eine 4 im vierten Feld (in Pfeilrichtung) wäre ein Durchzähltreffer, ebenso wie eine 7 im siebten Feld usw.

	↓1	↓1	↓0	↓1	↓1	↓1	↓1	↓1	↓2	
1→					4				9	←1
1→	4	2		8		9			3	←0
1→	3				5	2				←3
0→		5	6	2					4	←1
1→										←1
1→	2					3	9	8		←1
2→				9	1				2	←1
1→	9			7		5		4	8	←1
1→	7				3					←0
	↑0	↑2	↑1	↑2	↑1	↑0	↑0	↑2	↑1	

Denkspaß 395 | Zitaträtsel | ★★★★ Zeit: ___ Min.

Zwischen Anfangs- und Endbuchstabe ist ein Sprichwort oder Zitat versteckt, das es zu finden gilt. Der Eintrittspunkt kann links unten oder rechts oben sein.

N	J	A	H	K	X	H	G	V	X	E	F	M	E	C	H	T	Z
S	D	K	K	V	O	Y	W	B	V	I	W	L	J	S	B	J	Y
P	F	H	C	T	D	B	Y	C	Y	Z	M	T	A	U	Q	N	G
Q	B	S	G	R	B	T	I	M	I	I	X	L	D	F	P	G	H
D	G	X	O	Q	Q	Y	Y	K	N	J	B	I	S	Y	R	I	E
K	O	N	P	M	V	P	S	E	D	H	F	P	K	X	E	S	A
H	P	Z	Y	P	X	X	N	P	M	S	A	R	J	D	V	T	B
X	I	M	P	Q	W	Q	Q	T	Q	C	R	H	A	S	T	B	I
G	C	N	V	T	V	D	P	X	W	C	H	T	W	I	B	L	E
L	G	T	W	A	T	Y	W	K	I	S	V	S	A	T	H	P	S
U	I	Q	L	Y	G	R	H	N	O	U	E	R	P	F	C	T	P
X	R	J	D	L	Y	O	G	I	M	T	R	E	J	U	S	X	N
U	O	R	V	Q	E	N	L	E	U	K	E	V	K	E	D	D	I
C	G	I	P	N	H	Z	D	A	E	I	U	T	G	Z	M	O	F
J	N	V	N	M	G	O	C	N	I	O	G	Z	T	U	Z	E	E
W	M	K	U	E	U	C	N	C	H	S	R	J	O	L	F	O	U
A	Q	W	E	B	X	N	E	O	Q	J	Z	X	F	S	L	E	I
U	C	H	N	N	M	A	S	N	Z	D	F	R	C	V	Q	R	Y

Lösungsspruch: ______________________________

Denkspaß 396 — A-bis-Z-Rätsel

★★★★ Zeit: ___ Min.

Die in den Hinweisen unten aufgelisteten Definitionen sind zu lösen. Wenn ausreichend gelöste Begriffe vorliegen, kann damit begonnen werden, die genaue Position der Begriffe in der Rätselgrafik zu ermitteln.

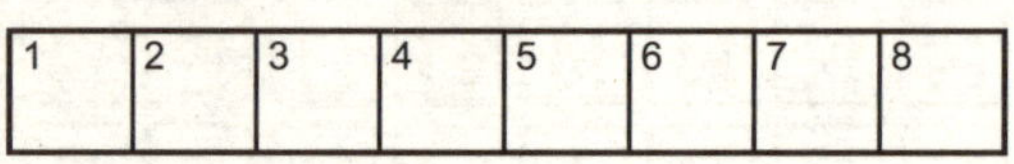

Wörter, die mit A beginnen: arabischer Sackmantel – Erzlagerstätte – ein Umlaut – lateinisch: Luft – Teil eines Theaterstücks – Fremdwortteil: entsprechend – französischer Schriftsteller † – südamerikanischer Kuckuck – nordisches Göttergeschlecht – TTRPPEAA – chem. Zeichen für Gold (Aurum)

Wörter, die mit B beginnen: alltäglich – Beweisstück – eine Mischfarbe

Wörter, die mit C beginnen: griechischer Buchstabe – SC

Wörter, die mit D beginnen: französisches Adelsprädikat

Wörter, die mit E beginnen: Initialen Hemingways – standhaft – Gedenkstätte – SME – SNLGEE

Wörter, die mit F beginnen: ein Monatsname – Abk.: Fachhochschule

Wörter, die mit G beginnen: ritterlicher Liebhaber – Verbrecherbande (engl.) – wachsen – lang gezogene Tierlaute – Initialen der Nannini

Wörter, die mit H beginnen: weibliches Nagetier – poetisch: kleines Wäldchen – große Eile – schlagen – menschlich

Wörter, die mit I beginnen: englischer Männername

Wörter, die mit K beginnen: kath. Hilfsgeistlicher – Explosionsgeräusch – studentische Verbindung – Abk.: Kontrapunkt

Wörter, die mit N beginnen: herankommen – Nerven betreffend – Initialen Mandelas

Wörter, die mit O beginnen: japan. Autor (Nobelpreis) – ONMLKEE – ein Emirat – „Killerwal“ – Flugnavigator

Wörter, die mit R beginnen: Initialen Chamberlains – privater TV-Sender (Abk.)

Wörter, die mit S beginnen: Einmannruderboot – eingelegtes Hühnerprodukt – sehr schneller Lauf

Wörter, die mit T beginnen: Symbol des Friedens, Vogel – TR – Pferdegangart – UTSHCA – franz., span. Fürwort: du

Wörter, die mit U beginnen: ohne Vergnügen

Denkspaß 397	Summen-Sudoku	★★☆☆ Zeit: ___ Min.

Beim Summen-Sudoku müssen die Zahlen 1 bis 4 in die leeren Felder eingetragen werden, wobei die gleichen Zahlen jeweils nur einmal in jeder Zeile und Spalte vorkommen dürfen. Als Hilfe dienen die bereits eingetragenen Zahlen, die die Summe der gesuchten Ziffern in den noch leeren Feldern wiedergeben. Dabei werden alle horizontal, vertikal und diagonal anliegenden Felder berücksichtigt.

	10			8	5	
		12		15		10
12		12	10			
		12			14	10
11	14			9		
5			15		16	
	9		10			5

	9		10			4
6			14		17	
9	14			11		
		11			15	12
13		13	10			
		15		12		14
	10			7	4	

	5	7			10	
10		10		13		
			10	13		13
10	16			13		
		16			11	4
	14		15			9
5			10		11	

6		9				4
	12			13	13	
9			12		14	
	10		12			12
10		13		12		
		14		12	12	
	12		8			4

Denkspaß 398 | Am Konferenztisch

★★★★ Zeit: ____ Min.

Wie müssen die Puzzleteile zusammengesetzt werden, damit das komplette Originalbild erscheint? Tragen Sie die Nummern in die entsprechenden leeren Felder unten ein.

1

2

3
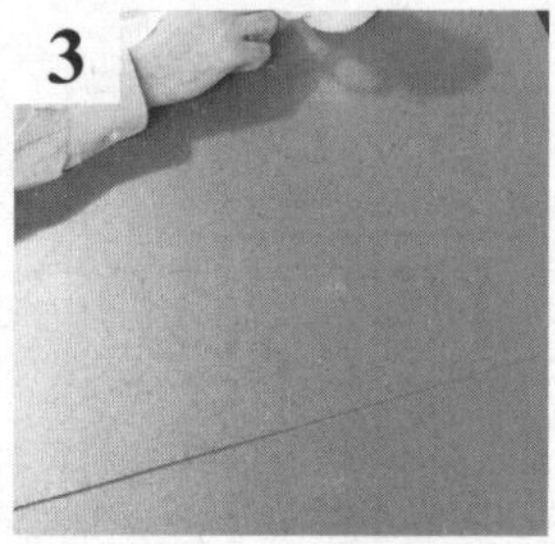

4
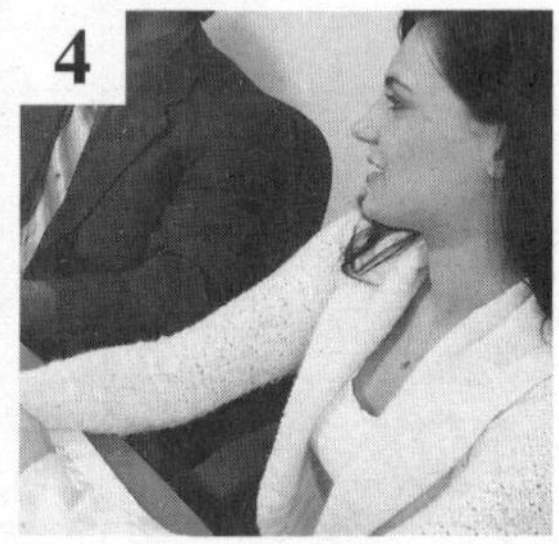

5

6

7

8

9
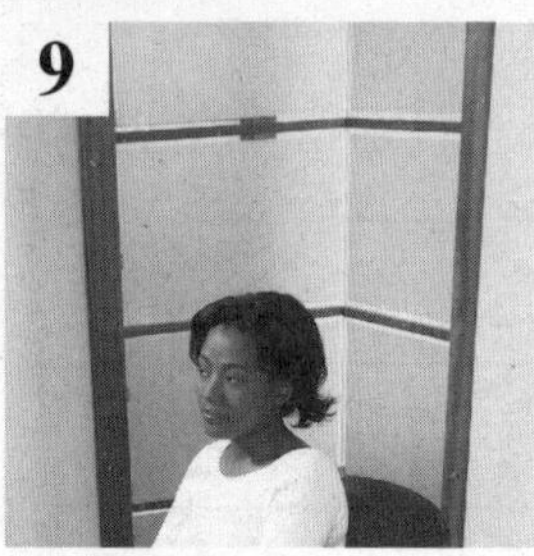

10
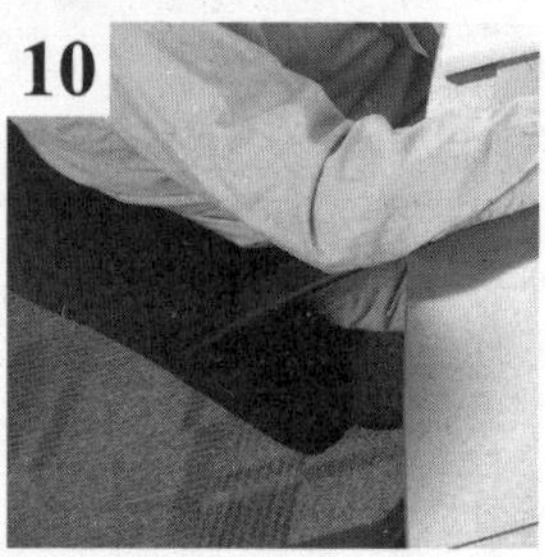

11

12

Denkspaß **399** | Endlos-Kruzzle | ★★★★ Zeit: ____ Min.

Endlos-Kruzzle

Die in den Fragekästchen der Rätselgrafik stehenden Texte müssen gelöst und in Pfeilrichtung eingetragen werden – bei Definitionen ist das Lösungswort zu erraten, bei geschüttelten Begriffen ist durch eine Neuordnung ein sinnvoller Begriff „herzustellen“. Begriffe enden bei Endlosrätseln jedoch nicht zwangsläufig am Rand eines Rätsels, sondern können auf der jeweils anderen Seite weiterlaufen.

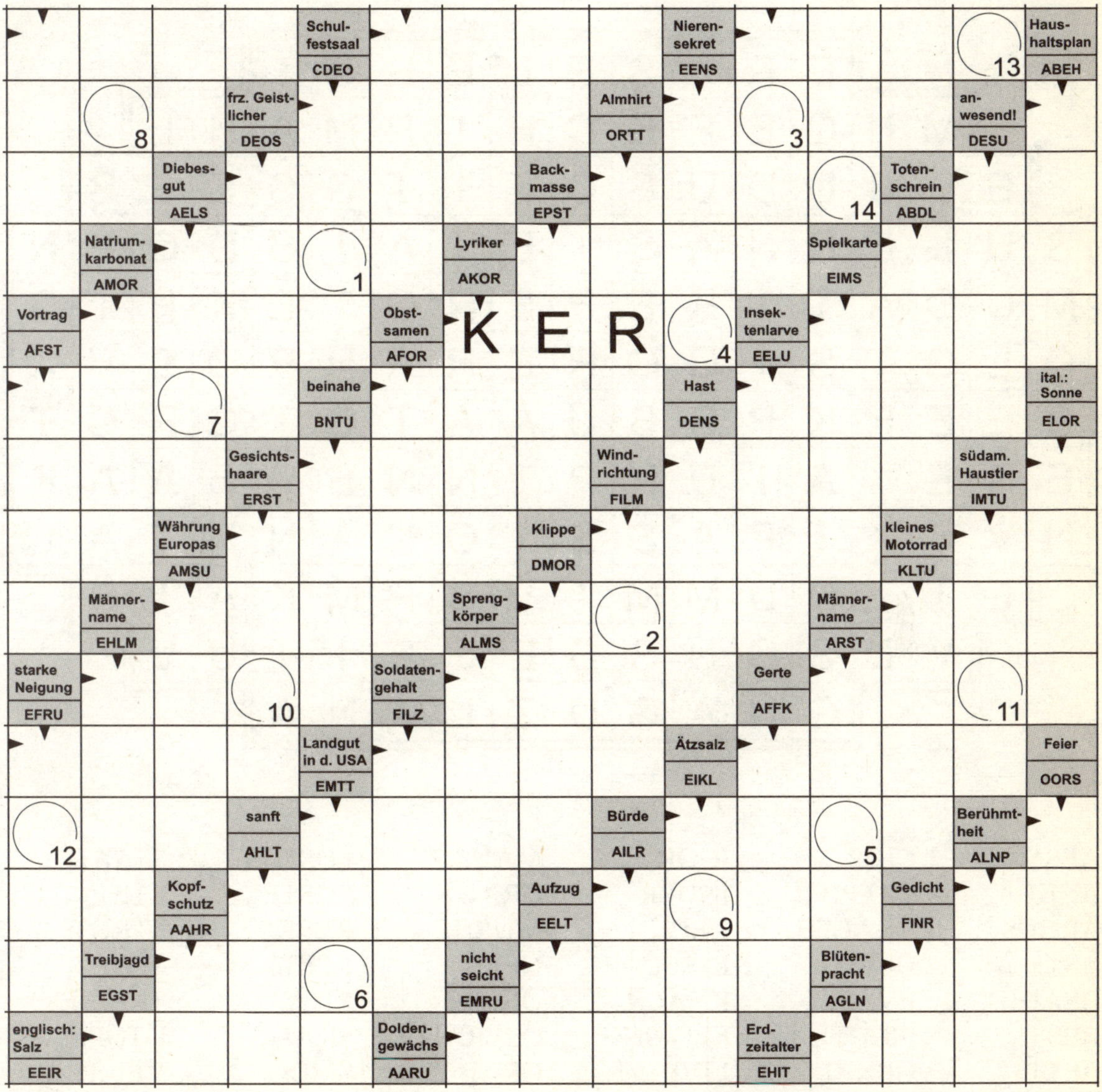

1	2	3	4	5	6	7	8	9	10	11	12	13	14

Denkspaß 400 — Wörtersuchspiel

★★☆☆ Zeit: ___ Min.

Finden Sie sämtliche unten aufgelisteten Wörter im Rätselgitter. Diese können vorwärts, rückwärts, horizontal, vertikal oder diagonal verlaufen. Die übrig gebliebenen Buchstaben ergeben ein Sprichwort.

				E	R	L	S	E	L	E	B	S	T				
		M	H	G	E	E	K	C	H	I	P	M	A	H	L		
	E	E	B	D	D	U	B	C	F	I	T	G	S	S	E	B	
S	U	L	E	R	N	A	S	I	E	I	A	I	S	D	O	P	N
M	U	O	A	T	I	R	E	P	E	R	C	T	E	K	P	I	S
O	L	G	T	S	I	G	O	R	Z	R	A	H	R	O	E	V	K
B	E	E	R	K	P	S	B	U	A	A	T	C	T	G	R	C	T
E	B	E	I	A	I	U	H	P	T	N	N	E	S	E	A	A	K
N	V	B	X	T	P	A	S	S	I	O	N	A	N	N	T	A	L
	L	I	I	D	U	M	M	T	V	S	P	M	K	A	I	S	
		V	L	S	O	N	S	D	E	G	E	I	T	U	V		
				G	N	A	G	U	Z	L	A	N	A				

AESEN	CHIP	IGOR	MAUS-	POSITIV	STAAT
ANET	CREPE	INDER	GRAU	PUSTEL	STET
ARGUS	DRAGEE	KECK	MUEHE	RECK	STRESS
ASTI	DUMM	KIRSCHE	NERV	REIBE	TOPP
BEATRIX	EVITA	KNACK	OBEN	RITA	TREIBER
BESS	FICHTE	LEITUNG	OPERATIV	SKAT	UTOPIA
BETT	GENAU	LIVE	ORAL	SMOG	VERS
BLOEDEL	GOLEM	MAECHTIG	PASSION	SONAR	ZUGANG
BOES	HEDE	MAHL	PIEP	SPUR	ZUHAUS

Eieruhren

★★★★
Zeit: ____ Min.

Anhand der Definitionen unten sind die gesuchten Begriffe herauszufinden und bei der jeweiligen Zahl waagerecht in die Grafik einzutragen. Im senkrechten Mittelbalken ergibt sich dann jeweils ein Lösungswort.

1

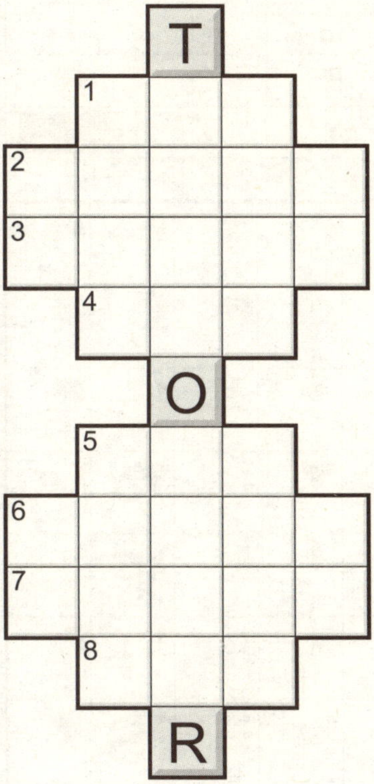

1. Tierkadaver
2. Wasserstandsmesser
3. gefährliches Tier
4. Höhenzug bei Braunschweig
5. arabische Langflöte
6. lautlos
7. Wassersportler
8. Fluss durch Gerona (Spanien)

2

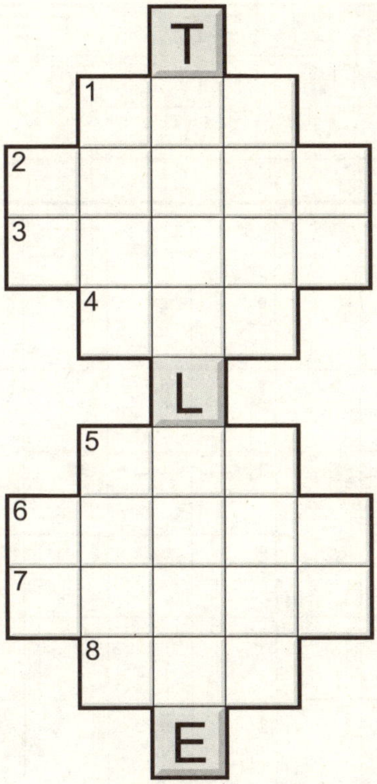

1. ein Körperteil
2. Abschnitt
3. ein Vorname Poes
4. häufig
5. Hirschart
6. lange Stoßwaffe
7. Helligkeit
8. Rufname von Guevara † 1967

3

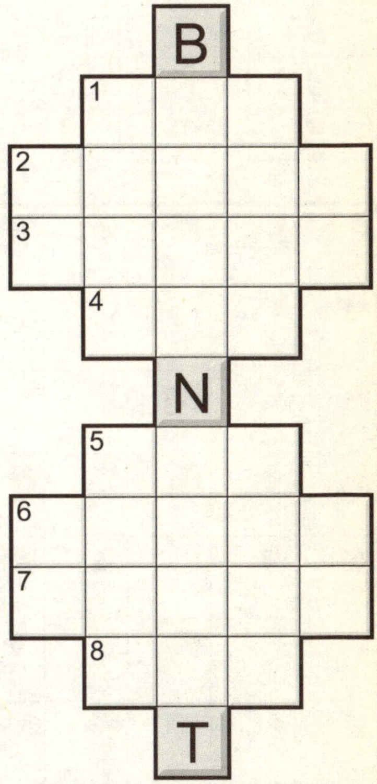

1. Grundfarbe
2. Sittenlehre
3. ugs.: dicker Bauch
4. Binnengewässer
5. Nudismus (Abk.)
6. päpstliche Zentralbehörde
7. Augenfarbe der Asiaten
8. unmodern (engl.)

Denkspaß 402 — Tiergruppenrätsel

★★★☆ Zeit: ____ Min.

Ein Symbol steht jeweils für drei Buchstaben bzw. für zwei Buchstaben und das Blindfeld. Sämtliche unten aufgeführten Wörter sind in die Grafik einzutragen. Durch Ausprobieren und unter Mithilfe des Symbolschlüssels kann die richtige Position ermittelt werden.

A	B	C	D	E	F	G	H	I
J	K	L	M	N	O	P	Q	R
S	T	U	V	W	X	Y	Z	■

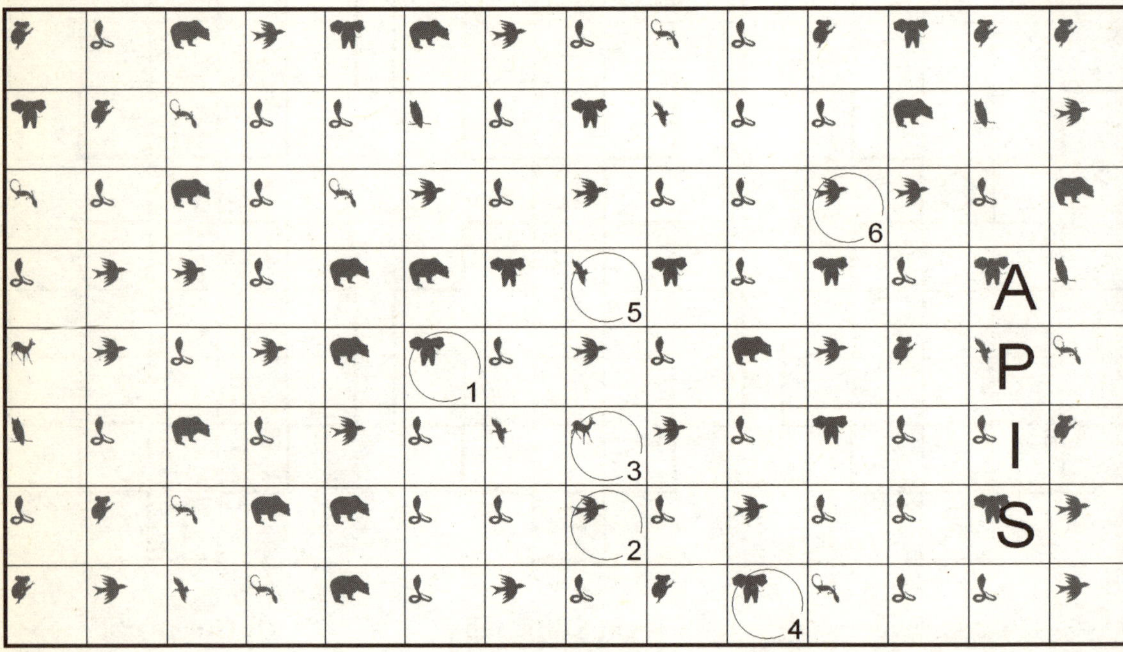

1	2	3	4	5	6

Waagerecht:
OERE - TEMPO - AH - DAMM - BESTE - AMOR - SPRITZE - UE - DOKTRIN - DEPOT - HIT - WERKTAGS - REE - GLEIS - ISE - ID - ETA - MAXI

Senkrecht:
RR - OKTETT - MZ - TOP - SEGELN - MAO - WEIDE - OP - ATE - METHODEN - ER - KO - RA - RE - II - BOTE - DIESES - GIN - THETA - UH - APIS - TINA

Denkspaß 403 | Kakuro-Quersummenrätsel | ★★★★ Zeit: ____ Min.

Beim beliebten, aber auch schwierigen Kakuro sollen Sie Zahlen von 1 bis 9 in die leeren Felder eintragen. Dabei muss die jeweils links bzw. oben vorgegebene Summe bei jedem horizontalen bzw. vertikalen Zahlenblock berücksichtigt werden. In jedem dieser Blöcke darf eine Zahl höchstens einmal verwendet werden.

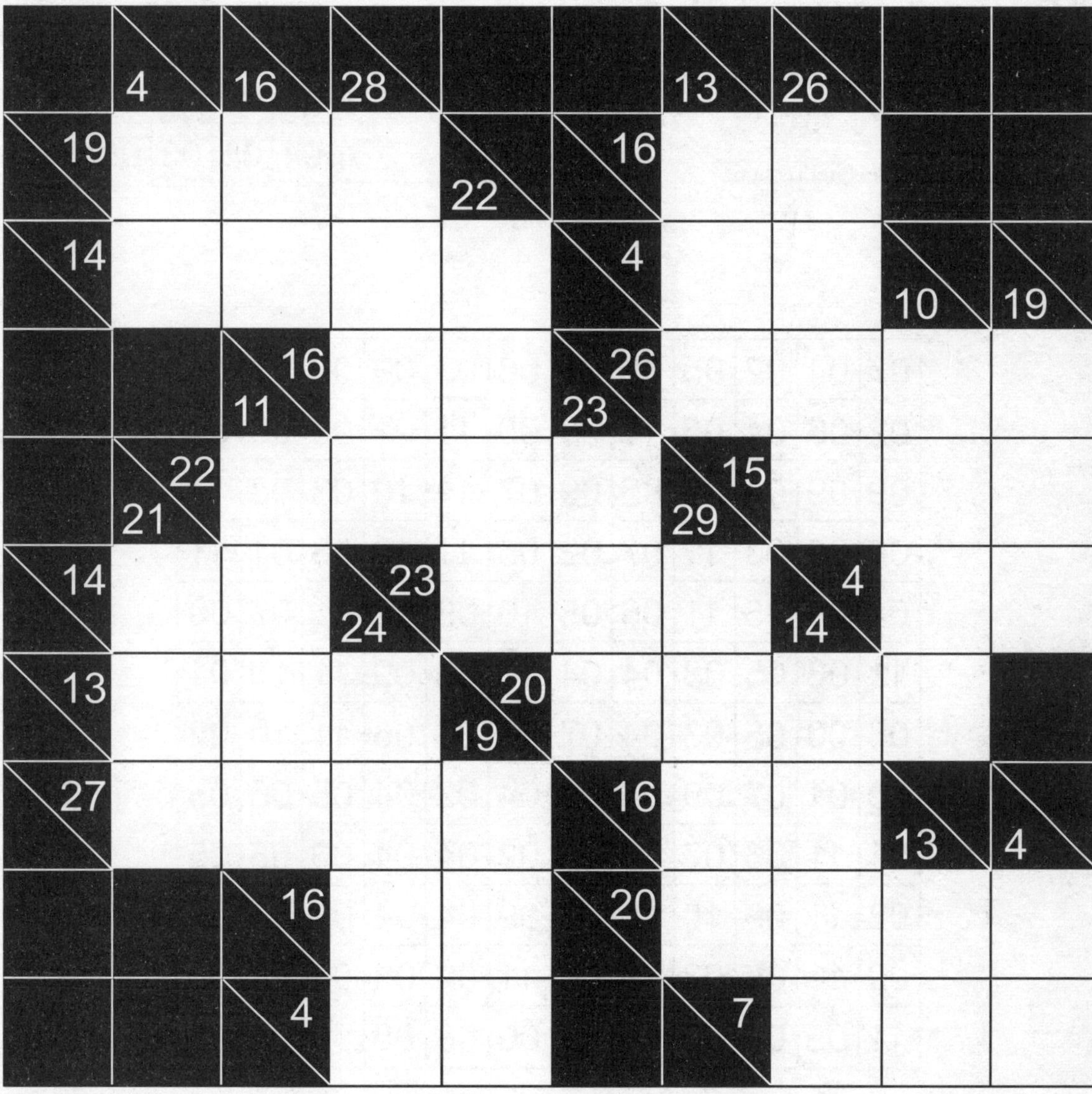

Denkspaß **404**

Hitori

★★☆☆ Zeit: ____ Min.

Das beliebte Hitori hat folgende Regeln:

- In jeder Zeile oder Spalte darf jede Zahl höchstens einmal auftauchen. Wenn eine Zahl in einer Zeile oder Spalte mehrfach vorkommt, müssen die falschen Zahlen schwarz eingefärbt werden.
- Zwei schwarze Felder dürfen waagerecht oder senkrecht nicht direkt aneinanderstoßen.
- Alle weißen Felder müssen waagerecht oder senkrecht miteinander verbunden sein. Es dürfen also keine zwei (oder mehr) weiße Bereiche entstehen, die durch schwarze Felder voneinander getrennt sind.

(Sehen Sie dazu ein Beispiel rechts.)

02	**02**	01	04	03
00	02	**02**	03	**04**
03	**02**	02	01	00
01	03	**02**	02	**01**
04	01	03	00	02

07	04	02	05	09	09	08	07	00	06	03	03
02	06	04	05	11	09	00	11	01	03	03	04
09	09	04	06	05	09	07	11	10	03	03	10
06	09	03	11	07	02	05	11	10	08	01	11
04	08	05	11	06	05	10	09	02	11	07	00
11	03	05	08	04	04	10	05	09	11	10	01
08	00	05	03	04	07	10	05	06	11	10	02
10	01	07	09	04	00	04	02	04	05	06	05
01	11	06	07	08	06	02	04	04	00	08	05
03	11	09	10	10	06	09	04	04	02	08	07
00	11	09	02	10	06	11	04	03	04	08	06
11	05	09	00	10	03	06	08	06	10	04	09

Denkspaß **405**

Zeitablauf

★★☆☆ Zeit: ____ Min.

Ordnen Sie die Bilder so, dass ein zeitlich logischer Ablauf resultiert.

Zeitlicher Ablauf: ☐ → ☐ → ☐ → ☐ → ☐ → ☐

Denkspaß 406 — Codewort-Rätsel

★★★★ Zeit: ____ Min.

Gleiche Buchstaben der oberen Grafik bedeuten gleiche Buchstaben der unteren Grafik. Durch Ausprobieren ist jedem Buchstaben ein anderer Buchstabe zuzuordnen und in die Rätselgrafik einzutragen, sodass ein vollständiges Rätsel entsteht.

A	B	C	D	E	F	G	H	I	J	K	L	M	N	O	P	Q	R	S	T	U	V	W	X	Y	Z
																						*	*	*	*

E	■	F	P	J	Q	C	■	T	H	P	S	D	E	D	L	V	O
Q	N	O	J	■	D	J	T	C	N	■	H	■	H	G	N	H	■
C	■	Q	N	L	J	Q	■	Q	■	J	E	O	N	■	B	C	G
R	L	N	O	■	U	■	R	O	H	G	■	B	H	L	■	E	■
O	■	L	■	K	L	E	H	P	H	V	L	■	V	■	L	V	Q
■	Q	N	H	C	■	O	E	E	■	P	■	E	H	P	K	O	N
Q	H	S	V	O	G	■	T	■	G	J	I	L	Q	■	Q	■	C
L	P	L	■	O	■	T	J	Q	H	I	■	L	■	G	O	Q	Q
■	P	■	H	G	J	H	Q	■	O	■	F	N	C	A	H	G	M

	■						■										
				■						■		■		N			■
	■					(2)	■		■					■	(4)		N
		(6)		■		■				N	■				■		■
	■		■		(7)							■		■			(8)
■					■		(1)		■		■						
					N	■		■	N			(3)		■		■	
			■		■						■		■	N		(5)	
■		■		N				■		■						N	

1	2	3	4	5	6	7	8

Denkspaß **407**

Leuchtende Formen

★★★☆
Zeit: ____ Min.

Die fantasievollen Grafiken unten entstammen allesamt den oberen Bildern. Jedes dieser oberen Bilder wurde so verfremdet, dass daraus die unteren Darstellungen resultierten. Können Sie die Originale und die dazugehörigen Verfremdungen einander zuordnen?

1 ☐
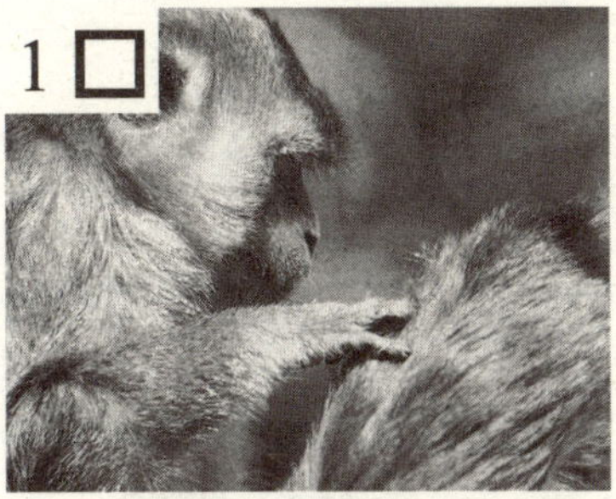

2 ☐

3 ☐

4 ☐

5 ☐

6 ☐

A
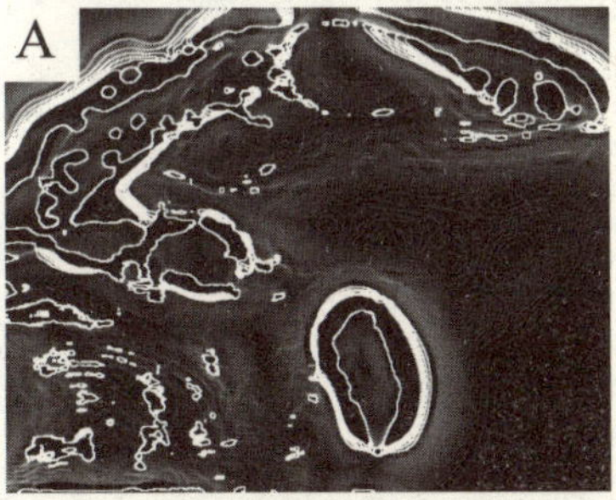

B
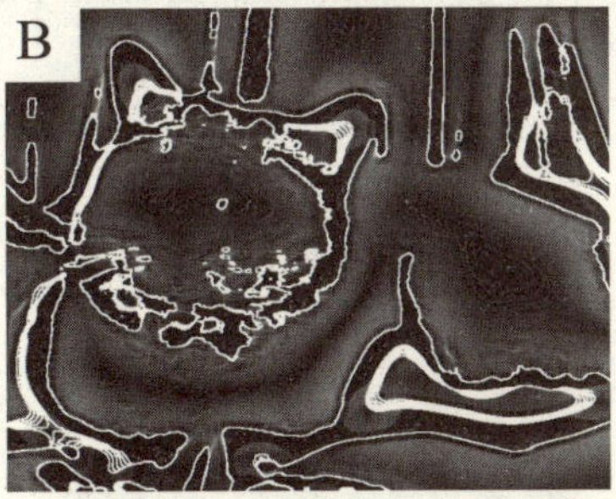

C
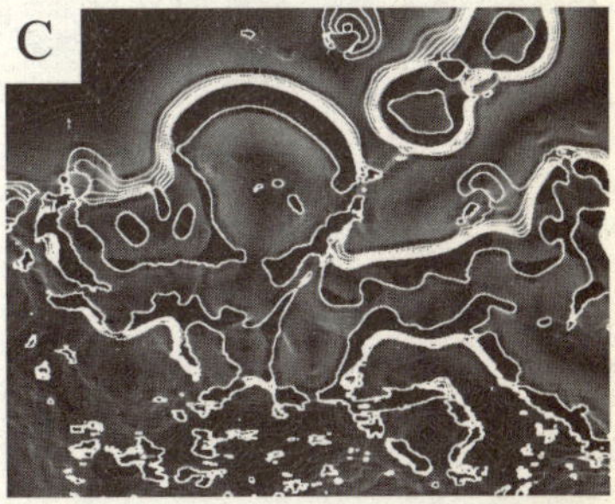

D
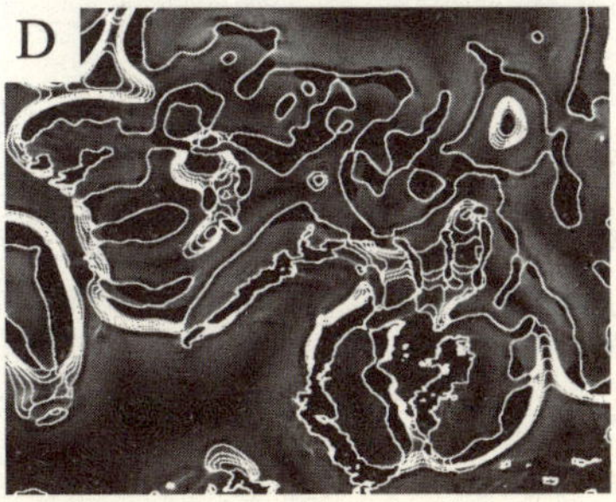

E
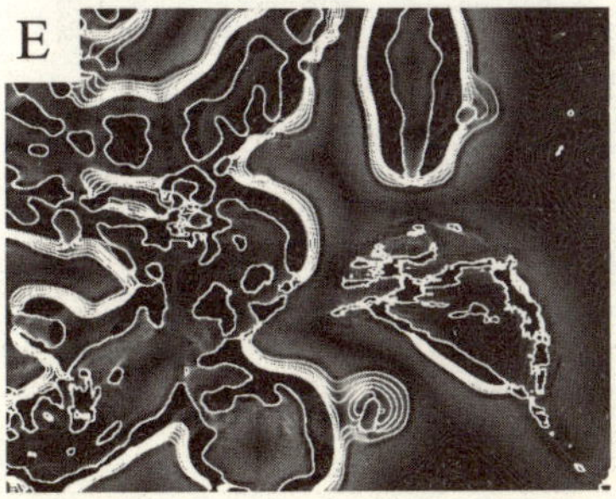

F

Denkspaß 408 | 3-D-Sudoku | ★★★★ Zeit: ___ Min.

Beim Würfel-Sudoku sollen alle sechs Seiten die Zahlen 1 bis 16 enthalten. Zusätzlich sollen diese 16 Zahlen in jedem Streifen, der um den Würfel herumläuft, genau einmal enthalten sein. (Es gibt zwölf Streifen, je vier für jede der drei Dimensionen.)

Die Würfelseite ganz unten ist dieselbe wie die Seite ganz rechts. Dass diese Seite zweimal erscheint, soll Ihnen die Lösung komfortabler machen.

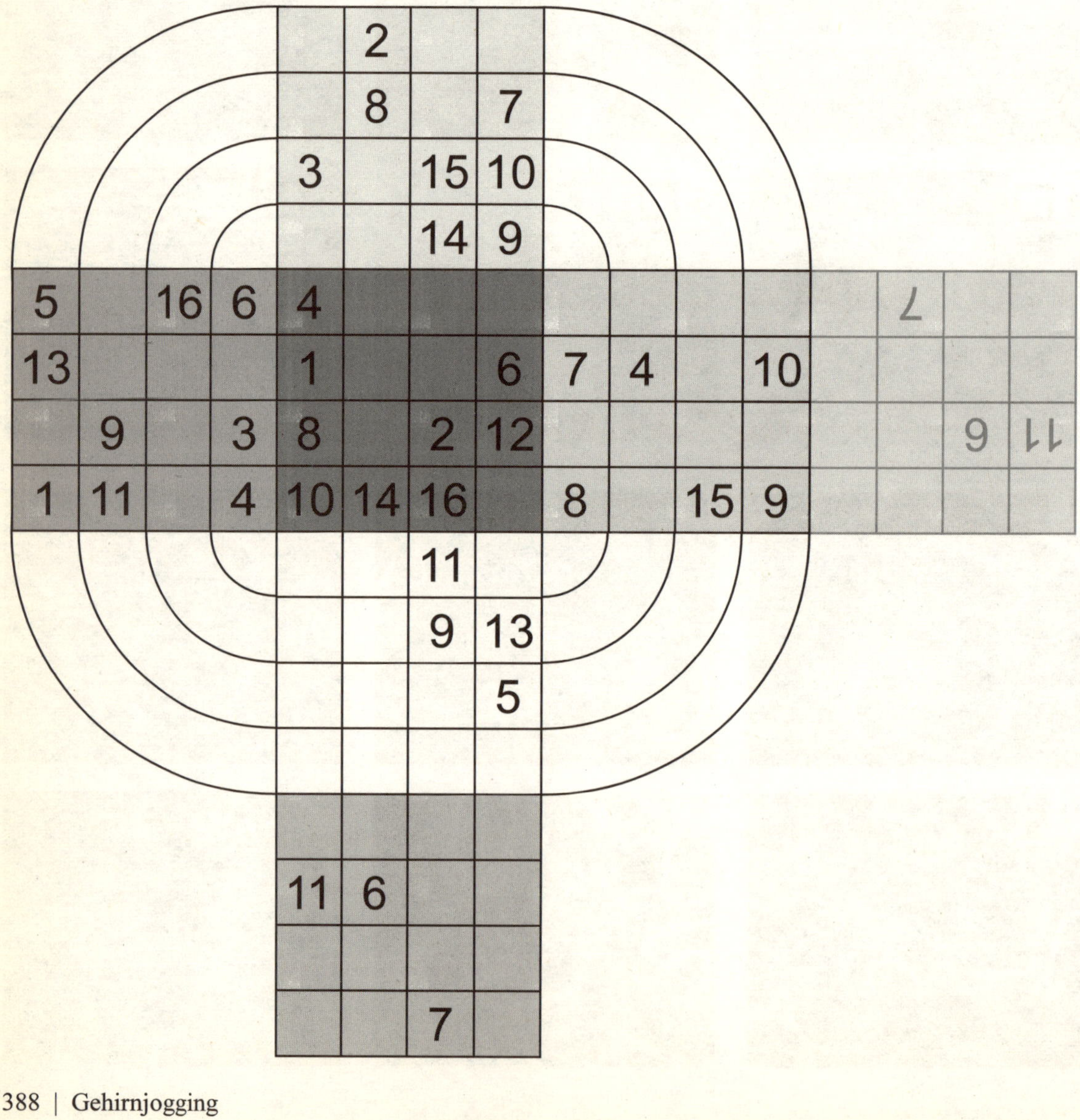

Denkspaß **409** | Von 0 auf 100 | ★☆☆ Zeit: ___ Min.

Bei diesem Konzentrationsspiel sollen Sie mit einem Stift die Zahlen von 1 bis 100 möglichst schnell finden und abhaken.

37 31
2 66
67 75 89 80
43 38 100 16
86 11 78
91 23 71
56 94
62 25
40 47 36
32
87
19 81 49 26 27 13
77
10 7
55
72
52 22 30 45 61
65 68
98 57 20
82
93 28 35 42 54
24
85
79 48 90
21 44
4 15 1
5 63
97
76 69 99 59 83
12 92 3 6
39
41 29
58
64
8 9 53
95 33 84 14 74
60
51 46
96 34
88 50 70 73 17 18

Denkspaß 410 — Zahlenkreuzungen

★ Zeit: ___ Min.

Tragen Sie sämtliche unten aufgelisteten Zahlen in das Gitterfeld ein. Dort sollen sie von links nach rechts bzw. von oben nach unten zu lesen sein.

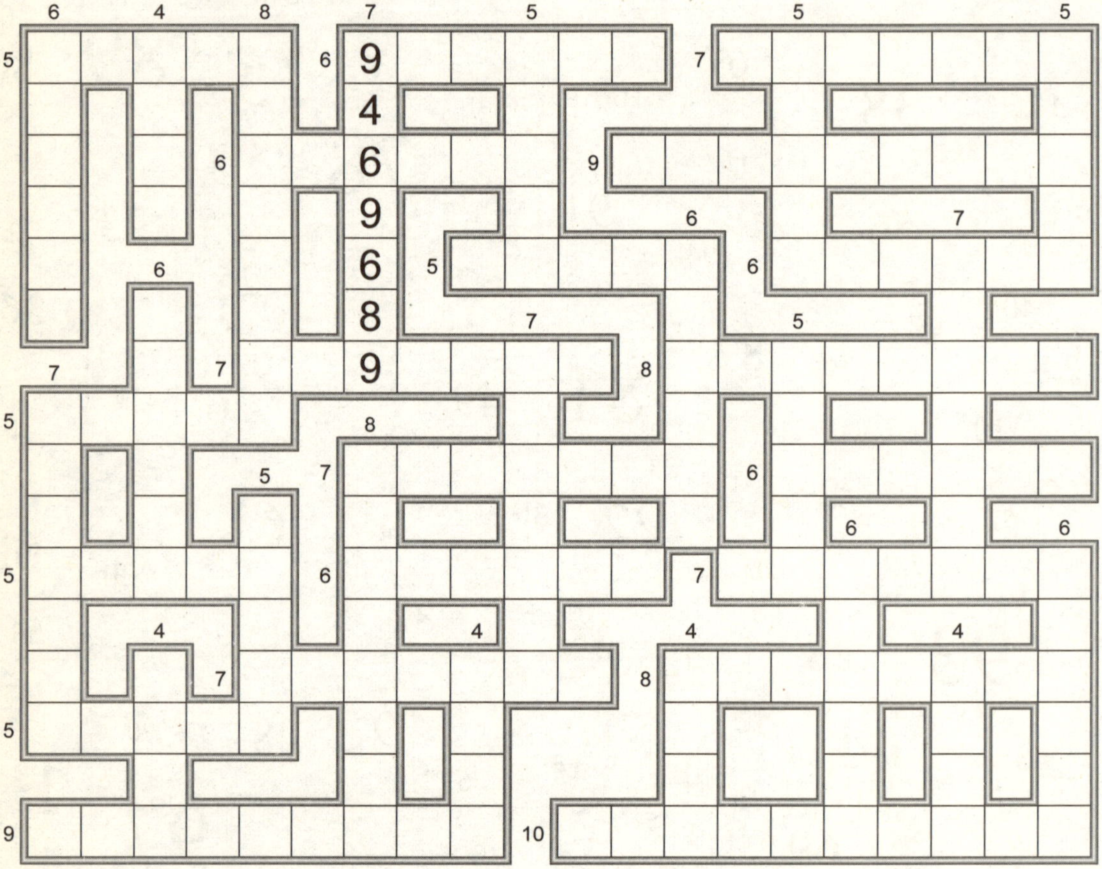

4 1848, 2329, 2786, 4757, 8528

5 15262, 33645, 37164, 45299, 46732, 57783, 59247, 78568, 84148, 98916

6 157684, 195926, 327386, 342793, 437645, 513546, 746342, 874374, 938961, 962593

7 3625989, 4657993, 6491125, 6797612, 6871243, 7263964, 7592665, 7899318, 9469689

8 49739832, 72963222, 75169639, 93714678

9 178142931, 756262938

10 9677963873

Denkspaß **411**

Sudoku-Kreis

★★★★
Zeit: ____ Min.

Ähnlich wie auch beim klassischen Sudoku müssen die Zahlen 1 bis 9 genau einmal auf jedem Ring, auf jedem „Strahl“ von außen nach innen und auf jedem dick umrandeten Teilstück vorkommen.

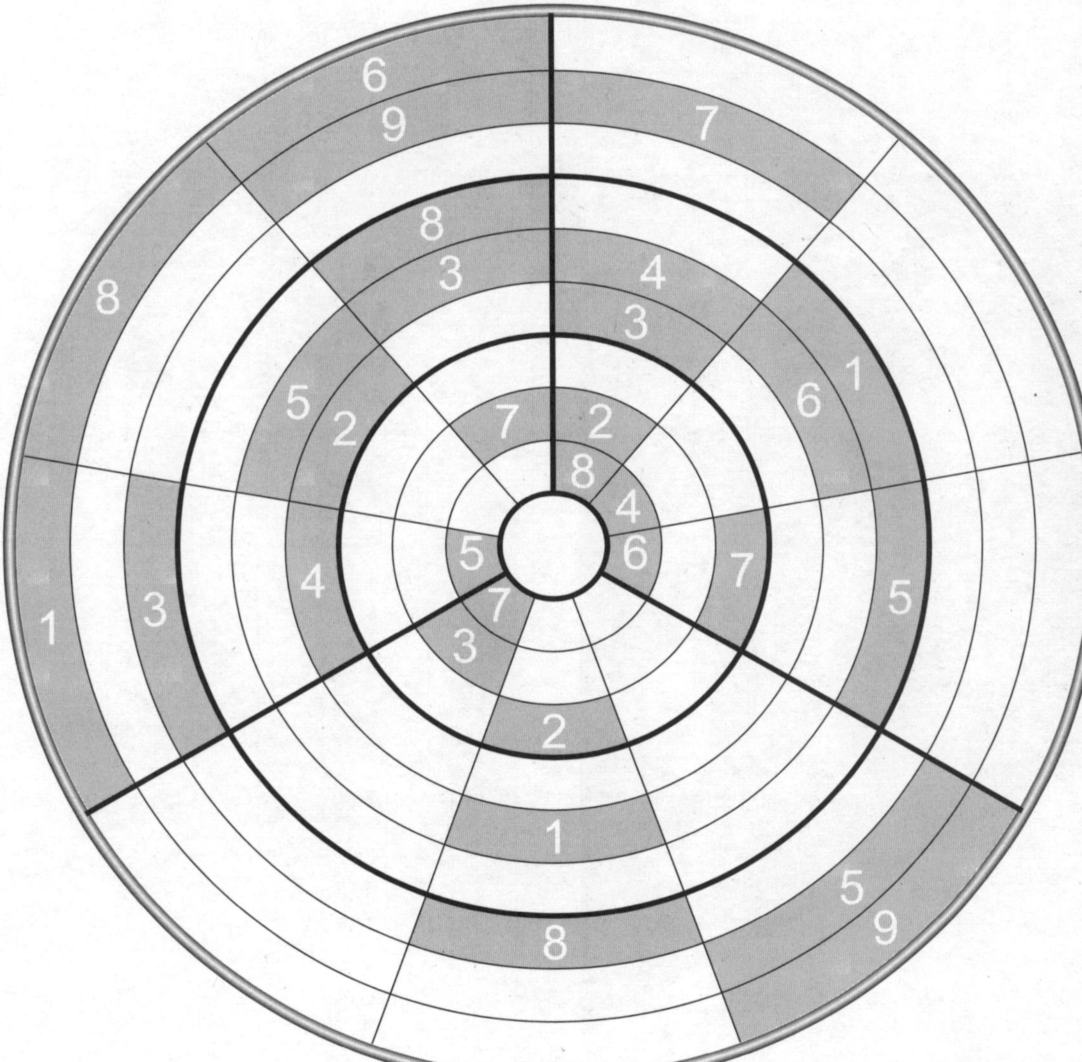

Denkspaß 412 | Würfelbruch | ★★ Zeit: ____ Min.

Dieser angebrochene Würfel setzt sich aus vielen kleinen Einheitswürfelchen zusammen.
Wie viele solcher kleinen Würfel fehlen hier?
(Es gibt keine versteckten Lücken. Sämtliche fehlenden Würfel sind als solche zu erkennen.)

Antwort: Es fehlen ________ kleine Einheitswürfel.

Denkspaß 413 — Nur einer fehlt

★ Zeit: ____ Min.

Nur einer fehlt ist ein einfaches Geduldspiel. In jedem der Kästchen befinden sich 25 unterschiedliche Buchstaben des Alphabets – es fehlt also in jedem Kasten ein Buchstabe. In allen 25 Kästen fehlen 25 unterschiedliche Buchstaben, der dann fehlende Buchstabe ist die Schlusslösung.

K	L	E	N	T	M	I	V	K	E	D	I	X	P	Y	B	W	E	U	K	V	C	D	F	U
S	Y	J	R	H	T	O	H	C	X	O	M	E	A	H	H	T	Q	O	A	Q	H	T	A	S
M	A	G	C	W	Z	Y	U	D	S	T	G	V	B	W	V	I	D	Z	J	L	Y	G	B	Z
X	Q	I	U	V	B	G	Q	W	N	U	S	R	K	N	R	M	P	N	L	O	M	K	P	E
D	O	Z	F	B	L	F	A	P	J	C	L	F	J	Z	G	F	C	Y	S	N	R	I	J	X

W	R	I	D	G	M	O	E	J	N	I	F	X	U	G	B	H	L	W	O	Z	U	I	M	G
H	X	V	J	F	X	I	L	K	U	Z	W	O	H	E	N	C	U	D	Y	S	E	N	C	B
T	S	A	M	E	C	S	V	W	H	T	A	S	R	Q	Q	M	F	I	K	Y	T	X	F	K
Q	Z	O	Y	U	Q	P	F	R	A	M	K	P	B	D	V	X	R	T	S	W	L	Q	P	R
C	B	P	K	N	T	G	Y	B	Z	V	J	Y	C	L	P	A	E	J	G	J	A	V	D	H

M	N	C	F	S	X	W	F	E	T	T	W	C	I	G	B	R	G	W	F	Y	M	F	L	U
A	J	Y	H	I	Y	H	U	K	P	D	H	F	K	U	E	H	J	P	N	V	G	J	S	X
V	W	K	T	E	L	B	G	S	A	S	M	O	N	Y	U	Z	S	M	C	Q	O	D	T	Z
Q	P	O	B	G	Z	R	Q	N	D	Z	L	J	B	E	K	X	L	D	V	W	H	I	N	P
L	D	X	Z	R	O	J	M	C	V	Q	P	R	X	A	I	A	Q	O	Y	K	B	A	E	R

L	E	Q	W	P	L	H	S	R	Q	G	P	L	Y	I	I	L	B	X	Y	U	Z	B	Q	H
Z	T	C	J	F	I	Z	G	A	M	D	S	K	A	F	F	Q	G	D	R	N	A	G	I	P
N	D	M	S	O	F	T	Y	X	V	N	H	B	C	O	W	E	O	P	K	F	E	O	C	Y
Y	K	A	I	R	J	E	C	K	O	T	W	J	Z	X	S	Z	A	U	J	D	T	R	X	W
U	B	H	X	V	W	P	U	N	D	V	U	M	Q	R	M	C	T	V	N	S	L	J	V	M

Z	Q	M	P	B	M	Y	H	G	F	D	X	S	W	G	Q	A	E	T	U	O	V	X	R	A
A	X	U	V	W	D	P	X	W	L	P	Z	U	F	E	Y	N	G	F	W	G	Q	U	D	N
R	G	T	J	C	K	U	N	J	V	N	K	B	A	Q	S	B	I	X	H	H	L	T	E	C
F	S	O	N	E	E	R	I	T	C	R	H	C	O	V	D	Z	M	O	K	B	W	Z	P	J
I	L	H	K	D	Q	Z	O	B	S	I	Y	L	J	T	L	P	R	C	V	I	M	Y	S	K

Denkspaß **414**

Super-Sudoku

★★★ Zeit: ____ Min.

In diesem Super-Sudoku sollen die Zahlen 1 bis 16 in jeder horizontalen Reihe, jeder vertikalen Spalte und jedem 4-x-4-Unterquadrat genau einmal enthalten sein.

10				1	15		2		4	16			11		
4			2			13		3	8	6		1		7	15
13		15		4			6			9	14				2
	6	1			3	12		7	10				8	13	
16		6					5	14	9		3	7		2	
8		5	9	7			16						10		12
	1	10	15		2					8	7	9			13
	3			13	9		10		5		15	6		1	
	13		5	3		10		6		11	8			4	
9			10	8	7					14		13	6	16	
12		8						9			10	15	7		1
	2		7	5		9	14	16					12		10
	11	12				3	7		1	2			14	6	
14				2	6			8			11		13		7
3	7		6		10	5	1		14			8			9
		4			13	11		15		7	9				3

Denkspaß 415 — Löchrige Rechnungen

★ Zeit: ___ Min.

In die leeren Kästchen sind Zahlen einzutragen, sodass eine stimmige Rechnung entsteht.

A

	4	1	−	2	3		=	2	1	
	+				+				+	
4	7		−	4		3	=			4
9		8	−	6		3	=	2	3	

B

	6	4	+		0	8	=		7	2
	+				+				+	
2		4	+				=	2	5	
5		8	+	1		1	=		2	9

C

2	3		+	1		8	=	3	9	
	+				+				+	
	1		+	4	7		=		8	5
	4	7	+	6		8	=	8	7	

Denkspaß **416** | Sudoku-Stern | ★★ Zeit: ____ Min.

Analog zum klassischen Sudoku müssen auch hier die Zahlen 1 bis 9 in die fett umrandeten Neuner-Dreiecke eingetragen werden. Auch in den langen Geraden (sie umfassen ebenfall neun kleine Dreiecke) müssen diese neun Zahlen genau einmal enthalten sein, ebenso in den kurzen Geraden, zu denen auch noch das Feld in den Sternecke zählt.
(Die von der Sternmitte unterbrochenen Reihen zählen auch zu den langen Geraden.)

Denkspaß 417 | Rechenschwede

★★★★ Zeit: ____ Min.

In die leeren Felder der Rätselgrafik sind Zahlen von 1 bis 9 einzutragen, sodass die Summe aller Zahlen eines „Wortes“ der Zahl entspricht, die in dem Feld steht und das „Wort“ definiert. Anders ausgedrückt, die Zahl, die in den Fragekästchen steht, muss in „kleinere“ Portionen aufgeteilt und in Pfeilrichtung eingetragen werden.
Bei diesem Rätsel gibt es mehrere Lösungsmöglichkeiten.

Denkspaß **418** | Brückenrätsel | ★★★ Zeit: ____ Min.

Brückenrätsel

Beim Brückenrätsel müssen Brückenwörter gefunden werden, die die Begriffe in der linken Spalte ergänzen, sodass sie neue sinnvolle Wörter ergeben. Gleichzeitig werden sie den Begriffen der rechten Spalte vorangestellt und bilden mit diesen ebenfalls neue sinnvolle Begriffe.
Bei richtiger Lösung erscheint in der Mittelspalte ein weiser Rat.

AFFEN		VOLL
HAFT		WURST
GRUEN		MEISE
WENN		GUELTIG
HALS		TIER
SPEER		SENDUNG
ABEND		STUNDE
JAHR		WURM
GEWINN		KARTE
TRIEB		VIEH
HOCH		LAUF
DRAHT		TANZEN
NACH		KRAFT
BINDE		ARZT
FAST		FALTER
WELT		KATZE
PFLANZEN		KUCHEN
WAERME		GROLLEN

Denkspaß **419** | # Leiterrätsel | ★★☆☆ Zeit: ___ Min.

Aus den Zweierbuchstaben links sind insgesamt 14 sechsbuchstabige Wörter zu bilden. Welche Wörter gesucht werden, sollen Sie anhand der Hinweise rechts herausfinden. In jedes Feld gehören zwei Buchstaben, wobei die Doppelbuchstaben in der Mitte von je zwei Wörtern verwendet werden. Am Ende schließlich erhalten Sie im Mittelbalken von oben nach unten gelesen ein Lösungswort.

AR - BL
- CH - DI
- DR - EB
- EL - EN
- EN - EN
- ER - ER
- ER - FR
- GL - HE
- HW - IN
- KA - LE
- MU - OS
- RM - RO -
SC - SC - SE
- SE - SO -
SP - TE - UE
- UE - UR
- WU

1		2
3		4
5		6
7		8
9		10
11		12
13		14
15		16
17		18
19		20
21		22
23		24
25		26
27		28

1-2 gutgläubig,

3-4 Wassersportler,

5-6 Abwaschbecken,

7-8 Absonderungsorgan,

9-10 von hohem Gewicht,

11-12 Eid, Gelübde,

13-14 Teil der Blumen,

15-16 Tagesanbruch,

17-18 ein roter Farbstoff,

19-20 kleine bunte Glaskugel,

21-22 großer Raubfisch,

23-24 Ausbeutung einer Notlage,

25-26 zuarbeiten,

27-28 in der gleichen Weise

Denkspaß 420 — Silbenschwedenrätsel

★★★★ Zeit: ____ Min.

Die in den Fragekästchen der Rätselgrafik stehenden Texte müssen gelöst und in Pfeilrichtung eingetragen werden. In jedes Kästchen gehört eine Silbe.

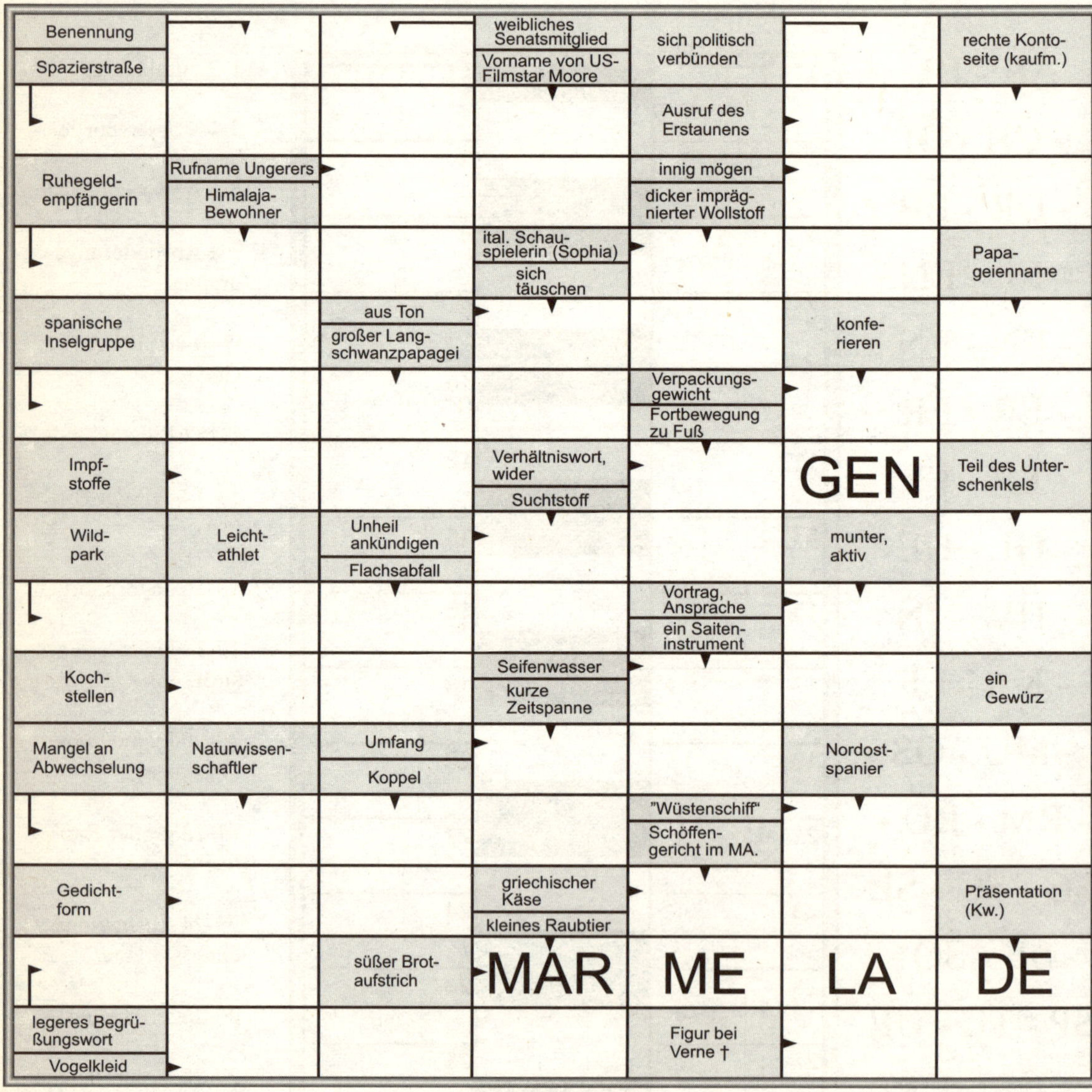

Denkspaß 421 — Wortrotationen

★★☆☆
Zeit: ____ Min.

Bei den Wortrotationen müssen die einzelnen Kreise so gedreht werden, dass sich aus der oberen und unteren „Zeile“ zwei sinnvolle Begriffe ergeben.

	Kreis 1	Kreis 2	Kreis 3	Kreis 4	Kreis 5	Kreis 6
1	A U / B K	E N / H K	D I / L S	E H / R C	R K / A T	O R / N K
2	A C / T S	L H / T E	O W / E I	E I / R E	U E / U R	G E / N L
3	C C / S S	H N / H A	E E / L I	E E / D M	S Z / S A	R E / N H
4	E R / L E	F O / N D	E R / N D	I W / R E	R L / B I	H L / C E
5	L T / B S	N A / T I	Z S / D A	D R / H C	W N / E E	L K / L R

Denkspaß 422 — Schwedenrätsel

★★★ Zeit: ____ Min.

Die in den Fragekästchen der Rätselgrafik stehenden Texte müssen gelöst und in Pfeilrichtung eingetragen werden.

heftig ziehen, reißen	Hülsenfrucht	Empfang		jedoch		syrischer Staatsmann (Hafis) †		Riese im franz. Märchen	Geheimbund Westafrikas	Fleischware		Wiesenpflanze	Geburtsschmerz		japanische Münze
			8			altgriechischer Dichter									
Sortiersystem		Debatte im Parlament		schräg							2		Feuer, Hitze im Grill		
						bestimmter Artikel				Gottes Gunst				10	
persönlich					6		Kinderkrankheit								Teil der Katzenpfote
		5		pflanzl. Absud für Arznei						Witterung		schleppen		westafrikanische Sprache	
Windrichtung	minderwertige Ware		lateinische Vorsilbe: weg												
Lachsforellen										persönliches Fürwort			Männername		
			Traubenzucker		griechischer Buchstabe					lehrhafte Erzählung					
Schiffsvorderteil		Winkelmaß								leichter Pferdezaum	Note beim Doktorexamen			griechische Mondgöttin	
Trabrennwagen				1								7			
					engl. Anrede (Fräulein)		Wohngeld		Lärm um nichts	populär			Sohn des Juda im A.T.		Männername
Pfadfinder (engl.)		ärmelloses Oberteil		Vogelkraut		9				englisches Fürwort: sie		Figur aus Andersens Märchen			
unausführbarer Plan			4				Initialen der Ulknudel Waalkes		starkes Verlangen						
internationales Notrufzeichen				langbeiniger Vogel				3			Fragewort				
Restaurant im Zug												griechische Vorsilbe: neu			

1	2	3	4	5	6	7	8	9	10

Denkspaß 423 — Wordoku

★★★★ Zeit: ____ Min.

In diesem Buchstaben-Sudoku sollen die zwölf Buchstaben in jeder horizontalen Reihe, jeder vertikalen Spalte und jedem 3-x-4-Rechteck genau einmal enthalten sein. Am Ende ergibt sich hier ein Lösungswort.

							S	L	A (12)	Q	
	Q	E			U					T (6)	B
T		N		(2)	L		R		S		I
R	A	V (7)	E	T			B	S			(15)
	U	Q		L	(1)	E	I			B	R
	L	S		R			N	U			
(14)			V	B	A		Q	(9)		I	
	R		S			T	(3)		E	V	
			B (4)	V				Q	L	N	S
	(8)	A			B	L		I			U (13)
U	I			A		(11)			N	S (5)	L
	S	(10)	R	Q							

1	2	3	4	5	6	7	8	9	10	11	12	13	14	15

Denkspaß **424** | Gut geerdet | ★★★★ Zeit: ____ Min.

In dieser Gedächtnisübung sollen Sie sich alle Zahlen und deren Positionen im oberen Bild gut einprägen. Dann decken Sie dieses obere Bild bitte ab und tragen im unteren Bild die fehlenden Zahlen ein. Achtung: Das untere Bild ist gespiegelt!

Denkspaß 425 — Buchstabenringe

★★★☆ Zeit: ___ Min.

Beim Buchstabenring sind zehn fünfbuchstabige Begriffe zu bilden und in den Ring einzutragen. Der Mittelbuchstabe ist bereits vorgegeben und muss durch die Buchstabenpaare entsprechend ergänzt werden, wobei die beiden Endbuchstaben eines Wortes automatisch die Anfangsbuchstaben des nächsten Wortes sind.

1

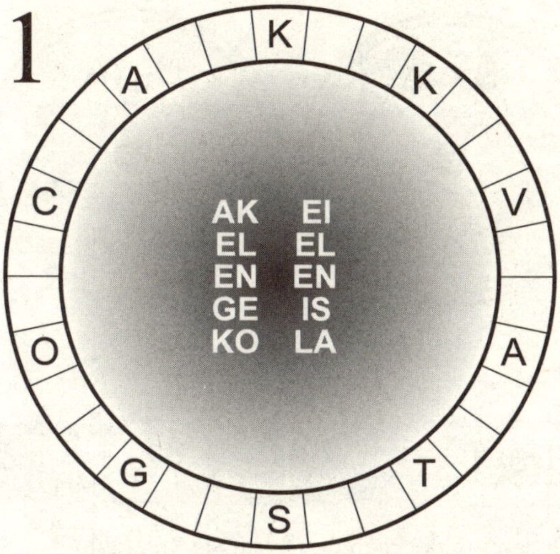

2

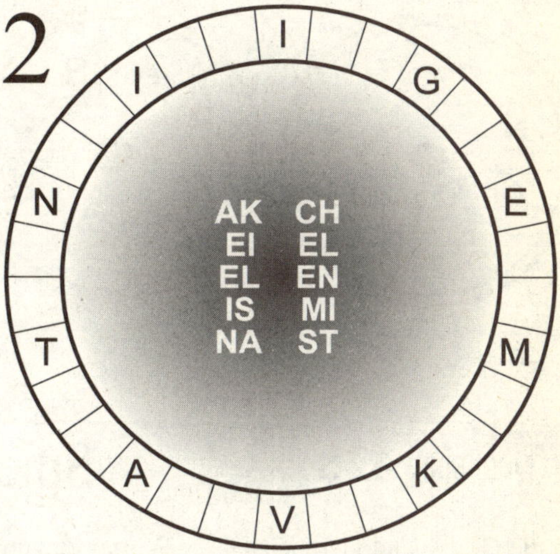

Denkspaß 426 — Kreiskette

★☆☆☆ Zeit: ___ Min.

Bei der Kreiskette sind die Fragen zu lösen und – über der entsprechenden Zahl beginnend – im Uhrzeigersinn in die Grafik einzutragen.

1. Wohnungsloser, 2. Unbeweglichkeit, 3. Bescheinigung, 4. Wandverkleidung im Bad, 5. Verhängnis

Denkspaß 427 Wortträder

★★★★ Zeit: ____ Min.

Welche Buchstaben sind hier anstelle der Fragezeichen einzusetzen, damit im oder gegen den Uhrzeigersinn jeweils ein Wort zu lesen ist?

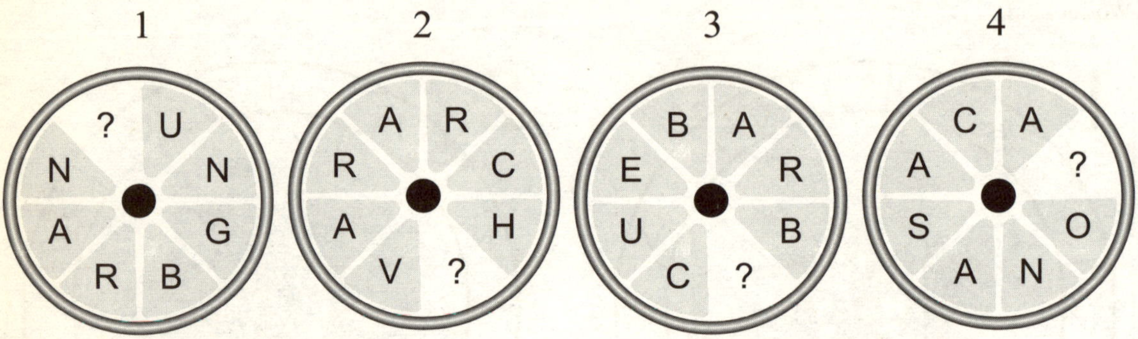

Denkspaß 428 Spiegelrätsel

★★★★ Zeit: ____ Min.

In die Grafik sind vierbuchstabige Wörter einzutragen, die dann in der rechten Hälfte als Spiegelbild einen anderen Begriff ergeben. Bei richtiger Lösung ergibt sich in der gerahmten Spalte das Lösungswort.

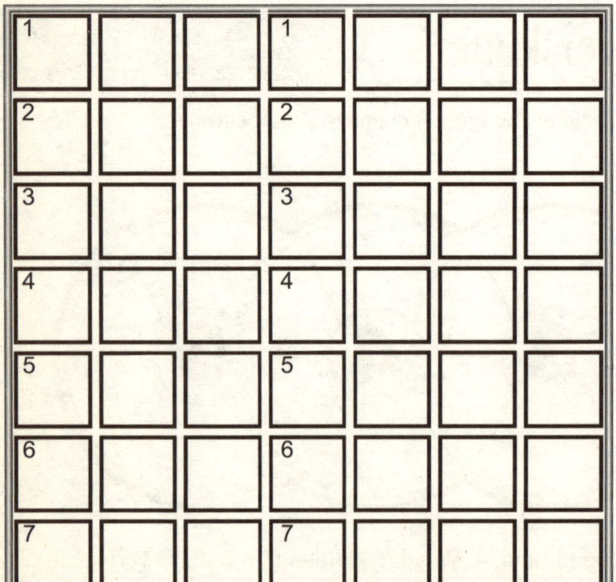

1 Wäschestück – helle Biersorte

2 Figur bei Jules Verne † – Vorzeichen

3 Schiffstau – Adelstitel in England

4 Gutscheine – Vornehmtuer

5 Metallbolzen – Reizstoff im Tee

6 Mutter Isaaks (A. T.) – bunte Papageien

7 römischer Liebesgott – fahrendes Volk

Denkspaß 429 — Tiergruppenrätsel

★★★★ Zeit: ___ Min.

Ein Symbol steht jeweils für drei Buchstaben bzw. für zwei Buchstaben und das Blindfeld. Sämtliche unten aufgeführten Wörter sind in die Grafik einzutragen. Durch Ausprobieren und unter Mithilfe des Symbolschlüssels kann die richtige Position ermittelt werden.

A	B	C	D	E	F	G	H	I
J	K	L	M	N	O	P	Q	R
S	T	U	V	W	X	Y	Z	■

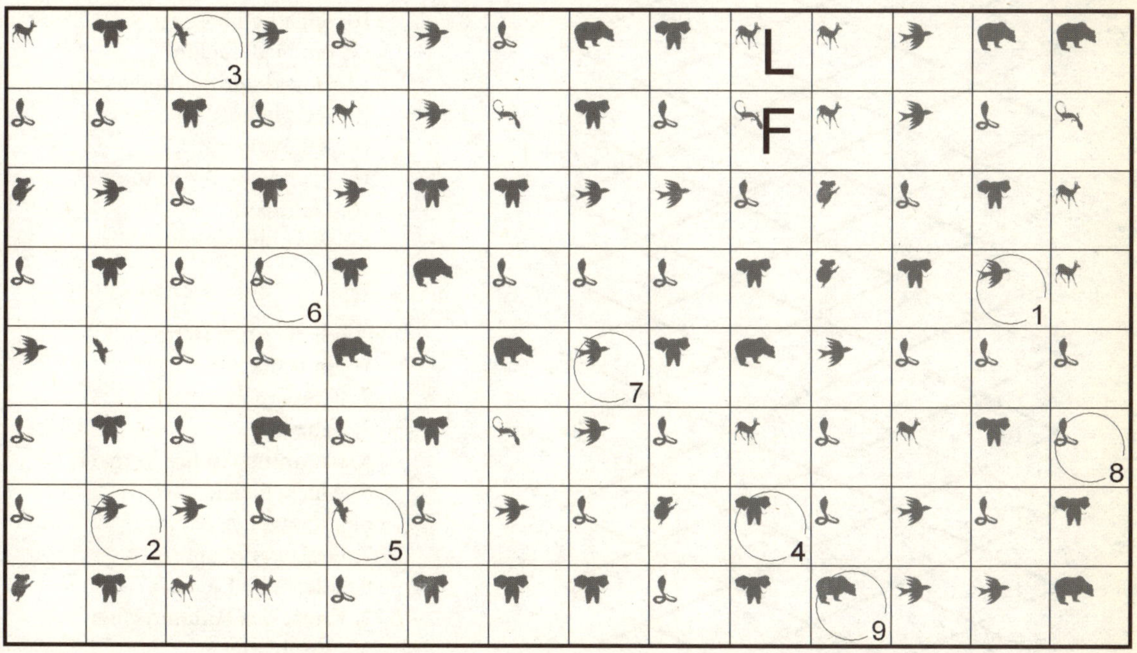

1	2	3	4	5	6	7	8	9

Waagerecht:
FUN - LAR - UEFA - RS - BALLETT - MAUL - LAGERN - BISON - IST - EPI - MAIE - AMSEL - INNIG - AL - ASSISTENT - BESTE - VERSESSEN

Senkrecht:
MI - GAR - BAEREN - ATLAS - BIL - SI - NEST - LF - LIVRE - TOLL - EN - NU - RAT - AERA - FS - RUESTIG - IT - IM - ESPANA - LUMME - BOES - LEE

Denkspaß 430 | Rätselwurm

★★★☆ Zeit: ___ Min.

Die gesuchten Begriffe sind mit Hilfe der Definitionen im Fragetext zu lösen und unter der jeweiligen Nummer in die Rätselgrafik einzutragen.

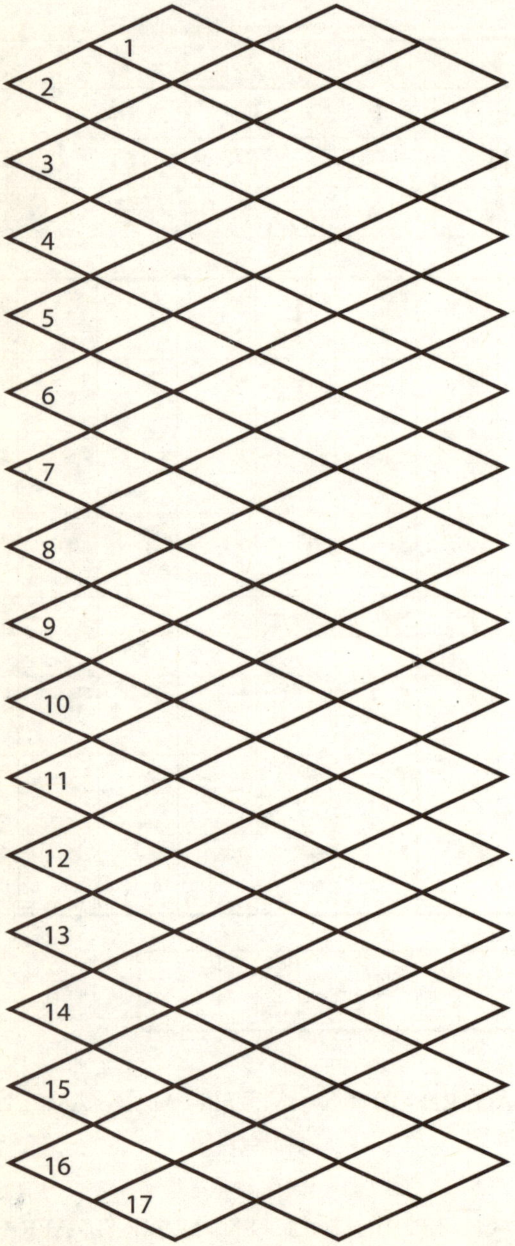

Nach rechts oben:

2. ein Umlaut
3. zuvor
4. Wohnzins
5. Teil des Steuerruders
6. leichte Holzart
7. oberster Punkt am Himmel
8. deutsche Landeshauptstadt
9. Bandage
10. ängstlich besorgt
11. ein Nadelbaum
12. Bewohner Sardiniens
13. weibliches Haustier
14. Küchengerät
15. beendetes Wachstum
16. Helligkeit
17. Pökelflüssigkeit

Nach rechts unten:

1. ein Balte
2. Zirkusrund
3. damals
4. paramilitärischer Verband
5. Autoschaden
6. alle zwei
7. Greifwerkzeug
8. ritterliche Liebeslyrik
9. Kante des Billardtisches
10. Fischbein
11. Symbol des Friedens, Vogel
12. Lehrling (ugs.)
13. Sieb
14. Held in der Sage
15. Hptst. von Saudi-Arabien
16. Abk.: Landesliste

Denkspaß 431 | Französisches Rätsel | ★★★ Zeit: ___ Min.

Bei diesem Rätsel müssen sowohl die Begriffe als auch deren genaue Position in der jeweiligen Spalte bzw. Zeile ermittelt werden. Dazu sind die Fragetexte zu lösen und unter Heranziehung anderer, diesen Begriff kreuzender Begriffe in die Grafik einzutragen. Einbuchstabige Begriffe werden nicht berücksichtigt.

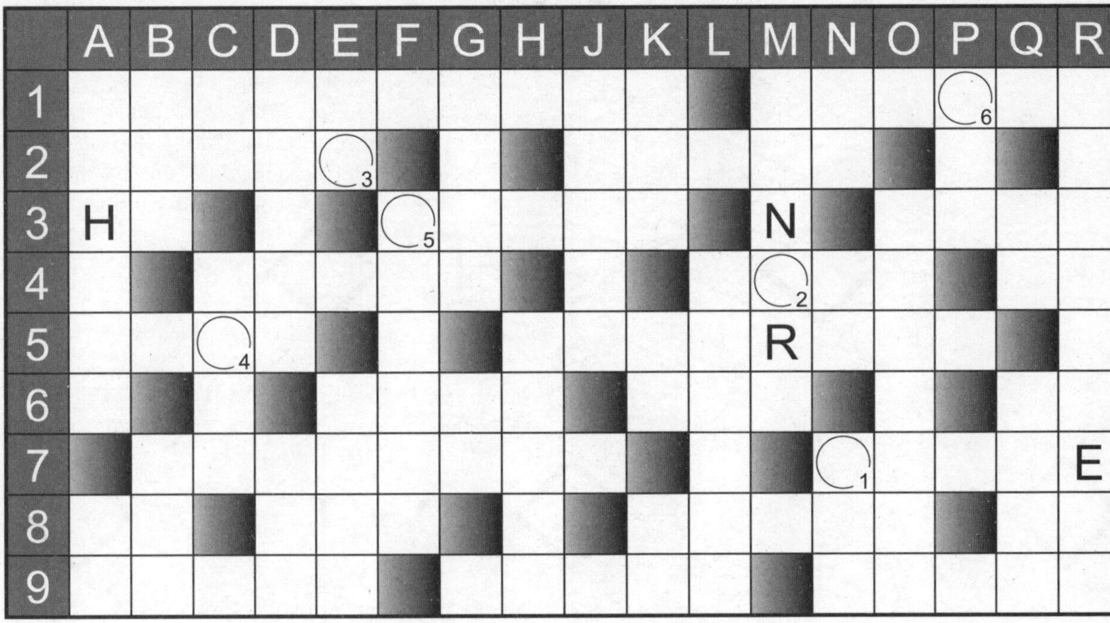

1	2	3	4	5	6

Waagerecht:

1 vortrefflich, vorzüglich – US-Filmstar (Kiefer)
2 Glanzpunkte – einfetten
3 Transportgerät – kurz für: lecker – im Jahre (lat.)
4 zwecks – ehe – ausgelassen
5 radioaktives Metall – Militärkrankenhaus
6 Save-Zufluss – Initialen Ecos – Gemsbüffel
7 peinlich – Leuchte aus Wachs
8 Klostervorsteher – Kfz-Z. Erlangen – Händlerviertel im Orient – englisch: tun, machen
9 Schwarzdrossel – Raum in der Scheune – Getreideblütenstand

Senkrecht:

A wegen, weil – Kordel
B Stadt mit größtem Kirchturm – heftiger Windstoß
C rundes Sportspielgerät – englisch: nach, zu
D warnen (Auto) – Wappentier
E Verbindung zweier Größen – Tonbezeichnung
F Blutsverwandter
G westsibirischer Strom – Gestalt bei Shakespeare
H Getöse
J Oper von Bellini
K geschlossen – Fluss durch Aberdeen – Vorsilbe
L Schwermetall
M spanische Anrede (Frau)
N männlicher franz. Artikel – Kfz-Abgasentgifter (Kw.) – französisch: eins
O Opfertische
P süddeutsch: Hausflur
Q ugs.: foppen – Moment
R Strauchfrucht

Denkspaß **432**	Perlenrätsel	★★★★ Zeit: ____ Min.

Die 20 aufgeführten Begriffe beginnen und enden stets in einer Raute von oben nach unten, von oben diagonal nach unten und waagerecht von links nach rechts.

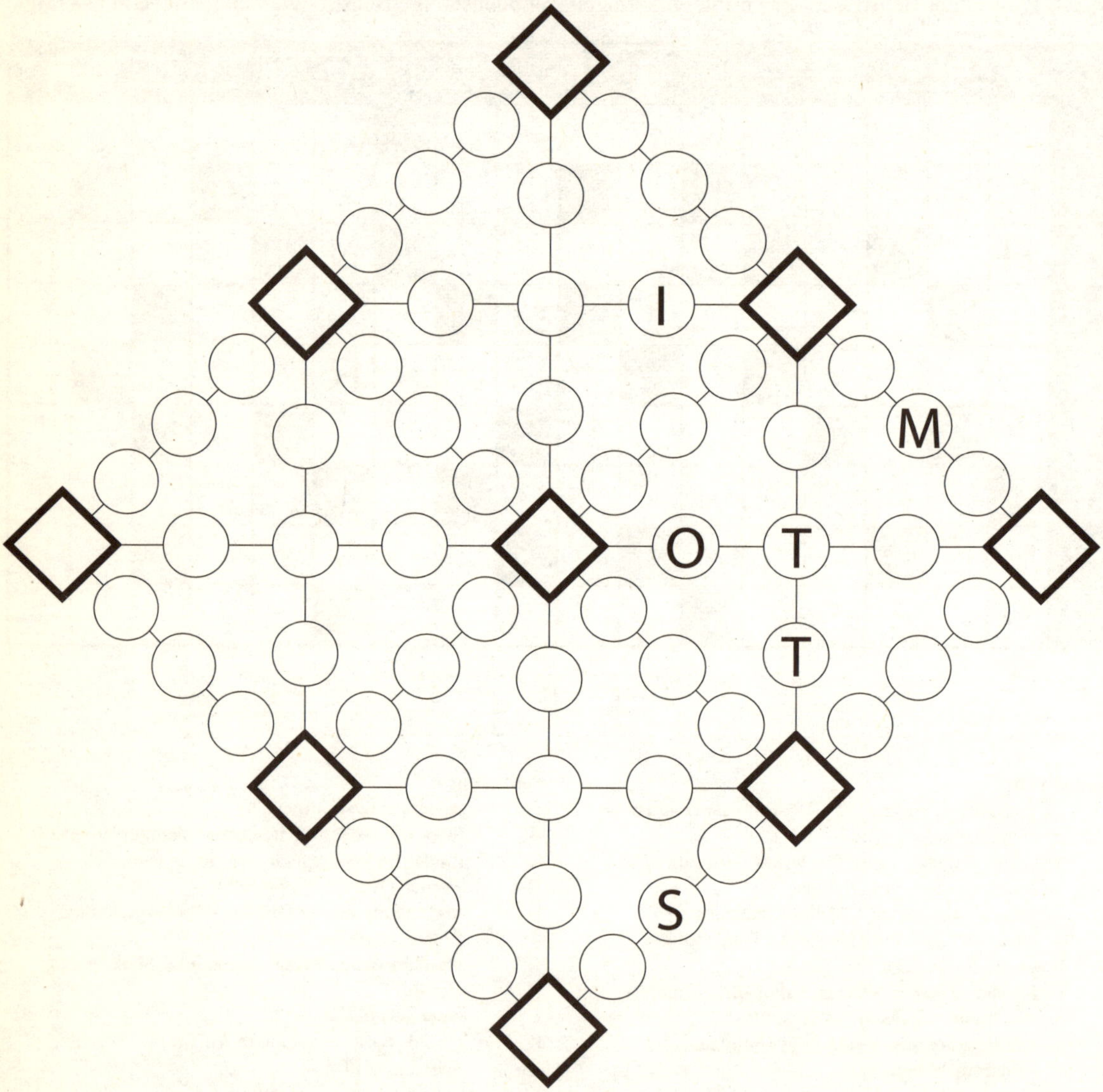

EBENE, ERSTE, KAREL, KLOPS, KUEHL, LABIL, LAMPE, LATTE, LEISE, LIMES, LOTSE, LUEGE, SAHEL, SEIHE, SICHT, SOCKE, STEIL, STOSS, TROLL, TYPUS

Denkspaß 433 | Kreuzwortmagie

★★★ Zeit: ___ Min.

Die Fragetexte sind zu lösen und unter der jeweiligen Zahl sowohl waagerecht wie auch senkrecht in die Grafik einzutragen.

1

1. Verkaufsschlager (ugs.), 2. Teil dorischer Säulen, 3. Tropenfrucht, 4. Auslegung, Deutung

2

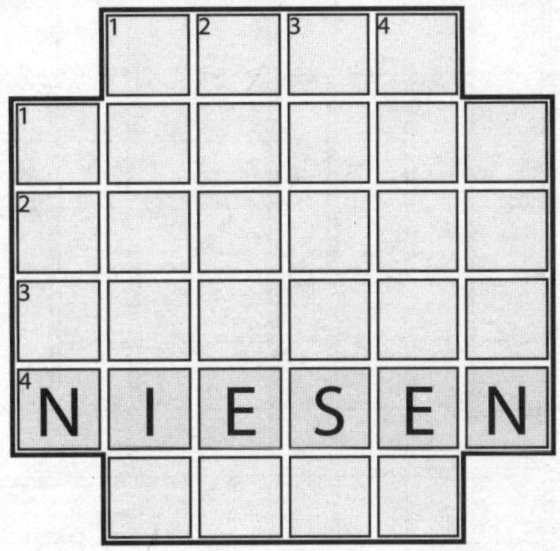

1. Dichtkunst, 2. bekömmlich, 3. enthaltsamer Lebensstil, 4. Nasenjuckreiz

3

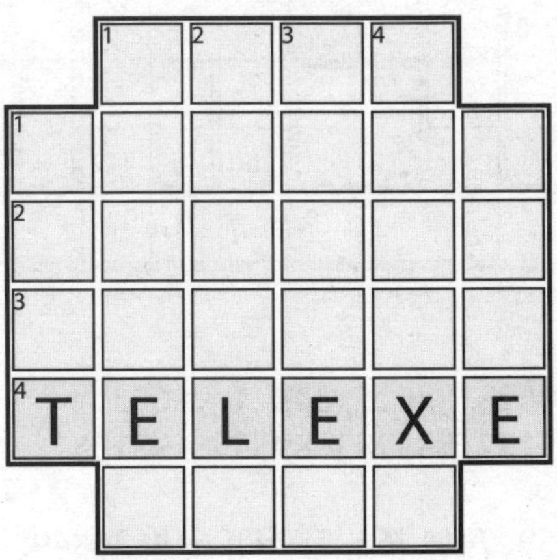

1. dreieckige Flagge, 2. Antilopenart, 3. Gartenwerkzeug, 4. Fernschreiben (Mz.)

4

1. Schiffsküche, 2. Mitleid, 3. Unbelehrbarkeit, Starrsinn, 4. naut. Längenmaß (1852 m)

Denkspaß **434**

Zahlenkreuzungen

★ Zeit: ____ Min.

Tragen Sie sämtliche unten aufgelisteten Zahlen in das Gitterfeld ein. Dort sollen sie von links nach rechts bzw. von oben nach unten zu lesen sein.

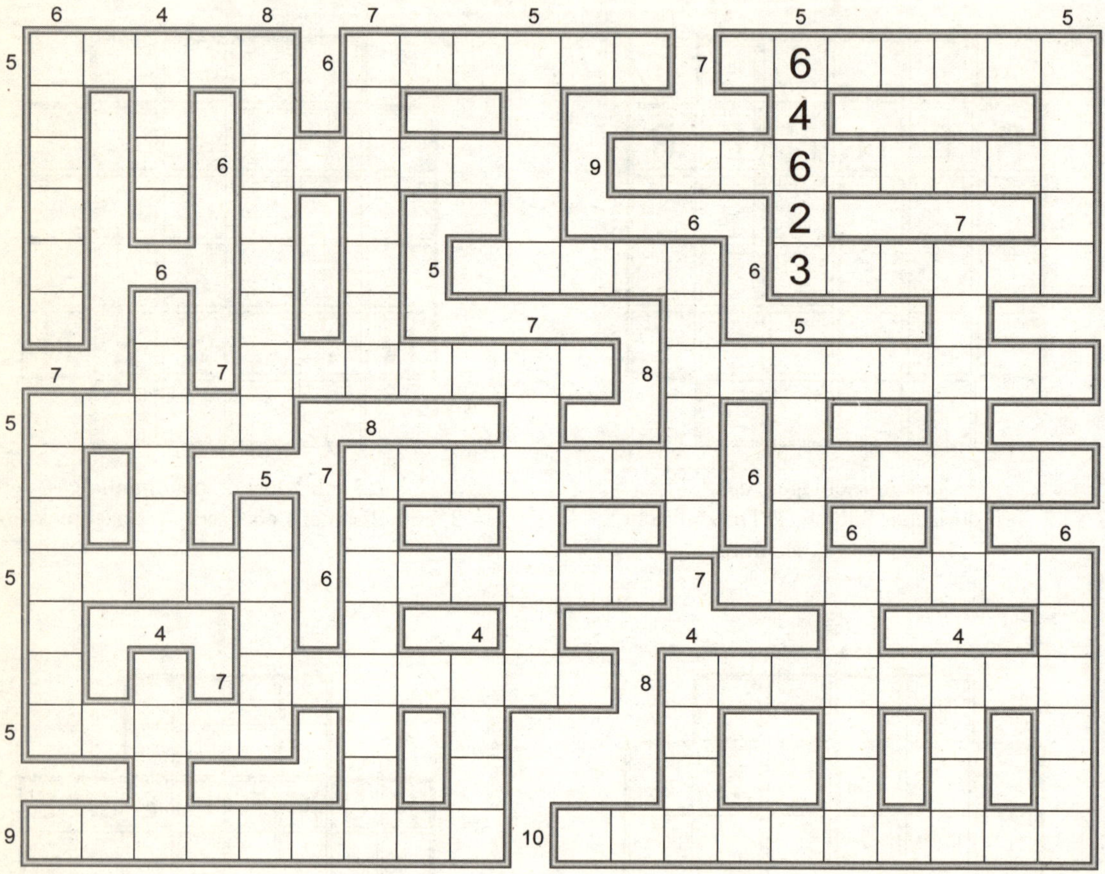

4 2161, 3495, 4176, 4759, 7692

5 46214, 53327, 54164, 58586, 59894, 63154, 64623, 84625, 84874, 95675

6 324435, 493824, 537932, 591354, 689932, 729132, 833383, 895398, 931581, 954428

7 2512242, 4931925, 5475316, 5978976, 6553559, 7461466, 7824396, 9636849, 9894717

8 22672721, 27876343, 37871341, 79745756

9 484648676, 796193389

10 7115724211

Denkspaß 435 — Rechenquadrate

★★☆☆ Zeit: ___ Min.

Die Zahlen 1 bis 9 sind so in die Grafik einzutragen, dass die Rechnung schlüssig wird. Keine der Zahlen darf ein zweites Mal verwendet werden. In der Rechnung gilt nicht die Regel „Punktrechnung vor Strichrechnung", sondern es wird grundsätzlich von oben nach unten bzw. von links nach rechts gerechnet.

33	–		–		24
+	■	+	■	–	■
	+		+		18
–	■	+	■	+	■
	+		+		17
37	■	17	■	9	■

38	–		–		28
–	■	x	■	+	■
	x		+		76
–	■	+	■	x	■
	+		x		40
27	■	30	■	55	■

Denkspaß 436 — Silbenband

★★☆☆ Zeit: ___ Min.

Die Fragetexte sind unter Verwendung der Silben zu lösen und unter der jeweiligen Zahl senkrecht in die Grafik einzutragen. Die nicht aufgeführten Mittelsilben ergeben das Lösungswort.

1	2	3	4	5	6	7	8	9	10	11	12

AN – AR – AUF – BAND – BER – BLITZ – BLUT – BLUT – CHOR – DEL – EI – ELL – GEL – HUEH – LE – MAEN – MUT – NEU – NU – PO – RIG – RUNG – SIE – TIG

Aus diesen Silben sind Wörter nachfolgender Bedeutungen zu bilden. Die nicht aufgeführten Mittelsilben ergeben das Lösungswort.

1. einjährig, 2. eine Teigware, 3. den Atomkern betreffend, 4. selbsthaftendes Bild, 5. Anämie, 6. sehr schnell, plötzlich, 7. Saugwurm, 8. Dichtkunst, 9. Geflügelprodukt, 10. Sängergruppe, 11. Metallgemisch, 12. wissensdurstig

Denkspaß 437 Endlos-Kruzzle

★★★★ Zeit: ____ Min.

Die in den Fragekästchen der Rätselgrafik stehenden Texte müssen gelöst und in Pfeilrichtung eingetragen werden – bei Definitionen ist das Lösungswort zu erraten, bei geschüttelten Begriffen ist durch eine Neuordnung ein sinnvoller Begriff „herzustellen". Begriffe enden bei Endlosrätseln jedoch nicht zwangsläufig am Rand eines Rätsels, sondern können auf der jeweils anderen Seite weiterlaufen.

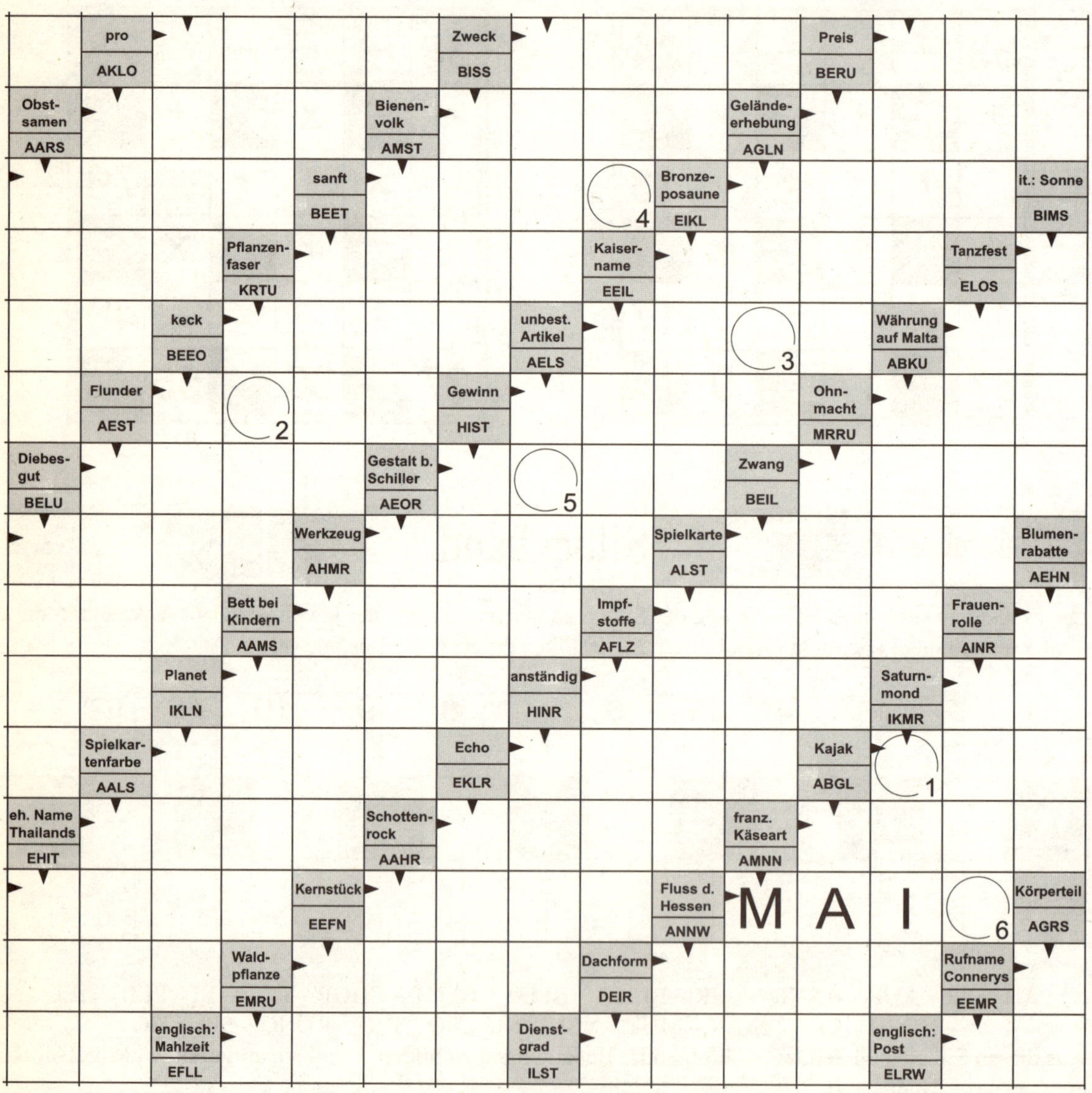

1	2	3	4	5	6

Denkspaß **438**	# Wabenrätsel	★★★★ Zeit: ____ Min.

Die Fragetexte sind zu lösen und am Pfeil beginnend im Uhrzeigersinn um die Zentralwabe in die Grafik einzutragen.

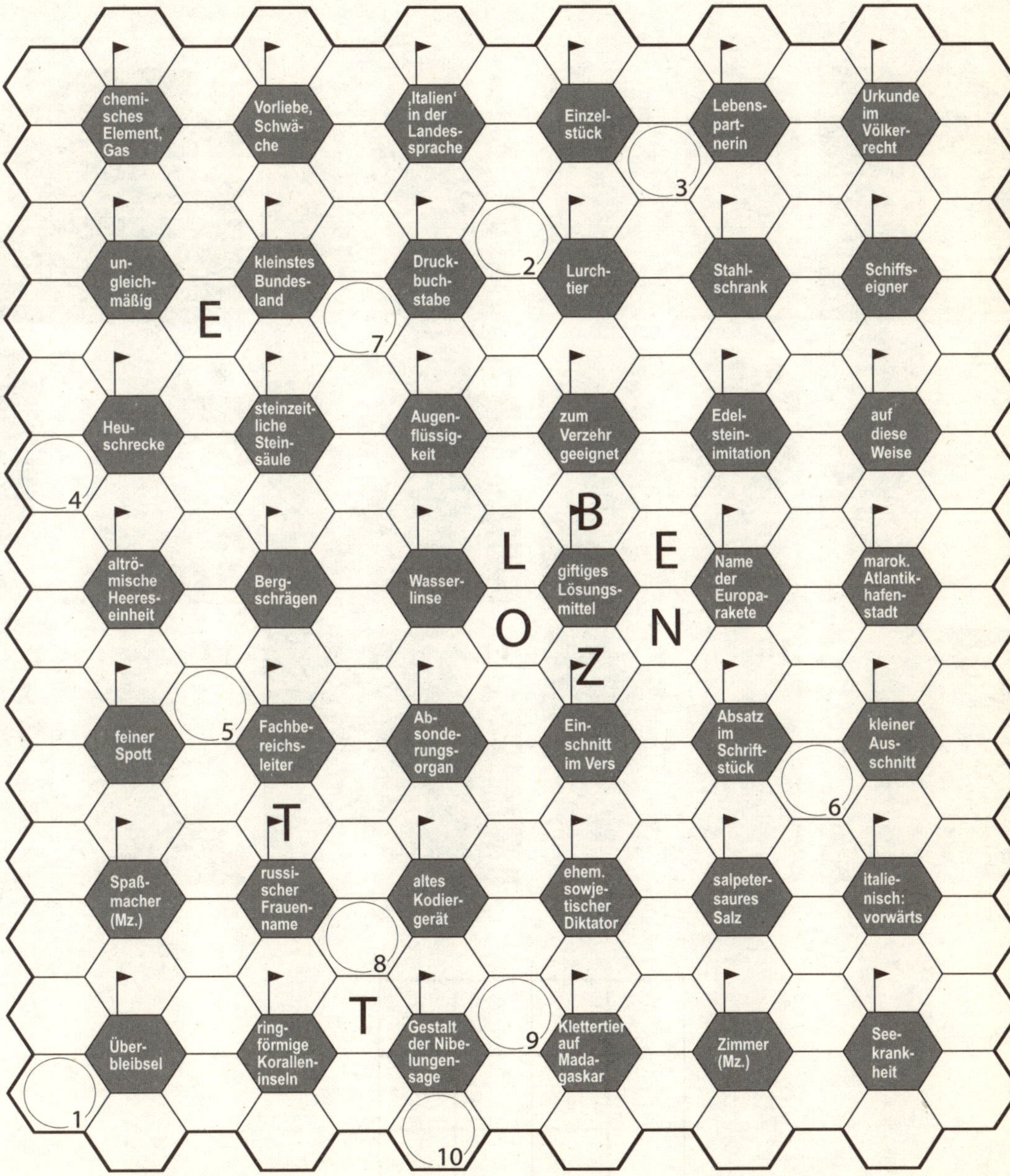

1	2	3	4	5	6	7	8	9	10

Denkspaß 439 | Mutter-Kind-Übung | ★★ Zeit: ____ Min.

Wie müssen die Puzzleteile zusammengesetzt werden, damit das komplette Originalbild erscheint? Tragen Sie die Nummern in die entsprechenden leeren Felder unten ein.

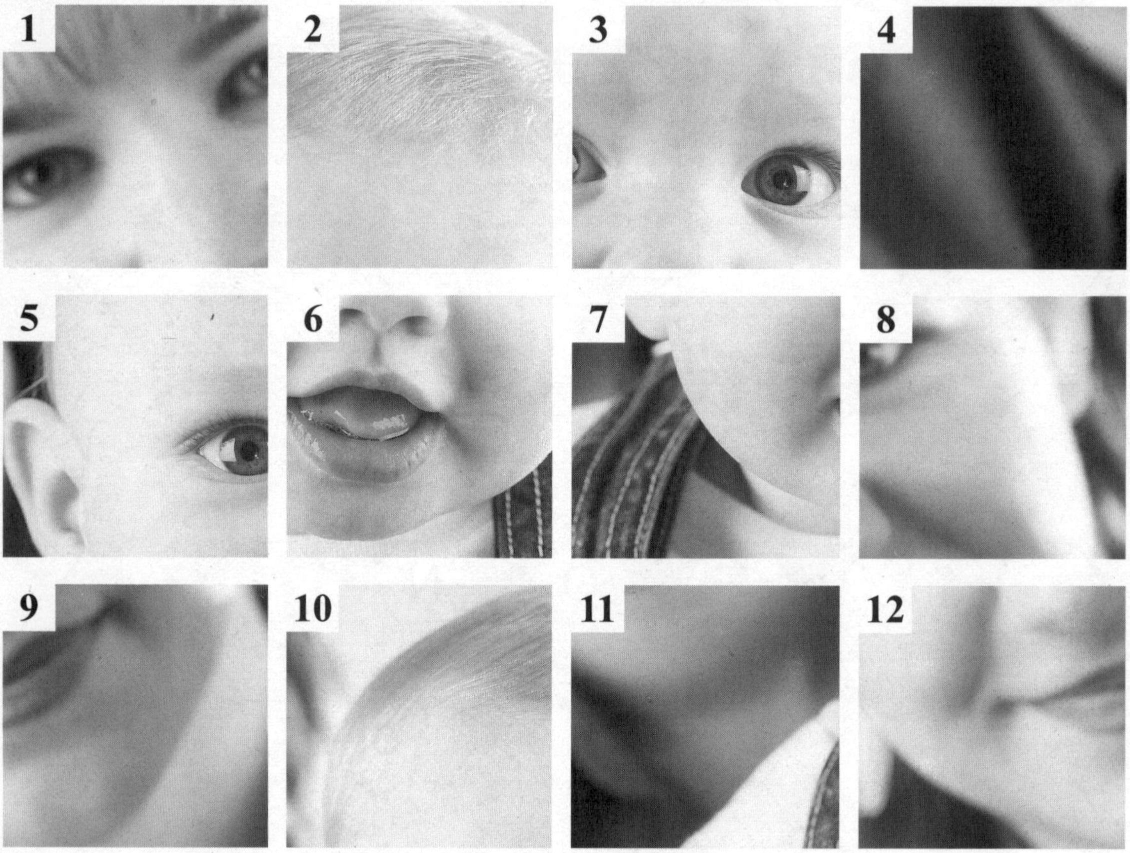

Denkspaß 440 | Kakuro-Quersummenrätsel | ★★★★ Zeit: ____ Min.

Beim beliebten, aber auch schwierigen Kakuro sollen Sie Zahlen von 1 bis 9 in die leeren Felder eintragen. Dabei muss die jeweils links bzw. oben vorgegebene Summe bei jedem horizontalen bzw. vertikalen Zahlenblock berücksichtigt werden. In jedem dieser Blöcke darf eine Zahl höchstens einmal verwendet werden.

■	■	■	17\	16\	■	■	■	13\	16\
■	7\	17\9			■	13\	6\15		
\24					20\14				
\23				16\16					■
■	■	\17				10\4			■
■	■	27\	9\11				22\	■	■
■	\15			17\21				17\	4\
■	6\21					4\19			
\24					\14				
\4			■	■	\6			■	■

Denkspaß 441 | Wörterkreuzungen | ★☆☆☆ Zeit: ____ Min.

Durch Kombinieren sind alle unten aufgelisteten Wörter in das Gitter einzutragen. Zur besseren Übersicht sind diese Begriffe bereits nach ihrer Buchstabenanzahl geordnet.

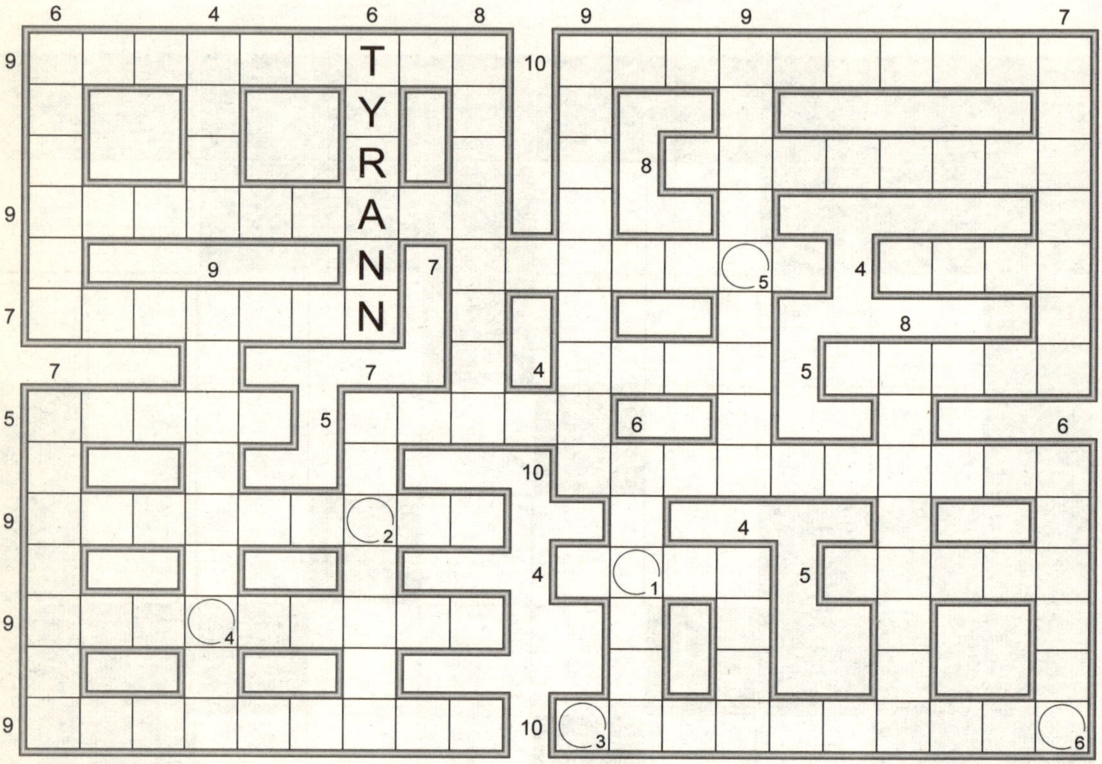

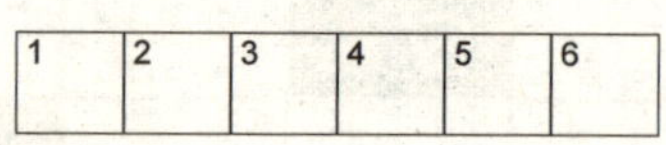

4 FRON, IHLE, NONE, ODIN, VITA
5 ACHSE, BIDET, PORST, WESTE
6 AURORA, PEDANT, TAETER, TYRANN
7 ALTWARE, BLESSUR, GASOFEN, PARASIT, TATAREN
8 EDELGARD, ENDSPURT, ERSUCHEN
9 ABENDMAHL, ABSCHNITT, GENUEGEND, GOLDSMITH, PIROUETTE, RUEHRTEIG, SATIRISCH, TRATTORIA
10 GORGONZOLA, HANDELSGUT, VATERUNSER

Denkspaß **442**

Aus 3 mach 1

★★★★
Zeit: ___ Min.

In der Zweitgrafik stehen unter den Nummern jeweils drei Begriffe, von denen jedoch nur einer richtig ist. Durch Austüfteln ist der richtige Begriff zu ermitteln und unter der Nummer in der Rätselgrafik in Pfeilrichtung einzutragen.

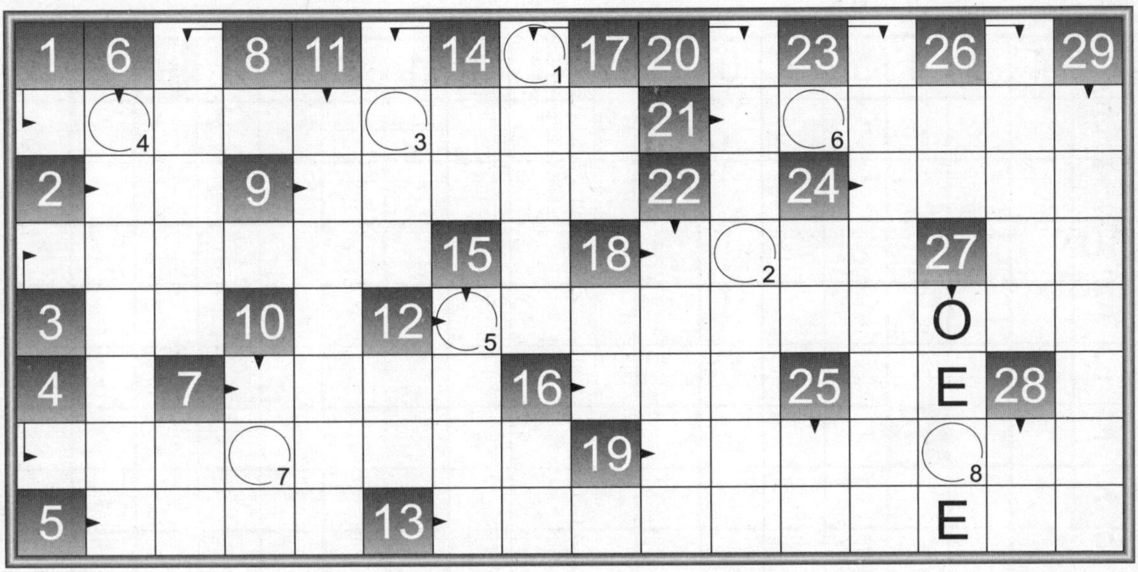

1 STUDIEREN KURZWAREN ISOLATION	6 ZENTRUM STEUERN LOSBUDE	11 MUENDIG AMELAND ABFLUSS	16 PAR BTM AUL	21 FLEISS EHEDEM DISKUS	26 SUCHE SPREU NEBEN
2 TM OB JA	7 PESO MAER BAER	12 WETTRENNEN SCHASCHLIK CANNELLONI	17 SAUCE KOALA GOTIK	22 SEGEN LAERM INTRA	27 ZAHN OERE BETA
3 UNKLUG RUEGEN LEITER	8 WOMIT STAHL MASKE	13 VERZEIHUNG GRIESSBREI ERLAEUTERN	18 IUBA FLOH AKUT	23 VERALTET PFLUEGEN LAWRENCE	28 RA ER CM
4 ZUGZWANG KODIEREN GRUENDEN	9 TASTE MACAU FISCH	14 STAR SKAI RUCK	19 REDEREI RANCHER ANREGEN	24 SPUR RABE ABBA	29 STREIFE SPROEDE MEDIZIN
5 NEID KIEL ERBE	10 WEG RAN BEI	15 GRAT GOTT CREE	20 RESUEMEE GEWITTER EILPAKET	25 UM SI DU	

1	2	3	4	5	6	7	8

Denkspaß 443 — Tunnel

★★★★ Zeit: ___ Min.

Bei diesem Logical muss die einzig mögliche Tunnelverbindung zwischen Ein- und Ausgang gefunden werden, wobei sich die zu findenden Gänge nicht überschneiden oder berühren – höchstens an den Eckpunkten. Die Zahlen geben an, wie viele Tunnelteile sich in der jeweiligen Zeile oder Spalte befinden. Achtung: Die Felder, in denen die Zahlen stehen, kommen ebenfalls als Tunnelabschnitte in Frage. Sie werden aber nicht mitgezählt.

	4	3	4	7	1	0	0	3	1	1	1	2	1	1		2	3
5																	
7																	
10																	
2																	
2																	
2																	
2																	
2																	
4																	

Denkspaß 444 — Schüttelrätsel

★★★☆ Zeit: ___ Min.

Durch Umstellen der Buchstaben müssen neue sinnvolle Wörter gebildet werden, deren Anfangsbuchstaben die Schlusslösung ergeben.

TOWER – SEINE – LINSE – TIBER – NELKE – MISERE – HELFER – SACHE – LEISE – STRICK – RUHEN – SACHEN – RASCH – SAHEL – DELTA

Denkspaß **445** | Sudoku klassisch | ★★★ Zeit: ___ Min.

Bei diesem Rätseltyp sind die Zahlen 1 bis 9 in die leeren Felder der Grafik einzutragen, wobei sich jede dieser neun Zahlen genau einmal in einem Neunerblock, genau einmal auf jeder Horizontalen und genau einmal auf jeder Vertikalen befinden soll.

1			5		9			
		2				5		9
9	5	8	7	6		3	1	4
	1		8			6	9	
5					1		4	3
2	6		9	3	4			
		5	1	9				6
		4		8		9		
6		1	4		5	2		8

	3	1	6		2	5	7	
4								2
		2	5		8	4		
	9			5			2	
3			8		6			
	2			1			8	
		9	7		1	6		
6					5			1
	8	7	4		9	2	3	

			6		1			5
6		1				8	3	
3	5			4	9	2	1	6
	6	4					5	
7	3		5					1
	2		3	7	6		4	8
4				6	5	1		
		6		2		3		
2		8	1		3	5		4

4	6			1		2		
2			5		7		1	6
5		9			2		7	
		2		6			5	
6		1	2			8	4	3
7				3	4			
9						4	3	
8		3	4	2			9	1
	7	4		9	3		6	

Denkspaß **446**

Zeitablauf

★★☆☆ Zeit: ____ Min.

Ordnen Sie die Bilder so, dass ein zeitlich logischer Ablauf resultiert.

Zeitlicher Ablauf: ☐ → ☐ → ☐ → ☐ → ☐ → ☐

Denkspaß 447 — Zahlenräder

★★ Zeit: ____ Min.

Mit einer Zahl zwischen 1 und 9 sind sechs Rechenaufgaben hintereinander im oder gegen den Uhrzeigersinn abzuarbeiten, um auf das Endergebnis in der Mitte zu kommen. Bei welcher Rechnung müssen Sie anfangen, und welche Richtung ist richtig?

A

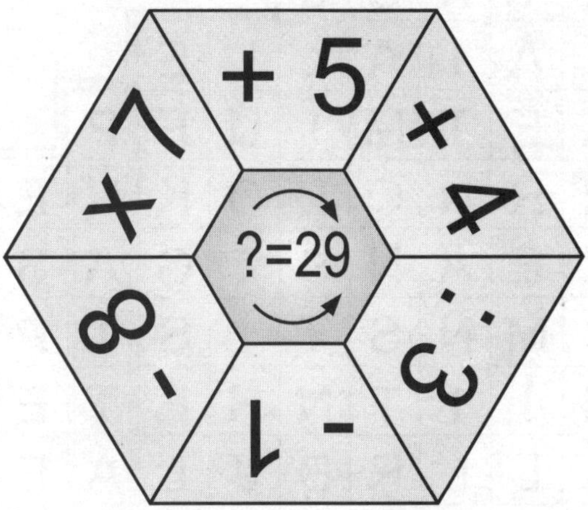

B

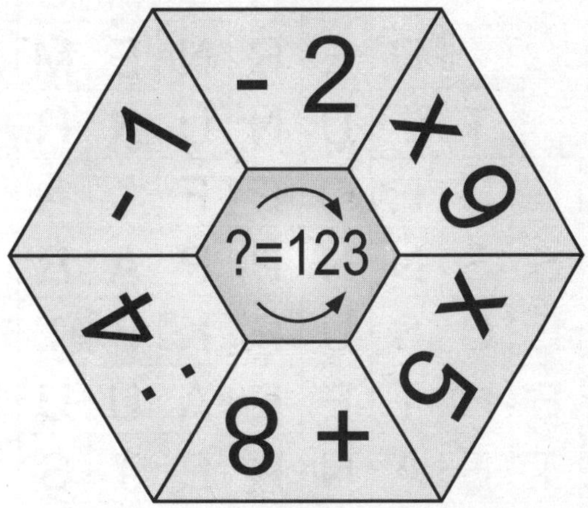

C

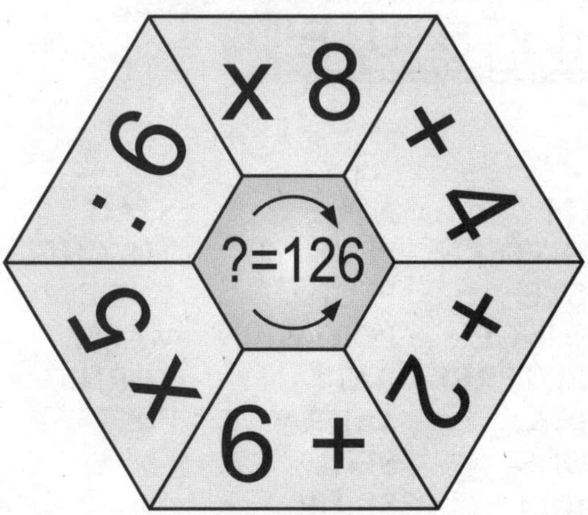

D

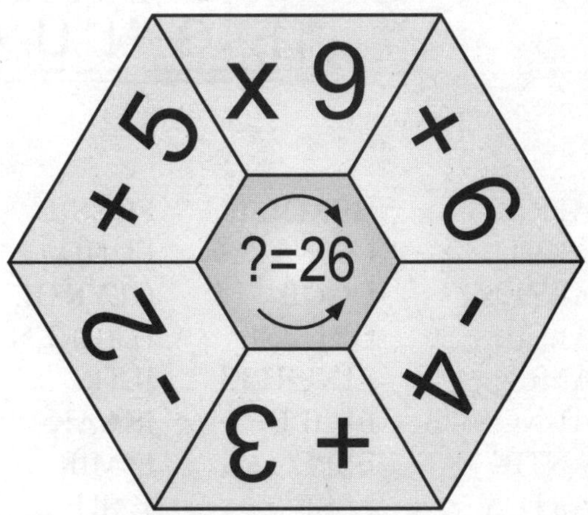

Denkspaß 448 — Wörtersuchspiel

★★★★
Zeit: ____ Min.

Finden Sie sämtliche unten aufgelisteten Wörter im Rätselgitter. Diese können vorwärts, rückwärts, horizontal, vertikal oder diagonal verlaufen. Die übrig gebliebenen Buchstaben ergeben ein Sprichwort.

				W	D	A	S	G	L	Y	K	O	L				
		D	E	R	N	E	M	A	I	A	I	A	L	L	E		
	T	I	U	N	U	K	R	S	K	E	T	M	I	U	F	P	
E	U	E	O	E	F	L	A	I	R	R	N	O	L	O	K	N	E
S	S	N	N	P	P	A	R	E	Z	E	A	N	S	I	G	A	S
E	C	S	U	P	K	F	T	L	S	M	N	S	T	I	S	T	P
E	H	T	E	E	A	U	U	R	C	I	I	T	N	H	E	T	E
T	E	A	N	R	E	T	S	E	A	L	L	R	B	J	L	A	E
D	L	G	R	M	A	E	J	N	T	E	O	U	A	R	A	R	R
	N	P	O	R	T	W	E	I	N	Z	R	M	R	K	W	F	
		I	N	D	E	D	S	E	T	N	E	Z	K	A	E		
				E	G	N	U	O	L	T	B	U	E				

AFRIKA	BEROLINA	FOSSIL	KITT	NEUE	STAG
AKKU	DIENSTAG	FUND	LAESTERN	PFUETZE	TUSCHELN
AKZENT	DOGE	GLYKOL	LISTE	PFUI	WALES
ALLE	DRUESE	HARREN	LOUNGE	PORTWEIN	WARE
AMEN	EINERLEI	ILTIS	MEUTEREI	RATTAN	ZORNIG
ANNONCE	EMILE	ISAAK	MIRA	SAKRA	
ANTIK	ESPE	IZMIR	MONS-	SEAL	
ARTUS	ESSE	JESU	TRUM	SILUR	
BARKE	FALKE	JETS	NEPPER	SPEER	

Denkspaß 449 Zitatsuche

★★★★
Zeit: ____ Min.

Zwischen Anfangs- und Endbuchstabe ist ein Sprichwort oder Zitat versteckt, das es zu finden gilt. Der Eintrittspunkt kann links unten oder rechts oben sein.

D	B	X	Z	S	O	V	Q	G	A	Q	Q	C	U	R	A	T	J
S	Y	I	N	E	G	E	K	F	M	M	M	K	E	I	T	R	W
K	U	E	N	N	A	N	K	L	I	C	H	E	H	F	Y	B	T
O	S	T	E	N	Y	W	C	E	S	X	G	C	D	L	Q	D	P
I	D	S	S	T	E	D	E	W	C	D	V	Z	E	J	O	S	L
M	E	I	L	N	G	L	U	T	G	J	F	T	Q	D	F	F	M
M	A	T	B	B	K	W	B	L	I	B	K	Z	A	O	C	C	O
J	S	A	S	R	V	I	S	R	Z	S	C	O	V	Q	Q	R	V
O	H	R	I	E	L	N	C	L	U	Q	Z	R	K	R	L	A	U
Y	D	I	S	T	T	S	K	Q	J	W	W	E	G	Y	R	F	M
A	T	E	H	D	B	N	B	Z	I	V	Y	G	C	A	T	A	K
Z	L	I	E	I	U	E	J	M	G	E	O	Z	S	G	O	P	U
H	R	C	H	J	K	S	C	V	J	Y	E	H	Q	I	C	V	S
E	A	F	S	I	N	E	U	H	V	K	I	X	I	B	K	I	W
K	G	E	T	E	N	E	B	R	M	G	P	O	O	N	E	X	G
L	E	C	E	K	F	B	F	X	A	E	U	Y	H	J	X	T	A
D	I	P	I	L	C	E	R	M	Z	V	W	T	U	E	S	J	G
K	N	P	E	I	M	L	J	T	D	Z	N	Q	G	G	L	Y	X

Lösungsspruch: ______________________________

Denkspaß 450 — Codewort-Rätsel

★★★★ Zeit: ____ Min.

Gleiche Buchstaben der oberen Grafik bedeuten gleiche Buchstaben der unteren Grafik. Durch Ausprobieren ist jedem Buchstaben ein anderer Buchstabe zuzuordnen und in die Rätselgrafik einzutragen, sodass ein vollständiges Rätsel entsteht.

A	B	C	D	E	F	G	H	I	J	K	L	M	N	O	P	Q	R	S	T	U	V	W	X	Y	Z
																				*	*	*	*	*	*

F	O	Q	L	■	K	■	N	O	L	K	B	M	J	■	E	I	T
T	■	H	■	R	B	E	T	K	■	B	■	T	M	C	B	Q	Q
Q	T	O	P	M	B	■	A	■	B	I	J	L	■	H	L	B	■
B	N	L	■	I	■	A	H	G	M	R	H	L	K	■	K	■	D
■	H	■	G	B	I	H	■	L	I	B	■	S	■	S	I	J	T
D	M	H	O	L	L	B	J	■	C	■	E	O	Q	Q	B	■	L
H	■	D	B	L	■	Q	■	M	H	K	B	M	■	B	■	E	B
L	H	H	K	■	O	Q	S	B	J	■	K	■	H	I	M	B	■
L	■	N	B	N	N	B	■	B	■	L	K	H	J	J	I	T	Q

(1)		L		■		■								■			
	■		■				(6)		■		■				(9)	L	L
L						■		■					■				■
			■		■	(4)								■		■	
■		■		(7)			■				■		■				
								■		■			L	(5)		■	
	■				■	L	■						■		■		
		(2)		■		L			(3)	■		■					■
	■						■		■		(8)						L

1	2	3	4	5	6	7	8	9

Denkspaß 451 | Tierisches Kreuzworträtsel

★★★★
Zeit: ____ Min.

Gleiche Tiere bedeuten gleiche Buchstaben. Durch Ausprobieren ist jedem dieser Tierzeichen ein Buchstabe zuzuordnen und in die Rätselgrafik einzutragen. Auf diese Weise soll ein vollständiges Kreuzworträtsel entstehen.

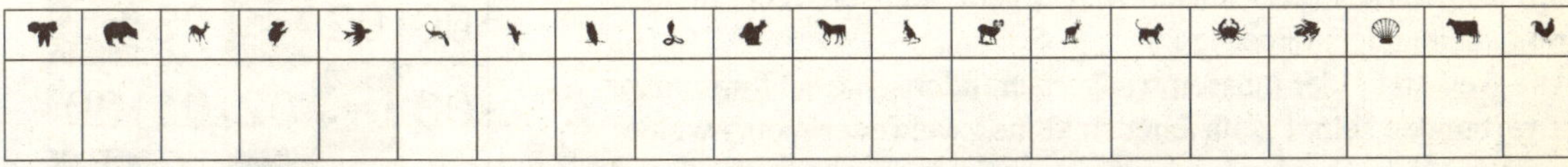

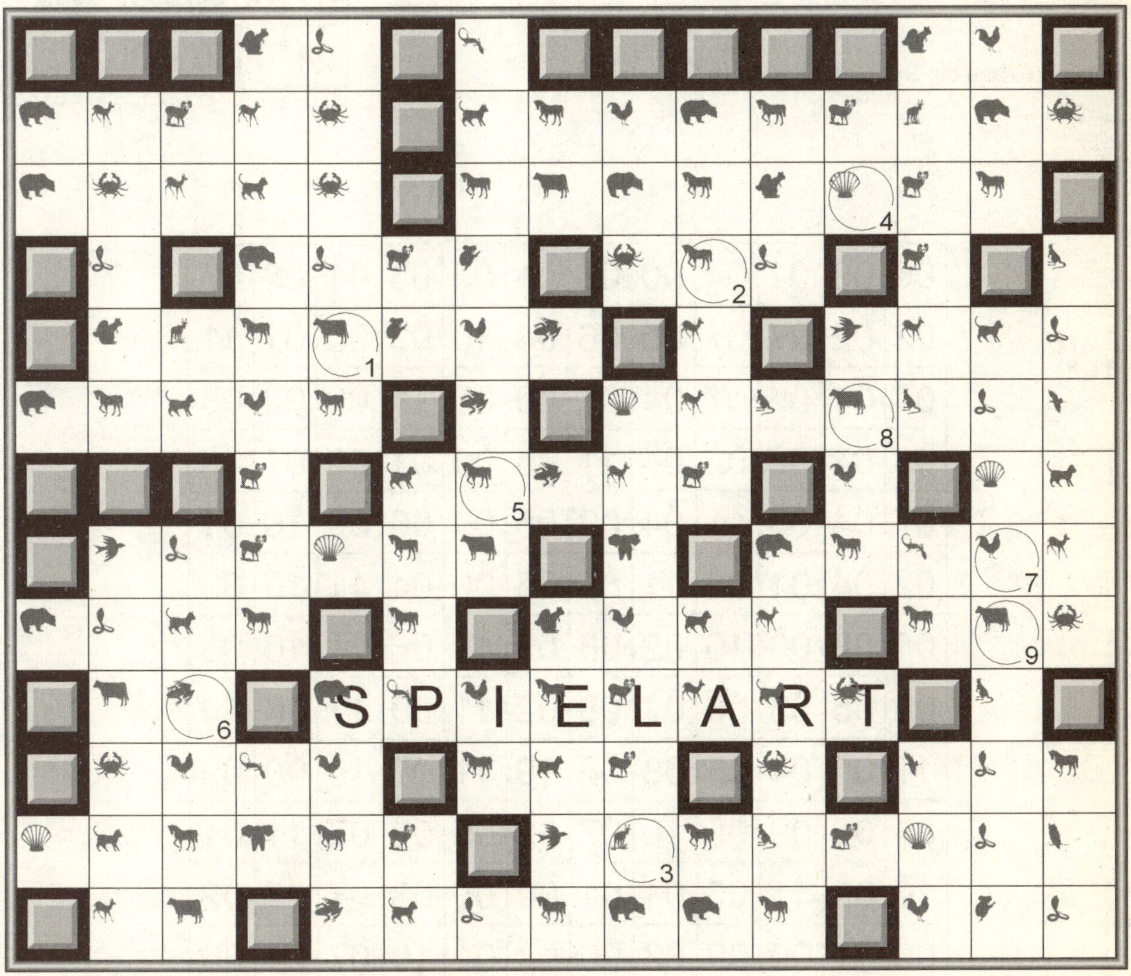

1	2	3	4	5	6	7	8	9

Denkspaß 452 — Hitori

★★★☆ Zeit: ____ Min.

Das beliebte Hitori hat folgende Regeln:

- In jeder Zeile oder Spalte darf jede Zahl höchstens einmal auftauchen. Wenn eine Zahl in einer Zeile oder Spalte mehrfach vorkommt, müssen die falschen Zahlen schwarz eingefärbt werden.
- Zwei schwarze Felder dürfen waagerecht oder senkrecht nicht direkt aneinanderstoßen.
- Alle weißen Felder müssen waagerecht oder senkrecht miteinander verbunden sein. Es dürfen also keine zwei (oder mehr) weiße Bereiche entstehen, die durch schwarze Felder voneinander getrennt sind.

(Sehen Sie dazu ein Beispiel rechts.)

02	02	01	04	03
00	02	02	03	04
03	02	02	01	00
01	03	02	02	01
04	01	03	00	02

06	09	01	04	00	06	11	03	03	01	08	07
02	02	07	07	05	06	04	10	03	00	01	11
04	01	06	07	04	03	10	09	11	00	02	08
03	04	06	02	04	11	05	09	01	00	07	06
07	04	06	11	04	02	05	09	00	09	10	01
02	04	01	08	11	05	05	00	04	11	10	09
01	08	03	10	02	08	03	11	06	11	10	05
00	05	03	05	07	08	02	11	09	11	06	10
11	00	04	05	08	08	09	11	07	10	00	09
08	00	09	05	10	07	00	05	02	07	11	04
10	00	11	06	01	01	00	05	08	07	07	02
05	11	00	09	03	00	07	01	10	07	04	06

Denkspaß **453**

Zahlenkreuzungen

★ Zeit: ___ Min.

Tragen Sie sämtliche unten aufgelisteten Zahlen in das Gitterfeld ein. Dort sollen sie von links nach rechts bzw. von oben nach unten zu lesen sein.

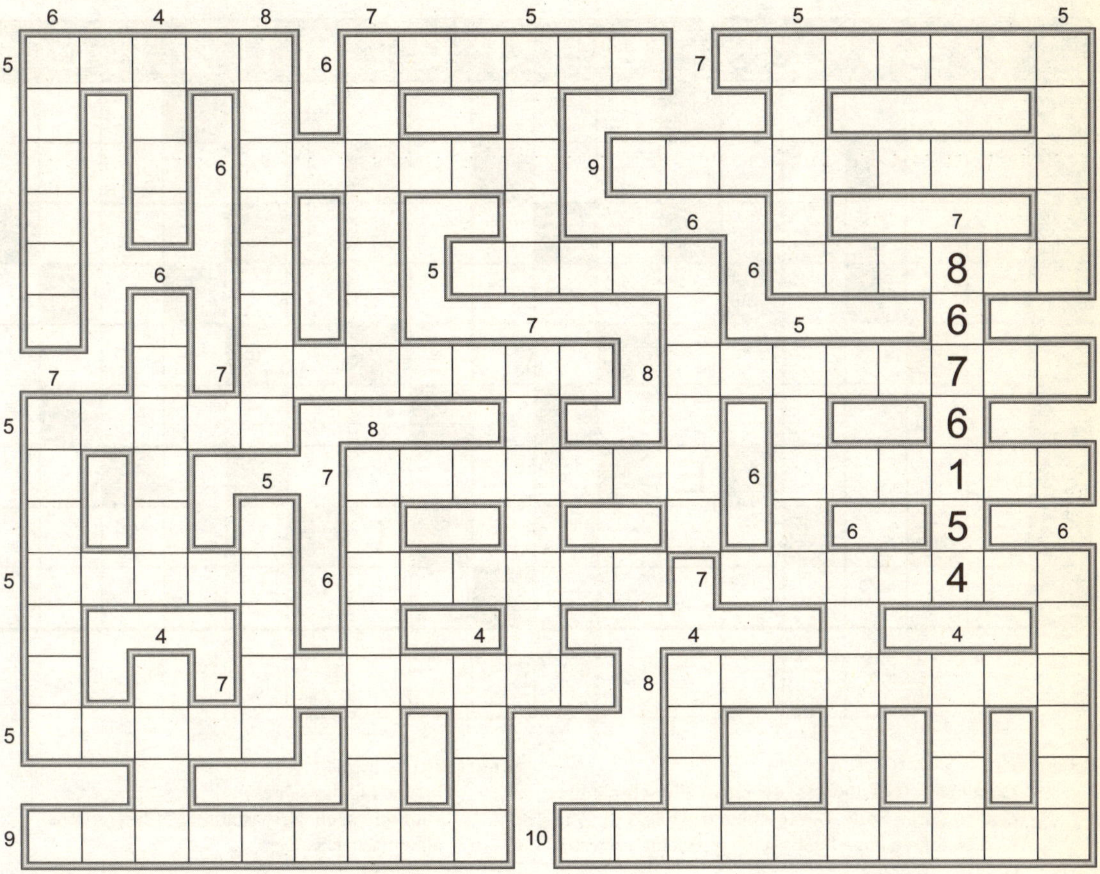

4	1212, 3487, 5296, 7123, 8396
5	18654, 28867, 32122, 52762, 66327, 71592, 71641, 81342, 92492, 98798
6	228864, 246263, 278164, 398974, 483856, 663255, 682773, 728765, 766129, 932418
7	1898467, 4367732, 5679636, 6531414, 6537939, 7392913, 7564341, 8676154, 9445473
8	51356374, 59423138, 62972797, 79638597
9	117512443, 413793276
10	5263181295

Denkspaß 454 — Französisches Rätsel

★★★ Zeit: ____ Min.

Bei diesem Rätsel müssen sowohl die Begriffe als auch deren genaue Position in der jeweiligen Spalte bzw. Zeile ermittelt werden. Dazu sind die Fragetexte zu lösen und unter Heranziehung anderer, diesen Begriff kreuzender Begriffe in die Grafik einzutragen. Einbuchstabige Begriffe werden nicht berücksichtigt.

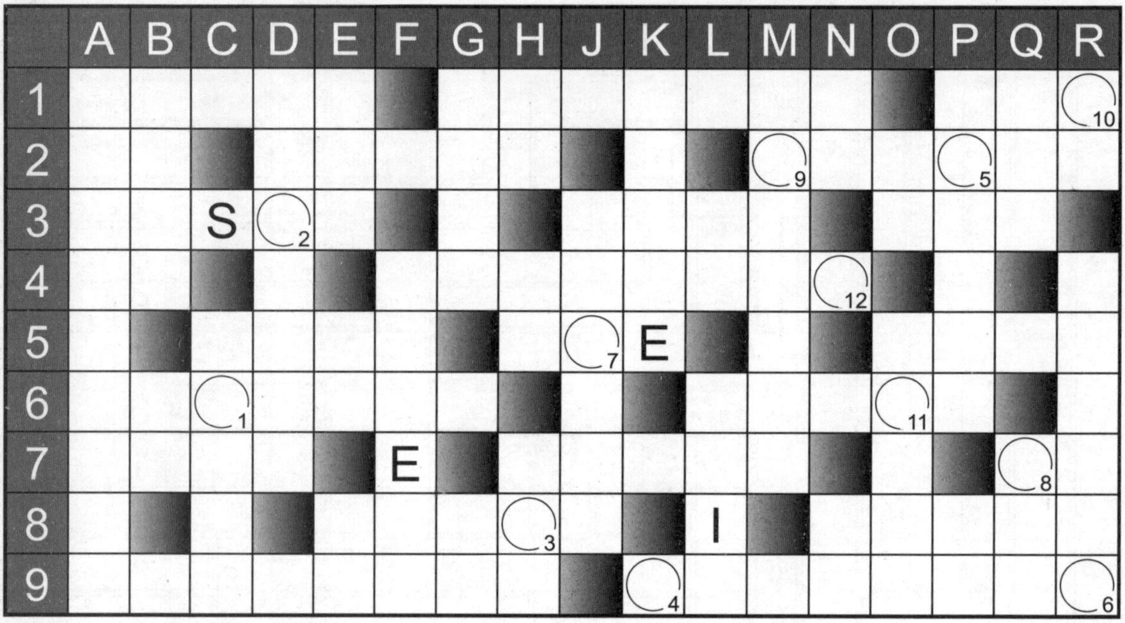

1	2	3	4	5	6	7	8	9	10	11	12

Waagerecht:

1 Turnübung – Geistlicher – gebratene Fleischschnitte
2 Zauberkunst – Stufe, Level – Laut des Ekels
3 Wettkampfgewinn – Fußballclub in Bochum – fester, farbloser Überzug
4 Schabewerkzeug – röm. Zahlzeichen: sechs
5 Lebensgemeinschaft – Gegenstand der Artussage – angepflanzte Gemüsefläche
6 Hautentzündung – Haltestelle
7 Kränkung, Affront – physikalische Einheit für Amperestunde – Inhaltslosigkeit
8 winzige Menge – Werkzeug
9 zu Herzen gehend – nicht beleuchtete Fläche

Senkrecht:

A letzter Tag des Jahres
B englisch: nach, zu – asiatische Völkergruppe
C altkeltischer Sänger
D Talisman
E Pressearbeit (engl. Abk.) – Keimzelle – Gebirgsmulde
F Kaviarfische
G Vogellaut – populär
H synthetische Droge (Abk.) – Initialen des Politikers Ebert – Abk.: am Ende
J winterlicher Niederschlag
K Aufeinanderfolgendes
L Vorname des Musikers Clapton – Film von Steven Spielberg
M Comedy-Star (Anke)
N japanische Meile – italienische Tonsilbe
O Gespräch mit Gott – Abk.: vice versa
P Roman von King (engl.) – Neuordnung
Q Speisefisch – helles englisches Bier
R vertraute Anrede – inständig bitten

Denkspaß 455 — Eieruhren

★★☆☆ Zeit: ____ Min.

Anhand der Definitionen unten sind die gesuchten Begriffe herauszufinden und bei der jeweiligen Zahl waagerecht in die Grafik einzutragen. Im senkrechten Mittelbalken ergibt sich dann jeweils ein Lösungswort.

1 2 3

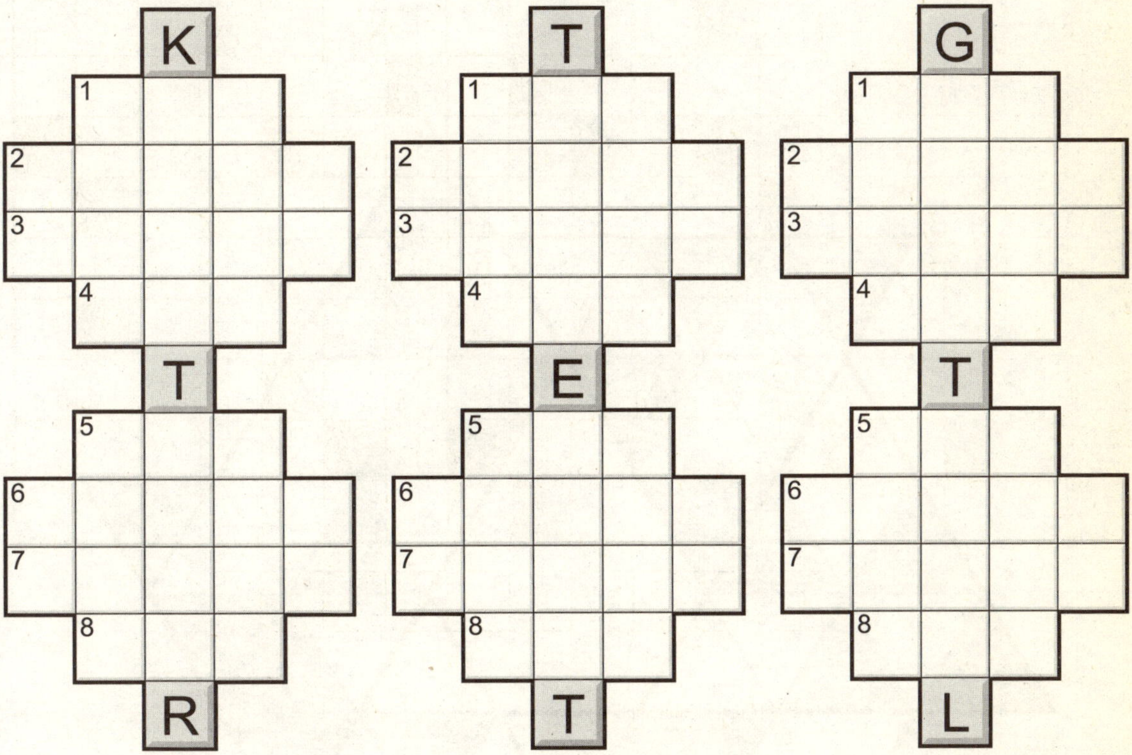

1

1. unbestimmter Artikel,
2. Gnom,
3. Toilette, WC,
4. Filmlichtempfindlichkeit,
5. bestimmter Artikel,
6. an dieser Sache,
7. balkonartiger Vorbau,
8. Düsenflugzeug

2

1. Stil, Weise,
2. leichter Schlag,
3. finn. Heißluftbad,
4. orientalischer Wollstoff,
5. Weltorganisation (Abk.),
6. griech. Sporadeninsel,
7. obwohl,
8. Jetzt-Zustand

3

1. dafür, für,
2. Grabschmuck,
3. Zentralstern,
4. Kälbermagenenzym,
5. mäßig warm,
6. Regierungssitz von Bolivien,
7. Fußballstrafstoß (Kw.),
8. Vorname d. Schauspielers Barker †

Denkspaß **456** | **Sudoku-Stern** | ★★★★ Zeit: ____ Min.

Analog zum klassischen Sudoku müssen auch hier die Zahlen 1 bis 9 in die fett umrandeten Neuner-Dreiecke eingetragen werden. Auch in den langen Geraden (sie umfassen ebenfalls neun kleine Dreiecke) müssen diese neun Zahlen genau einmal enthalten sein, ebenso in den kurzen Geraden, zu denen auch noch das Feld in der Sternecke zählt.
(Die von der Sternmitte unterbrochenen Reihen zählen auch zu den langen Geraden.)

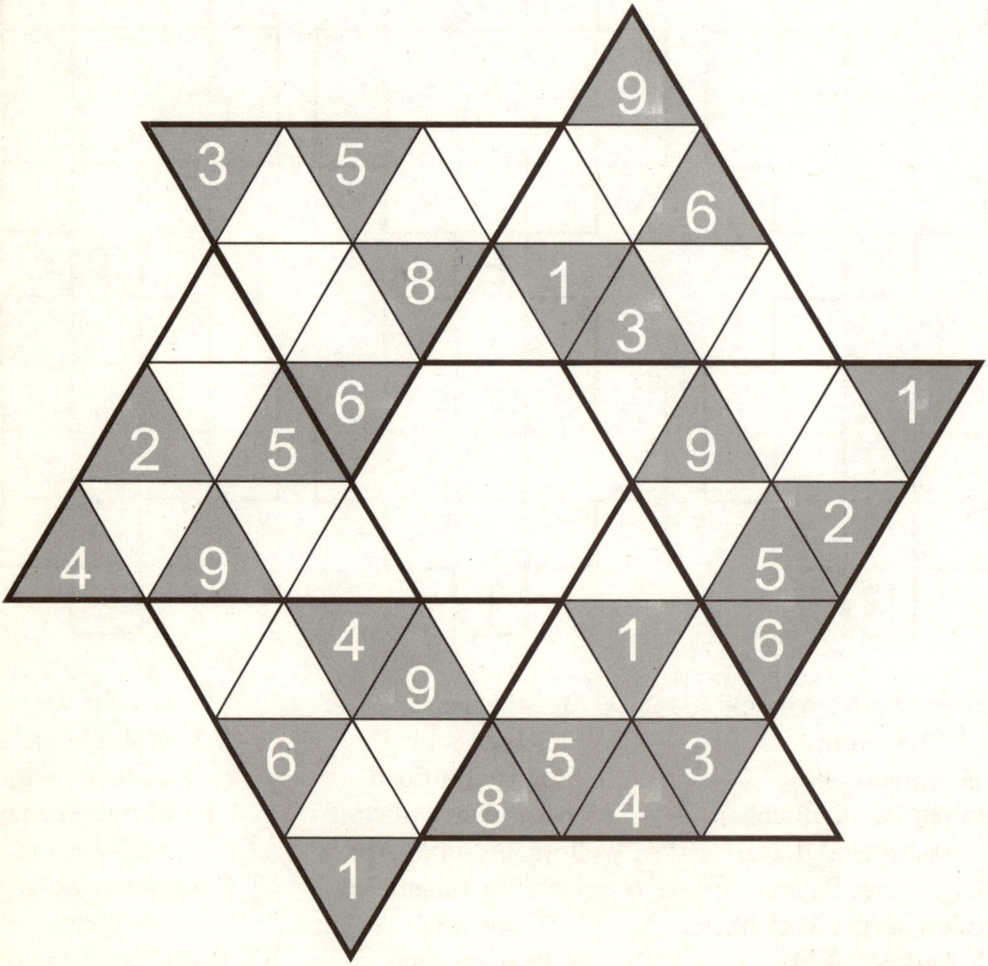

Denkspaß **457**

Blindfeldsuche

★★★ Zeit: ___ Min.

Dieses Buchstabenfeld ist ein normales Kreuzworträtsel. Die Trennfelder sind allerdings durch Buchstaben verschleiert. Finden Sie die Position der Trennfelder heraus. Aus den in den Trennfeldern stehenden Buchstaben ergibt sich, zeilenweise von oben nach unten gelesen, ein Zitat von Johann Wolfgang von Goethe. Als zusätzliche Schwierigkeit gilt hier, dass die Wörter sowohl vorwärts als auch rückwärts verlaufen können.

						R	E	Z	D	E	Z	I	E	B						
				A	F	O	R	D	E	R	N	S	G	L	M	I				
			E	R	U	M	P	F	B	S	E	R	A	B	I	A	T			
		T	H	O	R	N	E	G	O	T	T	E	R	O	T	N	I	T		
	E	R	L	D	E	B	L	A	K	I	O	S	T	C	O	H	A	A	R	
	R	T	E	N	I	E	J	R	I	D	E	I	N	S	S	A	W	K	E	
A	N	C	H	O	V	I	S	R	S	B	F	A	R	C	E	E	U	S	L	O
S	T	O	C	K	C	T	H	H	I	N	A	B	W	H	E	A	K	T	E	N
S	E	R	S	L	N	E	F	U	R	I	Y	C	G	N	I	B	H	O	D	E
E	E	S	U	X	U	L	N	K	A	S	E	L	L	E	R	I	E	R	U	T
D	U	T	T	Z	H	U	K	E	K	S	W	M	A	E	A	T	L	E	E	L
O	L	R	F	S	T	R	O	E	M	E	N	A	R	H	M	U	A	L	F	R
E	S	A	F	T	N	U	N	S	W	I	O	L	U	X	O	R	M	H	A	A
M	U	S	E	U	M	N	T	D	G	R	A	U	S	R	R	E	M	A	R	Y
U	A	S	I	P	S	R	O	B	A	G	C	R	H	L	I	S	A	R	E	A
I	R	T	N	I	B	U	R	T	B	E	B	E	N	O	T	U	N	G	V	M
	O	M	E	D	O	Z	R	D	R	E	I	U	K	H	Z	N	K	D	O	
	T	Z	L	W	Z	A	B	A	I	O	N	E	E	R	I	J	O	B	S	
		A	K	K	U	Z	I	M	A	U	D	R	J	A	N	U	S	U		
			E	L	A	N	E	A	C	S	E	L	A	W	K	D	T			
				U	K	N	O	R	T	E	R	M	V	U	F	O				
						E	N	A	S	M	S	G	A	G						

Denkspaß **458**	Super-Sudoku	★★★☆ Zeit: ____ Min.

In diesem Super-Sudoku sollen die Zahlen 1 bis 16 in jeder horizontalen Reihe, jeder vertikalen Spalte und jedem 4-x-4-Unterquadrat genau einmal enthalten sein.

	12				4	16		10		2	5	1			
5		11	2		15	7	8		6			16			10
			10	3	13			15			16	6		2	
	7	6				1	11		9	8			15	5	
11		10		8		13	3	14				4		15	
	1		9					4			11	7		14	13
13			6	11	7					10			5	1	2
15		5		2		14		1		13	6		8		
		16		7	12		15		1		8		6		14
6	15	4			3					11	7	13			1
2	11		5	1			13					9		7	
	9		1				4	3	13		14		10		11
	3	15			10	5		11	8				12	9	
	6		11	12			7			15	10	3			
7			13			3		5	14	1		8	11		15
			8	13	11		2		12	6				16	

Denkspaß 459 — Einer zu viel

★★ Zeit: ____ Min.

In jedem Kästchen stehen zwei Buchstaben, aber nur einer ist richtig. Durch Streichen eines dieser Buchstaben müssen sowohl waagerecht wie auch senkrecht sinnvolle Begriffe entstehen.

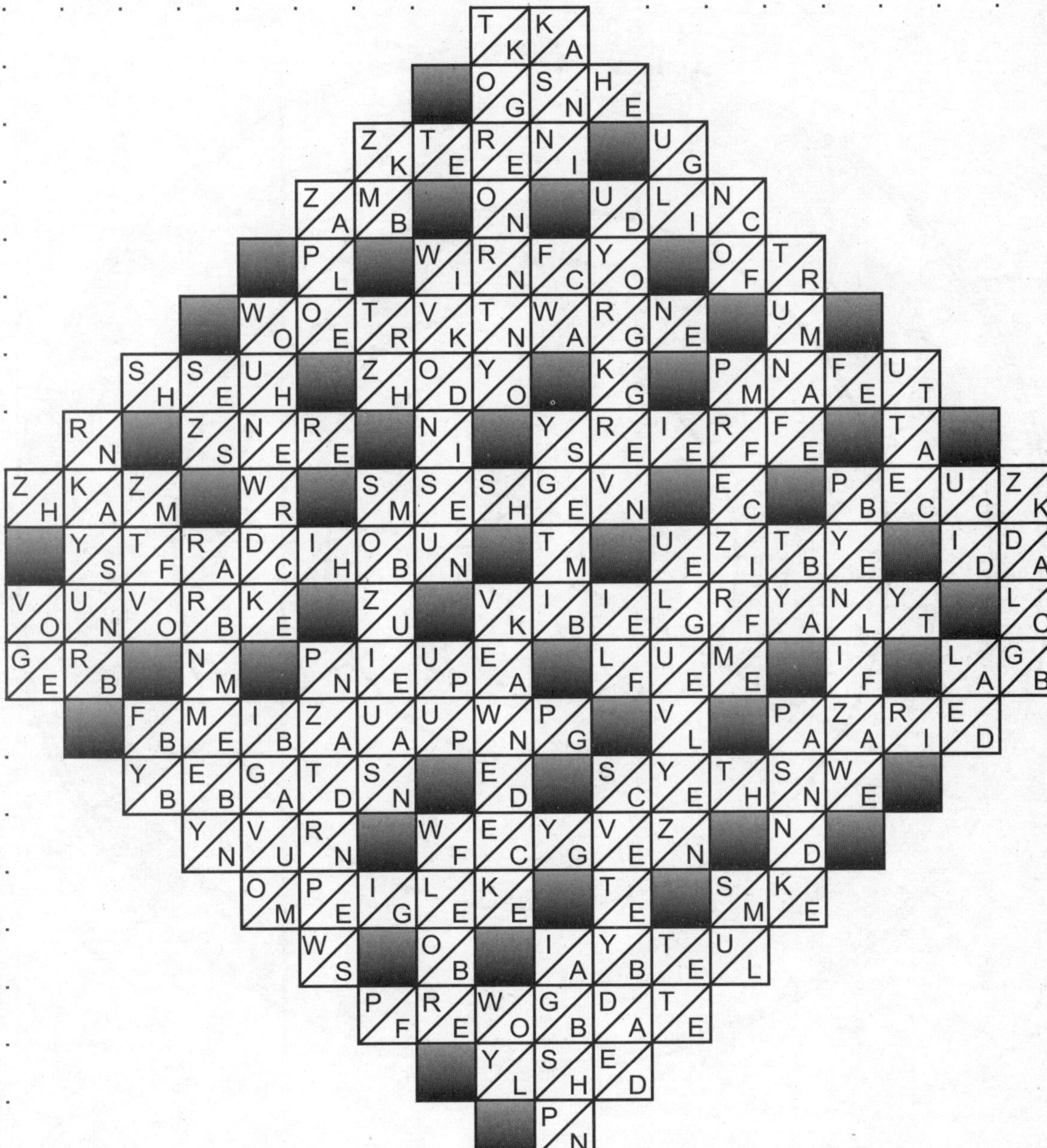

Denkspaß **460**

Sudoku-Kreis

★★★★ Zeit: ____ Min.

Ähnlich wie auch beim klassischen Sudoku müssen die Zahlen 1 bis 9 genau einmal auf jedem Ring, auf jedem „Strahl“ von außen nach innen und auf jedem dick umrandeten Teilstück vorkommen.

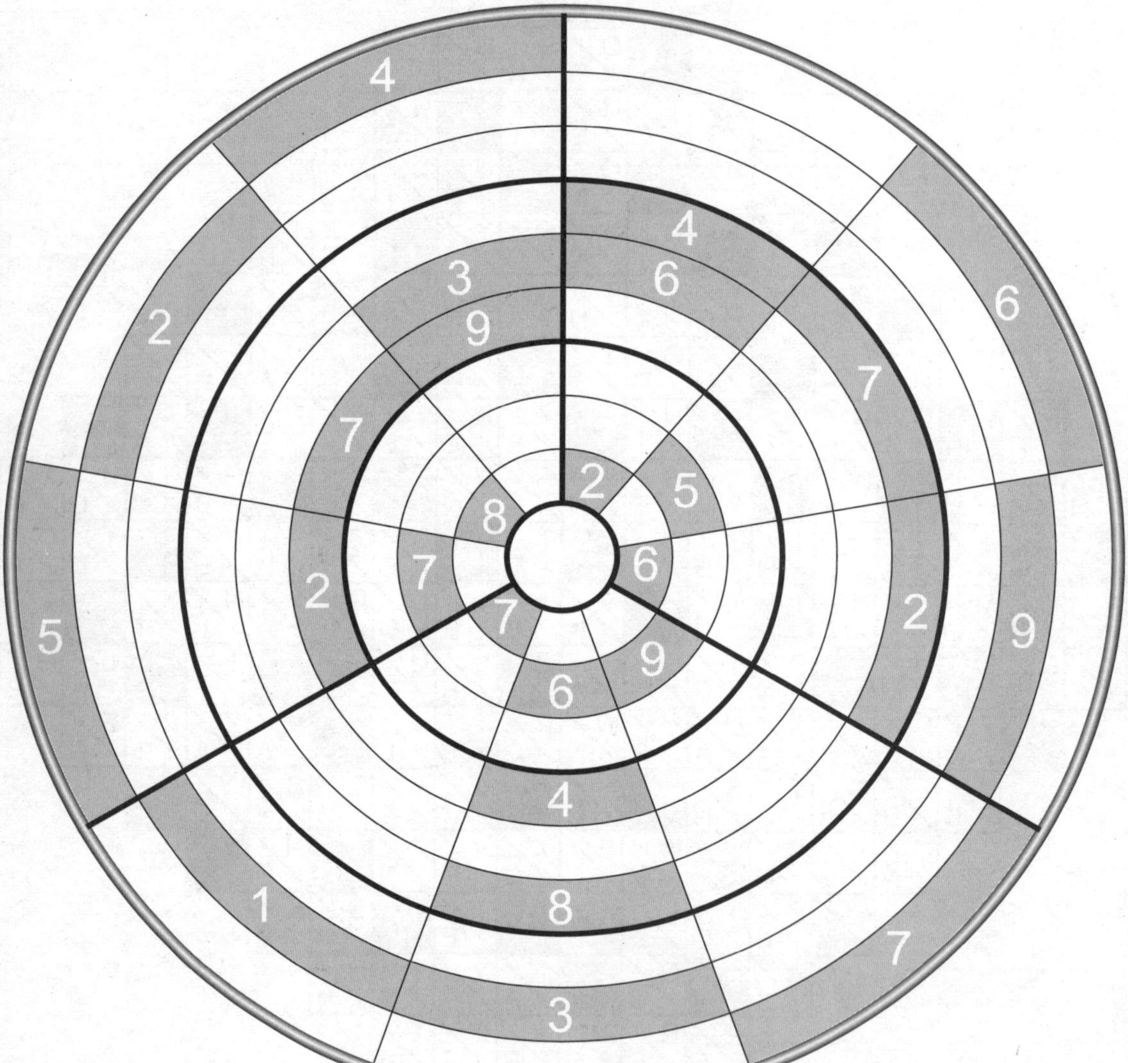

Denkspaß 461 — Silbenschwedenrätsel

★★ Zeit: ___ Min.

Die in den Fragekästchen der Rätselgrafik stehenden Texte müssen gelöst und in Pfeilrichtung eingetragen werden. In jedes Kästchen gehört eine Silbe.

griech. Göttin der Kunst / katholisches Hilfswerk		Wagenschuppen	"Killerwal"	ein Vorderasiat		Schuhschnürband
				gepflegte Grünfläche		
Wüsteninsel	Vorname d. Rennfahrers Häkkinen / die Neue Welt			widerwärtiger Mensch (ugs.) / männliches Haustier		
			Ätzsalz / Hebegerät			Autoschaden
Gewürztunke		kalte Jahreszeit / Ausruf des Staunens			zuerst, zuvor	
				nicht hinten / Küchengerät		
Wasserfahrzeug			Stelzvogel / Sanftheit			Maß der Magnetfeldstärke
ägyptische Grabanlage	waagerechte Segelstange	kleines Gliedertier / Handrührgerät			Vorzeichen	
				Jubelwelle im Stadion (La ...) / Abschiedsgruß		
böser Magier			Wort am Gebetsende / asiatische Großkatze			metallene Spitze
kleiner Teppich	Prognose	Gezeitenstrom / Weintraubenernte			Hallenkirche	
				festes Seezeichen / ehem. "Goldküste" Afrikas		
Athener Königstochter (Antike)			ehem. König Iraks † / Zeitgeschmack	GHA	SI	Hauptstadt des Jemen
		Bild von da Vinci				
indianisches Binsenfloß / Werk eines Malers			DE	bibl. Ort		

Denkspaß **462**

Farbstufen

★★★★ Zeit: ____ Min.

Die fantasievollen Grafiken unten entstammen allesamt den oberen Bildern. Jedes dieser oberen Bilder wurde so verfremdet, dass daraus die unteren Darstellungen resultierten. Können Sie die Originale und die dazugehörigen Verfremdungen einander zuordnen?

1 ☐
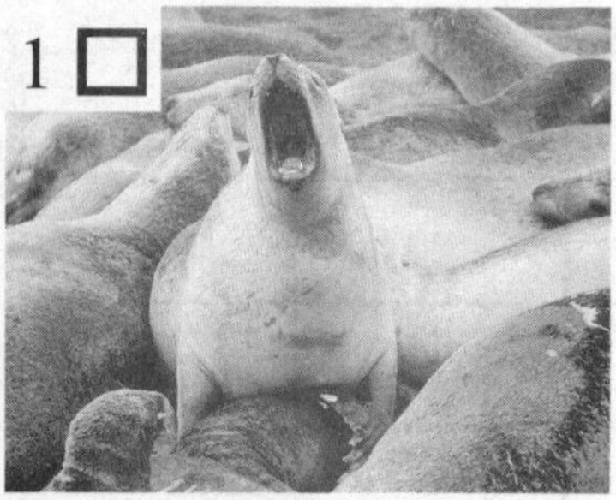

2 ☐

3 ☐

4 ☐
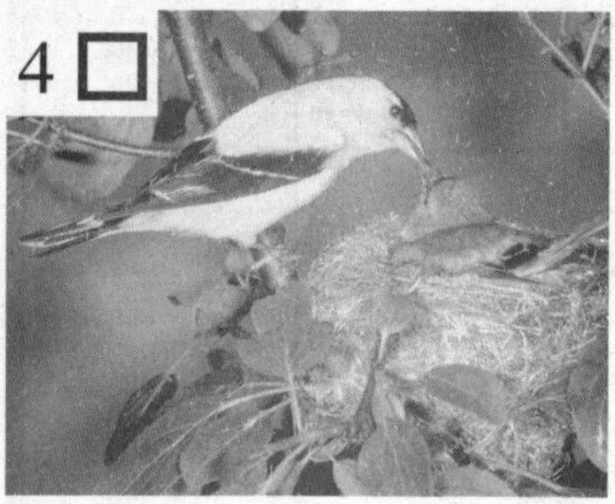

5 ☐

6 ☐

A
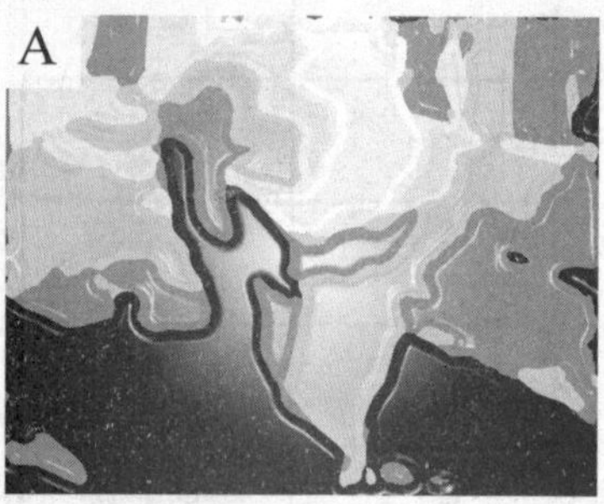

B
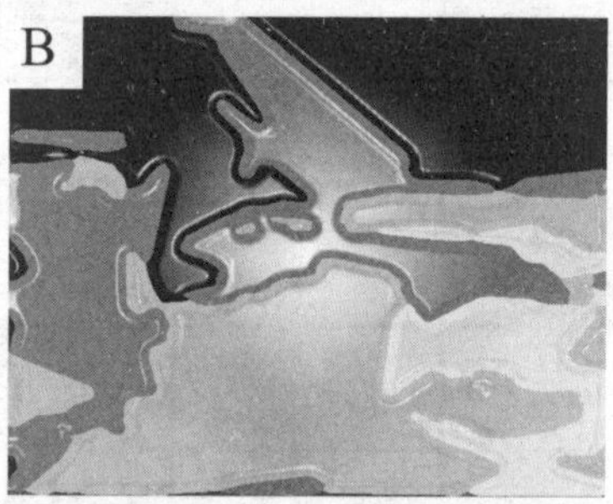

C
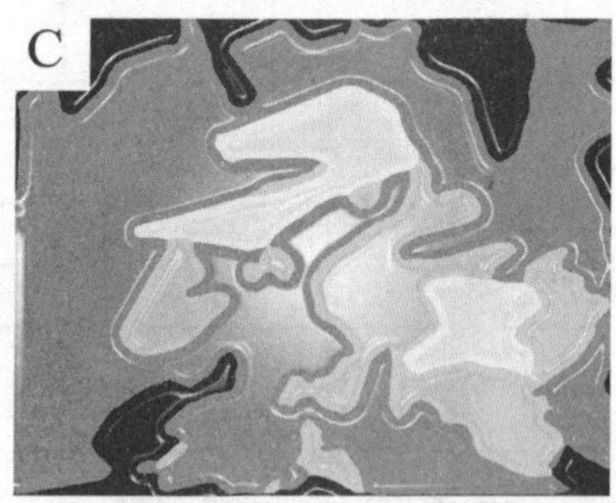

D
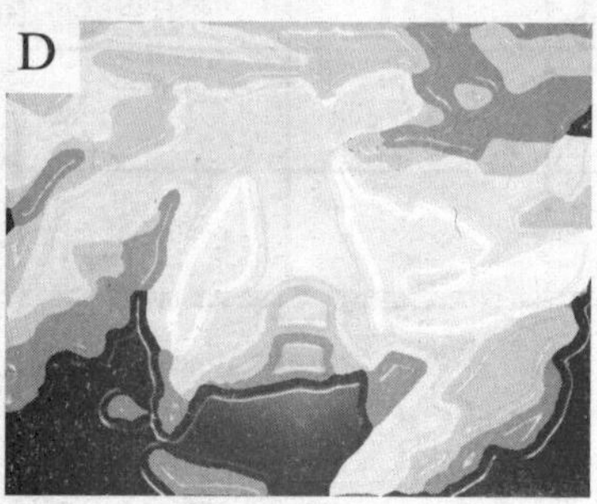

E
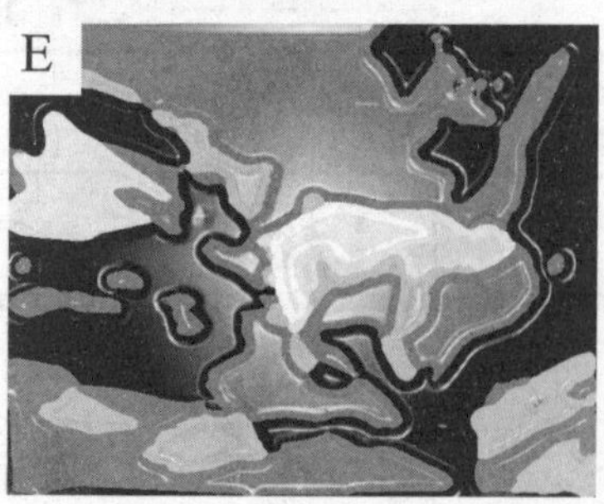

F
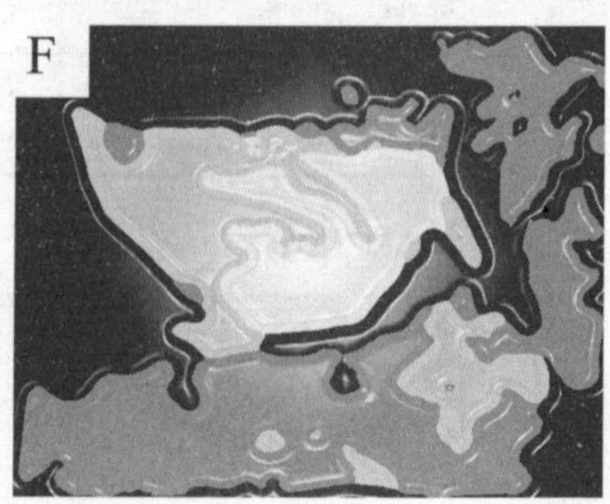

Denkspaß 463 | # 3-D-Sudoku | ★★★★ Zeit: ____ Min.

Beim Würfel-Sudoku sollen alle sechs Seiten die Zahlen 1 bis 16 enthalten. Zusätzlich sollen diese 16 Zahlen in jedem Streifen, der um den Würfel herumläuft, genau einmal enthalten sein. (Es gibt zwölf Streifen, je vier für jede der drei Dimensionen.)

Die Würfelseite ganz unten ist dieselbe wie die Seite ganz rechts. Dass diese Seite zweimal erscheint, soll Ihnen die Lösung komfortabler machen.

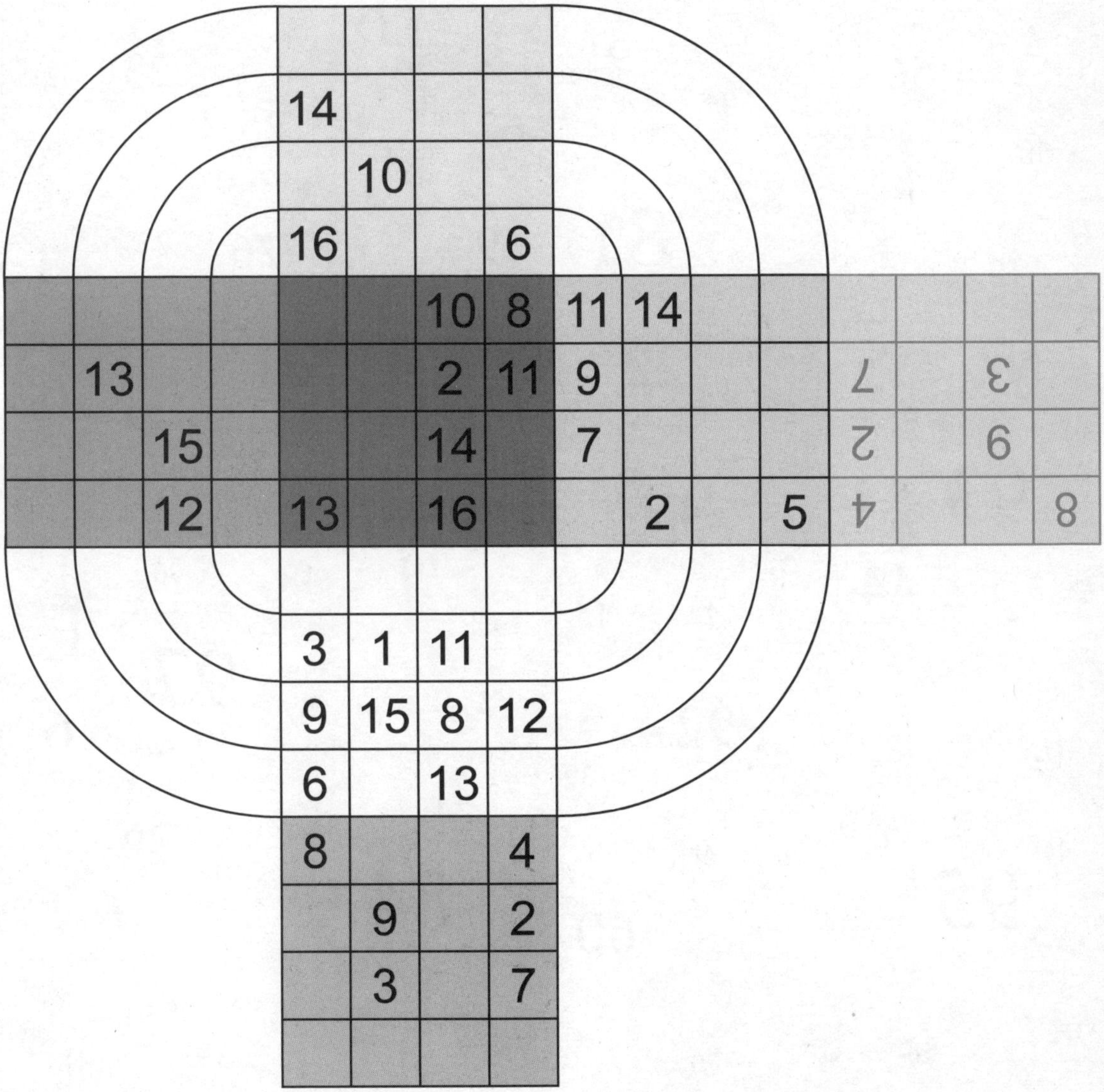

Denkspaß **464**

Von 0 auf 100

★★★ Zeit: ____ Min.

Bei diesem Konzentrationsspiel sollen Sie mit einem Stift die Zahlen von 1 bis 100 möglichst schnell finden und abhaken.

37 31

2 66

67 75 89 80

43 38 100 16

86 11 78

56 91 23 71

94

40 62 25 47 36

32

19 87

77 81 49 26 27 13

10 7

72 55

52 22 30 45 61

98 57 65 68 20

93 28 82

24 35 42 54

85

21 44 79 48 90

5 4 15 63 1

97

76 69

99 59 83

12 92 3 6

39

41 29

64 58

8 9 53

95 84

33 14

60 74

51

46

96 88 50 70 73 34 17 18

Denkspaß 465 | Tierisches Kreuzworträtsel

★★★ Zeit: ____ Min.

Gleiche Tiere bedeuten gleiche Buchstaben. Durch Ausprobieren ist jedem dieser Tierzeichen ein Buchstabe zuzuordnen und in die Rätselgrafik einzutragen. Auf diese Weise soll ein vollständiges Kreuzworträtsel entstehen.

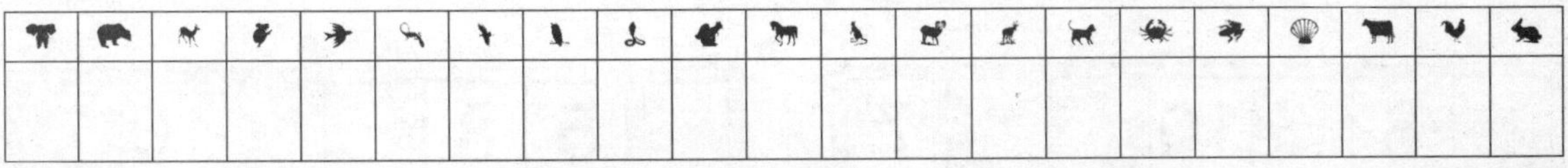

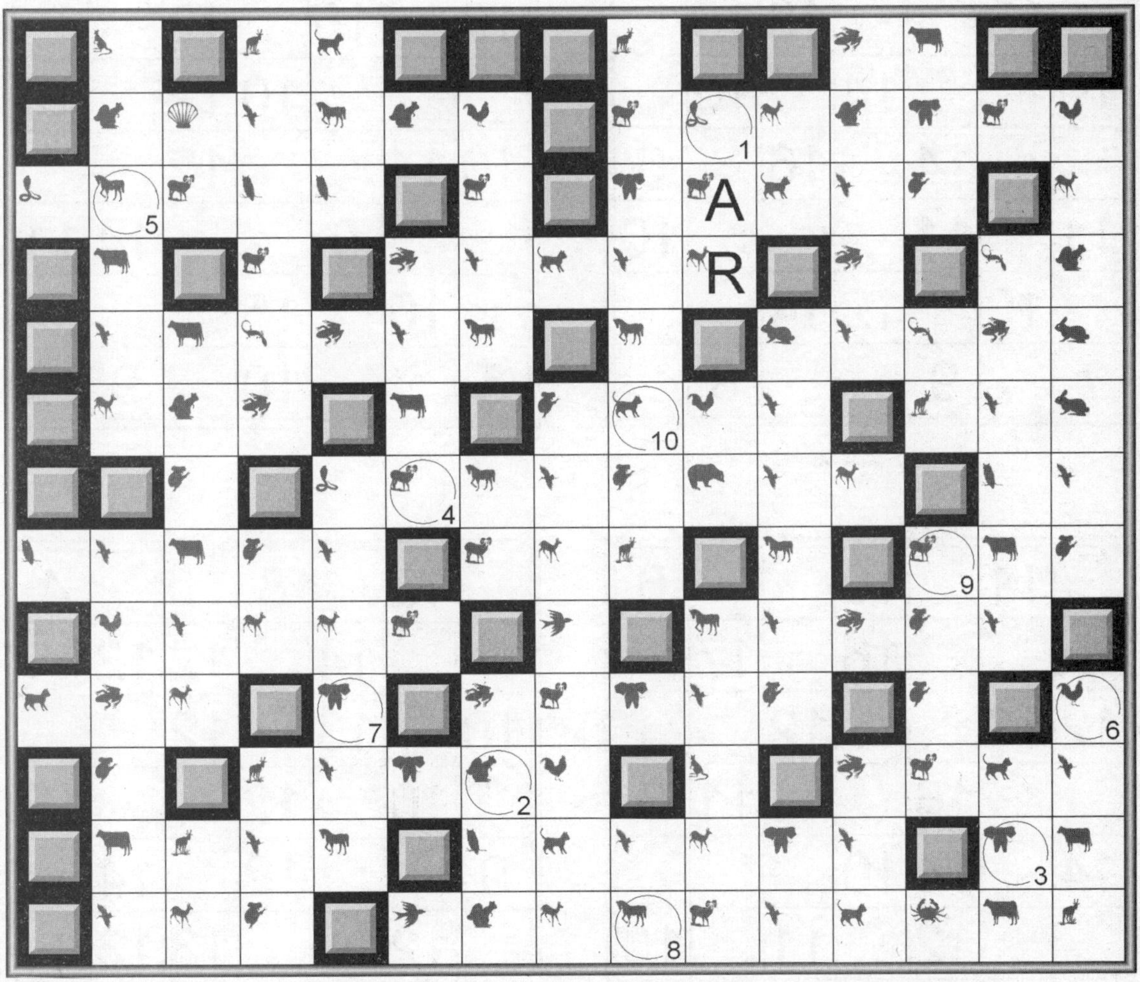

1	2	3	4	5	6	7	8	9	10

Denkspaß **466**

Summen-Sudoku

★★☆☆
Zeit: ____ Min.

Beim Summen-Sudoku müssen die Zahlen 1 bis 4 in die leeren Felder eingetragen werden, wobei die gleichen Zahlen jeweils nur einmal in jeder Zeile und Spalte vorkommen dürfen. Als Hilfe dienen die bereits eingetragenen Zahlen, die die Summe der gesuchten Ziffern in den noch leeren Feldern wiedergeben. Dabei werden alle horizontal, vertikal und diagonal anliegenden Felder berücksichtigt.

	8		10			7
	13			13	15	
10			14		10	
		14		16		6
11		11				10
	10		12	14		
7		9			8	

	5	8			10	
10		15		12		
			10	12		12
10	14			12		
		9			14	11
	16		15			5
5			10		9	

	11		10			6
4			16		17	
12	17			12		
		16			11	8
14		14	10			
		12		11		10
	10			6	6	

	12		8			4
		14		12	12	
10		13		12		
	10		12			12
9			12		14	
	12			13	13	
6		9				4

Denkspaß 467 | Schwedenrätsel

★★★★ Zeit: ___ Min.

Die in den Fragekästchen der Rätselgrafik stehenden Texte müssen gelöst und in Pfeilrichtung eingetragen werden.

- Sprühflüssigkeit
- Entwicklungsabschnitte
- bunte Theatervorstellung
- Fremdwortteil: mit, zusammen
- Filmlichtempfindlichkeit
- Vorname von US-Filmstar Reeves
- Bankrott
- Jetzt-Zustand
- Kurve, Wegbiegung
- Kuh vor dem ersten Kalben
- Kurznarkotikum
- pur, sauber
- süße Backware
- Orgie
- Verlassen eines Landes
- dt. Adelshaus (... und Taxis)
- Strom durch den Irak
- Wohnmöbel
- engl. Name der Themse
- altgriechische Grabsäule
- ausführen
- Osteuropäerin
- gefallsüchtig
- Mühlenprodukt
- inständig bitten
- britische Rockgruppe (Kw.)
- billiges Kleid (ugs.)
- blühende Holzpflanzen
- kurz für: bevor
- Vorname der Meysel †
- Stoff, Materie
- Initialen der Graf
- Brauchtum
- direkte Nachbarschaft
- Vagabunden
- Abk.: Tennisbund
- gewichten, beurteilen
- eurasischer Staatenbund
- Sprengstoff (Abk.)
- Tiroler Kurort
- ostfranz. Departement
- englisch: wir
- tragendes Bauteil
- Heldengedichte
- französisch: sehr
- Vorspeise (... d' œuvre)
- Fechtwaffe
- scheues Waldtier
- erhöhter Fürstensitz
- Abschiedswort
- deutsche Vorsilbe
- Landkartenwerk
- Keimzelle
- Druckvorstufe (Kw.)
- Fremdwortteil: doppelt
- griechische Unheilsgöttin
- betrügen
- Oberfläche unseres Planeten
- Laut beim Öffnen einer Flasche
- Vertreter, Gehilfe

1	2	3	4	5	6	7	8	9	10

Denkspaß 468 — Ziegelrätsel

★★ Zeit: ____ Min.

Die „Rätselziegel“ des ursprünglichen Rätsels sind durcheinandergewürfelt. Durch Ausprobieren sind die Rätselziegel an die richtige Stelle zu setzen, sodass sich daraus wieder ein „normales“ Kreuzworträtsel ergibt.

U	N	S	I	P	A	T	E	R	N	U	S	E	N	A	■	G	■
M	U	T	P	■	V	I	■	E	■	B	■	B	O	T	P	I	E
■	N	■	■	S	U	G	L	U	I	L	E	A	■	I	I	E	R
N	I	S	T	E	T	R	■	P	L	O	R	T	O	R	B	E	E
R	M	■	■	G	■	O	R	F	A	H	■	R	■	A	O	■	T
I	■	I	M	A	N	H	L	E	D	■	B	E	N	■	E	F	E
E	R	S	■	E	R	■	A	■	■	M	I	N	■	Z	R	■	R
■	P	O	E	■	N	A	S	S	R	I	A	■	U	D	■	A	D
N	■	F	■	W	I	R	■	P	■	R	■	M	P	F	L	L	E

									E	R	S						
									■	P	O						
									N	■	F						
									T								
									R								
									E								

Denkspaß 469 Schwede ohne Vokale

★★★★ Zeit: ___ Min.

Die in den Fragekästchen der Rätselgrafik stehenden Texte müssen so mit Vokalen aufgefüllt werden, dass sinnvolle Begriffe entstehen.

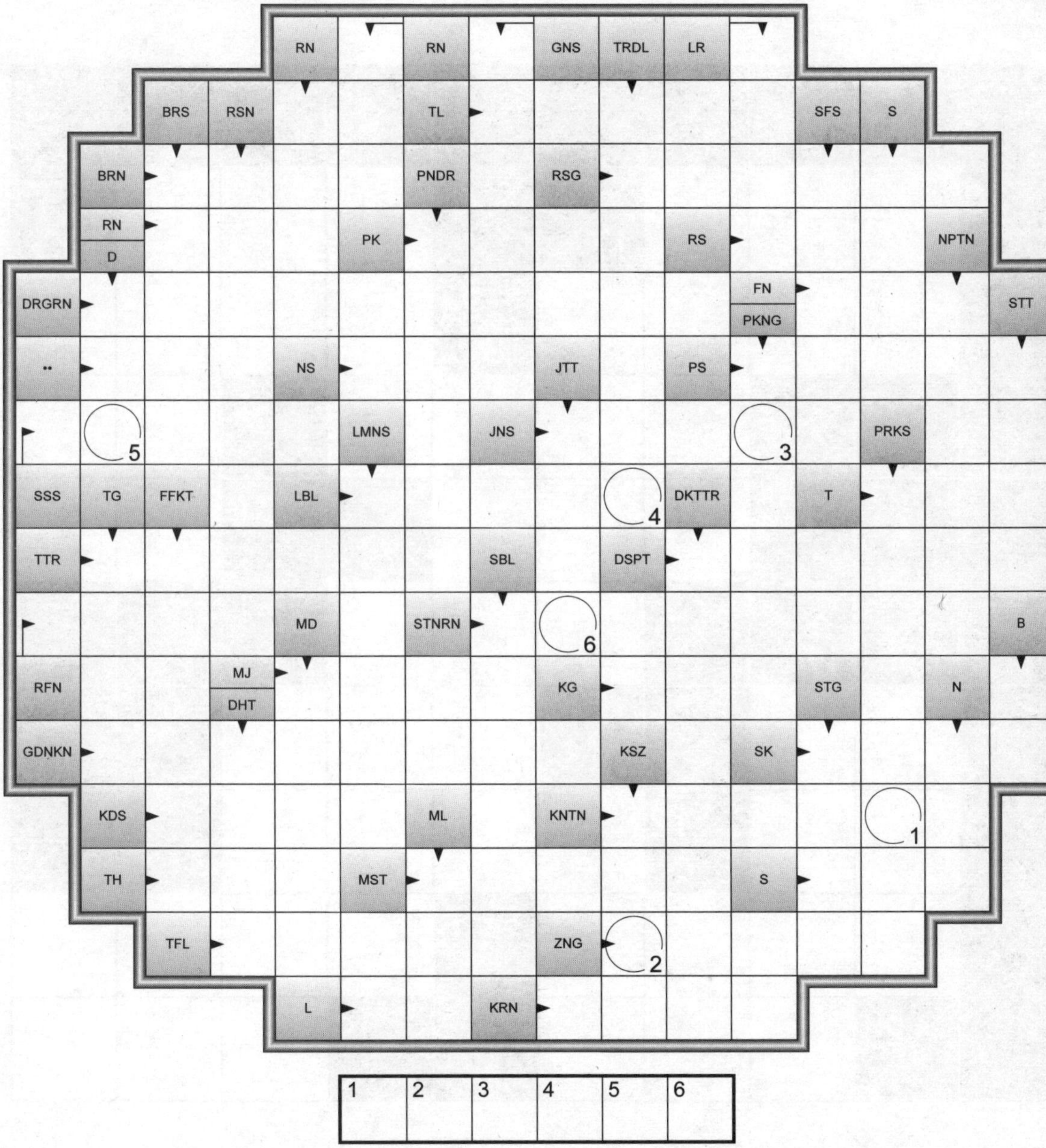

Denkspaß 470 | Kakuro-Quersummenrätsel | ★★★★ Zeit: ____ Min.

Beim beliebten, aber auch schwierigen Kakuro sollen Sie Zahlen von 1 bis 9 in die leeren Felder eintragen. Dabei muss die jeweils links bzw. oben vorgegebene Summe bei jedem horizontalen bzw. vertikalen Zahlenblock berücksichtigt werden. In jedem dieser Blöcke darf eine Zahl höchstens einmal verwendet werden.

Denkspaß **471**	Löchrige Rechnungen	★☆☆☆ Zeit: ___ Min.

In die leeren Kästchen sind Zahlen einzutragen, sodass eine stimmige Rechnung entsteht.

A

	□	5	+		4	□	=		7	□
	+				+				+	
□	6	0	+			□	=	2	6	□
2	□	5	+		□	3	=	3	3	□

B

1	6	□	+	2	5	□	=	4	□	0
	+				+				+	
1	7	□	+	3	□	8	=	5	6	□
3	□	0	+	6	□	3	=	□	8	3

C

	□	0	+	3	□	8	=	□	8	8
	+				+				+	
	□	1	+	4	8	□	=	5	□	0
	□	1	+	8	□	7	=	8	9	□

Denkspaß **472**

Motiv-Sudokus

★★★★ Zeit: ____ Min.

Bei diesem Rätseltyp sind die Zahlen 1 bis 9 in die leeren Felder der Grafik einzutragen, wobei sich jede dieser neun Zahlen genau einmal in einem Neunerblock, genau einmal auf jeder Horizontalen und genau einmal auf jeder Vertikalen befinden soll.
Das Schöne an diesen Sudokus: Die Anordnung der vorgegebenen Zahlen ergibt jeweils ein Bildmotiv.

		9	1		7	5		
	1	6	5	4	3	8	7	
7	5			8			6	3
4	9						1	2
3	6						4	5
	7	2				9	8	
		5	6		4	2		
			8	7	2			
				1				

5				4				9
	7		8	2	9		3	
		4	3		5	6		
	6	5				3	8	
4	8						5	2
	1	2				7	4	
		8	2		1	4		
	3		7	5	4		6	
6				8				5

		5	3		7	8		
	3	2	8	1	4	6	7	
7	8			6			2	4
1	5						3	9
4	2						1	8
	7	9				5	6	
		8	2		1	9		
			6	7	9			
				3				

Denkspaß 473 Wörterkreuzungen

★★★★
Zeit: ____ Min.

Durch Kombinieren sind alle unten aufgelisteten Wörter in das Gitter einzutragen. Zur besseren Übersicht sind diese Begriffe bereits nach ihrer Buchstabenanzahl geordnet.

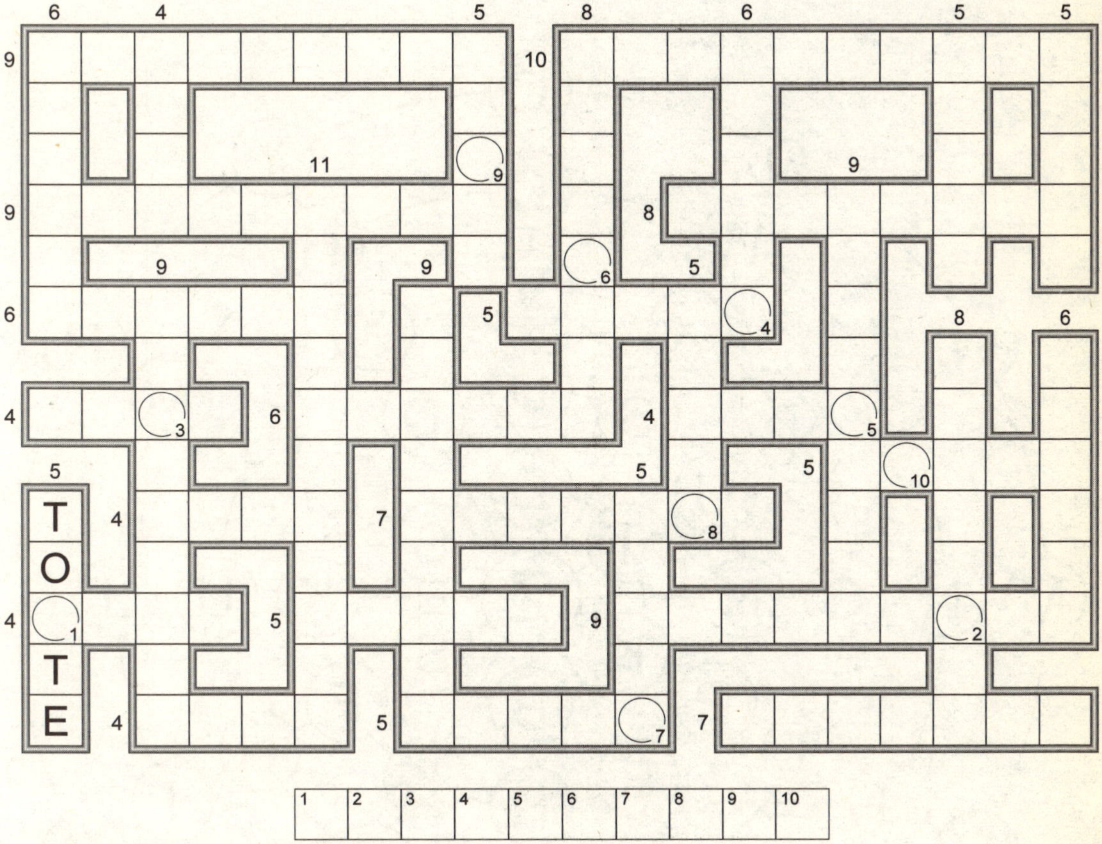

4 ENGE, FOND, KODE, MUSE, RUHR, RUTH
5 CHAOS, EDLER, EIGER, EVITA, EXOTE, INFUL, MARNE, NASAL, RAMME, TOFTE
6 GERAET, HOERER, STEIGE, STREBE, TAUSCH
7 ANSTIEG, STRIPPE
8 DINGWORT, FALLREEP, SCHIKANE
9 EIDERENTE, FRUEHBEET, GLORREICH, STEINBUTT, TAMARISKE, VERGANGEN
10 SKISTOECKE
11 BARYSPHAERE

Denkspaß **474**

ABC-Verfolgung

★★★★
Zeit: ____ Min.

Bei der ABC-Verfolgung ist jeder Buchstabe des Alphabets in der Reihenfolge des Alphabets anzuspringen, wobei man sich auf den Linien (Kreisringen und Strahlen) bewegen muss, das Zentrum dabei aber nicht durchschreiten darf.

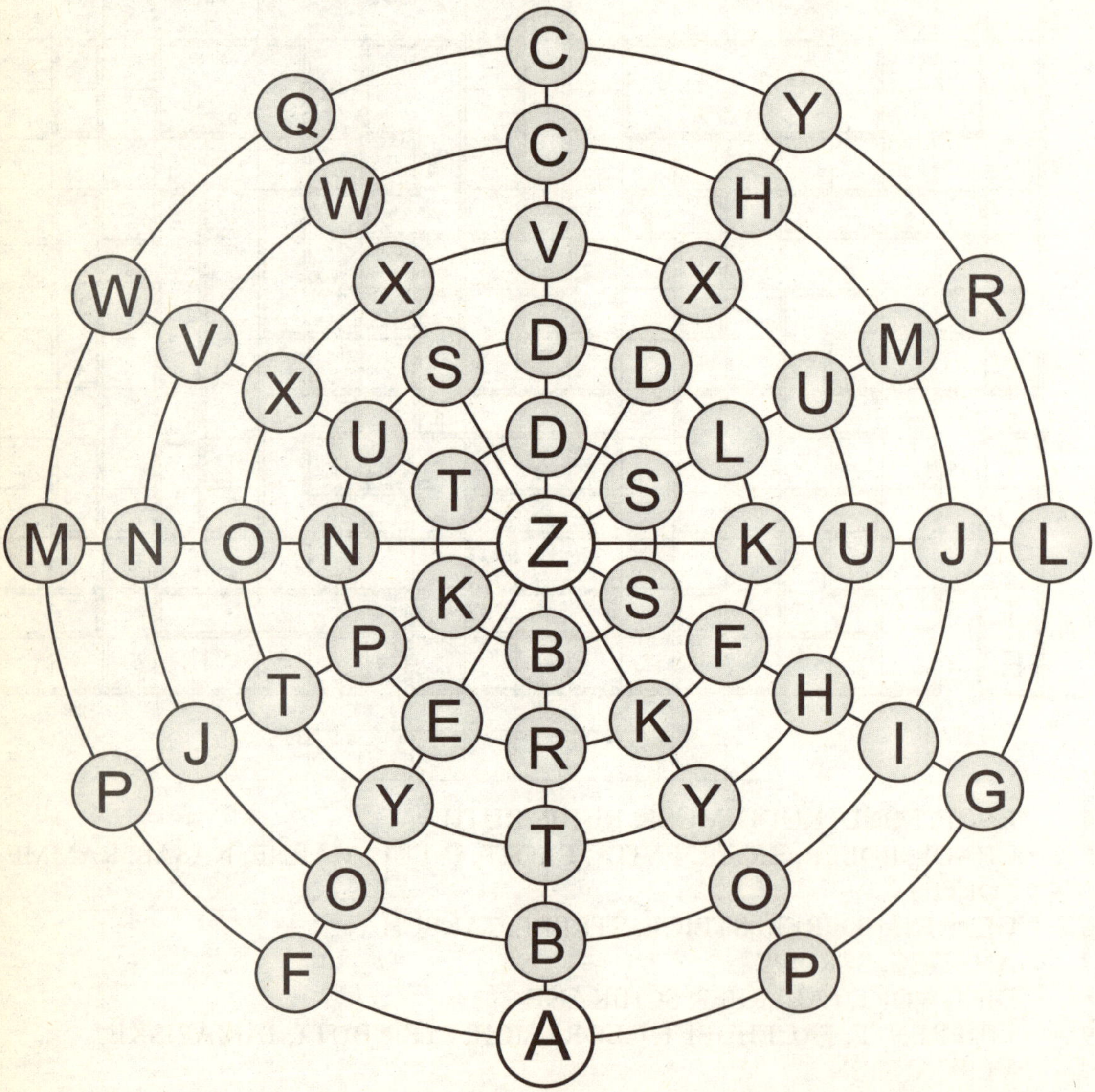

Denkspaß 475 — Kreiskette

★★★★ Zeit: ___ Min.

Bei der Kreiskette sind die Fragen zu lösen und – über der entsprechenden Zahl beginnend – im Uhrzeigersinn in die Grafik einzutragen.

1. Fahrzeug abstellen, 2. Abitur der Schweiz, 3. „harte" Fremdwährung, 4. Hauptstadt d. Philippinen, 5. Schutzschicht auf Kupfer

Denkspaß 476 — Wörtergleichung

★★★★ Zeit: ___ Min.

Ersetzen Sie die Buchstaben durch die gefragten Begriffe, sodass die jeweilige Wörtergleichung eine sinnvolle Lösung bzw. ein sinnvolles Lösungswort erhält.

$$(a - b) + (c - d) + (e - f) + (g - h) + (i - j) + (k - l) + (m - n) = X$$

---

a = Rechtsanwalt, b = Fußrücken, c = verborgen, d = Domizil, e = Sitz im Parlament, f = Marinedienstgrad, g = früher Vorfahre, h = radioaktives Metall, i = Beerenfrüchte, j = schmelzen (Schnee), k = Poet, l = undurchlässig, m = „Erwachsene" bei Kindern, n = edles Pferd, X = die Schlusslösung

Denkspaß 477 | Durchzähl-Sudoku

★★☆☆ Zeit: ____ Min.

Tragen Sie in dieses Sudoku Zahlen von 1 bis 9 ein, wobei jede dieser Zahlen in jeder Reihe, in jeder Spalte und in jedem 9er-Block genau einmal enthalten sein muss.
Als Zusatzregel gibt es hier Zahlen in Pfeilen außerhalb des Rands. Diese Zahlen geben an, wie viele „Durchzähltreffer“ es in der betroffenen Reihe gibt. Das erste Feld bekommt also die 1, das zweite die 2 usw. Stimmt nun eine Zahl im Sudoku mit der durchgezählten Nummerierung überein, so ist dies ein „Durchzähltreffer“. Eine 4 im vierten Feld (in Pfeilrichtung) wäre ein Durchzähltreffer, ebenso wie eine 7 im siebten Feld usw.

	2	0	0	1	1	1	3	0	1	
1	5			1				7		0
2		9	4				2			1
2				9			3	5	6	2
0					1		6		2	0
0										0
2	3		1		6					0
1	6	8	5			7				3
1			3				8	6		0
0		1				2			3	3
	1	1	0	0	2	0	1	0	4	

Denkspaß **478**

Nur einer fehlt

★★★★ Zeit: ____ Min.

Nur einer fehlt ist ein einfaches Geduldspiel. In jedem der Kästchen befinden sich 25 unterschiedliche Buchstaben des Alphabets – es fehlt also in jedem Kasten ein Buchstabe. In allen 25 Kästen fehlen 25 unterschiedliche Buchstaben, der dann fehlende Buchstabe ist die Schlusslösung.

H	S	E	N	V
K	T	Z	Q	I
Y	B	P	A	F
C	R	J	O	X
W	M	D	L	G

H	W	M	E	K
F	Y	G	J	P
V	Z	A	O	X
D	N	U	B	I
S	R	T	L	C

I	S	R	V	P
L	D	Q	K	C
T	Z	M	J	W
B	N	G	A	H
U	F	Y	X	E

U	Z	G	O	A
L	H	M	I	W
C	P	Y	R	K
J	N	E	Q	F
V	D	X	B	S

S	A	U	Q	L
P	W	T	X	K
H	F	J	M	R
D	Z	E	C	I
N	Y	O	V	B

G	S	I	W	P
Z	K	H	C	O
U	N	J	Q	E
A	Y	M	V	T
R	L	X	F	D

H	T	A	R	V
Z	M	D	I	P
W	X	Q	J	K
E	C	L	G	U
O	B	F	N	S

C	S	R	X	J
G	L	P	N	Y
T	M	E	B	F
I	W	Z	O	D
U	Q	A	H	V

A	K	T	D	X
G	H	R	C	V
S	O	M	N	E
Y	F	U	L	P
I	Q	W	J	B

Z	N	Q	P	A
U	W	O	B	G
F	I	X	C	Y
J	K	D	S	R
M	H	L	T	V

E	N	Q	D	G
O	T	C	V	H
A	X	U	P	Z
Y	S	F	J	I
R	L	B	W	K

J	G	F	Y	E
T	K	N	X	I
V	W	U	Q	P
Z	A	C	R	B
S	O	M	L	D

T	D	Y	X	G
E	H	O	M	U
B	P	Q	F	L
V	I	Z	R	S
J	N	C	A	K

R	U	S	W	F
Z	L	G	J	V
X	T	A	Q	E
H	C	Y	K	M
B	O	I	P	N

K	W	U	N	J
B	Z	T	G	R
C	O	S	P	M
X	A	H	Q	V
E	I	F	Y	D

E	Z	H	P	Y
J	O	R	W	F
L	K	S	C	D
Q	I	T	N	X
G	U	B	M	A

L	K	Q	E	B
O	C	W	R	A
S	Z	P	D	G
J	V	F	M	U
N	X	Y	T	H

R	P	X	I	W
U	E	O	C	Q
D	J	G	H	F
T	K	N	Y	B
M	L	Z	A	V

S	X	Y	R	G
O	Z	W	M	P
K	A	H	E	B
C	V	F	Q	U
T	I	N	L	D

U	O	Y	S	F
Z	R	J	E	L
I	N	D	V	X
T	W	B	H	Q
A	K	M	C	G

A	C	M	D	I
X	Y	B	L	T
W	U	R	F	S
E	V	H	J	K
Z	G	P	O	Q

P	G	T	C	A
O	F	V	S	J
I	M	W	Z	E
B	N	U	L	D
H	K	R	Y	Q

C	K	V	U	B
J	R	T	X	O
S	N	P	A	E
W	M	Z	G	I
Y	D	Q	L	H

C	B	P	O	U
I	A	L	S	Y
V	E	G	Q	X
K	M	Z	T	D
W	J	H	F	N

Q	G	H	W	R
U	N	C	M	D
Y	F	V	Z	B
K	J	I	X	S
L	E	O	T	P

Denkspaß 479 | Rechenschwede | ★★★ Zeit: ____ Min.

In die leeren Felder der Rätselgrafik sind Zahlen von 1 bis 9 einzutragen, sodass die Summe aller Zahlen eines „Wortes“ der Zahl entspricht, die in dem Feld steht und das „Wort“ definiert. Anders ausgedrückt, die Zahl, die in den Fragekästchen steht, muss in „kleinere“ Portionen aufgeteilt und in Pfeilrichtung eingetragen werden.
Bei diesem Rätsel gibt es mehrere Lösungsmöglichkeiten.

Denkspaß 480 | Endlos-Kruzzle

★★★★
Zeit: ___ Min.

Die in den Fragekästchen der Rätselgrafik stehenden Texte müssen gelöst und in Pfeilrichtung eingetragen werden – bei Definitionen ist das Lösungswort zu erraten, bei geschüttelten Begriffen ist durch eine Neuordnung ein sinnvoller Begriff „herzustellen“. Begriffe enden bei Endlosrätseln jedoch nicht zwangsläufig am Rand eines Rätsels, sondern können auf der jeweils anderen Seite weiterlaufen.

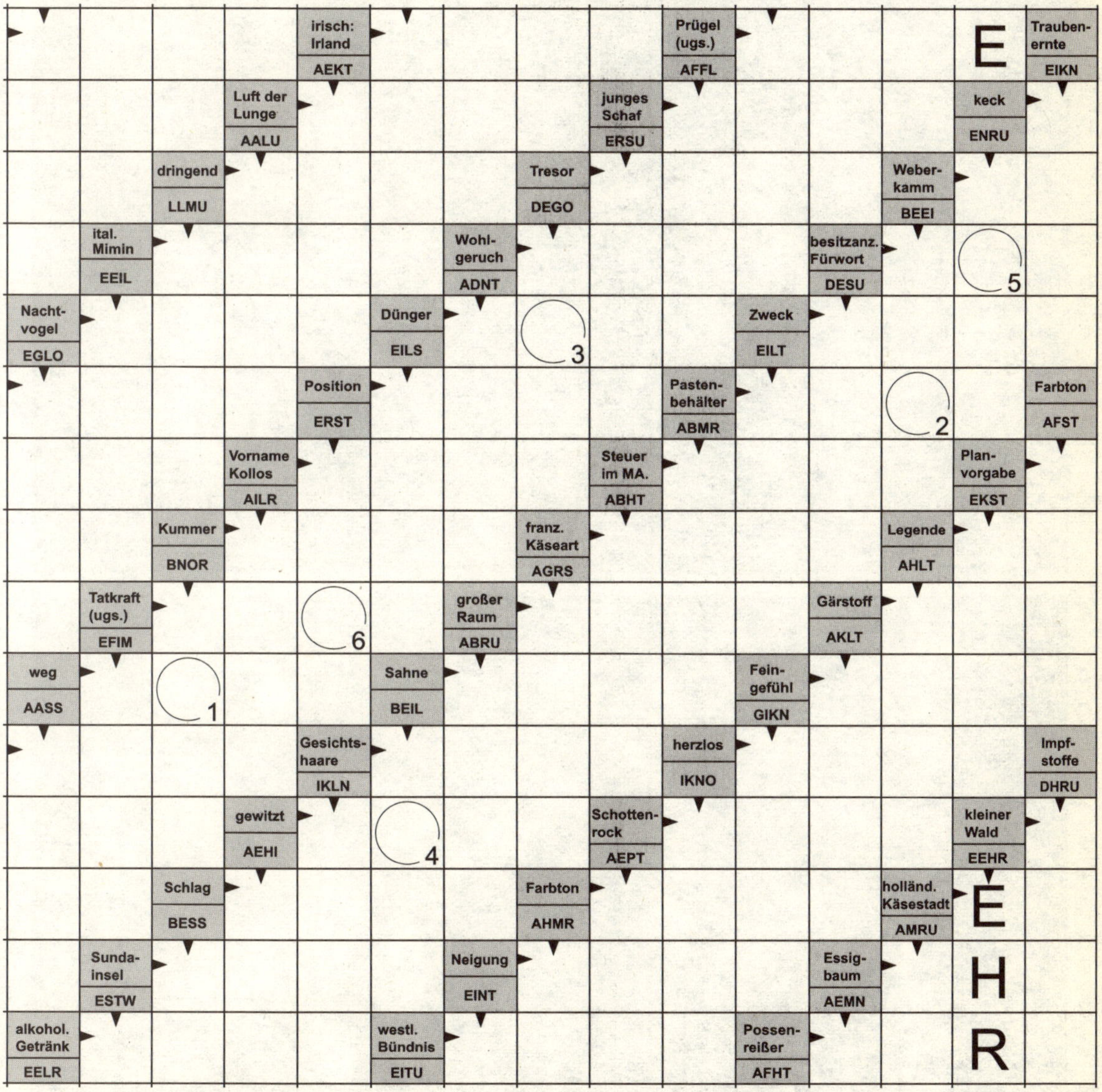

1	2	3	4	5	6

Denkspaß 481 | Blick in den Himmel

★★★☆ Zeit: ____ Min.

In dieser Gedächtnisübung sollen Sie sich alle Zahlen und deren Positionen im oberen Bild gut einprägen. Dann decken Sie dieses obere Bild bitte ab und tragen im unteren Bild die fehlenden Zahlen ein. Achtung: Das untere Bild ist gespiegelt!

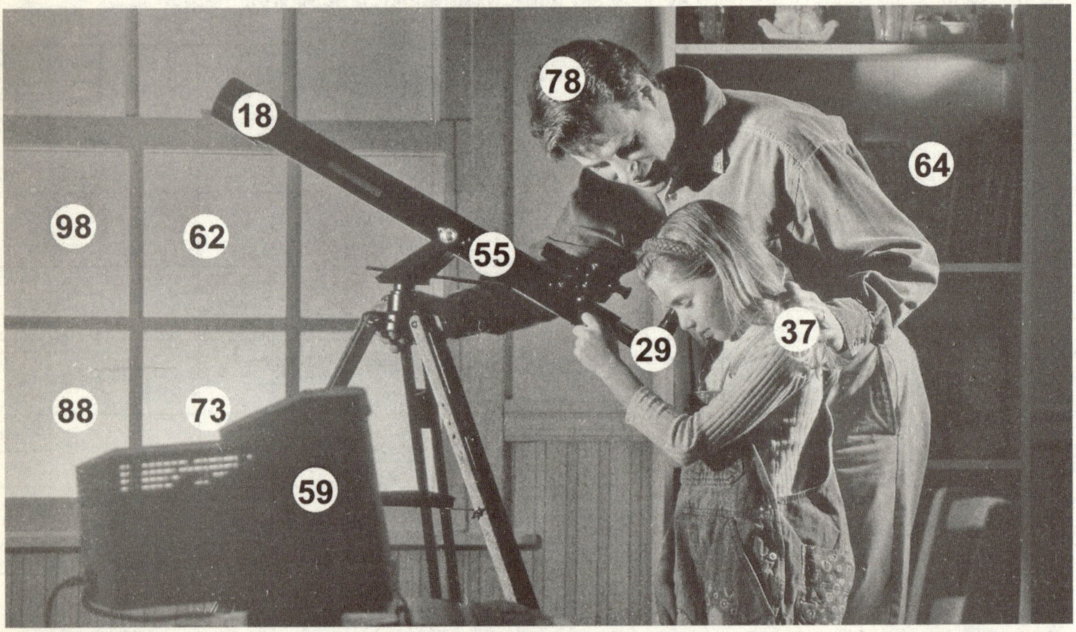

Denkspaß **482**

Brückenrätsel

★★★ Zeit: ____ Min.

Beim Brückenrätsel müssen Brückenwörter gefunden werden, die die Begriffe in der linken Spalte ergänzen, sodass sie neue sinnvolle Wörter ergeben. Gleichzeitig den Begriffen der rechten Spalte vorangestellt und bilden mit diesen ebenfalls neue sinnvolle Begriffe.
In der mittleren Spalte entsteht so bei richtiger Lösung ein Sinnspruch.

TOTAL		ERSATZ
STERN		ZIMMER
OBST		MOND
KURS		RUNDE
WASSER		KOENIG
SEGEL		HAFEN
SCHADEN		SINN
TRAUBEN		BUCH
LESE		KAMPF
RAUSCH		SCHLANGE
ZIER		OTTER
ZIFFER		LAUS
ABER		FIGUR
WIEDER		STAG
EINZEL		GEBIET
NAGEL		SCHUH
WEIT		GRENZE
FOCK		KORB

Denkspaß 483 | Selfmade-Rätsel | ★★★★ Zeit: ____ Min.

Die unter der eigentlichen Rätselgrafik stehenden Kästchen müssen gelöst werden. Da die Kästchen aber ungeordnet vorliegen, muss erst die genaue Position des gelösten Begriffs ermittelt werden. Dann kann ein Wort in die Rätselgrafik eingetragen werden. Wenn in den Kreisen der Rätselgrafik Zahlen stehen, so zeigen sie an, dass das Textkästchen mit der entsprechenen Zahl unterhalb der Grafik dem Kästchen in der Grafik zugeordnet werden muss, also der gelöste Begriff dort in Pfeilrichtung einzutragen ist.

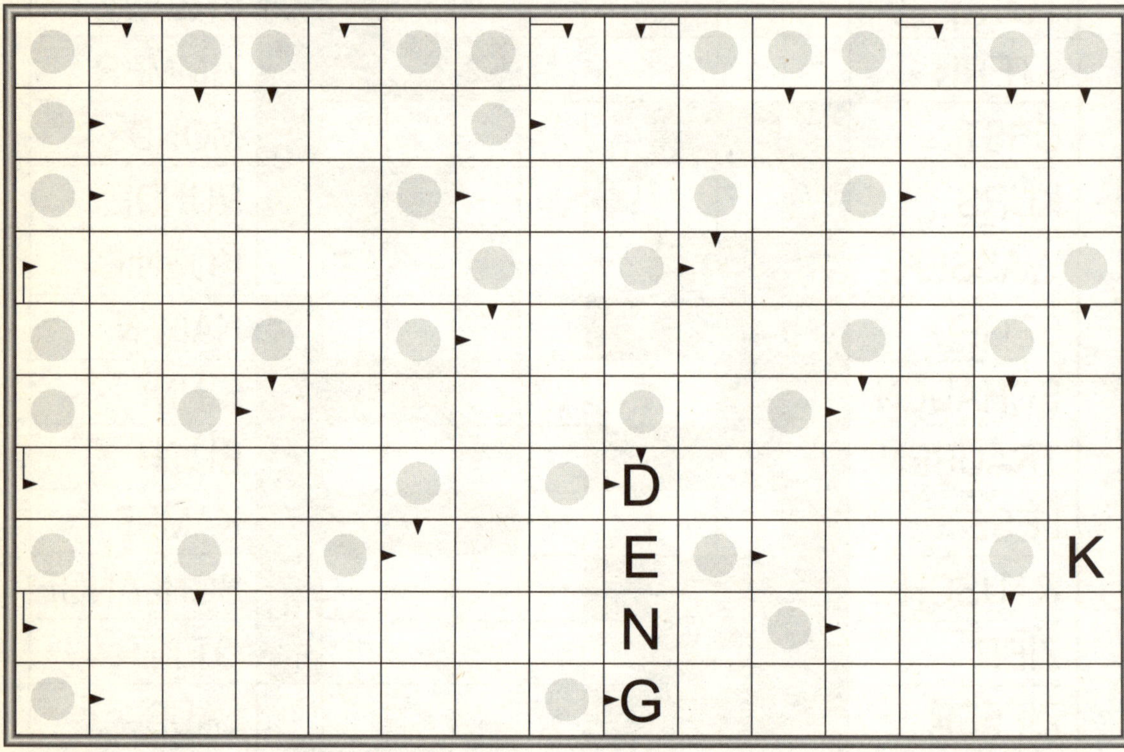

1 Fußstoß
2 italienisch: drei
3 Gezeitenstrom
4 in guter Kondition
5 winzige Menge
6 nichts Böses
7 Haschisch (ugs.)
8 französisch: er
9 erlaubt sein
10 Frauenkurzname
11 deutsche Airline (Abk.)
12 Gestalt, Muster
13 int. Kfz-K. Trinidad und Tobago
14 Fahndungsdokument
15 dicker Haarknoten
16 Jazzgesangsstil
17 loyal, ergeben
18 Abk.: Europarat
19 griech. Opernsängerin (Maria)
20 Lurchtier
21 Präposition
22 abstoßend
23 Staat in Südamerika
24 Antilopenart
25 kreisrunde Stütze
26 bestimmter Artikel
27 Ruin
28 chin. Politiker (Xiaoping) †
29 Konsonant
30 ‚Irland' in der Landessprache
31 Wahlübung beim Sport
32 lähmende Furcht
33 französische Atlantikinsel
34 Bergweide
35 abwägend
36 absolut jeder
37 Gestell zum Rösten
38 Satzzeichen (Mz.)

Denkspaß 484 | Zahnräder

★★★ Zeit: ____ Min.

Das schwarze Zahnrad rechts unten dreht sich in Pfeilrichtung. In welche Richtung (A oder B) dreht sich das Rad am anderen Ende?

Denkspaß **485** | **Tiergruppenrätsel** | ★★★ Zeit: ____ Min.

Ein Symbol steht jeweils für drei Buchstaben bzw. für zwei Buchstaben und das Blindfeld. Sämtliche unten aufgeführten Wörter sind in die Grafik einzutragen. Durch Ausprobieren und unter Mithilfe des Symbolschlüssels kann die richtige Position ermittelt werden.

A	B	C	D	E	F	G	H	I
J	K	L	M	N	O	P	Q	R
S	T	U	V	W	X	Y	Z	■

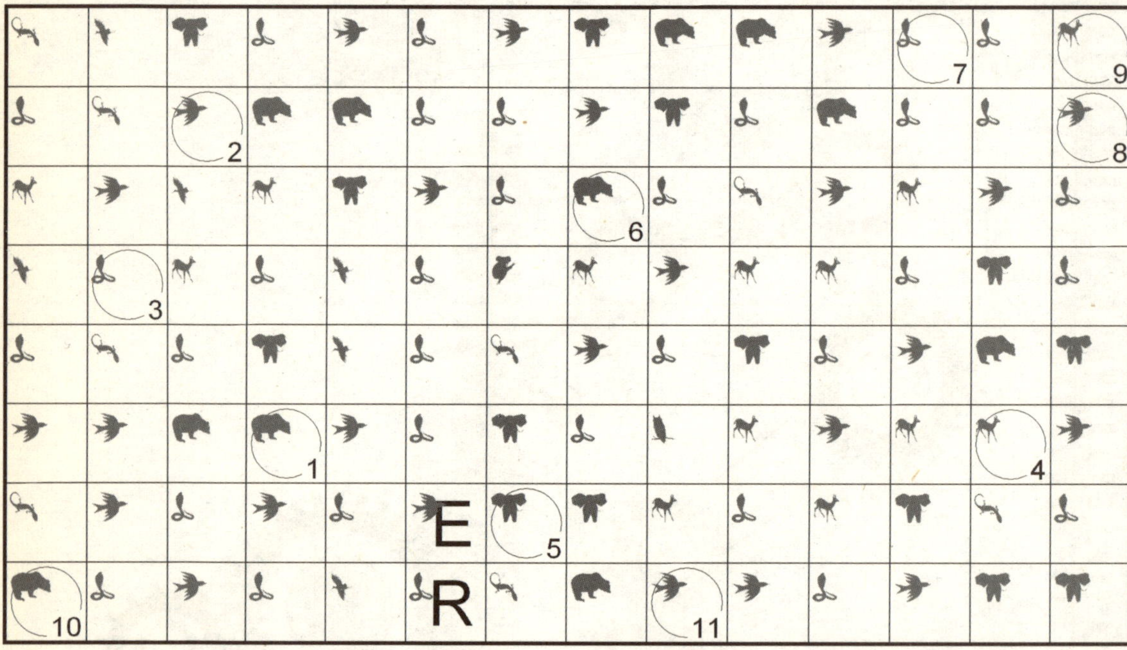

1	2	3	4	5	6	7	8	9	10	11

Waagerecht:
ON - ESAU - LAO - PIU - QUELLE - ERPROBEN - OPS - NSA - INS - FETT - FEUER - EINAKTER - MUELL - RE - SPION - WETTE - LEGUAN - ETA

Senkrecht:
ETAPPE - ER - AE - STER - AB - CER - EKEL - SEGU - ANTUN - TU - FLAU - RESTLOS - QUE - WOK - MOSSO - EL - KS - ELAN - LP - PFEIFEN - NI

Denkspaß **486** | # Blindfeldsuche | ★★★☆ Zeit: ____ Min.

Dieses Buchstabenfeld ist ein normales Kreuzworträtsel. Die Trennfelder sind allerdings durch Buchstaben verschleiert. Finden Sie die Position der Trennfelder heraus. Aus den in den Trennfeldern stehenden Buchstaben ergibt sich, zeilenweise von oben nach unten gelesen, eine Redensart. Als zusätzliche Schwierigkeit gilt hier, dass die Wörter sowohl vorwärts als auch rückwärts verlaufen können.

						G	A	T	H	K	A	W	I	B						
				A	N	E	L	H	E	U	F	E	D	T	O	M				
			T	S	I	P	P	E	E	E	M	N	E	H	C	O	R			
		I	D	E	E	A	H	N	U	L	T	R	A	M	A	R	I	N		
	I	G	A	H	M	G	A	S	T	T	N	I	L	A	N	G	A	O	G	
	X	E	A	N	N	O	S	T	O	D	O	H	V	N	O	I	L	I	I	
T	I	E	H	I	E	R	F	E	P	L	G	E	N	O	M	E	C	E	E	I
B	O	U	R	G	I	T	N	E	I	N	E	G	F	I	A	S	E	N	T	A
A	N	E	R	L	S	I	V	L	E	L	I	E	S	T	E	T	W	Y	A	M
G	I	R	Y	T	A	S	E	L	I	E	S	U	E	A	H	E	G	N	L	S
E	L	O	P	C	T	H	T	I	L	L	L	N	U	R	A	L	F	O	B	I
B	L	D	O	T	Z	R	A	R	E	B	O	S	N	E	H	E	K	T	O	N
N	N	E	P	E	A	A	R	G	E	U	C	R	E	U	E	N	H	U	T	A
N	E	O	H	C	S	E	I	N	R	O	J	A	M	D	P	A	N	A	Y	Z
E	H	S	N	K	N	S	E	K	U	D	K	N	O	E	I	R	E	E	G	E
N	I	N	L	E	B	E	B	T	S	E	N	I	D	N	A	M	L	A	M	R
	E	A	R	L	A	I	N	S	I	B	I	E	I	R	T	I	U	N	K	
	L	V	A	E	U	M	W	E	R	B	E	N	R	I	M	G	A	R	Y	
		E	E	L	K	O	E	O	F	E	S	G	S	C	H	A	F	E		
			P	P	O	T	N	R	V	T	E	M	P	O	E	A	R			
				D	K	I	B	O	B	A	N	E	I	N	C	W				
						C	O	P	E	T	N	I	S	E						

Denkspaß 487 — A-bis-Z-Rätsel

★★★★
Zeit: ____ Min.

Die in den Hinweisen unten aufgelisteten Definitionen sind zu lösen. Wenn ausreichend gelöste Begriffe vorliegen, kann damit begonnen werden, die genaue Position der Begriffe in der Rätselgrafik zu ermitteln.

1	2	3	4	5	6	7	8	9

Wörter, die mit A beginnen:
livländ. Längenmaß – RAA – Klostervorsteher – bäuerliches Nutzland – Hauch, Fluidum (franz.) – Männername – englisch: und

Wörter, die mit B beginnen:
Zahlungsart – Initialen Beckers

Wörter, die mit D beginnen:
DA – Antitranspirant (Kw.)

Wörter, die mit E beginnen:
babylonische Gottheit – LIEE – kaltes Dessert – Heidekraut

Wörter, die mit F beginnen:
Industrieerzeugnis – abschließend – Pflanzenwelt – Abk.: Familienname – französisch: Frankreich – eine Wurfscheibe – eine Berliner Uni (Abk.) – rasender Beifall

Wörter, die mit H beginnen:
MHEEA – deutsche Vorsilbe – Initialen der Kabel – NH

Wörter, die mit I beginnen:
persönliches Fürwort – US-Bundesstaat

Wörter, die mit K beginnen:
unbehaart – ein Längenmaß (Abk.) – Vulkanöffnung – Mischsprache der Karibik – oberer Teil des Baums

Wörter, die mit L beginnen:
Bettbezug – junges Schaf – ugs.: Unsinn – Windschattenseite – UNLGEA

Wörter, die mit O beginnen:
Loch in der Nadel – ein Druckverfahren – Ausruf des Erstaunens – rohe Ölsäure

Wörter, die mit P beginnen:
SPHCAA – UPFA – Pferdegangart – TPIEA – großer Hühnervogel

Wörter, die mit R beginnen:
Krähenvogel – Bußempfindung – Kfz-Z. Rochlitz – gefühlskalt

Wörter, die mit S beginnen:
Abk.: South Carolina – erblicken – spanische Anrede (Frau) – Impfstoffe – Fortsetzungsreihe

Wörter, die mit W beginnen:
englisch: wir

Denkspaß 488 | Würfelbruch | ★★★ Zeit: ___ Min.

Dieser angebrochene Würfel setzt sich aus vielen kleinen Einheitswürfelchen zusammen.
Wie viele solcher kleinen Würfel fehlen hier?
(Es gibt keine versteckten Lücken. Sämtliche fehlenden Würfelteile sind als solche zu erkennen.)

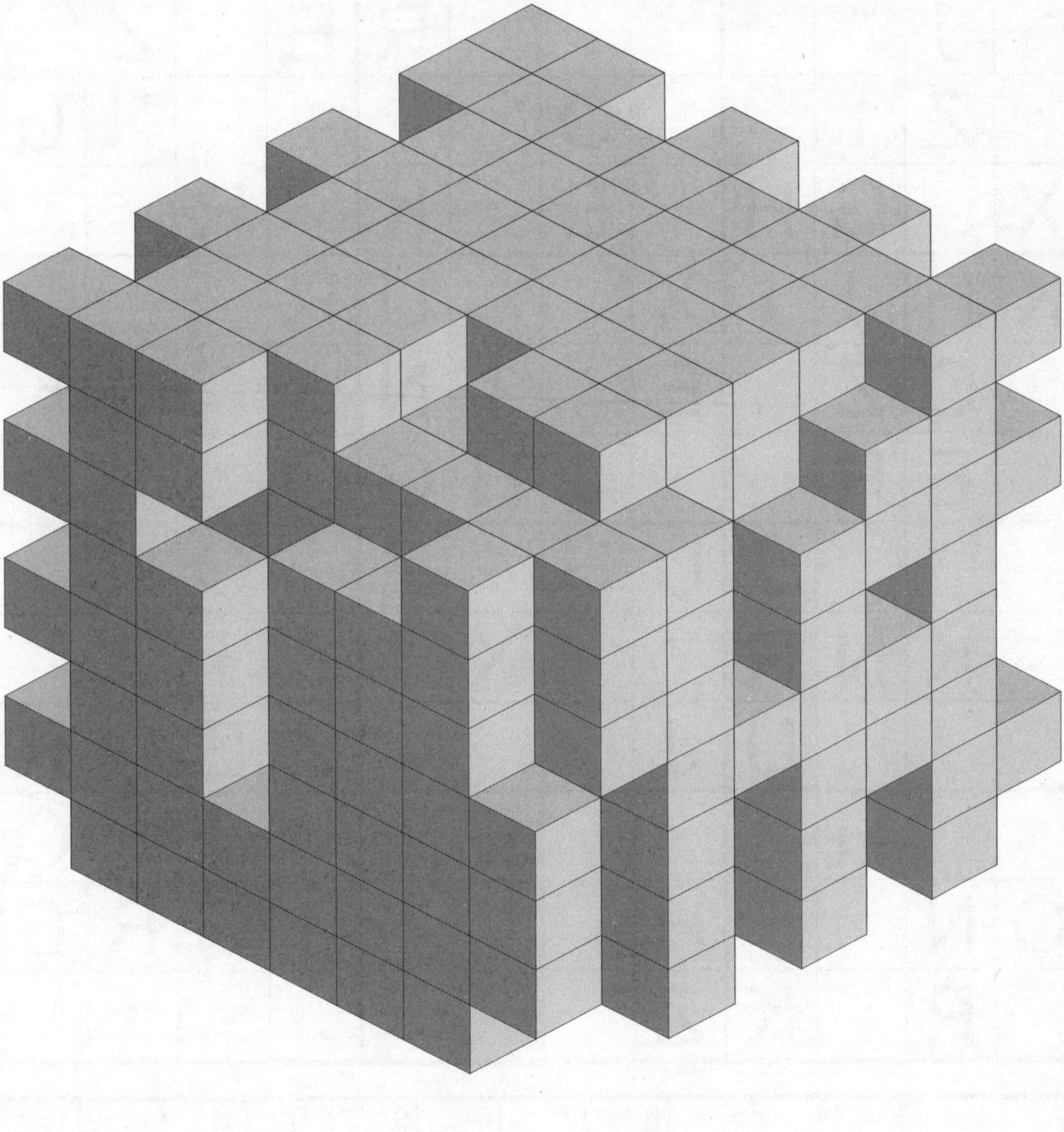

Antwort: Es fehlen ________ kleine Einheitswürfel.

Denkspaß 489 — Wordoku

★★★★ Zeit: ____ Min.

In diesem Buchstaben-Sudoku sollen die zwölf Buchstaben in jeder horizontalen Reihe, jeder vertikalen Spalte und jedem 3-x-4-Rechteck genau einmal enthalten sein. Am Ende ergibt sich hier ein Lösungswort.

	J						R	E		Z	(11)
	Z	I		(6)	O					X	U
X		G (10)	H		E		K		R		
K	H	J	I	X			U	R	(12)		
	O	Z		E	(5)	I	N			U	K
	E	R			J	H	G (1)	O			
		(2)	J	U	H		Z		O	N	
	K	N	R			X			I	J (7)	
			U	J				Z	E	G	R
	(4)	H				E					O (8)
O	N			H (3)					G (13)	R	E
	R		K	Z		(9)					

1	2	3	4	5	6	7	8	9	10	11	12	13

Denkspaß **490**	Sudoku-Stern	★★★☆ Zeit: ___ Min.

Analog zum klassischen Sudoku müssen auch hier die Zahlen 1 bis 9 in die fett umrandeten Neuner-Dreiecke eingetragen werden. Auch in den langen Geraden (sie umfassen ebenfalls neun kleine Dreiecke) müssen diese neun Zahlen genau einmal enthalten sein, ebenso in den kurzen Geraden, zu denen auch noch das Feld in der Sternecke zählt.
(Die von der Sternmitte unterbrochenen Reihen zählen auch zu den langen Geraden.)

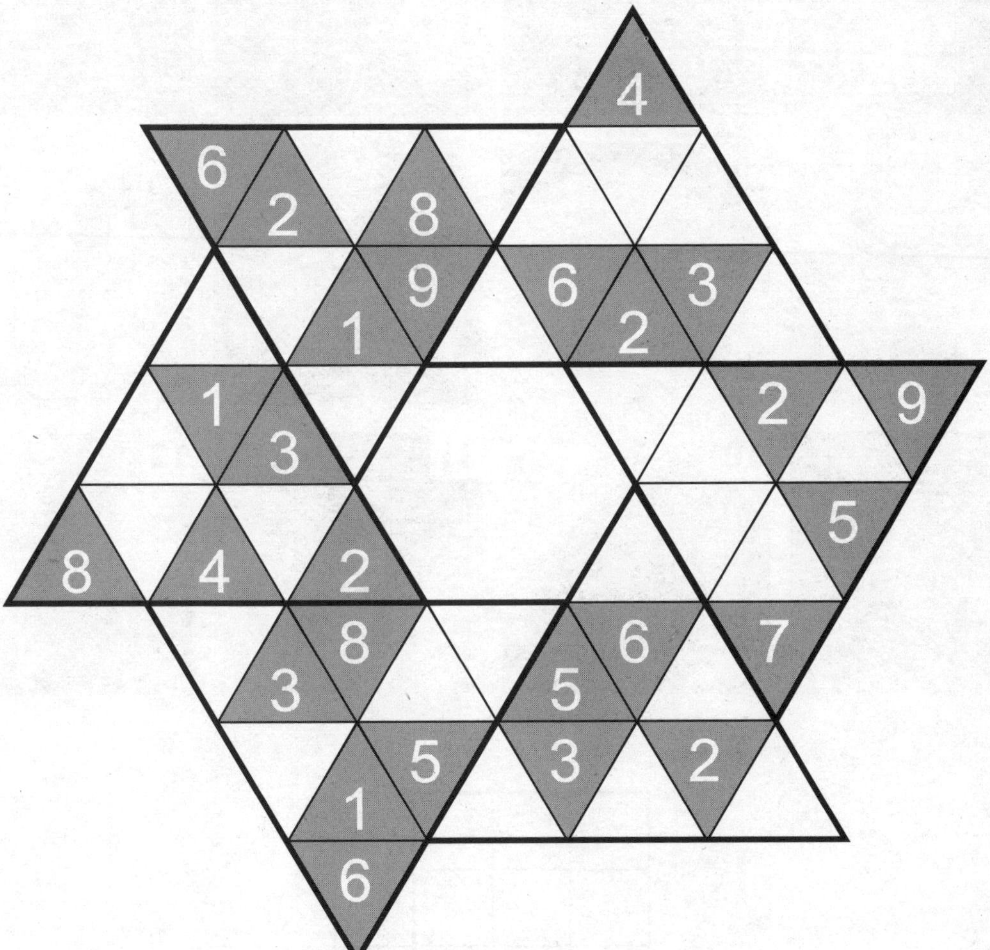

Denkspaß **491**

Liebe Großeltern

★★ Zeit: ____ Min.

Wie müssen die Puzzleteile zusammengesetzt werden, damit das komplette Originalbild erscheint? Tragen Sie die Nummern in die entsprechenden leeren Felder unten ein.

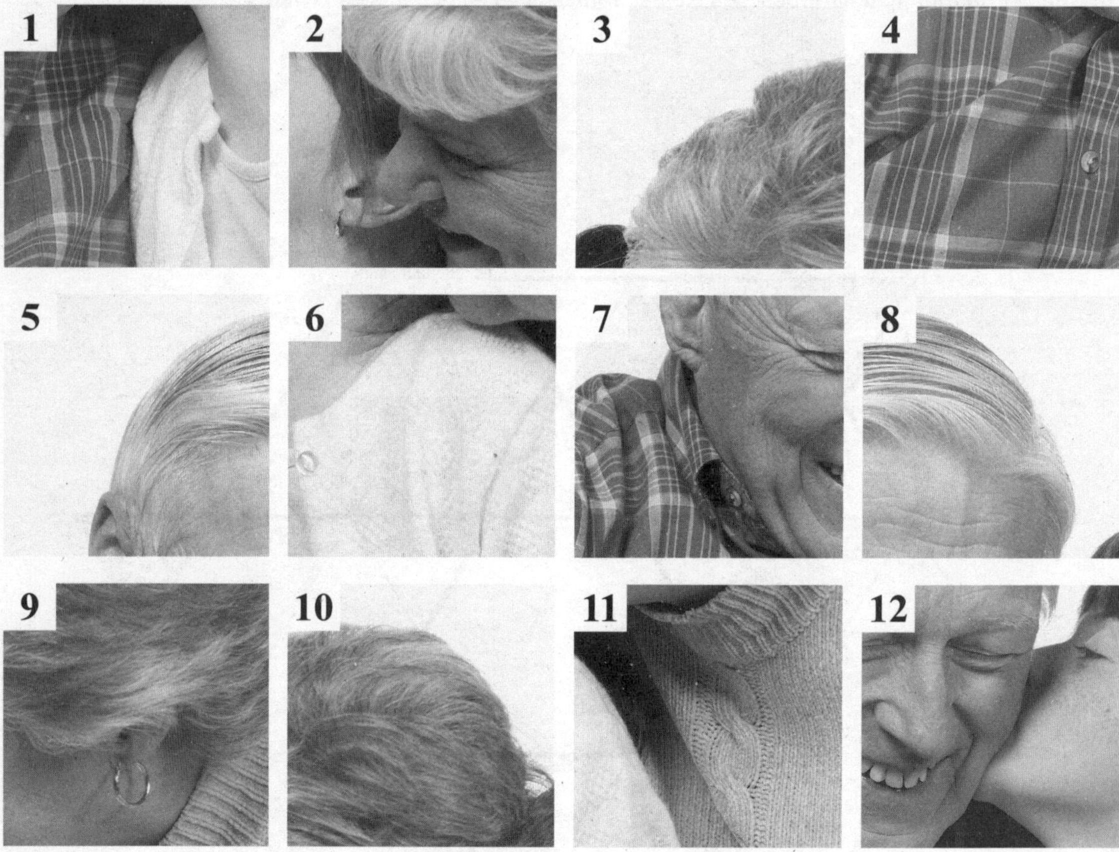

Denkspaß 492 Zahlenkreuzungen

★ Zeit: ___ Min.

Tragen Sie sämtliche unten aufgelisteten Zahlen in das Gitterfeld ein. Dort sollen sie von links nach rechts bzw. von oben nach unten zu lesen sein.

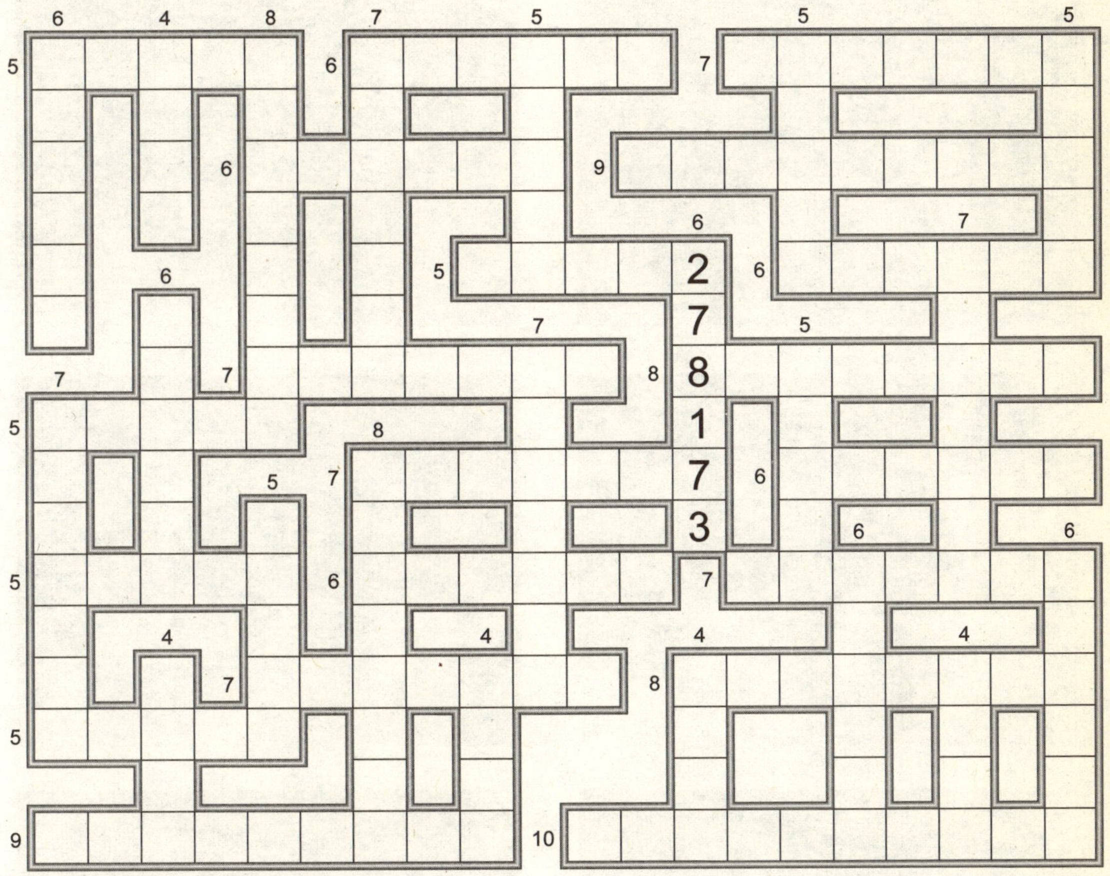

4 1483, 1485, 2568, 8384, 8439

5 13282, 15167, 16357, 18185, 23286, 29625, 29897, 43516, 47232, 73437

6 175897, 193576, 257281, 278173, 285134, 311428, 317381, 635932, 687645, 926764

7 1842397, 2599986, 2619696, 5367167, 5462261, 5643327, 6466833, 6937313, 9365859

8 13766867, 52346952, 64348257, 89198626

9 754594572, 975825249

10 8937345455

Denkspaß 493 — Zeitablauf

★★ Zeit: ____ Min.

Ordnen Sie die Bilder so, dass ein zeitlich logischer Ablauf resultiert.

Zeitlicher Ablauf: ☐ → ☐ → ☐ → ☐ → ☐ → ☐

Denkspaß **494**

Aus 3 mach 1

★★★★
Zeit: ___ Min.

In der Zweitgrafik stehen unter den Nummern jeweils drei Begriffe, von denen jedoch nur einer richtig ist. Durch Austüfteln ist der richtige Begriff zu ermitteln und unter der Nummer in der Rätselgrafik in Pfeilrichtung einzutragen.

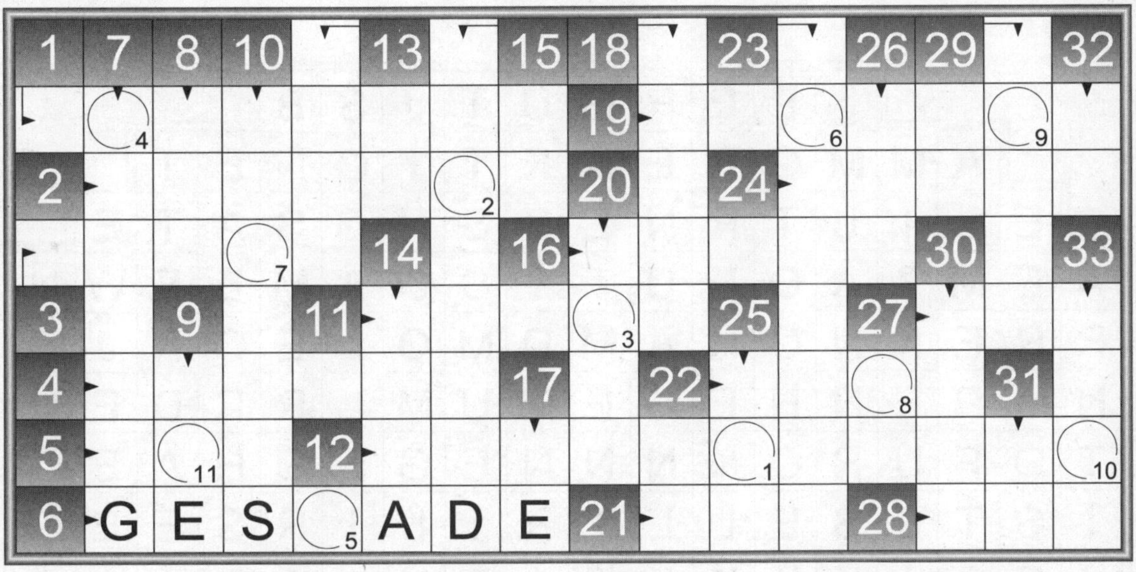

1 SORGFALT LAUSCHIG BELIEBIG	7 TROPFEN STAUNEN ABWEGIG	13 LAFF ERST ECKE	19 INSTANZ DRESSUR DISKRET	25 HER ESE BIT	31 RA IO II
2 GEROELL FLAECHE BRIKETT	8 URI HIT BOX	14 ZINS KLUG AERA	20 WALT MALI FINN	26 SUR PAR BOA	32 RI OE JE
3 ZARGE SWINE GRUEN	9 WUT MOA ADE	15 RICHTUNG MITGLIED DELIRIUM	21 YEN DIN ALE	27 WUT HER GAS	33 RUIN RENO PECK
4 IMPALA GALMEI BENGEL	10 SINNLOS SEEMANN SCHLUSS	16 URALT MAJOR HALLO	22 SPUK EIBE BUSH	28 SEI LOT BIO	
5 MOA IDO ARM	11 LAPPE DEVON ALTAR	17 UN UE GE	23 IRRLICHT BEGONIEN ANDERSEN	29 ZANGE PUMPE DAVON	
6 SCHAKAL LIEFERN GESTADE	12 REGISSEURIN FORTSCHRITT ANSCHAULICH	18 SIRUP FURIE EDGAR	24 LUISE GUMMI BITTE	30 PIUS HERB BETE	

1	2	3	4	5	6	7	8	9	10	11

Denkspaß **495**

Buchstabensalat

★★ Zeit: ____ Min.

Finden Sie sämtliche unten aufgelisteten Wörter im Rätselgitter. Diese können vorwärts, rückwärts, horizontal, vertikal oder diagonal verlaufen. Die übrig gebliebenen Buchstaben ergeben ein Sprichwort.

				L	E	E	R	G	U	T	J	S	B				
		A	M	M	G	R	E	A	K	T	I	O	N	E	T		
	E	L	I	L	T	R	N	L	S	S	N	G	S	A	T	E	
A	E	M	Z	A	O	E	U	I	I	S	O	A	M	E	E	W	U
R	R	E	K	N	G	H	A	M	D	M	O	L	E	O	R	J	S
N	I	P	E	N	H	E	G	E	M	U	M	L	R	R	D	E	U
T	O	F	U	R	O	K	N	N	N	E	G	E	G	H	A	E	O
I	S	T	E	S	E	L	L	T	R	I	L	I	R	S	E	E	M
S	E	S	I	K	K	K	L	E	I	D	U	N	G	Z	A	W	I
	P	N	O	N	C	E	S	E	E	A	C	G	P	L	U	S	
		N	E	R	E	I	G	N	I	S	K	L	A	E	I		
				C	H	Z	P	M	T	D	E	P	P				

ADIEU
ADRETT
AGENT
ALIMENTE
ALLEIN
DEPP
ECKE
EDLER
EOSIN
EREIGNIS
EREK
ESEL
GAUNER
GENAU
GLOSSAR
GLUCKE
GRUM-
MELN
GUINEA
HEGE
HOLM
IMMERZU
ISERE
JEANS
JOSE
KEFIR
KLEE
KLEIDUNG
KNOLLE
LAGO
LEERGUT
MIAU
MIME
MODEM
NUTE
OASE
ODEM
PALAEO
PESO
PICKE
PLUS
REAKTION
ROSS
SNOB
SOIREE
SUOMI
SUPRA
TEEN
TOFU
UNGENAU
WEHRLOS
ZEIT
ZENIT

Denkspaß **496**

Leiterrätsel

★★☆☆
Zeit: ____ Min.

Aus den Zweierbuchstaben links sind insgesamt 14 sechsbuchstabige Wörter zu bilden. Welche Wörter gesucht werden, sollen Sie anhand der Hinweise rechts herausfinden. In jedes Feld gehören zwei Buchstaben, wobei die Doppelbuchstaben in der Mitte von je zwei Wörtern verwendet werden. Am Ende schließlich erhalten Sie im Mittelbalken von oben nach unten gelesen ein Lösungswort.

AN - CH
- CH - CH
- DA - EL
- EN - EN
- EN - EN -
GE - IZ - JU
- KA - KE
- KU - LE
- LN - LN
- MA - ME
- MO - MU
- NI - NK -
NT - OS - PE
- PU - RI -
SE - ST - ST
- TS - ZE

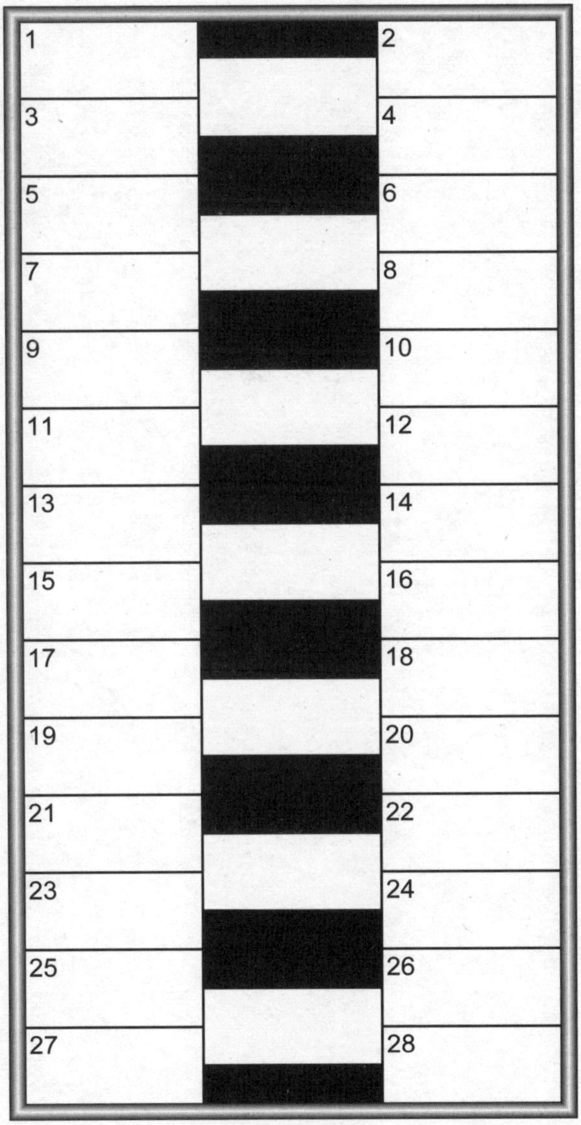

1-2 Fischfanggeräte,

3-4 Kugelspiel, Bowling,

5-6 kleinlicher Mensch,

7-8 französische Anrede: Frau,

9-10 reduzieren,

11-12 steuern, leiten,

13-14 Mitglied eines Ordens,

15-16 Geldstück,

17-18 blasen,

19-20 Rechtswesen,

21-22 merkwürdig,

23-24 Linie, Gerade,

25-26 Leere,

27-28 Wandfliese

Denkspaß **497**	# Bildpunkte	★☆☆ Zeit: ____ Min.

Verbinden Sie die Punkte in der Reihenfolge, in der es die daneben stehenden Nummern vorgeben. Sie erhalten auf diese Weise ein Bild, das aus einer einzigen durchgehenden Linie besteht.

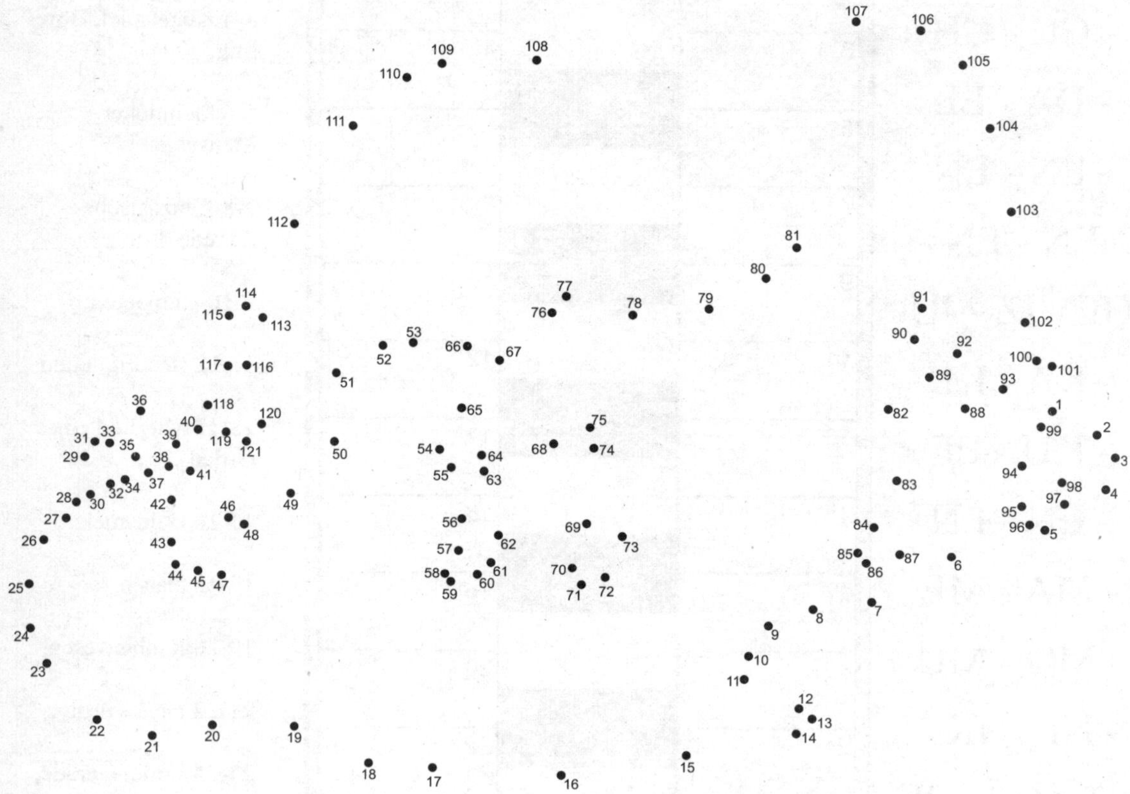

Denkspaß **498** | Einer zu viel | ★★★ Zeit: ___ Min.

In jedem Kästchen stehen zwei Buchstaben, aber nur einer ist richtig. Durch Streichen eines dieser Buchstaben müssen sowohl waagerecht wie auch senkrecht sinnvolle Begriffe entstehen. Achtung: Die Wörter können hier vorwärts oder rückwärts verlaufen.

Denkspaß **499**

Sudoku-Kreis

★★★★ Zeit: ____ Min.

Ähnlich wie auch beim klassischen Sudoku müssen die Zahlen 1 bis 9 genau einmal auf jedem Ring, auf jedem „Strahl" von außen nach innen und auf jedem dick umrandeten Teilstück vorkommen.

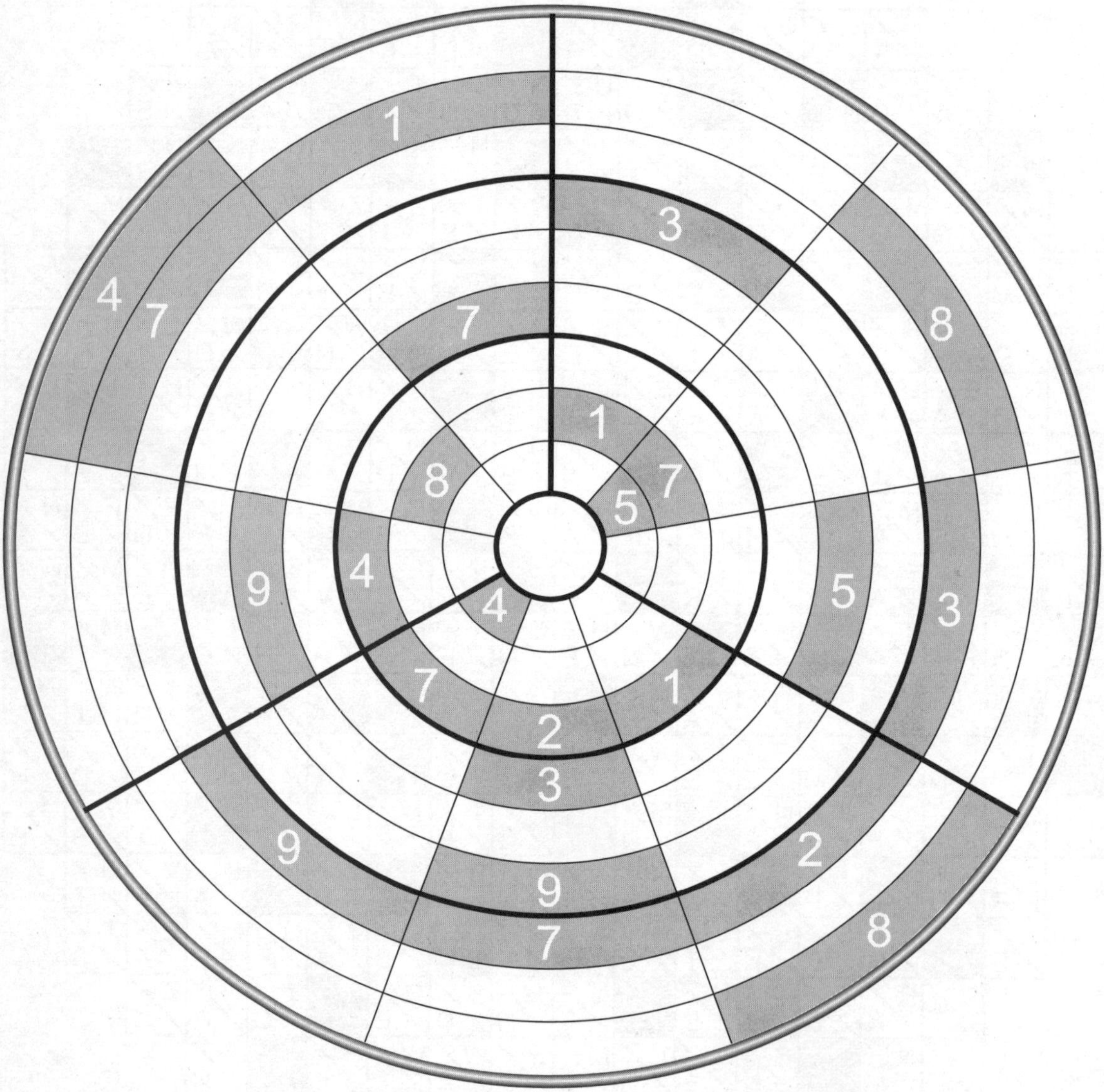

Denkspaß **500**

Wortrotationen

★★ Zeit: ____ Min.

Bei den Wortrotationen müssen die einzelnen Kreise so gedreht werden, dass sich aus der oberen und unteren „Zeile“ zwei sinnvolle Begriffe ergeben.

1

S W	E W	A R	M Z	S T	G T
C I	D H	R B	R O	A R	I K

2

O E	R D	R K	R E	N E	E R
N U	B E	Z O	E U	A G	N D

3

Y A	S T	E M	E R	S T	O C
S B	N K	D I	T A	I K	R H

4

U A	T T	A U	G R	E R	N R
E R	S F	R A	G I	E B	E E

5

E E	C S	H S	E A	N G	E N
S G	L I	W P	I R	T Z	I G

Denkspaß 501 | Schwedenrätsel | ★★★★ Zeit: ___ Min.

Die in den Fragekästchen der Rätselgrafik stehenden Texte müssen gelöst und in Pfeilrichtung eingetragen werden.

bestechlich		verkürzte Unterschrift		japanischer Politiker † 1909		altitalienisches Volk	med.: Knochenabnutzung	Tiroler Kurort		Prophet im A.T.	Kladden	ein Heiliger			Binnengewässer
ehem. Hafenstadt am Tiber			6			Monster								10	
				Hauptstadt von China		Staudengemüse	5								kaliforn. Hafenstadt (2 W.)
drei Musizierende			Luftreifen					Gattin des Gottes Thor				Brustkorb (med.)		moldawische Währung	
fest überzeugt									Hunnenkönig (5. Jh.)						
typographisches Maß				4		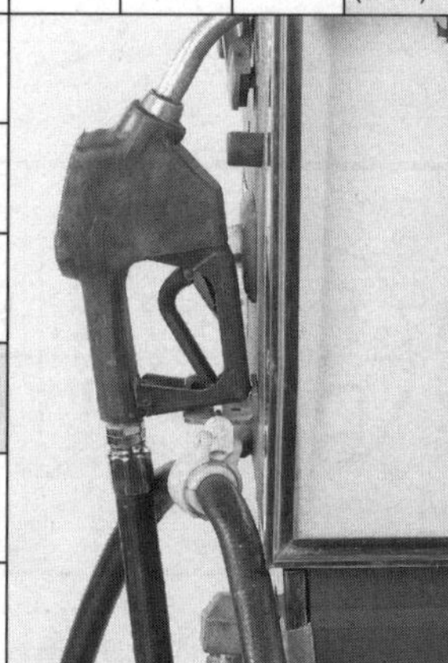									
			Ansatz zur Landung							innig wünschen	palästinensischer Politiker		arab. Zupfinstrument		
juristische Abk. für Drogen	altmexikanisches Volk	engl. Frauenkurzname								deutsche TV-Anstalt (Abk.)				Kindertrompete	
Braunalgen					Professor im Ruhestand					Nagetier					
Abfahrtsskilauf		Alpenpflanze		Ausruf der Überraschung							2		Holzraummaß		
			8							Vorname des Autors Frisch		Karawankengipfel			
Kastenmöbelstück						einfühlsam			Rhône-Zufluss in Frankreich	künstler. Nacktdarstellungen			1		afrik. Dickblattgewächs
	7			Amtssprache in Laos		Gummiharzart						olivgrüner Papagei		nicht neu	
chin. Politiker (Xiaoping) †			Urwaldpflanze				3		persönliches Fürwort	französisch: eins	afrikanische Rundsiedlung				
peinlicher Vorfall						Glücksempfinden							Departement-hptst. (St. ...)	9	
westl. Militärbündnis (Abk.)					Observatorium										

1	2	3	4	5	6	7	8	9	10

Denkspaß 502 — Hitori

★★★★ Zeit: ___ Min.

Das beliebte Hitori hat folgende Regeln:

- In jeder Zeile oder Spalte darf jede Zahl höchstens einmal auftauchen. Wenn eine Zahl in einer Zeile oder Spalte mehrfach vorkommt, müssen die falschen Zahlen schwarz eingefärbt werden.
- Zwei schwarze Felder dürfen waagerecht oder senkrecht nicht direkt aneinanderstoßen.
- Alle weißen Felder müssen waagerecht oder senkrecht miteinander verbunden sein. Es dürfen also keine zwei (oder mehr) weiße Bereiche entstehen, die durch schwarze Felder voneinander getrennt sind.

(Sehen Sie dazu ein Beispiel rechts.)

02	02	01	04	03
00	02	02	03	04
03	02	02	01	00
01	03	02	02	01
04	01	03	00	02

01	02	04	00	01	02	10	08	11	07	05	07
04	01	01	09	07	03	05	06	04	11	10	05
07	02	05	08	10	07	00	11	04	04	03	09
08	00	01	07	10	09	05	03	04	04	06	11
00	04	06	10	10	11	11	01	09	04	04	10
01	03	02	10	11	05	04	02	01	08	09	00
05	09	09	04	06	10	03	02	03	01	11	01
11	08	07	03	06	04	11	09	03	10	07	02
06	06	08	03	06	01	11	04	02	02	07	09
07	11	10	03	00	06	11	04	05	02	07	01
10	09	01	01	01	08	07	04	06	02	02	04
00	04	03	11	09	02	06	07	10	05	01	08

Denkspaß **503** | # ABC-Verfolgung | ★☆☆ Zeit: ___ Min.

Bei der ABC-Verfolgung ist jeder Buchstabe des Alphabets in der Reihenfolge des Alphabets anzuspringen, wobei man sich auf den Linien (Kreisringen und Strahlen) bewegen muss, das Zentrum dabei aber nicht durchschreiten darf.

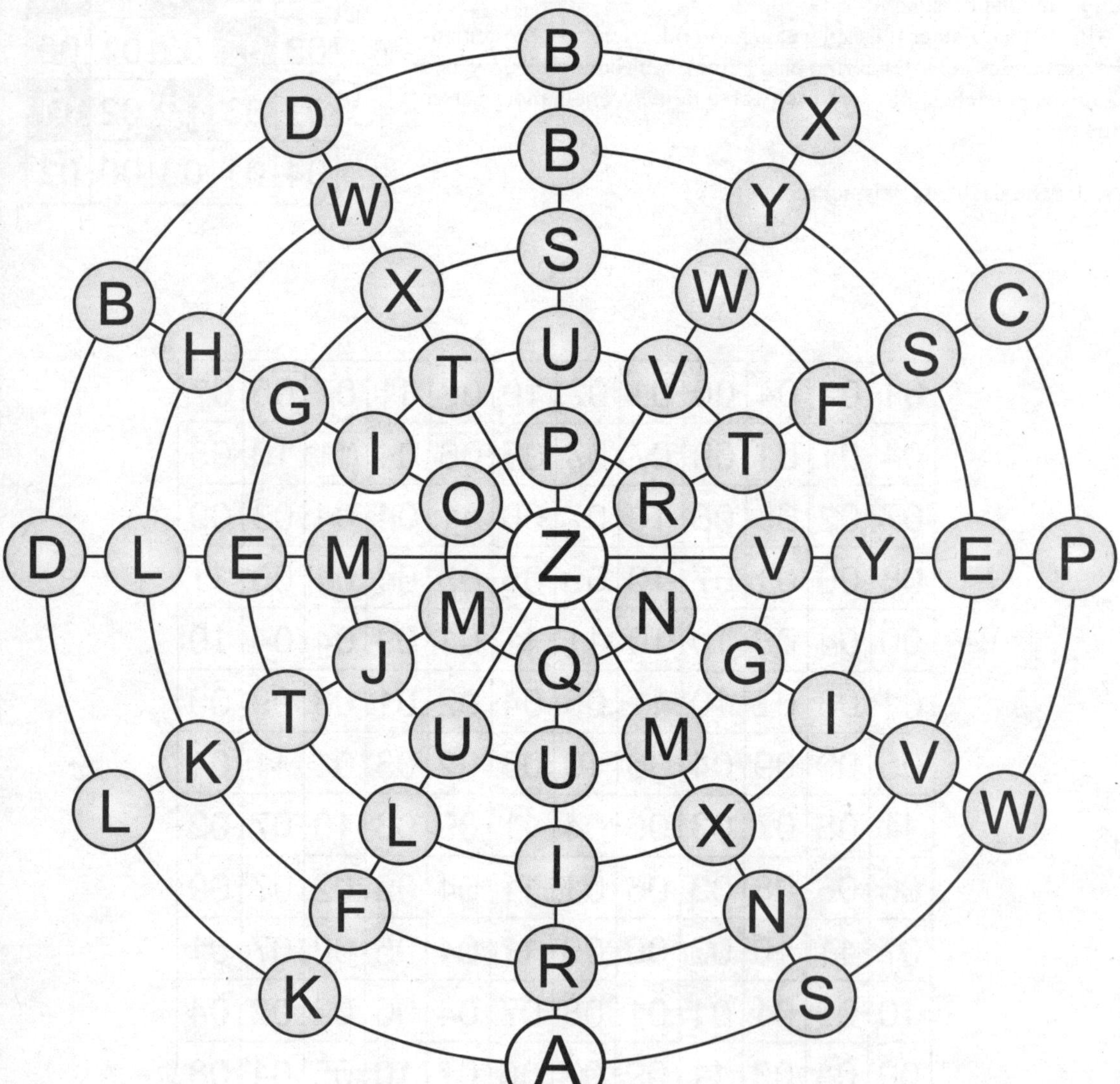

Denkspaß **504** | Codewort-Rätsel | ★★★☆ Zeit: ____ Min.

Gleiche Buchstaben der oberen Grafik bedeuten gleiche Buchstaben der unteren Grafik. Durch Ausprobieren ist jedem Buchstaben ein anderer Buchstabe zuzuordnen und in die Rätselgrafik einzutragen, sodass ein vollständiges Rätsel entsteht.

A	B	C	D	E	F	G	H	I	J	K	L	M	N	O	P	Q	R	S	T	U	V	W	X	Y	Z
																					*	*	*	*	*

C	A	H	Q	D	A	K	■	K	N	U	I	G	L	N	M	■	I
K	S	■	N	■	U	N	J	D	I	E	G	M	■	O	■	L	B
N	■	T	N	G	N	■	D	Q	C	■	R	■	C	G	T	G	M
P	U	N	P	C	A	H	■	J	■	H	G	T	G	U	■	U	■
■	G	P	G	■	K	■	H	N	F	G	I	■	Q	■	G	M	B
B	■	P	■	T	G	R	G	I	■	I	■	O	B	N	O	G	Q
K	N	G	F	G	U	■	B	■	J	I	G	D	■	I	G	B	■
G	B	I	■	B	■	B	I	F	U	N	U	S	P	■	U	H	S

							■				N					■	N
		■		■			(1)		N				■		■		
	■		(5)			■				■		■					
	(8)						■		■					(3)	■		■
■				■		■					N	■		■			
	■		■					(6)	■	N	■					(7)	
		(2)				■		■		N		(4)	■	N			■
		N	■		■		N							■			

1	2	3	4	5	6	7	8

Tierisches Kreuzworträtsel

★★★★
Zeit: ____ Min.

Gleiche Tiere bedeuten gleiche Buchstaben. Durch Ausprobieren ist jedem dieser Tierzeichen ein Buchstabe zuzuordnen und in die Rätselgrafik einzutragen. Auf diese Weise soll ein vollständiges Kreuzworträtsel entstehen.

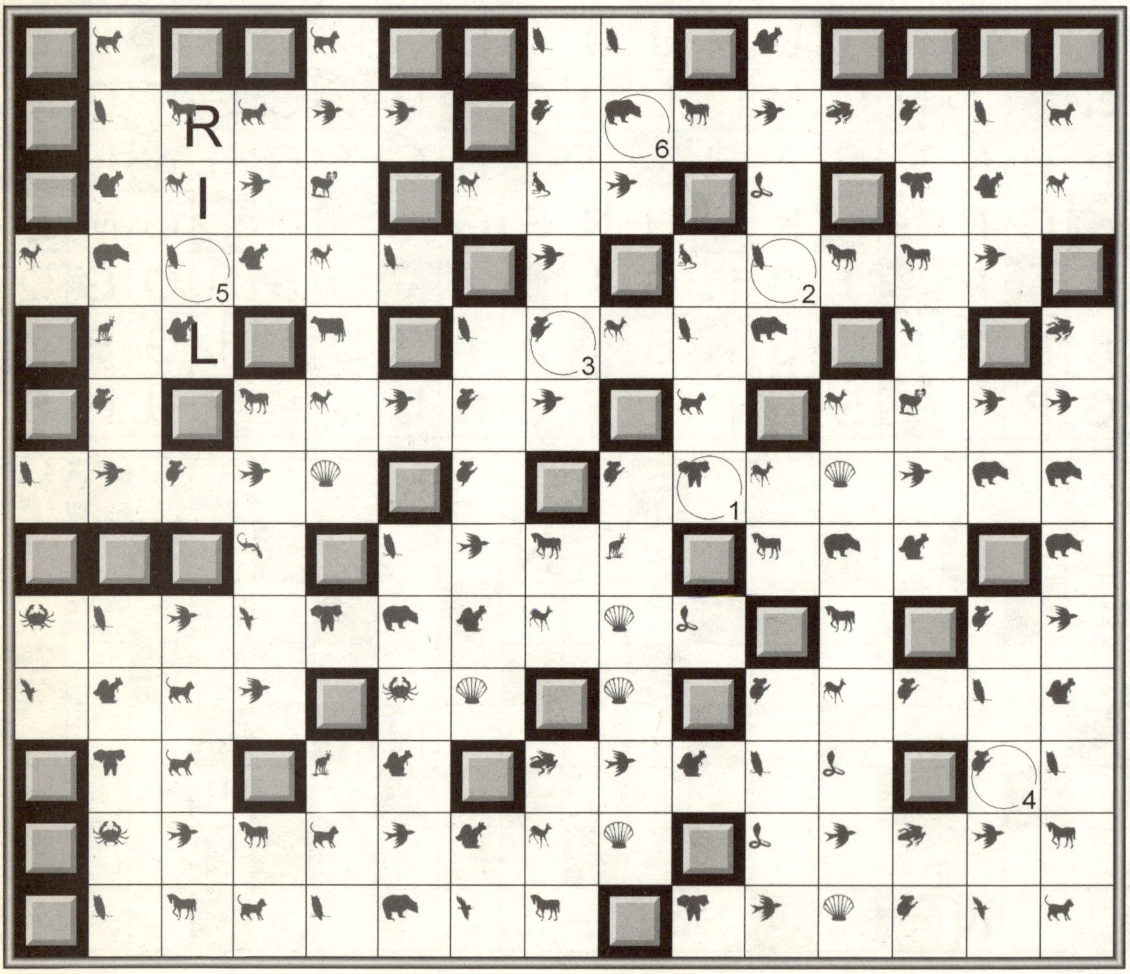

1	2	3	4	5	6

Denkspaß 506 — Vokalreduktion

★★★★ Zeit: ___ Min.

Die in den Fragekästchen der Rätselgrafik stehenden Texte müssen so mit Vokalen aufgefüllt werden, dass sinnvolle Begriffe entstehen.

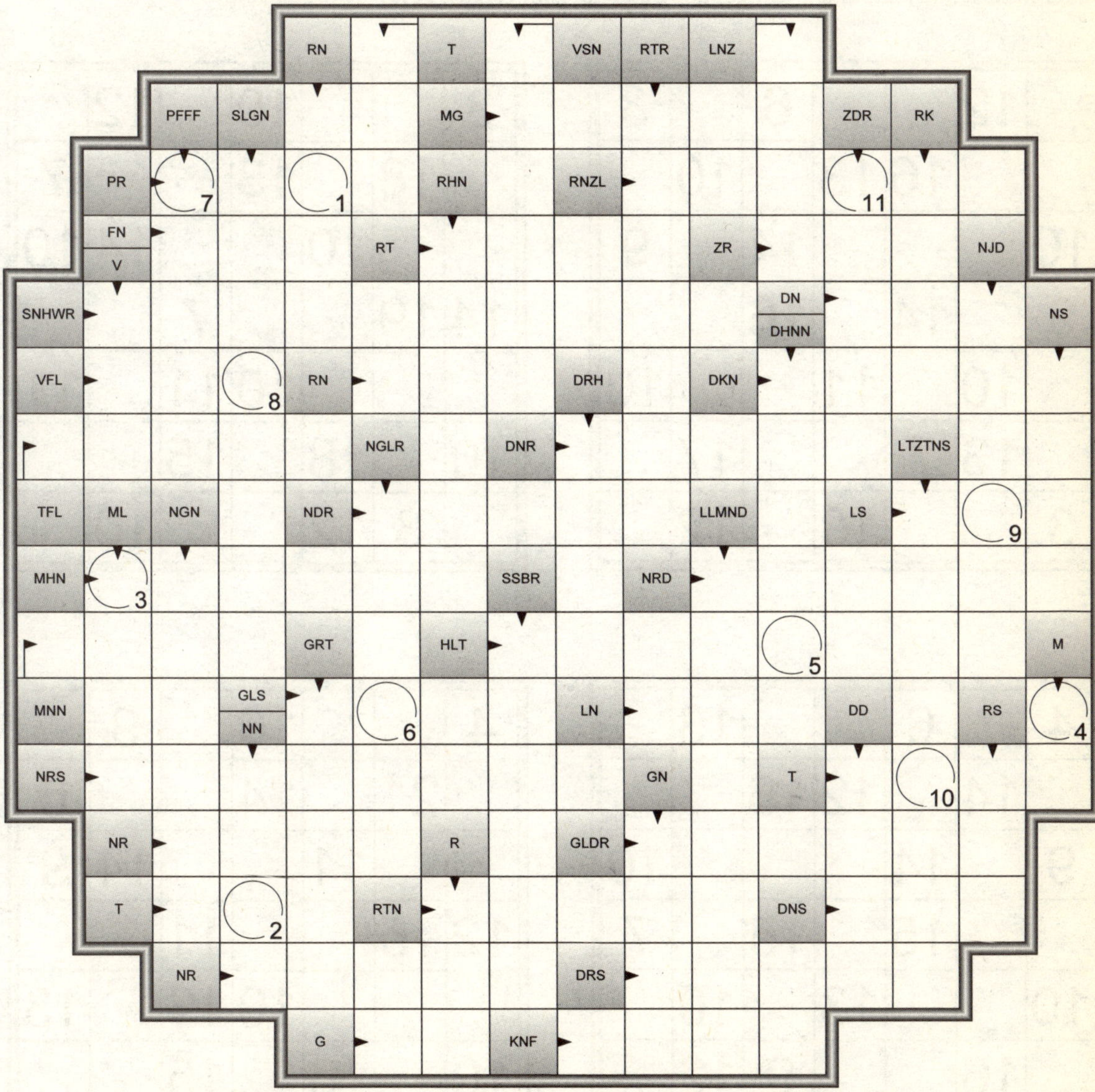

1	2	3	4	5	6	7	8	9	10	11

Denkspaß **507**

Summen-Sudoku

★★ Zeit: ____ Min.

Beim Summen-Sudoku müssen die Zahlen 1 bis 4 in die leeren Felder eingetragen werden, wobei die gleichen Zahlen jeweils nur einmal in jeder Zeile und Spalte vorkommen dürfen. Als Hilfe dienen die bereits eingetragenen Zahlen, die die Summe der gesuchten Ziffern in den noch leeren Feldern wiedergeben. Dabei werden alle horizontal, vertikal und diagonal anliegenden Felder berücksichtigt.

	12			6		3
		16	13		10	
10				14		9
9		14		16		
	10		11			10
	13	7			17	
3			10		12	

3			10		12	
	18		13			7
		10			14	10
14	19			7		
			10	11		11
10		18		15		
	3	12			10	

4		6			13	
	14		12	15		
9		14				10
		15		15		7
10			13		10	
	16			9	12	
	13		10			4

4			10		9	
	21		14			6
		11			14	9
12	15			11		
			10	13		13
10		16		15		
	4	11			10	

Denkspaß 508 | Silbenschwedenrätsel

★★ Zeit: ____ Min.

Die in den Fragekästchen der Rätselgrafik stehenden Texte müssen gelöst und in Pfeilrichtung eingetragen werden. In jedes Kästchen gehört eine Silbe.

Straßenleuchte	Gebiet, Areal		Hilfswerkzeug zum Zeichnen	erstes Kulturvolk Europas		Wohlgeschmack
			spanischer Maler †			Desaster
jemenitische Währung			Angeh. eines Wandervolks / franz. Departement			
Hindernis, Absperrung		besitzanzeigendes Fürwort / vorher, früher	EU		dt. Maler † 1914 (August)	
			RE	Schönheitsfehler / Richtlinie		
im Umkreis			Kämpfer / Witzfigur, Gauner			Paradiesgarten
Abendständchen	ehemaliger Schah Persiens	Wurmtier / anbeißen, knabbern			lehrhafte Erzählung	
				Kurzware / tropisches Lindengewächs		
sorgenvoll zaudern			helle Freude / mittelalterliche Steuer			nordamerikanisches Wildrind
mutwilliger Streich	ein Wärmespender	rotes Wurzelgemüse / Tauf-, Firmzeuge			rohes Rindfleisch	
				Schokoladenhandelsform / Samen des Johannisbrots		
Schulzensur / zum König machen			Halbinsel im Persischen Golf / brenzlich			erster Mensch im Weltall
		Trauung / bayrisch: Rettich			Hauptstadt Perus	
Weissagung / frühere türkische Anrede (Herr)				Spielklasse (Sport)		GA
			immergrüner Strauch, Gewürz			

Denkspaß **509**

Super-Sudoku

★★★ Zeit: ____ Min.

In diesem Super-Sudoku sollen die Zahlen 1 bis 16 in jeder horizontalen Reihe, jeder vertikalen Spalte und jedem 4-x-4-Unterquadrat genau einmal enthalten sein.

5	3		1					11	2	4					8
		14		1	10	16		5	13		7				11
		13		4		5				1		14	12	16	
		6	16		13		8	14	9			1			5
	15			7			3		4	9	14		8	11	
14		2		5				7	16			3		4	
9	7		4	13	11	8	10						6	14	
16	11		10		12				8		13	2			
			11	16		6				10		13		3	12
	16	1						2	3	14	6	8		15	4
	6		12			4	7				11		16		14
	13	4		8	2	14		15			5			9	
6			2			11	12	3		8		7	9		
	1	10	8		14				15		2		4		
3				10		13	6		11	5	9		14		
12					8	3	16					15		5	6

Ziegelrätsel

★★★★ Zeit: ____ Min.

Die „Rätselziegel" des ursprünglichen Rätsels sind durcheinandergewürfelt. Durch Ausprobieren sind die Rätselziegel an die richtige Stelle zu setzen, sodass sich daraus wieder ein „normales" Kreuzworträtsel ergibt.

S	C	H	O	■	F	N	E	S	O	R	N	E	R	N	A	D	E
A	■	O	N	T	E	G	R	A	■	A	■	R	■	O	P	S	■
R	E	■	G	■	S	■	A	B	T	I	M	T	A	B	P	■	S
■	E	R	G	E	L	■	A	H	■	W	■	■	S	I	S	I	E
N	■	I	■	D	■	N	D	E	W	I	E	N	I	G	E	F	I
■	L	A	P	A	R	■	A	■	E	N	K	■	E	■	T	■	L
■	I	■	U	■	I	I	K	A	A	R	■	L	■	A	I	G	E
E	D	D	S	O	N	■	L	I	G	■	I	U	M	■	D	E	R
T	E	R	A	S	E	U	E	R	E	L	I	S	■	O	E	L	■

						G	E	L									
						■	D	■									
						P	A	R									
										I							
										I							

Denkspaß **511**	# Perlenrätsel	★★★★ Zeit: ____ Min.

Die 20 aufgeführten Begriffe beginnen und enden stets in einer Raute von oben nach unten, von oben diagonal nach unten und waagerecht von links nach rechts.

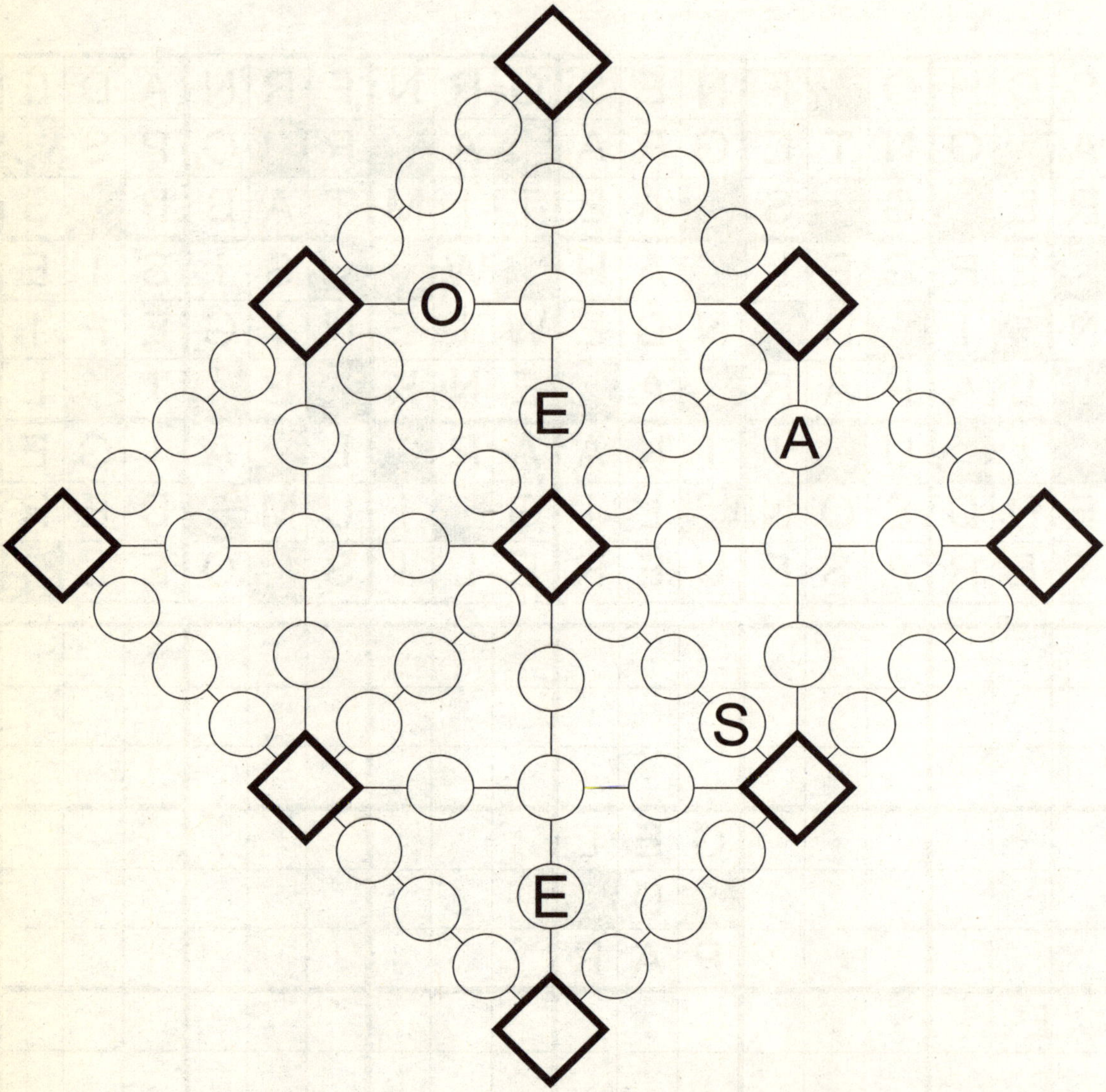

ERBEN, ESCHE, LABIL, LASSO, LEGAT, LEGEN, LEISE, LOIPE,

LOKUS, LOTTO, MAKEL, MINOS, MUELL, ORGIE, ORION, SAITE, SENSE,

STEIL, TOTAL, TURBO

Denkspaß **512**	Brückenrätsel	★★★★ Zeit: ____ Min.

Beim Brückenrätsel müssen Brückenwörter gefunden werden, die die Begriffe in der linken Spalte ergänzen, sodass sie neue sinnvolle Wörter ergeben. Gleichzeitig werden sie den Begriffen der rechten Spalte vorangestellt und bilden mit diesen ebenfalls neue sinnvolle Begriffe.
In der Mittelspalte soll dabei ein Sinnspruch entstehen.

NACH		GETREU
NEBEL		EULE
LESER		TASCHE
LAUT		BIER
ACKER		GRAEFIN
WOHL		PUNKT
GELD		AMERIKA
WEIT		HAKEN
FINGER		KRAFT
NACH		DUELL
EHREN		GESTALT
WILD		HAUS
TIER		HAUS
NEBEL		HAUT
LEBER		KUCHEN
LEBER		SPORT
WENDE		LAUF
RAST		VERWEIS

Denkspaß 513 | Tierisches Kreuzworträtsel

★★★★ Zeit: ____ Min.

Gleiche Tiere bedeuten gleiche Buchstaben. Durch Ausprobieren ist jedem dieser Tierzeichen ein Buchstabe zuzuordnen und in die Rätselgrafik einzutragen. Auf diese Weise soll ein vollständiges Kreuzworträtsel entstehen.

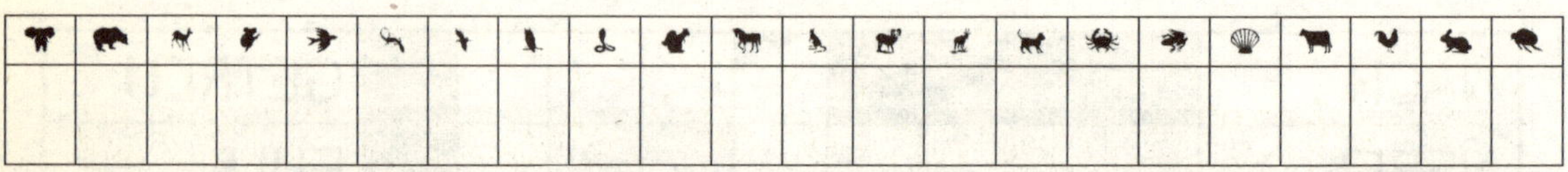

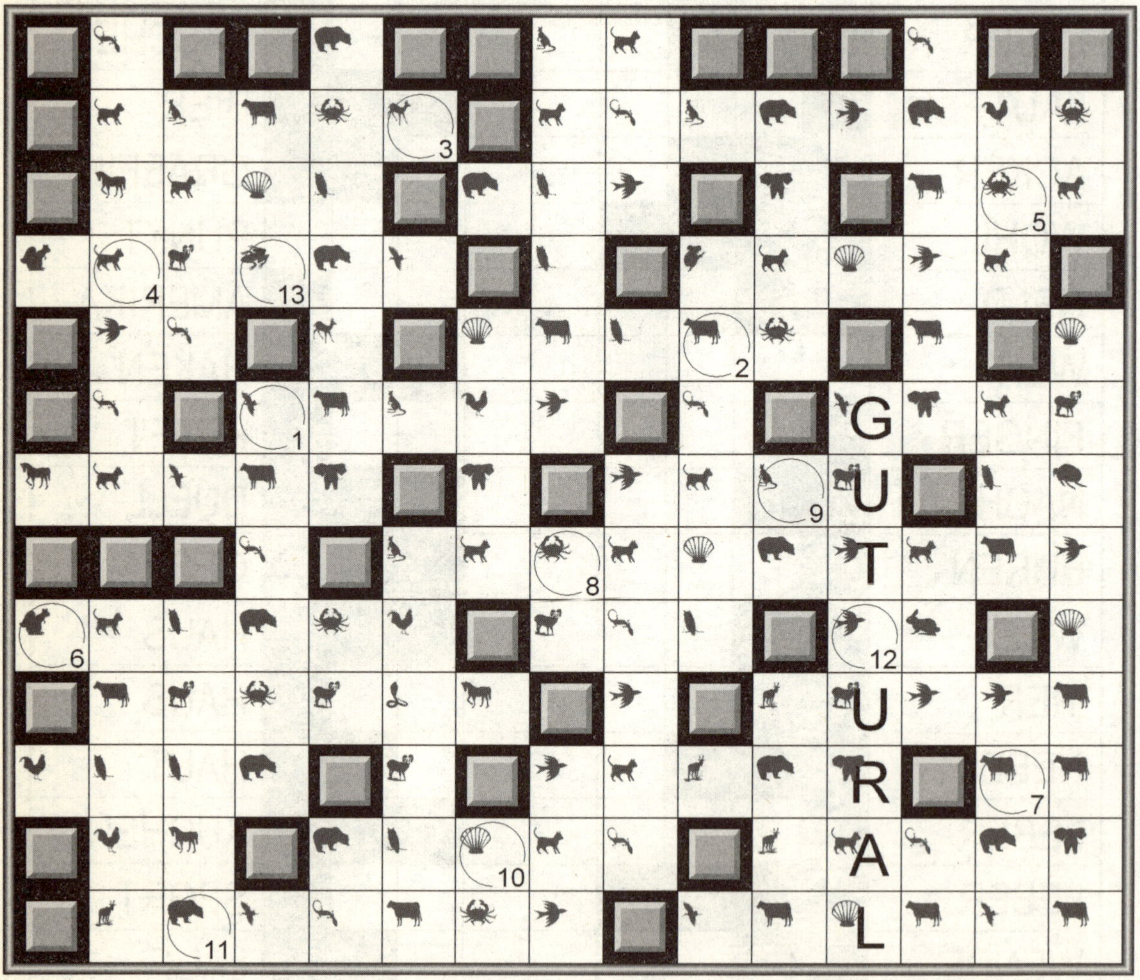

1	2	3	4	5	6	7	8	9	10	11	12	13

Beim beliebten, aber auch schwierigen Kakuro sollen Sie Zahlen von 1 bis 9 in die leeren Felder eintragen. Dabei muss die jeweils links bzw. oben vorgegebene Summe bei jedem horizontalen bzw. vertikalen Zahlenblock berücksichtigt werden. In jedem dieser Blöcke darf eine Zahl höchstens einmal verwendet werden.

Denkspaß 515	Freizeitentspannung	★★★★ Zeit: ____ Min.

In dieser Gedächtnisübung sollen Sie sich alle Zahlen und deren Positionen im oberen Bild gut einprägen. Dann decken Sie dieses obere Bild bitte ab und tragen im unteren Bild die fehlenden Zahlen ein. Achtung: Das untere Bild ist gespiegelt!

Denkspaß **516**

Nur einer fehlt

★☆☆☆ Zeit: ____ Min.

Nur einer fehlt ist ein einfaches Geduldspiel. In jedem der Kästchen befinden sich 25 unterschiedliche Buchstaben des Alphabets – es fehlt also in jedem Kasten ein Buchstabe. In allen 25 Kästen fehlen 25 unterschiedliche Buchstaben, der dann fehlende Buchstabe ist die Schlusslösung.

G	Q	J	Y	D
E	N	Z	C	S
I	U	R	L	P
W	V	K	X	M
F	T	O	H	A

A	N	D	W	R
U	S	Z	O	Q
V	I	X	B	H
G	K	P	M	E
Y	T	J	C	F

Q	O	U	D	S
W	L	A	T	X
P	R	N	V	J
G	C	Y	H	F
E	M	Z	I	B

G	W	T	S	V
A	U	J	K	O
Y	D	Q	E	N
H	R	X	Z	L
C	M	I	P	B

E	V	B	O	S
K	J	H	N	F
T	D	I	Y	M
Z	A	W	Q	L
R	G	U	C	X

I	Z	K	F	N
R	U	T	W	L
G	O	A	C	E
D	V	X	Q	M
P	J	S	H	B

J	F	Y	H	W
V	I	G	B	M
X	R	K	S	P
E	A	U	Q	N
T	Z	D	L	O

Z	G	E	U	X
J	R	S	B	C
M	Y	O	V	A
D	F	I	L	P
N	K	Q	W	T

X	A	K	O	D
Y	H	S	C	B
M	J	L	U	W
T	I	G	Z	F
P	E	N	R	V

D	E	U	F	V
C	J	Y	N	G
X	P	T	Q	S
O	W	L	A	K
H	M	Z	B	I

B	L	O	D	X
P	U	Z	C	A
Y	W	N	V	R
H	S	F	M	Q
T	J	G	K	E

P	D	R	E	O
C	F	V	J	A
N	W	Y	I	H
G	Z	X	U	Q
T	B	K	S	L

O	X	Q	B	F
Z	D	R	Y	H
J	L	K	P	U
G	T	C	I	S
M	A	V	N	W

Q	A	Y	C	K
H	T	D	B	E
X	S	J	V	N
G	R	L	Z	P
I	U	F	M	W

I	N	B	R	G
D	P	L	F	Q
A	O	U	Y	X
C	V	T	W	H
K	E	J	M	S

G	N	V	K	L
T	Q	D	U	P
I	B	O	M	S
W	E	R	C	Y
A	H	Z	F	J

F	L	O	M	J
H	Z	Q	W	C
K	P	G	I	S
B	V	U	E	X
T	Y	A	N	R

H	O	V	J	X
B	G	F	U	Y
A	C	Z	I	S
L	M	K	T	R
D	Q	E	P	N

P	Z	D	F	O
M	V	B	T	H
K	R	N	S	L
I	W	U	X	E
Q	C	A	G	Y

E	B	C	K	F
H	T	Y	L	D
J	I	X	O	N
M	R	Q	P	W
G	U	V	Z	S

J	C	A	Z	M
F	O	V	Y	H
I	W	S	P	B
G	K	R	U	D
L	E	X	N	Q

V	X	R	G	H
C	T	N	B	D
A	I	O	W	U
Z	L	E	Y	Q
M	K	J	F	P

K	W	G	S	X
N	Z	A	O	M
D	P	H	I	J
V	F	E	R	L
Y	T	B	Q	C

L	T	J	U	H
Y	W	X	Q	A
F	R	O	S	K
I	N	P	D	V
C	M	E	B	Z

W	U	C	O	E
N	S	Z	T	P
J	B	I	D	X
L	Q	M	H	K
G	F	Y	R	A

Denkspaß **517**

Spiegelrätsel

★★★☆ Zeit: ____ Min.

In die Grafik sind vierbuchstabige Wörter einzutragen, die dann in der rechten Hälfte als Spiegelbild einen anderen Begriff ergeben. Bei richtiger Lösung ergibt sich in der gerahmten Spalte das Lösungswort.

1			1			
2			2			
3			3			
4			4			
5			5			
6			6			
7			7			
8			8			
9			9			
10			10			
11			11			
12			12			
13			13			
14			14			
15			15			

1 US-kanadischer Grenzsee – „Irland" in der Landessprache

2 Lasttier – Traubenernte

3 Weinstock – männliches Schwein

4 Inhalt der Knochen – Plunder, Krempel

5 Sicherheitsriemen im Auto – Täuschung, Einbildung

6 besitzanzeigendes Fürwort – Bedauern

7 Figur bei Jules Verne † – Vorzeichen

8 Teppichoberfläche – Vorname Hochhuths

9 Hauptstadt der Fidschi-Inseln – eh. Autorennstrecke in Berlin

10 Vorname des Sängers Ramazotti – Diebesgut

11 „Mutter" in der Kindersprache – Vorbeter in der Moschee

12 französische Königsanrede – griech. Göttin der Zwietracht

13 Sterbeort Wallensteins – betriebsam

14 Tonzeichen – engl. Schulstadt

15 Dekor – Kitzel

Denkspaß 518 | Tiergruppenrätsel | ★★★★ Zeit: ___ Min.

Ein Symbol steht jeweils für drei Buchstaben bzw. für zwei Buchstaben und das Blindfeld. Sämtliche unten aufgeführten Wörter sind in die Grafik einzutragen. Durch Ausprobieren und unter Mithilfe des Symbolschlüssels kann die richtige Position ermittelt werden.

A	B	C	D	E	F	G	H	I
J	K	L	M	N	O	P	Q	R
S	T	U	V	W	X	Y	Z	■

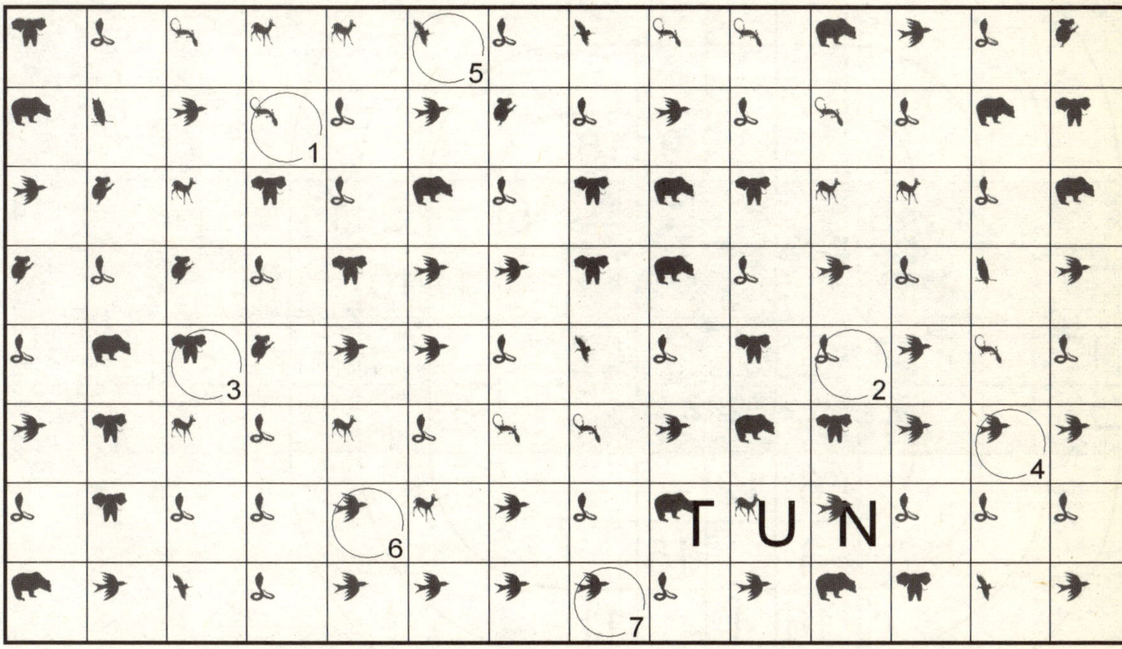

1	2	3	4	5	6	7

Waagerecht:
EMUS - FONTAENE - BEGINNEN - ORKA - ARNO - WAL - FLUG - STALL - ETAGE - BADEN - TUN - PFOTE - THEOREM - REUE - HE - SENAT

Senkrecht:
FEE - UN - FEUDAL - SAGO - NE - BASE - MATE - FETT - ERL - ATEM - TOLERANT - HM - LOS - GEBEN - RI - NT - UR - ATUE - SELEN - HONIG

Denkspaß 519	3-D-Sudoku	★★★★ Zeit: ___ Min.

Beim Würfel-Sudoku sollen alle sechs Seiten die Zahlen 1 bis 16 enthalten. Zusätzlich sollen diese 16 Zahlen in jedem Streifen, der um den Würfel herumläuft, genau einmal enthalten sein. (Es gibt zwölf Streifen, je vier für jede der drei Dimensionen.)

Die Würfelseite ganz unten ist dieselbe wie die Seite ganz rechts. Dass diese Seite zweimal erscheint, soll Ihnen die Lösung komfortabler machen.

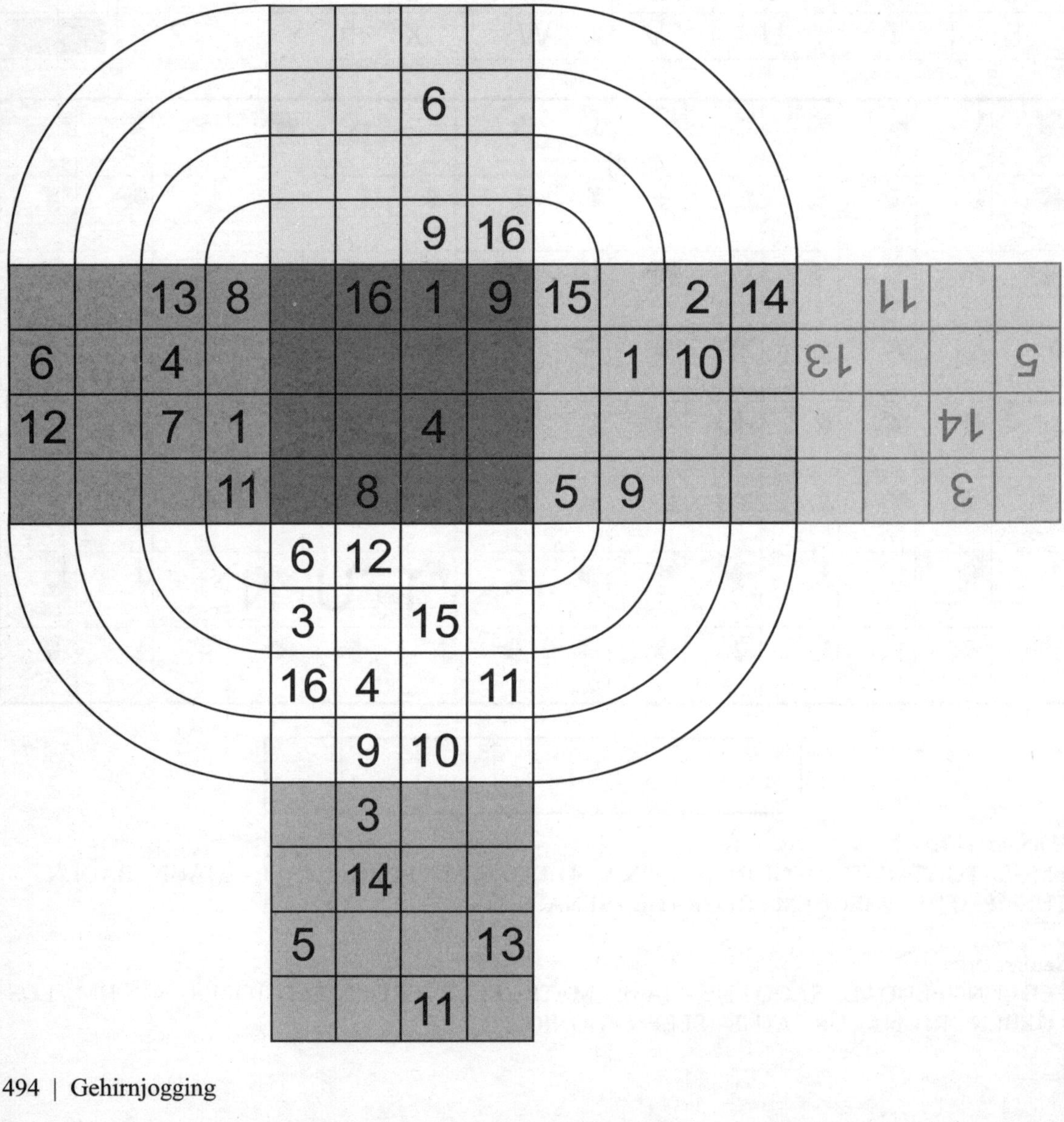

Denkspaß 520 — Zahlenkreuzungen

★★★★ Zeit: ___ Min.

Tragen Sie sämtliche unten aufgelisteten Zahlen in das Gitterfeld ein. Dort sollen sie von links nach rechts bzw. von oben nach unten zu lesen sein.

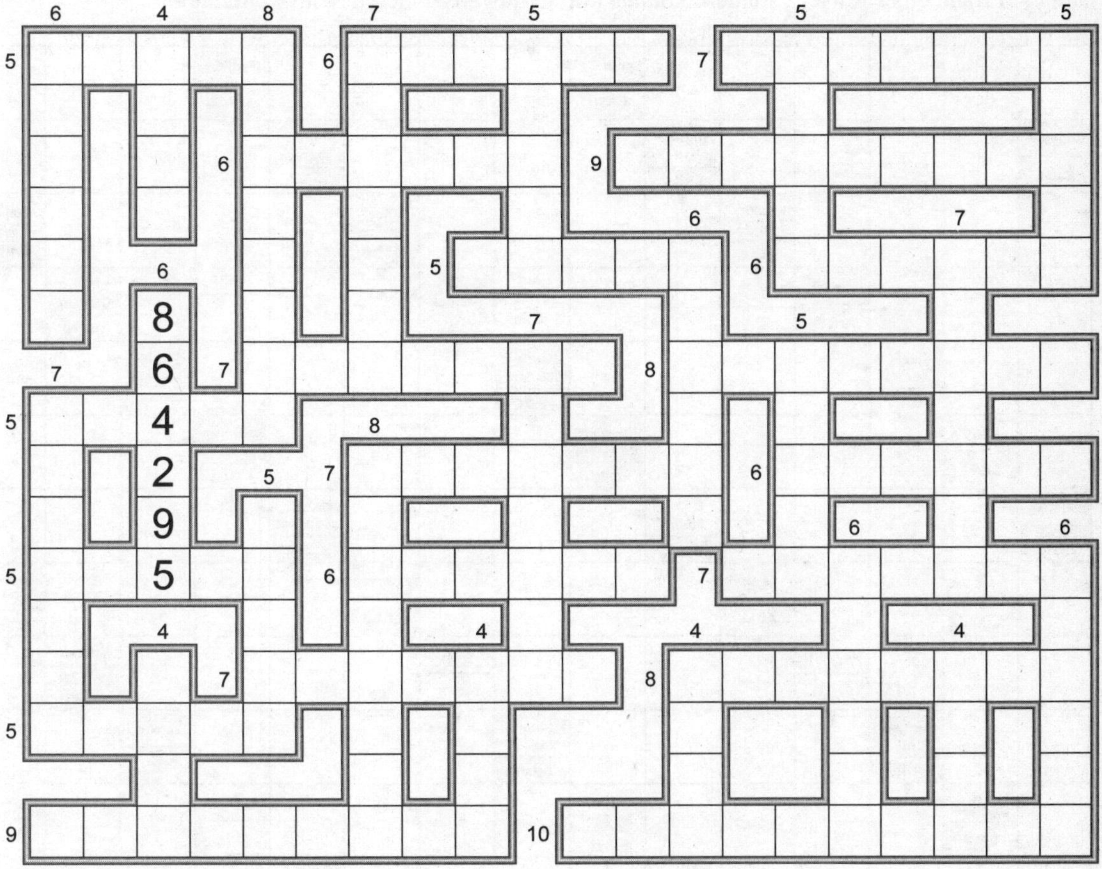

4 2546, 4268, 5147, 5326, 5636

5 13964, 27693, 31645, 32935, 33452, 33454, 48165, 49573, 77572, 99245

6 146249, 151327, 211294, 235265, 435916, 556125, 584886, 839189, 864295, 955323

7 1987354, 2127295, 2341492, 2487491, 3377518, 3427489, 8167486, 8467253, 9572321

8 25991586, 38512724, 59177878, 86157238

9 176129996, 428976897

10 6967299619

Endlos-Kruzzle

★★★★ Zeit: ____ Min.

Die in den Fragekästchen der Rätselgrafik stehenden Texte müssen gelöst und in Pfeilrichtung eingetragen werden – bei Definitionen ist das Lösungswort zu erraten, bei geschüttelten Begriffen ist durch eine Neuordnung ein sinnvoller Begriff „herzustellen". Begriffe enden bei Endlosrätseln jedoch nicht zwangsläufig am Rand eines Rätsels, sondern können auf der jeweils anderen Seite weiterlaufen.

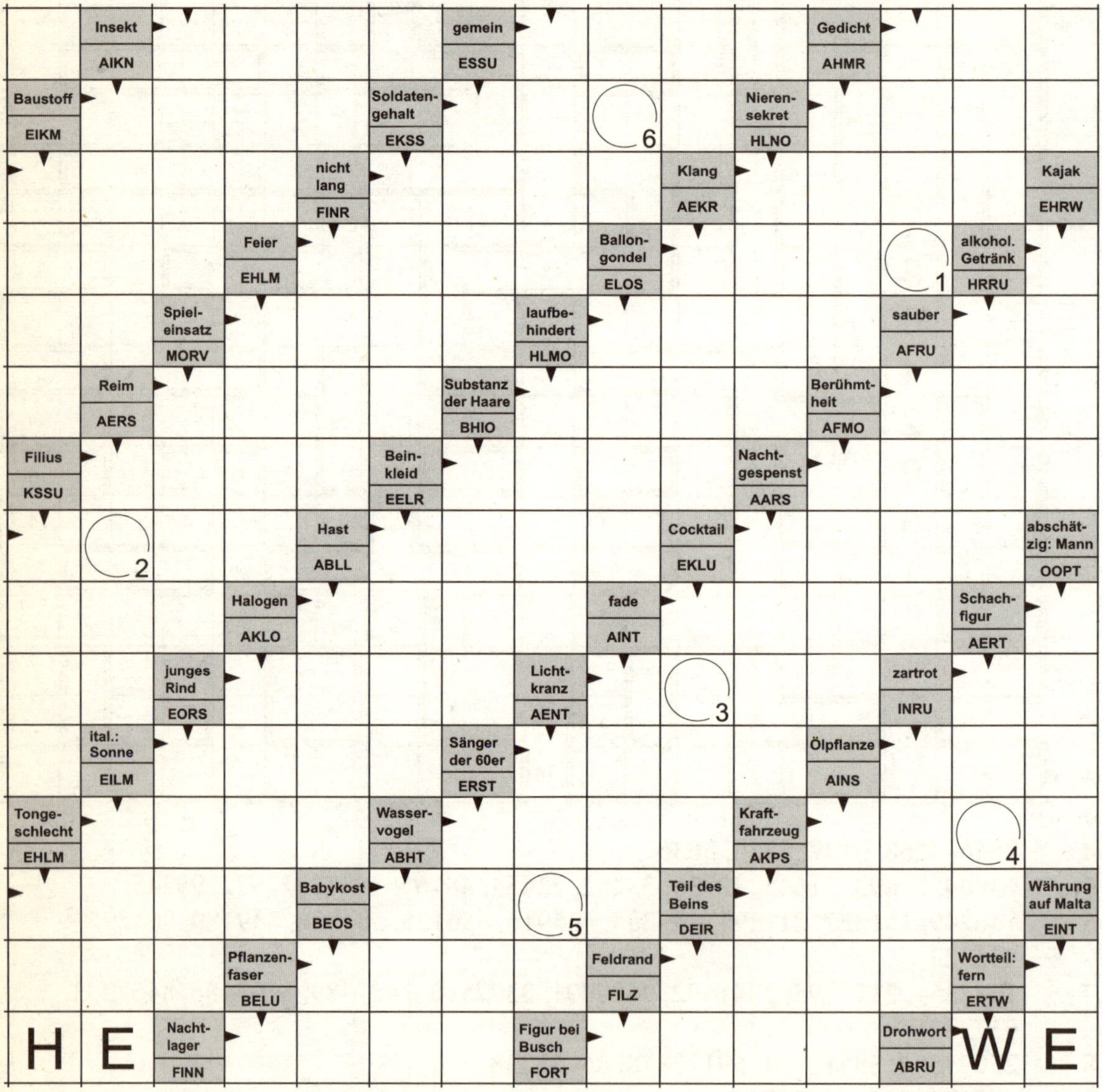

1	2	3	4	5	6

Denkspaß 522 — Sudoku klassisch

Zeit: ____ Min.

Bei diesem Rätseltyp sind die Zahlen 1 bis 9 in die leeren Felder der Grafik einzutragen, wobei sich jede dieser neun Zahlen genau einmal in einem Neunerblock, genau einmal auf jeder Horizontalen und genau einmal auf jeder Vertikalen befinden soll.

	6	3		8		4	7	
8			6		1			5
	1	2	4	7	3	8	6	
		4	8		9	5		
	9	8				1	4	
1				3				
		1	9		5	6		
		9		6		3		2
	7						1	4

	4		7	5		2	9	
6	5			1	2	7		8
	7				9			5
			2	7				9
7	2	8			1	6		4
	3			4		1	2	
	9		1			5		3
4	6		9		3			1
		1		6			4	

	9	4		7		2	3	
7			9		6			8
	6	1	2	3	4	7	9	
		2	7		5	8		
	5	7				6	2	
6				4				
		6	5		8	9		
		5		9		4		1
	3						6	2

			7		4			8
7		4				1		
6	8			2	3	9	4	7
	7	2					8	
5	6		8			7		4
			6	5	7		2	1
2	3			7	8	4		
		7		9		6		
9		1	4		6	8		2

Denkspaß 523	Sudoku-Stern	★★★★ Zeit: ____ Min.

Analog zum klassischen Sudoku müssen auch hier die Zahlen 1 bis 9 in die fett umrandeten Neuner-Dreiecke eingetragen werden. Auch in den langen Geraden (sie umfassen ebenfalls neun kleine Dreiecke) müssen diese neun Zahlen genau einmal enthalten sein, ebenso in den kurzen Geraden, zu denen auch noch das Feld in der Sternecke zählt.

(Die von der Sternmitte unterbrochenen Reihen zählen auch zu den langen Geraden.)

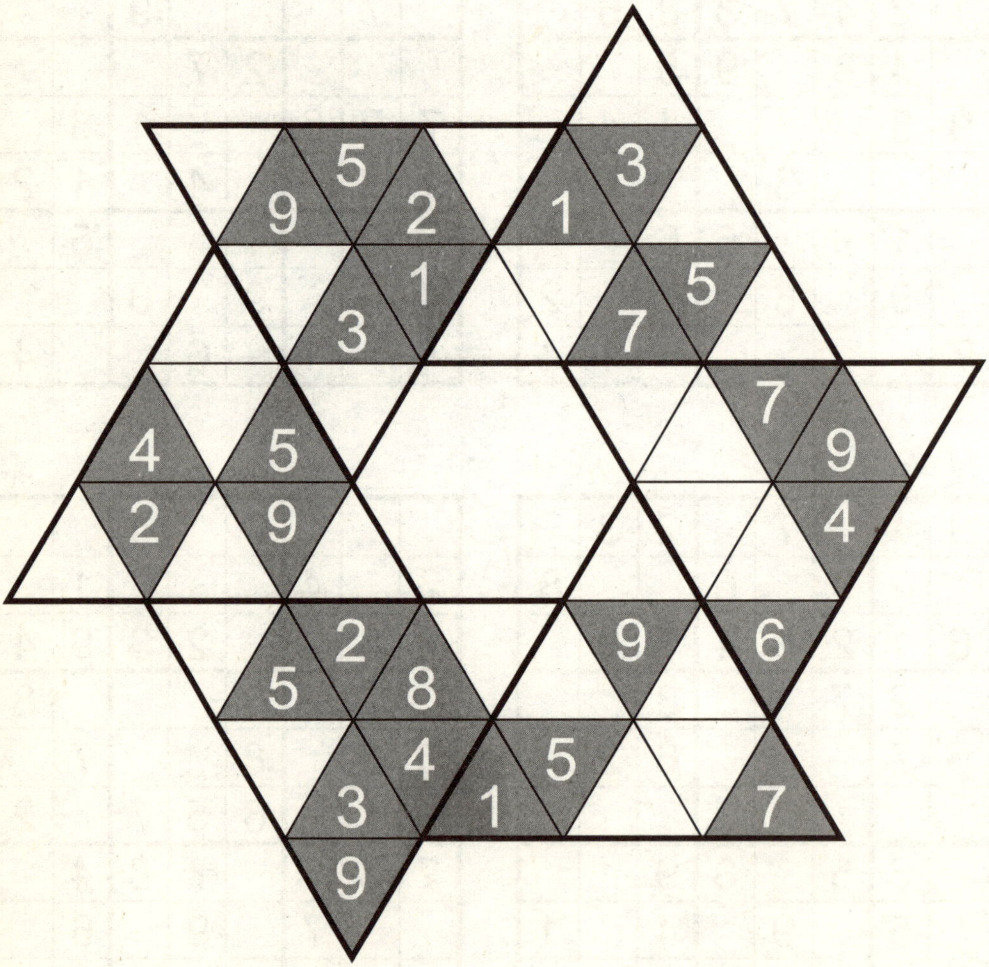

Denkspaß 524 Rätselwurm

★★★☆ Zeit: ___ Min.

Die gesuchten Begriffe sind mit Hilfe der Definitionen im Fragetext zu lösen und unter der jeweiligen Nummer in die Rätselgrafik einzutragen.

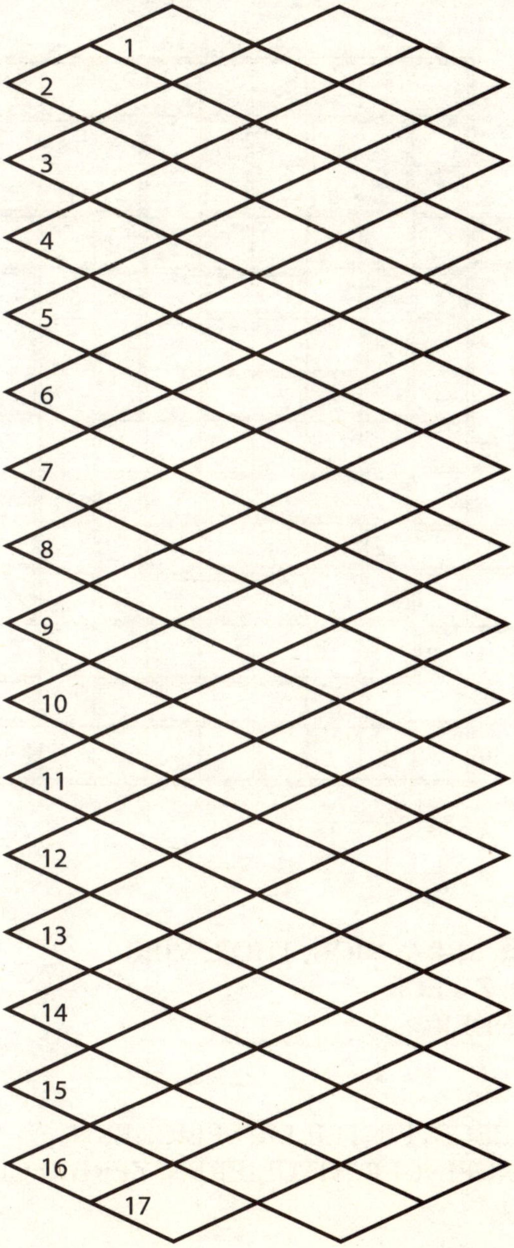

Nach rechts oben:
2. Tonbezeichnung,
3. angestrebter Zustand,
4. Pelzart,
5. weiblicher Kurier,
6. Deckschicht,
7. Fußstoß,
8. ‚Ungläubiger‘,
9. Fischbein,
10. wilde Ackerpflanze,
11. Wirtschaftsunternehmen,
12. Talkessel,
13. Mauerkrone,
14. süßer Brotaufstrich,
15. Wildlederart,
16. mager,
17. Vorname der Nielsen †

Nach rechts unten:
1. Rufname d. Schauspielers Connery,
2. unnahbar, abweisend,
3. wörtliche Belegstelle,
4. Figur bei Wilhelm Busch (Witwe),
5. alle zwei,
6. Westeuropäer,
7. lateinisch: Erde,
8. Schadenfreude,
9. Laubbaum mit weißem Stamm,
10. ritterliche Liebeslyrik,
11. nordafrikan. Wüstenfuchs,
12. Erdzeitalter,
13. gestreiftes Steppenpferd,
14. Barmherzigkeit,
15. Schalenfrucht,
16. wegen, weil

Denkspaß **525** Wörterkreuzungen

★ Zeit: ____ Min.

Durch Kombinieren sind alle unten aufgelisteten Wörter in das Gitter einzutragen. Zur besseren Übersicht sind diese Begriffe bereits nach ihrer Buchstabenanzahl geordnet.

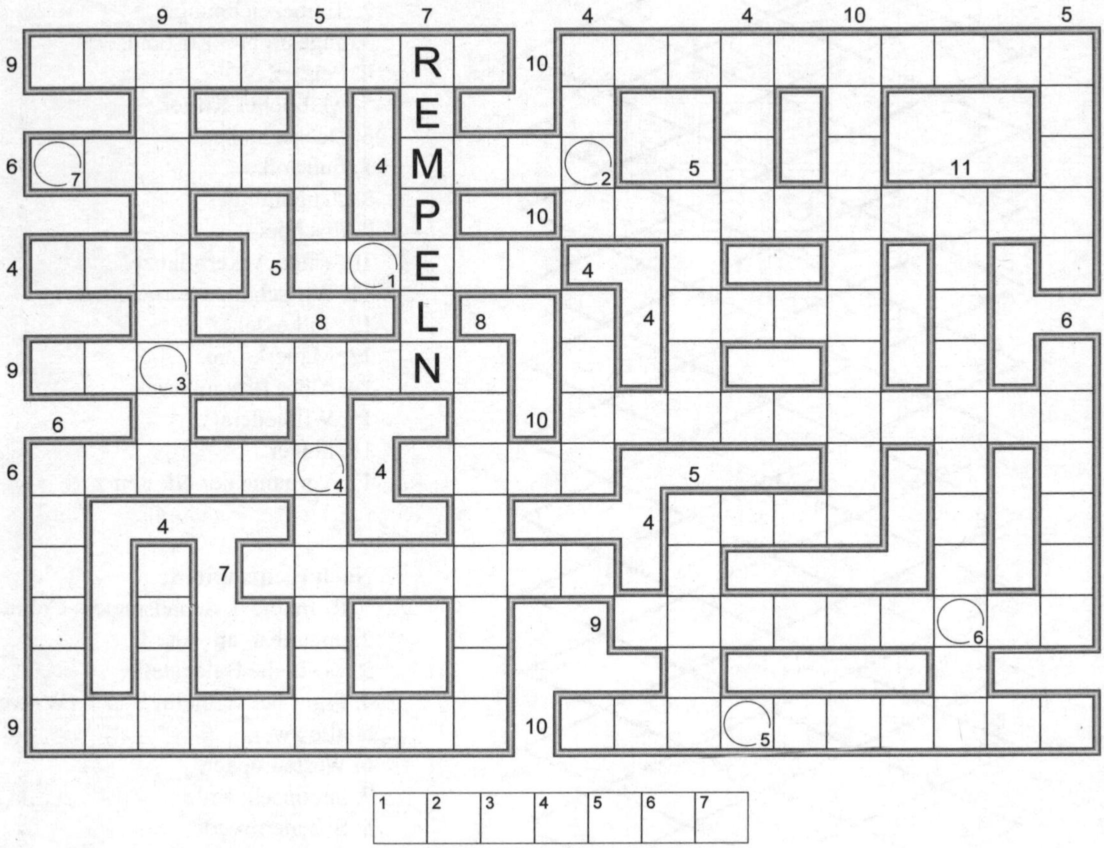

4 BURT, ELSA, GRAZ, LORA, MAEH, MIRA, NIOB, THOR, VIER
5 HORAZ, MAHUT, RABIN, SOUND, ZWECK
6 BOGOTA, BORGEN, FROSCH, SANDER
7 FRISEUR, REMPELN
8 GALEEREN, GENEROES
9 ABREISSEN, BILLIGUNG, CHAOTISCH, EINTEILER, SPEICHERN
10 ENTENTEICH, GRENZENLOS, RINGFINGER, TITULIEREN, ZERBRECHEN
11 HAFTGLAESER

Denkspaß 526 Kreuzwortmagie

★★★★

Zeit: ____ Min.

Die Fragetexte sind zu lösen und unter der jeweiligen Zahl sowohl waagerecht wie auch senkrecht in die Grafik einzutragen.

1

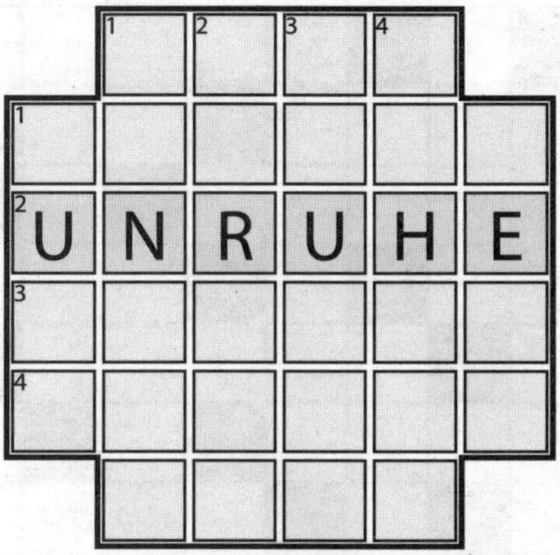

1. Fürstentum am Mittelmeer,
2. kleiner Tumult, 3. reinlich,
4. Schneidewerkzeug

2

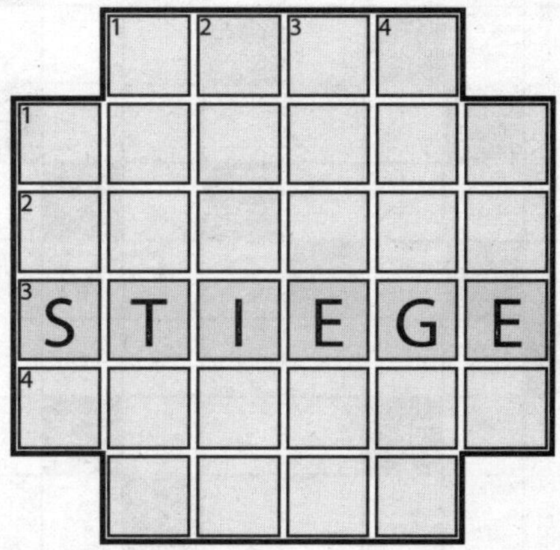

1. Raubkatze, 2. Direktverbindung (EDV),
3. enge Treppe, 4. männliches Pferd

3

1. kennzeichnendes Merkmal,
2. nordische Herdentiere, 3. zusammenzählen,
4. Verwaltungseinheit

4

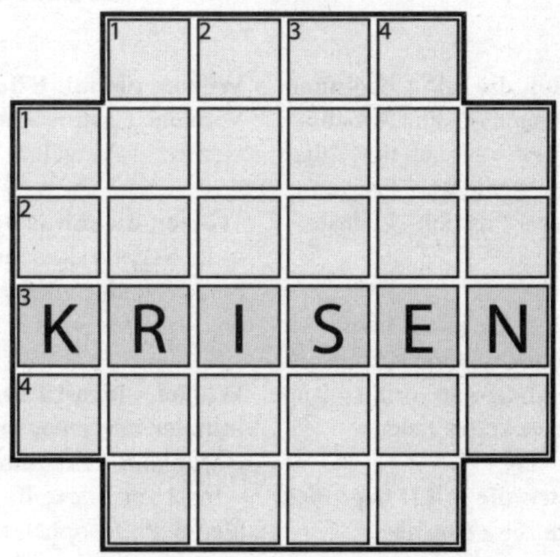

1. Schutzheiliger, 2. Hunnenkönig (5. Jh.),
3. heikle Situationen,
4. span. Provinzhauptstadt

Denkspaß 527 — A-bis-Z-Rätsel

★★★ Zeit: ___ Min.

Die in den Hinweisen unten aufgelisteten Definitionen sind zu lösen. Wenn ausreichend gelöste Begriffe vorliegen, kann damit begonnen werden, die genaue Position der Begriffe in der Rätselgrafik zu ermitteln.

1	2	3	4	5	6

Wörter, die mit A beginnen: nach unten – Abk.: Arbeitsfähigkeit – schnell beweglich – LA – RMLAA – Freizeitfischer – Pluspol – kleinste Teilchen

Wörter, die mit B beginnen: Musiknote – Grenzschutzeinheit (Abk.) – so weit, so lange – unbeackertes Feld

Wörter, die mit D beginnen: italienische Tonsilbe

Wörter, die mit E beginnen: früherer österr. Adelstitel – Männername – Lebensgemeinschaft – spanischer Artikel – australischer Laufvogel

Wörter, die mit F beginnen: Vorname Castros – eine der Gezeiten – Verschmelzung

Wörter, die mit G beginnen: span. Segelkriegsschiff – Farbe des Neides – Körpersprache – grober Sand

Wörter, die mit I beginnen: Initialen der Schauspielerin Bachmann – Erbgutträger – Insel vor Marseille – Initialen d. Philosophen Kant

Wörter, die mit K beginnen: RKFEEA – tropische Nutzpflanze – Spaltwerkzeug – NKE – Hospitäler – Mitarbeiter

Wörter, die mit L beginnen: mäßig warm – Körperorgan – LIE – Zeitungskonsument – Absteigequartier

Wörter, die mit M beginnen: weniger, abzüglich – Abk.: Mittellatein – Maultier

Wörter, die mit O beginnen: Kfz-Z. Oldenburg – RO – eiszeitlicher Höhenzug

Wörter, die mit P beginnen: Handfeuerwaffen – freie literarische Form

Wörter, die mit S beginnen: untere Zone der Erdkruste – Maßbandeinteilung – Unterwasserortungsgerät – westdt. Sendeanstalt (Abk.) – TSROEE

Wörter, die mit T beginnen: südamerikanischer Tanz – Backmasse – Ausdehnung – leblos

Wörter, die mit U beginnen: Abk.: unter anderem – Steigerung, desto

Denkspaß **528**

Wörtersuchspiel

★★★★
Zeit: ____ Min.

Finden Sie sämtliche unten aufgelisteten Wörter im Rätselgitter. Diese können vorwärts, rückwärts, horizontal, vertikal oder diagonal verlaufen. Die übrig gebliebenen Buchstaben ergeben ein Sprichwort.

				T	S	I	L	A	E	D	I	K	T				
		D	E	R	P	B	E	V	O	R	P	N	W	F	A		
	H	C	T	A	M	A	O	P	R	A	E	E	L	K	H	N	
O	W	S	R	E	D	N	A	S	P	I	R	O	I	D	E	E	I
R	A	A	A	A	A	K	A	A	S	I	G	R	E	H	S	P	T
C	D	L	B	G	H	A	G	E	B	B	E	E	C	A	W	P	S
E	M	E	I	E	T	E	N	E	E	V	I	S	S	E	Z	X	E
R	I	E	M	T	N	U	T	S	L	R	I	H	R	C	Z	U	O
A	G	E	M	O	T	I	T	O	T	Z	S	K	A	A	H	T	R
	S	E	E	C	D	A	V	P	P	O	T	S	N	S	H	E	
		A	L	M	N	E	H	A	K	A	S	I	N	O	F		
				D	R	E	F	P	G	T	S	S	F				

ANDERS-
WO
ANIS
ANSTOSS
ATTILA
AZUR
BELT
BESTAND
BEVOR
BIMMEL
DABEI
DIOR
EARP
EDIKT
ERIKA
ESCHE
EXZESSIV
FITZ
GANOVE
GELD
GOLF
IDEALIST
IMME
ISAAK
KASINO
KLEE
LOVE
MATCH
MODE
NEPP
OMEGA
PAPAGENO
PARADE
PFERD
PRAE
REVOLVER
RIEM
ROESTI
SAAT
SAHIB
STOPP
STOSS
TOPAS
TRABI
TUNESIEN
WABE
WERKTAG
ZISCHEN

Denkspaß **529**

Im Schneegestöber

★★★★ Zeit: ____ Min.

Die fantasievollen Grafiken unten entstammen allesamt den oberen Bildern. Jedes dieser oberen Bilder wurde so verfremdet, dass daraus die unteren Darstellungen resultierten. Können Sie die Originale und die dazugehörigen Verfremdungen einander zuordnen?

1 ☐

2 ☐

3 ☐

4 ☐

5 ☐

6 ☐

A
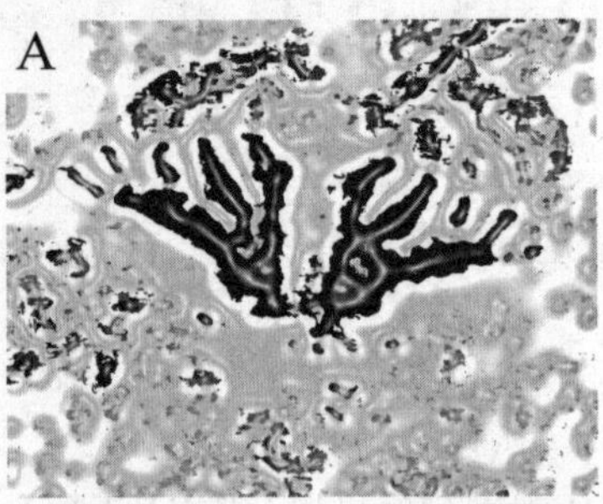

B
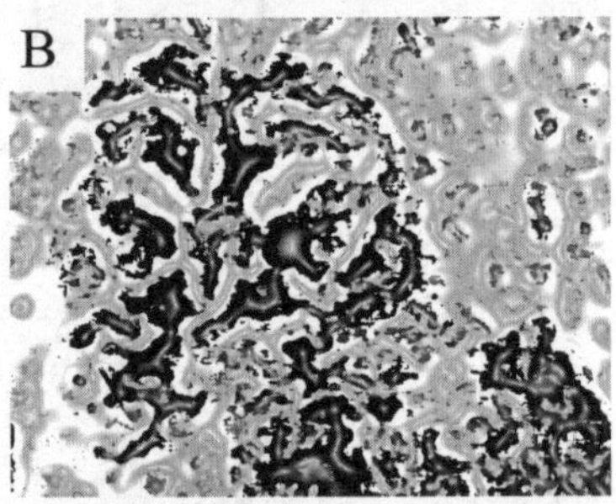

C
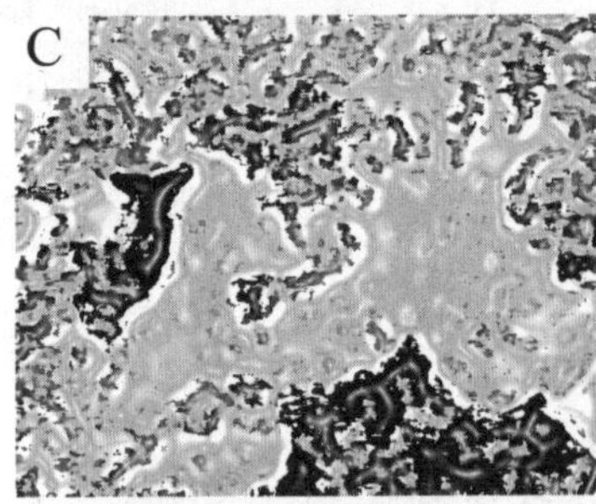

D
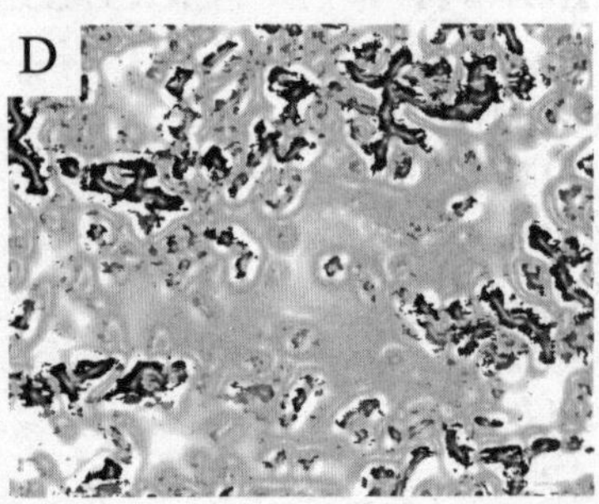

E
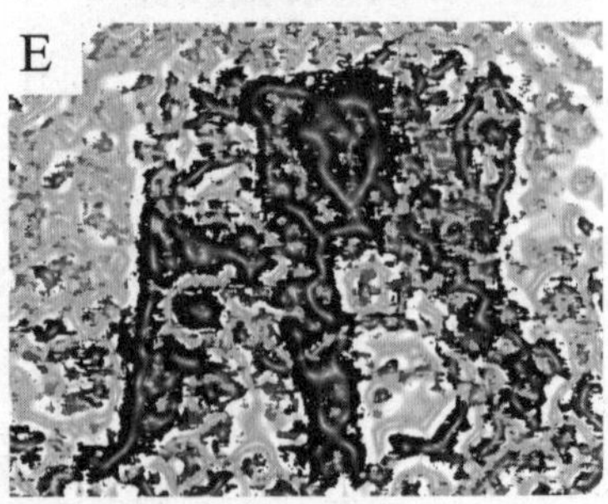

F
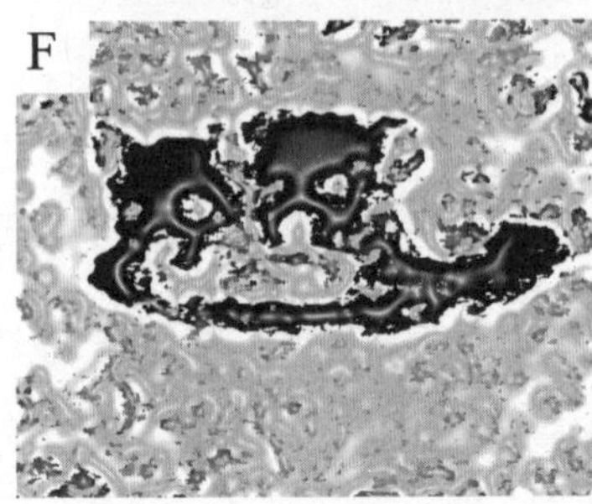

Denkspaß 530 — Worträder

★ Zeit: ____ Min.

Welche Buchstaben sind hier anstelle der Fragezeichen einzusetzen, damit im oder gegen den Uhrzeigersinn jeweils ein Wort zu lesen ist?

1 2 3 4

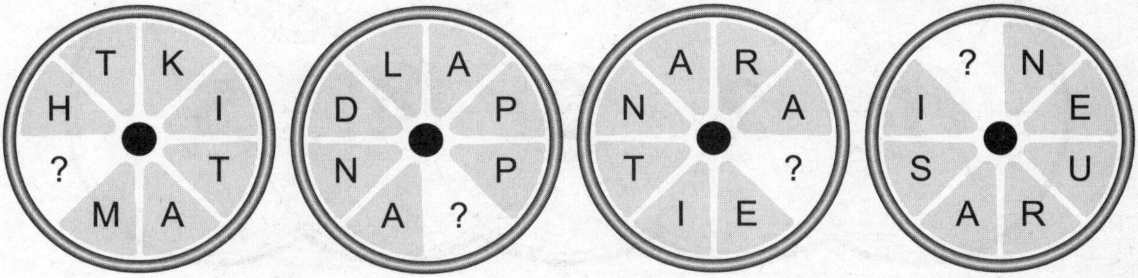

Denkspaß 531 — Kammrätsel

★★ Zeit: ____ Min.

Erraten Sie die gesuchten Wörter und setzen Sie sie von oben nach unten in die Kammzähne ein. Diese Buchstaben sind dabei einzutragen:

A A E E E E E E E E G H K M M N O R R R S S S T T T U U W Z

1. Augenblick,
2. Anstieg der Börsenkurse,
3. alter Name der Vogesen,
4. Flugkörper,
5. Druckereiberuf

Aus dem Kammrücken und den Kammenden ergibt sich zeilenweise gelesen ein Lösungswort.

Ein weiteres Lösungswort können Sie nach erfolgreicher Lösung den weißen Feldern entnehmen.

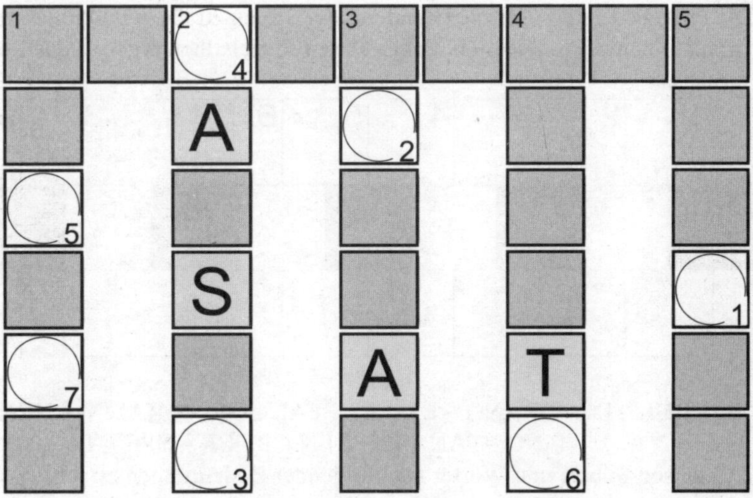

1	2	3	4	5	6	7

Denkspaß 532 – Kreiskette

★★ Zeit: ____ Min.

Bei der Kreiskette sind die Fragen zu lösen und – über der entsprechenden Zahl beginnend – im Uhrzeigersinn in die Grafik einzutragen.

1. Einsiedelei, 2. Meeresfisch, 3. Medikamentenform, 4. ungesitteter Mensch, 5. sumpfige Steppe Sibiriens

Denkspaß 533 – Silbenband

★★ Zeit: ____ Min.

Die Fragetexte sind unter Verwendung der Silben zu lösen und unter der jeweiligen Zahl senkrecht in die Grafik einzutragen. Die nicht aufgeführten Mittelsilben ergeben das Lösungswort.

BI – BUL – DI – DRANG – ER – ES – FAL – GE – GRAMM – HEN – KORB – MAR – MEER – MIE – NO – PAN – PI – REN – ROCK – SPE – TA – TEN – TICH – WAE

Aus diesen Silben sind Wörter nachfolgender Bedeutungen zu bilden. Die nicht aufgeführten Mittelsilben ergeben das Lösungswort.

1. Rasse, Art, 2. eine Süßigkeit, 3. Südosteuropäer, 4. Doppelehe, 5. aus großer Not helfen, 6. scharfes Wurzelgemüse, Radi, 7. Frauenkleidungsstück, 8. Unternehmungslust, 9. erläuternde Grafik, 10. Klavier, 11. Behälter für Kleidung, 12. Handlungsablauf

Denkspaß **534**

Summen-Sudoku

★★☆☆
Zeit: ___ Min.

Beim Summen-Sudoku müssen die Zahlen 1 bis 4 in die leeren Felder eingetragen werden, wobei die gleichen Zahlen jeweils nur einmal in jeder Zeile und Spalte vorkommen dürfen. Als Hilfe dienen die bereits eingetragenen Zahlen, die die Summe der gesuchten Ziffern in den noch leeren Feldern wiedergeben. Dabei werden alle horizontal, vertikal und diagonal anliegenden Felder berücksichtigt.

	15		10			6
4			16		13	
10	15			14		
		14			15	8
12		12	10			
		10		13		10
	10			8	6	

4			10		9	
	14	9			16	
	10		11			10
9		15		15		
10				12		9
		15	14		10	
	9			8		4

3			10		12	
	13	7			17	
	10		11			10
9		14		16		
10				14		9
		16	13		10	
	12			6		3

	11		10			5
5			15		14	
10	13			10		
		11			16	10
11		11	10			
		11		16		10
	10			9	5	

Denkspaß 535 | Zahlenkreuzungen

★ Zeit: ____ Min.

Tragen Sie sämtliche unten aufgelisteten Zahlen in das Gitterfeld ein. Dort sollen sie von links nach rechts bzw. von oben nach unten zu lesen sein.

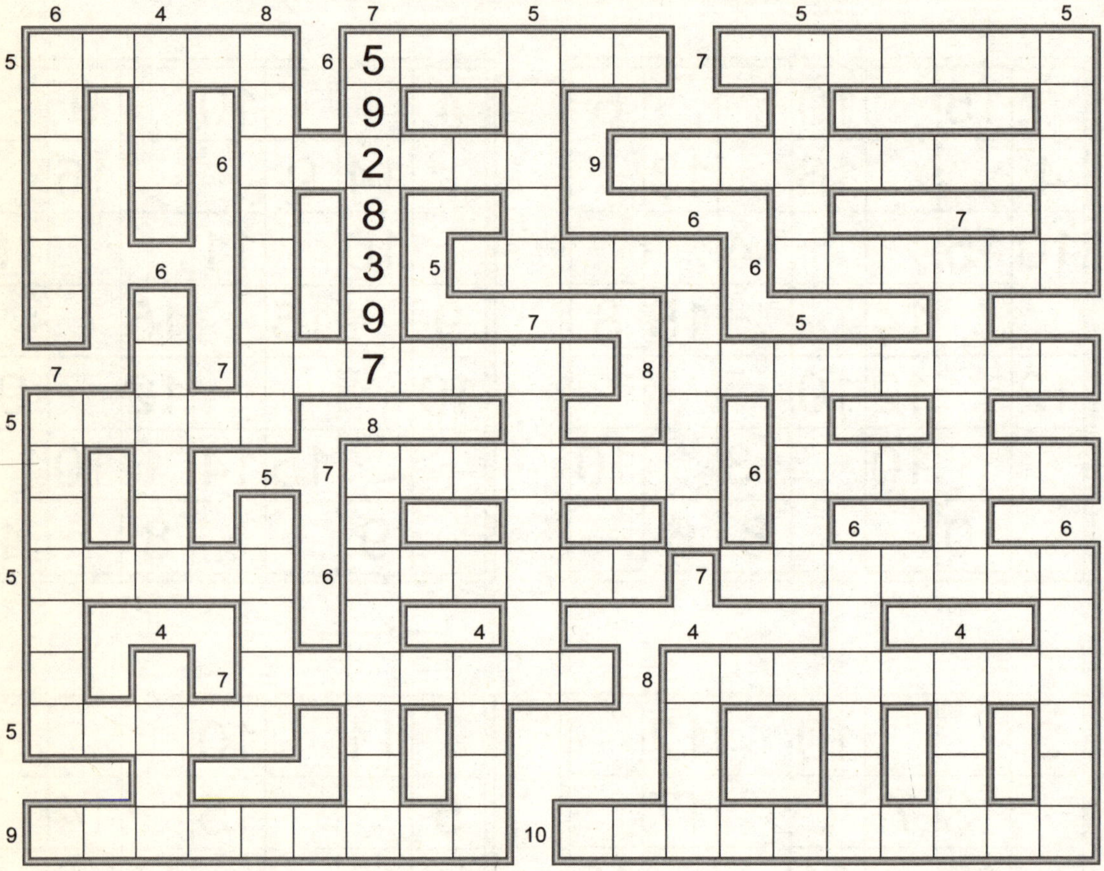

4 1459, 3526, 4287, 6134, 9425

5 17916, 29139, 41475, 45863, 47576, 48749, 69341, 79311, 82928, 97575

6 353943, 536946, 569638, 659151, 692775, 728625, 781762, 937159, 964681, 984139

7 1648684, 1849621, 2676915, 4348582, 4361411, 4692459, 4764644, 5928397, 8188786

8 19628925, 37472477, 48736317, 97376184

9 814442747, 914993293

10 7655995931

Denkspaß 536 — Leiterrätsel

★★★★ Zeit: ____ Min.

Aus den Zweierbuchstaben links sind insgesamt 14 sechsbuchstabige Wörter zu bilden. Welche Wörter gesucht werden, sollen Sie anhand der Hinweise rechts herausfinden. In jedes Feld gehören zwei Buchstaben, wobei die Doppelbuchstaben in der Mitte von je zwei Wörtern verwendet werden. Am Ende schließlich erhalten Sie im Mittelbalken von oben nach unten gelesen ein Lösungswort.

AB - AK - AL - AN - AT - BE - BI - DE - EL - EN - EN - EN - ER - FL - FR - HO - HR - IS - IV - LT - NO - NT - PA - PS - RA - SS - TI - UG - UG - UG - UN - WA - ZE - ZE - ZI

1		2
3		4
5		6
7		8
9		10
11		12
13		14
15		16
17		18
19		20
21		22
23		24
25		26
27		28

1-2 falsch, gelogen,

3-4 Verteidiger,

5-6 Babyspielzeug,

7-8 untätig, willensträge,

9-10 mit den Ohren wahrnehmen,

11-12 Dekoration,

13-14 Flugzeugstart,

15-16 Hauptstadt von Georgien,

17-18 Schokoladenart,

19-20 krümmen, biegen,

21-22 Betonung, Aussprache,

23-24 Oberarmmuskel,

25-26 einfach,

27-28 hervorbringen

Denkspaß 537 Löchrige Rechnungen

★★★★
Zeit: ____ Min.

In die leeren Kästchen sind Zahlen einzutragen, sodass eine stimmige Rechnung entsteht.

A

4	0		+	2		5	=		8	5
	−				−				−	
2	5		+		5	3	=	5	0	
	4	5	+			2	=	1		7

B

		3	+	2	2		=	3		3
	+				+				+	
3	2		+		6	1	=	4	8	
	1	6	+		8	1	=	7	9	

C

3		0	−		4		=	3		9
	+				+				+	
2	4		−				=		3	6
	0	2	−		4		=	5	5	

Denkspaß **538** | Schwedenrätsel | ★★★★ Zeit: ___ Min.

Schwedenrätsel

Die in den Fragekästchen der Rätselgrafik stehenden Texte müssen gelöst und in Pfeilrichtung eingetragen werden.

Gleichgewicht
unbestimmtes Fürwort
Inselstaat in der Karibik
Fragewort
englisches Fürwort: sie
bulgarischer Ferienort
binär
Vorname von Rock 'n' Roller Herold
Fremdwortteil: falsch
Tatsache (engl.)
Insekt
italienisch: Liebe
größere Grünanlage
Hinterhalt
chem. Zeichen für Beryllium
Krause, Faltenbesatz
Rechtsvorschrift
hoch begabt
Wertpapiere
Fremdwortteil: gesamt
durchsichtiges Gewebe
großes Meerestier
Stadt an der Sieg
weggebrochen (ugs.)
Kern einer Sache
Gesetz, Anordnung
Burgunderkönig
eine Geliebte des Zeus
roh, gewalttätig
Speisesaal für Studenten
nordeurop. Wühlmäuse
griechische Halbinsel
gestufte Pflanzenanbaufläche
Radiokonsument
dt. Kunstschriftsteller †
geschnittenes Holz
leimen
Druckereiberuf
int. Kfz-K. Republik Niger
eine Mischfarbe
Name vieler Städte in Polen
US-Dramatiker (Edward)
griechische Vorsilbe: klein
früherer Lanzenreiter
Titelfigur bei Oscar Wilde
Zwillingsbruder Jakobs
französisch: Tod
semitischer Himmelsgott
glasartiger Überzug
Gewaltregime
Abk.: Europ. Parlament
Wurfschlinge
Ausruf der Überraschung
franz. Filmidol der 60er (Abk.)
absichtlich stoßen
literarische Abhandlung
Binnenmeer in Kasachstan
Barvermögen

1	2	3	4	5	6	7	8	9	10	11	12	13	14

Denkspaß 539 | Tiergruppenrätsel | ★★★☆ Zeit: ____ Min.

Ein Symbol steht jeweils für drei Buchstaben bzw. für zwei Buchstaben und das Blindfeld. Sämtliche unten aufgeführten Wörter sind in die Grafik einzutragen. Durch Ausprobieren und unter Mithilfe des Symbolschlüssels kann die richtige Position ermittelt werden.

A	B	C	D	E	F	G	H	I
J	K	L	M	N	O	P	Q	R
S	T	U	V	W	X	Y	Z	[redacted]

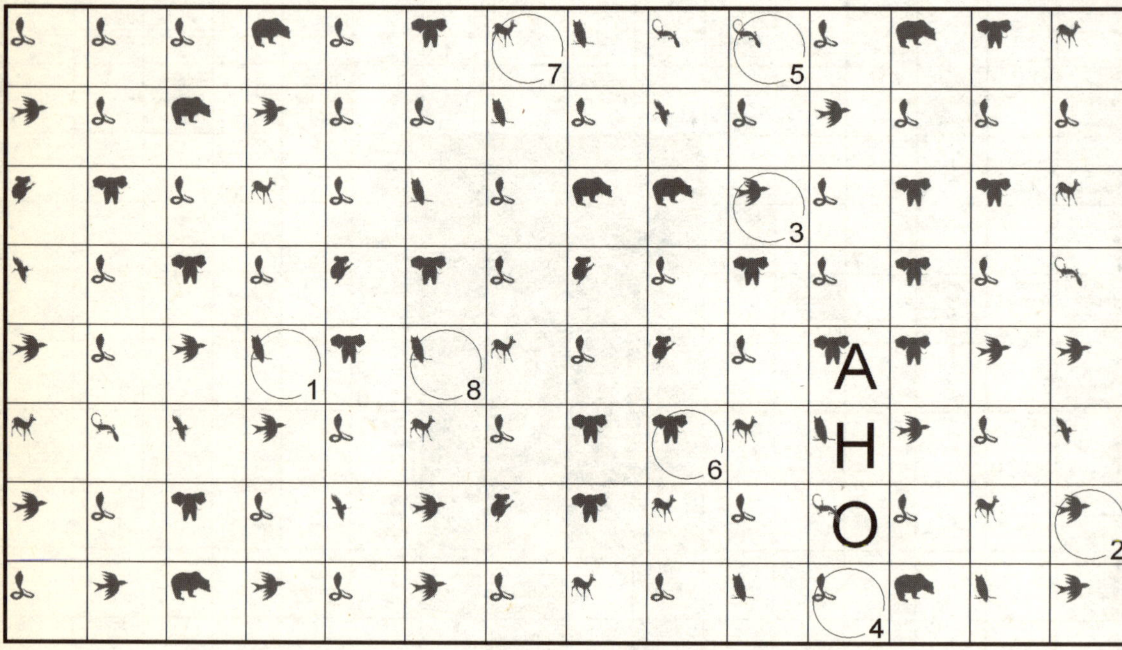

1	2	3	4	5	6	7	8

Waagerecht:
RI - MA - INTERN - UW - LOGE - AIDA - PEDAL - SACHE - ASEN - HITZE - PIER - ERKER - MIS - TAL - EINZAHL - ZITTERAAL - BISCHOF

Senkrecht:
FIES - UZ - LILONGWE - ANGST - TM - ZAHLEN - IR - SAU - OPTIMAL - REMPELEI - DA - BELIZE - ER - CHI - IO - IRA - AHOI - TRASSE - PR

Denkspaß 540 Verwandlungsrätsel

★★☆☆ Zeit: ___ Min.

Wie gelangen Sie vom oberen zum unteren Wort, wenn Sie in jeder Zeile genau einen Buchstaben austauschen müssen?

G	L	O	S	S
K	R	A	U	T

H	E	I	D	I
S	A	H	N	E

M	U	E	H	E
G	I	L	D	O

Denkspaß 541 Schüttelrätsel

★★★☆ Zeit: ___ Min.

Durch Umstellen der Buchstaben müssen neue sinnvolle Wörter gebildet werden, deren Anfangsbuchstaben die Schlusslösung ergeben.

ERBSE – RECKE – GEHEN – EILEN – SATURN – KARTE – TRENSE – LASSA – NIERE – ALBERN – TOBEN – ULMER – LUMEN – UMBER – WINDE

Denkspaß 542 | Super-Sudoku

★★★★ Zeit: ____ Min.

In diesem Super-Sudoku sollen die Zahlen 1 bis 16 in jeder horizontalen Reihe, jeder vertikalen Spalte und jedem 4-x-4-Unterquadrat genau einmal enthalten sein.

12		2	7						9	6	10	16			
	15				3	13	12	11		14	7	10			
	14				7		9		12				3	4	15
3	5			16		14				1	15	7			12
		8		2			11	15	1	9			10	16	
	6		15				7			3	11		9		2
9		11	1	13	16	10	14						15	5	
13		10	3			4		14		16					6
10					5		3		13			4	2		14
	12	3						5	15	2	6	9	8		16
4		5		11	9			10				15		3	
	9	14			15	6	16	7			8		1		
6			5	4	10				16		2			1	11
16	13	12				15		6		8				9	
			2	5	14		13	1	7	10				15	
			4	3	2	16						5	7		8

Denkspaß 543 | Tierisches Kreuzworträtsel

★★★ Zeit: ___ Min.

Gleiche Tiere bedeuten gleiche Buchstaben. Durch Ausprobieren ist jedem dieser Tierzeichen ein Buchstabe zuzuordnen und in die Rätselgrafik einzutragen. Auf diese Weise soll ein vollständiges Kreuzworträtsel entstehen.

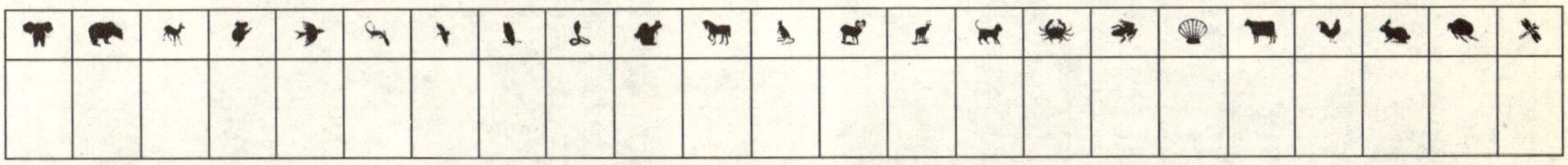

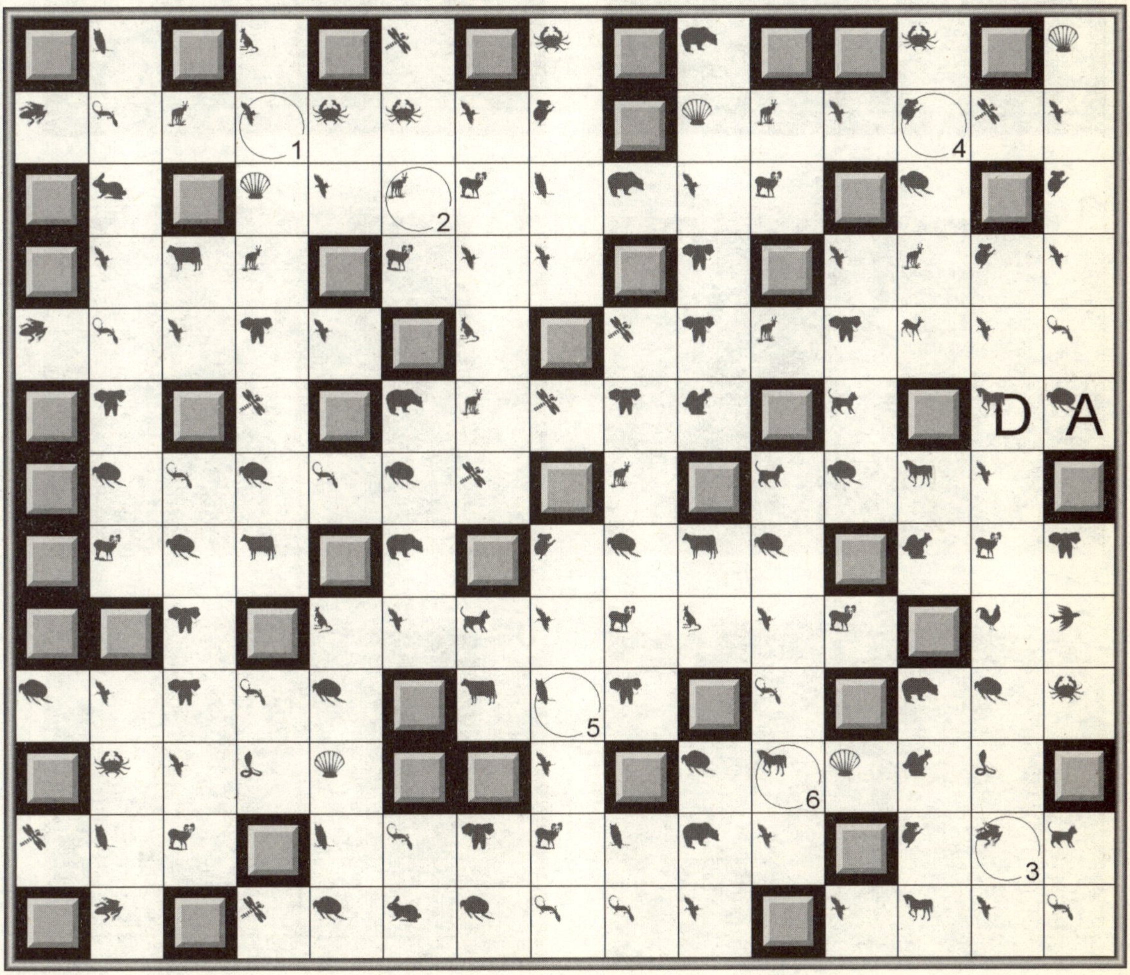

1	2	3	4	5	6

Denkspaß **544**

Zeitablauf

★★☆☆ Zeit: ____ Min.

Ordnen Sie die Bilder so, dass ein zeitlich logischer Ablauf resultiert.

1

2

3

4

5

6

Zeitlicher Ablauf: ☐ → ☐ → ☐ → ☐ → ☐ → ☐

Denkspaß 545 Silbenschwedenrätsel

★★★★ Zeit: ____ Min.

Die in den Fragekästchen der Rätselgrafik stehenden Texte müssen gelöst und in Pfeilrichtung eingetragen werden. In jedes Kästchen gehört eine Silbe.

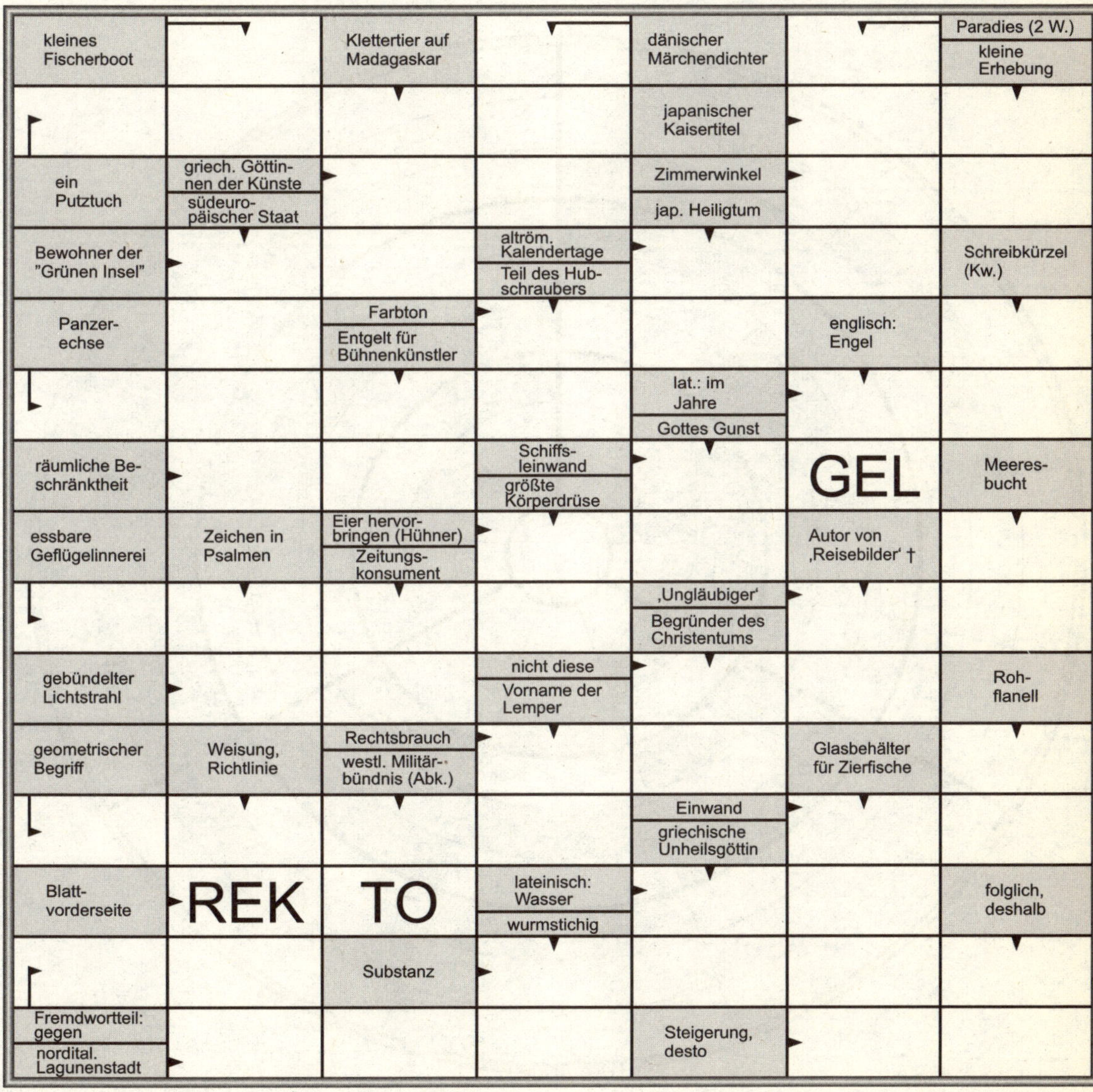

<table><tr><td>Denkspaß 546</td><td>Sudoku-Kreis</td><td>★★★★
Zeit: ____ Min.</td></tr></table>

Ähnlich wie auch beim klassischen Sudoku müssen die Zahlen 1 bis 9 genau einmal auf jedem Ring, auf jedem „Strahl" von außen nach innen und auf jedem dick umrandeten Teilstück vorkommen.

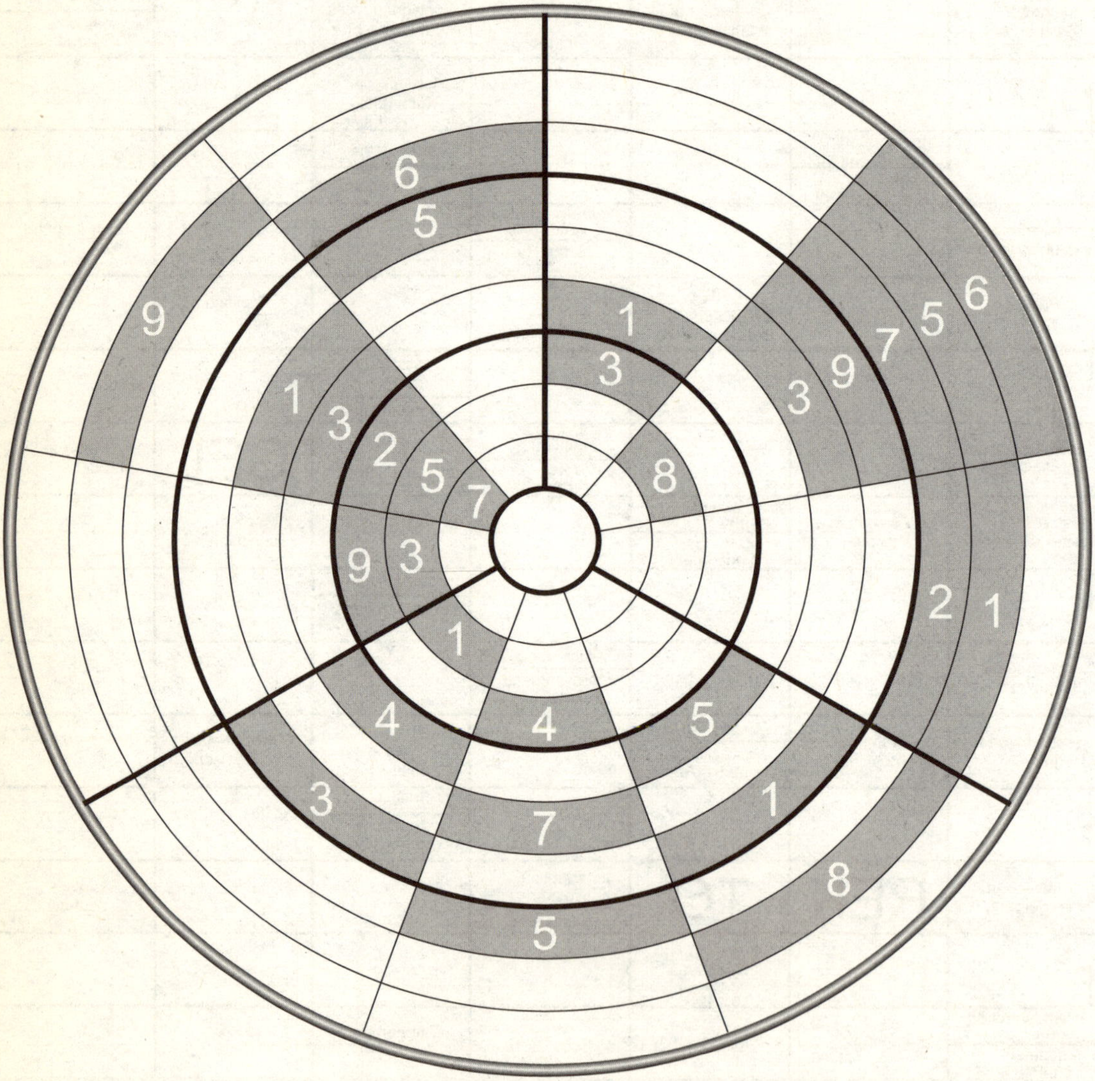

Denkspaß **547**

Ziegelrätsel

★★★★ Zeit: ___ Min.

Die „Rätselziegel“ des ursprünglichen Rätsels sind durcheinandergewürfelt. Durch Ausprobieren sind die Rätselziegel an die richtige Stelle zu setzen, sodass sich daraus wieder ein „normales“ Kreuzworträtsel ergibt.

T	A	N	Z	■	S	I	R	■	■	B	E	S	O	N	L	O	E
A	■	I	■	C	O	N	I	S	K	E	■	U	D	O	A	■	T
H	L	E	T	A	R	■	T	■	G	I	N	■	E	■	■	T	A
F	O	R	O	N	E	E	■	B	N	■	N	E	N	I	A	T	L
E	N	■	■	D	■	H	E	I	■	B	U	N	■	M	B	I	T
Z	■	I	P	I	K	R	■	K	O	R	■	■	M	O	W	C	■
A	N	T	I	K	■	■	E	M	■	L	■	P	■	F	N	E	N
T	E	■	R	■	K	E	N	D	L	O	D	O	B	R	■	V	■
M	■	K	A	J	A	A	D	E	I	S	■	L	■	E	R	E	M

				N					P	■	F						
				E					O	B	R						
									L	■	E						

Denkspaß 548 — Wörtergleichung

★★★☆ Zeit: ____ Min.

Ersetzen Sie die Buchstaben durch die gefragten Begriffe, sodass die jeweilige Wörtergleichung eine sinnvolle Lösung bzw. ein sinnvolles Lösungswort erhält.

$$(a - b) + (c - d) + (e - f) + (g - h) + (i - j) + (k - l) + (m - n) = X$$

---

a = Bienenkönigin, b = Lasttier, c = spießig, d = Gärungsgetränk, e = Mirakel, f = äußerlich verletzt,
g = gezielte Täuschung, h = Täuschung, Einbildung, i = schon lange, j = Furcht,
k = kleine Abstellkammer, l = trostlose Ortschaft, m = im Großen (franz.),
n = Vorname des Sängers Ramazotti, X = die Schlusslösung

Denkspaß 549 — Tunnelbau

★★★★ Zeit: ____ Min.

Bei diesem Logical muss die einzig mögliche Tunnelverbindung zwischen Ein- und Ausgang gefunden werden, wobei sich die zu findenden Gänge nicht überschneiden oder berühren – höchstens an den Eckpunkten. Die Zahlen geben an, wie viele Tunnelteile sich in der jeweiligen Zeile oder Spalte befinden. Achtung: Die Felder, in denen die Zahlen stehen, kommen ebenfalls als Tunnelabschnitte in Frage. Sie werden aber nicht mitgezählt.

	1	2	1	2	2	1	1	1	2	3	1	1	3	0	2	1	2
2																	
4																	
5																	
1																	
2																	
5																	
4																	
3																	

Denkspaß 550 | Codewort-Rätsel | ★★★★ Zeit: ___ Min.

Gleiche Buchstaben der oberen Grafik bedeuten gleiche Buchstaben der unteren Grafik. Durch Ausprobieren ist jedem Buchstaben ein anderer Buchstabe zuzuordnen und in die Rätselgrafik einzutragen, sodass ein vollständiges Rätsel entsteht.

A	B	C	D	E	F	G	H	I	J	K	L	M	N	O	P	Q	R	S	T	U	V	W	X	Y	Z

M	N	J	F	B	■	C	D	P	F	L	P	F	■	I	K	D	C
■	P	■	D	P	C	P	B	■	P	■	F	J	H	M	■	G	J
L	K	M	G	G	■	G	■	Q	P	M	F	■	O	B	B	■	D
D	Q	■	P	■	H	P	K	J	Q	F	M	H	■	M	■	M	K
K	■	M	B	B	M	■	M	E	P	■	G	■	N	M	D	C	P
Q	J	H	■	M	K	M	■	G	■	N	P	C	P	B	■	M	■
P	C	C	P	■	P	■	N	M	D	P	B	■	A	■	O	G	J
B	■	P	■	I	F	P	H	K	■	D	■	A	P	N	K	P	F

					■	B							■				B
■		■	(2)		B			■		■					■	(9)	
	(1)				■		■					■				■	
		■		■							(6)		■		■		
	■					■				■		■				B	
			■				■		■	(7)		B			■		■
	B	B		■		■						■	(5)	■		(4)	
	■		■		(8)				■		■	(3)					

1	2	3	4	5	6	7	8	9

Denkspaß 551	Wordoku	★★★★ Zeit: ___ Min.

In diesem Buchstaben-Sudoku sollen die zwölf Buchstaben in jeder horizontalen Reihe, jeder vertikalen Spalte und jedem 3-x-4-Rechteck genau einmal enthalten sein. Am Ende ergibt sich hier ein Lösungswort.

		P	E	O			W				
	(7)	Y			T	P		I		(5)	
			T		Y		G		W	S	L
	P				L	(2)				N	I
E		T (1)				Y					G (11)
	L			E	P	N (10)		Y	T	U	
I		L	S	(3)	N	W				O	
O						S	(4)		G		U
	W		(9)		G	I	O			P	
W	T (8)			S		G					
			G		O	L		U	(6)		T
				U			E		N		P

1	2	3	4	5	6	7	8	9	10	11

Denkspaß 552

Trautes Paar

★★ Zeit: ___ Min.

Wie müssen die Puzzleteile zusammengesetzt werden, damit das komplette Originalbild erscheint? Tragen Sie die Nummern in die entsprechenden leeren Felder unten ein.

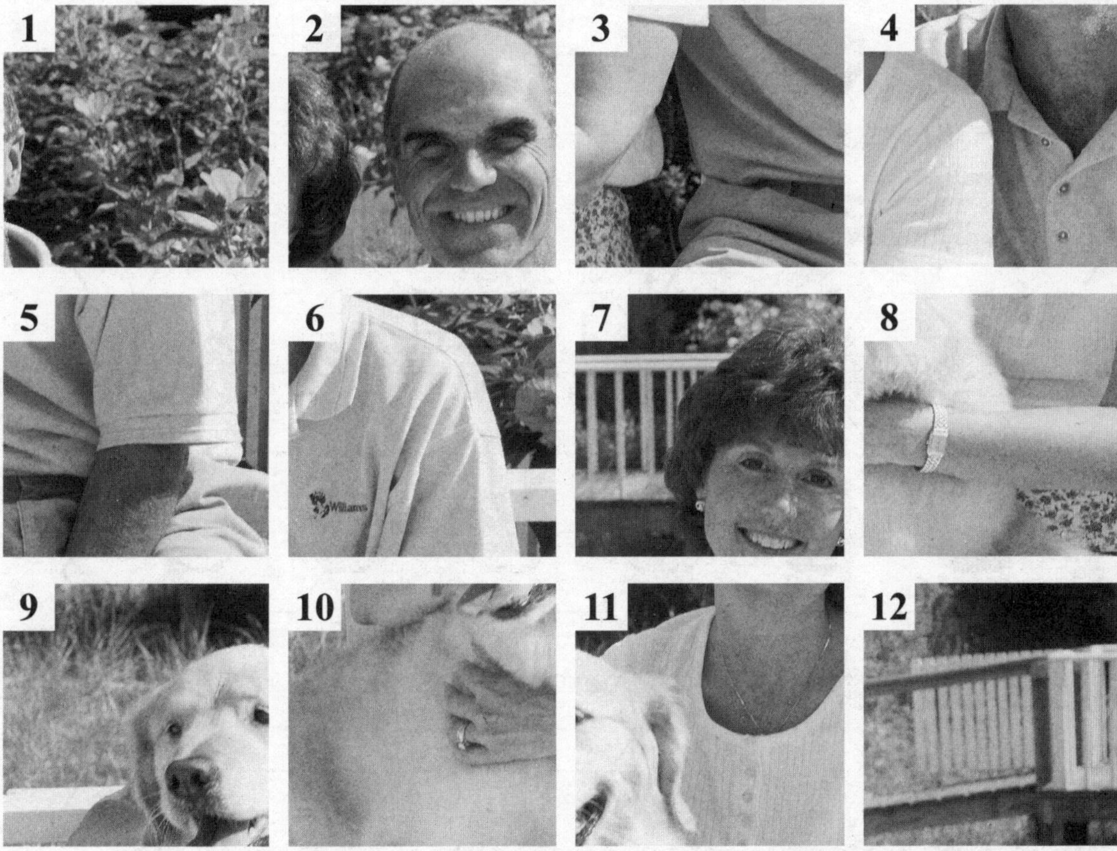

Denkspaß **553** | **Wabenrätsel** | ★★★★ Zeit: ____ Min.

Die Fragetexte sind zu lösen und am Pfeil beginnend im Uhrzeigersinn um die Zentralwabe in die Grafik einzutragen.

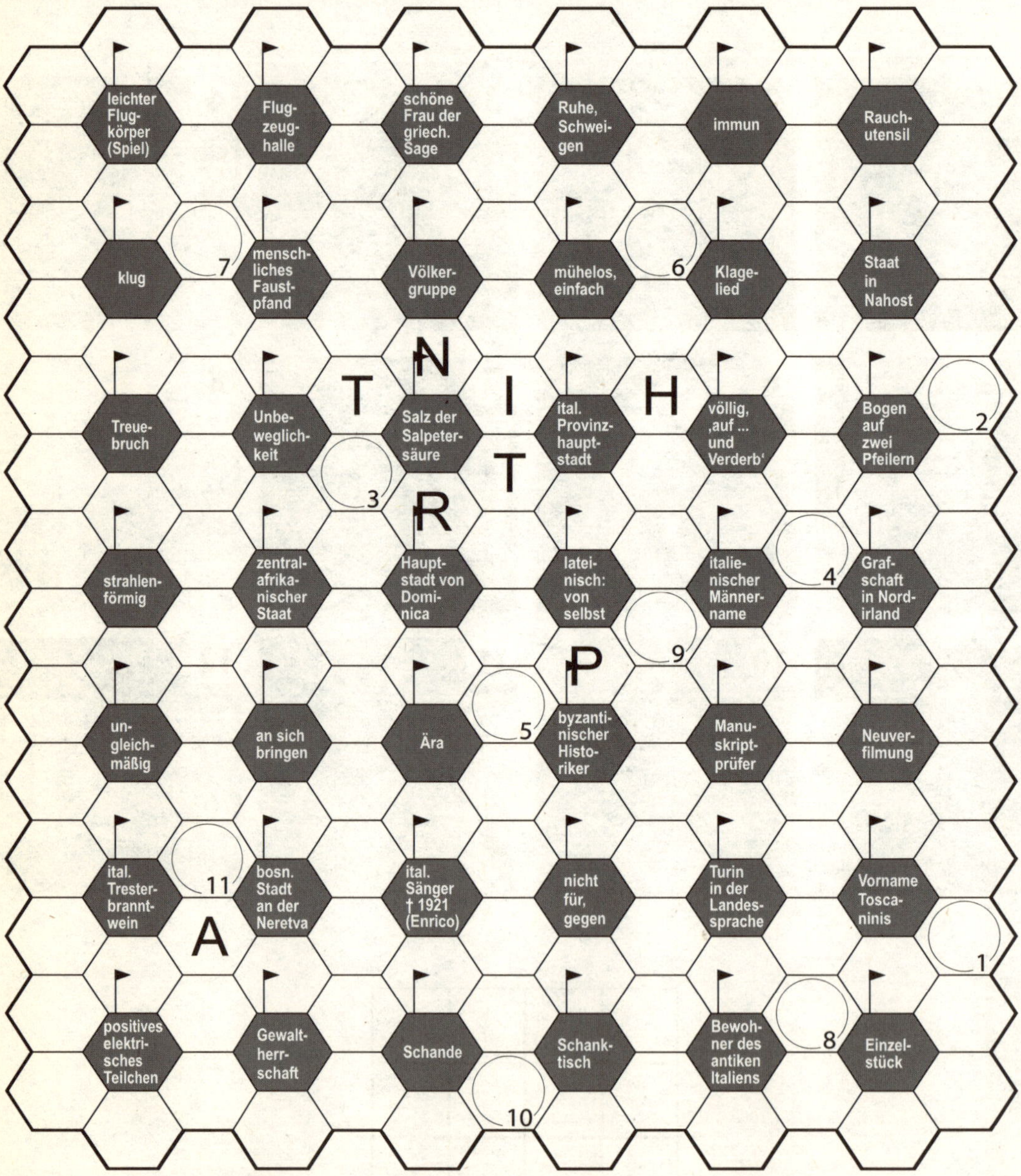

1	2	3	4	5	6	7	8	9	10	11

Denkspaß 554 | Rechenschwede | ★★★ Zeit: ___ Min.

In die leeren Felder der Rätselgrafik sind Zahlen von 1 bis 9 einzutragen, sodass die Summe aller Zahlen eines „Wortes“ der Zahl entspricht, die in dem Feld steht und das „Wort“ definiert. Anders ausgedrückt, die Zahl, die in den Fragekästchen steht, muss in „kleinere“ Portionen aufgeteilt und in Pfeilrichtung eingetragen werden.
Bei diesem Rätsel gibt es mehrere Lösungsmöglichkeiten.

Denkspaß **555** | Sudoku-Stern | ★★★★ Zeit: ____ Min.

Sudoku-Stern

Analog zum klassischen Sudoku müssen auch hier die Zahlen 1 bis 9 in die fett umrandeten Neuner-Dreiecke eingetragen werden. Auch in den langen Geraden (sie umfassen ebenfalls neun kleine Dreiecke) müssen diese neun Zahlen genau einmal enthalten sein, ebenso in den kurzen Geraden, zu denen auch noch das Feld in der Sternecke zählt.
(Die von der Sternmitte unterbrochenen Reihen zählen auch zu den langen Geraden.)

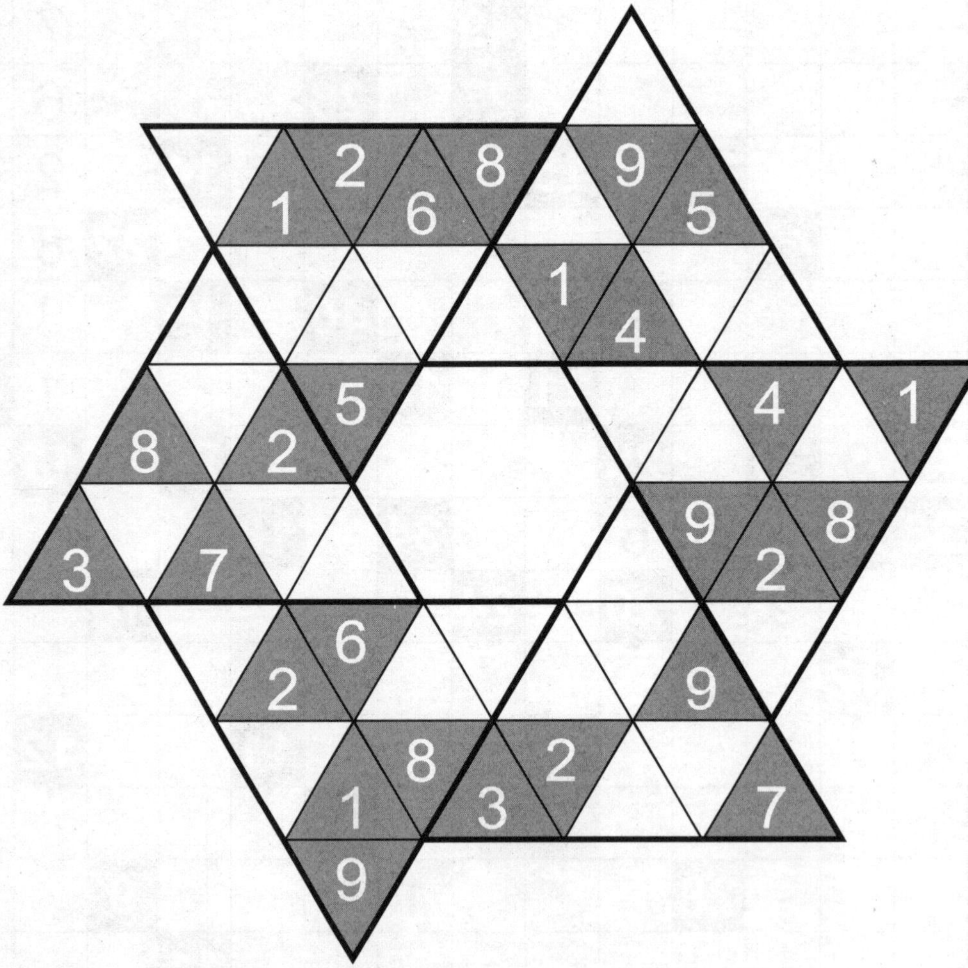

Denkspaß 001

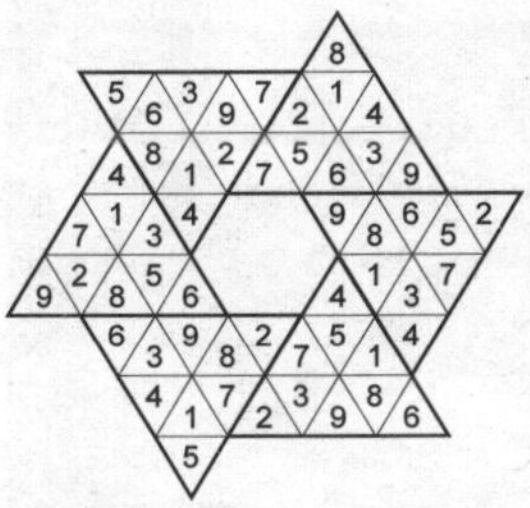

Denkspaß 002

RUEHRIGKEIT

			A		D						S	K		
H	E	R	S	T	E	L	L	E	N		C	A	F	E
	S		E		T	O	E	R	I	C	H	T		G
S	P	A	N	F	E	R	K	E	L		W		D	A
	E	R		S	K	I		M		T	A	F	E	L
A	N	T	I		T		T	I	T	A	N		R	I
		I		M	O	N	A	T		M		V	A	T
A	U	S	T	E	R		P		M	I	S	E	R	E
M	E	T		T		S	P	I	E	L	A	R	T	
	B		K	A	L	T		O	N	E		L		O
	R	I	A	L	T	O			T		F	E	I	M
Z	I	V	I	L		P	O	L	O	N	A	I	S	E
	G		S	E	E	P	F	E	R	D	C	H	E	N

L	C	E	O	T	F	W	H	I	U	K

A	B	Z	S	N	V	R	D	M	P	G

Denkspaß 003

A
276 + 184 = 460
\+ + +
107 + 30 = 137

383 + 214 = 597

B
23 + 338 = 361
\+ + +
45 + 216 = 261

68 + 554 = 622

C
86 + 30 = 116
\+ + +
77 + 197 = 274

163 + 227 = 390

Denkspaß 004

1. BUS, 2. METER, 3. KEULE, 4. ARG, 5. ELF, 6. AMORE, 7. MAGEN, 8. DIA
„FUTUROLOGIE“

1. VER, 2. EHERN, 3. TORTE, 4. IRE, 5. ATE, 6. VATER, 7. GEIST, 8. ECO
„MEERRETTICH“

1. NIX, 2. ZWEIG, 3. JOSEF, 4. ZEN, 5. AMI, 6. RHOEN, 7. AKTIV, 8. BOL
„DIESELMOTOR“

Denkspaß 005

WER DEM ANDEREN SEINEN GUTEN NAMEN RAUBT, MACHT IHN ARM UND WIRD SELBST NICHT REICHER

Denkspaß 006

1	21	6	12	7	24	32	15
30	4	2	27	14	11	25	29
17	13	30	22	33	34	19	25
14	29	31	8	5	27	15	32
24	5	9	3	13	23	28	12
12	16	10	20	12	18	26	35

Denkspaß 007

1C, 2F, 3B, 4E, 5A, 6D

Denkspaß 008

	IN	TER	VIEW		RE	SET
		ZI		ZO	FE	
	LI	NE	AL		RAT	TE
PE	TER		BA	BEL		QUI
DA		LE	NI		SE	LA
LE	DA		EN	ZO		
	TO	NI		LA	GE	RUNG
		GRA	TA		CKOS	
PEL	LE		RA	SANZ		NES
	TO	GO			AU	TOR
GRAU		BE	WIL	LI	GEN	
AM		LIN		MET		PLA
MER	LIN		HE	TE	RO	GEN
	ZER	SPRIN	GEN		MA	

Denkspaß 009

1) TRAUMA, BRAUER, TRAUFE, BRAUCH, BRAUSE, GRAUEN
2) KRAGEN, FLAGGE, TRAGEN, DRAGEE, FRAGEN, FRAGIL
3) KAKTUS, ARKTIS, SEKTOR, NEKTAR, FAKTOR, REKTOR
4) KANTON, WINTER, KONTER, HANTEL, PONTON, MANTEL

Denkspaß 010

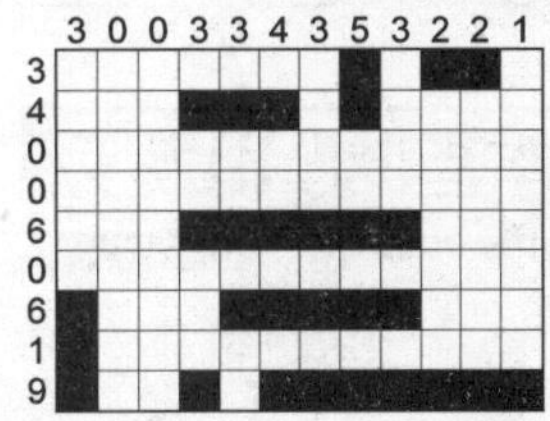

Denkspaß 011

1) REGAL, ALIAS, ASKET, ETZEL, ELEMI, MILIZ, IZMIR, IRRER, ERNST, STORE
2) AITEL, ELIAS, ASIAT, ATHEN, ENKEL, ELFER, ERNST, STORE, REVAL, ALTAI
3) AULAS, ASEAN, ANDEN, ENKEL, ELEMI, MITTE, TERRA, RANGE, GETAN, ANBAU
4) PFOTE, TEUER, ERBSE, SENSE, SEHEN, ENKEL, ELEVE, VERNE, NEHRU, RUMPF

Denkspaß 012

Z	I	V	I	L	I	S	A	T	I	O	N
A	U	F	W	I	E	G	E	L	E	I	A
P	A	M	T	S	S	T	U	B	E	N	C
L	F	K	L	I	M	B	I	M	I	H	H
A	O	R	H	E	N	N	A	E	N	A	G
G	S	E	U	E	R	N	L	I	E	L	E
I	E	W	R	O	D	N	B	N	R	T	O
C	G	T	N	Z	T	L	E	E	L	S	R
U	E	S	U	Z	E	H	A	N	E	L	D
G	I	A	L	L	E	B	A	S	I	O	N
E	L	E	G	O	V	S	S	A	P	S	E
T	L	A	T	S	E	G	L	E	T	I	T

Denkspaß 013

9	5	8	4	3	2	6	1	7
7	2	6	1	9	5	4	8	3
4	3	1	6	7	8	9	2	5
1	8	9	3	4	7	5	6	2
3	6	2	5	8	9	1	7	4
5	4	7	2	1	6	8	3	9
8	1	3	7	5	4	2	9	6
2	7	5	9	6	1	3	4	8
6	9	4	8	2	3	7	5	1

7	1	4	5	6	9	8	3	2
2	9	5	7	8	3	4	1	6
8	6	3	1	4	2	9	5	7
3	2	9	8	1	6	5	7	4
5	8	6	4	9	7	3	2	1
1	4	7	3	2	5	6	8	9
6	3	2	9	5	1	7	4	8
4	7	1	6	3	8	2	9	5
9	5	8	2	7	4	1	6	3

6	5	9	1	8	4	7	3	2
2	4	1	6	7	3	9	5	8
7	8	3	5	9	2	4	1	6
3	2	4	7	5	8	1	6	9
1	7	8	9	4	6	3	2	5
5	9	6	3	2	1	8	7	4
8	3	2	4	1	5	6	9	7
9	6	5	8	3	7	2	4	1
4	1	7	2	6	9	5	8	3

3	7	4	8	5	6	1	9	2
8	5	9	4	1	2	6	7	3
1	6	2	3	7	9	5	8	4
5	4	3	2	6	7	8	1	9
9	2	1	5	8	4	3	6	7
7	8	6	1	9	3	2	4	5
6	9	5	7	3	8	4	2	1
4	1	8	9	2	5	7	3	6
2	3	7	6	4	1	9	5	8

Denkspaß 014

Beispiel für einen Lösungsweg:

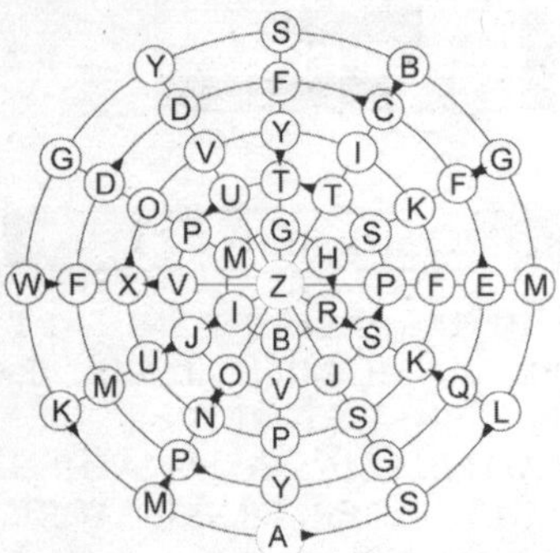

Denkspaß 015

ADRETT

Q	■	G	A	U	D	I	■	M	A	T	R	O	S	E	■	B	O
U	E	■	K	■	R	H	O	E	N	■	E	■	I	M	K	E	R
A	M	A	T	E	U	R	■	E	■	K	I	E	L	■	O	N	A
S	O	R	E	■	I	■	B	R	O	N	C	H	I	E	■	Z	■
T	■	N	■	I	D	E	A	■	R	E	H	■	K	■	D	I	A
■	N	O	I	S	E	T	T	E	■	T	■	L	O	S	E	N	■
G	I	■	D	E	N	■	M	■	B	E	T	O	N	■	L	■	A
U	N	I	■	R	■	R	A	T	E	N	■	L	■	E	T	A	T
T	O	■	R	E	G	E	N	■	O	■	B	A	U	S	A	T	Z

Denkspaß 016

A) 4 + 9 + 2 x 4 x 8 : 6 : 5 = 16
B) 7 + 2 + 5 + 4 + 9 : 3 + 6 = 15
C) 3 + 5 x 4 + 2 + 9 – 1 : 3 = 14
D) 4 + 8 x 5 – 6 : 2 + 3 + 9 = 39

Denkspaß 017

MEERKATZE

■	S	B	■	■	A	■	■	■	P	■	B	■	S	■	■
■	T	U	E	L	L	■	A	U	F	S	A	E	T	Z	E
E	R	D	G	A	S	■	R	■	R	E	T	T	U	N	G
■	U	O	■	M	■	T	O	F	U	■	A	A	R	■	O
■	D	■	K	A	N	I	S	T	E	R	■	L	■	D	I
W	E	N	N	■	A	L	A	■	N	■	B	O	R	I	S
F	L	O	E	Z	■	G	■	A	D	E	L	N	■	E	M
■	■	■	B	■	R	E	C	K	E	■	U	■	G	N	U
■	Z	I	E	L	E	N	■	T	■	S	T	R	E	S	S
P	E	R	L	■	S	■	T	E	L	E	■	A	S	T	■
■	N	L	■	S	T	A	U	■	S	E	E	■	T	■	A
■	T	A	K	T	■	E	R	Z	■	M	■	K	I	L	T
■	U	N	R	A	T	■	B	■	D	E	B	A	K	E	L
A	R	D	■	T	■	D	A	B	E	I	■	R	■	D	A
■	I	■	B	U	T	A	N	■	A	L	M	O	S	E	N
■	E	D	I	T	O	R	■	K	L	E	E	■	A	R	T

Denkspaß 018

Diese Aufgabe sollten Sie schnellstmöglich und ohne Pause bewältigt haben.

Denkspaß 019

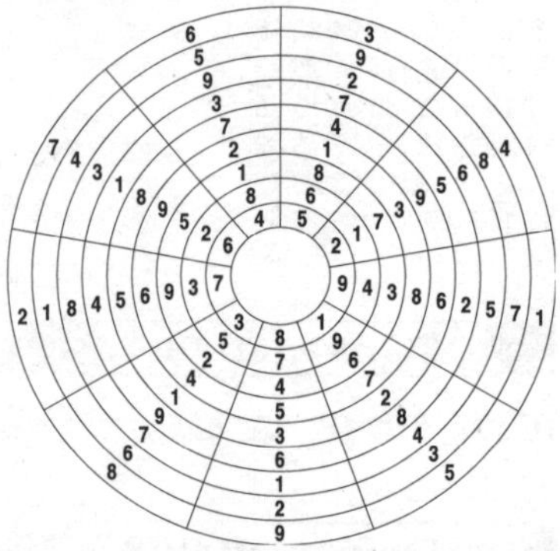

Denkspaß 020

■	D	■	■	R	■	■	A	K	■	■	■	H	■	■
■	A	P	F	E	L	■	B	A	H	N	D	A	M	M
■	U	R	I	N	■	I	R	R	■	A	■	A	U	L
D	E	A	L	E	R	■	A	■	S	T	A	R	T	■
■	R	E	■	T	■	G	U	S	T	O	■	S	■	Z
■	B	■	S	T	U	R	M	■	O	■	S	C	H	I
G	E	L	E	E	■	I	■	F	A	E	C	H	E	R
■	Z	■	I	■	E	L	S	A	■	A	H	A	■	K
S	U	T	H	E	R	L	A	N	D	■	A	R	N	O
■	G	U	E	L	L	E	■	T	R	E	F	F	E	N

Denkspaß 021

6	5	7	1
12	3	9	4
8	11	10	2

Denkspaß 022

SCHLEIFE

R	I	E	M	■	A	L	A			O	R	T	■	P	■	E	S
O	■	T	R	I	L	O	G	I	E	■	I	■	D	O	N	U	T
M	A	Z	■	F	A	D	■	D	■	B	E	E	R	E	■	C	A
E	D	E	N	■	R	■	D	O	S	I	S	■	E	■	I	H	R
		L	■	A	M	P	E	L	■	B	■	L	I	A	S		
				A	E	■	F	■	O	E	D	E	■				
					■	K	A	N	Z	L	E	I					
							■	T	O	N							
								■	N								

Denkspaß 023

1)
C A S T R O
U M R I S S
A L T O E L
N O R M E N
K A R R E N

2)
G E I G E R
G E M A H L
N E W M A N
A L L E I N
L A S C H E

Denkspaß 024

1) TYRANNEI
2) TELESKOP
3) BRETAGNE
4) ANAKONDA
5) NILPFERD
6) PRAEZISE
7) LESERING
8) METAPHER

Denkspaß 025

„Einmal ist keinmal“

1. NEPAL, 2. LUZIFER, 3. RENNEN, 4. NOCHMALS, 5. SANA, 6. ASTGABEL, 7. LILLI, 8. ISAR, 9. REUSE, 10. EGALITE, 11. EINDRUCK, 12. KLIRR, 13. REDEREI, 14. IBERIEN, 15. NETZHEMD, 16. DILEMMA, 17. ANSTALT, 18. TADELLOS, 19. SPARGEL

Denkspaß 026

TEILGEBIET

■■■E■■■T■■F■A■■■
LARIFARI■TERMITE
■N■NACHLASS■M■RI
TARANTEL■C■KAMEL
GLATT■I■EHREN■PZ
■Y■M■ANDRI■R■BAU
■STELLE■H■ANHANG
■ERN■E■HATZ■ENG■
■■O■SCHERBEN■J■R
RESET■URD■T■ROSA
VISIER■M■MODISCH
■LE■R■SELEN■V■HM
■B■BLUES■R■ZITA■
DOHLE■P■GEFAELLE
■T■UTOPIA■PER■KA
GESETZLICH■HAUER

Denkspaß 027

UEBERSICHT

GESTANK■P■PUCH
UKAS■E■MAGIE■A
T■T■BOXEN■E■ER
■TITAN■E■KRANK
NIE■E■BRONCHIE
■E■BLEU■BOE■G■
SCHELLEN■F■OMA
IKONE■R■FIRMA■

Denkspaß 028

Hier können Sie selbst kontrollieren, ob Sie die Aufgabe richtig gelöst haben.

Denkspaß 029

C	B		D	A
D		A	C	B
	A	C	B	D
B	C	D	A	
A	D	B		C

A	B	C		D
C	D	B	A	
	A	D	C	B
B		A	D	C
D	C		B	A

D	A	C	B	
B	C	D		A
C		A	D	B
	D	B	A	C
A	B		C	D

A	B	C	D	
C		D	B	A
D	C	A		B
	A	B	C	D
B	D		A	C

Denkspaß 030

RAS■LORA■KOMBI■TRE
■RESIDENZ■M■ELIAS■
AT■ISO■D■WATTE■N■R
LEFZE■BESEN■T■STAU
■M■INNEN■D■MITLAUT
VIELE■N■BEAU■MOL■H
OS■I■REGULAER■G■GE
S■HEIA■INN■D■SAEEN
SPONSOR■D■JETON■LE

Denkspaß 031

■	12	7	21	■	■	11	26	■	■
6	3	1	2	17	4	1	3	■	■
30	9	6	7	8	17	8	9	16	11
■	■	29 / 4	3	1	23 / 12	2	6	1	3
■	9 / 26	7	9	2	8	29 / 13	8	4	1
6	1	5	20 / 23	6	9	8	20 / 16	9	7
18	2	9	7	7 / 25	6	9	8	2	■
27	6	8	9	4	7	5	2	7	12
■	■	3	1	2	29	7	9	5	8
■	■	4	3	1	■	7	1	2	4

Denkspaß 032

S I ■ N A T O ■ E T W A S ■ S O L O
T R U E M M E R ■ U ■ R O T T E ■ N
R ■ E P I ■ L ■ K R U M M ■ R ■ G E
A U ■ T ■ S I M O N ■ E ■ S A M E ■
U N R U H I G ■ J ■ P R I T S C H E
S E E N ■ L ■ S O L L ■ L O S ■ A ■
S ■ C ■ N O V I T A E T ■ L ■ A B I
■ T H A I ■ I C E ■ S ■ R E N N E N
L O E T E N ■ H ■ E S S E N ■ K ■ S
I N N ■ D ■ R E U S E ■ V ■ C A S T
■ L ■ S E G E L ■ R ■ G I E R ■ T A
M O D E R ■ G ■ D A R L E H E N ■ B
U S ■ L ■ B I G A ■ A A R ■ M ■ R I
R ■ A B E R M A L S ■ S ■ R E G E L
N E U ■ R E E ■ B ■ D U K E S ■ K ■
A L G E ■ Z ■ P E T E R ■ E ■ F E H
U ■ E ■ A N T O N ■ O ■ S P U E L E

Denkspaß 033

A)
Nach rechts oben: 2 LE, 3 WIRT, 4 WIESN, 5 DUNST, 6 DANTE, 7 PERDU, 8 ARTE
Nach rechts unten: 1 ERST, 2 LIESE, 3 WINTU, 4 WUNDE, 5 DARTS, 6 DERB, 7 PA

B)
Nach rechts oben: 2 SI, 3 EILT, 4 TIMEN, 5 TENOR, 6 MAIEN, 7 RINGS, 8 RAGE
Nach rechts unten: 1 ILER, 2 SIMON, 3 EINES, 4 TEIGE, 5 TANGO, 6 MIAU, 7 RR

Denkspaß 034

RIESENRAD

KOFFER■DARM■ETWAS■
A■A■RELATION■O■SET
ESSER■LEE■B■LUNTE■
SPARER■M■BIBER■R■U
EEN■G■HOBEL■M■HAHN
■S■UEBEN■T■AURA■ES
FEUER■C■ZEITRAUM■T
ON■F■THAI■FEE■B■DE
X■SABOTAGE■M■LEGAT

Denkspaß 035

BULGARIEN

■■BS■E■A■■
■EDLE■NEUER■
■ANMUT■G■SPAT■
■OLE■S■ERIS■BOA■
■E■G■PERSONAL■BUR■
INDIGO■FES■G■SESAM
■DREIST■L■YENTL■UE
DEAR■T■HERAN■R■ANI
■■L■JULEI■L■HEITER
■MODEM■R■GEZEITEN■
HIN■S■TOUR■IST■M■D
■T■HURRIKAN■P■PNEU
■OU■RUN■Z■REKTOR
PF■■B■WIDER■AT
■DIESEL■BUSH
■KLON■TEST

1 = M, 2 = S, 3 = D, 4 = J, 5 = O, 6 = A, 7 = G, 8 = H, 9 = T, 10 = Y, 11 = I, 12 = U, 13 = B, 14 = N, 15 = R, 16 = F, 17 = P, 18 = K, 19 = Z, 20 = E, 21 = L

Denkspaß 036

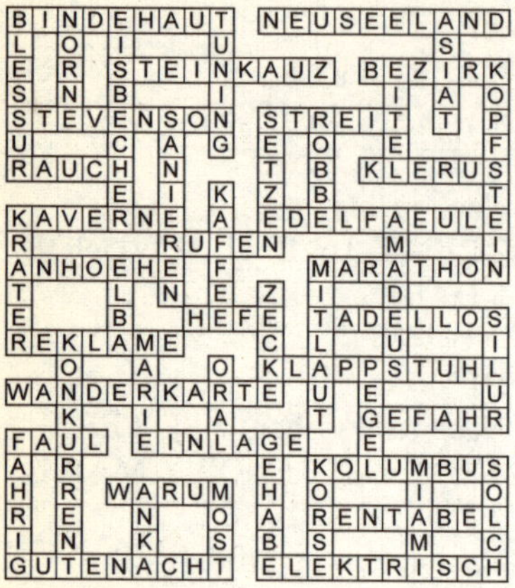

Denkspaß 037

ZUGVOGEL

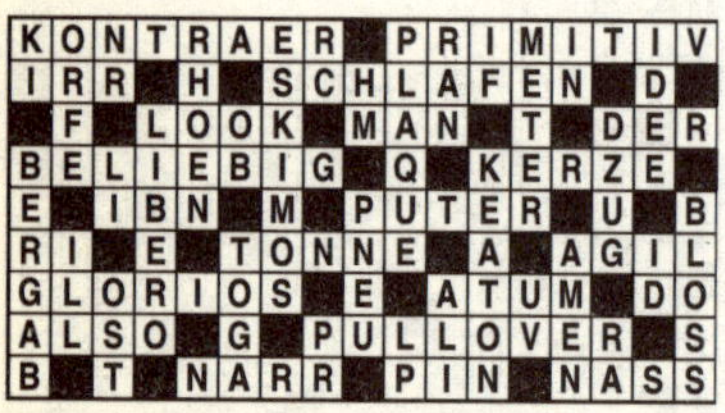

Denkspaß 038

A

4	×	5	×	9	=	180
×		×		×		
23	×	8	×	20	=	3680
×		×		×		
27	×	1	×	19	=	513
=		=		=		
2484		40		3420		

B

17	×	1	×	19	=	323
×		×		×		
29	×	11	×	16	=	5104
×		×		×		
10	×	18	×	4	=	720
=		=		=		
4930		198		1216		

Denkspaß 039

Denkspaß 040

1) (MUSKEL – MUSE) + (ANSAGER – NAGER) + (VISIER – VIER) + (FLIEGEN – LEGEN) + (GRAZIL – GRAL) + (BAECKER – BACKE) + (FACHEN – FACH) = KLASSIFIZIEREN

2) (ESTRICH – STICH) + (SALOME – LOME) + (KITZEL – KIEL) + (FLAUSEN – FLUSE) + (SPEICHE – EICHE) + (BRAUSE – BASE) + (SCHERBE – SERBE) = ERSATZANSPRUCH

3) (SCHATZ – HATZ) + (GOETHE – GOTE) + (KEINMAL – KEMAL) + (GEHABE – GABE) + (ISLAND – SAND) + (MARKIG – MARK) + (BANNER – BANN) = SCHEINHEILIGER

Denkspaß 041

Zeitlicher Ablauf:
2 → 4 → 3 → 6 → 5 → 1

Denkspaß 042

MANEGE

Denkspaß 043

EIN WIRKLICH EIGENER GEDANKE IST IMMER NOCH SO SELTEN WIE EIN GOLDSTUECK IM RINNSTEIN

Denkspaß 044

AUSSEN

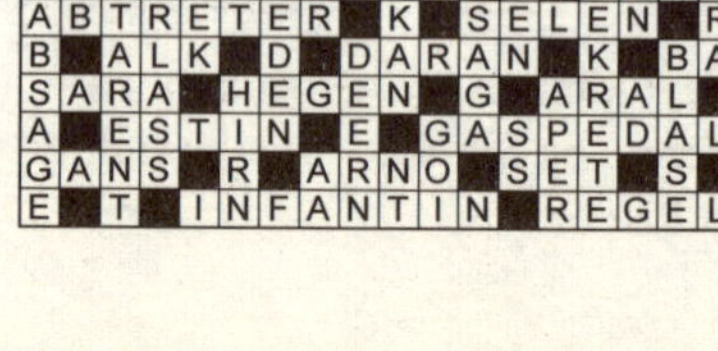

Denkspaß 045

A	L		O	R	D	A	L		O		O
M	E	I	S	E		K		S	P	A	N
O	A		S		S	T	E	T		N	A
R		P	A	R	T	I	K	E	L		G
E	V	A		M	O	E		L		T	E
	I	N	N		N		A	L	T	A	R
I		A		A	E	T	N	A		L	
D	A	M	A	L	S		N		M	M	E
A	L	A		B		R	A	D	I	U	M
	K		U	E	F	A		R	E	D	E
K	O	N	T	R	A	S	T		N		S
G	R	U	E	N		T		A	E	R	A

Denkspaß 046

REALIST

T	U	F	F		P	O	T	T	W	A	L		G
R		L	E	H	R	E		R		N	A	R	R
I	D	E	E		A		S	I	E	B		A	E
O		C		S	E	M	E	S	T	E	R		N
	S	K	A	T		M	E	T		T		U	Z
L	I	E	B	E	N		A		H	U	E	N	E
P	A	N		I		S	A	E	E	N		A	
	M		P	F	E	I	L		I	G	L	U	S

Denkspaß 047

Lösungsspruch: DIE ZAHL IST DAS WESEN ALLER DINGE

Denkspaß 048

1. KUH, 2. HUCK, 3. HUCKE, 4. KUCHEN, 5. KUSCHEN, 6. DSCHUNKE, 7. SACHKUNDE

Denkspaß 049

P	S	E	U	D	G	E	I	G	E
E	P	H	B	A	N	L	I	E	B
N	U	R	I	G	A	L	L	E	S
T	E	N	N	O	D	E	I	I	T
A	R	M	A	N	I	I	N	G	E
R	E	I	Z	A	R	S	E	N	I
O	N	R	U	A	N	D	A	E	N
T	R	A	N	S	P	O	R	T	E
T	I	C	F	E	I	S	E	R	N
A	N	S	T	A	T	T	R	A	D
V	G	G	R	A	Z	I	O	D	S
I	O	N	A	C	U	M	B	A	U
O	L	M	I	H	R	B	U	L	M
D	E	F	A	E	H	R	S	A	M
K	A	L	T	N	E	E	T	R	E

Denkspaß 050

1C, 2A, 3F, 4D, 5B, 6E

Denkspaß 051

A)
1. BING, 2. ISAAK, 3. NARREN, 4. GARSTIG, 5. KETZER, 6. NIETE, 7. GRET
B)
1. HERR, 2. ELIAS, 3. RIEMEN, 4. RAMMLER, 5. SELENE, 6. NENZE, 7. REEP

Denkspaß 052

		R	E	G	E	L		
			Z	E	I	T		
N	A	D	E	L				
	B	I	L	D				
				R	A	U	M	
W	A	S	S	E	R			
		S	A	G	E	N		
	F	R	E	I				
			F	E	S	T		
	M	E	E	R				
P	I	R	A	T				
	L	A	N	D				
		T	E	I	G			
			W	E	R	K		
				W	E	I	S	S
			W	E	I	N		
		G	O	L	D			
	H	A	U	T				

Denkspaß 053

1) SACHKENNTNIS
1. SINTI, 2. ALTAI, 3. CURIE, 4. HENNE, 5. KEHRE, 6. ERNTE, 7. NEBEL, 8. NASAL, 9. TRUHE, 10. NIETE, 11. INTER, 12. SOGAR
2) INTEGRALHELM
1. ISERE, 2. NEFFE, 3. TOTEM, 4. EKZEM, 5. GURKE, 6. REIHE, 7. ASCHE, 8. LEUTE, 9. HUMAN, 10. EHERN, 11. LUISE, 12. MENUE

Denkspaß 054

WAESCHESCHRANK
1-2 ANWALT, 3-4 GEWAGT, 5-6 TRESSE, 7-8 UNESCO, 9-10 BOCHUM, 11-12 ARCHIV, 13-14 PRESSE, 15-16 FRESKO, 17-18 ROCHEN, 19-20 KUCHEN, 21-22 ERRATA, 23-24 WORAUF, 25-26 DENKEN, 27-28 JANKER

Denkspaß 055

Lösungsspruch: ALTE SCHULD ROSTET NICHT
1. ACHE - HEUER - ERVE,
2. LINO - NOLDE - DEUT,
3. TOFU - FUDER - ERIN,
4. ELSA - SARDE - DEZI,
5. STUR - UROMA - MARC,
6. CAPA - PASSE - SECH,
7. HOMO - MOTTO - TORT

Denkspaß 056

6	4	7	2	3	11	1
2	10	1	11	15	3	4
11	3	13	4	1	2	10
4	2	15	3	15	1	6
10	1	2	14	4	10	3
3	14	4	1	11	15	2
1	11	3	10	2	4	6

4	11	2	4	1	3	7
3	2	12	1	13	11	4
10	4	13	3	11	1	2
1	15	3	16	4	2	6
6	3	4	18	2	12	1
2	14	1	4	15	13	3
3	1	8	2	3	4	7

3	11	2	10	1	4	5
2	15	4	3	12	12	1
10	3	1	14	4	10	2
4	1	13	2	17	3	6
8	2	12	4	3	1	10
1	10	3	13	13	2	4
5	4	8	1	2	11	3

3	12	4	10	2	1	3
4	17	1	3	7	10	2
10	3	2	11	1	10	4
1	2	16	4	14	3	9
9	4	14	1	3	2	10
2	13	3	13	16	4	1
3	1	6	2	4	12	3

Denkspaß 057

STAATSKASSE

					V				F						
				G	E	R	A	D	E		S	E	E		
		B	E		H	E	R	R	L	I	C	H			
		E	H	R	E	N	M	A	L		H		B	O	
	R	S		E	M	O		L		M	U	S	I	K	
B	E	E	T		E		P	O	K	E	R		Z		S
		T		U	N	I	O	N		G		S	A	G	E
M	O	Z	A	R	T		K		M	A	T	E	R	I	E
S	E	T		A		R	A	M	A		V	E	R		U
	L		A	N	H	A	L	T	E	N		A		O	F
	A	H	N		U	T	E		H		P	A	S	T	E
	N	E	R	Z		H		G	R	O	L	L		M	R
	D		E		H	E	N	N	E		O		L	A	
		M	I	L	A	N		O		E	M	P	O	R	
			Z	U	S	A	M	M	E	N	B	A	U		
					T	U	N		A	D	E				

Denkspaß 058

Hier können Sie selbst kontrollieren, ob Sie die Aufgabe richtig gelöst haben.

Denkspaß 059

FRUEHSTUECK

K	H	G	R	W	X	S	U	C	F	T	E
U	T	E	C	K	R	H	F	W	G	X	S
X	S	W	F	E	C	T	G	H	U	R	K
G	F	H	E	X	T	R	S	U	K	C	W
W	R	T	X	C	U	E	K	F	H	S	G
S	C	U	K	G	H	F	W	R	X	E	T
E	W	C	H	S	F	U	T	G	R	K	X
T	G	K	U	R	W	X	C	S	E	H	F
F	X	R	S	H	G	K	E	T	C	W	U
H	E	F	W	U	S	C	X	K	T	G	R
R	K	S	T	F	E	G	H	X	W	U	C
C	U	X	G	T	K	W	R	E	S	F	H

Denkspaß 060

1) THOMA, DRAMA, RHONE, HEINO, KASTE, ZEUGS, SIRUP, ARNIM, MYRTE, VOTUM – DAUNE, ROGER
2) JULEI, RHEIN, HUMUS, BAUCH, DEBIL, STADT, TENNO, DAUNE, WILNA, SUHLE – SUJET, BESAN

Denkspaß 061

ERFAHRUNG IST EINE TEURE SCHULE

S	T	A	L	L	T	■	E	■	E	R	L	E	D	I	G	T	N	■	F	L	O	P
I	T	N	A	O	A	E	■	N	V	D	A	L	L	I	R	E	U	G	E	■	■	D
E	I	B	I	R	K	A	T	K	A	T	S	E	E	S	T	O	N	I	V	N	N	E
■	U	A	■	E	S	R	S	E	L	T	E	F	■	S	C	H	O	R	E	A	E	■
B	Q	U	K	N	U	R	D	I	K	T	A	T	O	R	P	H	B	B	L	M	R	W
G	R	A	L	H	M	L	A	H	N	A	T	L	A	H	■	O	A	T	E	E	■	O
A	L	A	A	U	G	E	W	E	F	S	R	Y	P	■	D	H	S	U	A	R	K	R
K	E	N	V	T	K	N	G	■	C	U	B	A	K	■	T	E	S	T	K	S	I	A
■	K	O	E	U	R	N	I	V	■	H	A	S	T	U	R	E	I	O	E	E	■	N
S	N	E	N	H	A	U	O	L	A	A	T	S	G	T	R	N	L	R	L	R	L	S
B	E	A	R	T	C	R	M	■	B	B	S	E	U	A	A	H	F	Z	F	H	N	I
I	R	A	A	■	H	■	■	B	E	E	O	E	R	S	T	C	A	■	E	E	B	C
T	P	■	K	E	P	F	A	R	R	E	I	L	T	■	S	■	H	U	R	I	■	H
S	S	I	R	B	A	W	A	L	H	A	L	L	A	N	I	P	P	E	S	A	T	T

Denkspaß 062

A)

173 + 271 = 444
\+ + +
166 + 348 = 514

339 + 619 = 958

B)

265 + 167 = 432
\+ + +
269 + 293 = 562

534 + 460 = 994

Denkspaß 063

ZEITSCHRIFT

S	I	N	F	O	N	I	E		T	R	A	E	G		K	R	U	P	P
T			L		E		B				S		R			U			L
R			A		O		E				Y		A			D			A
E	R	M	U	E	D	E	N	D		B	L	I	N	D	L	I	N	G	S
B					Y		B			E			I		E				M
E	H	R	S	A	M		I	S	L	A	M	I	T		M	A	F	I	A
			T				L			M					U				
V	I	Z	E		K	A	D	E	T	T		U	M	A	R	M	U	N	G
O			I		N					E			O			I			O
G	A	N	G	W	A	Y		M	A	R	T	I	N		S	T	E	L	E
E					E			I					T			G			N
S	C	H	U	L	S	T	U	N	D	E		H	A	L	L	I	G	E	N
E					T			Z					N			F			E
N	A	E	H	S	E	I	D	E		I	N	H	A	L	A	T	I	O	N

Denkspaß 064

3	6	2	4	5	1
1	5	4	2	3	6
6	1	3	5	2	4
2	4	5	1	6	3
5	3	1	6	4	2
4	2	6	3	1	5

5	1	6	3	2	4
2	4	3	6	1	5
4	5	2	1	6	3
6	3	1	4	5	2
3	6	5	2	4	1
1	2	4	5	3	6

1	6	4	3	2	5
3	5	2	1	4	6
5	2	1	4	6	3
6	4	3	5	1	2
2	1	5	6	3	4
4	3	6	2	5	1

1	6	3	4	2	5
2	5	4	6	1	3
6	2	5	1	3	4
4	3	1	2	5	6
3	1	6	5	4	2
5	4	2	3	6	1

Denkspaß 065

R	I	E	T	■	V	I	E	R
O	■	T	A	U	E	N	■	A
S	E	I	T	■	T	■	E	S
E	■	K	■	K	O	G	G	E
■	S	E	L	A	■	I	B	N
S	A	T	I	R	E	■	E	■
O	R	T	■	A	■	E	R	N
■	G	■	S	T	A	A	T	■
F	O	R	K	E	■	R	■	R
A	N	■	E	■	E	L	L	E
K	■	S	T	A	B	■	O	F
T	A	U	C	H	E	R	■	L
■	R	I	H	■	N	■	M	E
A	■	S	■	E	S	S	E	X
R	I	S	I	K	O	■	L	■
A	S	E	■	T	■	M	O	B
■	B	■	D	O	M	I	N	O
B	A	E	R	■	O	N	E	■

Denkspaß 066

STEIGBUEGEL

A	B	■	B	O	A	S	■	M	E	G	A	■	L
L	A	U	■	M	A	U	S	■	S	A	G	E	■
E	N	S	T	■	S	N	O	B	■	G	E	S	P
■	K	U	R	S	■	G	N	O	M	■	R	A	U
A	■	S	E	A	L	■	G	E	L	B	■	U	T
T	E	■	U	R	A	L	■	S	L	U	M	■	E
U	M	S	■	K	I	E	S	■	E	N	A	K	■
E	I	T	S	■	S	A	K	E	■	A	L	L	S
■	L	I	A	S	■	D	A	I	L	■	T	A	T
H	■	L	A	O	S	■	T	R	A	B	■	R	E
O	W	■	S	H	A	G	■	E	T	A	T	■	W
L	E	E	■	O	B	E	R	■	Z	A	E	H	■
A	R	D	O	■	A	N	I	S	■	L	E	O	N
■	K	O	R	K	■	E	H	E	R	■	N	Y	I

Denkspaß 067

5	=	5	<	6	>	5	>	4	=	4	<	6	=	6
=	■	=	■	v	■	v	■	∧	■	∧	■	v	■	=
5	=	5	=	5	>	4	<	5	=	5	=	5	<	6
v	■	v	■	∧	■	=	■	=	■	=	■	∧	■	v
4	>	3	<	6	>	4	<	5	=	5	<	6	>	5
=	■	∧	■	=	■	v	■	v	■	v	■	=	■	=
4	=	4	<	6	>	3	<	4	=	4	<	6	>	5
∧	■	v	■	=	■	∧	■	v	■	=	■	v	■	=
5	>	3	<	6	>	4	>	3	<	4	=	4	<	5
v	■	=	■	=	■	v	■	∧	■	∧	■	∧	■	v
4	>	3	<	6	>	3	<	4	<	6	>	5	>	4
∧	■	∧	■	=	■	∧	■	v	■	v	■	v	■	∧
6	>	4	<	6	>	5	>	3	<	4	=	4	<	5
=	■	=	■	v	■	v	■	∧	■	∧	■	=	■	=
6	>	4	<	5	>	3	<	4	<	6	>	4	<	5

Denkspaß 068

7	9	2	8
10	5	3	12
4	11	6	1

Denkspaß 069

URMETER

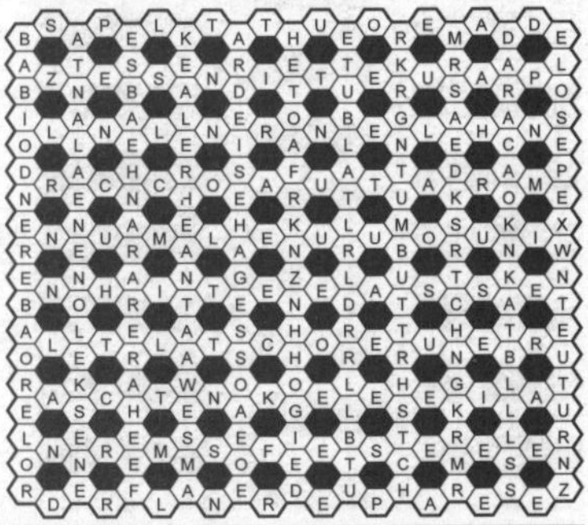

1	2	3	4	5	6	7	8	9	10	11
T	D	X	S	I	G	H	B	C	P	L
12	13	14	15	16	17	18	19	20	21	22
F	N	U	M	W	O	Z	K	A	R	E

Denkspaß 070

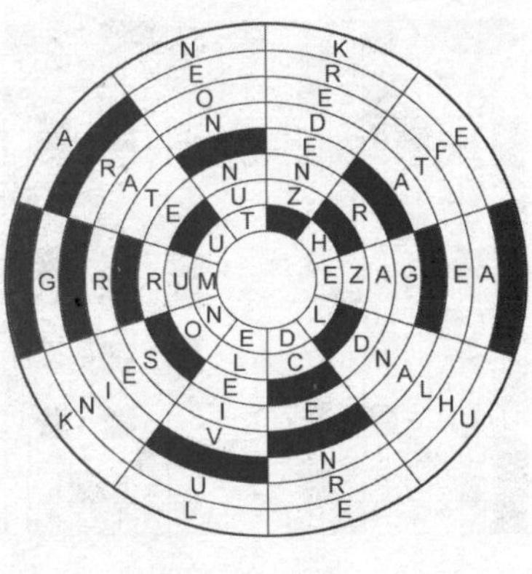

Denkspaß 071

LIEBE IST DIE FAEHIGKEIT, AEHNLICHES AN UNAEHNLICHEM WAHRZUNEHMEN

Denkspaß 072

IM ANFANG WAR DIE TAT
1. EISSTROM, 2. MALLORCA, 3. ANSPORN, 4. NEER, 5. RIEFE, 6. ESSAY, 7. YOGI, 8. IWAN, 9. NACHT, 10. TIEGEL, 11. LUDWIG, 12. GLOSSAR, 13. RAPPORT, 14. TROEDLER, 15. REITER, 16. RASEN, 17. NANU, 18. URAT, 19. TRAUMA, 20. APPETIT, 21. TOENEN, 22. NEUE

Denkspaß 073

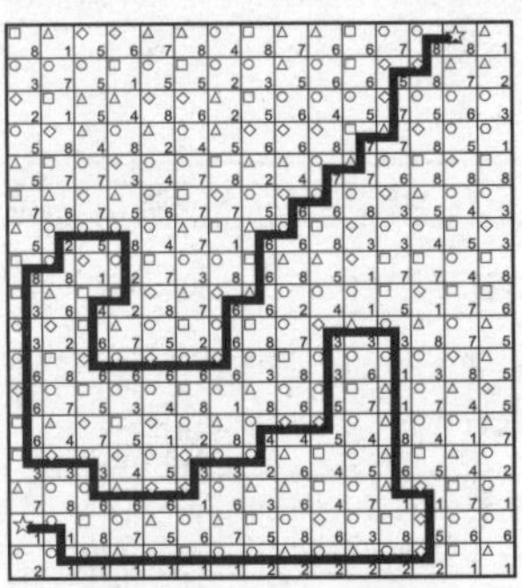

Denkspaß 074

DIE MENSCHLICHEN BEZIEHUNGEN SIND IM WESENTLICHEN DIE ENTFREMDETER AUTOMATEN, DEREN SICHERHEIT DARAUF BERUHT, MOEGLICHST DICHT BEI DER HERDE ZU BLEIBEN UND SICH IM DENKEN, FUEHLEN UND HANDELN NICHT VON IHR ZU UNTERSCHEIDEN

Denkspaß 075

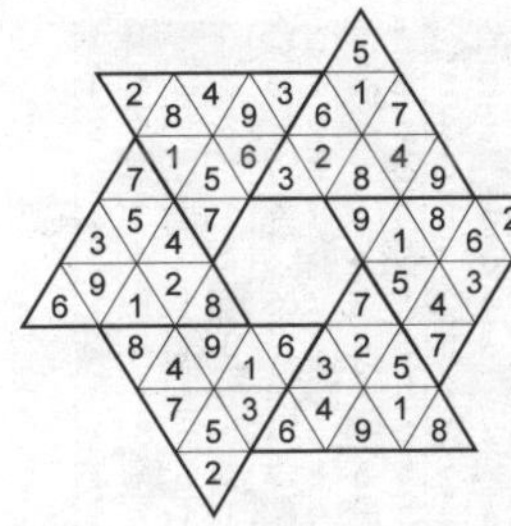

Denkspaß 076

LIE	GE	STUET	ZE		KRI	TIK
	WER		RO	SET	TE	
E	BE	NE			RI	TUS
TA		A	TO	MI	UM	
GE	RUEM	PEL		NU		AUF
			IN	TE	RES	SE
AU	TO	SCOO	TER			HER
	TER		PLA	CE	BO	
EN		KIR	NE		TIN	
ZI		GI	TAR	RE		
AN	WE	SEN		AL	GE	
	DEL		FAE		HER	AN
WEIN		GE	HE	GE		RAI
TRAU		BIN		BER	LI	NER
BE	WUN	DE	RUNG		MOS	

Denkspaß 077

1) AEUSSERUNG

A	R	M	E	E
R	E	T	R	O
S	P	U	R	T
K	N	A	S	T
G	N	E	I	S

2) AUSERLESEN

A	M	P	E	L
G	U	T	E	S
B	U	S	E	N
Z	E	D	E	R
N	A	G	E	R

Denkspaß 078

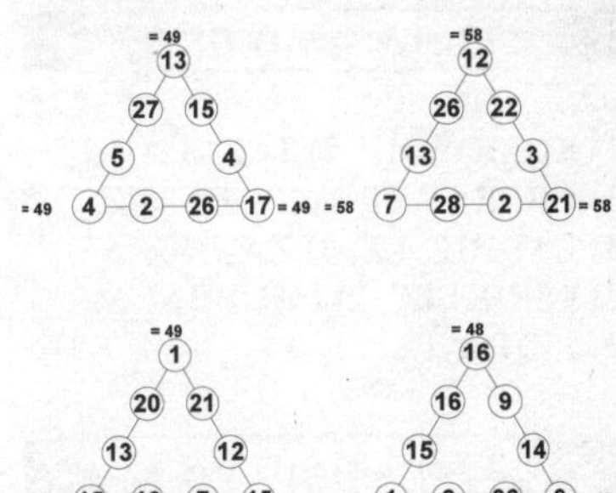

Denkspaß 079

Denkspaß 080

4	3	7	1	6	5	2
3	6	5	7	2	4	1
1	7	2	4	5	6	3
6	5	1	3	7	2	4
2	4	6	5	1	3	7
5	1	4	2	3	7	6
7	2	3	6	4	1	5

3	5	4	2	7	6	1
5	2	6	1	4	7	3
4	3	7	6	5	1	2
1	7	2	4	6	3	5
6	4	3	5	1	2	7
7	6	1	3	2	5	4
2	1	5	7	3	4	6

1	4	7	3	2	5	6
6	7	1	4	5	2	3
3	5	6	2	7	4	1
7	3	2	5	1	6	4
5	2	3	6	4	1	7
2	1	4	7	6	3	5
4	6	5	1	3	7	2

7	2	1	4	5	6	3
4	1	6	2	3	7	5
6	5	3	1	4	2	7
2	4	7	5	1	3	6
5	7	2	3	6	1	4
3	6	5	7	2	4	1
1	3	4	6	7	5	2

Denkspaß 081

A) 1. ZUBROT, 2. IBERER, 3. ERRATA, 4. LOETEN
B) 1. KARATE, 2. URTEIL, 3. SAEBEL, 4. STIEGE

Denkspaß 082

1) KOMOEDIE, 2) TAKELAGE, 3) OBERARZT, 4) EIGENART, 5) LAUBHOLZ, 6) ZAUNGAST, 7) PERIKLES, 8) LAUBBAUM, 9) LEITSATZ

Denkspaß 083

A) HONORIEREN
1-2 BEETHOVEN, 3-4 EISHOCKEY, 5-6 MONOLOG, 7-8 ZINNOBER, 9-10 PARIEREN, 11-12 VERRIEGELN, 13-14 EHRENAMT, 15-16 WETTRENNEN
B) NIAGARA
1-2 SANITAER, 3-4 BOSNIEN, 5-6 LIANE, 7-8 OASE, 9-10 ORGANISCH, 11-12 AUSGABEN, 13-14 ERRATEN, 15-16 KURARE

Denkspaß 084

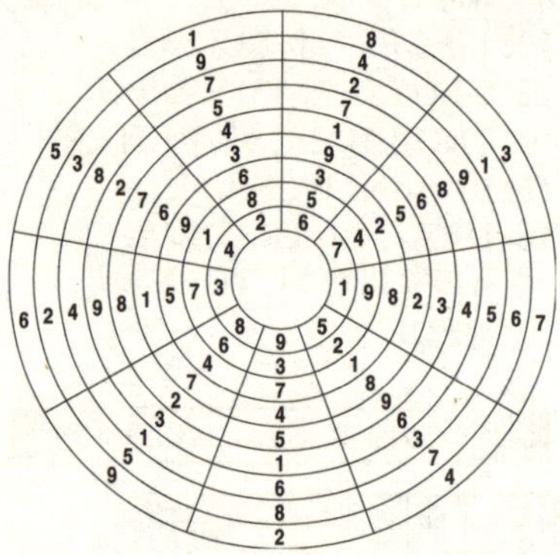

Denkspaß 085

BERGHUETTE

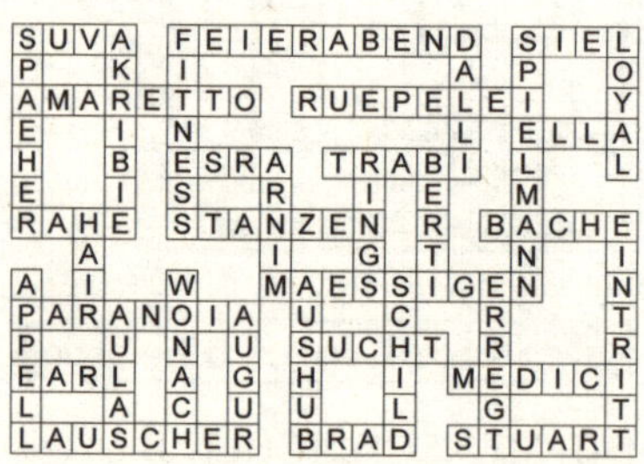

Denkspaß 087

Lösungsspruch: AUSNAHMEN BESTAETIGEN DIE REGEL

1. MATERIALFEHLER,
2. ZUKUNFTWEISEND,
3. KASSENSCHLAGER,
4. SCHUHGESCHAEFT,
5. STEUERBEHOERDE,
6. BRILLENGESTELL,
7. PARLAMENTARIER,
8. TANTEEMMALADEN,
9. FERNSEHANTENNE,
10. FILIGRANARBEIT,
11. DRACHENFLIEGEN,
12. WARZENSCHWEINE,
13. WERKZEUGKASTEN,
14. REKONVALESZENZ

1 = S, 2 = V, 3 = O, 4 = P, 5 = H, 6 = A, 7 = B, 8 = R, 9 = K, 10 = Z, 11 = G, 12 = L, 13 = D, 14 = C, 15 = I, 16 = M, 17 = N, 18 = E, 19 = F, 20 = U, 21 = T, 22 = W

Denkspaß 086

OMELETT

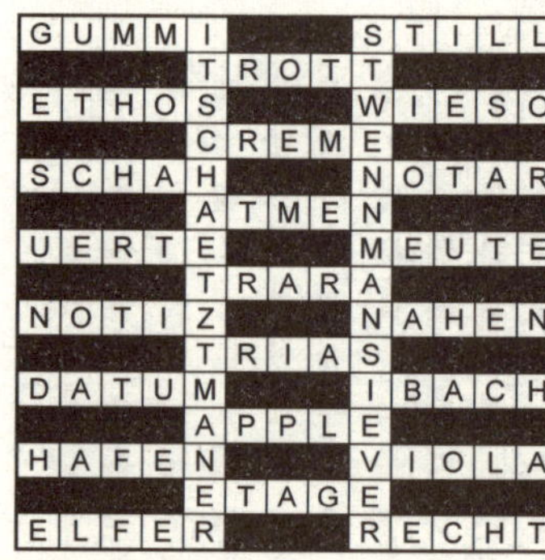

Denkspaß 088

GROSSMUTTER

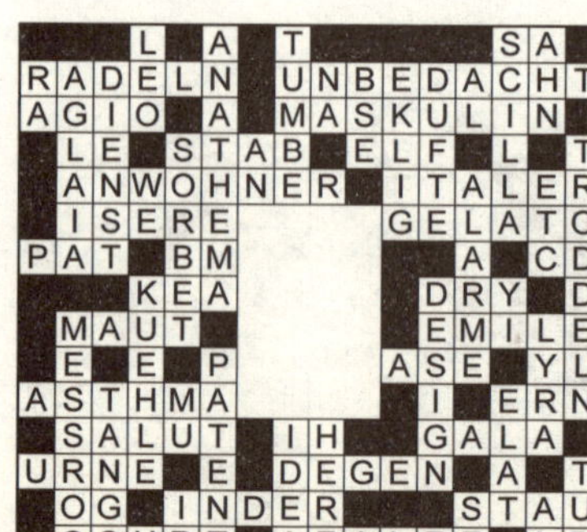

Denkspaß 089

STATIONEN

	M	O	L	E		B	A	R	T		M	U	S	S
M	I	L	D		H	O	H	N		S	O	L	O	
U	R	O		F	E	E	N		A	U	R	A		E
N	A		S	O	L	E		S	U	E	D		A	N
T		L	O	R	D		F	I	L	Z		S	K	A
	H	A	F	T		B	E	T	A		L	I	N	K
T	O	G	A		M	I	L	Z		B	O	T	E	
I	L	O		B	O	E	S		M	E	G	A		K
R	M		D	A	N	N		A	U	T	O		T	U
O		E	D	E	N		E	H	R	E		S	I	L
	F	L	U	R		K	L	A	R		S	A	M	T
H	A	A	R		H	A	L	B		S	A	G	E	
A	R	N		M	A	T	E		L	I	L	A		F
U	M		B	A	S	E		H	A	L	M		S	A
E		P	I	K	E		H	A	S	T		H	O	S

Denkspaß 090

A) KABELFERNSEHEN, EINHORN

K	A	B	E	L	F	E	R	N
A		U		O		T		E
R		E		D		U		P
I		R		S		E		P
E		D		C		D		E
S		E		H		E		N

B) TANKVERSCHLUSS, LATERNE

T	A	N	K	V	E	R	S	C
A		E		O		H		H
U		U		R		E		A
S		R		B		S		R
C		A		A		U		T
H		L		U		S		S

Denkspaß 091

SCHUHMACHER

	P	T			C		H				N			
	R	E	I	C	H		E	I	S	D	I	E	L	E
N	O	T	E		I		B	R	A	U	C	H	E	N
	B	A		S	C	H	R	A	U	B	E		M	I
	A	N	N	O		P	I	K		I		R	U	F
	N	U	D	E	L		D		B	O	X	E	R	
C	D	S		B		R	E	B	U	S		P		E
			D	E	K	A	N		C		V	O	L	L
	K	O	R	N		N		T	H	E	O	R	I	E
	N		N		B	D	U	R		A	R	T		M
M	E	L	O	D	R	A	M	A			Z		G	E
	T	E		T	A	L		R	A	E	U	M	E	N
S	E	I	L		V	E	R	A	E	R	G	E	R	T

V	I	T	E	C	O	D	H	N	S	G
R	A	M	Z	F	B	U	L	X	K	P

Denkspaß 092

Fehlender Buchstabe: E

Denkspaß 093

S	E	E		E	U	R	O	P	A		W	O	L	K	E		R	E	T	U	E
	H			R		O			R			I		U			A		N	O	N
L	E	F	E	I	T	S		S	T	A	U	B		B	R	A	T	R	O	S	T
			R			S		L			F			U		L			T		H
E	G	E	A	S		E	G	A	V		R	E	I	N		E			E		A
	O		T			F			I		O		L			M	O	E	B	E	L
R	E	B	O	T	K	O		N	R	O	K	L	E	F	P	A		N			T
	N			A		R			U			I		I		N		R	H	E	S
E	N	I	E	L		P	A	S	S	I	O	N		T	S	N	I	E			A
	E		R					A			L					E		S	L	U	M
F	R	U	E	H	L	I	N	G		R	I	E	C	H	E	N		A		M	
			U			E					V			C			E	K	N	E	S
H	A	C	K	E		T	I	M	E	R	E		N	N	A	M			I		U
	T		I			B			T		N			U		R	E	T	E	I	M
F	E	L	D		D	A	N	K	E		O	P	A	L		U		E		S	
	L		E	L	M			U			E		D			T		N	I	E	B
T	I	P	P		A	T	T	E	M	A	L		I	R	I	S		O			A
	E				R			H		T			O			N	O	R	D		H
B	R	U	E	C	K	E		L	I	E	G	E	S	O	F	A			I		A
			I			S			G		E			M			S	U	N	I	M
S	E	N	N		N	E	L	I	E		I	N	D	I	G	O		M		E	A
O	L	I	K			O			L		S			L		E	L	S	A	S	S

Denkspaß 094

9	7	8	2	6	1	4	5	3
1	4	2	9	3	5	7	8	6
3	5	6	4	7	8	2	9	1
5	2	1	3	9	6	8	4	7
4	8	9	5	1	7	6	3	2
6	3	7	8	4	2	5	1	9
7	6	5	1	8	3	9	2	4
2	1	4	7	5	9	3	6	8
8	9	3	6	2	4	1	7	5

3	6	9	2	4	1	5	7	8
4	7	5	6	9	8	1	2	3
8	1	2	3	5	7	6	4	9
5	8	1	4	7	9	2	3	6
7	3	6	8	2	5	4	9	1
2	9	4	1	3	6	8	5	7
9	5	8	7	1	2	3	6	4
1	2	3	9	6	4	7	8	5
6	4	7	5	8	3	9	1	2

1	8	3	7	9	6	5	2	4
9	2	5	8	3	4	6	7	1
4	6	7	1	5	2	8	9	3
5	4	6	9	2	3	7	1	8
2	1	8	4	7	5	9	3	6
7	3	9	6	1	8	4	5	2
3	5	4	2	6	7	1	8	9
6	7	1	3	8	9	2	4	5
8	9	2	5	4	1	3	6	7

9	2	4	7	8	3	6	1	5
8	7	6	5	1	2	4	9	3
5	3	1	6	4	9	7	2	8
4	8	7	1	3	5	2	6	9
2	9	3	4	6	7	8	5	1
1	6	5	2	9	8	3	7	4
7	4	2	3	5	1	9	8	6
6	5	8	9	2	4	1	3	7
3	1	9	8	7	6	5	4	2

Denkspaß 095

	SO	RE			KOR	
FI	LI	A	LE		MO	FA
		LIS	SE		RA	CHE
	RE	MUS		AN	NE	
	PA		CHI	NA		FO
IS	RA	E	LI		TO	TO
	BEL	LA		TAN	GA	
			KAS	TE		TRAS
RA	DI	A	TOR		WEI	SE
	NO	BEL		GE	HER	
			HE	BEN		PFEI
GAR	DE	RO	BE		HA	FEN
	MA	GER		LU	KEN	
MUN	GO		SE	RE	NA	DE
	GE	HOR	SAM		SE	GEN

Denkspaß 096

VERGIB DIR NICHTS, DEN ANDEREN VIEL

			B	N	A	F			I	E		T	E	S	T		
		R	R	K	L	O	B	I	G	G		T	U	L		N	
	E	I		O	S	T	I	A	E	L	I	E	P		D	R	
H	W	M	W		E	N	L	B	L	A	Z	L		A	S	E	
Z	R	E	H	I	T	I	E			U	N	E	P	E	P	T	
	E	L	B	E	T	T	S			T	N	K	F	M	A	S	T
S		E	R	E	N	Z	S			I	O	S	L	A	L	E	T
	E	I	Z	U	E	R	I	C	H	R	O	N	I	S	T	E	G
T	M		W	R	G	E	E	G	O	R	D		C	N	U	S	
				A	A	A	M	I	H	E	S	C	H	U	N	D	
				N	N	P	D	O	N	R	A		T		G		

Denkspaß 097

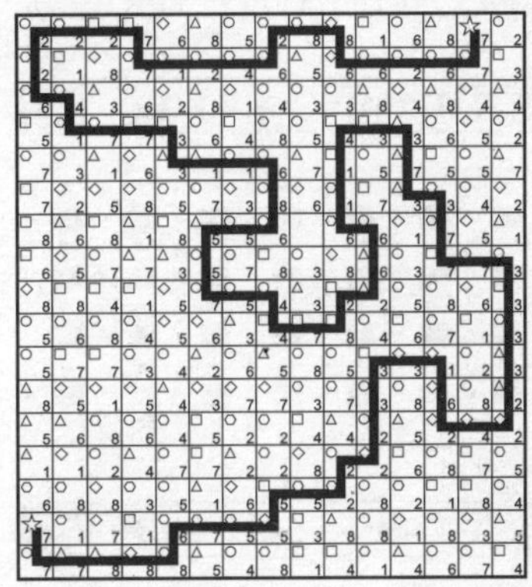

Denkspaß 098

A) 1. OREGANO, 2. AREALE, 3. TELEFONE, 4. NEGATION, 5. SANTIAGO, 6. KATEGORIE, 7. DIVISION, 8. SANDIEGO, 9. ALLEGORIE

B) 1. RAVIOLI, 2. VIOLINE, 3. RELIGION, 4. METEORA, 5. KORMORANE, 6. KORRIDORE, 7. MENELAOS, 8. ANEMONE, 9. PELERINE

Denkspaß 099

SATTELFEST

```
F R E I S T O S S
                A B E N D L A N D
K O M P E T E N T
                T R E I B H A U S
L I C H T H U P E
                L E B K U C H E N
K O H L D A M P F
                E X P E R T I S E
A U G E N G L A S
                T R I U M P H A L
```

Denkspaß 100

LEGUAN

Z	■	B	R	I	G	G	■	M	I	T	S	A	M	T	■	S	I
E	I	R	E	■	E	I	F	E	L	■	T	■	O	C	K	E	R
H	■	A	S	T	R	O	■	R	■	S	A	G	E	■	A	R	A
N	E	S	T	■	U	■	E	I	G	E	N	A	R	T	■	M	■
T	■	S	■	M	E	H	L	■	F	I	S	■	T	■	T	O	M
■	S	E	M	E	S	T	E	R	■	M	■	S	E	H	E	N	■
A	T	■	A	R	T	■	V	■	F	A	N	A	L	■	L	■	A
B	O	A	■	L	■	T	E	I	L	S	■	U	■	S	E	H	R
T	R	■	L	A	K	E	N	■	I	■	A	N	D	Y	■	I	M
U	N	I	O	N	■	T	■	S	C	H	R	A	M	M	E	■	E
N	O	A	H	■	V	E	R	B	■	D	E	S	■	O	B	E	R

Denkspaß 101

1) PRAESENT, 2) HONDURAS,
3) PASTILLE, 4) LOTTERIE

Denkspaß 102

5	>	4	<	6	=	6	>	4	<	6	>	4	>	3
=	■	∧	■	∨	■	∨	■	=	■	∨	■	=	■	∧
5	<	6	>	5	>	4	=	4	=	4	=	4	=	4
=	■	∨	■	∧	■	∧	■	∧	■	∧	■	∧	■	∨
5	=	5	<	6	>	5	=	5	<	6	>	5	>	3
∨	■	∧	■	∨	■	∨	■	∨	■	∨	■	=	■	∨
4	<	6	>	5	>	4	=	4	=	4	<	5	>	2
∨	■	∨	■	=	■	∧	■	∧	■	=	■	=	■	∧
3	<	5	=	5	=	5	=	5	>	4	<	5	>	3

Denkspaß 103

KEILER

T	H	A	I	D	P	A
R	A	I	N	I	E	R
E	R	I	K	A	K	T
K	M	E	R	S	T	E
M	A	L	E	R	I	N
E	X	S	T	A	N	D
G	I	R	O	R	I	O
E	I	C	H	E	S	S
S	C	H	A	K	A	L

Denkspaß 104

1C, 2F, 3A, 4E, 5D, 6B

Denkspaß 107

ROEHRE

G	R	A	M	■	R	U	E	D	E	■	W	■	G	A	U	L
O	■	L	A	D	E	N	■	U	■	S	C	H	E	R	B	E
T	O	T	O	■	G	■	B	E	T	E	■	U	M	S	■	S
E	■	K	■	B	E	T	O	N	U	N	G	■	U	■	L	E
■	K	L	A	R	■	O	N	E	■	O	■	R	E	D	E	N
N	E	U	B	A	U	■	B	■	D	R	A	H	T	■	E	■
E	N	G	■	U	■	K	O	B	R	A	■	O	■	I	R	E
■	D	■	B	E	T	E	N	■	N	■	O	N	A	N	■	R
B	O	D	E	N	■	N	■	K	O	N	F	E	R	E	N	Z

Denkspaß 105

SINNBILD

				■	K	■			A	■	■				
		■	■	A	R	I	D	■	V	O	M	■	■		
	■	R	O	B	E	■	T	E	E	■	O	P	A	■	
	■	I	L	I	A	S	■	K	■	B	A	R	B	E	
D	R	E	I	■	T	■	H	E	R	A	■	E	E	N	■
■	A	S	■	E	U	M	E	L	■	H	■	I	N	K	A
■	S	T	A	R	R	■	L	■	D	U	E	S	T	E	R
	■	E	■	E	■	G	E	B	O	T	■	E	E	■	
	D	R	A	C	H	E	N	■	L	■	G	N	U	S	
■	■	■	B	■	P	R	A	H	L	E	R	■	R	O	■
L	E	N	D	E	■	A	■	U	E	■	A	L	E	P	H
■	W	I	R	■	O	E	R	E	■	■	C	U	R	R	Y
	■	S	I	G	N	U	M	■	S	■	H	Z	■	A	
	■	T	F	■	■	S	■	A	U	K	T	I	O	N	
		■	T	R	E	C	K	E	R	■	E	D	Y		
				■	A	H			■	A	N				

Denkspaß 106

A) MEDIEN
1. SANDALE, 2. ARIANE, 3. NIGRA, 4. DARM, 5. ANA, 6. LE
B) LAEDEN
1. BAULAND, 2. ALBERS,
3. UBOOT, 4. LEON, 5. ART,
6. NS

Denkspaß 108

10	8	11	2
5	12	7	9
3	6	4	1

Denkspaß 110

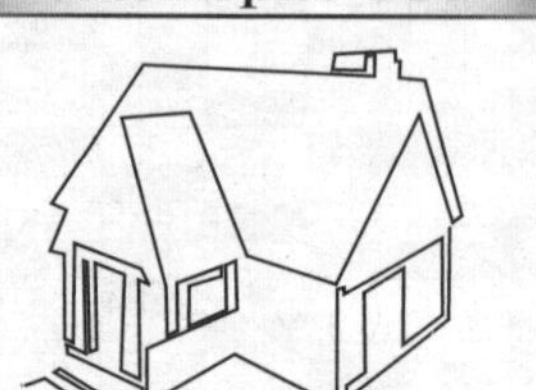

Denkspaß 109

ENTGEGENKOMMEND

S	A	L	A	T	■	G	I
■	T	■	M	A	L	E	N
P	O	E	T	■	A	H	■
E	M	I	L	E	■	O	F
D	E	■	I	■	F	E	E
A	■	S	C	H	U	R	■
L	O	C	H	■	M	■	S
E	■	H	■	E	M	M	A
■	B	O	S	H	E	I	T
A	L	T	O	E	L	■	U
L	E	E	■	D	■	O	R
■	S	■	R	E	D	E	N
I	S	L	A	M	■	K	■
O	U	■	D	■	S	O	S
D	R	E	I	S	T	■	I

S	■	R	A	T	K	E	H
T	A	■	M	■	E	R	I
I	■	A	M	A	R	D	■
E	B	L	E	■	B	■	S
R	■	B	■	R	E	G	O
■	N	E	B	E	■	O	P
G	I	R	E	I	G	■	R
E	E	S	■	T	■	B	O
■	S	■	L	E	B	E	N
R	E	D	U	R	■	L	■
U	N	■	P	■	I	L	P
N	■	N	E	N	R	E	L
D	E	O	■	E	D	N	E
E	S	A	B	■	E	■	S
N	■	H	■	D	N	A	S

1 = N, 2 = L, 3 = D, 4 = R, 5 = A, 6 = K, 7 = O, 8 = H, 9 = C, 10 = E, 11 = M, 12 = B, 13 = S, 14 = P, 15 = U, 16 = T, 17 = G, 18 = F, 19 = I

Denkspaß 111

PUERTORICANER
1 COMPUTER, 2 KORPULENT,
3 AUERHAHN, 4 TORERFOLG,
5 AUTOBUS, 6 RHETORIK,
7 TERRINE, 8 SIRIKIT, 9 CHICAGO, 10 EISCAFE, 11 INNERHALB, 12 PARTNERSCHAFT

Denkspaß 112

(SCHAFT – HAFT) +
(HANDELN – ANDEN) +
(STEUERN – STERN) +
(MASTERS – MATER) +
(KRUEMEL – KRUME) +
(FLOETE – FETE) + (BLEICH
– BLEI) = SCHLUESSELLOCH

Denkspaß 113

Hier können Sie selbst kontrollieren, ob Sie die Aufgabe richtig gelöst haben.

Denkspaß 114

BOHNEN

			B	A		Z						M	V	
N	O	V	U	M		I	M	P	F	S	T	O	F	F
Z	E	L	L	E		M	A	U	L	E	S	E	L	
	D		G	N	O	M		B	A	R		B		S
	E	T	A		V	E	R		D		H	E	F	T
S	M	A	R	T		R		G	E	S	E	L	L	E
			I		D	E	K	A	N		R		U	L
	K	R	E	T	E	R		R		E	R	P	E	L
Z	A	U	N		A		A	N	T	I		I	S	E
	E	B		F	L	A	M	I	N	G	O		T	
	F	R	A	U		T	O	T		E		S	E	E
R	E	I	B	E	N		R	U	I	N	I	E	R	T
	R	K		R	O	B	E	R	T	S		I	N	E

Denkspaß 115

A
133 + 90 = 223
\+ + +
57 + 3 = 60
190 + 93 = 283

B
38 + 185 = 223
\+ + +
271 + 422 = 693
309 + 607 = 916

C
414 − 292 = 122
\+ + +
236 − 61 = 175
650 − 353 = 297

Denkspaß 116

8	6	9	5	1	7	3	2	4
7	1	3	2	4	9	5	8	6
2	4	5	8	6	3	1	7	9
3	7	1	4	5	6	2	9	8
6	9	2	7	8	1	4	5	3
4	5	8	9	3	2	6	1	7
9	2	4	3	7	5	8	6	1
5	8	6	1	9	4	7	3	2
1	3	7	6	2	8	9	4	5

5	6	1	4	8	2	9	7	3
2	4	8	3	7	9	1	5	6
9	3	7	6	1	5	4	2	8
7	9	6	5	3	1	2	8	4
1	2	4	8	9	7	6	3	5
3	8	5	2	4	6	7	1	9
4	1	2	9	5	8	3	6	7
6	5	9	7	2	3	8	4	1
8	7	3	1	6	4	5	9	2

1	9	4	6	8	3	5	2	7
3	8	5	2	7	4	6	1	9
2	7	6	1	9	5	8	3	4
5	3	8	7	6	9	2	4	1
9	4	2	3	1	8	7	6	5
7	6	1	4	5	2	9	8	3
4	2	7	5	3	6	1	9	8
6	1	9	8	4	7	3	5	2
8	5	3	9	2	1	4	7	6

7	5	9	4	1	2	8	6	3
3	1	6	5	7	8	4	9	2
2	4	8	3	9	6	5	7	1
1	7	5	8	4	3	9	2	6
4	8	2	9	6	7	3	1	5
6	9	3	2	5	1	7	8	4
8	6	4	7	2	5	1	3	9
5	3	1	6	8	9	2	4	7
9	2	7	1	3	4	6	5	8

Denkspaß 117

Lösungsspruch: ES GIBT KEINEN BESSEREN BOTEN ALS MAN SELBER IST

Denkspaß 118

EUROPA IST KEIN GEOGRAPHISCHER, SONDERN EIN KULTURELLER WELTTEIL

Denkspaß 119

T	H	E	S	E		K	A	S	S	A	W	A		D	R	E	I
	A		I	L	T	I	S		K		U	L	L	I		C	M
K	R	I	M	I		M		M	I	K	R	O	F	O	N		R
E	I		O		S	O	L	E		E	F	E		R		E	O
N		A	N	G	E	N	E	H	M		K		M	I	L	I	Z
N	U	N		N	E	O		R		T	R	A	U	T		G	
E	S	T	E		L		R	E	V	U	E		S		L	E	I
T		J		A	E	G	I	R		M	I	N	I	G	O	L	F
H	U	E	T	E	N		H	E	R	B	S	T	L	A	U	B	

Denkspaß 120

S	T	E	I	N				
			A	U	T	O		
	G	A	R	T	E	N		
G	L	A	N	Z				
		O	B	E	R			
G	R	U	N	D				
			W	E	R	K		
B	O	D	E	N				
			H	A	U	P	T	
		B	A	U	M			
				G	E	I	S	T
			F	E	U	E	R	
	S	C	H	N	I	T	T	
	W	I	R	B	E	L		
		W	I	L	D			
			S	I	C	H	T	
	B	L	E	C	H			
				K	A	E	S	E

Denkspaß 121

NACHHELFEN

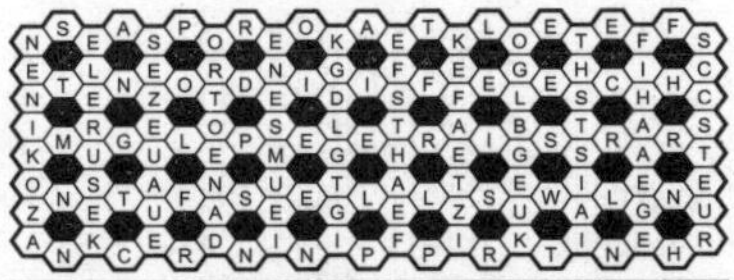

1	2	3	4	5	6	7	8	9	10	11
C	A	W	D	N	F	E	Z	P	G	M
12	13	14	15	16	17	18	19	20	21	
L	T	H	O	S	U	B	R	I	K	

Denkspaß 122

1	5	29	7	17	16	30	22	17	3
23	15	20	27	19	21	5	20	7	17
25	12	21	26	14	24	20	23	16	6
11	31	9	30	8	3	10	22	24	26
2	10	17	22	4	3	19	18	13	32

Denkspaß 123

NUERNBERG

A	U	S	T	E	R		H	E	F	T		G	E
M		A		N	A	S	E		K	A	T		N
U	N	M	U	T		I	T	H		P		C	D
L	A	B	E	R	N		E		S	E	E	L	E
E	T	A		E		O	R	B	I	T		U	
T	R		T	E	M	P	O		N		F	B	I
T	O	P	A	S		E		P	N	E	U		R
E	N		L		S	C	H	R	E	I	N	E	R

Denkspaß 124

UNKONZENTRIERT
1-2 LOUNGE, 3-4 RAUNEN, 5-6 AKKORD, 7-8 REKORD, 9-10 RUNZEL, 11-12 RANZIG, 13-14 MOENCH, 15-16 LAENGS, 17-18 GETREU, 19-20 UNTREU, 21-22 ORIENT, 23-24 STIEGE, 25-26 TARTAN, 27-28 BURTON

Denkspaß 125

4	11	2	10	1	3	5
5	1	4	15	3	14	2
4	15	3	2	16	4	1
1	2	13	3	4	16	10
13	3	13	10	2	1	4
3	4	13	1	10	2	10
2	10	1	4	7	5	3

5	3	9	2	4	1	5
2	13	3	1	10	14	4
9	4	1	12	2	12	3
3	13	4	12	1	2	10
10	1	14	4	13	3	2
4	2	12	3	17	13	1
1	9	2	8	3	4	5

4	3	11	1	2	4	6
1	17	3	4	12	12	2
6	2	4	18	1	11	3
3	15	2	13	4	1	8
10	4	12	2	13	3	1
2	1	11	3	13	13	4
4	8	1	7	3	2	6

3	2	1	4	12	3	7
1	14	13	2	3	13	4
3	14	4	14	2	1	8
14	4	2	10	1	9	3
4	3	13	1	11	2	10
2	16	11	3	14	4	1
3	1	3	10	4	11	2

Denkspaß 126

OHNE FLEISS KEIN PREIS

Denkspaß 127

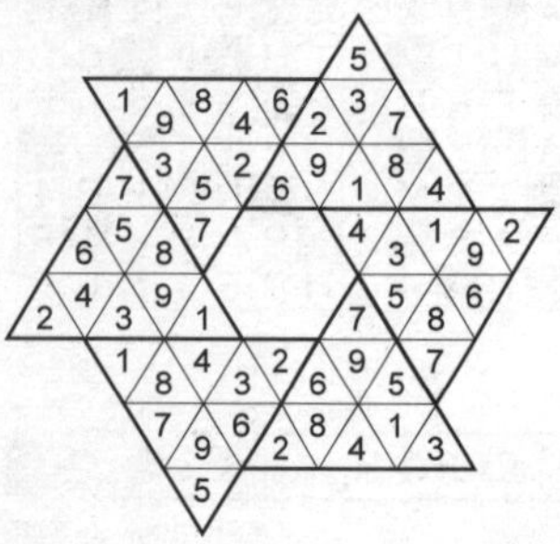

Denkspaß 128

1C, 2F, 3E, 4A, 5B, 6D

Denkspaß 129

EINMAL IST KEINMAL

Denkspaß 130

POLOHEMD, WALDREBE, NESTLING

Denkspaß 131

BRUESSEL

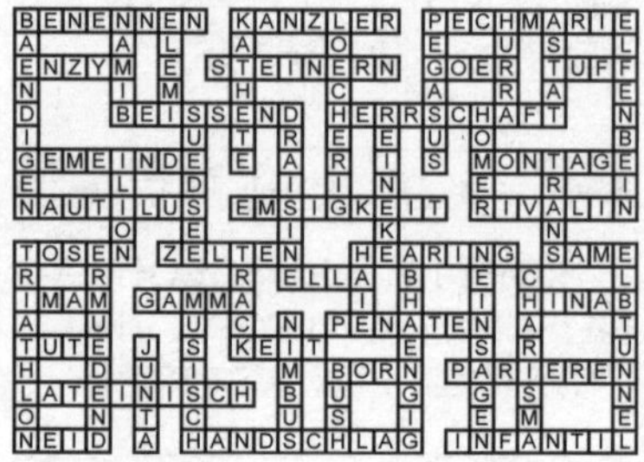

Denkspaß 132

1	10	4	16	9	6	2	12	11	14	5	8	13	7	15	3
6	7	8	12	5	15	10	13	2	9	4	3	16	14	11	1
11	14	9	15	4	3	8	16	1	13	7	6	12	2	10	5
3	2	5	13	7	14	1	11	16	15	10	12	6	4	8	9
13	16	12	10	11	1	6	4	7	2	9	5	3	15	14	8
7	4	6	1	14	12	9	5	15	3	8	13	11	16	2	10
14	8	11	9	15	2	13	3	4	16	12	10	1	5	7	6
2	15	3	5	10	7	16	8	6	1	14	11	9	12	13	4
10	13	7	14	16	4	5	6	3	8	15	9	2	11	1	12
16	12	15	6	8	11	7	2	10	4	1	14	5	9	3	13
4	9	2	11	12	10	3	1	5	6	13	7	15	8	16	14
8	5	1	3	13	9	14	15	12	11	2	16	4	10	6	7
5	1	10	4	3	16	11	7	14	12	6	15	8	13	9	2
12	6	14	7	2	8	15	9	13	5	11	1	10	3	4	16
9	11	16	2	1	13	12	14	8	10	3	4	7	6	5	15
15	3	13	8	6	5	4	10	9	7	16	2	14	1	12	11

Denkspaß 133

1	2	6	3	8	7	9	5	4
5	3	8	9	4	2	1	7	6
7	9	4	5	1	6	3	8	2
4	6	1	7	9	8	2	3	5
2	8	3	6	5	1	7	4	9
9	7	5	4	2	3	6	1	8
3	1	9	8	6	4	5	2	7
6	4	2	1	7	5	8	9	3
8	5	7	2	3	9	4	6	1

8	2	7	3	4	6	1	5	9
4	3	9	5	1	8	6	7	2
5	6	1	2	7	9	4	8	3
6	7	2	9	5	4	3	1	8
1	9	8	6	3	7	5	2	4
3	4	5	1	8	2	9	6	7
2	5	4	7	6	3	8	9	1
7	8	6	4	9	1	2	3	5
9	1	3	8	2	5	7	4	6

8	4	3	6	2	7	5	1	9
1	6	2	5	9	4	8	7	3
7	5	9	1	8	3	6	2	4
9	3	8	7	5	2	4	6	1
4	2	6	3	1	8	7	9	5
5	7	1	9	4	6	3	8	2
6	8	5	2	3	9	1	4	7
3	9	4	8	7	1	2	5	6
2	1	7	4	6	5	9	3	8

Denkspaß 134

MANITU

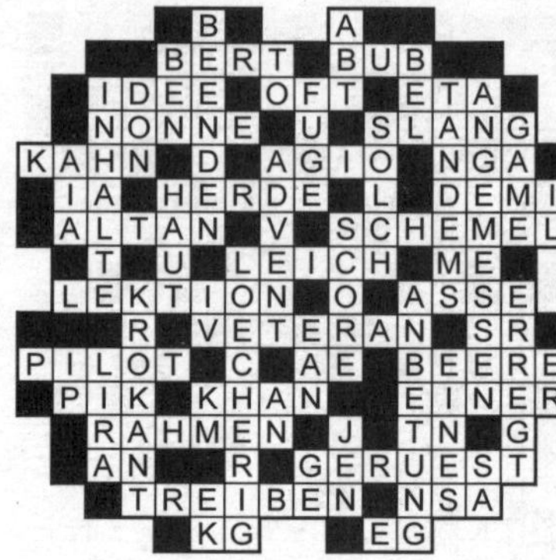

Denkspaß 135

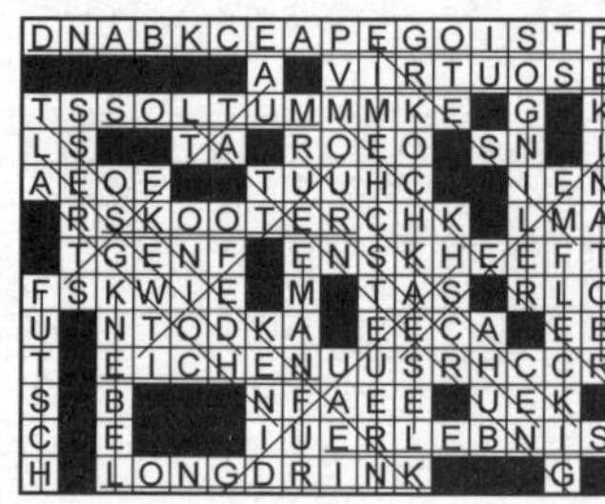

Denkspaß 136

A

$$526 - 474 = 52$$
$$+ \quad + \quad +$$
$$279 - 225 = 54$$
$$805 - 699 = 106$$

B

$$282 + 63 = 345$$
$$+ \quad + \quad +$$
$$13 + 422 = 435$$
$$295 + 485 = 780$$

C

$$473 + 487 = 960$$
$$- \quad - \quad -$$
$$187 + 176 = 363$$
$$286 + 311 = 597$$

Denkspaß 139

92
47 45
27 20 25
17 10 10 15
10 7 3 7 8
4 6 1 2 5 3

80
45 35
28 17 18
18 10 7 11
11 7 3 4 7
6 5 2 1 3 4

Denkspaß 137

ZIRKONIUM

			A	L	T	B	A	U			
			G	A	R	A	D	E			
			O	M	A	N	I	I			
U	R	S	P	U	R	Z	E	N	S	U	S
M	A	L	A	B	A	K	U	S	O	E	L
U	E	A	N	B	E	I	N	A	N	D	U
E	T	E	K	E	K	S	E	M	Y	O	M
L	E	M	E	E	R	S	T	R	A	M	M
L	E	O	B	R	A	D	T	I	P	P	C
			A	E	L	I	A	S			
			A	D	C	M	N	T			
			L	B	R	E	I	T			

Denkspaß 138

	7		4		2		4		5			4		7
6	8	9	2	5	1	5	3		4	8	7	8	7	2
	4		9	7	9	7	4	4	7	4		6		1
	1	8	5		5	5	8		4		1	9	4	9
4	9	3	4	8		7		5	8	7	6	1	2	7
	4		7		2	8	6	4	1		4		1	8
	2	1	5	3	6	6		7		2	1	6		3
5	8	7	2		2		1	1	8	1	3	1	4	8
		2		4	3	2	4		3	3	8		8	4
	5	1	8	5	2	1	3	9		9		9	3	8
	2	2	3	2	5		7		4	2	7	1	9	
2	1	6		7		2	3	8	7	7		4		6
	8		6	1	4	7	6		3		9	6	1	3
	1	2	5	7		2	3	2	5	6	2	1	3	2
	8	3	1		7	1	7	4		3	9	9	5	5

Denkspaß 140

27	-	7	+	5	25
-		+		+	
9	x	8	-	4	68
-		x		-	
6	-	3	x	2	6
12		45		7	

38	-	9	-	5	24
+		+		x	
3	x	8	-	4	20
x		-		+	
2	x	6	-	7	5
82		11		27	

Denkspaß 143

	14\	4\				14\	21\		
\9	6	3	22\	9\	\16	9	7	19\	12\
\24	8	1	9	6	\12	5	2	1	4
	3\	29\8	5	3	9\	11\20	9	3	8
\19	2	9	8	16\10	1	4	3	2	17\
\4	1	3	20\22	9	6	7	12\16	7	9
	6\14	4	1	7	2	6\23	9	6	8
\22	5	8	9	16\	\3	2	1	6\	4\
\15	1	5	2	7	\10	4	2	1	3
		\17	8	9			\6	5	1

Denkspaß 141

ROSENOEL

	E			F	U		A						S			C	
	R	A	T	E	N		L	A	S	E	R	S	T	R	A	H	L
B	R	U	E	H	E		L		K	R	O	K	E	T	T	E	
	E	L		M		R	E	S	U	L	T	A	T		L		A
	G		F	A	D	E		I	R	E		L		K	A	H	N
P	E	P	E	R	O	N	I		R		P	A	R	A	S	I	T
U	R	A	H	N		N		L	I	T	E	R		B		N	A
			L		L	E	G	A	L		I		I	R	R		S
	B	R	E	M	E	N		T		I	N	S	T	I	T	U	T
	A	A	R		S		S	E	J	M		M	A	O		N	E
	L	M		B	E	S	T	I	M	M	T		L		E	I	N
L	E	S	E	R		E	R	N		E		H	E	I	S	S	
L	A	C	H	E	N		E		T	R	I	E	R		A		K
	R	H		M		A	B	S	U	D		I		A	U	R	A
	E		A	S	C	H	E		M	A	N	D	E	L		E	R
K	N	O	B	E	L	N		A	B	R	U	E	S	T	U	N	G

1 = A, 2 = J, 3 = L, 4 = D, 5 = M, 6 = B, 7 = G, 8 = K, 9 = S, 10 = R, 11 = N, 12 = F, 13 = C, 14 = H, 15 = I, 16 = O
17 = E, 18 = U, 19 = P, 20 = T

Denkspaß 142

ROLAND

	S	T			U	E				S			P	B		U	
	T	A	L	E	N	T		E	N	T	S	O	R	G	U	N	G
	R	M		D	I	E		F		A	D	I	O	S		S	
C	A	B	S		K		S	E	H	E	R		G		S	T	O
	T	O		M	A	C	A	U		B		S	N	I	P	E	S
V	E	R	R	A	T		L		M	E	T	E	O	R	I	T	
A	G	A		R		S	O	J	A		E	I	S		N		A
	I		S	C	H	E	N	K	E	L		D	E	T	A	I	L
	E	L	I		C	I	S		H	U	G	E	N	O	T	T	E

Denkspaß 144

				13	6	2	8				
				11	14	9	10				
				3	12	7	1				
				4	15	5	16				
9	15	6	8	5	1	10	13	14	4	2	11
4	7	2	12	8	9	11	14	13	15	3	16
14	13	16	10	7	3	4	15	1	5	6	12
5	1	11	3	6	16	12	2	9	10	8	7
				2	11	6	7				
				14	8	13	9				
				12	4	16	5				
				1	10	15	3				
				15	13	14	4				
				9	2	8	11				
				10	5	1	6				
				16	7	3	12				

Denkspaß 145

I	R	E		T	R	O	E	D	E	L		K	R	O	N	E
K	A	L	I	U	M		O		R	A	T	I	O	N	A	L
E	D	Y		P		A	S	E	R		V	O	M		X	E
	I		B	I	L	L	I	G	E	N		W		W	O	K
S	K	A	L		M	A	N		G		P	A	L	A	S	T
T	A	L	A	R		R		R	E	M	U	S		L		R
E	L		S		U	M	H	E	R		T		A	L	S	O
R		P	E	N	N	E		I		S	E	A	L		P	M
N	E	U	N		F		E	N	G	E		M	I	K	R	O
T		L		R	A	D	I		E	R	Z		B		U	N
A	B	S	C	H	L	U	S	S		V		D	I	A	E	T
L	E		M	O	L		E		D	U	M	A	S		C	E
E	L	M		E		D	R	A	I	S		D		U	H	U
R	A		U	N	G	E	N	A	U		G	A	T	T	E	R

Denkspaß 146

Hier können Sie selbst kontrollieren, ob Sie die Aufgabe richtig gelöst haben.

Denkspaß 147

95					
49	46				
26	23	23			
13	13	10	13		
6	7	6	4	9	
4	2	5	1	3	6

76					
36	40				
20	16	24			
13	7	9	15		
9	4	3	6	9	
6	3	1	2	4	5

Denkspaß 148

1) ZAHNWALE, 2) LANDHAUS,
3) RACLETTE, 4) LEITWORT

Denkspaß 149

STILLE WASSER GRUENDEN TIEF

S	A	H	N	E	P	U	D	D	I	N	G
S	T	A	U	B	S	A	U	G	E	R	E
O	R	I	C	H	E	L	I	E	U	E	W
L	E	G	L	U	K	O	S	E	N	I	I
S	L	N	U	L	K	E	N	L	G	C	C
G	H	U	K	O	E	D	E	S	E	H	H
N	E	F	R	E	E	W	N	A	W	W	T
U	A	P	U	N	O	E	A	S	I	E	H
S	Z	M	T	A	B	B	A	S	S	I	E
S	R	I	E	L	B	K	N	E	S	T	B
A	E	S	S	O	N	E	G	D	I	E	E
F	O	H	S	G	N	U	N	H	C	E	R

Denkspaß 150

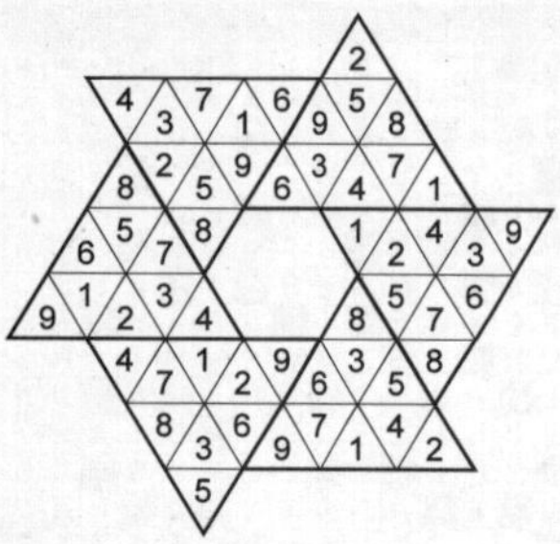

Denkspaß 151

6	5	8	7
3	10	4	9
1	12	2	11

Denkspaß 152

5	6	9	7	8	3	4	2	1
2	3	4	6	5	1	7	8	9
7	8	1	2	9	4	5	3	6
6	9	8	5	7	2	3	1	4
4	7	2	3	1	8	6	9	5
3	1	5	4	6	9	2	7	8
9	4	7	8	3	5	1	6	2
1	5	3	9	2	6	8	4	7
8	2	6	1	4	7	9	5	3

Denkspaß 153

KAERNTEN

E	N	T	E	N	T	E	I	C	H		W	A	L	L	I	S
I		O	R	O		N		R	I	G	I	D		E		P
N	E	N	A		N	A	G	E	N		R		R	E	B	E
S		E	T	H	I	K		M		E	R	G	O		O	K
E	U	R	O		C		F	E	S	S	E	L	N	D		U
R		D		T	H	E	O		S	E	N		D		A	L
	G	E	W	I	T	T	E	R		L		T	E	T	R	A
D	U		O	N	I		H		P	I	R	O	L		Z	N
E	R	Z		A	G	E	N	T	I	N		P	L	A	T	T

Denkspaß 154

Zeitlicher Ablauf:

3 → 4 → 2 → 6 → 1 → 5

Denkspaß 155

4	2	9	4	1		2	4	4	4	8	5		2	1	8	5	9	2	9
8		7		5		9			9					5					8
1		6		4	8	3	5	1	3		1	7	5	9	5	4	3	5	3
7		4		8		9			5					1					7
4				9		7		6	1	3	3	2		3	3	2	6	9	9
8		7		3		5						7					5		
		9		7	9	3	9	9	9	1		5	6	2	5	1	4	5	2
1	4	1	2	9					7			7		8			9		
6		7				7	1	1	9	6	7	3		4	2	2	7	8	7
1		4		8		5			3			1		8			6		
6	9	2	4	4		1	8	5	1	4	4		9	4	9	6	3	5	4
3				3		5			5						3				5
2		6		8	3	8	4	3	2	7		5	1	7	9	5	2	7	6
1	7	8	6	5		4		1				9			2		7		3
		6				3		7				3			9		2		2
8	3	9	4	9	8	6	5	8		6	5	4	6	3	8	3	3	8	1

Denkspaß 156

(ZEIGER – EGER) + (KUMMER – KUER) + (KOMIKER – KOMIK) + (ARMANI – RANI) + (GEDICHT – GICHT) + (SCHUND – SUND) + (SACHSEN – SACHS) = ZIMMERMAEDCHEN

Denkspaß 157

E	I	T	E	L
E	I	T	E	R
E	I	N	E	R
D	I	N	E	R
D	I	N	A	R
D	E	N	A	R

T	E	N	N	O
T	E	N	N	E
T	O	N	N	E
N	O	N	N	E
N	O	R	N	E
N	O	R	G	E

M	A	R	K	T
M	A	R	K	E
M	A	R	N	E
M	A	I	N	E
M	E	I	N	E
L	E	I	N	E

Denkspaß 158

Lösungsbeispiel:

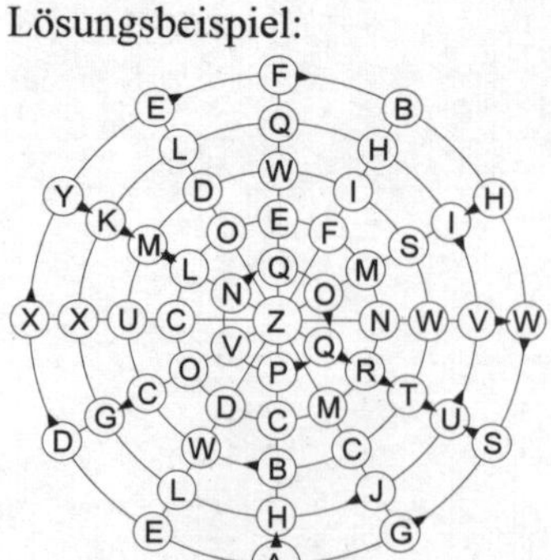

Denkspaß 159

TIRANA

	M			T		A	I		P			M		V
	O	H	R	R	I	N	G		R	E	M	I	S	E
	N	A		A		G	L	E	I	S		N		R
A	Z	U	R	B	L	A	U		M		S	E	A	N
D	A	T	E	I		B		R	A	D	E		V	U
			V		B	E	N	O	E	T	I	G	E	N
	S	T	E	I	L		M	D	R		M	E		F
	T	U	R	B	A	N		E		F	I	L	E	T
M	A	R	S		M		H	O	N	I	G		N	
	U	N		B	I	B	I	S		F		A	D	E
	F	U	R	I	E		N		K	A	K	T	U	S
F	E	S		B	R	O	D	E	M		F	O	R	T
	R		R	O	T	F	U	C	H	S		M	O	E

G	A	M	U	H	N	Z	I	L	E	F
K	T	C	R	V	S	O	B	D	P	

Denkspaß 160

1) C2, 2) B2, 3) B4, 4) B1, 5) A4, 6) C4

Denkspaß 161

BAUERNHAUS

F	A	R	N		B	O	R	D		S	A	U	M	
A	T	T		L	I	R	A		L	A	S	T		S
K	A		K	I	N	N		K	A	L	T		K	O
T		L	A	N	G		M	A	U	T		S	A	F
	S	A	N	D		S	A	M	T		B	E	T	A
K	O	M	A		K	E	I	M		E	I	N	E	
A	H	M		T	E	I	L		F	R	O	N		L
N	N		M	O	S	T		R	U	I	N		M	A
U		H	A	L	S		B	A	S	S		T	O	F
	S	A	A	L		L	A	U	S		K	O	P	F
B	E	L	T		T	O	R	F		R	A	P	S	
O	L	L		F	E	S	T		S	I	L	O		S
L	A		B	U	T	T		R	A	N	K		A	U
A		P	O	R	E		S	A	R	G		D	U	M
	D	O	R	T		Z	A	N	K		M	E	S	O

Denkspaß 162

		F	A	B	R	I	K	
			W	E	L	T		
		Z	A	H	L			
			W	E	R	T		
		W	O	R	T			
		F	O	R	M			
	G	L	A	S				
	D	R	U	C	K			
Z	E	I	C	H	E	N		
	L	A	G	E				
	B	I	L	D				
Z	I	M	M	E	R			
	B	R	A	N	D			
		F	L	U	G			
				N	U	D	E	L
	R	A	U	M				
	S	C	H	U	H			
		M	I	T	T	E	L	

Denkspaß 163

KARTENSPIEL

	T	G		L			A		R				Y		
	O	L	E	A	T		R	U	E	B	S	A	M	E	N
	R	A	T	E	R		A		G	O	U	A	C	H	E
O	P	S		N		A	L	H	A	M	B	R	A		U
	E		A	G	I	L		A	N	A		G		E	R
	D	U	E	S	E						T	A	S	S	O
J	O	I	N	T							O	U		M	S
			E		R						E		T	O	E
	G	R	I	S	U					A	N	G	E	L	N
H	U	E	S	C	H					R	E	E	L	L	
	E	G		H	M						N		L		T
	R	E	A	L		M	B					T	U	B	A
M	I	N	I	A	T	U	R		T	H	E	O	R	E	M
	L	T		C		T	O	R	I	I		E		G	I
	L		E	K	L	A	T		N	O	R	D	P	O	L
P	A	S	T	E	T	E		Z	A	B	A	I	O	N	E

Denkspaß 164

3	6	2	7	5	8	1	4	9
8	4	1	6	9	2	3	7	5
7	9	5	3	4	1	6	2	8
6	5	9	4	2	7	8	3	1
1	8	4	5	3	6	7	9	2
2	7	3	1	8	9	4	5	6
5	3	6	2	1	4	9	8	7
4	1	8	9	7	5	2	6	3
9	2	7	8	6	3	5	1	4

9	7	8	1	5	6	2	4	3
3	6	2	7	4	8	9	1	5
5	1	4	3	9	2	8	7	6
1	5	7	2	6	9	3	8	4
8	2	6	5	3	4	7	9	1
4	3	9	8	1	7	6	5	2
2	9	3	4	7	1	5	6	8
7	4	5	6	8	3	1	2	9
6	8	1	9	2	5	4	3	7

5	8	2	4	1	7	3	9	6
6	9	4	5	2	3	8	1	7
3	7	1	8	9	6	5	4	2
8	2	7	9	4	5	6	3	1
9	4	6	3	7	1	2	5	8
1	3	5	6	8	2	4	7	9
2	5	3	7	6	9	1	8	4
4	6	9	1	5	8	7	2	3
7	1	8	2	3	4	9	6	5

6	4	8	9	2	3	1	5	7
7	5	9	6	8	1	4	2	3
1	3	2	4	5	7	6	9	8
4	8	3	5	9	6	7	1	2
5	9	7	1	3	2	8	6	4
2	1	6	7	4	8	9	3	5
8	6	1	3	7	5	2	4	9
9	7	5	2	6	4	3	8	1
3	2	4	8	1	9	5	7	6

Denkspaß 165

BLITZARTIG

	K		A		A				P			V		
W	I	E	D	E	R	K	E	H	R		S	O	J	A
	M		E		B	A	L	E	A	R	E	N		E
V	O	R	L	A	E	U	F	I	G		N		P	S
	N	E		K	I	M		Z		M	O	N	A	T
D	O	C	K		T		B	E	V	O	R		T	H
		H		W	E	S	E	N		S		T	E	E
	S	T	E	I	N		D		A	K	Z	E	N	T
F	E	E		C		K	E	N	N	W	O	R	T	
	E		T	H	E	O		B	O	A		M		W
	A	B	I	T	U	R			R		L	I	L	A
R	A	M	P	E		P	A	R	A	M	E	T	E	R
	L		P	L	A	S	T	I	K	T	U	E	T	E

L	J	N	H	M	P	W	Z	U	E	D	B
F	C	T	V	I	O	A	K	S	R	G	

Denkspaß 166

	O	PA			A	
MO	BI	LI	AR		NE	RO
		SAN	TE		MO	DEL
IN	SI	DER		VOR	NE	
	BI		KA	RAT		KAN
KO	RI	AN	DER		KAR	TON
	EN	DEN		LI	RE	
			HUE	TER		EL
OT	TO	MA	NE		EI	BE
	PAS	TE		WA	GEN	
			LAU	BE		IN
VI	TA	MI	NE		KA	TER
	CHO	SE		FE	TA	
ROM	ME		MAR	ME	LA	DE
	TER	PEN	TIN		NE	MO

Denkspaß 167

11	15	14	16	10	12	7	4	9	8	3	2	1	5	13	6
2	4	7	5	13	9	8	15	6	11	1	16	14	12	10	3
1	12	6	13	14	3	5	11	10	7	4	15	16	8	2	9
8	3	10	9	6	1	16	2	5	12	14	13	7	4	11	15
15	16	13	12	9	6	11	8	7	3	10	4	2	14	5	1
4	10	2	14	5	7	13	1	8	15	6	12	11	3	9	16
7	9	1	11	3	4	15	12	14	2	16	5	6	13	8	10
5	8	3	6	16	2	14	10	11	1	13	9	12	15	7	4
9	14	4	15	11	13	2	7	1	5	8	3	10	16	6	12
6	13	12	7	8	5	1	14	16	4	11	10	15	9	3	2
3	1	16	8	12	10	6	9	2	14	15	7	5	11	4	13
10	11	5	2	4	15	3	16	13	9	12	6	8	1	14	7
13	7	15	3	1	14	10	6	4	16	5	8	9	2	12	11
12	2	8	10	15	11	4	5	3	6	9	1	13	7	16	14
16	6	11	1	7	8	9	3	12	13	2	14	4	10	15	5
14	5	9	4	2	16	12	13	15	10	7	11	3	6	1	8

Denkspaß 168

23	+	6	-	8	21
+		x		+	
5	x	4	-	7	13
x		-		+	
3	x	9	+	2	29
84		15		17	

22	-	8	+	3	17
-		+		+	
9	+	2	x	7	77
x		+		+	
6	-	5	x	4	4
78		15		14	

Denkspaß 169

W	A	R	Z	E
W	A	R	T	E
W	A	T	T	E
M	A	T	T	E
M	O	T	T	E
M	O	T	T	O

L	U	N	G	E
L	U	E	G	E
L	I	E	G	E
W	I	E	G	E
W	I	E	S	E
W	I	E	S	O

M	A	N	N	A
M	I	N	N	A
M	I	N	N	E
Z	I	N	N	E
Z	I	N	K	E
Z	I	C	K	E

Denkspaß 170

1D, 2B 3F, 4E, 5A, 6C

Denkspaß 171

K	E	R	B	E	L		A	R	K	A	D	E	N		G	I	N
A		O		T	I	N	T	E		D		R	I	A	L	T	O
H	A	M	M	E	L		U		B	L	E	I		L	O	B	
N	S	A		R		B	E	W	E	I	S	E	N		C		H
	K		A	N	O	A		A	R	G		S		A	K	T	E
H	E	I	M	I	S	C	H		B		B	E	S	T	E		S
A	S	I	A	T		K		K	E	L	L	E		Z		A	I
B	E		T		H	E	G	E	R		A		M	E	T	R	O
E		T	I	T	A	N		N		M	U	L	I		O	E	D

Denkspaß 172

1	2	3	5	6	9	4	7	8
6	5	8	7	4	1	9	3	2
7	9	4	2	3	8	6	1	5
9	3	2	8	7	6	5	4	1
4	8	1	9	5	3	7	2	6
5	6	7	4	1	2	8	9	3
2	7	6	3	9	5	1	8	4
3	1	9	6	8	4	2	5	7
8	4	5	1	2	7	3	6	9

1	3	5	4	7	8	9	6	2
9	4	2	6	1	5	7	8	3
6	7	8	9	2	3	1	5	4
3	8	6	7	5	4	2	9	1
5	1	4	2	3	9	8	7	6
7	2	9	8	6	1	3	4	5
4	6	3	1	9	7	5	2	8
8	5	7	3	4	2	6	1	9
2	9	1	5	8	6	4	3	7

4	6	8	3	7	2	1	5	9
1	2	9	8	4	5	7	3	6
5	7	3	6	9	1	4	8	2
6	3	5	2	8	7	9	1	4
8	4	2	1	6	9	3	7	5
7	9	1	4	5	3	6	2	8
2	5	6	7	1	4	8	9	3
3	8	7	9	2	6	5	4	1
9	1	4	5	3	8	2	6	7

Denkspaß 173

Fehlender Buchstabe: N

Denkspaß 174

WIEDERERLANGEN
1-2 GEWISS, 3-4 GEWINN, 5-6 USEDOM, 7-8 REEDER, 9-10 OBERON, 11-12 ZUERST, 13-14 LEEREN, 15-16 MUERBE, 17-18 ATLANT, 19-20 ANLAUF, 21-22 FINGER, 23-24 HANGAR, 25-26 MOENCH, 27-28 FUENEN

Denkspaß 175

ALTKLUG NIE FRUCHT TRUG

Denkspaß 176

Hier können Sie selbst kontrollieren, ob Sie die Aufgabe richtig gelöst haben.

Denkspaß 177

LEBENSNAH

O	B	S	T	B	A	U	■	V	■	K	A	U	F
■	S	A	U	■	R	■	V	O	R	N	E	■	E
E	■	U	■	H	E	U	E	R	■	O	■	B	I
R	A	D	I	U	S	■	T	■	A	L	A	I	N
T	R	I	■	E	■	K	O	M	P	L	I	Z	E
R	O	■	B	L	E	U	■	M	A	E	■	E	■
A	M	U	E	S	A	N	T	■	R	■	D	P	A
G	■	R	E	E	■	Z	■	A	T	L	A	S	■

Denkspaß 178

Denkspaß 179

25	+	5	+	8	38
+	■	x	■	-	■
3	+	4	+	7	14
x	■	-	■	x	■
2	+	6	x	9	72
56	■	14	■	9	■

35	-	3	+	4	36
+	■	+	■	+	■
2	x	9	+	7	25
-	■	x	■	x	■
6	x	8	+	5	53
31	■	96	■	55	■

Denkspaß 180

6	4	1	5	3	12	2
2	11	11	1	13	3	4
3	1	11	4	14	2	10
8	3	2	15	4	13	1
1	13	3	14	2	4	8
4	14	14	2	1	11	3
6	2	4	3	7	1	4

1	10	3	4	8	3	2
2	4	16	3	12	1	13
12	2	12	10	1	3	4
3	1	8	2	4	19	14
7	13	2	1	13	4	3
7	3	4	13	2	15	1
4	12	1	10	3	2	3

3	2	1	4	12	3	7
1	14	13	2	3	13	4
3	14	4	14	2	1	8
14	4	2	10	1	9	3
4	3	13	1	11	2	10
2	16	11	3	14	4	1
3	1	3	10	4	11	2

1	11	3	2	7	4	6
4	3	15	11	1	10	2
10	2	1	4	13	3	11
6	1	15	3	15	2	4
3	10	4	14	2	1	10
2	15	11	1	4	14	3
6	4	2	10	3	11	1

Denkspaß 181

■	13\	4\	15\	■	■	18\	4\	20\	■
\7	4	1	2	■	23\18	8	1	9	■
\20	9	3	8	11\26	8	9	3	6	16\
■	■	\15	5	3	6	1	4\11	2	9
■	■	■	3\16	7	9	6\11	1	3	7
■	13\	13\3	2	1	17\4	1	3	■	■
\7	4	2	1	13\12	9	3	11\	■	■
\13	9	4	14\18	9	6	2	1	13\	5\
■	\11	1	5	3	2	\21	8	9	4
■	\16	6	9	1	■	\7	2	4	1

Denkspaß 182

SPARTARIF

U	H	R	W	E	R	K	■	R	E	I	S	E	P	A	S	S
N	O	■	A	■	E	I	T	E	R	■	K	■	I	D	E	E
E	R	M	L	A	N	D	■	Z	■	S	E	I	L	■	E	L
N	A	I	M	■	T	■	G	A	S	P	E	D	A	L	■	E
T	■	E	■	T	I	M	E	■	A	L	T	■	T	■	E	K
W	A	S	C	H	E	C	H	T	■	I	■	W	U	R	S	T
E	G	■	W	E	R	■	I	■	E	T	W	A	S	■	C	I
G	A	R	■	S	■	B	R	E	I	T	■	H	■	O	H	O
T	R	■	F	E	M	I	N	I	N	■	D	R	O	H	E	N

Denkspaß 183

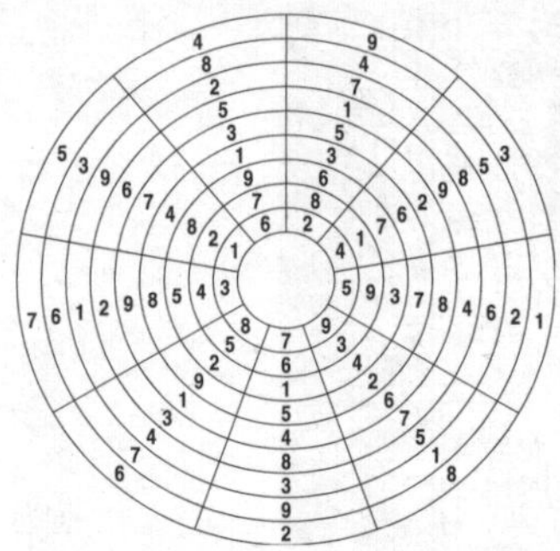

Denkspaß 184

VERKAEUFER

■	P	■	■	■	S	R	■	K	■	■	D	■	■	F	■
■	R	A	K	E	T	E	■	N	U	D	I	S	M	U	S
■	A	Z	A	L	E	E	■	O	■	A	L	P	I	N	■
B	E	T	A	■	L	■	P	F	O	T	E	■	L	■	U
■	M	E	■	A	L	T	A	I	■	E	M	B	L	E	M
■	I	K	O	N	E					■	M	U	E	L	L
F	E	E	■	O	■					■	A	E	R	■	E
■	■	■	I	R	E					■	■	S	■	M	I
■	S	P	R	A	Y					N	I	T	R	A	T
S	T	A	R	K	■					T	R	E	■	R	U
■	E	■	W	■	N					■	A	■	N	O	N
■	I	S	E	R	E	■	K	A	■	■	K	L	A	N	G
■	N	A	G	E	N	■	E	V	A	■	■	R	U	E	■
■	E	L	■	S	A	M	L	A	N	D	■	■	S	■	S
G	R	U	B	E	■	F	E	H	■	E	T	U	E	D	E
■	N	E	T	T	O	■	K	I	L	O	G	R	A	M	M

Denkspaß 185

4	8	7	6	5	1	3	2	9
3	5	1	4	2	9	6	7	8
2	9	6	7	3	8	5	4	1
7	1	2	3	4	6	8	9	5
5	4	9	8	1	7	2	6	3
6	3	8	5	9	2	7	1	4
1	2	5	9	7	3	4	8	6
8	7	3	1	6	4	9	5	2
9	6	4	2	8	5	1	3	7

Denkspaß 186

85
41 44
22 19 25
13 9 10 15
8 5 4 6 9
6 2 3 1 5 4

111
57 54
30 27 27
17 13 14 13
10 7 6 8 5
4 6 1 5 3 2

Denkspaß 187

1) SKALA, LAUCH, CHLOR, ORDER, ERBIN, INFAM, AMPEL, ELEMI, MIAMI, MINSK
2) LOREN, ENKEL, ELGER, ERPEL, ELOGE, GEIER, ERIKA, KATZE, ZENIT, ITALO

Denkspaß 188

5	8	3	2	7	1	4	9	6
1	2	6	4	5	9	8	3	7
9	7	4	6	3	8	5	1	2
8	1	9	7	2	5	3	6	4
3	4	7	9	8	6	2	5	1
2	6	5	1	4	3	7	8	9
6	5	2	3	1	7	9	4	8
7	3	1	8	9	4	6	2	5
4	9	8	5	6	2	1	7	3

6	4	1	5	7	9	2	8	3
3	9	5	6	2	8	1	4	7
2	7	8	4	1	3	9	5	6
8	3	9	2	4	7	5	6	1
5	2	7	1	9	6	8	3	4
4	1	6	8	3	5	7	2	9
7	8	3	9	5	4	6	1	2
1	6	4	7	8	2	3	9	5
9	5	2	3	6	1	4	7	8

3	2	4	7	1	9	8	6	5
9	8	7	3	5	6	2	4	1
5	6	1	8	2	4	7	3	9
6	7	9	5	3	1	4	8	2
8	4	3	6	9	2	1	5	7
1	5	2	4	8	7	6	9	3
2	1	6	9	4	5	3	7	8
7	9	8	2	6	3	5	1	4
4	3	5	1	7	8	9	2	6

9	1	2	8	4	5	3	7	6
4	7	3	1	2	6	5	8	9
6	5	8	9	3	7	1	4	2
3	6	5	4	7	2	8	9	1
7	9	1	6	8	3	4	2	5
8	2	4	5	9	1	6	3	7
2	3	6	7	5	8	9	1	4
5	8	9	2	1	4	7	6	3
1	4	7	3	6	9	2	5	8

Denkspaß 189

				7	2	4	10				
				3	14	6	5				
				16	13	8	15				
				11	9	12	1				
14	4	5	3	6	10	9	8	15	12	2	1
9	10	7	13	12	16	1	2	6	4	11	5
6	8	11	16	5	4	15	13	10	14	7	3
15	12	1	2	14	11	3	7	8	9	13	16
				4	5	7	14				
				2	3	10	6				
				1	15	16	9				
				8	12	13	11				
				10	6	5	4				
				9	1	2	12				
				15	8	14	3				
				13	7	11	16				

Denkspaß 190

ZIEREN

S	T	A	T	U	E	T	T	E		K	A	P	S	E	L	R	I	S	S
O		B				R		T			R		C			O			C
K		E				U		I			N		H	A	U	T	N	A	H
R	O	N	D	E	L	L		K	I	W	I		L			W			W
A		D				L		E			K		I	M	M	E	R	Z	U
T		S		I	G	I	T	T		E	A	R	P			I			E
E		T			L			T		I			S	P	A	N	I	E	L
S	A	E	U	G	E	R		E	L	E	M	I			T				
		R			I					R			S		L	A	C	H	S
T	I	N	A		T	A	U	S	E	N	D		T		A				E
O					B			T			R		R	E	N	D	I	T	E
E	D	E	L	T	A	N	N	E		L	A	B	E		T				N
R					H			L			I		N		I				O
N	A	T	H	A	N		B	E	N	I	N		G	E	S	I	C	H	T

Denkspaß 191

Zeitlicher Ablauf:
4 → 2 → 6 → 3 → 1 → 5

Denkspaß 192

WEISHEIT IST DES LEBENS AUGE

W	A	N	D	E	R	S	C	H	U	H	E
G	E	D	A	E	C	H	T	N	I	S	N
N	F	I	S	C	H	M	E	H	L	P	T
U	P	E	S	T	R	A	D	E	A	A	S
L	E	S	G	H	A	R	B	S	N	N	P
K	O	S	U	R	E	E	R	E	D	N	R
C	H	A	Z	U	N	I	O	L	H	K	E
I	C	M	B	S	G	A	T	E	A	R	C
W	S	N	A	K	A	H	T	I	U	A	H
T	E	U	A	R	E	M	M	O	S	F	E
N	G	N	U	H	C	S	U	E	A	T	N
E	S	S	E	R	E	T	N	I	S	E	D

Denkspaß 193

1) LIVESENDUNG
1. FIS, 2. RAVEL, 3. WIESN, 4. OST, 5. ENA, 6. TUDOR, 7. FLUOR, 8. ONE
2) VORBILDLICH
1. POP, 2. DURST, 3. KUBIK, 4. LID, 5. EDO, 6. HALLO, 7. MEINE, 8. ECO
3) DELIKATESSE
1. SET, 2. FILET, 3. OPIAT, 4. AKT, 5. ATE, 6. FAEHE, 7. TOSCA, 8. AST

Denkspaß 194

	4		9		9						4			
	6	8	6	4	1		7	8	9	9	9	1	2	1
	9	1	4		4		1	5	4	3	6	5	4	2
	6	5		9	6	7	9	1	1	9	1		9	1
3	4	3	1	6		5	2	9		8		1	6	3
	7	7	3	5	2		3		4	2	2	5	3	
6	2	4		1		3	1	1	6	8		2		8
			7	7	7	5	9		3		7	9	5	9
	4	5	3	3		8		6	4	7	3	4	1	7
	9		5		8	6	6	2		3	2	6		6
5	3	7	1	6	3	3	2	8	9		9		8	4
	8	1		2	6	1		2		5	1	3	6	9
6	1	4	7		9		8	8	3	3	7		2	2
	5	2		4	4	2	6	3		1	4	1	9	1
9	2	8	5	8	9	8	7		1	7	3	4	4	6

Denkspaß 195

1	3	9	9	7		9	9	1	3	8	2		4	9	6	9	6	8	7
5		4		1		2			9					3					8
4		3		2	1	6	6	4	4		3	3	9	8	3	1	8	7	3
1		1		4		5			3					4					6
8				8		9		9	5	6	1	6		9	7	6	5	6	3
4		9		2		3						2					7		
		6		5	4	4	1	1	3	4		9	8	4	6	2	2	3	2
7	6	4	4	9					4			2		8			6		
8		2				1	3	6	2	2	5	7		1	2	6	5	5	8
4		8		4		2			7			8		6			9		
5	2	2	5	9		9	8	2	3	1	3		3	5	3	9	2	4	7
6				2		7			5						4				8
5		3		1	1	2	2	9	9	4		4	9	4	1	2	5	8	4
1	3	2	6	7		1		6				6			9		8		8
		4				2		7				5			1		9		2
2	1	8	3	2	8	6	6	6		8	6	1	1	9	2	3	4	5	3

Denkspaß 196

3	9	8	1
6	12	10	2
7	4	11	5

Denkspaß 197

BRILLENGESTELL

	L	E	S	E		B	A	S	T		S	I	E	B
L	A	S	T		E	U	R	O		L	E	E	R	
A	I	S		L	I	S	T		F	A	I	R		M
N	E		M	A	E	H		K	A	M	M		M	I
D		W	E	H	R		C	O	D	A		S	O	L
	R	A	H	M		S	O	L	E		K	O	R	D
M	O	L	L		T	A	L	K		B	A	L	D	
A	T	T		K	U	L	T		K	A	L	I		S
M	A		B	U	T	T		H	A	S	T		R	O
A		H	A	B	E		E	I	R	E		L	I	R
	S	E	R	A		B	R	E	L		M	A	T	E
T	A	X	I		K	A	L	B		S	A	F	T	
A	G	E		E	L	B	E		G	O	L	F		G
N	E		N	I	U	E		M	U	L	I		U	R
D		K	I	N	G		Z	E	R	O		P	F	A

Denkspaß 198

Lösungsbeispiel:

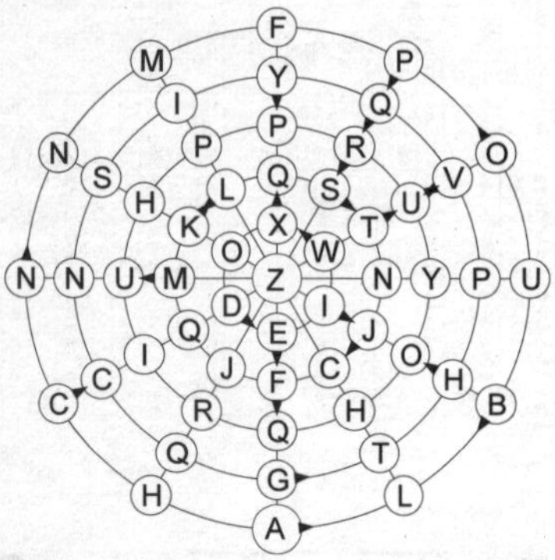

Denkspaß 199

■	TRAM	■	■	■	MIL	■
EX	PER	TI	SE	■	LI	LA
■	■	BE	LA	■	AR	CHE
TROM	PE	TER	■	LA	DE	■
■	LE	■	WAN	GE	■	REIZ
A	RI	A	NE	■	AN	KER
■	NE	VIS	■	NA	GEL	■
■	■	■	HAN	SE	■	SCHLE
BA	DE	MAN	TEL	■	RU	HE
■	KOR	DEL	■	FA	BEL	■
■	■	■	EN	DE	■	LAU
VOR	AUS	SA	GE	■	A	TE
■	TRA	GE	■	KA	TE	■
LOL	LI	■	BE	RO	LI	NA
■	ER	WER	BEN	■	ER	BE

Denkspaß 200

51 + 269 = 320
\+ \+ \+
A 88 + 314 = 402

139 + 583 = 722

528 − 88 = 440
\+ \+ \+
B 412 − 208 = 204

940 − 296 = 644

447 − 303 = 144
\+ \+ \+
C 212 − 16 = 196

659 − 319 = 340

Denkspaß 201

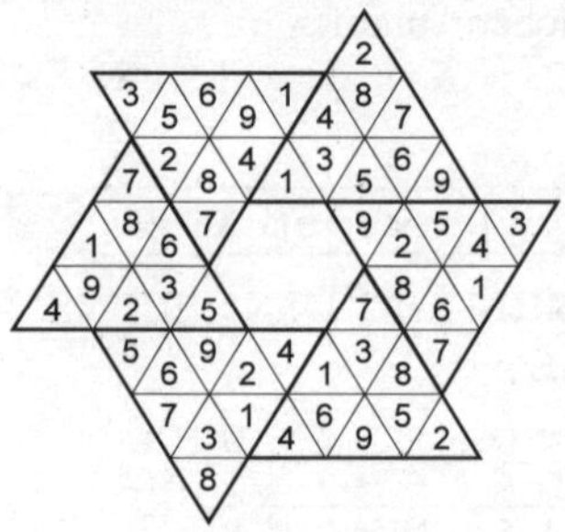

Denkspaß 202

HEIZOFEN

P	I	R	O	L	■	G	R	I	E	S	S	B	R	E	I	■	E
■	T	■	P	E	R	U	■	E	M	U	■	O	■	S	N	O	B
P	A	R	T	I	E	L	L	■	I	■	E	C	H	S	E	■	E
A	L	A	I	N	■	D	■	A	R	E	N	A	■	E	■	S	N
T	O	■	M	■	B	E	U	L	E	■	D	■	B	R	I	T	E
Z	■	T	A	L	O	N	■	B	■	M	O	L	E	■	N	O	N
I	D	O	L	■	L	■	W	A	D	E	■	E	R	Z	■	E	■
G	■	T	■	R	E	D	E	■	O	N	E	■	B	■	A	R	A
■	L	E	S	E	R	I	N	G	■	U	■	S	E	I	F	E	■
D	O	M	I	N	O	■	N	■	T	E	N	O	R	■	A	R	T

Denkspaß 203

13	9	14	6	8	16	3	11	7	12	4	1	2	10	5	15
11	8	4	1	15	7	5	10	2	13	6	3	16	9	14	12
16	2	15	12	4	6	9	13	5	8	14	10	11	1	3	7
10	3	7	5	1	2	14	12	9	16	11	15	13	8	6	4
15	7	11	2	10	9	13	6	16	5	12	4	14	3	8	1
14	13	10	3	7	8	12	5	1	2	15	9	6	11	4	16
12	16	1	8	14	3	4	15	6	10	13	11	9	7	2	5
5	4	6	9	2	11	16	1	8	3	7	14	12	15	13	10
3	15	12	13	9	5	8	4	14	11	1	16	10	2	7	6
2	1	16	10	13	15	7	3	12	6	8	5	4	14	11	9
9	11	8	7	6	1	2	14	15	4	10	13	5	16	12	3
6	14	5	4	12	10	11	16	3	7	9	2	1	13	15	8
1	5	13	15	3	4	10	8	11	14	16	12	7	6	9	2
7	10	9	14	16	12	6	2	13	15	5	8	3	4	1	11
4	6	2	11	5	14	15	9	10	1	3	7	8	12	16	13
8	12	3	16	11	13	1	7	4	9	2	6	15	5	10	14

Denkspaß 204

VERLOCKEND

■	M	■	R	O	■	■	T	■	■	R	■	■	■	G
■	E	H	E	P	A	A	R	■	K	A	E	F	E	R
A	L	I	B	I	■	B	I	S	O	N	■	L	■	A
■	I	■	L	A	S	S	O	■	T	■	G	A	M	S
A	S	I	A	T	■	T	■	K	O	E	L	S	C	H
■	S	■	U	■	T	U	E	R	■	Z	E	H	■	A
■	E	R	S	P	A	R	N	I	S	■	I	■	M	L
■	■	E	■	F	E	Z	■	M	■	I	S	L	A	M
N	E	T	T	■	T	■	S	I	N	N	E	■	T	■
■	T	U	■	A	I	N	U	S	■	V	■	R	E	E
E	H	R	U	N	G	■	H	■	R	E	N	E	■	B
D	O	N	■	T	E	I	L	S	T	R	E	C	K	E
■	S	■	K	I	N	N	■	A	L	S	■	K	O	N

T	N	S	G	B	O	Z	H	U	D	R
P	C	L	E	F	A	I	K	V	M	

Denkspaß 205

1) HURRIKAN, 2) KENNWORT, 3) FINDLING, 4) HANNIBAL

Denkspaß 206

(ABRAUM – BRAM) + (HAUFEN – HAUE) + (SAHARA – SARA) + (MAEHNE – AHNE) + (FLAECHE – FACHE) + (BANDIT – BAND) + (KOEHLER – KOHLE) = AUFNAHMELEITER

Denkspaß 207

7	2	8	6	9	3	4	1	5
6	4	1	5	7	8	9	2	3
3	9	5	1	4	2	8	7	6
4	1	2	9	6	7	5	3	8
9	5	7	8	3	4	2	6	1
8	3	6	2	1	5	7	4	9
1	8	4	7	5	6	3	9	2
5	6	3	4	2	9	1	8	7
2	7	9	3	8	1	6	5	4

Denkspaß 208

8	9	5	1	2	7	4	3	6
4	7	6	5	8	3	2	1	9
3	2	1	9	6	4	8	5	7
9	1	3	7	5	2	6	4	8
5	8	7	4	9	6	1	2	3
2	6	4	8	3	1	9	7	5
7	3	9	2	4	8	5	6	1
1	5	2	6	7	9	3	8	4
6	4	8	3	1	5	7	9	2

7	5	9	8	4	1	3	2	6
3	8	6	2	7	9	4	1	5
2	4	1	3	6	5	7	9	8
5	1	2	4	9	8	6	3	7
9	7	8	6	5	3	1	4	2
4	6	3	1	2	7	5	8	9
8	2	5	7	3	4	9	6	1
1	9	4	5	8	6	2	7	3
6	3	7	9	1	2	8	5	4

3	9	6	2	7	8	5	1	4
7	4	5	9	3	1	2	8	6
8	2	1	6	4	5	7	3	9
4	1	9	3	2	7	6	5	8
6	3	2	5	8	4	9	7	1
5	7	8	1	9	6	3	4	2
9	6	4	8	5	3	1	2	7
1	8	3	7	6	2	4	9	5
2	5	7	4	1	9	8	6	3

Denkspaß 209

WALD
WURF
ABEND
PREIS
DAUER
BOGEN
PUNKT
GRAS
GEWICHT
MANN
SCHADEN
GELB
LAUF
BOHNEN
VATER
WIND
GEGEN
BANK

Denkspaß 210

1F, 2A, 3B, 4C, 5E, 6D

Denkspaß 211

VORURTEILSFREI
1-2 TIVOLI, 3-4 ENVOYE, 5-6 STRUNK, 7-8 EIRUND, 9-10 FERTIG, 11-12 GARTEN, 13-14 DREIST, 15-16 BLEICH, 17-18 FELSEN, 19-20 NELSON, 21-22 AUFRUF, 23-24 SAFRAN, 25-26 KREIDE, 27-28 BREITE

Denkspaß 212

STRASSENLATERNE

	H	E		B			Z		V		I				S
	I	N	D	R	A		B	L	E	I	S	T	I	F	T
	E	I	S	E	N		E		S	T	A	R	T	E	R
U	R	D		V		B	R	O	T		R	E	H		O
	H		F	I	L	I	G	R	A	N		N		G	N
	I	R	R	E	N					B	A	S	A	L	T
U	N	G	A	R							B	E		A	I
			N		S						T		T	S	U
	M	E	S	S	E					H	E	L	I	U	M
H	E	R	E	I	N					S	I	T	A	R	
	U	H		M	D						L		M		I
	T	A	U	B	E		K					T	A	S	S
O	E	L	F	A	R	B	E		P	O	L	S	T	E	R
	R	T		B		I	K	O	N	E		A		N	A
	E		O	W	E	N	S		E	K	L	I	P	S	E
G	I	N	S	E	N	G		D	U	O	S		O	E	L

Denkspaß 213

Denkspaß 214

N	I	L		U		S	C	H	A	T	T	E	N		T		G
	N		A	R	I	E		Y	E	N		N		I	R	R	E
S	C	H	E	N	K	E	L		T		R	A	S	T	E		W
T	U	E	T	E		N		S	T	E	A	K		A		K	I
U	S		H		W	O	B	E	I		M		K	L	I	R	R
N		D	E	P	O	T		H		G	A	R	N	I	T	U	R
D	E	A	R		R		G	R	A	U		M	O	A		L	
E		M		A	M	B	E		M	A	C		F		A	L	M
	L	E	I	T	S	A	T	Z		M		C	I	D	R	E	

Denkspaß 215

1) ITALO, LOEWE, WEILE, LENZE, ZECHE, HENNA, NARBE, BELLO, LOLLI, LIMIT
2) ELEVE, VERSO, SORGE, GEBEN, ENKEL, ELVIS, ISERE, REVAL, ALLEN, ENGEL

Denkspaß 216

21	-	3	+	6	24
+		+		+	
2	+	7	+	5	14
-		-		+	
4	x	9	+	8	44
19		1		19	

27	-	7	x	3	60
+		+		+	
5	x	4	-	6	14
-		+		x	
8	+	9	+	2	19
24		20		18	

Denkspaß 217

MARIO
MARIE
MARGE
ZARGE
ZANGE
ZUNGE

ALTAN
ALTAR
ALTER
ASTER
ESTER
ESSER

FALLS
FALLE
FALTE
BALTE
BOLTE
BORTE

Denkspaß 218

95
44 51
21 23 28
11 10 13 15
7 4 6 7 8
4 3 1 5 2 6

88
47 41
28 19 22
17 11 8 14
9 8 3 5 9
3 6 2 1 4 5

Denkspaß 219

KASKADE

	S	F		O			A			W		W		
M	E	L	O	D	R	A	M		K	A	R	A	T	E
	P	I		E		D	U	M	A	S		L		H
	I	N	S	U	L	I	N		R		S	T	U	R
N	A	T	U	R		E		W	E	I	T		N	G
			T		A	U	G	E	N	W	E	I	D	E
	B	R	A	U	N		E	N	Z		P	S		I
	L	E	N	K	E	R		D		S	P	A	T	Z
R	E	U	E		M		P	I	L	L	E		H	
	S	T		H	O	N	I	G		U		M	A	O
	S	T	E	I	N		A		I	M	P	U	L	S
R	U	E		F	E	R	N	E	R		A	N	I	S
	R		Z	I	N	N	O	B	E	R		T	A	I

U	K	I	Z	G	S	P	L	B	R

W	O	T	N	E	H	M	F	D	A

Denkspaß 220

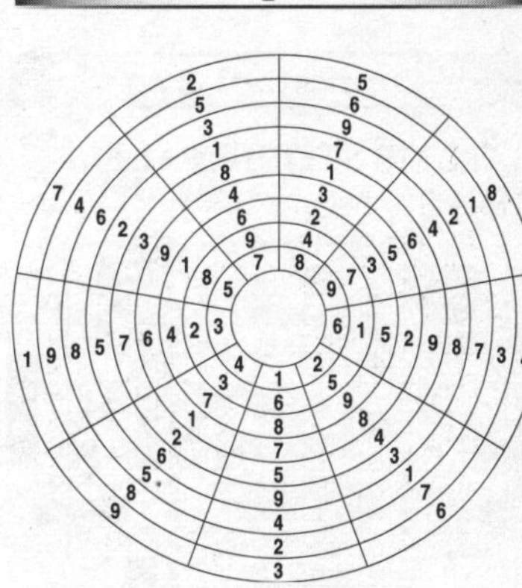

Denkspaß 221

BRAUCH

P	R	O	M	I	N	E	N	T		F	A	L	L	S	C	H	I	R	M
L			A					R			D				E		N		U
A			H					E			R				L		T		S
Z	O	L	L	A	M	T		T	R	U	E	B	S	A	L		R		T
E			Z		E			R			T		C		O	R	A	D	E
T	A	X	E		T	U	T	O	R		T		H						R
			I		H			L					W		U	B	A	H	N
S	T	A	T	I	O	N		L	A	U	F	B	A	H	N		U		
A					D			E			U		R		B		F		S
M	U	F	F		I	B	E	R	I	E	N		Z		E		T		P
A			L		S						K		W		W	A	R	Z	E
R	A	B	A	T	T	E		T	A	K	E	L	A	G	E		I		S
I			I		E						L		L		G		E		E
A	Z	U	R		N	A	E	S	E	L	N		D		T	O	B	E	N

Denkspaß 222

Hier können Sie selbst kontrollieren, ob Sie die Aufgabe richtig gelöst haben.

Denkspaß 223

			3	9		1								3
5	5	6	7	3		2	3	9	7	7	5	4	7	9
8	2	4	4	1		5		7	3	5	6	1	5	4
	6		6		1	9	1	2	6	9	7	2		5
	4	9	7	6	7		5	9	4		3		6	4
	3	2	4	4	6	4		5		4	4	6	8	3
9	7	8	3		4		8	1	3	9	2		7	9
		1		8	8	7	3	9		1		7	8	2
	6	6	8	4	2		2		5	8	6	5	2	8
8	9	2		5		3	9	1	2		5	4	9	
	1		2	9	8	6	8	7	3	4		5		1
	6	7	6		5	5	6		9		7	9	6	7
3	9	4	2			2		6	1	5	4	6	2	5
	4		8	3	4	6	5	1	2		6	3	5	9
	1	5	1	4	8	2	4	4		4	3	9	7	5

Denkspaß 224

BAEUME STERBEN AUFRECHT

Denkspaß 225

1) HOEFLICH, 2) BADESALZ, 3) CLEMATIS, 4) EHRENMAL

Denkspaß 226

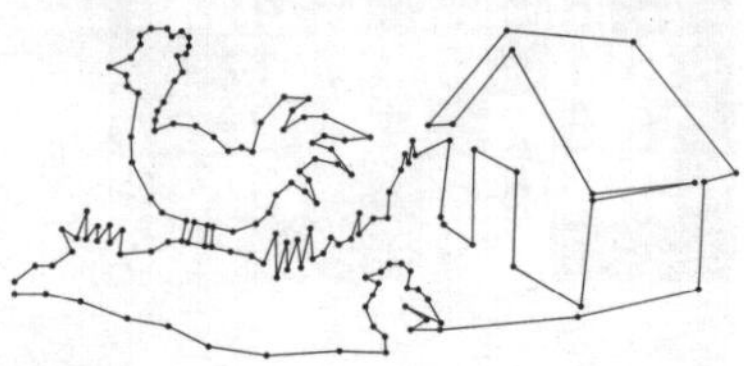

Denkspaß 227

VERHOEHNEN

P	R		S	I	N	D	B	A	D		I	T	A	L	I	A
R	A	S	E	N		O		N	E	T	T	O	L	O	H	N
O	U		M		O	L	E	G		V	A	N		I		T
T		P	I	N	S	C	H	E	R		L		F	R	E	I
O	N	A		K	M	H		B		A	E	H	R	E		K
K	A	L	T		A		H	O	E	D	R		A		L	E
O		A		A	N	M	U	T		A		A	G	I	O	
L	A	E	N	G	E		L		S	C	H	L	I	C	H	T
L	A	O	T	E		K	A	L	I		M	I	L	I	E	U

Denkspaß 228

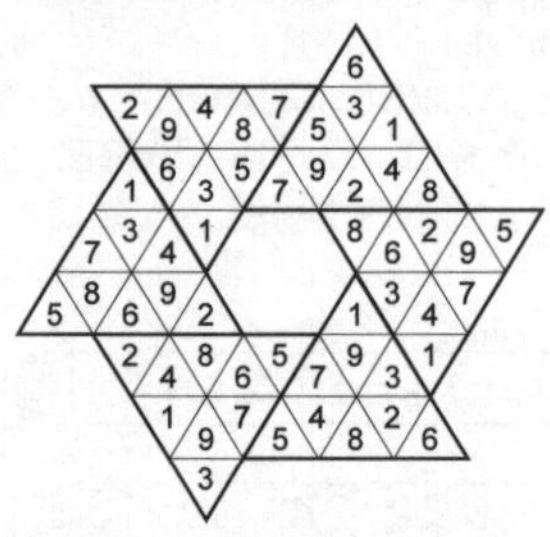

Denkspaß 229

4	5	4	2	2		9	1	2	1	2	7		7	8	1	3	9	1	7
7		2		7		8			9					6					8
3		6		5	9	5	5	8	5		9	2	8	7	2	7	5	2	4
1		8		9		6			3					5					3
6				1		9		6	4	5	8	5		2	9	8	7	5	8
1		3		6		6						2					2		
		6		3	4	7	6	1	9	1		5	6	9	6	5	4	7	5
3	1	1	9	6					6			1		4			9		
2		2				3	1	9	7	9	2	3		5	9	4	4	2	3
1		4		1		8			6			4		1			5		
3	3	3	2	2		2	7	5	5	5	4		1	6	1	9	3	9	5
9				6		7			9						9				8
8		6		5	5	6	8	9	8	3		2	8	2	1	7	7	7	2
5	8	8	5	2		1		3				5			5		8		8
		5				2		9				4			3		5		5
9	6	6	8	7	8	9	6	3		1	7	1	3	9	4	6	8	6	8

Denkspaß 230

KUEMMELBROT

I	N	D	E	R		B	A	C	K	B	O	R	D
H	O	P	F	E	N		B		N	O	T	I	Z
S	E	A		G		M	E	N	U	E		T	
	T		E	I	F	E	R		S		E	T	A
R	I	N	D	E		N		S	T	A	P	E	L
E	G		D		E	T	U	I		H	O	R	T
I		D	I	P	L	O	M	A	T		D		A
N	E	I		R	A	R		M		F	E	I	N

Denkspaß 231

Lösungsbeispiel:

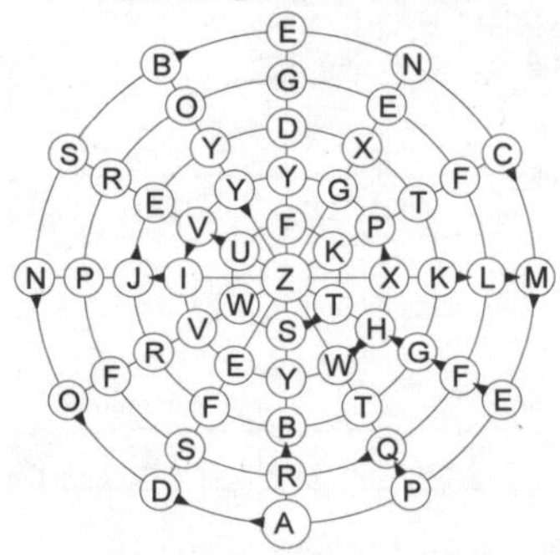

Denkspaß 232

SCHAUSPIELER

	M		M			S	O				K		A		
B	E	F	A	N	G	E	N		L	A	E	N	G	S	T
	N		R	A	C	H	E		A		L	U	N	A	R
Z	I	S	C	H		N		E	D	E	L		I	R	E
	S		U		L	E	C	K	E	R	E	I		D	V
	K	A	S	T	E						R		N	E	I
	U	U		X	P					L	A	K	E	N	
E	S	S	E		T						S		S		W
		S		L	O					O	S	T	S	E	E
B	R	E	M	E	N						E	A		L	B
B	A	N		S							L	U	M	M	E
	M		B	E	O			Z	P			F	A		L
	B	U	R		S	L	A	W	E		E	P	O	D	E
S	O	K	O			E		I	T	A	L	A		I	I
	U		H	O	F	N	A	R	R		A	T	M	E	N
	R	E	L	I	G	I	O	N		S	T	E	L	Z	E

Denkspaß 233

(ZUBROT – BROT) + (ANSAGER – NAGER) + (KLEMME – KLEE) + (BORGEN – BORG) + (BARACKE – BACKE) + (BEREICH – REICH) + (JESUIT - JESU) = ZUSAMMENARBEIT

Denkspaß 234

1) ANODE, DEPOT, OTTER, ERIKA, KAURI, RINGE, GEIGE, GECKO, KORAN, ANNAN
2) ERNTE, TESLA, LANGE, GEHEN, ENKEL, ELEVE, VERNE, NEBST, STAUB, UBIER

Denkspaß 235

				8	7	1	14				
				11	3	9	6				
				16	2	12	10				
				4	13	15	5				
12	1	9	11	10	4	5	3	6	13	14	2
5	4	8	7	2	15	16	13	3	11	12	10
16	2	6	10	7	1	14	11	9	5	8	15
13	15	3	14	9	6	8	12	1	7	16	4
				12	16	2	8				
				1	14	4	15				
				13	5	10	7				
				6	11	3	9				
				5	10	11	2				
				3	12	13	4				
				14	9	6	1				
				15	8	7	16				

Denkspaß 236

4	3	2	6	5	9	7	1	8
1	8	5	4	3	7	2	9	6
7	9	6	8	1	2	4	5	3
3	5	7	1	6	8	9	4	2
8	1	9	3	2	4	5	6	7
6	2	4	9	7	5	8	3	1
5	6	8	7	4	1	3	2	9
2	7	1	5	9	3	6	8	4
9	4	3	2	8	6	1	7	5

Denkspaß 237

KAISER

E		S	A	N	D		S	U	E	D		M	A	T
	S	O	R	E		S	E	N	N		B	A	R	T
L	A	U	T		R	A	N	G		K	O	H	L	
E	L	L		L	A	F	F		F	E	L	L		T
S	T		R	U	H	E		S	E	R	A		L	U
E		H	E	I	M		H	A	L	L		E	I	B
	L	A	U	S		M	A	R	S		A	U	G	E
T	E	L	E		T	E	A	K		L	I	L	A	
O	T	O		R	I	E	S		T	I	N	E		T
L	O		L	E	E	R		K	A	N	U		S	I
L		B	E	A	R		K	R	U	D		M	O	L
	B	E	I	L		B	O	E	E		K	A	H	L
H	O	R	N		F	I	L	M		L	I	M	O	
A	S	T		R	O	M	A		B	A	L	I		M
S	S		D	E	N	S		S	I	N	N		K	E

Denkspaß 238

NACHWORT

			D	K			O		O					
O	R	D	I	N	A	T	E		P	A	S	S	A	H
	U		E	I	F	E	L		E		A	I	D	A
B	I	R	N	E		R		S	C	H	E	M	E	L
	N		S		E	T	A	T		O	N	A		B
H	E	K	T	O	L	I	T	E	R		G		E	S
		A		U	T	A		L		L	E	I	S	E
W	E	N	N		E		D	E	K	O	R		R	I
	G	D		O	R	D	E	N		C		M	A	D
F	E	I	E	R	N		F		A	K	T	E		E
	R	S		L		B	A	G	U	E	T	T	E	
	I		P	O	S	E		I	R	R		E	L	I
N	A	C	H	W	E	I	S		A	N	O	R	A	K

A	G	T	C	E	D	I	B	O	N
S	W	U	F	R	P	K	L	M	H

Denkspaß 239

6	2	11	7
5	9	8	12
10	4	3	1

Denkspaß 240

Fehlender Buchstabe: Z

Denkspaß 242

		B		
	H	I	N	
D	E	N	A	R
M	O	D	E	M
	S	E	N	
		S		
	U	T	E	
Z	U	R	U	F
F	L	I	N	T
	E	C	K	
		H		

		E		
	K	I	D	
M	O	N	A	T
U	M	W	E	G
	D	E	O	
		C		
	S	K	I	
Z	U	G	I	G
Z	E	L	L	E
	T	A	G	
		S		

		R		
	Z	U	M	
I	W	E	I	N
T	A	C	H	O
	I	K	E	
		B		
	A	L	I	
M	U	E	L	L
E	B	N	E	N
	U	D	O	
		E		

Denkspaß 241

Zeitlicher Ablauf:
3 → 4 → 2 → 6 → 5 → 1

Denkspaß 243

	RAN	KE			HIP	
ZIEL	GE	RA	DE		PO	RE
		MI	MI		KRA	GEN
	PO	KER		ZE	TES	
	LI		PO	CKE		HE
AN	TI	LO	PE		LA	BEL
	KER	BEN		DE	BIL	
			BA	CKE		O
KAE	SE	HO	BEL		WE	BEN
	MIT	TEL		IN	DER	
			LEI	NEN		RO
AN	GE	SE	HEN		MO	TOR
	NE	RA		O	DE	
GE	RA		PA	NO	RA	MA
	TOR	HUE	TER		TOR	KEL

Denkspaß 244

3	2	3	10	1	12	4
1	18	2	13	4	3	7
3	4	13	1	2	13	7
14	19	4	2	8	1	3
4	3	1	10	12	2	12
10	1	15	3	16	4	2
2	3	11	4	3	10	1

6	4	13	2	1	3	4
2	14	4	3	11	11	1
7	1	3	16	2	12	4
4	12	1	10	3	2	12
10	3	11	1	14	4	2
1	2	12	4	14	14	3
3	8	2	10	4	1	4

7	4	9	3	1	8	2
3	10	2	12	14	1	4
11	1	11	4	2	3	10
4	3	14	1	16	2	6
10	2	3	14	4	10	1
1	13	4	2	13	15	3
2	8	1	10	3	4	7

3	2	8	1	4	3	7
1	15	2	3	12	14	4
7	4	3	16	1	11	2
2	16	4	15	3	1	6
10	3	14	4	12	2	1
4	1	11	2	14	12	3
3	9	1	5	2	4	7

Denkspaß 245

ERRICHTEN

R	A	H		M	A	U	S	G	R	A	U		K
	T	A	R	A	N	T	E	L		G		N	U
S	T	R	A	N	D		S		E	I	T	E	L
S	E	M		I		L	A	B	I	L		I	T
	S		N	O	V	U	M		L		G	N	U
S	T	E	A	K		P		S	A	F	E		R
A	E		S		D	E	C	K	N	A	M	E	
U		H	A	U	E		L	I	D		A	R	D

Denkspaß 246

Diese Aufgabe sollten Sie schnellstmöglich und ohne Pause bewältigt haben.

Denkspaß 247

NEANDERTALER

Denkspaß 248

1) A3, 2) B3, 3) C1, 4) A2, 5) B4, 6) C2

Denkspaß 249

1	14	13	6	12	4	16	11	2	7	15	5	3	9	8	10
8	4	15	9	2	1	10	3	16	11	12	6	14	13	7	5
10	12	11	16	14	5	7	13	3	1	8	9	4	6	2	15
7	2	3	5	6	8	9	15	14	10	13	4	12	16	1	11
13	16	5	12	8	11	3	6	1	4	9	10	15	7	14	2
3	10	7	4	9	13	14	2	12	16	6	15	11	1	5	8
6	9	14	11	5	12	15	1	7	3	2	8	16	10	4	13
2	8	1	15	16	10	4	7	11	14	5	13	9	3	12	6
14	6	16	1	7	15	13	8	4	9	3	11	5	2	10	12
9	7	12	13	4	2	11	5	8	6	10	16	1	15	3	14
5	11	10	8	3	16	6	12	15	2	1	14	13	4	9	7
4	15	2	3	10	9	1	14	13	5	7	12	6	8	11	16
12	5	6	2	13	3	8	9	10	15	14	1	7	11	16	4
16	13	4	14	15	7	5	10	9	8	11	3	2	12	6	1
15	1	9	10	11	6	2	4	5	12	16	7	8	14	13	3
11	3	8	7	1	14	12	16	6	13	4	2	10	5	15	9

Denkspaß 250

JEDER MENSCH IST EIN ABGRUND. ES SCHWINDELT EINEN, WENN MAN HINEINSIEHT

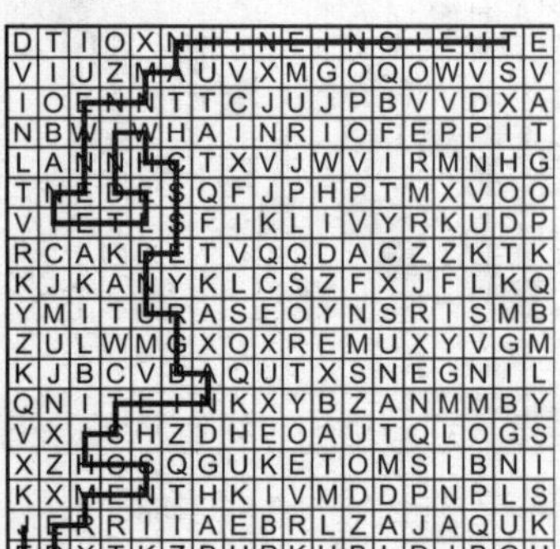

Denkspaß 251

64 − 6 = 58
\+ + +
A 409 − 208 = 201

473 − 214 = 259

60 + 259 = 319
\+ + +
B 150 + 275 = 425

210 + 534 = 744

487 − 30 = 457
\+ + +
C 399 − 194 = 205

886 − 224 = 662

Denkspaß 252

TATENDURST

A = O, B = T, C = U, D = D, E = R, F = N, G = K, H = H, I = P, J = A, K = S, L = G, M = E, N = I, O = B, P = L, Q = M

Denkspaß 253

Fehlender Buchstabe: M

Denkspaß 254

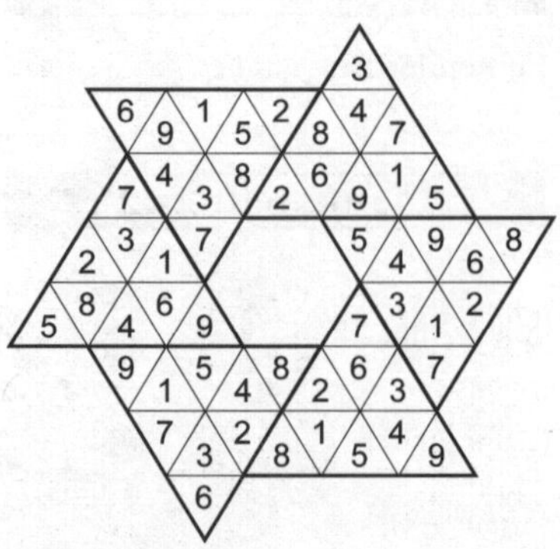

Denkspaß 255

06	06	00	00	09	07	08	05	04	10	11	02
11	06	03	09	05	05	08	03	02	00	00	07
07	06	08	05	11	05	09	03	01	09	00	10
08	07	06	05	02	05	00	03	11	09	00	04
02	10	06	05	07	03	07	08	00	09	09	11
03	02	06	10	06	09	07	07	05	08	04	09
01	08	02	03	00	09	06	07	10	01	04	08
04	08	09	03	02	11	11	06	07	01	04	00
10	09	01	04	03	04	11	09	06	01	08	01
05	11	01	02	01	04	10	09	08	01	06	06
09	11	01	00	01	10	10	02	08	03	06	05
00	11	11	07	01	08	01	10	08	06	06	03

Denkspaß 256

7	1	5	9	8	4	2	6	3
3	4	2	1	6	5	7	9	8
8	9	6	3	7	2	5	1	4
9	8	1	2	4	7	3	5	6
5	2	4	8	3	6	1	7	9
6	3	7	5	9	1	4	8	2
2	7	3	6	1	9	8	4	5
1	6	8	4	5	3	9	2	7
4	5	9	7	2	8	6	3	1

8	7	2	6	9	3	5	4	1
5	4	9	8	2	1	3	7	6
6	3	1	4	5	7	9	2	8
9	5	7	3	4	8	6	1	2
3	6	4	2	1	9	7	8	5
1	2	8	5	7	6	4	3	9
7	1	5	9	3	2	8	6	4
2	9	6	7	8	4	1	5	3
4	8	3	1	6	5	2	9	7

8	1	4	2	5	7	3	9	6
2	7	6	4	9	3	1	5	8
9	3	5	8	6	1	7	2	4
4	6	1	3	8	9	2	7	5
7	2	3	1	4	5	8	6	9
5	9	8	6	7	2	4	1	3
1	5	2	9	3	8	6	4	7
3	4	9	7	1	6	5	8	2
6	8	7	5	2	4	9	3	1

1	2	3	8	4	6	9	7	5
9	5	8	7	3	2	1	6	4
4	7	6	5	9	1	3	2	8
2	8	1	9	7	3	5	4	6
7	9	4	6	2	5	8	3	1
3	6	5	1	8	4	2	9	7
6	1	7	2	5	9	4	8	3
5	4	9	3	6	8	7	1	2
8	3	2	4	1	7	6	5	9

Denkspaß 257

TROMMELWIRBEL

Denkspaß 258

SEETANG

Denkspaß 259

	3\	13\	18\			14\	13\		
\7	1	4	2	3\	\12	9	3		
\15	2	9	3	1	21\6	5	1	24\	
	19\	10\14	9	2	3	4\16	9	7	11\
\14	7	3	4	13\11	8	3	\16	9	7
\4	3	1	\7	4	2	1	20\3	2	1
\13	9	4	23\16	9	7	16\17	8	6	3
	\8	2	6	16\10	1	7	2	4\	11\
		\16	9	7	\15	9	3	1	2
		\17	8	9		\19	7	3	9

Denkspaß 260

1	6	3	9	7	5	8	2	4
2	9	7	8	4	6	1	5	3
5	8	4	2	1	3	9	7	6
4	3	1	5	8	7	6	9	2
6	7	9	3	2	1	5	4	8
8	5	2	4	6	9	3	1	7
9	1	8	7	3	4	2	6	5
3	4	6	1	5	2	7	8	9
7	2	5	6	9	8	4	3	1

5	7	8	4	9	3	1	6	2
1	3	2	8	5	6	9	4	7
6	9	4	7	2	1	5	8	3
7	4	6	3	8	9	2	1	5
8	5	3	1	7	2	4	9	6
9	2	1	5	6	4	7	3	8
3	6	7	9	1	5	8	2	4
4	8	9	2	3	7	6	5	1
2	1	5	6	4	8	3	7	9

8	3	1	6	4	7	9	5	2
4	9	2	1	5	8	6	7	3
7	5	6	9	3	2	4	8	1
3	1	9	4	7	5	2	6	8
5	2	8	3	9	6	7	1	4
6	4	7	2	8	1	5	3	9
9	8	4	5	6	3	1	2	7
1	6	3	7	2	4	8	9	5
2	7	5	8	1	9	3	4	6

Denkspaß 261

WASCHBRETT

	S		A	A				R						A
	T	U	N	D	R	A		A	E	N	D	E	R	N
B	R	I	T	E		S		C	H	A	R	L	I	E
	O		W		B	A	L	L	E	R	E	I		R
	P	R	O	F	I		V	E	R		H		G	K
	H	E	R	Z	O	G		T		T	E	T	R	A
W	E	I	T		T		S	T	I	E	R		A	N
		S		M	O	T	T	E		R		K	E	N
	S	I	R	U	P		R		F	A	G	O	T	T
W	E	G		S		D	E	M	I		O	N	E	
	N		T	E	R	R	I	E	R			V		L
	S	E	E		T	E	F		S	A	L	O	M	E
	E	D	E	L		W	E	I	T	B	L	I	C	K

Denkspaß 262

KEINE ROSE OHNE DORNEN

				G	N	U	T	O	N	E	B		E				
			Ø	T	N	O	T	L	U	E	G	E		D	L		
		L	R		S		T	E		D	N		C	L	E		
L	C	N	E	U	L	I	C	H	N	E	N	H	E	S	F	H	G
O	N	I	R	A	M	S	O	R	G	L	I	U	E	K	E	N	T
R		U	P	Ø		A	E	G	A	L	N	K	D	A	U	N	E
I	G	A	S	U	W	D	E	A	E	N	Ø	S	F	T	G	I	
T	K	A	R	T	S	B	A	N	A	R	A	A	H	E	B	I	
Ø	A	I	E	H	O	M	E	G	I			C	R	Ø	M	A	L
	G	A	M	O	H	A	L	K	O	N	I	A	H	I	W	E	
			S		L	L	B	O	H	R	U	P	E	T	L		
				R	E	F	E	R	A	T		F					

Denkspaß 263

				G	R	U	N	D
	L	A	D	E				
		F	A	L	L			
				D	A	R	M	
			B	R	A	U	N	
			B	E	N	Z	I	N
	B	E	R	G				
			Z	I	E	L		
			W	E	I	S	S	
			B	R	O	T		
	G	I	F	T				
	W	I	L	D				
		W	E	I	T			
		K	R	E	B	S		
	S	C	H	W	E	R		
K	O	H	L	E				
	S	C	H	L	A	G		
			S	T	I	F	T	

Denkspaß 264

S	P	E	Z	I	E	L	L		B	L	A	T	T	L	A	U	S
R	A	T		H		O	E	H	R		S	I	R		E		T
	U		I	N	V	E	N	T	U	R		T		A	R	I	E
C	L	A	N		I	S	A		E		K	A	I	R	O		R
L	U	E	G	E		U		E	S	S	E	N		T		A	L
I	S		W		A	N	T	I	K		R		K	E	R	Z	E
Q		B	E	Z	U	G		L		P	N	E	U		M	U	T
U	F	E	R		G		H	E	I	L	I	G	E	R		R	
E		O		V	E	T	O		M	I	G		R	A	S	E	N

Denkspaß 265

34	+	2	+	7	43
–		+		+	
6	x	9	–	3	51
–		x		+	
8	x	5	–	4	36
20		55		14	

40	+	5	+	3	48
+		+		x	
2	+	6	+	8	16
–		–		–	
4	+	9	+	7	20
38		2		17	

Denkspaß 266

(ZIEGEL – IGEL) + (IRLAND – RAND) + (BUCHEN – BUCH) + (SCHERZ – HERZ) + (ERHABEN – ERBEN) + (HALFTER – HAFER) + (LAUTER – LAUT) = ZEILENSCHALTER

Denkspaß 267

SACHKENNTNIS

K	O	L	L	E	K	T	I	V		F	E	S	T	N	E	H	M	E	N
A		Y				H		I			T			E		E			A
U		R				E		Z			U			U		R	I	E	T
T	R	A	W	L	E	R		E	I	T	E	L	K	E	I	T			A
E			H			M					D					A	S	Y	L
L	O	R	I		S	O	L	A	R		E	R	I	E					
			S						A					N		P	O	M	P
L	E	K	T	O	R	A	T		S	T	R	U	K	T	U	R			I
O						R			P		U			Z		E	G	O	N
L	I	E	G	E	W	I	E	S	E		S	E	G	U		G			Z
L			R			E			L		H			E	K	L	O	G	E
A	K	K	U	S	A	T	I	V		A	D	H	O	C				P	T
N			B			T					I			K				E	T
D	E	Z	E	R	N	E	N	T		H	E	I	M	T	U	E	C	K	E

Denkspaß 268

Lösungsbeispiel:

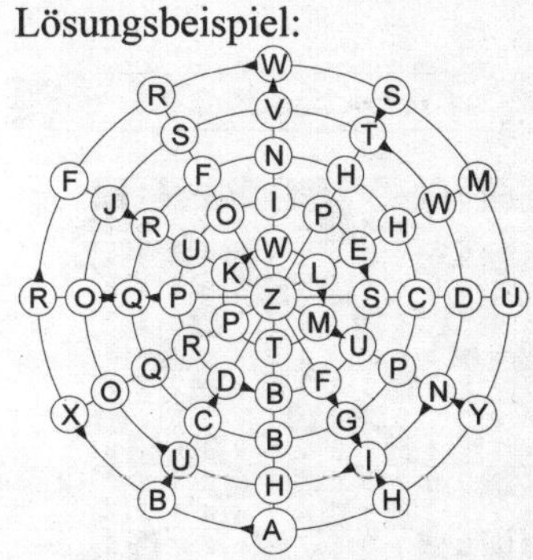

Denkspaß 269

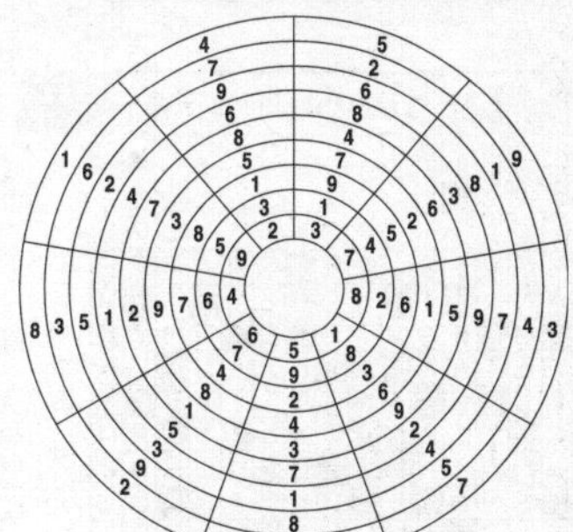

Denkspaß 270

STEUERBEHOERDE
1-2 TESTAT, 3-4 NISTEN, 5-6 FREUDE, 7-8 FREUND, 9-10 STEREO, 11-12 WAERME, 13-14 ALBERS, 15-16 ALBERN, 17-18 SCHOEN, 19-20 SCHOTE, 21-22 BUERGE, 23-24 HAERTE, 25-26 PODEST, 27-28 ORDERN

Denkspaß 271

1	2	5	4	3	7	6	8	9
7	6	3	9	8	2	4	1	5
9	8	4	6	5	1	3	7	2
4	9	8	5	2	6	1	3	7
2	1	6	3	7	8	5	9	4
3	5	7	1	9	4	8	2	6
6	4	9	2	1	3	7	5	8
8	3	2	7	4	5	9	6	1
5	7	1	8	6	9	2	4	3

Denkspaß 272

Hier können Sie selbst kontrollieren, ob die Aufgabe richtig gelöst wurde.

Denkspaß 273

			5		4	1			8				1	
8	9	3	7	3	7	8		4	4	1	6	4	6	2
	5		9		9	3	2	7	1		9		8	1
2	4	6	5	6	6	7		3		3	5	6	5	8
	5	4	6		4		1	9	7	9		3	1	3
		5		3	6	9	5	4	2	7	8		7	8
4	6	7	8	7		3	3	3		6		2	2	7
	9	9	5	9	5		4		1	7	9	6	4	
2	1	3		4		1	3	2	6	2		8		8
	7		2	8	2	9	9		5		3	1	8	1
	4	2	7	2		1		4	7	5	4	5	3	3
	2		8		1	3	8	7		4	7	7		5
3	1	4	7	9	7	6	7	4			3		8	1
	6	3		3	1	5		5	5	5	2	1	6	4
6	2	2	2		5	6	1	1	7	2	8	5	3	5

Denkspaß 274

EINZELTEIL

T	E	L	E	V	I	S	I	O	N		G	R	I	P	P	E
U		A	N	I		T		K	O	H	L	E		I		V
A	L		G		K	A	S	T	E		O		U	N	Z	E
R	U	H	E	T	A	G		A		K	R	A	N		U	N
E	G	E	L		P		I	N	T	U	I	T	I	V		T
G		G		E	L	A	N		O	N	E		S		A	U
	V	E	R	W	A	N	D	T		D		K	O	R	S	E
N	A		E	E	N		E		D	E	G	E	N		S	L
U	N	T	E	R		I	M	M	U	N		M	O	D	E	L

Denkspaß 275

9	3	4	6	6		7	1	4	4	1	7		5	1	1	3	3	3	4
3		3		4		8			8					2					9
4		7		1	4	7	2	3	7		2	9	9	3	3	9	8	9	1
6		9		2		3			4					1					7
3				8		2		9	1	8	5	6		7	2	5	1	5	8
6		8		1		7						1					9		
		9		8	3	3	3	7	9	4		3	4	9	8	2	1	7	2
8	9	3	8	9					7			9		4			6		
4		1				1	2	4	9	9	1	8		3	6	7	3	9	9
2		7		8		8			3			9		7			7		
8	4	6	6	6		3	8	3	6	2	8		3	1	3	3	2	2	6
3				4		9			2						9				3
6		8		1	9	8	9	7	7	4		1	1	6	6	9	9	6	7
9	5	9	2	3		1		6				7			5		1		6
		5				7		3				1			3		5		7
2	8	9	5	8	8	8	8	8		8	6	6	3	3	7	4	7	1	6

Denkspaß 276

FATA MORGANA

			P	P								I	K		
T	R	E	F	F		W	I	S	S	B	E	G	I	E	R
K	O	A	L	A		I	M	P	E	R	I	U	M		U
	N		E	D	E	L	M	A	N	N		A		B	E
	G	A	G		O	L	E		S	O	L	C	H	E	S
D	O	H	L	E							A	U		G	C
			I		K						G		N	A	H
	E	R	N	T	E					G	E	H	A	B	E
F	R	A	G	E	N						P	O	E	T	
	S	G		U	N						L		H		U
	E	L	I	T	E					T	A	R	T	A	N
E	T	A	L	O	N				D		N	I	E	R	E
	Z	N		N		P	A	R	I	S		T		M	I
	B		M	E	R	A	N		N		B	A	U	E	N
D	A	T	E	N		K	N	I	G	G	E		S	E	I
	R	O	T		H	A	E	M	I	S	C	H		N	G

Denkspaß 277

				12	10	9	16				
				8	7	3	11				
				2	15	1	13				
				4	5	14	6				
14	1	8	15	9	2	6	10	13	12	5	4
13	12	6	2	11	16	8	4	10	3	15	7
5	10	16	3	7	14	13	1	9	11	6	2
11	4	9	7	5	3	12	15	1	14	16	8
				16	12	11	8				
				10	4	7	5				
				13	9	2	14				
				1	6	15	3				
				6	13	10	2				
				15	8	4	12				
				14	1	5	9				
				3	11	16	7				

Denkspaß 278

GOTTESDIENST

			O	A				A				B		
O	R	G	E	L		A	U	B	E	R	G	I	N	E
B	O	U	L	E		A		D	I	A	L	E	K	T
	E		B		E	R	B	A	R	M	E	N		R
	H	A	I	T	I		U	N	E		I		N	U
	R	E	L	I	N	G		K		A	S	S	E	S
H	E	M	D		B		F	E	R	N	E		U	K
		T		T	A	L	O	N		N		T	R	E
	G	E	N	A	U		R		M	O	H	A	I	R
V	O	R		U		S	T	O	A		I	H	N	
	D		A	B	F	A	H	R	T			I		I
	O	U	T		U	N	I		H	A	S	T	E	N
	T	U	E	R		I	N	T	E	N	T	I	O	N

R	A	I	L	T	H	N	U	F
K	B	O	E	V	D	M	G	S

Denkspaß 279

1C, 2B, 3D, 4A, 5E, 6F

Denkspaß 280

4	11	2	10	1	3	5
5	1	4	15	3	14	2
4	15	3	2	16	4	1
1	2	13	3	4	16	10
13	3	13	10	2	1	4
3	4	13	1	10	2	10
2	10	1	4	7	5	3

6	4	7	2	3	11	1
2	10	1	11	15	3	4
11	3	13	4	1	2	10
4	2	15	3	15	1	6
10	1	2	14	4	10	3
3	14	4	1	11	15	2
1	11	3	10	2	4	6

6	2	9	4	3	1	4
4	12	2	1	13	13	3
9	3	1	12	4	14	2
2	10	3	12	1	4	12
10	1	13	3	12	2	4
3	4	14	2	12	12	1
1	12	4	8	2	3	4

5	2	3	1	11	4	5
3	13	9	2	4	14	1
4	11	1	14	2	3	8
10	1	2	11	3	14	4
1	4	14	3	13	2	10
2	14	18	4	11	1	3
5	3	4	9	1	7	2

Denkspaß 281

Zeitlicher Ablauf:
6 → 4 → 1 → 2 → 5 → 3

Denkspaß 283

		H		
	L	E	I	
H	A	R	E	M
I	A	S	O	N
	E	T	E	
		E		
	O	L	M	
D	O	L	C	H
B	L	U	E	S
	E	N	G	
		G		

		F		
	G	E	O	
A	N	D	E	N
E	H	E	R	N
	T	R	I	
		L		
	G	E	N	
I	D	I	O	M
M	A	C	A	U
	I	H	N	
		T		

		G		
	E	R	Z	
B	L	U	M	E
B	I	N	S	E
	A	D	E	
		G		
	W	E	R	
B	A	S	I	S
R	I	E	S	E
	E	T	A	
		Z		

Denkspaß 282

				AN	KA	
SU	O	MI		SA	ME	
	ZE	RO		GE	RA	DE
	A		MO	RIN		VI
KAN	NI	BA	LE		LE	SE
	EN	KE		NA	VEL	
			TI	GER		BU
TAN	TI	E	MEN		WEI	CHE
	NA	NA		A	SEN	
			RU	DEL		HOP
TIEF	E	BE	NE		RA	SEN
	RE	DE		RU	BIN	
FLUM	MI		SUR	FEN		BAR
	TA	TA	REN		U	KAS
ZU	GE	GEN		STECK	DO	SE

Denkspaß 284

Fehlender Buchstabe: H

Denkspaß 285

KURORT

Z	E	R		S	I	A	M		A	Z	U	B	I		T	A	U
	D	E	U	T		K	I	D		W		E	H	R	U	N	G
L	I	N	E	A	R		L		R	E	M	I	S		E		O
I	T	O		T		A	B	T	E	I		G		N	R	W	
	I		R	I	N	N	E		G		L	E	X	I	K	O	N
G	O	T	I	K		N		B	E	N	U		M	A	E		O
E	N		M		M	A	R	I	N	A	D	E		G		A	T
N		L	I	G	A		I	S	T		W		F	A	L	K	E
S	P	I	N	E	T	T		S		F	I	G	U	R		T	
	U	L	I		T		B	E	L	A	G		N	A	G	E	R

Denkspaß 286

14	13	8	9	16	5	12	2	10	7	11	4	6	15	3	1
15	4	6	11	3	7	13	14	8	1	12	9	10	2	16	5
2	12	16	5	11	10	1	4	6	13	3	15	9	7	14	8
10	3	1	7	6	15	8	9	5	16	2	14	13	11	4	12
12	6	4	13	7	11	15	16	2	10	14	8	5	1	9	3
1	11	14	16	2	12	5	3	9	6	13	7	4	8	15	10
5	9	2	15	10	8	4	1	12	11	16	3	7	14	6	13
3	7	10	8	14	9	6	13	4	5	15	1	12	16	2	11
11	16	9	2	1	13	14	12	15	8	6	5	3	10	7	4
8	10	12	1	9	16	7	5	3	14	4	11	15	6	13	2
4	14	15	3	8	6	10	11	13	12	7	2	1	9	5	16
13	5	7	6	4	2	3	15	1	9	10	16	8	12	11	14
6	8	11	4	13	1	9	7	14	2	5	12	16	3	10	15
9	15	5	14	12	4	16	10	11	3	8	6	2	13	1	7
7	2	13	12	5	3	11	6	16	15	1	10	14	4	8	9
16	1	3	10	15	14	2	8	7	4	9	13	11	5	12	6

Denkspaß 288

Das letzte Rad dreht sich in Richtung B.

Denkspaß 287

STEUERMANN

T	T		E	U	L	E		H	A	N	D		B	U
E		S	I	E	L		A	U	R	A		K	A	T
	F	I	N	N		M	U	L	L		E	U	R	O
B	O	T	E		B	E	T	A		E	I	N	S	
E	R	Z		S	A	G	O		A	B	B	A		H
R	M		L	I	L	A		K	L	E	E		T	U
N		B	U	N	D		M	O	O	R		B	A	H
	H	O	S	E		E	I	R	E		K	O	R	N
F	O	R	T		R	I	C	K		K	I	L	O	
O	H	N		T	A	L	K		R	O	S	A		M
N	N		S	A	G	E		K	O	K	S		B	O
D		S	A	F	E		L	A	M	A		S	A	N
	W	I	R	T		L	I	M	A		B	L	E	I
A	E	R	A		D	A	R	M		N	O	I	R	
R	I	E		A	I	D	A		E	A	R	P		B

Denkspaß 289

2	5	12	11
10	8	7	4
6	3	1	9

Denkspaß 290

Es fehlen 63 Würfelstücke.

Denkspaß 294

3	1	7	9	5	6	8	2	4
8	9	4	2	3	7	5	6	1
2	5	6	8	4	1	3	7	9
1	6	2	5	7	9	4	8	3
7	3	9	4	1	8	6	5	2
5	4	8	6	2	3	1	9	7
9	2	1	3	8	5	7	4	6
6	7	5	1	9	4	2	3	8
4	8	3	7	6	2	9	1	5

3	4	5	1	6	9	2	8	7
2	1	7	8	3	5	6	9	4
8	6	9	2	7	4	3	5	1
4	9	8	6	5	1	7	2	3
5	3	1	7	4	2	9	6	8
6	7	2	9	8	3	4	1	5
1	8	4	3	2	6	5	7	9
9	5	6	4	1	7	8	3	2
7	2	3	5	9	8	1	4	6

8	7	4	3	1	6	5	2	9
5	6	3	2	9	7	4	8	1
2	9	1	5	8	4	7	3	6
6	4	5	9	3	1	2	7	8
7	1	2	4	6	8	3	9	5
3	8	9	7	2	5	6	1	4
1	3	7	6	4	9	8	5	2
4	2	8	1	5	3	9	6	7
9	5	6	8	7	2	1	4	3

Denkspaß 291

BREMSE

			H	A			I		M		A				
S	P	R	E	C	H	E	N		E	S	K	O	R	T	E
	F		S	I	T	I	N		S		A	S	E	A	N
B	L	O	E	D		R		M	O	R	D		G	N	A
	A		K		G	E	W	I	T	T	E	R		K	
L	U	P	I	N	E		I	R	R		M		A	R	A
	M	U	E	S	L	I		K	O	D	I	E	R	E	N
	E	R	L		B	E	G	O	N	I	E		E	D	I

Denkspaß 292

5	6	2	2	9		8	5	5	5	2	4		8	4	2	7	4	7	7
1		9		6		9			6					9					6
2		6		7	5	8	7	3	8		3	7	7	1	8	4	9	8	3
8		8		5		9			1					8					4
2				6		3		2	9	5	1	8		7	4	8	8	1	1
5		5		1		7						9					7		
		7		9	9	3	1	7	5	6		3	5	2	3	9	1	4	2
4	2	2	3	5					1			1		1			3		
2		4				9	6	8	7	5	9	7		9	9	5	4	3	4
7		8		1		4			1			5		5			5		
8	9	4	9	8		8	1	5	2	9	6		6	9	3	8	9	7	6
4				6		9			8						2				5
1		9		9	5	6	3	8	3	8		8	5	1	8	5	3	3	2
9	5	6	3	6		1		9				7			9		2		9
		5				7		6				2			1		4		8
4	3	3	5	3	3	6	1	8		1	8	9	6	3	4	8	3	2	1

Denkspaß 293

SPAZIERGANG

I		O	M	I	N	O	E	S		B	E	H	U	T	S	A	M
H	A	R	N		E		T	O	L	E	R	A	N	Z		L	
M		G		H	O	C	H		L	S	D		I		S	O	G
	V	I	C	O		W	I	E		U		P	O	C	K	E	
R	O	E	M	E	R		S		S	C	H	O	N		A		E
E	R	N		H		S	C	H	U	H		N		Z	I	N	K
	B		A	L	L	A	H		V		E	C	H	O		E	R
K	E	U	L	E		R		F	A	S	C	H	I	N	G		U
W	I	N	K		L	I	R	A		Z	O	O		E	I	B	E

A = I, B = F, C = Z, D = G, E = W, F = C, G = S, H = H, I = M, J = E, K = L, L = N, M = R, N = V, O = U, P = B, Q = O, R = A, S = K, T = D, U = T, V = P

Denkspaß 295

A
80 + 61 = 141
\+ + +
189 + 386 = 575
269 + 447 = 716

B
37 + 20 = 57
\+ + +
288 + 361 = 649
325 + 381 = 706

C
372 − 291 = 81
\+ − +
187 + 102 = 289
559 − 189 = 370

Denkspaß 296

SO RAR DIE WAHRHEIT IST – DAS ANGEBOT BLEIBT IMMER GRÖSSER ALS DIE NACHFRAGE

O	L	T	R	R	U	O	O	G	A	X	K	A	T	J	B
E	O	A	J	N	Z	U	J	Q	L	N	U	U	R	F	I
C	A	C	T	A	B	N	M	K	V	U	L	R	V	A	G
P	Y	I	C	P	S	W	R	T	S	Z	O	E	G	S	A
B	D	R	G	S	X	T	S	V	T	A	R	S	R	A	L
N	Q	A	E	F	L	G	G	T	C	R	G	S	E	D	S
P	P	M	R	P	S	M	C	J	M	E	X	A	M	[illegible]	E
A	S	G	H	F	R	E	I	B	M	I	S	Y	K	X	Q
O	E	M	R	S	L	E	B	T	I	L	E	X	T	B	O
C	O	V	H	W	W	V	T	H	P	W	O	Z	R	S	F
W	I	C	B	T	Y	M	O	B	X	K	U	H	O	U	B
Y	E	A	G	J	D	I	C	E	H	D	J	K	D	V	R
W	F	J	X	I	S	F	N	Z	P	U	Z	B	X	J	B
H	O	Q	L	T	T	A	A	A	T	F	H	S	I	V	X
A	J	S	E	H	D	A	S	W	O	Q	A	B	R	N	L
K	N	D	I	R	H	C	A	A	W	E	F	L	E	U	P
S	I	R	E	W	A	X	S	X	R	U	C	O	X	J	L
O	R	A	I	I	N	H	O	V	L	H	S	B	M	E	N

Denkspaß 297

ROSENKRANZ

#	#	E	#	M	#	#	W	#	H	#	#	K	B	#	#
U	N	S	T	E	T	#	A	T	O	M	K	R	A	F	T
#	E	R	S	T	E	#	T	#	R	A	D	A	U	#	O
A	R	A	#	H	#	F	E	N	E	K	#	E	#	P	U
#	E	#	H	A	K	E	N	#	B	O	S	N	I	E	R
#	I	V	A	N	#					#	A	Z	U	R	N
#	D	#	T	#	I					#	T	E	#	S	E
W	E	T	Z	E	N					#	I	#	P	O	E
#	#	E	#	L	E					A	R	G	O	N	#
O	B	S	T	#	G					#	I	#	T	#	D
#	L	T	#	D	A					A	K	T	E	U	R
N	E	A	P	E	L	#	G	#	#	#	E	R	N	T	E
E	N	T	#	M	#	L	E	C	K	#	R	O	T	#	H
#	D	#	L	I	B	E	L	L	E	#	#	P	#	D	U
#	E	C	O	#	O	N	E	#	A	N	R	E	G	E	N
#	R	E	I	Z	#	Z	E	R	S	E	T	Z	U	N	G

Denkspaß 298

Diese Aufgabe sollten Sie schnellstmöglich und ohne Pause bewältigt haben.

Denkspaß 299

Fehlender Buchstabe: L

Denkspaß 300

4	2	9	6	7	3	1	8	5
8	5	7	9	4	1	6	3	2
1	6	3	8	5	2	9	7	4
5	7	2	4	8	6	3	9	1
3	8	4	1	9	7	2	5	6
9	1	6	3	2	5	7	4	8
6	3	5	7	1	8	4	2	9
2	4	1	5	3	9	8	6	7
7	9	8	2	6	4	5	1	3

Denkspaß 301

#	#	#	28\	14\	6\	30\	#	11\	27\
#	#	\11	5	2	1	3	\12	3	9
#	9\	4\29	8	9	5	7	16\13	5	8
\12	2	1	6	3	12\23	6	9	1	7
\19	7	3	9	22\18	1	5	7	2	3
#	18\	14\	13\18	4	5	9	25\	3\	4\
\31	5	4	9	7	6	17\7	4	2	1
\10	1	2	4	3	4\18	5	9	1	3
\4	3	1	\11	2	1	3	5	#	#
\16	9	7	\25	6	3	9	7	#	#

Denkspaß 302

STANGENBROT

#	A	Z	#	#	E	#	A	#	#	I	#	#	K	#
#	R	E	C	H	T	#	H	U	R	R	I	K	A	N
#	A	R	O	M	A	#	M	#	E	R	K	E	R	#
A	B	O	#	O	#	B	E	I	G	E	#	R	#	K
#	E	#	G	L	I	E	D	#	E	#	A	N	N	A
#	S	A	A	L	#	D	#	G	R	A	Z	I	E	N
#	K	#	S	#	G	A	U	L	#	W	E	G	#	T
W	E	I	T	H	E	R	Z	I	G	#	T	#	B	O
#	#	M	#	S	W	F	#	E	#	K	O	K	O	N
R	A	P	S	#	E	#	A	D	L	O	N	#	B	#
#	N	O	#	E	B	E	N	E	#	M	#	Z	I	G
S	I	R	E	N	E	#	T	R	I	B	U	E	N	E
#	S	T	E	G	#	S	I	N	N	I	E	R	E	N

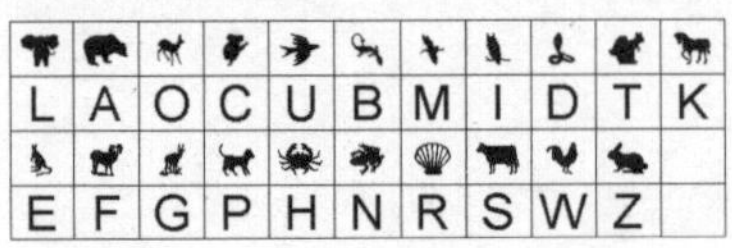

L	A	O	C	U	B	M	I	D	T	K
E	F	G	P	H	N	R	S	W	Z	

Denkspaß 303

4	8	1	7	3	2	6
2	1	11	3	13	13	4
10	4	12	2	13	3	1
3	15	2	13	4	1	8
6	2	4	18	1	11	3
1	17	3	4	12	12	2
4	3	11	1	2	4	6

3	1	4	10	2	12	3
2	18	1	13	3	4	7
4	3	10	2	1	14	10
14	19	3	1	7	2	4
3	4	2	10	11	1	11
10	2	18	4	15	3	1
1	3	12	3	4	10	2

5	2	4	10	3	9	1
3	16	2	15	1	4	5
4	1	9	3	2	14	11
10	14	1	2	12	3	4
1	4	3	10	12	2	12
10	3	15	4	12	1	2
2	5	8	1	4	10	3

2	11	4	10	3	1	3
1	4	14	3	11	13	2
10	2	11	1	13	3	4
3	9	1	10	2	4	14
8	1	2	14	4	14	3
4	13	3	2	13	11	1
7	3	12	4	1	2	3

Denkspaß 304

NEKTARINE

U	N	D	#	P	F	O	T	E	#	A	K	T	U	E	L	L
B	R	U	T	#	I	#	A	N	D	R	O	#	T	#	A	I
O	#	E	#	A	N	Z	U	G	#	N	#	R	E	I	S	E
O	S	T	E	R	N	#	B	#	L	O	G	E	#	I	T	B
T	O	T	#	M	#	S	E	M	I	#	E	G	O	#	Z	#
#	P	#	A	A	R	E	#	O	P	A	#	A	#	A	U	L
B	R	A	N	D	U	N	G	#	A	#	F	L	A	G	G	E
A	O	R	T	A	#	S	#	O	R	G	I	E	#	I	#	S
I	N	G	E	#	P	E	N	S	I	O	N	#	R	O	B	E

Denkspaß 305

U	M	B	R	A	#	G	U	T	E	S	#	F	#	K	L	E	E
#	I	#	O	R	T	E	R	#	B	#	T	A	B	L	E	T	T
G	R	A	T	A	#	R	#	B	E	D	E	#	H	E	U	#	Z
R	A	#	W	#	L	E	S	E	R	I	N	G	#	B	#	L	E
O	#	R	E	K	A	#	O	R	T	#	N	#	K	E	M	A	L
S	T	E	I	G	E	R	#	G	#	B	E	T	E	N	#	B	#
S	V	E	N	#	D	#	D	A	T	E	N	#	R	#	S	O	U
E	#	D	#	K	E	V	I	N	#	T	#	A	L	B	E	R	N
#	J	E	T	O	N	#	R	#	P	E	R	L	#	E	M	S	E

Denkspaß 306

Denkspaß 307

				8	5	12	15				
				16	13	10	1				
				2	3	7	14				
				11	6	9	4				
1	11	10	15	6	12	14	3	2	16	9	13
6	8	5	3	10	11	13	9	7	1	4	14
16	7	4	14	15	2	5	8	12	6	3	11
2	12	9	13	1	7	4	16	8	15	5	10
				5	1	16	10				
				13	8	11	12				
				14	15	2	6				
				4	9	3	7				
				3	14	6	11				
				9	10	1	13				
				12	16	15	2				
				7	4	8	5				

Denkspaß 308

TU, WAS DU NICHT LASSEN KANNST

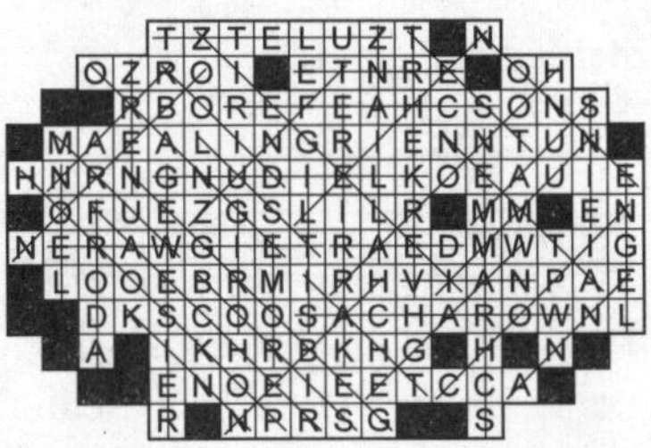

Denkspaß 309

Lösungsbeispiel:

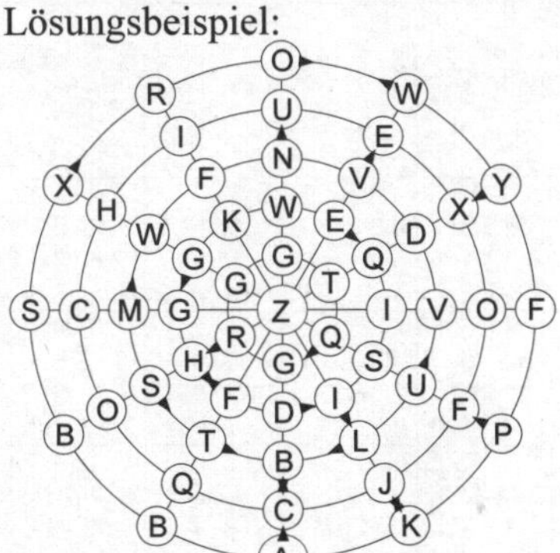

Denkspaß 310

8	3	4	7	2	6	5	9	1
9	1	6	5	8	3	4	2	7
5	7	2	4	9	1	6	8	3
1	5	3	9	6	8	2	7	4
4	6	8	2	1	7	3	5	9
7	2	9	3	4	5	1	6	8
2	9	1	6	7	4	8	3	5
3	4	7	8	5	2	9	1	6
6	8	5	1	3	9	7	4	2

4	1	7	2	9	5	6	8	3
2	6	5	7	3	8	1	9	4
9	3	8	1	6	4	7	5	2
1	2	6	4	5	7	8	3	9
8	9	4	3	1	6	2	7	5
5	7	3	9	8	2	4	6	1
6	4	9	8	2	3	5	1	7
3	5	2	6	7	1	9	4	8
7	8	1	5	4	9	3	2	6

5	2	7	3	1	4	9	6	8
8	1	6	2	5	9	3	7	4
4	3	9	8	7	6	2	5	1
1	5	2	9	3	8	7	4	6
3	9	4	7	6	5	8	1	2
6	7	8	4	2	1	5	9	3
9	6	3	5	4	2	1	8	7
2	8	1	6	9	7	4	3	5
7	4	5	1	8	3	6	2	9

9	8	7	3	2	5	4	6	1
1	2	6	8	9	4	3	7	5
5	3	4	1	7	6	8	9	2
2	9	8	4	3	1	7	5	6
3	4	5	7	6	9	1	2	8
6	7	1	5	8	2	9	4	3
4	6	3	9	5	8	2	1	7
8	1	2	6	4	7	5	3	9
7	5	9	2	1	3	6	8	4

Denkspaß 311

			G	A	S	T		
		M	A	U	E	R		
B	R	I	E	F				
			B	R	A	N	D	
			Z	E	I	T		
S	T	E	I	G				
			L	E	I	T	E	R
		F	U	N	K			
				F	E	S	T	
		S	T	O	F	F		
			B	L	A	T	T	
	W	A	A	G	E			
R	E	C	H	T				
		P	A	S	S			
			G	O	T	T		
G	E	W	I	N	N			
B	O	D	E	N				
			L	E	S	E	R	

Denkspaß 312

		4			4				8					
4	4	5	6	8	8		5	2	4	8	2	4	5	5
7	7	2	2	5	7		2		3	9	3	1	1	4
	3	3		2		5	4	3	9	5	9	6	8	
	6		5	5	5	8		9	3	2		7		1
3	3	5	2	6	9	2	2		1		1	1	4	8
2	6	7	8	4		6		5	8	6	5	5	2	4
			7		4	9	6	3	9		8		4	2
	3	6	8	7	1	6		4		8	7	4		4
1	7	7	1		5		5	5	7	2	4	3	1	7
	3	2		6	2	8	6		8	8	2		2	5
8	8	8	6	3	9	6	7	9		7		4	7	1
	5		5	6	6		9		9	3	3	6	5	
6	6	3		4	1	4	1	1	5	6		9	6	8
	9		4	8	9	8	5	2	4		1	6	9	1

Denkspaß 313

SERBOKROATISCH
1-2 RASEND, 3-4 PESETA, 5-6 SORBET, 7-8 VERBAL, 9-10 PROKOP, 11-12 BROKER, 13-14 MARODE, 15-16 EUROPA, 17-18 SPATEN, 19-20 STATIK, 21-22 BAISSE, 23-24 BAISER, 25-26 BUCHEN, 27-28 SACHSE

Denkspaß 314

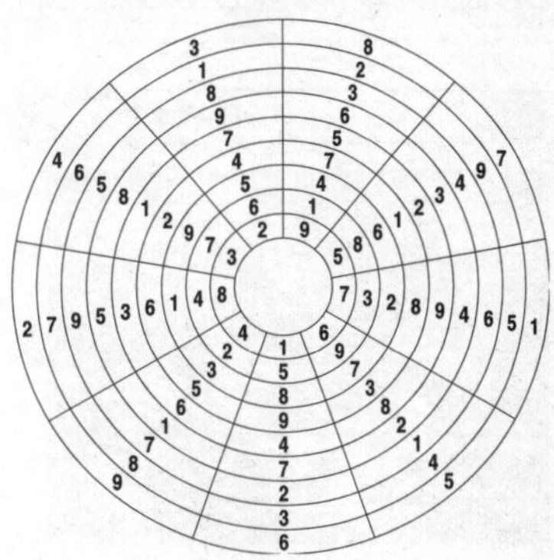

Denkspaß 315

GUADELOUPE

R	O	H	R	L	E	G	E	R		S	T	U	E	N	D	L	I	C	H
O		E				E		O		C			U						I
N		I				R		U		H			K						A
D		N			S	E	A	L		W	A	H	L	P	L	A	K	A	T
E	T	Z	E	L				E		A			I						U
L			S			C		T	O	R	P	E	D	O		C	A	T	S
L	U	F	T	P	I	R	A	T		T		S				H			
			I			E				E		T	O	R	T	I	L	L	A
K	E	I	N	E	S	W	E	G	S			E				P			B
O								U		V	I	O	L	A		S	M	O	G
N	E	I	D	L	O	S		E		E				G			O		R
F			R			E		T		S	C	H	W	A	L	B	E		U
U			I			M		E		U				V			W		N
S	T	I	N	K	T	I	E	R		V	E	R	L	E	T	Z	E	N	D

Denkspaß 316

FROHLOCKEN

	R			N		H			E		P			B
	A	R	T	E	R	I	E		S	A	F	A	R	I
	P	A	R	T	N	E	R		T		U	S	U	S
K	A	R	A	T		R		K	I	O	S	K		W
	L		N		S	A	E	E	N		C		O	E
	L	A	C	H	E	N		A		K	H	A	K	I
	O	N	E		G		S	T	E	R		A	U	L
		G		P	U	L	L	O	V	E	R		L	E
A	L	L	Z	U		N	O	N		I		M	A	N
B	O	E	R	S	E		G		O	S	C	A	R	
	T	R		H		P	A	K	E	T		H		A
	T		D	E	L	O	N		H	A	N	D	E	L
K	O	N	K	R	E	T		A	R	G	L	I	S	T

V	M	B	E	S	R	K	T	Z	G	I
D	H	P	N	W	A	F	C	O	L	U

Denkspaß 317

10	2	5	8
3	11	1	4
12	9	7	6

Denkspaß 318

HALBPENSION

K	A	T	E		S	A	A	T		F	O	R	T	
I	N	E		S	L	U	M		H	O	R	E		M
E	D		H	A	U	E		H	A	U	T		S	U
S		E	A	R	P		B	A	A	L		H	A	L
	A	B	B	A		M	A	S	S		S	O	L	L
L	U	R	E		M	O	L	E		R	E	S	T	
U	R	O		K	U	R	Z		L	A	K	E		E
N	A		B	U	N	D		H	A	S	T		A	N
A		M	I	L	D		L	U	F	T		E	D	D
	T	E	S	T		K	O	P	F		K	L	E	E
R	I	E	S		L	A	G	E		T	E	L	L	
I	E	R		S	O	L	O		B	A	S	E		H
E	R		E	A	S	T		P	U	L	S		G	I
D		G	R	A	T		D	I	N	G		M	A	G
	H	A	L	L		G	R	E	T		W	A	S	H

Denkspaß 319

	WIE	GE			RUM	
NIE	DER	LA	GE		A	MI
		TI	TAN		RO	SE
TA	VER	NE		RO	MA	
	TRE		BAR	BE		ERN
RO	TE	BE	TE		BO	TE
	RIN	NE		LE	GEN	
			KIS	SEN		POR
E	GA	LI	TE		LE	TAL
	LA	MA		I	ON	
			SEN	SE		PADD
IN	DI	A	NER		I	LER
	VI	GIL		AM	BE	
GRUEN	DEN		A	ME	RI	KA
	DE	ZI	BEL		EN	TER

Denkspaß 320

1) EXTRA, RAPPE, PETER, ERBIN, INTRO, ROLLO, LOTSE, SENKE, KEVIN, INDEX
2) INTRO, ROLLE, LEBER, ERSTE, TENNO, NOMEN, ENGEL, ELEMI, MIAMI, MIMIN

Denkspaß 321

(PFANNE - ANNE) + (LAEUFER - LAUER) + (FRUEHE - RUHE) + (BERSTEN - BETEN) + (EXTRAKT - EXAKT) + (STEUER - STER) + (ERGEBEN - GEBEN) = PFEFFERSTREUER

Denkspaß 322

26	+	2	–	7	21
+		x		+	
8	+	4	+	6	18
–		x		–	
5	x	3	–	9	6
29		24		4	

27	+	8	+	7	42
–		–		+	
6	+	4	x	3	30
–		x		+	
9	x	2	x	5	90
12		8		15	

Denkspaß 323

1) CHIEMGAU, 2) PAECHTER, 3) NETZHEMD, 4) SANTORIN

Denkspaß 324

SAENFTE

M	A	U	R	E		G	L	U	K	O	S	E	
	V		A	R	E	A	L		E		K	H	A
F	U	S	E	L		E		F	A	U	L	E	N
E	S		H		A	N	N	E		M	A	N	
L		I	M	P	O	S	A	N	T		V		E
U	L	M		I	S	E		D		L	E	I	N
K	O	M	A		T		D	E	M	E	N	T	I
E		E		H	A	F	E	R		O		O	F

Denkspaß 325

2	3	6	3	3		6	7	6	5	9	6		6	7	7	7	5	2	4
9		3		8		1			7					1					8
7		7		4	6	7	3	2	5		5	4	8	7	3	9	1	1	9
6		5		3		3			7					2					6
9				1		5		8	2	1	8	5		7	6	4	7	8	3
6		4		3		6						1					3		
		6		4	9	8	9	4	9	7		3	3	8	8	2	1	2	1
2	5	7	5	7					3			7		1			7		
9		2				1	6	5	6	3	9	8		7	4	7	3	5	2
3		6		1		7			8			7		1			8		
7	6	8	7	3		2	9	3	3	2	1		1	3	6	2	4	9	6
3				1		9			9						5				9
6		3		3	8	4	4	4	6	7		6	9	8	8	9	8	5	5
7	2	2	5	6		8		6				5			4		7		1
		9				2		9				9			5		5		6
4	3	6	1	3	9	9	3	3		2	9	3	3	9	1	3	6	6	2

Denkspaß 326

Zeitlicher Ablauf:
5 → 3 → 1 → 6 → 2 → 4

Denkspaß 327

Hier können Sie selbst kontrollieren, ob Sie die Aufgabe richtig gelöst haben.

Denkspaß 328

15	8	13	4	3	2	14	16	7	1	11	12	6	9	10	5
10	5	6	2	12	7	1	11	14	9	15	4	16	3	13	8
11	1	14	16	15	9	5	10	13	3	6	8	4	2	7	12
9	3	7	12	6	13	4	8	10	16	5	2	1	14	11	15
8	6	16	9	10	12	7	14	5	13	2	3	15	4	1	11
14	15	3	5	4	11	2	6	9	10	12	1	7	16	8	13
4	13	1	10	5	15	3	9	8	11	16	7	12	6	2	14
7	12	2	11	1	8	16	13	15	14	4	6	10	5	3	9
16	11	5	15	7	3	6	12	2	4	8	13	9	10	14	1
13	2	8	7	14	10	9	15	3	6	1	16	11	12	5	4
12	14	10	1	2	16	13	4	11	5	9	15	3	8	6	7
6	9	4	3	8	5	11	1	12	7	10	14	2	13	15	16
5	7	15	8	11	6	12	3	16	2	14	9	13	1	4	10
2	4	11	13	9	14	15	5	1	12	3	10	8	7	16	6
1	16	9	14	13	4	10	2	6	8	7	11	5	15	12	3
3	10	12	6	16	1	8	7	4	15	13	5	14	11	9	2

Denkspaß 329

9	3	7	5	6	4	8	1	2
8	5	2	1	9	7	6	4	3
1	6	4	8	2	3	9	7	5
3	4	1	6	7	5	2	8	9
7	9	5	2	3	8	4	6	1
6	2	8	4	1	9	3	5	7
5	1	3	9	8	6	7	2	4
4	7	6	3	5	2	1	9	8
2	8	9	7	4	1	5	3	6

6	3	4	1	2	9	8	5	7
2	9	7	6	8	5	1	4	3
5	1	8	7	4	3	2	6	9
1	4	3	2	5	7	9	8	6
8	7	6	4	9	1	5	3	2
9	2	5	3	6	8	7	1	4
3	5	2	9	1	4	6	7	8
4	6	1	8	7	2	3	9	5
7	8	9	5	3	6	4	2	1

2	4	5	1	3	7	9	6	8
6	7	3	4	8	9	2	1	5
1	9	8	5	2	6	7	3	4
8	5	2	3	9	1	4	7	6
4	3	7	2	6	5	1	8	9
9	1	6	7	4	8	5	2	3
7	2	9	8	5	3	6	4	1
5	8	4	6	1	2	3	9	7
3	6	1	9	7	4	8	5	2

Denkspaß 330

101					
55	46				
32	23	23			
19	13	10	13		
10	9	4	6	7	
4	6	3	1	5	2

127					
66	61				
32	34	27			
15	17	17	10		
8	7	10	7	3	
5	3	4	6	1	2

Denkspaß 331

1) KALAHARI, 2) KAMM-GARN, 3) SCHERZEN, 4) CROUTONS

Denkspaß 332

1B, 2E, 3A, 4D, 5F, 6C

Denkspaß 333

	11\	30\		15\	10\	9\			
\16	7	9	\19	9	8	2		11\	19\
\7	1	6	\9	6	2	1	11\4	1	3
\10	3	7	26\	4\	19\28	6	5	8	9
	\26	8	6	3	9	17\12	3	2	7
	21\	8\27	9	1	7	8	2	26\	
\9	5	1	3	18\21	3	9	1	8	23\
\26	7	2	8	9	8\	16\	\17	9	8
\14	9	5	\10	1	2	7	\8	2	6
			\23	8	6	9	\16	7	9

Denkspaß 334

1	8	2	7	4	5	6	9	3
5	9	6	8	1	3	2	7	4
3	7	4	9	6	2	8	5	1
2	4	9	6	3	1	5	8	7
6	3	8	2	5	7	1	4	9
7	1	5	4	8	9	3	6	2
9	6	7	1	2	8	4	3	5
8	5	1	3	7	4	9	2	6
4	2	3	5	9	6	7	1	8

Denkspaß 335

Fehlender Buchstabe: X

Denkspaß 336

IMMOBILIEN

	T		B	A				A	R			P		B	
	H	A	U	S	T	A	U	B	E		D	A	T	I	V
P	E	I	E	S		D		W	E	D	E	R		B	
	M		H		T	E	G	E	L		A	T	H	E	N
	S	E	N	D	E	R		G	L	A	D	I	O	L	E
	E	S	E		R						L	E	O	N	
		K		S	Z						I		V		A
C	H	I	L	E						U	N	G	E	R	N
	A	M	T	E	N						E	U	R	E	S
P	L	O		N	I							E		L	A
	B		S	O	L					K	E	R	N	I	G
	S	A	M	T		A		A			B	E	U	G	E
	E		O		F	L	I	C		S	E	T		I	
D	I	C	K	M	I	L	C	H			N		P	O	E
	D	H		F	E	E		A	L	T	E	I	S	E	N
W	E	I	L		S	E	K	T	I	O	N		I	S	T

Denkspaß 337

		V		
	F	E	H	
G	E	N	R	E
M	O	T	E	L
	M	I	R	
		L		
	B	A	N	
L	A	T	T	E
R	E	I	H	E
	C	O	P	
		N		

		C		
	O	H	R	
B	L	A	S	S
T	A	U	E	N
	U	F	O	
		F		
	D	I	E	
O	Z	E	A	N
E	H	R	E	N
	W	E	H	
		N		

		B		
	Z	A	G	
O	E	L	E	N
M	O	D	E	L
	U	R	D	
		I		
	K	A	R	
T	A	N	G	A
S	I	T	I	N
	P	E	R	
		E		

Denkspaß 338

B	I	E	S	T
B	I	E	S	E
B	I	N	S	E
L	I	N	S	E
L	I	N	D	E
L	E	N	D	E

M	O	D	U	S
M	O	D	U	L
M	O	D	E	L
R	O	D	E	L
R	U	D	E	L
R	U	B	E	L

T	A	S	S	O
T	A	S	S	E
T	A	S	T	E
R	A	S	T	E
R	A	T	T	E
R	O	T	T	E

Denkspaß 339

1) VASELINE, 2) PRAESENZ, 3) HANDLUNG, 4) MINARETT

Denkspaß 340

L	U	R	E		K	E	R	N	K	R	A	F	T	W	E	R	K
E		E	R	G	O		L	E	O		E		E	C	K	E	R
W	A	N	D	E	R	N		U		L	O	E	N	S		I	I
	T	E	E		K		G	E	G	E	N		A		A	S	E
C		G		L	E	I	E	R		D		A	K	U	T		G
D	R	A	L	O	N		L		M	A	N	I	E	R	E	N	
S	E	T		S		H	E	I	A		E	R	L		M		S
	K		G	E	D	E	I	H	E	N		B		S	P	U	K
P	R	A	E		O	R	T		H		S	A	L	T	O		A
R	U	H	I	G		M		B	E	Z	U	G		A		S	T
I	T		Z		N	E	B	E	N		S		K	U	L	I	
N		T	I	T	U	S		T		D	I	O	R		O	M	A
T	E	I	G		B		B	E	D	E	N	K	E	N		I	
E		N		T	A	X	I		I	C	E		T		U	L	M
	B	A	L	I		P	E	P		K		B	E	S	T	I	E
H	I		E	C	K		T		H	E	G	E	R		I		M
E	L	M		K		R	E	G	E	L		I		E	L	L	E
I	L		B	E	T	E	N		F		U	R	A	L		U	N
D	I	A	E	T		I		D	E	M	N	A	E	C	H	S	T
E	G		I		P	F	A	U		I	S	T		H		T	O

Denkspaß 341

03	02	11	10	05	**11**	01	04	**03**	07	03	09
07	**04**	01	08	**01**	11	06	08	03	05	**11**	04
10	04	09	**04**	01	**11**	02	08	11	**00**	05	00
06	07	**07**	04	10	02	**10**	09	01	00	**02**	03
05	**11**	07	**04**	09	04	10	**00**	08	**00**	02	11
09	11	05	02	07	**07**	03	00	**10**	10	**02**	08
02	**11**	04	**01**	03	07	**05**	05	10	08	01	06
03	01	**03**	05	04	**07**	07	11	**10**	09	**09**	02
02	06	03	**03**	08	05	**04**	07	02	**02**	09	10
00	10	**03**	03	**00**	09	04	**03**	07	02	**09**	05
11	**10**	02	06	00	10	**04**	03	05	**02**	07	**02**
01	05	**06**	11	**00**	00	08	**03**	09	03	04	07

Denkspaß 342

GANGWAY

T	I	E	R		B	L	A	M	A	G	E		S	T	A	L	L
E		L	E	G	A	L		A		O	H	I	O		G	A	S
A	R	I	E		R		A	L	L	E	R	G	I	E		B	
M		Z		B	E	I	N		U	T	E		R		W	A	S
	M	A	R	A	T	H	O	N		T		H	E	G	E	N	
O	A		M	U	T		R		L	I	N	I	E		S		U
N	S	U		A		S	A	M	E	N		S		E	T	O	N
	S	C	H	M	U	C	K		S		E	S	A	U		P	I
P	A	K	E	T		H		G	E	S	T	E	H	E	N		O
R	I	A	L		D	I	T	O		Z	E	N		R	Y	A	N

Denkspaß 343

Diese Aufgabe sollten Sie schnellstmöglich und ohne Pause bewältigt haben.

Denkspaß 344

SEPTEMBER

				P				I		E			G		I
S	T	E	I	L	P	A	S	S		R	A	T	I	O	N
	O	I		A	U	T	O	B	A	H	N		Z		D
E	R	M	I	T	T	E	L	N		A		M	E	M	O
	R	E	G	I	E		C		A	L	K	O	H	O	L
G	A	R		N		C	H	A	R	T		N		L	E
	U		B	E	U	L	E		G	E	N	E	S	E	N
	M	U	E	N	Z	E		K	O	N	S	T	A	N	T

Denkspaß 345

299 + 87 = 386
+ + +
A 288 + 269 = 557

587 + 356 = 943

235 + 179 = 414
+ + +
B 166 + 119 = 285

401 + 298 = 699

395 + 365 = 760
– – –
C 142 + 187 = 329

253 + 178 = 431

Denkspaß 346

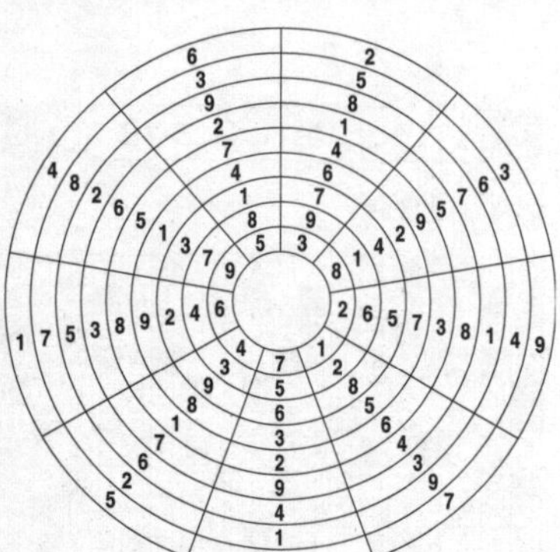

Denkspaß 347

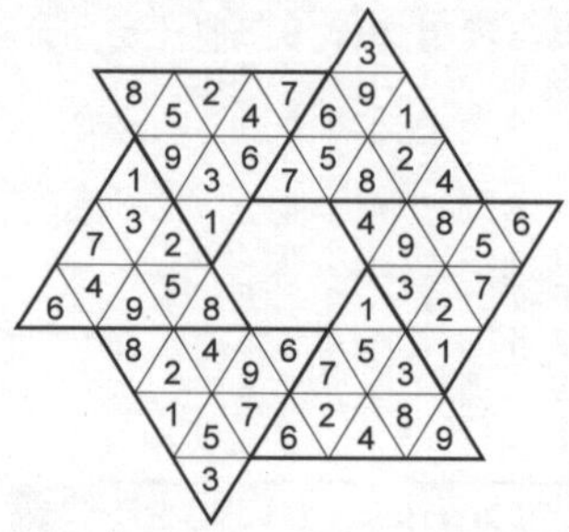

Denkspaß 348

ZOLLKONTROLLE

	C	M			K		U				E			
	R	O	D	E	N		M	O	N	D	R	I	A	N
H	A	R	T		I		K	A	B	E	L	J	A	U
	S	G		D	E	P	E	S	C	H	E		R	I
	S	E	H	R		C	H	E		N		R	O	T
H	U	N	G	E	R		R		L	E	G	E	N	
	S	S		H		G	E	B	E	N		V		R
			B	E	T	O	N		I		P	U	T	E
S	T	I	R	N		E		E	M	P	O	E	R	T
	R		A		S	T	A	B		A	R	S		T
S	E	R	V	I	E	T	T	E			T		D	U
	V	U		U	R	I		R	A	M	A	D	A	N
Z	I	N	N		A	N	S	T	E	L	L	U	N	G

D	A	V	G	H	K	J	Z	T	M	S
L	R	P	C	O	B	I	E	N	U	

Denkspaß 349

12	1	11	2
10	3	9	5
8	7	6	4

Denkspaß 350

FORDERE VIEL VON DIR SELBST UND ERWARTE WENIG VON ANDEREN, SO WIRD DIR AERGER ERSPART BLEIBEN

B	U	F	E	Z	Z	M	M	V	D	G	D	V	O	F	E	N	V
T	Z	E	I	O	R	B	Z	M	F	I	A	T	S	D	B	I	E
N	B	Z	N	Q	F	U	I	R	N	B	D	Z	A	G	M	B	L
I	Q	B	K	Z	G	C	A	I	J	L	S	Y	P	Z	V	T	U
Q	E	T	P	L	C	Y	F	L	G	G	K	G	Q	R	A	R	H
C	W	F	G	S	A	A	Z	H	C	L	E	D	B	S	R	E	R
B	X	R	X	Q	C	T	R	X	Y	P	Y	L	Z	O	A	E	E
Z	L	I	S	X	D	Y	Q	T	U	V	L	Q	Y	I	R	R	G
N	K	E	G	O	H	U	I	G	M	Q	Z	K	X	D	I	W	O
F	M	A	R	V	F	Q	P	C	F	W	C	Y	M	D	R	N	S
O	W	F	G	W	T	J	Y	Z	A	T	Z	E	L	U	G	E	N
Y	A	R	S	L	M	H	U	K	S	X	V	O	N	B	T	R	E
T	M	Q	J	O	N	O	G	R	E	T	Q	F	C	U	C	G	D
E	J	B	C	D	G	R	T	N	G	P	P	Q	X	A	R	A	N
H	O	R	N	Q	R	N	R	B	S	T	U	N	R	W	T	N	O
B	R	D	E	E	L	V	O	L	E	S	U	D	E	X	E	W	Y
F	O	C	R	I	S	K	N	D	I	R	T	G	W	Q	R	E	G
C	D	V	E	V	Y	C	Y	W	Y	I	X	N	T	Y	H	N	T

Denkspaß 351

GRAZIL

S	O	P	H	O	K	L	E	S		M	U	S	K	A	T	N	U	S	S
U			O		A					A			A						C
C	H	I	P		F			D	I	N	O		N	E	U	L	I	C	H
H			S	A	F	T				F			U						A
E						R		F	O	R	C	I	E	R	T				D
R	O	M	A	N	C	I	E	R		E			L						E
			N			R		E		D	E	L	E	G	A	T	I	O	N
A	N	R	E	I	S	E		U							Q				
H			R			M		N	A	S	S	R	A	S	U	R			Z
N	A	R	K	O	S	E		D		C			B		A				U
D			A		I			L		H			H		R	O	M	M	E
U	Z	E	N		G	R	E	I	F	E	N		A		E				R
N			N		E			C		R			N		L				S
G	O	E	T	T	L	I	C	H		F	L	E	G	E	L	H	A	F	T

Denkspaß 352

4	7	6	2	1	10	3
10	3	10	1	10	2	4
2	1	3	10	14	4	14
6	11	2	4	18	3	1
1	2	15	3	4	11	5
3	15	4	17	2	1	3
7	4	1	10	3	8	2

2	8	1	10	3	4	7
1	13	4	2	13	15	3
10	2	3	14	4	10	1
4	3	14	1	16	2	6
11	1	11	4	2	3	10
3	10	2	12	14	1	4
7	4	9	3	1	8	2

3	1	6	2	4	12	3
2	13	3	13	16	4	1
9	4	14	1	3	2	10
1	2	16	4	14	3	9
10	3	2	11	1	10	4
4	17	1	3	7	10	2
3	12	4	10	2	1	3

7	3	12	4	1	2	3
4	13	3	2	13	11	1
8	1	2	14	4	14	3
3	9	1	10	2	4	14
10	2	11	1	13	3	4
1	4	14	3	11	13	2
2	11	4	10	3	1	3

Denkspaß 353

SPASSIG

O	E	L	F	A	R	B	E		H	E	R	M	E	L	I	N
P	R	O		E		R	I	K	E		A	A	L		S	A
	T		A	H	O	I		O	R	T		K		R	E	H
A	R	M	B	R	U	S	T		Z		S	E	G	E	L	
S	A	C	H	E		T		P	O	K	A	L		N		O
M	G		A		H	O	N	I	G		R		T	E	A	M
A		E	N	G	E	L		K		R	O	B	E		R	E
R	A	N	G		I		L	E	B	E	N	S	L	A	N	G
A	B	T		P	A	T	E		A	N	G	E	L		O	A

Denkspaß 354

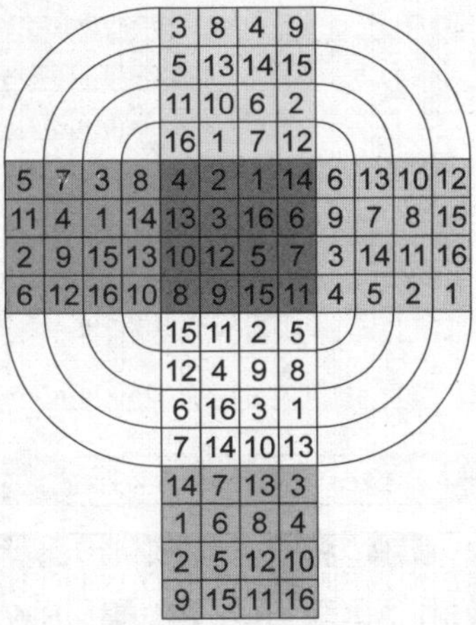

Denkspaß 355

TRIFFT DICH DES SCHICKSALS SCHLAG, SO MACH ES WIE DER BALL; JE STAERKER MAN IHN SCHLAEGT, JE HOEHER FLIEGT ER ALL

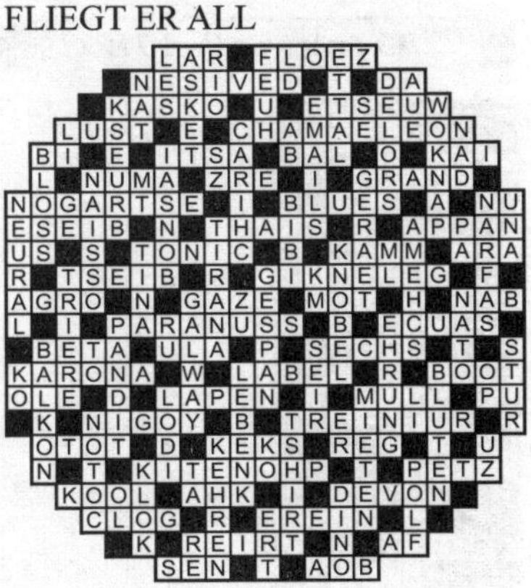

Denkspaß 356

Lösungsbeispiel:

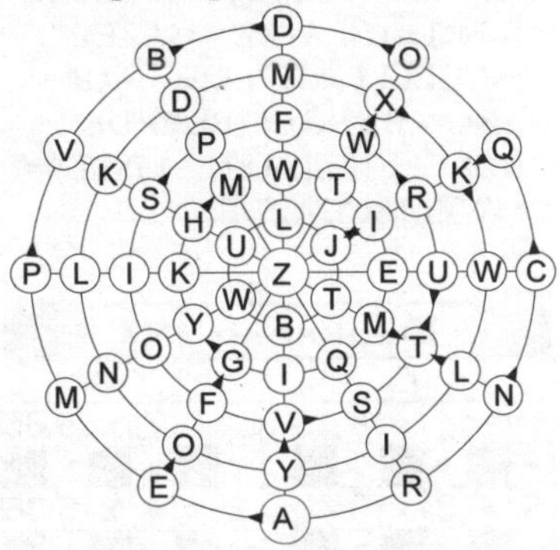

Denkspaß 357

1) C4, 2) B3, 3) A3, 4) B2,
5) B4, 6) A2

Denkspaß 358

4	2	6	9	3	7	8	1	5
9	1	8	2	6	5	7	3	4
7	5	3	8	4	1	2	6	9
8	4	2	5	9	3	1	7	6
5	6	9	7	1	2	4	8	3
3	7	1	4	8	6	5	9	2
6	3	7	1	2	4	9	5	8
1	9	4	6	5	8	3	2	7
2	8	5	3	7	9	6	4	1

2	4	7	5	6	9	1	3	8
6	3	1	4	7	8	9	5	2
8	9	5	2	1	3	4	6	7
1	8	9	6	3	7	5	2	4
3	2	4	8	5	1	6	7	9
5	7	6	9	2	4	8	1	3
7	1	8	3	9	5	2	4	6
9	5	2	7	4	6	3	8	1
4	6	3	1	8	2	7	9	5

1	8	7	6	3	9	2	5	4
9	3	2	5	4	7	6	1	8
5	4	6	1	8	2	3	9	7
2	9	3	4	6	8	5	7	1
8	7	5	9	1	3	4	6	2
4	6	1	7	2	5	8	3	9
7	5	4	2	9	6	1	8	3
6	1	8	3	7	4	9	2	5
3	2	9	8	5	1	7	4	6

2	5	7	1	8	9	3	6	4
6	8	1	3	4	2	5	9	7
4	3	9	7	5	6	1	8	2
3	2	8	5	6	1	7	4	9
9	4	5	2	3	7	8	1	6
1	7	6	4	9	8	2	5	3
5	9	4	8	2	3	6	7	1
8	1	3	6	7	4	9	2	5
7	6	2	9	1	5	4	3	8

Denkspaß 359

FANGEISEN

	B	R	I	E		F	I	N	N		B	A	L	L
L	I	E	B		B	E	T	A		B	A	N	D	
A	B	U		M	O	L	E		L	I	L	A		T
M	A		H	A	N	D		S	U	E	D		K	O
A		K	E	R	N		F	A	R	N		A	U	R
	S	O	R	E		S	A	G	E		E	R	L	E
M	O	R	D		E	U	R	O		A	N	T	I	
A	H	N		H	I	E	B		A	K	T	E		K
U	N		H	E	R	Z		L	U	K	E		F	A
T		T	E	L	E		H	U	T	U		H	A	U
	M	A	M	I		S	O	S	O		R	O	S	E
M	U	N	D		B	A	R	T		R	O	S	S	
A	N	N		H	E	G	E		F	E	M	E		D
R	T		L	E	D	A		L	I	G	A		W	O
I		T	A	X	E		C	U	R	E		K	A	L

Denkspaß 360

Es fehlen 45 Würfelstücke.

Denkspaß 361

		PRO			KU	
EX	PER	TE		LI	RA	
	SO	GE		A	RE	AL
	NA		SON	NE		MO
PA	LI	SA	DE		LO	SEN
	EN	GE		E	GO	
			HA	CKE		SPER
KOH	LE	O	FEN		WA	RE
	HEN	NA		HA	CHE	
			GA	BE		ZIE
KRE	A	TU	REN		RA	GE
	NA	BE		WO	CHE	
GAR	BO		FA	RIN		BI
	LI	BE	RO		KI	NO
VO	KA	BEL		TEN	TA	KEL

Denkspaß 362

NOISETTE

S		S	P	A	N	N		J		M	A	N	S	A	R	D	E
K	R	A	L		E		K	A	K	E	R	L	A	K		E	
I		N		L	I	L	A		I	R	E		I		G	N	U
	M	A	H	A	G	O	N	I		K		A	N	D	E	N	
F	E		E	P	E		T		W	U	R	S	T		S		B
A	L	M		P		T	O	T	E	R		T		S	T	A	R
R	D		L	E	G	E	N		S		G	A	R	N	E	L	E
S	E	G	E	N		L		D	I	D	O		P	O	L		T
I	N		I		K	E	H	R	R	E	I	M		B	L	U	T

A = K, B = F, C = S, D = H, E = U, F = M, G = I, H = R, I = W, J = G, K = A, L = J, M = N, N = D, O = E, P = L, Q = O, R = P, S = B, T = T

Denkspaß 364

FELDARBEITER

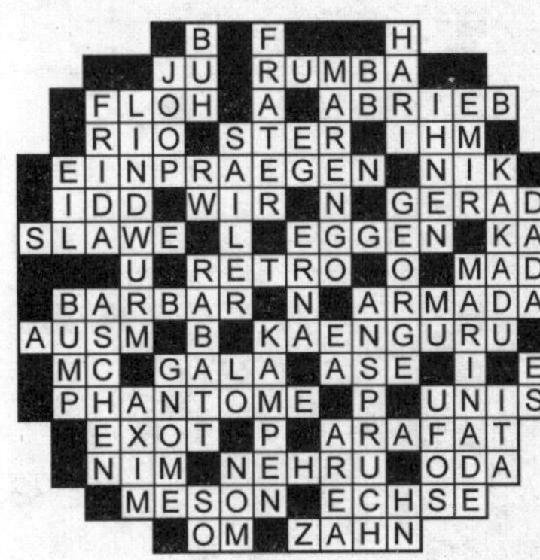

Denkspaß 363

Zeitlicher Ablauf:
2 → 5 → 3 → 1 → 4 → 6

Denkspaß 365

1E, 2D, 3C, 4F, 5A, 6B

Denkspaß 366

HYDROKULTUR

I	R	I	S		F	A	U	N	A		K	L	O	S	S		O
T	A	L	A	R		T		Y	T	O	N	G		P		S	M
H	U		B		K	U	H	L	E		I		H	E	U	T	E
A		K	O	P	I	E		T		H	E	I	M	C	H	E	N
K	I	L	T		M		H	E	I	A		P	I	K		R	
A		E		U	M	F	A	S	S	E	N		L		B	I	T
	A	B	E	R		E	S	T		R		S	C	H	A	L	
K	U	E	S	T	E		S		S	T	R	O	H		S		J
G	E	N		Y		N	A	E	H	E		L		B	E	D	E
	N		S	P	A	N	N		E		R	E	S	O	L	U	T

Denkspaß 367

Das Rad dreht sich in Richtung B.

Denkspaß 368

BESSER SPAET ALS GAR NICHT

					S	N	A	C	K	U	R		E				
		R		F	S	E			E	E	R	A	Z				
	N	E	O	N	C	P	D	L	G		E	K	R	S	K	E	
H	O	R	F	E	H	P	B	E			I	N	E		O	O	
A	S	A	P	G	E	E	F	A	J		S	E	K	G	P	L	P
T	A	P	A	P	R	N	T	S	A	C	B	C	E	G	E	A	L
U	I	S	I		B	U	I	D	H	A	E	L	L	E	K	L	A
S	S	T	R	I	E	R	B	A	N	D	R	I		W	E		N
E	A		B	M	N	M	E	D	K	K	G	P	L	A	Q	U	E
	A	L	U	D	A	L	I	R	N	O	O	R	E	G	L	E	
		A	S	L	E	T	A	L	S	A	K	R	A	T			
				N		P	E		E		S		N				

Denkspaß 369

A	A		S	A	L	B	E		M	O	R	A	L		B		S
U	L	K		T		I	R	R	E	N		B		T	E	A	K
T	E		Z	O	B	E	L		T		S	C	H	O	T	T	E
O	P	I	U	M		S		T	H	A	I		O	N	E		T
K	H		L		G	E	T	R	A	E	N	K		A		A	C
R		V	A	G	E		M	I	N		G		F	R	U	E	H
A	U	S	G	A	N	G		B		C	L	A	I	M		T	
T		O	E		I		C	U	R	I	E		F		O	N	A
	L	P		J	E	T	O	N		S		R	A	T	T	A	N

Denkspaß 370

(UMWELT – WELT) + (WEILER – ILER) + (GLATZE – GAZE) + (SCHELLE – HELLE) + (AB-HANG – BANG) + (BUERDE – BURE) + (LEISTEN – LISTE) = UMWELTSCHAEDEN

Denkspaß 371

31	+	4	+	8	43
+		+		–	
9	+	3	x	6	72
–		x		x	
5	x	2	+	7	17
35		14		14	

24	–	7	x	5	85
+		x		x	
2	+	4	x	6	36
–		–		+	
8	+	9	–	3	14
18		19		33	

Denkspaß 372

		W		
	F	A	X	
P	O	L	I	O
R	A	D	A	U
	A	M	I	
		E		
	G	I	N	
E	S	S	A	Y
N	U	T	E	N
	F	E	S	
		R		

		S		
	U	T	A	
F	E	I	N	E
J	A	C	K	E
	U	K	W	
		R		
	K	A	T	
L	E	H	N	E
A	R	M	E	R
	S	E	M	
		N		

		S		
	U	N	E	
V	I	O	L	A
B	O	B	B	Y
	P	I	K	
		S		
	A	T	P	
F	R	I	G	G
L	A	S	U	R
	I	C	H	
		H		

Denkspaß 373

Hier können Sie selbst kontrollieren, ob Sie die Aufgabe richtig gelöst haben.

Denkspaß 374

Denkspaß 375

		27\	8\	16\				16\	11\
	9\23	8	6	9			\4	1	3
\14	1	4	2	7		19\	16\16	9	7
\15	6	9	18\		16\16	9	2	4	1
\17	2	6	9	21\13	7	3	1	2	
		10\33	5	9	8	7	4	23\	7\
	15\14	2	3	8	1	\19	9	8	2
\10	2	3	1	4		13\	4\13	9	4
\13	9	4			\17	9	3	4	1
\5	4	1			\7	4	1	2	

Denkspaß 376

6	4	2	1	4		3	3	8	7	8	3		9	3	2	7	1	9	3
9		8		6		5			4					2					1
3		4		3	5	9	7	6	1		8	2	1	6	3	4	3	6	5
8		9		5		1			7					8					7
6				1		3		2	8	1	3	6		4	6	8	6	2	5
4		4		2		8						5					3		
		2		7	3	1	1	9	6	6		2	4	5	2	9	8	4	2
1	8	1	5	2					3			4		2			1		
8		4				3	8	3	9	2	5	2		7	4	7	9	7	5
3		3		8		1			3			3		6			5		
6	1	5	4	5		4	4	1	9	8	3		2	3	2	6	4	1	8
7				2		7			5						6				3
1		4		4	7	2	8	7	9	5		2	4	9	5	4	1	3	1
9	9	1	7	2		4		2				7			4		6		8
		9				5		8				9			2		7		7
3	7	7	2	8	8	1	9	4		8	4	6	7	3	4	9	6	4	9

Denkspaß 377

	U			D			U	W				C		
	E	K	Z	E	M		N	I	E	D	L	I	C	H
	B	L	A	K		F	E	E		U		N	R	W
N	E	U	R	A	L		H		T	O	E	D	I	
	R	G		N		T	R	I	A	S		E		O
	B		K	A	R	R	E		K		A	R	Z	T
F	L	I	R	T		A		N	E	U	W	E	R	T
	I		E		U	M	S	O		M	A	L		O
S	C	H	I	L	D	P	A	T	T		C	L	A	N
	K	O	S	M	O	S		A	U	S	S	A	G	E

Denkspaß 378

				K	A	E	S	E
			P	L	A	T	Z	
G	A	R	T	E	N			
	Z	W	E	I	G			
				D	R	U	C	K
M	I	T	T	E	L			
		W	U	R	Z	E	L	
		Z	I	M	M	E	R	
		S	T	A	N	D		
		B	O	C	K			
Z	E	I	C	H	E	N		
			W	E	R	T		
	T	R	A	N				
N	A	G	E	L				
			G	E	L	B		
			A	U	S	S	E	N
	W	I	R	T				
			T	E	I	G		

Denkspaß 379

	5		1			7		5		8				
	2	6	7	7	3	1		9	6	7	7	6	5	2
	4	7	1	4	7	8		8		5	4	2	6	5
5	1	1	6		8		3	5	9	1		5	4	9
	2	5		9	5	4	1	6	5	3	1		6	6
	6	9	2	4		6	5	5		4		6	3	9
	8	4	6	2	4		9		3	7	3	5	6	
1	4	9		7		2	2	3	7	2		7		5
			4	4	3	9	5		5		2	2	1	7
	5	5	3	2		8		4	8	7	1	3	9	1
	2		5		6	2	6	6		9	3	2		8
4	5	2	6	8	9	9	5	1	5		5		5	9
	7	5		5	8	3		8		2	4	5	7	4
1	4	3	3		6	6	9	4	6	7	2		2	2
	3	2	1	4	8	4	2	2	7	8		9	4	7

Denkspaß 380

WARZENSCHWEINE
1-2 UNWAHR, 3-4 KUWAIT,
5-6 VERZUG, 7-8 WURZEL,
9-10 DIENEN, 11-12 DIENST,
13-14 LASCHE, 15-16 MASCHE,
17-18 SCHWER, 19-20 SCHWUR,
21-22 BREITE, 23-24 GLEICH,
25-26 LINEAR, 27-28 LINEAL

Denkspaß 381

Fehlender Buchstabe: A

Denkspaß 382

URSACHEN

	B		S		I		A				E	R		
D	U	S	T	E	R		L	E	I	S	T	U	N	G
	C		A		R	O	L	L	B	A	H	N		R
	H	O	T	E	L		E	I	N		N		S	O
	S	T	U	D	I	O		T		H	I	R	T	E
F	E	T	E		C		M	E	R	O	E		I	S
		O		E	H	R	E	N		M		A	L	S
	U	N	A	R	T		R		H	O	E	L	L	E
U	N	E		H		G	E	F	A	E	L	L	E	
	I		J	O	S	E		I	D	O		U		C
	K	A	O	L	I	N			I		R	E	D	E
R	U	E	G	E		I	M	I	T	I	E	R	E	N
	M		A	N	G	E	W	O	H	N	H	E	I	T

R	M	E	J	H	G	L	D	F	S
T	B	C	U	N	K	A	I	O	W

Denkspaß 383

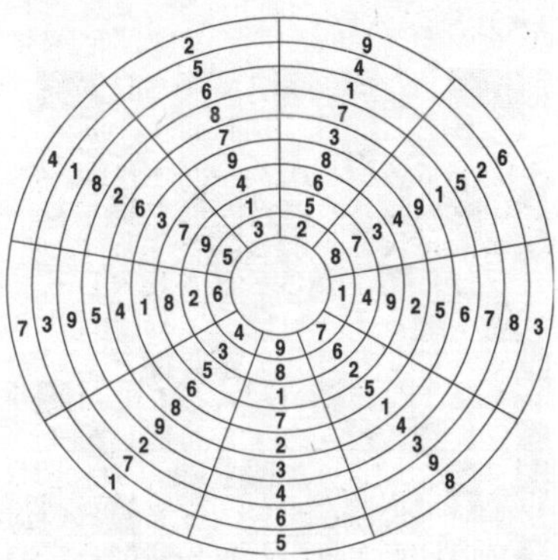

Denkspaß 384

MITTELAMERIKA

				T		R	A			E				B	
M	A	S	E	R		E	D	E	L	M	E	T	A	L	L
	R	E		A		V	A	R	I	A		H		A	U
S	I	N	G	U	L	A	R		D	I	A	R	A	M	A
S	E	N	A	T		L		K	O	L	L	E	G	I	N
			W		U						L	E		E	D
	A	S	E	A	N						G		A	R	A
	S	T	I	L	L					S	A	N	K	T	
S	P	I	N		U						E		U		G
	E	E		M	S					A	U	S	T	E	R
	K	R	A	U	T						E	T		C	U
U	T	E		C		S			Z		R	A	N	K	E
			A	H	L	E		M	E	T		L	O		B
	A	L	L	T	A	G			C		F	I	N	N	E
E	R	I	K	A		O	M	I	K	R	O	N		I	L
	D		E	R	M	U	E	D	E	N	D		R	E	N

Denkspaß 385

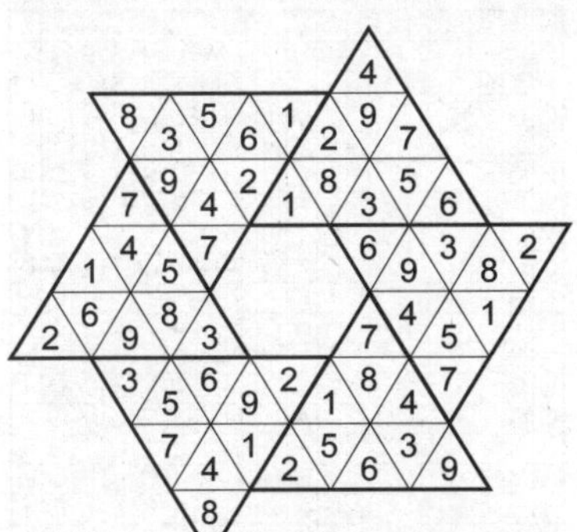

Denkspaß 386

13	1	6	5	9	7	2	15	11	4	12	14	3	16	10	8
12	7	8	10	4	3	11	14	1	5	16	2	9	6	13	15
3	2	15	11	16	12	5	10	9	8	13	6	4	14	7	1
9	14	4	16	1	6	8	13	15	10	7	3	2	12	11	5
7	11	10	8	5	1	3	2	13	15	4	12	14	9	6	16
6	16	9	2	15	11	13	12	5	14	1	7	10	4	8	3
14	5	1	3	10	4	9	7	16	6	8	11	13	2	15	12
15	4	12	13	14	8	6	16	3	2	9	10	7	5	1	11
10	9	3	4	8	5	15	1	2	7	6	16	11	13	12	14
16	6	5	14	2	13	7	11	12	3	15	8	1	10	9	4
1	15	2	7	12	10	4	9	14	11	5	13	8	3	16	6
8	13	11	12	6	16	14	3	4	9	10	1	15	7	5	2
4	3	7	15	13	2	16	6	10	1	11	5	12	8	14	9
5	10	13	6	11	14	1	4	8	12	2	9	16	15	3	7
11	8	16	9	3	15	12	5	7	13	14	4	6	1	2	10
2	12	14	1	7	9	10	8	6	16	3	15	5	11	4	13

Denkspaß 387

EISKUNSTLAUF

F	E	S	T	E	S	S	E	N		K	A	L	B		E	G
O	T	T	O		P		H	O	S	E		P	E	P		E
X		E		I	L	E	R		O	L	M		S		U	N
	G	L	A	D	I	O	L	E		V		M	E	I	S	T
B	I	L	L	E	T		I		M	I	L	A	N		U	L
O	L	E		E		S	C	H	O	N		R		I	S	E
	E		A	L	L	A	H		D		A	D	E	R		M
S	T	A	H	L		R		L	I	E	G	E	S	O	F	A
I	S	B	N		K	I	N	O		R	A	R		N	U	N

Denkspaß 388

Lösungsbeispiel:

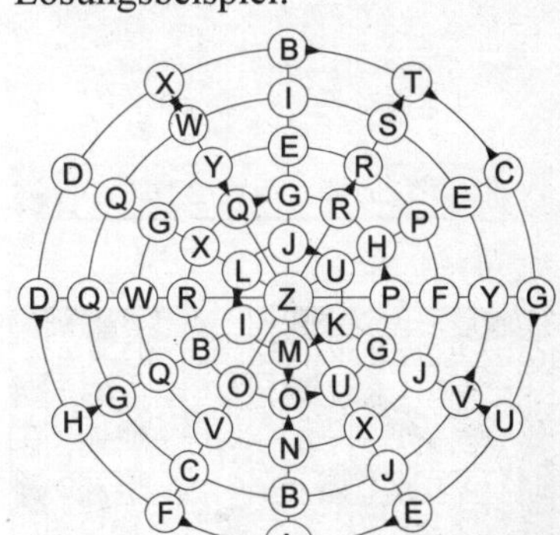

Denkspaß 389

	LEH				A	
O	RE	GA	NO		LI	LA
		LA	BEL		MEN	GE
	DI	XIE		KAR	TE	
	O		DE	REN		ZET
UN	GE	LO	GEN		HO	TEL
	NES	SE		SE	LA	
			WO	HER		KNA
SEIS	MO	LO	GE		RE	BE
	NO	CKE		WE	GEN	
			RO	DEL		SO
MO	DE	RA	TOR		GAR	DA
	MA	DE		KA	TEN	
MAN	GO		U	RO	LO	GE
	GE	LOEB	NIS		KAL	BEN

Denkspaß 390

A	738	−	160	=	578
	+		−		+
	89	+	71	=	160
	827	−	89	=	738

B	125	+	50	=	175
	+		+		+
	20	+	378	=	398
	145	+	428	=	573

C	567	−	294	=	273
	+		+		+
	370	−	223	=	147
	937	−	517	=	420

Denkspaß 391

4	7	5	8	9	1	6	3	2
1	6	9	7	2	3	4	8	5
3	2	8	5	4	6	7	1	9
5	4	2	3	8	9	1	7	6
7	9	1	4	6	5	8	2	3
8	3	6	2	1	7	9	5	4
6	8	7	9	5	2	3	4	1
9	5	4	1	3	8	2	6	7
2	1	3	6	7	4	5	9	8

3	7	2	5	6	1	9	4	8
9	1	8	2	3	4	6	5	7
4	6	5	7	8	9	3	2	1
7	5	4	1	2	6	8	9	3
2	3	1	9	7	8	5	6	4
6	8	9	3	4	5	7	1	2
1	4	7	6	9	3	2	8	5
5	2	6	8	1	7	4	3	9
8	9	3	4	5	2	1	7	6

8	4	1	5	7	6	3	2	9
2	6	7	4	9	3	8	5	1
5	3	9	1	8	2	6	7	4
9	1	8	7	3	5	4	6	2
4	7	6	8	2	1	5	9	3
3	5	2	6	4	9	1	8	7
6	8	3	9	1	7	2	4	5
1	9	4	2	5	8	7	3	6
7	2	5	3	6	4	9	1	8

Denkspaß 392

KINDERFILM

			F	A				A	O			B		M	
G	R	O	L	L		K	O	N	D	I	T	O	R	E	I
H	E	G	E	L		U		N	A	B	O	B		R	
	G		I		A	R	E	A	L		R		O	C	A
	A	B	S	A	T	Z		H		T	E	L	L	E	R
	T	A	S		O		A	M	O	U	R		A	D	
	T	R	I	B	U	E	N	E		T	O	L	L	E	N
	A	N	G	E	T	A	N		A	U	S	M	A	S	S

Denkspaß 393

HOFSTAAT

			L	E				Z			S	D		
N	A	B	E	L		S	T	I	N	K	T	I	E	R
S	T	U	R	M		P		K	O	P	I	E		O
	O		C		K	A	R	A	T		F		F	U
	M	A	H	N	E	N		D		S	T	E	I	L
R	E	U	E		T		G	E	B	A	E	R	D	E
		T		S	T	A	U		G	I	N		E	A
	M	A	U	L	E	S	E	L		S		A	L	U
K	A	R	T	O	N		N		K	O	E	L	N	
	S	K		W		A	S	I	E	N		O		K
	S		S	A	L	U	T		V		W	E	I	L
M	I	M	I	K		E	I	N	I	G	E		K	O
	V	O	R	E	I	N	G	E	N	O	M	M	E	N

D	A	F	E	M	V	T	B	C	Z	R
H	U	N	S	I	L	O	G	P	K	W

Denkspaß 394

6	7	5	3	4	1	8	2	9
4	2	1	8	7	9	6	5	3
3	9	8	6	5	2	4	7	1
8	5	6	2	9	7	3	1	4
1	3	9	5	8	4	2	6	7
2	4	7	1	6	3	9	8	5
5	8	4	9	1	6	7	3	2
9	6	3	7	2	5	1	4	8
7	1	2	4	3	8	5	9	6

Denkspaß 395

AUCH WENN MAN ES NOCH SO GUT VERTUSCHT, WAS VERPFUSCHT IST, BLEIBT VERPFUSCHT

N	J	A	H	K	X	H	G	V	X	E	F	M	E	C	H	T	Z
S	D	K	K	V	O	Y	W	B	V	I	W	L	J	S	B	J	Y
P	F	H	C	T	D	B	Y	C	Y	Z	M	T	A	U	Q	N	G
Q	B	S	G	R	B	T	I	M	I	I	X	L	D	F	P	G	H
D	G	X	O	Q	Q	Y	Y	K	N	J	B	I	S	Y	R	I	E
K	O	N	P	M	V	P	S	E	D	H	F	P	K	X	E	S	A
H	P	Z	Y	P	X	X	N	P	M	S	A	R	J	D	V	T	B
X	I	M	P	Q	W	Q	Q	T	Q	C	R	H	A	S	T	B	I
G	C	N	V	T	V	D	P	X	W	C	H	T	W	I	B	L	E
L	G	T	W	A	T	Y	W	K	I	S	V	S	A	T	H	P	S
U	I	Q	L	Y	G	R	H	N	O	U	E	R	P	F	C	T	P
X	R	J	D	L	Y	O	G	I	M	T	R	E	J	U	S	X	N
U	O	R	V	Q	E	N	L	E	U	K	E	V	K	E	D	D	I
C	G	I	P	N	H	Z	D	A	E	I	U	T	G	Z	M	O	F
J	N	V	N	M	G	O	C	N	I	O	G	Z	T	U	Z	E	E
W	M	K	U	E	U	C	N	C	H	S	R	J	O	L	F	O	U
A	Q	W	E	B	X	N	E	O	Q	J	Z	X	F	S	L	E	I
U	C	H	N	N	M	A	S	N	Z	D	F	R	C	V	Q	R	Y

Denkspaß 396

PAECHTER

S	K	I	F	F		G	A	N	G		S	O	L	E	I		E
	O		E	H	R	E	N	M	A	L		M		H	A	I	N
T	R	A	B		C	H	I		L		N	A	H	E	N		G
S	P	U	R	T		E		H	A	U	E	N		R		O	E
C	S		U		H	U	M	A	N		U		K	N	A	L	L
H		B	A	N	A	L		S		O	R	K	A		E	M	S
A	D	E	R		E		A	T	T	R	A	P	P	E		E	
U		L		A	S	E	N		R	T	L		L		A	K	T
	G	E	D	E	I	H	E	N		E		T	A	U	B	E	
U	N	G	E	R	N		T		B	R	A	U	N		A	N	A

Denkspaß 397

3	10	4	1	8	5	2
2	1	12	4	15	3	10
12	2	12	10	3	4	1
4	3	12	2	1	14	10
11	14	2	3	9	1	4
5	4	1	15	2	16	3
1	9	3	10	4	2	5

2	9	1	10	4	3	4
6	4	2	14	3	17	1
9	14	3	1	11	2	4
4	1	11	3	2	15	12
13	3	13	10	1	4	2
3	2	15	4	12	1	14
1	10	4	2	7	4	3

3	5	7	4	1	10	2
10	2	10	1	13	4	3
4	1	2	10	13	3	13
10	16	4	3	13	2	1
1	4	16	2	3	11	4
2	14	3	15	4	1	9
5	3	1	10	2	11	4

6	2	9	4	3	1	4
4	12	2	1	13	13	3
9	3	1	12	4	14	2
2	10	3	12	1	4	12
10	1	13	3	12	2	4
3	4	14	2	12	12	1
1	12	4	8	2	3	4

Denkspaß 398

7	2	9	8
1	11	6	4
10	3	12	5

Denkspaß 399

DIENSTLEISTUNG

E	T	A	T	■	A	U	L	A	■	H	A	R	N	■
I	E	R	■	C	U	R	E	■	S	E	N	N	■	H
R	G	■	S	O	R	E	■	T	E	I	G	■	S	A
E	■	S	O	D	A	■	P	O	E	T	■	B	U	B
■	R	E	D	E	■	K	E	R	N	■	M	A	D	E
S	O	L	E	■	F	A	S	T	■	E	I	L	E	■
A	M	A	■	B	A	R	T	■	S	U	E	D	■	L
F	A	■	E	U	R	O	■	F	E	L	S	■	M	O
T	■	A	R	N	O	■	M	I	N	E	■	K	U	R
■	L	U	S	T	■	S	O	L	D	■	R	U	T	E
F	E	S	T	■	F	A	R	M	■	K	A	L	I	■
U	H	M	■	M	I	L	D	■	L	A	S	T	■	R
E	M	■	H	E	L	M	■	L	I	F	T	■	P	O
R	■	H	A	T	Z	■	T	I	E	F	■	F	L	O
■	S	A	L	T	■	M	E	R	K	■	L	I	A	S

Denkspaß 400

SELBST GETAN IST BALD GETAN

Denkspaß 401

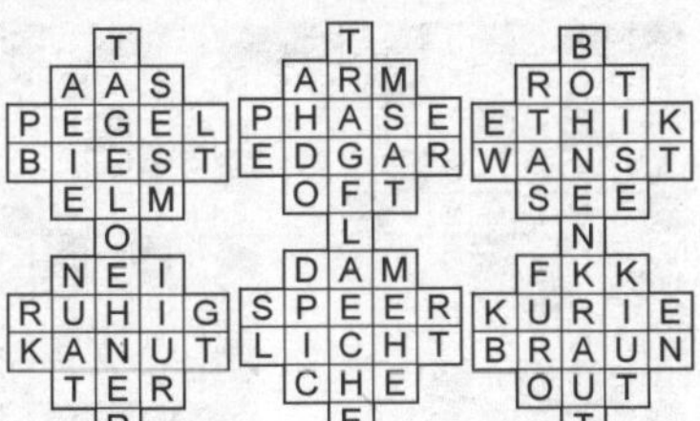

Denkspaß 402

ANLAGE

M	■	B	E	S	T	E	■	O	■	D	A	M	M
A	M	O	R	■	H	■	S	P	R	I	T	Z	E
O	■	T	■	O	E	R	E	■	R	E	E	■	T
■	W	E	R	K	T	A	G	S	■	S	■	A	H
U	E	■	E	T	A	■	E	■	T	E	M	P	O
H	I	T	■	E	■	G	L	E	I	S	■	I	D
■	D	O	K	T	R	I	N	■	N	■	I	S	E
D	E	P	O	T	■	N	■	M	A	X	I	■	N

Denkspaß 403

Denkspaß 404

07	04	02	**05**	09	**09**	08	07	00	06	**03**	03
02	06	**04**	05	11	09	00	**11**	01	**03**	03	04
09	**09**	04	06	05	**09**	07	11	**10**	03	**03**	10
06	09	03	**11**	07	02	05	**11**	10	08	01	11
04	08	**05**	11	06	05	**10**	09	02	**11**	07	00
11	03	05	08	**04**	04	10	**05**	09	11	**10**	01
08	00	**05**	03	04	07	**10**	05	06	**11**	10	02
10	01	07	09	**04**	00	04	02	**04**	05	06	**05**
01	**11**	06	07	08	**06**	02	**04**	04	00	**08**	05
03	11	**09**	10	**10**	06	09	04	**04**	02	08	07
00	**11**	09	02	10	**06**	11	**04**	03	04	**08**	06
11	05	**09**	00	**10**	03	06	08	**06**	10	04	09

Denkspaß 405

Zeitlicher Ablauf:

2 → 1 → 3 → 6 → 5 → 4

Denkspaß 406

STADTRAT

S	■	P	L	U	T	O	■	M	I	L	C	H	S	H	A	K	E
T	R	E	U	■	H	U	M	O	R	■	I	■	I	N	R	I	■
O	■	T	R	A	U	T	■	T	■	U	S	E	R	■	D	O	N
W	A	R	E	■	J	■	W	E	I	N	■	D	I	A	■	S	■
E	■	A	■	B	A	S	I	L	I	K	A	■	K	■	A	K	T
■	T	R	I	O	■	E	S	S	■	L	■	S	I	L	B	E	R
T	I	C	K	E	N	■	M	■	N	U	G	A	T	■	T	■	O
A	L	A	■	E	■	M	U	T	I	G	■	A	■	N	E	T	T
■	L	■	I	N	U	I	T	■	E	■	P	R	O	V	I	N	Z

A = V, B = D, C = O, D = H, E = S, F = P, G = N, H = I, I = G, J = U, K = B, L = A, M = Z, N = R, O = E, P = L, Q = T, R = W, S = C, T = M, U = J, V = K

Denkspaß 407

1F, 2E, 3D, 4C, 5B, 6A

Denkspaß 408

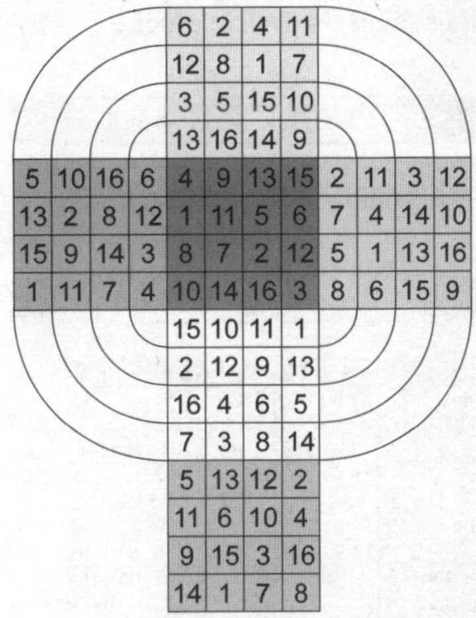

Denkspaß 409

Diese Aufgabe sollten Sie schnellstmöglich und ohne Pause bewältigt haben.

Denkspaß 410

4	5	2	9	9		9	6	2	5	9	3		6	8	7	1	2	4	3
3		3		3		4			9					4					7
7		2		7	4	6	3	4	2		1	7	8	1	4	2	9	3	1
6		9		1		9			4					4					6
4				4		6		5	7	7	8	3		8	7	4	3	7	4
5		1		6		8						2					6		
		9		7	5	9	2	6	6	5		7	2	9	6	3	2	2	2
7	8	5	6	8					7			3		8			5		
2		9				7	8	9	9	3	1	8		9	3	8	9	6	1
6		2		1		5			7			6		1			8		
3	3	6	4	5		1	5	7	6	8	4		4	6	5	7	9	9	3
9				2		6			1						1				4
6		2		6	4	9	1	1	2	5		4	9	7	3	9	8	3	2
4	6	7	3	2		6		8				7			5		5		7
		8				3		4				5			4		2		9
7	5	6	2	6	2	9	3	8		9	6	7	7	9	6	3	8	7	3

Denkspaß 411

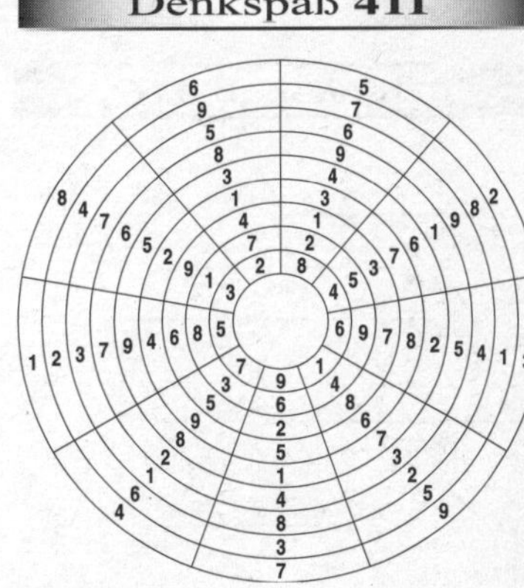

Denkspaß 412

Es fehlen 54 Würfelstücke.

Denkspaß 413

Fehlender Buchstabe: S

Denkspaß 414

10	8	7	3	1	15	14	2	13	4	16	5	12	11	9	6
4	9	14	2	10	5	13	11	3	8	6	12	1	16	7	15
13	16	15	12	4	8	7	6	1	11	9	14	5	3	10	2
5	6	1	11	16	3	12	9	7	10	15	2	14	8	13	4
16	12	6	13	11	4	1	5	14	9	10	3	7	15	2	8
8	4	5	9	7	14	15	16	2	13	1	6	11	10	3	12
11	1	10	15	12	2	6	3	4	16	8	7	9	5	14	13
7	3	2	14	13	9	8	10	11	5	12	15	6	4	1	16
1	13	16	5	3	12	10	15	6	7	11	8	2	9	4	14
9	15	3	10	8	7	2	4	5	12	14	1	13	6	16	11
12	14	8	4	6	11	16	13	9	2	3	10	15	7	5	1
6	2	11	7	5	1	9	14	16	15	13	4	3	12	8	10
15	11	12	8	9	16	3	7	10	1	2	13	4	14	6	5
14	10	9	1	2	6	4	12	8	3	5	11	16	13	15	7
3	7	13	6	15	10	5	1	12	14	4	16	8	2	11	9
2	5	4	16	14	13	11	8	15	6	7	9	10	1	12	3

Denkspaß 415

A

441 − 230 = 211
\+ + +
477 − 453 = 24

918 − 683 = 235

B

264 + 108 = 372
\+ + +
254 + 3 = 257

518 + 111 = 629

C

232 + 158 = 390
\+ + +
15 + 470 = 485

247 + 628 = 875

Denkspaß 416

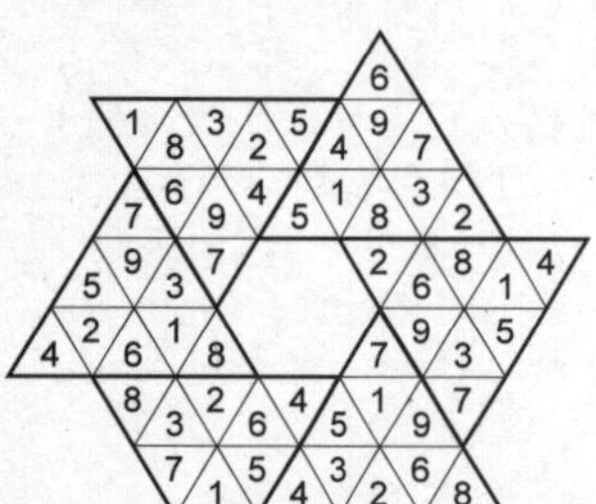

Denkspaß 417

			5		4	3			4				1	
6	5	3	4	3	7	6		8	1	4	1	5	6	4
	7		9		3	4	3	9	8		4		1	1
7	3	8	5	9	4	7		6		1	8	9	6	4
5	2	6	7		1		9	5	6	2	2	4	4	5
		2		6	9	9	2		4	5	4		5	8
	9	6	1	8	2	3	8	2		9		8	9	7
6	8	5	8	3	5		9		9	2	8	5	3	
	9	6		8		5	3	7	4	5		2		9
	8		3	6	4	8	2		5		9	3	1	7
9	4	7	4	3		5		4	3	8	2		3	1
	9		9		7	3	9	9	8	1	8	1	4	8
8	4	5	7	1	4		8	8	5		5	9		2
	9	4		6	3	4		5	4	8	8	7	5	1
7	1	9	4		6	8	4	2	2	9	4	4	6	8

Denkspaß 418

	L	I	E	B	E			
	D	A	U	E	R			
		K	O	H	L			
		G	L	E	I	C	H	
		W	I	R	B	E	L	
		W	U	R	F			
				S	T	E	R	N
	B	U	E	C	H	E	R	
		Z	A	H	L			
			F	E	D	E	R	
	W	A	L	D				
			S	E	I	L		
	S	P	A	N	N			
		H	A	U	T			
				N	A	C	H	T
				M	E	E	R	
			B	U	T	T	E	R
G	E	W	I	T	T	E	R	

Denkspaß 419

GLUEHWUERMCHEN
1-2 ARGLOS, 3-4 SEGLER, 5-6 SPUELE, 7-8 DRUESE, 9-10 SCHWER, 11-12 SCHWUR, 13-14 BLUETE, 15-16 FRUEHE, 17-18 KARMIN, 19-20 MURMEL, 21-22 ROCHEN, 23-24 WUCHER, 25-26 DIENEN, 27-28 EBENSO

Denkspaß 420

	NA	SE			KO	
PRO	ME	NA	DE		A	HA
		TO	MI		LIE	BEN
RENT	NE	RIN		LO	REN	
	PA		IR	DEN		LO
BA	LE	A	REN		TA	RA
	SE	RA		GE	GEN	
			DRO	HEN		WA
TIER	GE	HE	GE		RE	DE
	HER	DE		LAU	GE	
			WEI	TE		KUEM
LAN	GE	WEI	LE		KA	MEL
	O	DE		FE	TA	
HAL	LO		MAR	ME	LA	DE
	GE	FIE	DER		NE	MO

Denkspaß 421

1) BANKDIREKTOR
– KUEHLSCHRANK
2) TAETOWIERUNG
– SCHLEIEREULE
3) SCHNEIDEZAHN
– SCHAELMESSER
4) ERFORDERLICH
– LENDENWIRBEL
5) BLITZSCHNELL
– STANDARDWERK

Denkspaß 422

KAROSSERIE

			E		I		A				R			W	
Z	E	R	R	E	N		S	O	P	H	O	K	L	E	S
	R		H		D	I	A	G	O	N	A	L		H	E
A	B	L	A	G	E		D	E	R		S	E	G	E	N
	S	E	L	B	S	T		R	O	E	T	E	L	N	
W	E	S	T		S						B		U		K
		U		D	E					W	E	T	T	E	R
	A	N	K	E	N						E	R		W	A
B	U	G		K							F	A	B	E	L
	S		G	O	N							G	E		L
	S	U	L	K	Y					T	R	E	N	S	E
S	C	O	U	T		M		T			I	N		E	
	H		K		M	I	E	R	E		T		O	L	E
	U	T	O	P	I	E		A		S	E	H	N	E	N
	S	O	S		S	T	O	R	C	H		W	A	N	N
	S	P	E	I	S	E	W	A	G	E	N		N	E	O

Denkspaß 424

Hier können Sie selbst kontrollieren, ob Sie die Aufgabe richtig gelöst haben.

Denkspaß 423

SELBSTVERTRAUEN

I	V	R	U	N	T	B	S	L	A	Q	E
S	Q	E	L	I	U	V	A	N	R	T	B
T	B	N	A	E	L	Q	R	V	S	U	I
R	A	V	E	T	Q	U	B	S	I	L	N
N	U	Q	T	L	S	E	I	A	V	B	R
B	L	S	I	R	V	A	N	U	T	E	Q
E	N	L	V	B	A	S	Q	R	U	I	T
Q	R	I	S	U	N	T	L	B	E	V	A
A	T	U	B	V	R	I	E	Q	L	N	S
V	E	A	N	S	B	L	T	I	Q	R	U
U	I	B	Q	A	E	R	V	T	N	S	L
L	S	T	R	Q	I	N	U	E	B	A	V

Denkspaß 425

1) LAKEN, ENKEL, ELVIS, ISAAK, AKTEI, EISEN, ENGEL, ELOGE, GECKO, KOALA
2) CHINA, NAGEL, ELEMI, MIMEN, ENKEL, ELVIS, ISAAK, AKTEI, EINST, STICH

Denkspaß 426

1. BERBER, 2. STARRE, 3. TESTAT, 4. FLIESE, 5. UNHEIL

Denkspaß 427

1) BRANDUNG, 2) ARCHIVAR, 3) BARBECUE, 4) CASANOVA

Denkspaß 428

POPSTAR

S	L	I	P	I	L	S
N	E	M	O	M	E	N
R	E	E	P	E	E	R
B	O	N	S	N	O	B
N	I	E	T	E	I	N
S	A	R	A	R	A	S
A	M	O	R	O	M	A

Denkspaß 429

ENGAGIERT

L	A	G	E	R	N	■	B	A	L	L	E	T	T
I	■	A	■	U	E	F	A	■	F	U	N	■	O
V	E	R	S	E	S	S	E	N	■	M	■	A	L
R	S	■	I	S	T	■	R	■	A	M	S	E	L
E	P	I	■	T	■	B	E	S	T	E	■	R	■
■	A	■	B	I	S	O	N	■	L	■	L	A	R
I	N	N	I	G	■	E	■	M	A	I	E	■	A
M	A	U	L	■	A	S	S	I	S	T	E	N	T

Denkspaß 430

Nach rechts oben: 2 AE, 3 ERST, 4 MIETE, 5 PINNE, 6 BALSA, 7 ZENIT, 8 MAINZ, 9 BINDE, 10 BANGE, 11 TANNE, 12 SARDE, 13 STUTE, 14 REIBE, 15 REIFE, 16 LICHT, 17 LAKE
Nach rechts unten: 1 ESTE, 2 ARENA, 3 EINST, 4 MILIZ, 5 PANNE, 6 BEIDE, 7 ZANGE, 8 MINNE, 9 BANDE, 10 BARTE, 11 TAUBE, 12 STIFT, 13 SEIHE, 14 RECKE, 15 RIAD, 16 LL

Denkspaß 431

KOSAKE

S	U	T	H	E	R	L	A	N	D	■	S	U	P	E	R	B
C	L	O	U	S	■	E	■	O	E	L	E	N	■	R	■	R
H	M	■	P	■	K	A	R	R	E	■	N	■	A	N	N	O
N	■	B	E	V	O	R	■	M	■	T	O	L	L	■	U	M
U	R	A	N	■	G	■	L	A	Z	A	R	E	T	T	■	B
R	■	L	■	A	N	O	A	■	U	N	A	■	A	■	U	E
■	B	L	A	M	A	B	E	L	■	T	■	K	E	R	Z	E
D	O	■	A	B	T	■	R	■	B	A	S	A	R	■	E	R
A	E	H	R	E	■	A	M	S	E	L	■	T	E	N	N	E

Denkspaß 434

5	3	3	2	7		9	5	4	4	2	8		9	6	3	6	8	4	9
9		4		9		8			6					4					5
1		9		7	2	9	1	3	2		4	8	4	6	4	8	6	7	6
3		5		4		4			1					2					7
5				5		7		5	4	1	6	4		3	2	4	4	3	5
4		8		7		1						9					9		
		9		5	9	7	8	9	7	6		3	7	8	7	1	3	4	1
5	8	5	8	6					8			8		4			1		
4		3				2	5	1	2	2	4	2		6	8	9	9	3	2
7		9		8		7			4			4		2			2		
5	9	8	9	4		8	3	3	3	8	3		6	5	5	3	5	5	9
3				8		7			9						3				3
1		4		7	4	6	1	4	6	6		2	2	6	7	2	7	2	1
6	3	1	5	4		3		7				1			9		6		5
		7				4		5				6			3		9		8
7	9	6	1	9	3	3	8	9		7	1	1	5	7	2	4	2	1	1

Denkspaß 432

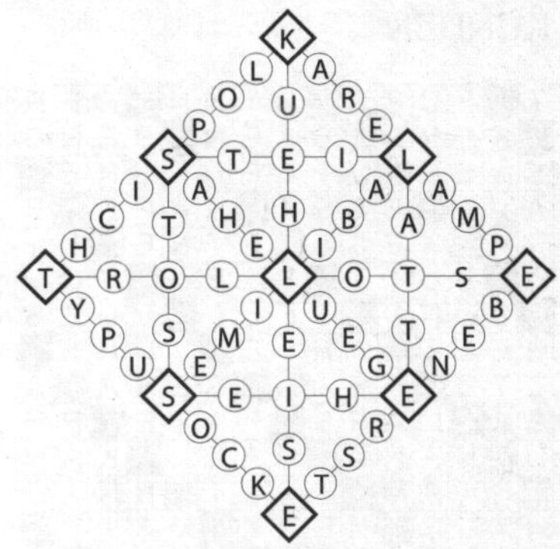

Denkspaß 433

	R	E	A	L	
R	E	N	N	E	R
E	N	T	A	S	E
A	N	A	N	A	S
L	E	S	A	R	T
	R	E	S	T	

	P	L	A	N	
P	O	E	S	I	E
L	E	C	K	E	R
A	S	K	E	S	E
N	I	E	S	E	N
	E	R	E	N	

	W	I	S	T	
W	I	M	P	E	L
I	M	P	A	L	A
S	P	A	T	E	N
T	E	L	E	X	E
	L	A	N	E	

		K	E	S	S		
		O	R	T	E		
K	O	M	B	U	E	S	E
E	R	B	A	R	M	E	N
S	T	U	R	H	E	I	T
S	E	E	M	E	I	L	E
		S	E	I	L		
		E	N	T	E		

Denkspaß 435

33	–	6	–	3	24
+	■	+	■	–	■
9	+	7	+	2	18
–	■	+	■	+	■
5	+	4	+	8	17
37	■	17	■	9	■

38	–	3	–	7	28
–	■	x	■	+	■
9	x	8	+	4	76
–	■	+	■	x	■
2	+	6	x	5	40
27	■	30	■	55	■

Denkspaß 436

1 ANNUELL, 2 BANDNUDEL, 3 NUKLEAR, 4 AUFKLEBER, 5 BLUTARMUT, 6 BLITZARTIG, 7 BLUTEGEL, 8 POESIE, 9 HUEHNEREI, 10 MAENNERCHOR, 11 LEGIERUNG, 12 NEUGIERIG
NUKLEARENERGIE

Denkspaß 437

KUNDEN

Denkspaß 438

KEILRIEMEN

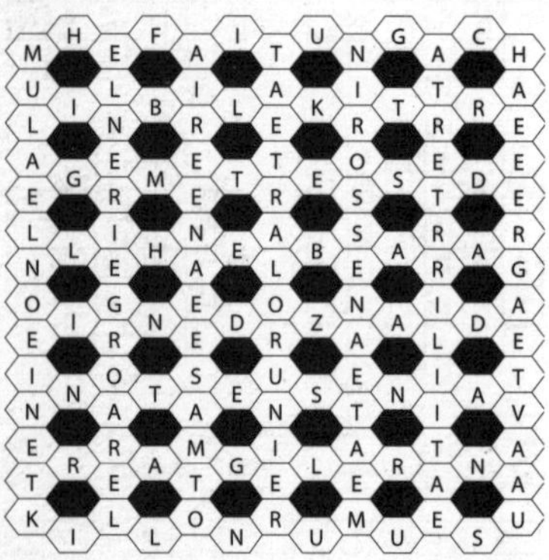

Denkspaß 439

1	8	10	2
12	9	5	3
4	11	7	6

Denkspaß 440

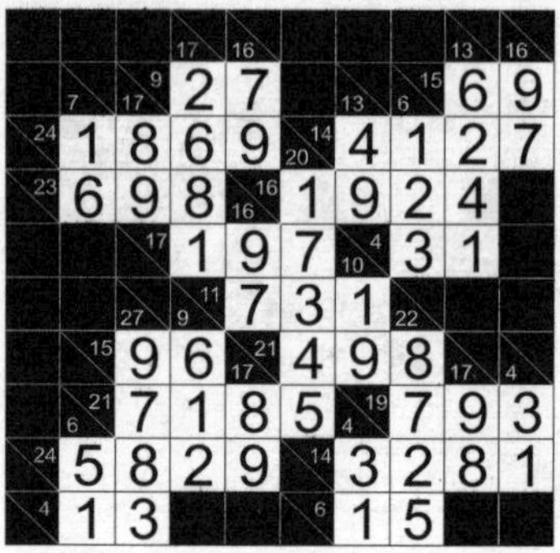

Denkspaß 441

REVIER

Denkspaß 442

KUTSCHER

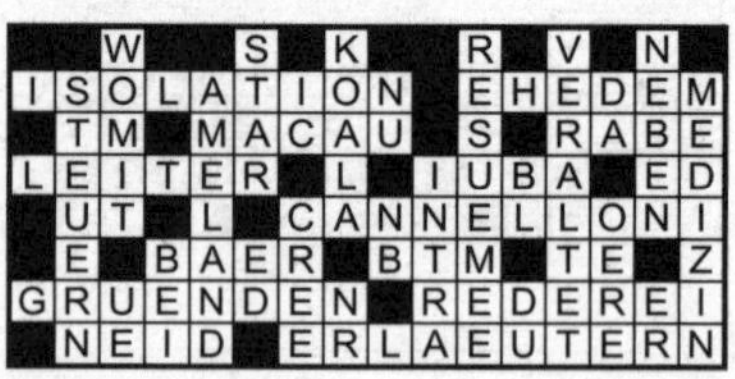

Denkspaß 443

Denkspaß 444

WORTE, EINES, INSEL, BRITE, EKELN, REMISE, FEHLER, ASCHE, SEILE, TRICKS, NEHRU, ACHSEN, CRASH, HASEL, TADEL = WEIBERFASTNACHT

Denkspaß 445

1	3	6	5	4	9	8	2	7
7	4	2	3	1	8	5	6	9
9	5	8	7	6	2	3	1	4
4	1	3	8	5	7	6	9	2
5	8	9	6	2	1	7	4	3
2	6	7	9	3	4	1	8	5
8	2	5	1	9	3	4	7	6
3	7	4	2	8	6	9	5	1
6	9	1	4	7	5	2	3	8

8	3	1	6	4	2	5	7	9
4	7	5	1	9	3	8	6	2
9	6	2	5	7	8	4	1	3
7	9	8	3	5	4	1	2	6
3	1	4	8	2	6	9	5	7
5	2	6	9	1	7	3	8	4
2	5	9	7	3	1	6	4	8
6	4	3	2	8	5	7	9	1
1	8	7	4	6	9	2	3	5

9	8	2	6	3	1	4	7	5
6	4	1	2	5	7	8	3	9
3	5	7	8	4	9	2	1	6
8	6	4	9	1	2	7	5	3
7	3	9	5	8	4	6	2	1
1	2	5	3	7	6	9	4	8
4	9	3	7	6	5	1	8	2
5	1	6	4	2	8	3	9	7
2	7	8	1	9	3	5	6	4

4	6	7	3	1	9	2	8	5
2	3	8	5	4	7	9	1	6
5	1	9	6	8	2	3	7	4
3	4	2	9	6	8	1	5	7
6	9	1	2	7	5	8	4	3
7	8	5	1	3	4	6	2	9
9	2	6	7	5	1	4	3	8
8	5	3	4	2	6	7	9	1
1	7	4	8	9	3	5	6	2

Denkspaß 446

Zeitlicher Ablauf:

6 → 4 → 3 → 2 → 5 → 1

Denkspaß 447

A) 7 + 5 x 7 - 8 - 1 : 3 + 4 = 29

B) 3 + 8 x 5 x 9 - 2 - 1 : 4 = 123

C) 9 + 9 x 5 : 6 x 8 + 4 + 2 = 126

D) 2 x 9 + 6 - 4 + 3 - 2 + 5 = 26

Denkspaß 448

WER SUCHT, DER FINDET

Denkspaß 449

DIE GEFAEHRLICHSTE KLIPPE IM LEBEN EINES KUENSTLERS IST DIE HEIRAT, AM MEISTEN EINE SOGENANNTE GLUECKLICHE HEIRAT

D	B	X	Z	S	O	V	Q	G	A	Q	Q	C	U	R	A	T	J
S	Y	I	N	E	G	E	K	F	M	M	M	K	E	I	T	R	W
K	U	E	N	N	A	N	K	L	I	C	H	E	H	F	Y	B	T
O	S	T	E	N	Y	W	C	E	S	X	G	C	D	L	Q	D	P
I	D	S	S	T	E	D	E	W	C	D	V	Z	E	J	O	S	L
M	E	I	L	N	G	L	U	T	G	J	F	T	Q	D	F	F	M
M	A	T	B	B	K	W	B	L	I	B	K	Z	A	O	C	C	O
J	S	A	S	R	V	I	S	R	Z	S	C	O	V	Q	Q	R	V
O	H	R	I	E	L	N	C	L	U	Q	Z	R	K	R	L	A	U
Y	D	I	S	T	T	S	K	Q	J	W	W	E	G	Y	R	F	M
A	T	E	H	D	B	N	B	Z	I	V	Y	G	C	A	T	A	K
Z	L	I	E	I	U	E	J	M	G	E	O	Z	S	G	O	P	U
H	R	C	H	J	K	S	C	V	J	Y	E	H	Q	I	C	V	S
E	A	F	S	I	N	E	U	H	V	K	I	X	I	B	K	I	W
K	G	E	T	E	N	E	B	R	M	G	P	O	O	N	E	X	G
L	E	C	E	K	F	B	F	X	A	E	U	Y	H	J	X	T	A
D	I	P	I	L	C	E	R	M	Z	V	W	T	U	E	S	J	G
K	N	P	E	I	M	L	J	T	D	Z	N	Q	G	G	L	Y	X

Denkspaß 450

PANFLOETE

P	U	L	S		T		M	U	S	T	E	R	N		B	I	O
O		A		G	E	B	O	T		E		O	R	W	E	L	L
L	O	U	V	R	E		F		E	I	N	S		A	S	E	
E	M	S		I		F	A	H	R	G	A	S	T		T		D
	A		H	E	I	A		S	I	E		K		K	I	N	O
D	R	A	U	S	S	E	N		W		B	U	L	L	E		S
A		D	E	S		L		R	A	T	E	R		E		B	E
S	A	A	T		U	L	K	E	N		T		A	I	R	E	
S		M	E	M	M	E		E		S	T	A	N	N	I	O	L

A = F, B = E, C = W, D = D, E = B, F = P, G = H, H = A, I = I, J = N, K = T, L = S, M = R, N = M, O = U, P = V, Q = L, R = G, S = K, T = O

Denkspaß 451

NEUBEGINN

			M	O		P						M	I	
S	A	L	A	T		R	E	I	S	E	L	U	S	T
S	T	A	R	T		E	N	S	E	M	B	L	E	
	O		S	O	L	D		T	E	O		L		H
	M	U	E	N	D	I	G		A		K	A	R	O
S	E	R	I	E		G		B	A	H	N	H	O	F
			L		R	E	G	A	L		I		B	R
	K	O	L	B	E	N		Z		S	E	P	I	A
S	O	R	E		E		M	I	R	A		E	N	T
	N	G		S	P	I	E	L	A	R	T		H	
	T	I	P	I		E	R	L		T		F	O	E
B	R	E	Z	E	L		K	U	E	H	L	B	O	X
	A	N		G	R	O	E	S	S	E		I	D	O

Z	S	A	D	K	P	F	X	O	M
E	H	L	U	R	T	G	B	N	I

Denkspaß 452

06	09	01	04	00	06	11	03	03	01	08	07
02	02	07	07	05	06	04	10	03	00	01	11
04	01	06	07	04	03	10	09	11	00	02	08
03	04	06	02	04	11	05	09	01	00	07	06
07	04	06	11	04	02	05	09	00	09	10	01
02	04	01	08	11	05	05	00	04	11	10	09
01	08	03	10	02	08	03	11	06	11	10	05
00	05	03	05	07	08	02	11	09	11	06	10
11	00	04	05	08	08	09	11	07	10	00	09
08	00	09	05	10	07	00	05	02	07	11	04
10	00	11	06	01	01	00	05	08	07	07	02
05	11	00	09	03	00	07	01	10	07	04	06

Denkspaß 453

2	8	8	6	7		6	8	2	7	7	3		7	5	6	4	3	4	1
7		3		9		5			1					2					8
8		9		6	6	3	2	5	5		4	1	3	7	9	3	2	7	6
1		6		3		1			9					6					5
6				8		4		3	2	1	2	2		2	2	8	8	6	4
4		4		5		1						4					6		
		8		9	4	4	5	4	7	3		6	2	9	7	2	7	9	7
6	6	3	2	7					3			2		8			6		
5		8				5	6	7	9	6	3	6		7	6	6	1	2	9
3		5		8		1			2			3		9			5		
7	1	6	4	1		3	9	8	9	7	4		1	8	9	8	4	6	7
9				3		5			1						3				2
3		3		4	3	6	7	7	3	2		5	9	4	2	3	1	3	8
9	2	4	9	2		3		1				2			4		2		7
		8				7		2				9			1		1		6
1	1	7	5	1	2	4	4	3		5	2	6	3	1	8	1	2	9	5

Denkspaß 454

AUSSENHANDEL

S	T	E	A	K		P	F	A	R	R	E	R		R	A	D
I	H		M	A	G	I	E		E		N	I	V	E	A	U
L	A	S	U	R		E		S	I	E	G		V	F	L	
V	I		L		S	P	A	C	H	T	E	L		O		F
E		B	E	E	T		E	H	E		L		G	R	A	L
S	T	A	T	I	O	N		N		E	K	Z	E	M		E
T	O	R	T		E		L	E	E	R	E		B		A	H
E		D		P	R	I	S	E		I		F	E	I	L	E
R	U	E	H	R	E	N	D		S	C	H	A	T	T	E	N

Denkspaß 455

		K		
	E	I	N	
W	I	C	H	T
L	O	K	U	S
	A	S	A	
		T		
	D	A	S	
D	A	R	A	N
A	L	T	A	N
	J	E	T	
		R		

		T		
	A	R	T	
K	L	A	P	S
S	A	U	N	A
	A	B	A	
		E		
	U	N	O	
S	A	M	O	S
T	R	O	T	Z
	I	S	T	
		T		

		G		
	P	R	O	
K	R	A	N	Z
S	O	N	N	E
	L	A	B	
		T		
	L	A	U	
L	A	P	A	Z
E	L	F	E	R
	L	E	X	
		L		

Denkspaß 456

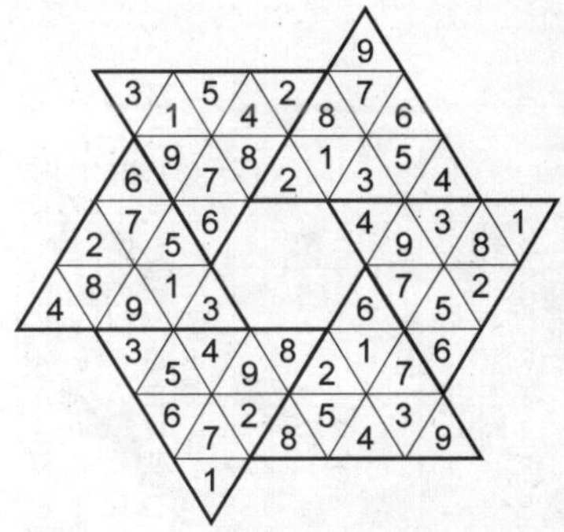

Denkspaß 457

DAS LEBEN GLEICHT EINER BESCHWERLICHEN ART ZU WALLFAHREN, WO MAN DREI SCHRITTE VOR UND ZWEI ZURUECK TUN MUSS

						R	E	Z		E	Z	I	E	B						
					F	O	R	D	E	R	N		G		M	I				
				R	U	M	P	F		S		R	A	B	I	A	T			
		T	H	O	R		E		O	T	T	E	R	O	T	N	I	T		
	E	R		D		B	L	A	K		O	S	T		O		A	A	R	
	R		E	N	I	E		R	I	D		I		S	S	A	W	K		
A	N	C	H	O	V	I	S		S		F	A	R	C	E		U		L	O
S	T	O	C	K		T		H	I	N	A	B		H		A	K	T	E	N
S	E		S		N	E	F	U	R		Y		G	N	I	B		O	D	E
E		S	U	X	U	L		K		S	E	L	L	E	R	I	E		U	
D	U	T	T		H		K	E	K	S		M	A	E		T		E	E	L
O		R		S	T	R	O	E	M	E	N		R		M	U	A	L	F	
	S	A	F	T		U	N	S		I		L	U	X	O	R		H		A
M	U	S	E	U	M		T		G	R	A	U	S		R		M	A	R	Y
U	A	S		P		R	O	B	A	G		R		L	I	S	A		E	A
	R		N	I	B	U	R		B		B	E	N	O	T	U	N	G		M
	O	M	E	D		Z		D	R	E	I		K	H	Z		K		O	
	T		L		Z	A	B	A	I	O	N	E		R		J	O	B	S	
		A	K	K	U		I	M	A		D		J	A	N	U	S			
			E	L	A	N		A		S	E	L	A	W		D				
					K		O	R	T	E	R		V		F	O				
						E	N	A		M		G	A	G						

Denkspaß 458

9	12	13	15	14	4	16	6	10	3	2	5	1	7	11	8
5	4	11	2	9	15	7	8	12	6	14	1	16	13	3	10
14	8	1	10	3	13	12	5	15	11	7	16	6	4	2	9
3	7	6	16	10	2	1	11	13	9	8	4	14	15	5	12
11	2	10	7	8	1	13	3	14	5	16	12	4	9	15	6
12	1	8	9	15	5	6	10	4	2	3	11	7	16	14	13
13	14	3	6	11	7	4	16	8	15	10	9	12	5	1	2
15	16	5	4	2	9	14	12	1	7	13	6	11	8	10	3
10	13	16	3	7	12	11	15	2	1	9	8	5	6	4	14
6	15	4	12	5	3	9	14	16	10	11	7	13	2	8	1
2	11	14	5	1	8	10	13	6	4	12	15	9	3	7	16
8	9	7	1	16	6	2	4	3	13	5	14	15	10	12	11
16	3	15	14	6	10	5	1	11	8	4	13	2	12	9	7
4	6	2	11	12	14	8	7	9	16	15	10	3	1	13	5
7	10	12	13	4	16	3	9	5	14	1	2	8	11	6	15
1	5	9	8	13	11	15	2	7	12	6	3	10	14	16	4

Denkspaß 459

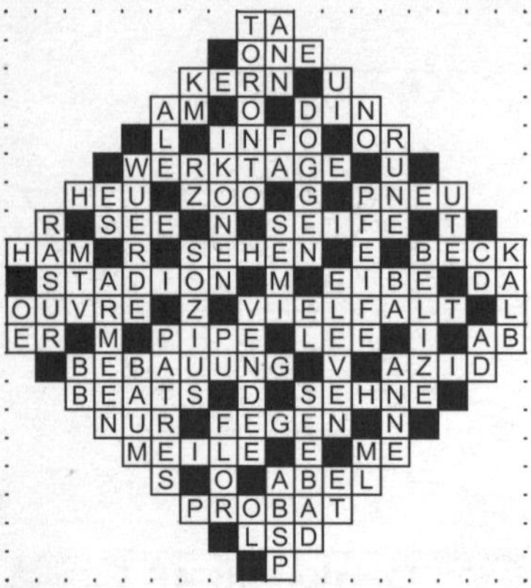

Denkspaß 460

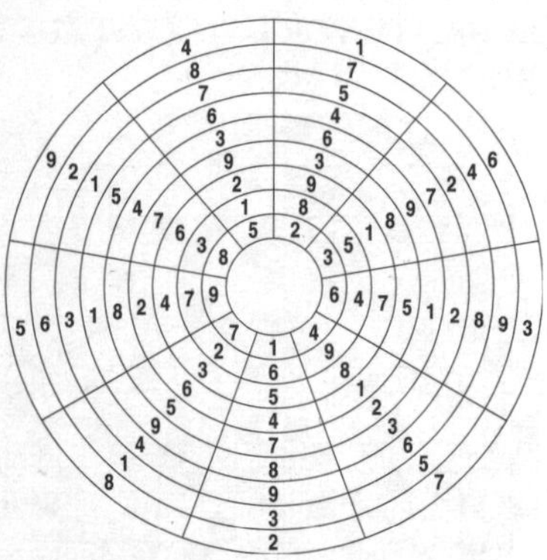

Denkspaß 461

Denkspaß 462

1D, 2A, 3F, 4C, 5E, 6B

Denkspaß 463

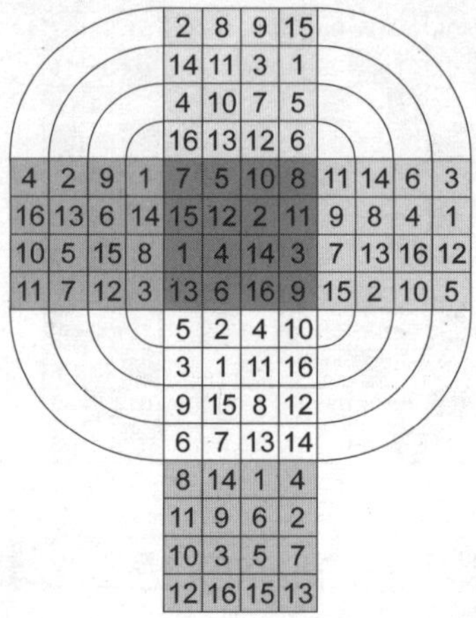

Denkspaß 464

Diese Aufgabe sollten Sie schnellstmöglich und ohne Pause bewältigt haben.

Denkspaß 465

KOBALTBLAU

Denkspaß 466

2	8	1	10	3	4	7
1	13	4	2	13	15	3
10	2	3	14	4	10	1
4	3	14	1	16	2	6
11	1	11	4	2	3	10
3	10	2	12	14	1	4
7	4	9	3	1	8	2

2	5	8	1	4	10	3
10	3	15	4	12	1	2
1	4	3	10	12	2	12
10	14	1	2	12	3	4
4	1	9	3	2	14	11
3	16	2	15	1	4	5
5	2	4	10	3	9	1

1	11	2	10	3	4	6
4	3	1	16	4	17	2
12	17	4	2	12	1	3
3	2	16	4	1	11	8
14	4	14	10	2	3	1
4	1	12	3	11	2	10
2	10	3	1	6	6	4

1	12	4	8	2	3	4
3	4	14	2	12	12	1
10	1	13	3	12	2	4
2	10	3	12	1	4	12
9	3	1	12	4	14	2
4	12	2	1	13	13	3
6	2	9	4	3	1	4

Denkspaß 467

BAUMEISTER

Denkspaß 468

Denkspaß 469

OZELOT

Denkspaß 470

Denkspaß 471

25 + 47 = 72
\+ + +
A 260 + 6 = 266

285 + 53 = 338

165 + 255 = 420
\+ + +
B 175 + 388 = 563

340 + 643 = 983

10 + 378 = 388
\+ + +
C 21 + 489 = 510

31 + 867 = 898

Denkspaß 472

8	3	9	1	6	7	5	2	4
2	1	6	5	4	3	8	7	9
7	5	4	2	8	9	1	6	3
4	9	8	7	5	6	3	1	2
3	6	1	9	2	8	7	4	5
5	7	2	4	3	1	9	8	6
1	8	5	6	9	4	2	3	7
9	4	3	8	7	2	6	5	1
6	2	7	3	1	5	4	9	8

5	2	3	6	4	7	8	1	9
1	7	6	8	2	9	5	3	4
8	9	4	3	1	5	6	2	7
9	6	5	4	7	2	3	8	1
4	8	7	1	3	6	9	5	2
3	1	2	5	9	8	7	4	6
7	5	8	2	6	1	4	9	3
2	3	9	7	5	4	1	6	8
6	4	1	9	8	3	2	7	5

6	4	5	3	2	7	8	9	1
9	3	2	8	1	4	6	7	5
7	8	1	9	6	5	3	2	4
1	5	6	7	8	2	4	3	9
4	2	3	5	9	6	7	1	8
8	7	9	1	4	3	5	6	2
3	6	8	2	5	1	9	4	7
5	1	4	6	7	9	2	8	3
2	9	7	4	3	8	1	5	6

Denkspaß 473

FEDERKLEID

Denkspaß 474

Lösungsbeispiel:

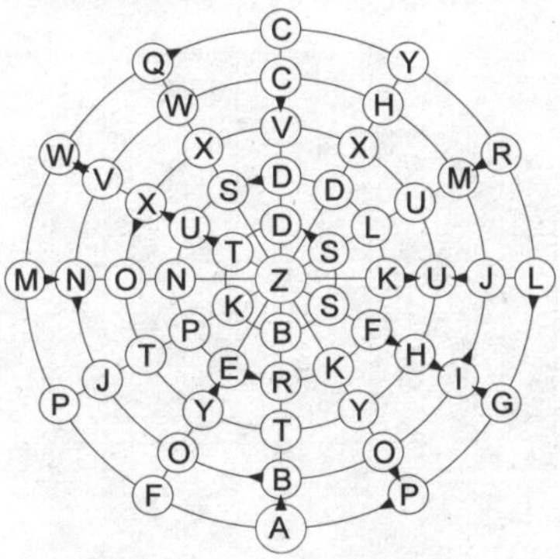

Denkspaß 475

1. PARKEN, 2. MATURA,
3. VALUTA, 4. MANILA,
5. PATINA

Denkspaß 476

(JURIST – RIST) + (GEHEIM – HEIM) + (MANDAT – MAAT) + (URAHNE – URAN) + (TRAUBEN – TAUEN) + (DICHTER – DICHT) + (GROSSE – ROSS) = JUGENDHERBERGE

Denkspaß 477

5	3	6	1	2	8	4	7	9
7	9	4	3	5	6	2	1	8
1	2	8	9	7	4	3	5	6
4	7	9	8	1	5	6	3	2
8	6	2	7	4	3	1	9	5
3	5	1	2	6	9	7	8	4
6	8	5	4	3	7	9	2	1
2	4	3	5	9	1	8	6	7
9	1	7	6	8	2	5	4	3

Denkspaß 478

Fehlender Buchstabe: C

Denkspaß 479

■	4	■	9	■	3	■	1	■	■	3	■	8	1	■
■	2	6	2	2	4	2	3	1	■	6	1	7	8	7
7	5	9	3	3	9	5	6	7	■	7	■	5	4	6
■	6	■	4	7	8	■	9	■	6	9	7	4	5	■
5	1	2	5	1	■	1	3	2	8	4	■	2	■	3
■	8	■	8	3	5	7	4	■	1	■	4	5	8	1
9	6	5	4	8	■	2	■	1	2	7	5	■	5	7
■	■	■	9	■	2	5	7	3	1	3	8	6	6	9
■	4	9	2	4	8	■	2	7	3	■	9	1	■	2
■	1	5	3	2	4	3	■	6	■	8	6	2	2	5
7	2	2	6	■	7	■	3	2	9	5	4	■	7	■
■	1	8	■	4	1	4	2	6	■	4	■	7	4	9
■	8	1	2	5	6	■	3	■	1	6	9	9	6	1
9	4	4	■	3	7	5	4	3	2	■	1	1	3	3
■	9	■	8	1	1	6	7	2	8	2	■	9	4	7

Denkspaß 480

OBOLUS

L	E	S	E	■	E	I	R	E	■	H	A	U	E	■
E	S	S	■	A	T	E	M	■	L	A	M	M	■	K
E	T	■	A	K	U	T	■	S	A	F	E	■	R	I
R	■	M	U	T	I	■	D	U	F	T	■	E	U	E
■	E	U	L	E	■	T	O	R	F	■	S	I	N	N
L	I	L	A	■	L	A	G	E	■	T	U	B	E	■
O	L	L	■	R	E	N	E	■	B	E	D	E	■	S
G	E	■	L	E	I	D	■	B	R	I	E	■	S	A
E	■	B	I	S	S	■	S	A	A	L	■	H	E	F
■	F	O	R	T	■	R	A	H	M	■	T	A	K	T
S	E	R	A	■	B	A	R	T	■	K	A	L	T	■
A	I	N	■	K	L	U	G	■	K	I	L	T	■	H
A	M	■	H	I	E	B	■	P	I	N	K	■	E	D
S	■	B	A	L	I	■	H	A	N	G	■	R	H	U
■	W	E	I	N	■	N	A	T	O	■	N	A	R	R

Denkspaß 481

Hier können Sie selbst kontrollieren, ob Sie die Aufgabe richtig gelöst haben.

Denkspaß 482

S	C	H	A	D	E	N	■	■
W	A	R	T	E	■	■	■	■
■	■	■	E	R	N	T	E	■
■	T	A	F	E	L	■	■	■
■	■	■	F	R	O	S	C	H
■	■	■	■	F	L	U	G	■
■	■	F	R	O	H	■	■	■
■	■	■	■	L	E	S	E	■
■	R	I	N	G	■	■	■	■
■	■	■	■	G	I	F	T	■
■	■	■	F	I	S	C	H	■
■	■	■	■	B	L	A	T	T
■	■	W	I	T	Z	■	■	■
G	E	B	U	R	T	■	■	■
■	■	■	T	E	I	L	■	■
■	■	L	A	C	K	■	■	■
■	S	I	C	H	T	■	■	■
■	M	A	S	T	■	■	■	■

Denkspaß 483

■	B	■	■	M	■	■	C	O	■	■	■	H	■	■
■	E	K	L	I	G	■	A	L	L	E	S	A	M	T
■	D	U	T	T	■	A	L	M	■	I	■	F	I	T
S	A	E	U	L	E	■	L	■	T	R	I	T	T	■
■	E	R	■	A	■	D	A	R	R	E	■	B	■	P
■	C	■	G	U	T	E	S	■	E	■	P	E	R	U
S	H	O	U	T	■	S	■	D	U	E	R	F	E	N
■	T	■	N	■	T	I	D	E	■	D	I	E	■	K
N	I	E	D	E	R	G	A	N	G	■	S	H	I	T
■	G	R	A	U	E	N	■	G	A	Z	E	L	L	E

Denkspaß 484

Das letzte Zahnrad dreht sich in Richtung B.

Denkspaß 485

TEILSTRECKE

O	P	S	■	E	I	N	A	K	T	E	R	■	C
■	F	E	T	T	■	I	N	S	■	K	■	R	E
L	E	G	U	A	N	■	T	■	F	E	U	E	R
P	I	U	■	P	■	M	U	E	L	L	■	S	■
■	F	■	S	P	I	O	N	■	A	■	E	T	A
W	E	T	T	E	■	S	■	Q	U	E	L	L	E
O	N	■	E	■	E	S	A	U	■	L	A	O	■
K	■	E	R	P	R	O	B	E	N	■	N	S	A

Denkspaß 486

HAETTE MAN AM TAGE SO VIELE EINFAELLE WIE IN SCHLAFLOSEN NAECHTEN, DANN KOENNTE MAN EIN VERMOEGEN VERDIENEN

						G	A	T	■	K	A	W	I	B						
				■	N	E	L	H	E	U	F	■	D	■	O	M				
			■	S	I	P	P	E	■	E	■	N	E	H	C	O	R			
		I	D	E	E	■	H	■	U	L	T	R	A	M	A	R	I	N		
	I	G	■	H	■	G	A	S	T	■	N	I	L	■	N	■	A	O	G	
	X	■	A	N	N	O	■	T	O	D	■	H	■	N	O	I	L	I	■	
T	I	E	H	I	E	R	F	■	P	■	G	E	N	O	M	■	C	■	E	I
B	O	U	R	G	■	T	■	E	I	N	E	G	■	I	■	S	E	N	T	A
A	N	■	R	■	S	I	V	L	E	■	I	■	S	T	E	T	■	Y	A	M
G	■	R	Y	T	A	S	■	L	■	E	S	U	E	A	H	E	G	■	L	■
E	L	O	P	■	T	■	T	I	L	L	■	N	U	R	■	L	■	O	B	I
B	■	D	■	T	Z	R	A	R	E	B	O	■	N	■	H	E	K	T	O	■
■	N	E	P	E	■	A	R	G	■	U	■	R	E	U	E	N	■	U	■	A
N	E	O	H	C	S	■	I	■	R	O	J	A	M	■	P	■	N	A	Y	Z
E	H	S	■	K	■	S	E	K	U	D	■	N	■	E	I	R	E	■	G	E
■	I	■	L	E	B	E	B	■	S	■	N	I	D	N	A	M	L	A	■	R
	E	A	R	L	■	I	■	S	I	B	I	■	I	R	T	■	U	■	K	
	L	■	A	■	U	M	W	E	R	B	E	N	■	I	■	G	A	R	Y	
		E	E	L	K	■	E	O	F	■	S	■	S	C	H	A	F	■		
			P	P	O	T	■	R	■	T	E	M	P	O	■	A	■			
				■	K	■	B	O	B	A	N	■	I	■	C	W				
						C	O	P	■	T	■	I	S	E						

Denkspaß 487

PROMINENT

R	O	H	■	D	■	K	A	H	L	■	E	R	I	K	A	■	L
■	L	■	F	A	B	R	I	K	A	T	■	E	■	R	A	B	E
O	E	H	R	■	B	A	R	■	K	■	P	U	T	E	R	■	G
F	I	N	A	L	■	T	■	S	E	R	I	E	■	O	■	F	U
F	N	■	N	■	S	E	H	E	N	■	A	■	F	L	O	R	A
S	■	A	C	K	E	R	■	R	■	P	F	A	U	■	H	I	N
E	I	L	E	■	N	■	L	A	R	I	F	A	R	I	■	S	■
T	■	O	■	I	O	W	A	■	L	E	E	■	O	■	A	B	T
■	E	I	S	C	R	E	M	E	■	T	■	K	R	O	N	E	■
P	A	S	C	H	A	■	M	■	H	A	E	M	E	■	D	E	O

Denkspaß 488

Es fehlen 55 Würfelstücke.

Denkspaß 489

GEHIRNJOGGING

N	J	K	O	G	X	U	R	E	H	Z	I
R	Z	I	E	N	O	J	H	G	K	X	U
X	U	G	H	I	E	Z	K	J	R	O	N
K	H	J	I	X	Z	O	U	R	N	E	G
G	O	Z	X	E	R	I	N	H	J	U	K
U	E	R	N	K	J	H	G	O	X	I	Z
I	G	E	J	U	H	R	Z	K	O	N	X
Z	K	N	R	O	G	X	E	U	I	J	H
H	X	O	U	J	K	N	I	Z	E	G	R
J	I	H	G	R	U	E	X	N	Z	K	O
O	N	U	Z	H	I	K	J	X	G	R	E
E	R	X	K	Z	N	G	O	I	U	H	J

Denkspaß 490

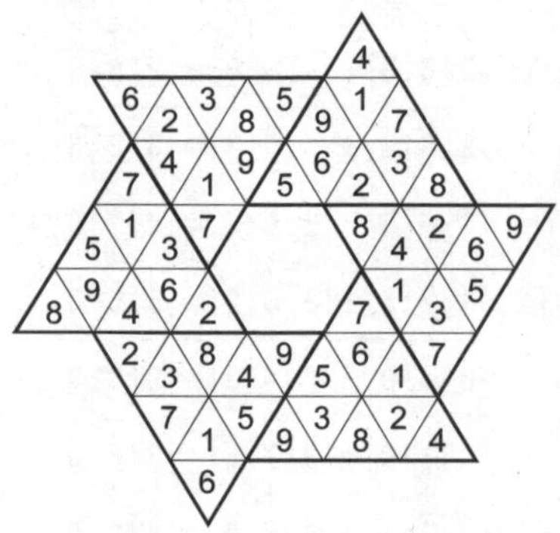

Denkspaß 491

5	8	3	10
7	12	2	9
4	1	6	11

Denkspaß 492

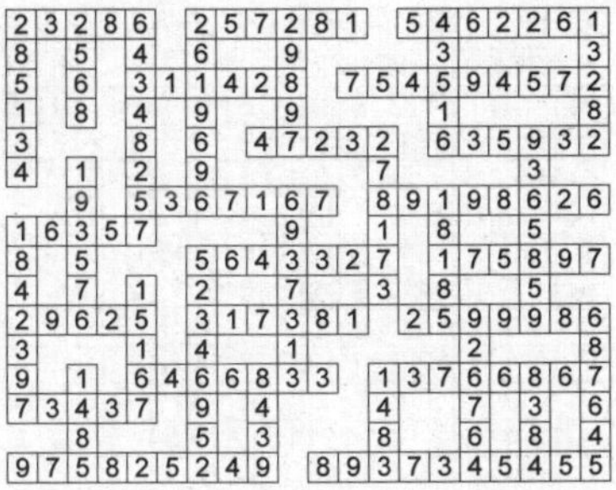

Denkspaß 493

Zeitlicher Ablauf:

1 → 5 → 2 → 4 → 6 → 3

Denkspaß 494

STAATENBUND

Denkspaß 495

ALTE WUNDEN REISSEN LEICHT

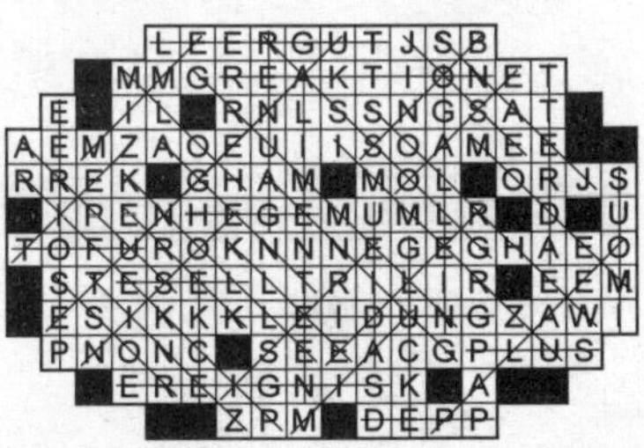

Denkspaß 496

GEDANKENSTRICH
1-2 ANGELN, 3-4 KEGELN, 5-6 PEDANT, 7-8 MADAME, 9-10 SENKEN, 11-12 LENKEN, 13-14 MOENCH, 15-16 MUENZE, 17-18 PUSTEN, 19-20 JUSTIZ, 21-22 KURIOS, 23-24 STRICH, 25-26 NICHTS, 27-28 KACHEL

Denkspaß 497

Denkspaß 498

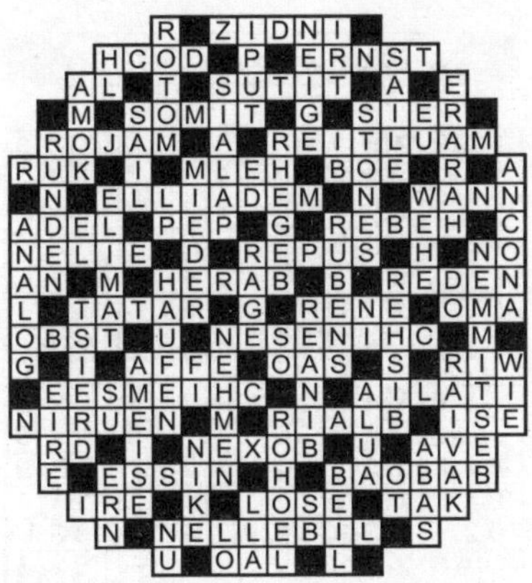

Denkspaß 499

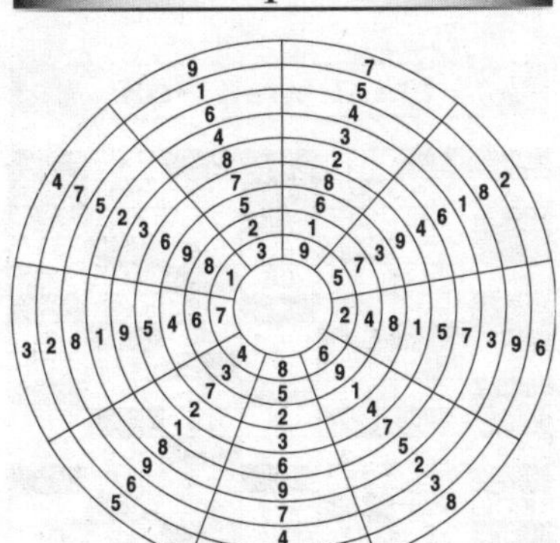

Denkspaß 500

1) WIDERBORSTIG
– SCHWARZMARKT
2) NORDKOREANER
– UEBERZEUGEND
3) SYSTEMATISCH
– BANKDIREKTOR
4) RESTAURIEREN
– AUFTRAGGEBER
5) SEILSPRINGEN
– GESCHWAETZIG

Denkspaß 501

TANKSTELLE

Denkspaß 502

01	02	04	00	01	02	10	08	11	07	05	07
04	01	01	09	07	03	05	06	04	11	10	05
07	02	05	08	10	07	00	11	04	04	03	09
08	00	01	07	10	09	05	03	04	04	06	11
00	04	06	10	10	11	11	01	09	04	04	10
01	03	02	10	11	05	04	02	01	08	09	00
05	09	09	04	06	10	03	02	03	01	11	01
11	08	07	03	06	04	11	09	03	10	07	02
06	06	08	03	06	01	11	04	02	02	07	09
07	11	10	03	00	06	11	04	05	02	07	01
10	09	01	01	01	08	07	04	06	02	02	04
00	04	03	11	09	02	06	07	10	05	01	08

Denkspaß 503

Lösungsbeispiel:

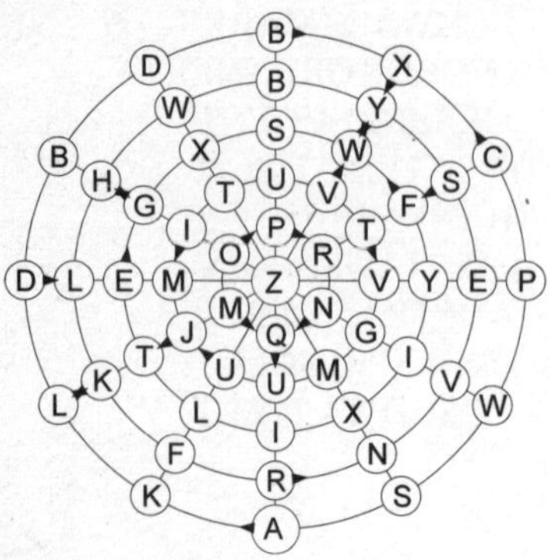

Denkspaß 504

PERUANER

S	C	H	M	U	C	K	■	K	A	R	N	E	V	A	L	■	N
K	O	■	A	■	R	A	P	U	N	Z	E	L	■	D	■	V	I
A	■	G	A	E	A	■	U	M	S	■	B	■	S	E	G	E	L
T	R	A	T	S	C	H	■	P	■	H	E	G	E	R	■	R	■
■	E	T	E	■	K	■	H	A	F	E	N	■	M	■	E	L	I
I	■	T	■	G	E	B	E	N	■	N	■	D	I	A	D	E	M
K	A	E	F	E	R	■	I	■	P	N	E	U	■	N	E	I	■
E	I	N	■	I	■	I	N	F	R	A	R	O	T	■	R	H	O

A = C, B = I, C = S, D = U, E = Z, F = F, G = E, H = H, I = N, J = P, K = K, L = V, M = L, N = A, O = D, P = T, Q = M, R = B, S = O, T = G, U = R

Denkspaß 505

PASSAT

■	M	■	■	M	■	■	A	A	■	L	■	■	■	■
■	A	R	M	E	E	■	S	T	R	E	B	S	A	M
■	L	I	E	D	■	I	K	E	■	G	■	P	L	I
I	T	A	L	I	A	■	E	■	K	A	R	R	E	■
■	O	L	■	Z	■	A	S	I	A	T	■	U	■	B
■	S	■	R	I	E	S	E	■	M	■	I	D	E	E
A	E	S	E	N	■	S	■	S	P	I	N	E	T	T
■	■	■	V	■	A	E	R	O	■	R	T	L	■	T
H	A	E	U	P	T	L	I	N	G	■	R	■	S	E
U	L	M	E	■	H	N	■	N	■	S	I	S	A	L
■	P	M	■	O	L	■	B	E	L	A	G	■	S	A
■	H	E	R	M	E	L	I	N	■	G	E	B	E	R
■	A	R	M	A	T	U	R	■	P	E	N	S	U	M

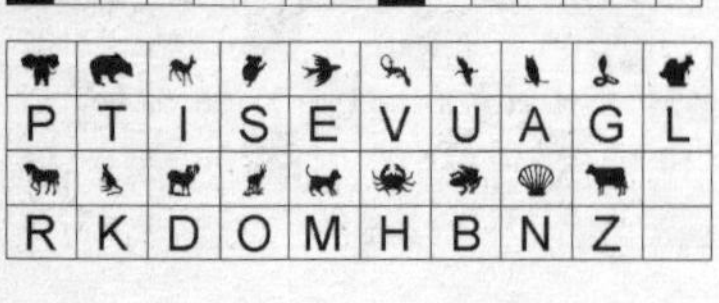

Denkspaß 506

RUMMELPLATZ

				■	U	■	V	■	■	■	L				
		■	■	U	T	■	I	M	A	G	E	■	■		
	■	P	A	R	A	■	S	■	R	U	N	Z	E	L	
	■	F	U	N	■	R	I	E	T	■	Z	E	R	■	
■	E	I	S	E	N	H	O	W	E	R	■	D	I	N	■
■	V	F	L	■	R	E	N	■	R	■	D	E	K	A	N
T	A	F	E	L	■	I	■	D	I	N	E	R	■	J	A
■	■	■	G	■	A	N	D	R	E	■	H	■	L	A	S
■	M	A	E	H	N	E	■	E	■	A	N	R	E	D	E
M	A	N	N	■	G	■	E	H	E	L	E	U	T	E	■
■	L	G	■	G	L	A	S	■	A	L	N	■	Z	■	M
■	E	I	N	R	E	I	S	E	■	M	■	E	T	U	I
	■	N	E	E	R	■	B	■	G	E	L	D	E	R	
	■	A	U	T	■	R	A	T	E	N	■	D	N	S	
		■	N	E	U	E	R	■	I	D	R	I	S		
				■	G	E	■	K	N	E	F				

Denkspaß 507

3	12	4	2	6	1	3
1	4	16	13	3	10	2
10	2	3	1	14	4	9
9	3	14	4	16	2	1
4	10	1	11	2	3	10
2	13	7	3	1	17	4
3	1	2	10	4	12	3

3	1	4	10	2	12	3
2	18	1	13	3	4	7
4	3	10	2	1	14	10
14	19	3	1	7	2	4
3	4	2	10	11	1	11
10	2	18	4	15	3	1
1	3	12	3	4	10	2

4	3	6	1	4	13	2
1	14	2	12	15	4	3
9	4	14	3	2	1	10
3	1	15	4	15	2	7
10	2	1	13	3	10	4
4	16	3	2	9	12	1
2	13	4	10	1	3	4

4	3	4	10	1	9	2
1		3	14	2	4	6
4	2	11	1	3	14	9
12	15	2	3	11	1	4
2	4	1	10	13	3	13
10	1	16	4	15	2	3
3	4	11	2	4	10	1

Denkspaß 508

■	■	LI	■	■	A	■
LA	TER	NE	■	MI	RO	■
■	RI	AL	■	NO	MA	DE
■	TO	■	EU	ER	■	BA
BAR	RI	E	RE	■	MA	KEL
■	UM	HER	■	RE	CKE	■
■	■	■	E	GEL	■	E
SE	RE	NA	DE	■	FA	DEN
■	ZA	GEN	■	JU	BEL	■
■	■	■	BE	TE	■	BUEF
ES	KA	PA	DE	■	TA	FEL
■	NO	TE	■	KA	TAR	■
KROE	NEN	■	HEI	RAT	■	GA
■	O	RA	KEL	■	LI	GA
E	FEN	DI	■	ROS	MA	RIN

Denkspaß 509

5	3	15	1	6	7	12	14	11	2	4	16	9	13	10	8
8	12	14	9	1	10	16	2	5	13	15	7	4	3	6	11
11	2	13	7	4	3	5	9	8	6	1	10	14	12	16	15
4	10	6	16	11	13	15	8	14	9	12	3	1	2	7	5
1	15	12	6	7	16	2	3	10	4	9	14	5	8	11	13
14	8	2	13	5	6	1	15	7	16	11	12	3	10	4	9
9	7	3	4	13	11	8	10	1	5	2	15	12	6	14	16
16	11	5	10	14	12	9	4	6	8	3	13	2	15	1	7
2	14	9	11	16	15	6	1	4	7	10	8	13	5	3	12
7	16	1	5	12	9	10	13	2	3	14	6	8	11	15	4
15	6	8	12	3	5	4	7	9	1	13	11	10	16	2	14
10	13	4	3	8	2	14	11	15	12	16	5	6	7	9	1
6	5	16	2	15	4	11	12	3	14	8	1	7	9	13	10
13	1	10	8	9	14	7	5	16	15	6	2	11	4	12	3
3	4	7	15	10	1	13	6	12	11	5	9	16	14	8	2
12	9	11	14	2	8	3	16	13	10	7	4	15	1	5	6

Denkspaß 510

N	E	S	S	I	E	■	E	R	I	K	A	■	A	H	O	R	N
G	R	A	E	F	I	N	■	I	■	L	I	N	D	E	■	A	■
■	A	B	T	■	L	■	L	A	U	E	R	■	A	■	T	I	M
U	■	I	■	S	I	G	E	L	■	I	■	S	C	H	A	D	E
S	O	N	N	I	G	■	D	■	E	D	D	A	■	O	P	S	■
A	S	E	■	E	■	P	A	R	T	E	R	R	E	■	P	■	S
■	W	■	I	G	E	L	■	A	A	R	■	O	■	F	E	R	N
W	I	E	D	E	R	U	M	■	G	■	I	N	T	E	R	■	O
E	N	K	E	L	■	S	■	O	E	L	I	G	■	S	T	A	B

Denkspaß 511

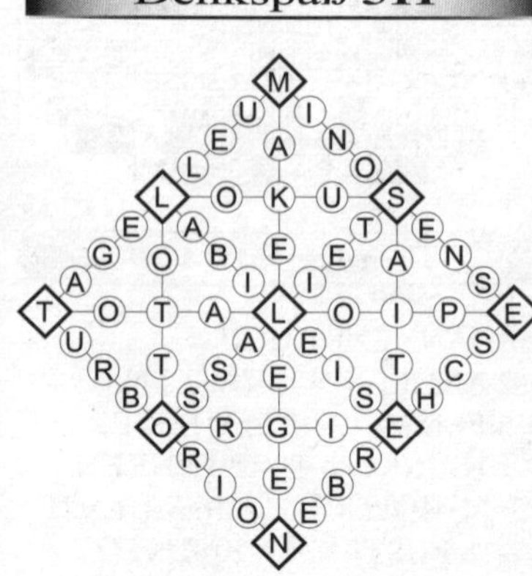

Denkspaß 512

■	■	■	■	W	O	R	T	■
S	C	H	L	E	I	E	R	■
■	■	■	B	R	I	E	F	■
■	S	T	A	R	K	■	■	■
■	■	■	L	A	N	D	■	■
■	■	■	■	S	T	A	N	D
■	■	M	I	T	T	E	L	■
W	I	N	K	E	L	■	■	■
■	S	P	I	T	Z	E	N	■
■	■	R	E	D	E	■	■	■
■	T	I	T	E	L	■	■	■
■	■	P	A	R	K	■	■	■
■	■	G	A	R	T	E	N	■
■	■	■	H	O	R	N	■	■
■	K	A	E	S	E	■	■	■
■	■	■	■	T	R	A	N	■
■	■	K	R	E	I	S	■	■
■	P	L	A	T	Z	■	■	■

Denkspaß 513

GEDANKENBLITZ

■	M	■	■	I	■	■	B	A	■	■	■	M	■	■
■	A	B	E	N	D	■	A	M	B	I	T	I	O	N
■	H	A	L	S	■	I	S	T	■	R	■	E	N	A
K	A	U	Z	I	G	■	S	■	J	A	L	T	A	■
■	T	M	■	D	■	L	E	S	E	N	■	E	■	L
■	M	■	G	E	B	O	T	■	M	■	G	R	A	U
H	A	G	E	R	■	R	■	T	A	B	U	■	S	F
■	■	■	M	■	B	A	N	A	L	I	T	A	E	T
K	A	S	I	N	O	■	U	M	S	■	T	X	■	L
■	E	U	N	U	C	H	■	T	■	P	U	T	T	E
O	S	S	I	■	U	■	T	A	P	I	R	■	E	E
■	O	H	■	I	S	L	A	M	■	P	A	M	I	R
■	P	I	G	M	E	N	T	■	G	E	L	E	G	E

R	I	D	J	T	M	G	S	C	K	H
B	U	P	A	N	Z	L	E	O	X	F

Denkspaß 514

■	■	■	■	16\	6\	■	■	26\	7\
■	7\	23\	\8	7	1	24\	\4	3	1
\12	4	8	\22	9	5	8	27\13	9	4
\8	2	6	20\	■	7\12	1	3	6	2
\13	1	9	3	23\28	4	9	7	8	■
■	■	14\32	8	7	2	6	9	19\	7\
■	12\10	2	4	3	1	\17	8	7	2
\17	2	1	5	9	8\	4\	\4	3	1
\4	1	3	\7	4	2	1	\13	9	4
\17	9	8	■	\9	6	3	■	■	■

Denkspaß 515

Hier können Sie selbst kontrollieren, ob Sie die Aufgabe richtig gelöst haben.

Denkspaß 516

Fehlender Buchstabe: N

Denkspaß 517

ELEKTRORASIERER

E	R	I	E	I	R	E
E	S	E	L	E	S	E
R	E	B	E	B	E	R
M	A	R	K	R	A	M
G	U	R	T	R	U	G
E	U	E	R	E	U	E
N	E	M	O	M	E	N
F	L	O	R	O	L	F
S	U	V	A	V	U	S
E	R	O	S	O	R	E
M	A	M	I	M	A	M
S	I	R	E	R	I	S
E	G	E	R	E	G	E
N	O	T	E	T	O	N
Z	I	E	R	E	I	Z

Denkspaß 518

ORANGEN

A	■	F	L	U	G	■	P	F	O	T	E	■	M
T	H	E	O	R	E	M	■	E	■	O	R	K	A
E	M	U	S	■	B	■	S	T	A	L	L	■	T
M	■	D	■	S	E	N	A	T	■	E	■	H	E
■	B	A	D	E	N	■	G	■	A	R	N	O	■
W	A	L	■	L	■	F	O	N	T	A	E	N	E
■	S	■	R	E	U	E	■	T	U	N	■	I	■
B	E	G	I	N	N	E	N	■	E	T	A	G	E

Denkspaß 519

				15	13	3	2				
				8	1	6	7				
				11	5	14	12				
				4	10	9	16				
5	3	13	8	10	16	1	9	15	6	2	14
6	9	4	2	14	11	12	3	7	1	10	8
12	15	7	1	2	6	4	5	3	16	13	11
16	14	10	11	13	8	7	15	5	9	12	4
				6	12	13	14				
				3	2	15	8				
				16	4	5	11				
				7	9	10	1				
				1	3	2	6				
				9	14	8	10				
				5	15	16	13				
				12	7	11	4				

Denkspaß 520

4	9	5	7	3		2	1	1	2	9	4		8	4	6	7	2	5	3
3		3		8		3			7					8					1
5		2		5	8	4	8	8	6		1	7	6	1	2	9	9	9	6
9		6		1		1			9					6					4
1				2		4		3	3	4	5	2		5	5	6	1	2	5
6		8		7		9						3					9		
		6		2	1	2	7	2	9	5		5	9	1	7	7	8	7	8
3	3	4	5	4					5			2		3			7		
4		2				8	1	6	7	4	8	6		9	5	5	3	2	3
2		9		3		6			2			5		6			5		
7	7	5	7	2		1	5	1	3	2	7		2	4	8	7	4	9	1
4				9		5			2						3				4
8		4		3	3	7	7	5	1	8		2	5	9	9	1	5	8	6
9	9	2	4	5		2		1				5			1		6		2
		6				3		4				4			8		3		4
4	2	8	9	7	6	8	9	7		6	9	6	7	2	9	9	6	1	9

Denkspaß 521

BEUTEL

M	■	F	L	O	H	■	F	I	E	S	■	R	E	I
■	K	I	E	S	■	S	O	L	D	■	H	A	R	N
K	A	N	U	■	K	U	R	Z	■	L	A	U	T	■
E	I	N	■	F	E	S	T	■	K	O	R	B	■	W
I	N	■	M	I	S	E	■	L	A	H	M	■	R	E
M	■	V	E	R	S	■	H	O	R	N	■	R	U	H
■	S	O	H	N	■	H	O	S	E	■	M	A	H	R
K	E	R	L	■	E	I	L	E	■	S	O	U	R	■
U	R	M	■	B	R	O	M	■	L	A	F	F	■	T
S	A	■	K	A	L	B	■	A	U	R	A	■	R	O
S	■	S	O	L	E	■	A	N	K	A	■	R	A	P
■	M	O	L	L	■	E	N	T	E	■	A	U	T	O
L	I	R	A	■	B	R	E	I	■	K	N	I	E	■
E	L	E	■	B	A	S	T	■	R	A	I	N	■	T
H	E	■	B	E	T	T	■	F	I	P	S	■	W	E

Denkspaß 522

9	6	3	5	8	2	4	7	1
8	4	7	6	9	1	2	3	5
5	1	2	4	7	3	8	6	9
7	3	4	8	1	9	5	2	6
2	9	8	7	5	6	1	4	3
1	5	6	2	3	4	7	9	8
3	2	1	9	4	5	6	8	7
4	8	9	1	6	7	3	5	2
6	7	5	3	2	8	9	1	4

1	4	3	7	5	8	2	9	6
6	5	9	4	1	2	7	3	8
8	7	2	6	3	9	4	1	5
5	1	4	2	7	6	3	8	9
7	2	8	3	9	1	6	5	4
9	3	6	8	4	5	1	2	7
2	9	7	1	8	4	5	6	3
4	6	5	9	2	3	8	7	1
3	8	1	5	6	7	9	4	2

5	9	4	8	7	1	2	3	6
7	2	3	9	5	6	1	4	8
8	6	1	2	3	4	7	9	5
3	4	2	7	6	5	8	1	9
1	5	7	3	8	9	6	2	4
6	8	9	1	4	2	3	5	7
4	1	6	5	2	8	9	7	3
2	7	5	6	9	3	4	8	1
9	3	8	4	1	7	5	6	2

3	1	9	7	6	4	2	5	8
7	2	4	9	8	5	1	6	3
6	8	5	1	2	3	9	4	7
1	7	2	3	4	9	5	8	6
5	6	3	8	1	2	7	9	4
4	9	8	6	5	7	3	2	1
2	3	6	5	7	8	4	1	9
8	4	7	2	9	1	6	3	5
9	5	1	4	3	6	8	7	2

Denkspaß 523

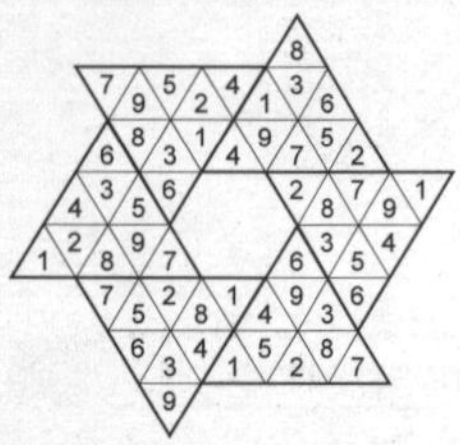

Denkspaß 524

Nach rechts oben: 2 ES, 3 ZIEL, 4 BISAM, 5 BOTIN, 6 BELAG, 7 TRITT, 8 HEIDE, 9 BARTE, 10 MIERE, 11 FIRMA, 12 SENKE, 13 ZINNE, 14 GELEE, 15 NUBUK, 16 DUERR, 17 ASTA

Nach rechts unten: 1 SEAN, 2 EISIG, 3 ZITAT, 4 BOLTE, 5 BEIDE, 6 BRITE, 7 TERRA, 8 HAEME, 9 BIRKE, 10 MINNE, 11 FENEK, 12 SILUR, 13 ZEBRA, 14 GUETE, 15 NUSS, 16 DA

Denkspaß 525

WALNUSS

Denkspaß 526

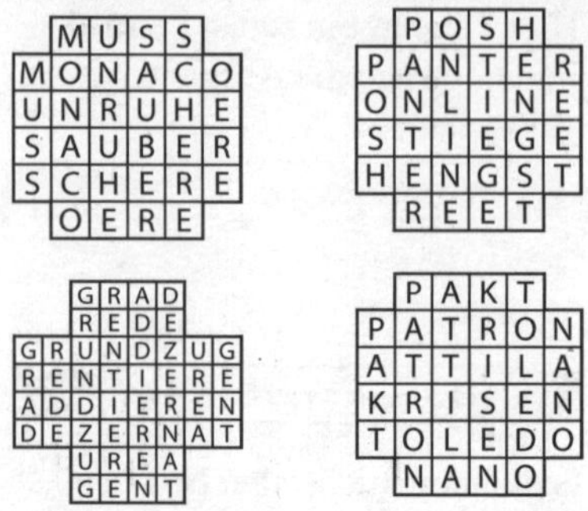

Denkspaß 527

ABTEIL

Denkspaß 528

DER WAHRE SCHMERZ IST SCHAMHAFT

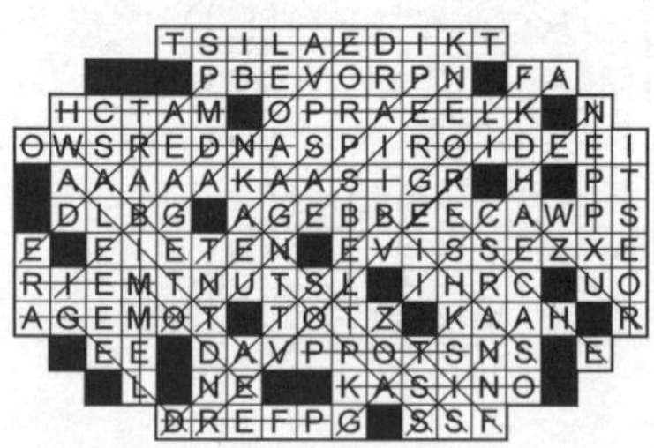

Denkspaß 529

1A, 2D, 3E, 4B, 5F, 6C

Denkspaß 530

1) THEMATIK, 2) LAPPLAND, 3) GARANTIE, 4) EURASIEN

Denkspaß 531

ZAEHMEN

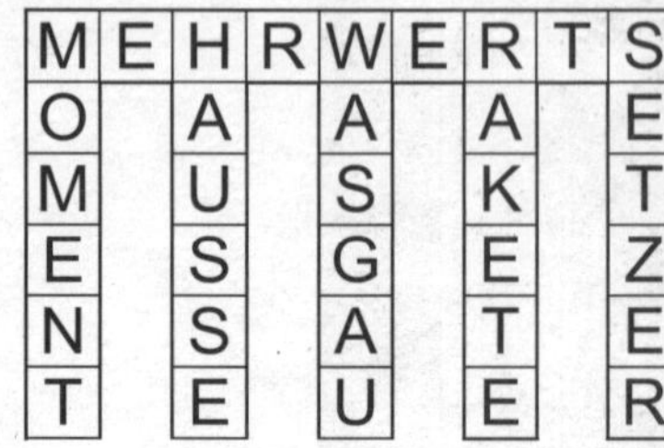

Denkspaß 532

1. KLAUSE, 2. SEEAAL, 3. DRAGEE, 4. BARBAR, 5. TUNDRA

Denkspaß 533

1 SPEZIES, 2 MARZIPAN, 3 BULGAREN, 4 BIGAMIE, 5 ERRETTEN, 6 MEERRETTICH, 7 FALTENROCK, 8 TATENDRANG, 9 DIAGRAMM, 10 PIANO, 11 WAESCHEKORB, 12 GESCHEHEN

ZIGARETTENASCHE

Denkspaß 534

3	15	4	10	1	2	6
4	1	3	16	2	13	4
10	15	2	4	14	3	1
1	4	14	2	3	15	8
12	2	12	10	4	1	3
2	3	10	1	13	4	10
4	10	1	3	8	6	2

4	1	3	10	2	9	4
3	14	9	4	1	16	2
2	10	1	11	3	4	10
9	4	15	2	15	3	1
10	3	4	1	12	2	9
1	2	15	14	4	10	3
4	9	2	3	8	1	4

3	1	2	10	4	12	3
2	13	7	3	1	17	4
4	10	1	11	2	3	10
9	3	14	4	16	2	1
10	2	3	1	14	4	9
1	4	16	13	3	10	2
3	12	4	2	6	1	3

2	11	4	10	3	1	5
5	3	2	15	1	14	4
10	13	1	4	10	2	3
3	4	11	1	2	16	10
11	1	11	10	4	3	2
1	2	11	3	16	4	10
4	10	3	2	9	5	1

Denkspaß 535

7	9	3	1	1		5	3	6	9	4	6		8	1	8	8	7	8	6
8		5		9		9			7					7					9
1		2		6	9	2	7	7	5		9	1	4	9	9	3	2	9	3
7		6		2		8			7					1					4
6				8		3		4	5	8	6	3		6	5	9	1	5	1
2		9		9		9						5					6		
		8		2	6	7	6	9	1	5		3	7	4	7	2	4	7	7
4	1	4	7	5					8			9		7			8		
3		1				4	7	6	4	6	4	4		5	6	9	6	3	8
4		3		4		8			9			3		7			8		
8	2	9	2	8		7	2	8	6	2	5		4	6	9	2	4	5	9
5				7		3			2						3				6
8		6		4	3	6	1	4	1	1		9	7	3	7	6	1	8	4
2	9	1	3	9		3		2				4			1		4		6
		3				1		8				2			5		5		8
8	1	4	4	4	2	7	4	7		7	6	5	5	9	9	5	9	3	1

Denkspaß 536

WASSERFLUGZEUG
1-2 UNWAHR, 3-4 ANWALT, 5-6 RASSEL, 7-8 PASSIV, 9-10 HOEREN, 11-12 ZIERDE, 13-14 ABFLUG, 15-16 TIFLIS, 17-18 NOUGAT, 19-20 BEUGEN, 21-22 AKZENT, 23-24 BIZEPS, 25-26 FRUGAL, 27-28 ZEUGEN

Denkspaß 538

SCHLUESSELBUND

■	B	■	■	G	W	■	■	■	V	■	■	■	F	■	■
■	A	M	O	R	E	■	S	T	A	D	T	P	A	R	K
■	L	A	U	E	R	■	H	■	R	U	E	S	C	H	E
P	A	N	■	N	■	B	E	G	N	A	D	E	T	■	R
■	N	■	G	A	Z	E	■	W	A	L	■	U	■	A	B
■	C	R	E	D	O					■	E	D	I	K	T
M	E	N	S	A	■					■	I	O	■	T	I
■	■	■	E	■	G					■	T	■	B	I	E
■	L	A	T	T	E					H	O	E	R	E	R
S	E	T	Z	E	R					B	R	A	U	N	■
■	M	T	■	R	N					■	F	■	T	■	K
■	M	I	K	R	O	■	G	■	■	■	■	B	A	A	L
D	I	K	T	A	T	U	R	■	E	M	A	I	L	L	E
■	N	A	■	S	■	L	A	S	S	O	■	A	■	B	B
■	G	■	E	S	S	A	Y	■	A	R	A	L	S	E	E
R	E	M	P	E	L	N	■	G	U	T	H	A	B	E	N

Denkspaß 537

A

400 + 285 = 685
– – –
255 + 253 = 508

145 + 32 = 177

B

93 + 220 = 313
+ + +
323 + 161 = 484

416 + 381 = 797

C

360 – 41 = 319
+ + +
242 – 6 = 236

602 – 47 = 555

Denkspaß 539

ZWEIFACH

R	I	■	B	I	S	C	H	O	F	■	T	A	L
E	R	K	E	R	■	H	■	P	I	E	R	■	I
M	A	■	L	■	Z	I	T	T	E	R	A	A	L
P	■	A	I	D	A	■	M	I	S	■	S	■	O
E	I	N	Z	A	H	L	■	M	■	A	S	E	N
L	O	G	E	■	L	■	S	A	C	H	E	■	G
E	■	S	■	P	E	D	A	L	■	O	■	U	W
I	N	T	E	R	N	■	U	■	H	I	T	Z	E

Denkspaß 540

G	L	O	S	S
G	R	O	S	S
G	R	A	S	S
K	R	A	S	S
K	R	A	U	S
K	R	A	U	T

H	E	I	D	I
H	E	I	D	E
H	E	I	N	E
S	E	I	N	E
S	E	H	N	E
S	A	H	N	E

M	U	E	H	E
M	U	E	D	E
M	U	L	D	E
M	I	L	D	E
G	I	L	D	E
G	I	L	D	O

Denkspaß 541

SERBE, CREEK, HEGEN, LEINE, UNRAST, EKART, STERNE, SALSA, EIERN, LABERN, BETON, LEMUR, ULMEN, MUERB, EDWIN = SCHLUESSELBLUME

Denkspaß 542

12	8	2	7	15	4	11	5	3	9	6	10	16	13	14	1
1	15	4	16	6	3	13	12	11	8	14	7	10	5	2	9
11	14	6	10	1	7	2	9	13	12	5	16	8	3	4	15
3	5	13	9	16	8	14	10	2	4	1	15	7	11	6	12
5	4	8	12	2	6	3	11	15	1	9	13	14	10	16	7
14	6	16	15	8	12	5	7	4	10	3	11	1	9	13	2
9	2	11	1	13	16	10	14	8	6	7	12	3	15	5	4
13	7	10	3	9	1	4	15	14	2	16	5	11	12	8	6
10	1	15	6	12	5	8	3	16	13	11	9	4	2	7	14
7	12	3	11	14	13	1	4	5	15	2	6	9	8	10	16
4	16	5	8	11	9	7	2	10	14	12	1	15	6	3	13
2	9	14	13	10	15	6	16	7	3	4	8	12	1	11	5
6	3	7	5	4	10	9	8	12	16	15	2	13	14	1	11
16	13	12	14	7	11	15	1	6	5	8	3	2	4	9	10
8	11	9	2	5	14	12	13	1	7	10	4	6	16	15	3
15	10	1	4	3	2	16	6	9	11	13	14	5	7	12	8

Denkspaß 543

EUKLID

■	I	■	B	■	S	■	P	■	G	■	■	P	■	H
K	N	U	E	P	P	E	L	■	H	U	E	L	S	E
■	V	■	H	E	U	R	I	G	E	R	■	A	■	L
■	E	M	U	■	R	E	E	■	T	■	E	U	L	E
K	N	E	T	E	■	B	■	S	T	U	T	Z	E	N
■	T	■	S	■	G	U	S	T	O	■	W	■	D	A
■	A	N	A	N	A	S	■	U	■	W	A	D	E	■
■	R	A	M	■	G	■	L	A	M	A	■	O	R	T
■	■	T	■	B	E	W	E	R	B	E	R	■	J	Y
A	E	T	N	A	■	M	I	T	■	N	■	G	A	P
■	P	E	C	H	■	■	E	■	A	D	H	O	C	■
S	I	R	■	I	N	T	R	I	G	E	■	L	K	W
■	K	■	S	A	V	A	N	N	E	■	E	D	E	N

T	G	Z	L	Y	N	E	I	C	O	D	B
R	U	W	P	K	H	M	J	V	A	S	

Denkspaß 544

Zeitlicher Ablauf:
6 → 5 → 2 → 4 → 1 → 3

Denkspaß 545

■	KUT	■	AN	■	GAR	■
FENS	TER	LE	DER	■	TEN	NO
■	■	MU	SEN	■	E	CKE
■	I	RE	■	I	DEN	■
■	TA	■	RO	SE	■	STE
AL	LI	GA	TOR	■	AN	NO
■	EN	GE	■	SE	GEL	■
■	■	■	LE	GEN	■	FOER
GAEN	SE	LE	BER	■	HEI	DE
■	LA	SER	■	JE	NE	■
■	■	■	U	SUS	■	BI
OR	DI	NA	TE	■	A	BER
■	REK	TO	■	A	QUA	■
AN	TI	■	MA	TE	RI	AL
■	VE	NE	DIG	■	UM	SO

Denkspaß 547

A	T	L	A	N	T	I	K	■	P	■	F	L	O	E	Z	■	S
B	I	T	T	E	■	R	■	K	O	B	R	A	■	T	■	C	O
W	C	■	M	■	K	A	J	A	L	■	E	■	T	A	T	A	R
E	■	B	E	N	I	N	■	N	■	E	M	I	R	■	O	N	E
H	E	I	N	■	M	■	B	U	E	N	D	N	I	S	■	D	■
R	■	K	■	M	O	O	R	■	A	D	E	■	T	■	P	I	K
■	B	E	S	O	N	N	E	N	■	L	■	F	O	R	T	A	N
K	E	■	U	D	O	■	V	■	L	O	D	E	N	■	A	■	I
G	I	N	■	E	■	R	E	M	I	S	■	Z	■	I	H	L	E

Denkspaß 546

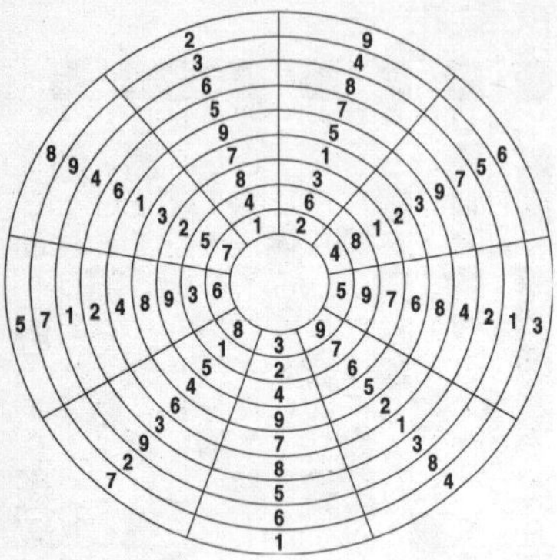

Denkspaß 548

(WEISEL – ESEL) + (BIEDER – BIER) + (WUNDER – WUND) + (BETRUG – TRUG) + (LAENGST – ANGST) + (KABUFF – KAFF) + (ENGROS – EROS) = WIEDERBELEBUNG

Denkspaß 549

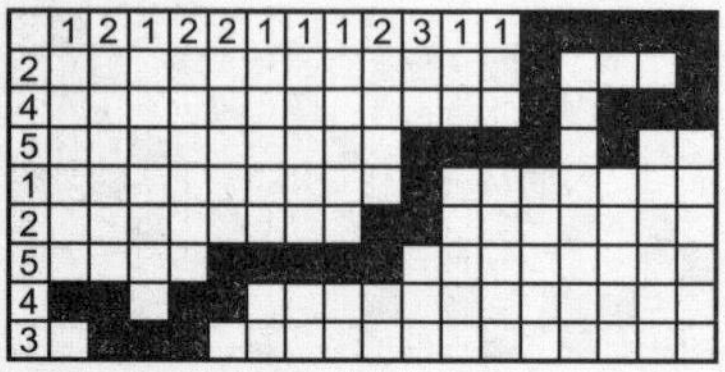

Denkspaß 550

LUFTFAHRT

A	H	O	R	N		B	U	E	R	G	E	R		K	L	U	B
	E		U	E	B	E	N		E		R	O	M	A		T	O
G	L	A	T	T		T		D	E	A	R		I	N	N		U
U	D		E		M	E	L	O	D	R	A	M		A		A	L
L		A	N	N	A		A	S	E		T		H	A	U	B	E
D	O	M		A	L	A		T		H	E	B	E	N		A	
E	B	B	E		E		H	A	U	E	N		F		I	T	O
N		E		K	R	E	M	L		U		F	E	H	L	E	R

A = F, B = N, C = B, D = U, E = S, F = R, G = T, H = M, I = K, J = O, K = L, L = G, M = A, N = H, O = I, P = E, Q = D

Denkspaß 551

TOPLEISTUNG

L	I	P	E	O	S	U	W	G	Y	T	N
G	S	Y	W	L	T	P	N	I	U	E	O
N	U	O	T	I	Y	E	G	P	W	S	L
U	P	W	Y	G	L	O	T	E	S	N	I
E	N	T	I	W	U	Y	S	O	P	L	G
S	L	G	O	E	P	N	I	Y	T	U	W
I	G	L	S	P	N	W	U	T	E	O	Y
O	Y	N	P	T	E	S	L	W	G	I	U
T	W	E	U	Y	G	I	O	N	L	P	S
W	T	U	N	S	I	G	P	L	O	Y	E
P	E	S	G	N	O	L	Y	U	I	W	T
Y	O	I	L	U	W	T	E	S	N	G	P

Denkspaß 552

12	7	2	1
9	11	4	6
10	8	3	5

Denkspaß 553

TRAMPELTIER

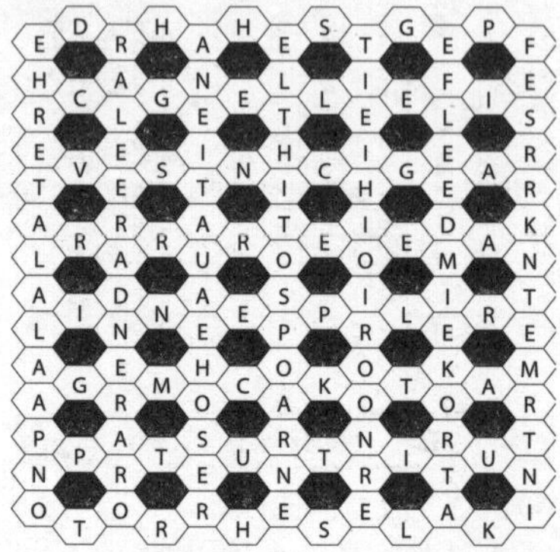

Denkspaß 554

	3				8	7		5				2		
	6	5	8	6	6	9		7	5	9	8	9	7	4
	7	6	1	2	3	6		2		2	3	8	6	9
	5	1	9		1		7	1	4	3		5	2	7
	1	2		9	6	7	5	7	3	4	6		8	1
6	3	7	1	4		2	3	1		9		8	3	8
	9	3	6	3	1		1		2	8	1	6	1	
3	5	9		1		8	4	5	9	2		2		7
			2	5	5	4	7		8		2	6	6	4
	6	7	9	4		6		9	4	5	6		2	7
	2		3		1	3	9	2	9	1	1	8	3	5
2	8	2	9	1	2		7	6	8		6	3		7
	9	1	1	4	1			8		6	5	7	4	9
	7	4	4		7	4	4	1	7	1	4		2	7
	6	5	1	9	9	3	8	8	6	4		2	6	3

Denkspaß 555

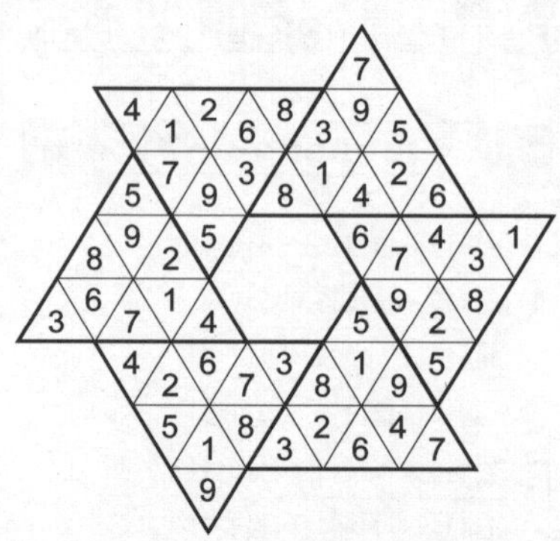